KB275591

# 서양 고대 전쟁사 박물관

## Warfare in the Classical World :
### War and the Ancient Civilizations of Greece and Rome

John Warry

Warfare in the Classical World by John Gibson Warry
Copyright © 1976 by John Gibson Warry
All rights reserved.

Korean translation edition © 2001 by Renaissance
Published by arrangement with the author
through Candida Buckley, UK and Bestun Korea Agency, Korea
All rights reserved.

이 책의 한국어 판권은 베스툰 코리아 에이전시를 통하여 영국의 저자와
그의 에이전트인 Candida Buckley와 독점 계약한 르네상스 출판사에 있습니다.
저작권법에 의해 한국 내에서 보호를 받는 저작물이므로 어떠한 형태로든
무단 전재와 무단 복제를 금합니다.

먼저 이 책의 구성과 뼈대와 관련해서 독자들에게 도움이 될 만한 몇 마디 말을 하고자 한다. 14개의 장은 각각 고대 문헌들에 대해 주목하고 이 책에서 다루고자 하는 해당 기간 동안의 전쟁의 정치적 배경과 함께 시작된다. 각 장에 할당된 기간은 동일하지 않다. 예를 들어 〈삼두정치가들의 전쟁〉은 13년이고, 〈제정 로마의 군사적 과업〉은 3세기에 걸쳐 있다. 각 장의 전말은 정치적인 사건을 기준으로 결정된다. 왜냐하면 전쟁사에서는 정치 상황이 전투원들로 하여금 전쟁을 결심하게 하기 때문이다. 하지만 각 장 대부분은 군사기술, 무기, 성채, 해군, 포위공격, 개별적인 전투, 지도력 등을 간략하게 다루고 있다.

이러한 구상을 고려해 볼 때 1장은 예외적인 경우이다. 우리는 호메로스의 신화 이야기로부터 역사를 끌어내려고 시도한 것에 대해 변명하려 하지 않겠다. 예술로서 운문은 산문보다 더 오랜 역사를 갖고 있다. 초기 문맹 시기에 운문은 기억을 돕는 역할을 했으며, 그것의 시적 감흥은 부산물이었다. 따라서 프리아모스의 트로이와 그것에 찬사를 보낸 애초의 목소리들은 알렉산더 대왕과 그의 동시대인 목격자인 프톨레마이오스가 아리아노스를 앞선 시기만큼이나 호메로스보다 시기적으로 앞섰을지도 모른다. 그러한 구전들의 존재는 수세기에 걸친 문맹의 시기에 수많은 삽입과 생략이 행해졌던 것처럼 호메로스의 시에서 눈에 띄게 반영된 미케네 문명의 특징들을 설명하곤 했다.

이 책은 분명히 개설서이다. 개설적으로 접근하고자 할 때는 일반화에 빠져들 수 있다. 그리고 일반화하다 보면 많은 중요한 세부사항들과 증거에 대한 다양한 해석들이 불가피하게 생략된다. 더욱이 주제가 매력적이라 하더라도 지나치게 상세한 연구는 종종 더 많은 문제를 야기할 수 있다. 끊임없는 조건의 제약을 받는 지루한 방식에서 독자가 벗어나기를 바라는 상황에서는 작가와 삽화가들이 때때로 경솔할 정도로 독단적으로 보일지도 모르지만, 그럼에도 불구하고 그들은 불확실성이 나타나는 곳이라면 어디에서든 자신들의 견해를 채택하기에 앞서 다른 견해들에 항상 관심을 가졌다.

삽화에는 화가들의 재구성과는 별개로 고대 조각상들의 사진, 성채의 유적 그리고 무기의 유물들이 포함되어 있다. 지도, 설계도, 그리고 통계와 사건들을 일목요연하게 정리한 표도 있다. 연대기는 지중해와 서아시아의 사건들을 더 멀리 동쪽의 문명 중심지들에서 발생했던 사건들과 서로 관련시키고 있다. 하지만 여전히 사실로 남는 것은 이 책에서 다루고자 하는 기간 동안 대부분의 기록된 역사가 그리스와 로마의 역사라는 점이다. 어떤 주제에서든지 발전, 원인 그리고 결과를 추적하려는 시도는 필연적으로 역사를 어느 정도 수반한다. 여하튼 고대 역사가 알렉산더 대왕의 죽음으로 갑작스럽게 멈추었으며, 그 후 로물루스와 레무스 그리고 늑대와 함께 이탈리아에서 재개되기 전에 한 숨 돌렸다는 인상을 남기지 않았으면 한다.

존 워리(John Warry)

# 호메로스와 미케네 시대의 전쟁

기원전 1000년 이전에 그리스 원정군이 소아시아의 트로이를 포위공격했다. 이것에 대해 이야기하는 호메로스의 서사시는 비록 단편적이기는 하지만 초기 고전세계에서 벌어졌던 전쟁을 사실적으로 묘사하고 있다.

## 고대의 문헌

호메로스의 『일리아드』는 역사가 아닌 가상의 이야기로 고대 그리스의 전쟁에 대해 많은 것을 말해준다. 호메로스의 시는 기원전 9세기 아니면 8세기에 만들어졌지만, 거기에서 묘사하고 있는 사건들은 그보다 훨씬 이전 시기를 반영하고 있다. 『일리아드』의 주제는 첫 구절에 나온다. 『일리아드』는 트로이와의 전쟁에서 두 명의 그리스인 지도자들 사이의 불화를 다루고 있으며, 이 불화로 초래되었던 중대하고도 광범위한 군사적 결과들을 추적하고 있다. 『일리아드』에서 묘사되고 있는 젊은 그리스인 지휘관 아킬레우스는 태도와 행동이 예의바르고 관대하기조차 하지만, 화가 날 때는 격렬하게 그리고 무자비하게 분노하는 인물이었다. 그의 분노에 첫 번째로 희생당한 사람들은 다름 아닌 그리스인 자신들이었다. 그리스 연합군 총사령관이었던 아가멤논과의 말다툼 후에 아킬레우스는 트로이 전쟁에 대한 지지를 철회했다. 나중에 자신의 이러한 행동으로 절친한 친구였던 파트로클로스가 죽게 되었을 때, 아킬레우스의 분노는 파트로클로스를 죽였던 적장 헥토르에게로 향했다. 아킬레우스는 파트로클로스의 죽음에 복수했으

새겨진 이름에서 알 수 있듯이 헥토르와 메넬라우스가 싸우고 있다. 이 싸움은 『일리아드』에 나오는 사건이다. 로도스에서 발견된 이 접시는 무기로부터 알 수 있듯이 기원전 7세기 말로 거슬러 올라간다.

며 평상시처럼 무자비하고 야만스럽게 헥토르의 시체를 전차에 매달아 질질 끌고 다니며 능욕했다. 하지만 『일리아드』는 화해를 이끌어내는 이야기로 마무리된다. 아킬레우스는 분노를 가라앉히고 트로이인들에게 헥토르의 시체를 돌려주며 명예롭게 화장해줄 것을 부탁했다.

이 지도는 미케네 문명의 특징들이 발견되었던 고고학적으로 중요한 유적들을 나타내고 있다. 미케네 문화는 기원전 2000년 후반부에 꽃을 피웠다.

군사적 관점에서 보면 아킬레우스의 분노는 전 병력을 잃은 그리스 군대가 수세적 입장에서 필사적으로 싸웠던 트로이 전쟁의 국면을 이야기한다. 트로이에 대한 그리스인의 반격은 아킬레우스의 분노가 자신의 지휘관인 아가멤논에게서 다시 한 번 트로이로 향하게 되었을 때 비로소 시작되었다. 따라서 『일리아드』는 전체 트로이 전쟁의 한 국면만을 다루고 있는 것에 불과하다.

호메로스가 전하고 있는 또 하나의 위대한 서사시는 『오디세이아』이다. 여기에서는 그리스인 지휘관들 중 한 명인 오디세우스가 그리스의 북서 해안에 위치한 자신의 조국 이타카로 귀환하는 이야기를 다루고 있다. 『일리아드』의 속편으로 묘사될 수도 있을 『오디세이아』에는 트로이 전쟁에서 발생한 사건들이 무수히 언급되어있다. 『일리아드』가 전쟁 중인 호메로스의 세계를 묘사하고 있다면, 오디세이아는 평화 시기의 그리스 세계를 이야기하고 있다. 하지만 여기에서 평화는 우리가 살고 있는 시대의 조직적인 폭력과는 달리 비조직적인 폭력의 시기를 의미하는 것 같다.

지금은 사라지고 없는 그 밖의 시들은 초기 그리스 세계의 역사를 완성하는 데 그 목표가 있는 것처럼 보인다. 이들 전설에 관한 서사시들은 호메로스의 일부 시들을 개관하는 산문 형태로 요약되어 있다. 트로이 전쟁의 원인들과 초기 사건들은 일반적으로 『키프리아』로 알려진 운문 이야기에 기록되었다. 『키프리아』는 그것을 기록했던 시인이 키프로스 사람이었기 때문에 그렇게 불렸던 것 같다.

트로이 전쟁의 그 밖의 다른 사건들은 『소小 일리아드』와 『트로이 약탈』에서 이야기되고 있다. 『소 일리아드』는 그리스에서 헬레네를 납치해 전쟁의 발단이 되었던 트로이 왕자 파리스의 죽음을 이야기하고 있다. 그리고 『트로이 약탈』에는 트로이 목마와 10년의 포위공격 후에 그리스인에게 함락되는 트로이 이야기가 포함되어 있다. 여기에서는 트로이의 영웅 아이네아스와 그의 추종자들이 불길한 예언에 소스라치게 놀란 나머지 트로이가 함락되어 약탈당하는 끔찍한 밤이 오기 전에 몰래 탈출한다. 하지만 초기 그리스 회화에서는 나중에 베르길리우스가 묘사했던 것처럼 늙은 아버지를 안전하게 모시고 트로이를 탈출하는 아이네아스가 그려지고 있다.

전설에 관한 또 하나의 서사시는 『아이티오피스』 또는 『아마조니아』로 불렸다. 여기에서는 트로이가 전설적인 아마존 여전사들의 여왕인 펜테실레이아로부터 어떻게 도움을 받았는지 말하고 있다. 트로이에 구원군을 이끌고 왔던 에티오피아의 왕 멤논에게도 똑같은 운명이 기다리고 있었다. 『아이티오피스』는 계속해서 뒤이어 일어나는 아킬레우스의 죽음을 묘사했다. 트로이의 성문을 향해 돌격하고 있었던 아킬레우스는 영감을 받은 한 궁수의 활을 맞고 쓰러졌다.

고대 전 기간 동안 시인, 극작가, 화가, 그리고 조각가들은 전설에 관한 서사시들의 주제를 다루고 발전시켰다. 하지만 이러한 과정에서는 필연적으로 고대의 배경에 후대의 기준과 어법을 삽입하는 방식이 뒤따랐다. 우리가 다루려는 주제와 관련된 주요한 문헌은 호메로스의 『일리아드』에 한정되어야 한다. 물론 고고학적 증거는 또 다른 문제이다. 이 문제는 나중에 논의할 것이다.

## 정치적 배경

아킬레우스와 말다툼했던 트로이 원정대의 그리스군 총사령관은 아가멤논이었다. 그가 『일리아드』에서 수행한 역할을 고려할 때, 군사적·정치적 지배권은 재판권만큼이나 명예의 문제이기도 했다. 그에게는 어떤 특별한 전리품을 소유할 권리가 있었다. 『일리아드』의 맨 처음 부분에서 아가멤논은 아폴론 신전을 지키는 사제의 딸을 마음대로 취하는 신성 모독죄를 저지른다. 하지만 아폴론 신이 역병의 재앙을 일으켜서 자신의 불쾌감을 드러냈을 때, 아가멤논은 몸값을 받지 않고 자신이 가장 아끼는 첩을 그녀의 아버지에게 돌려주지 않으면 안 되게 되었다. 우리는 여기에서 역병의 상황에 어떻게 대처해야 할지 논의하기 위해서 소집되었던 그리스인들의 회합이 아가멤논이 아닌 아킬레우스에 의해

전설에 따르면 트로이의 프리아모스 왕이 트로이가 약탈당했을 때 사원으로 피신했지만 제우스의 제단에서 네오프톨레모스의 손에 죽었다. 나중에 화가들이 그들이 살고 있었던 시대의 무기와 갑옷을 장면에 끼워 넣었다.

소집되었다는 사실에 주목해야 한다. 여기에 분개한 아가멤논은 아킬레우스의 첩 한 명을 빼앗는 것으로 보상받았다.

여기에 일종의 민주주의가 있다. 그것은 인간 또는 시민의 권리에 기초한 민주주의가 아니다. 인권의 개념은 아직 고대 세계에 알려져 있지 않았다. 고대 세계의 문명은 노예제에 기반을 두고 있었다. 호메로스의 세계에서 시민의 권리는 존재하지 않았다. 하지만 그리스 지도자들 사이에 훌륭하게 균형 잡힌 권력분립이 존재했음을 알 수 있다. 아가멤논으로서는 자신이 소집했던 그리스 연합군의 의견을, 특히 그것이 아킬레우스 병사들의 지지를 받았을 때는 무시할 수 없었다. 반면에 아킬레우스는 자신이 포로로 잡은 첩을 아가멤논이 빼앗으려고 사자를 보냈을 때, 그녀를 잡아둘 수 없다고 생각했다. 결국 아가멤논은 명목상 지휘권을 갖고 있었으며, 전리품에 대한 권리 또한 소유하고 있었다.

통제할 수 없을 정도의 분노에도 불구하고 이제 아킬레우스가 여론을 존중할 차례였다. 처음부터 아가멤논은 공적 자금이 없을 경우에는 전체 군대에 과세함으로써 보상받을 수 있다고 주장했다. 아가멤논의 주장에 맞서 아킬레우스는 군대가 더 많은 전리품을 손에 넣은 뒤 아가멤논에게 보상해야 한다는 보다 그럴듯한 제안으로 반격을 가했다. 아킬레우스의 수정안은 거부할 수 없는 것이었지만, 아가멤논은 자신의 수정안으로 분노에 찬 복수를 했다. 아가멤논은 하사관과 병사가 아닌 지휘관들 중 한 명, 되도록이면 아킬레우스에게 과세함으로써 보상받을 수 있었다. 따라서 호메로스 시대의 지배자들에게는 그들의 고상한 귀족적 스타일에도 불구하고 선동정치가의 교활함이 요구되지 않을 수 없었다.

호메로스 시대의 다른 영웅들처럼 아가멤논은 다양한 전승의 주제가 되었다. 어떤 이야기에서는 그의 최고사령관 지위가 전체의 합의에 따른 것으로 말해지고 있다. 왜냐하면 아가멤논과 파리스에게 모욕당한 그의 동생 메넬라우스가 헬레네를 되찾고 그녀의 납치에 복수하기 위한 병력을 마련하기 위해 그리스 전역에서 징집에 나섰기 때문이다. 이때 그리스의 다른 지도자들은 이익과 명예를 동시에 얻을 수 있다는 희망 때문에 자신의 대의명분을 위해 징집에 나섰던 아가멤논과 메넬라우스에게 전폭적인 공감을 나타냈다. 하지만 이것과

기원전 6세기 중엽의 전사는 기원전 5세기의 중갑보병과 유사하지만 중요한 차이점이 있다. 그의 방패 도안은 '보이오티아식'이고 무기는 던지는 창이다.

는 다른 이야기도 전해져 내려온다. 그것에 따르면 헬레네의 아버지가 딸의 청혼자들에게 그녀가 선택한 남편을 어떠한 도전에도 맞서 싸워 지지하겠다는 맹세를 하게 했다고 한다. 이러한 맹세는 아가멤논의 가족에 대한 그리스의 다른 군주들의 의무로, 일종의 봉건시대 가신의 의무를 암시하는 것처럼 보인다. 이러한 개연성은 오디세우스가 트로이 원정에 참여하지 않으려고 미친 척했다는 이야기로 강화된다. 즉 만약 그가 의무로부터 자유로웠다면, 트로이 원정은 시도할 필요가 없는 것이었다.

그리스의 지도력과 대비해 트로이 왕가의 권위에는 의문의 여지가 없었다. 트로이 왕가의 구성원들은 대체로 긴밀한 협력 체제를 이루고 있었다. 프리아모스 왕과 그의 아들들은 트로이의 인접 지역들은 물론이고 남동유럽뿐만 아니라 소아시아로 뻗어있는 헬레스폰토스(오늘날의 다르다넬스) 해협 양쪽에 걸쳐 있는 광범위한 제국을 통치했다. 아가멤논에게 가끔 필요했던 실질적인 전쟁지휘권의 문제는 분명히 그들에게는 없었다.

당시 프리아모스와 헤카베 사이에서 태어난 큰아들 헥토르는 트로이군 총사령관이자 트로이에서 가장 뛰어난 전사였다. 이것은 아가멤논과 아킬레우스가 군사적 명성을 다투고 있었던 그리스의 상황과 적절한 대조를 이룬다. 오늘날 중동의 일부 왕조 정부들과 비교될 수 있을 것으로 보이는 트로이 정부는 파리스의 헬레네 납치를 지지하고 승인했다. 흑해 무역로의 장악으로 쌓아올린 트로이의 엄청난 부는 트로이를 약탈의 대상으로 만들어 놓았다. 그럼에도 불구하고 파리스와 헬레네의 이야기가 전적으로 역사적 근거를 상실한 것으로 이해되어서는 안 된다. 호메로스에 의하면 여왕과 결혼한 사람에게는 금과 은 그리고 동산의 형태로 그녀의 지참금은 물론이고 영토와 재판에 대한 권리가 부여되었다. 헬레네와 도망친 파리스는 그녀와 정식으로 결혼했다. 헬레네는 트로이에서 파리스의 첩으로 살지 않았다. 오늘날의 세계에서조차도 상이한 국적 혼인법의 결과로 여성이 다른 나라 국적의 남편을 갖는 것이 가능하다. 파리스가 전투 중에 사망했을 때, 그의 형 데이포보스가 헬레네와 결혼했다. 아마도 트로이 왕가는 그리스 본토의 한 왕국, 즉 스파르타에 대한 권리를 포기하지 않기로 결심했던 것 같다.

이러한 화목한 왕가 통치에서 트로이가 전쟁에서 살아남았더라면, 궁정 혁명이 초래되었을 수도 있는 불협화음이 존재했던 것 같다. 『일리아드』 제2권 마지막 부분에 트로이 군 서열에서 헥토르에 이어 두 번째에 위치해 있었던 것으로 보이는 아이네아스는 트로이 왕가에서 분가된 가문 출신이었다. 제13권에서는 아이네아스가 프리아모스에게서 받았던 보잘것 없는 명예에 불만을 가졌음이 분명해진다. 나중에 아킬레우스는 트로이 왕가를 계승하려는 야심을 갖고 있었던 아이네아스를 비웃었다. 그리고 실제로 우리는 아이네아스가 언젠가는 트로이를 통치하도록 운명 지어졌다는 신의 예언을 듣는다. 주지하다시피 『트로이 약탈』에서는 운명을 다한 도시 트로이에서 아이네아스가 때 이른 그리고 은밀한 도망을 했다고 기록하고 있다. 그리고 후기의 작가들 사이에서는 아이네아스가 그리스인들에게 트로이를 팔아 넘겼다는 이유로 비난하는 사람들조차 있다. 하지만 로마의 시인 베르길리우스는 『아이네이드』에서 아이네아스를 가정적인 의무는 물론이고 종교적인 의무에도 충실했던 정직한 사람으로 묘사하고 있다. 그리고 아이네아스의 이러한 모습은 설사 베르길리우스의 정치적 언명과 일치하지 않는다 하더라도 오랫동안 살아남을 것이다.

『일리아드』를 읽다보면 그리 어렵지 않게 트로이 사람들이 그리스 혈통이었다는 인상을 갖게 된다. 대부분의 트로이 사람들은 그리스 이름을 갖고 있었다. 그들은 때로는 휴전협상을 하면서, 그리고 때로는 허풍과 위협을 주고받으면서 그들의 적인 그리스인과 쉽게 친해졌다. 공통의 언어를 가지고 있다는 것이 시인에게는 물론 편리할지 모르지만, 호메로스가 트로이 사람들과 그들의 동맹자들 사이의 관계에 대해 묘사할 때, 트로이 사람들은 호메로스에 의해 그러한 편리함을 거부당했다. 『일리아드』 제2권 마지막 부분에 트로이 보초병으로 변장한 신들의 전령 이리스가 헥토르에게 트로이와 동맹을 맺은 민족들이 파견한 분견대 지휘관들에게 권한을 위임해 언어 소통의 어려움을 제거하라고 조언했다.

이와 관련해서 호메로스에게는 그리스어를 말하는 사람들 모두에게 적용할 수 있는 단어가 없었다는 점이 상기되어야 한다. 대체로 그는 아가멤논의 지휘를 받고 있었던 사람들을 아카이아인―때로는 아르고스인 또는 다나아인―으로 간주하고 있다. 하지만 비록 지방이름을 딴 이러한 명칭들이 아카이아 또는 한때 다나오스 왕이 지배했던 아르고스의 주민들을 훨씬 뛰어넘어 그 의미가 확대되었다고 할지라도, 이러한 명칭들이 반드시 그리스 언어와 문화를 간직한 모든 사람을 포함한 것은 아니었다. 프리아모스를 지지했던 아시아의 다른 민족들과는 별개로 군주 사르페돈이 이끌었던 리키아 동맹군들이 있었다. 사르페돈은 일부 연대기의 혼동에도 불구하고 원래 크레타 출신이었다고 말해진다. 그의 부관인 글라우코스 또한 리키아인이었다. 호메로스는 전투가 잠잠해졌을 때 글라우코스가 그리스의 영웅 디오메데스와 어떻게 몇 마디 우정어린 말을 나누었는지 묘사했다. 글라우코스는 그의 가족이 어떻게 아르고스에서 왔는지를 설명했으며, 즉시 디오메데스는 그들이 부모에게서 물려받은 유전적인 우정의 끈으로 연결되어 있다는 것을 알았다. 그들의 조부는 과거에 각자 주인과 손님으로 아르고스에서 선물을 주고받았다. 따라서 지금은 서로 다른 편에서 싸우고 있었던 두 사람은 전투 중에 서로 맞부딪치지 말자고 맹세했으며, 우정의 표시로 갑옷을 바꿔 입었다. 슬프게도 디오메데스에게는 불순한 의도가 숨어 있었던 것으로 보인다. 글라우코스의 갑옷은 금으로 만든 것으로 디오메데스의 청동 갑옷보다 10배 이상의 가치가 있었다.

### 기원전 1400년경의 덴드라 갑옷과 투구

이 특이한 갑옷과 투구는 미케네 근처 덴드라에서 발견되었다. 이음매가 있는 어깨조각들과 스커트처럼 많은 진전된 특징을 갖고 있다. 투구는 수퇘지 엄니 조각들로 만들어졌다. 이 그림을 보면 그러한 투구와 갑옷을 어떻게 입었을까를 짐작할 수 있다. 그러한 갑옷과 투구는 방패를 필요로 하지 않았을 것이며 보병들에게는 다소 무거웠을 것으로 보인다. 아마도 커다란 방패를 다룰 수 없는 전차병들이 착용했을 것이다. 또한 팔 보호대와 정강이받이의 조각들이 덴드라에서 발견되었지만, 그것이 이 갑옷과 투구에 딸려 있는 것인지는 알 수 없다.

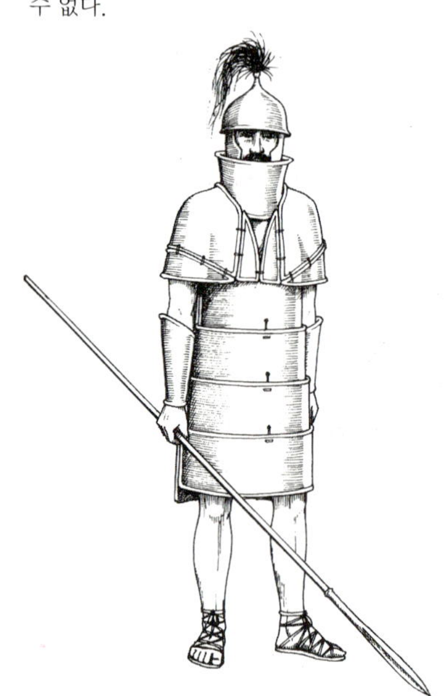

## 초기 그리스의 무기들
### 몸통 방패

가장 일반적인 형태의 미케네 방패는 언뜻 보기에 그림에서처럼 8자 모양이었다. 그것은 벽화에서 볼 수 있고 호메로스에 의해 상세하게 묘사되었다. 그림은 이들 출처들에 근거해 재구성한 것이다. 뼈대는 십자형을 이루기 위해 묶여진 활 모양의 나무 조각들로 구성되어 있다. 수평부분은 손잡이로 사용할 수 있게 나무 조각이 보강되어 있다. 이 방패는 여러 겹의 질긴 황소 가죽을 붙이고 꿰매어 만들어졌다. 호메로스가 묘사한 것처럼 가장자리는 가죽으로 되어 있다.

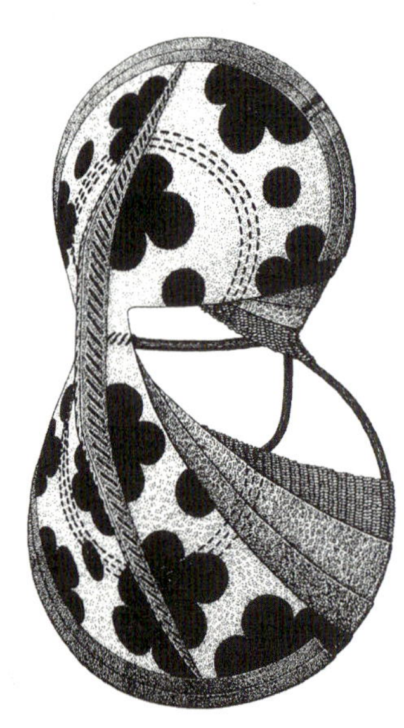

## 무기와 갑옷

호메로스는 다른 곳에서 황금 갑옷에 대해 언급하고 있지만, 그것을 그다지 중요하게 생각한 것 같지 않다. 무기를 만드는 재료는 보통 청동이었다. 호메로스에게서 쇠는 잘 알려져 있었다. 하지만 설사 쇠 화살촉이 존재했다고는 하더라도, 쇠는 무기가 아닌 도구를 만드는 데 사용되었다. 쇠를 만들어내는 방법은 여전히 원시적이었던 것 같고, 쇠는 청동의 개량품이라기보다는 청동의 대체물로 그 가치가 평가되었던 것 같다.

『일리아드』에서 특징적인 공격용 무기는 창이었다. 그것은 물푸레나무로 만들어졌으며,

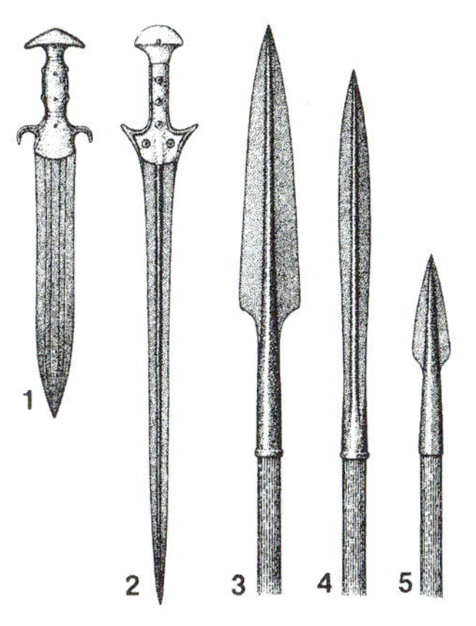

**미케네의 무기들(기원전 1500~1200년)**
1. 기원전 1400년경에 널리 보급되어 있었던 짧은 청동검의 한 형태로 미케네 시대 후기인 기원전 1100년경까지 사용되었다. 그림에 있는 청동검은 오디세우스의 조국인 이타카에서 발견되었다고 전해지는 한 견본을 토대로 재구성한 것이다. 2. 기원전 1500년경에 사용되었지만 기원전 1300년경에는 널리 사용되지 않았던 긴 칼이다. 이 칼은 올림포스 산에서 발견된 한 견본을 토대로 재구성한 것이다. (3, 4, 5) 세 개의 창끝은 로도스에 유래를 둔 대략 같은 시기의 것으로 추정된다. 슐리만이 트로이를 발견하기 몇 년 전에 발굴되었다. 그것들은 길이가 2피트(65센티미터)에까지 이를 정도로 커다란 크기 때문에 주목을 끈다. 이것들은 던지는 무기가 아니라 단지 찌르는 창에 부착될 수 있다. 전차에 타고 있던 병사들이 두 손으로 휘둘렀을 것으로 짐작된다.

**기원전 750년경의 아르고스 갑옷과 투구**
12세기와 11세기에 미케네 문화를 궁지에 몰아넣었던 인도유럽인들의 무기와 갑주는 완전히 새로운 것이었다. 그림에서 볼 수 있는 것과 같이 뺨 부분에 경첩이 달린 청동 투구가 거의 일반적인 형태가 되었다. 허리에 두르는 갑옷은 '근육이 발달된' 가슴에 대는 갑옷으로 진화한 종모양으로 알려진 초기 견본이다. 그것은 앞면과 뒷면의 철갑이 가죽 끈으로 결합되었다.

**기원전 600년경의 초기 중갑보병**
기원전 8세기경 손잡이 부분이 특징적인 고전적인 중갑보병의 방패가 진화했다. 특별히 장비를 제대로 갖춘 전사를 그림에서 볼 수 있다. 대부분의 전사들은 그렇게 장비를 잘 갖추지 못했을 것이다. '종' 모양의 허리에 두르는 갑옷이 이제 고전적인 형태가 되어 버렸던 반면에 노출된 오른쪽 팔과 다리들을 보호하는 갑주가 추가되었다. '일리리아식' 으로 알려진 투구는 투구 중앙을 따라 깃 장식이 더해졌다.

설사 아킬레우스가 헥토르를 창으로 찔러 죽였다고 하더라도, 창은 상대방을 찌르기 위한 것이라기보다는 투척용으로 사용되었다. 헥토르의 창은 길이가 11큐빗(대략 18피트, 5.5미터)이었던 것으로 기록되어 있다.

칼은 길었던 것으로 보이며 가끔은 양날이었다. 사용하지 않는 칼은 어깨에서 허리로 어긋매껴 두른 어깨띠의 칼집에 넣어 두었다. 칼은 찌르기보다는 베기 위해서 사용되었던 것 같다.

방패는 몸길이 정도의 크기로 끈으로 목둘레에 매달게 되어 있었으며, 행군 중인 전사의 발목에 부딪쳤다. 방패는 소가죽으로 만들어졌으며 청동으로 도금되었다. 아약스의 방패는 일곱 겹의 소가죽으로 만들어졌으며, 헥토르의 창이 여섯 겹의 가죽을 관통했지만 일곱 번째를 뚫지 못했다. 아약스의 방패는 하나의 요새처럼 묘사되기도 한다. 그는 엄청나게 큰 키 때문에 그러한 방패가 필요했으며 자유자재로 다룰 수도 있었다. 하지만 특별히 정강이받이를 착용했다는 점으로 미루어볼 때, 더 작고 둥근 방패가 사용되었을 것으로 짐작된다. 파트로클로스에게 빌려주었던 아킬레우스의 정강이받이는 은으로 된 걸쇠로 고정되었다. 비록 아카이아인들이 청동 정강이받이를 착용했다고는 하지만, 정강이받이가 반드시 금속으로 만들어졌던 것은 아니며 아마도 각반에 더 가까웠던 것 같다.

호메로스의 영웅 중 한 명은 청동제 투구를 쓰고 있었다. 하지만 가죽 투구 또한 사용되었으며, 이것은 하사관과 병사들에게서 더 흔하게 볼 수 있었다. 청동 투구는 공중에서 흔들리면 경외심을 불러일으켰던 말총 장식이 위에 얹혀 있었다. 투구 자체는 실전에서 저항력을 갖추었으며 가끔 칼이 투구에 부딪쳐 산산조각 나기도 했다.

보호용 금속 갑옷은 주로 지휘관들이 입을 수 있는 특권을 가지고 있었던 것 같다. 그리고 이러한 이유로 전투 중에 지휘관은 지휘관끼리 싸울 필요가 있었다. 그렇지 않을 경우에는 탱크에 돌진하는 보병 꼴이 되었다. 갑옷은 매우 비쌌으며, 영웅이 쓰러졌을 때에는 그의 무기와 갑옷을 차지하기 위해서 격렬한 싸움이 벌어지기도 했다. 하지만 하사관과 병사들이 반드시 장비를 제대로 갖추지 못했던 것은 아니었다. 그들은 창으로 숙련되어 있었다고 전해진다. 한 지역의 정예 선발대였던 아킬레우스의 미르미돈은 금속으로 만든 것 같지 않은 일종의 가슴받이 또는 허리에 두르는 갑옷을 입었던 것 같다. 디오메데스의 추종자들은 방패로 무장했다고 한다. 그들은 방패를 밤에 베개로 사용했던 반면에 창은 뾰족한 끝을 땅에 찔러 똑바로 세워두었다. 디오메데스 자신은 그러한 방패보다는 깔개를 베개로 사용했다.

트로이 측에서도 방패는 궁수인 판다로스의 분견대에서 기본적인 장비였다. 이들 방패는 엄숙하게 체결된 휴전 시기에 판다로스가 (휴전을 깨는) 위험한 화살을 쏘는 동안 그를 보호하기 위해서 사용되었다.

호메로스 시대의 무기와 갑옷은 치열한 논쟁의 주제이다. 지금 당장은 일반화에 한정해야 한다. 하지만 설사 그렇다고 하더라도 반박을 불러일으킬수 있는 말들을 하지 않고 넘어가기란 쉽지 않다.

## 전차

무기, 갑옷 그리고 투구와는 별개로 그리스와 트로이의 지배자들은 말과 전차를 유지하기에 충분할 정도로 부유했다. 말과 전차는 그들의 전투방식에서 없어서는 안 되는 것들이었다. 전차는 보통 완전 무장한 전사를 전장에 나르기 위해서 사용되었다. 전장에 도착한 전사는 전차에서 내려 싸우곤 했으며, 그 사이에 전차기사는 멀찌감치 떨어져 기다렸다. 살아남은 병사는 전차에 다시 올라타고 자신의 원래 위치로 다시 돌아가곤 했다.

실제로 전차가 전투에 보다 깊숙이 관여하게 되었던 경우를 보기란 그리 어렵지 않다. 전차는 자주 적의 화살이 미치고 적의 창이 닿는 그리고 심지어는 적이 던진 돌이 닿는 거리 안에 있었다. 호메로스는 화살이 전차에 타고 있는 헥토르를 빗나가서 그의 전차기사를 죽인 이야기를 전하고 있다. 또 한 명의 전차기사는 나중에 파트로클로스가 던진 돌을 맞고 죽었다. 전투가 치열하게 진행되고 있을 때, 말과 전차는 쓰러진 병사들의 몸을 짓밟은 채 적 전차의 잔해를 뚫고 나아갔다. 그러는 사이에 말과 전차 사방으로 피가 튀겼다. 파트로클로스는 전차에 탄 적 전사를 창으로 찔러 전차의 바깥바퀴 쪽으로 잡아끌었다. 그 전사의 몸에는 낚시꾼이 물고기를 땅위로 끌어올리는 것처럼 여전히 창이 꽂혀 있었다. 전차가 제대로 기능을 발휘하려면 평탄한 지형이 필요했다. 울퉁불퉁한 땅 위에서는 멍에와 전차를 연결한 버팀목이 쉽게 부러져서 말들이 이탈할 수 있었다. 이것은 트로이의 전차기사들이 무모하게 그리스 막사 둘레의 해자를 뚫고 지나가려고 시도했을 때, 트로이의 전차에 많이 일어났던 일이다.

호메로스 시대의 전차는 두 마리의 말 그리고 전사와 전차기사로 이루어진 두 사람에 의해 끌어졌다. 헤라 여신의 전차에 대한 상세한 묘사가 전해져오고 있다. 설사 여신이 소유한 전차가 인간들이 이용할 수 있는 전차보다 더 호사스러웠을 것으로 짐작되더라도, 헤라의 전차에 대한 묘사는 많은 도움이 될 수 있다. 헤라의 전차는 차축이 쇠로 만들어져 있었

# 전차

현존하는 얼마 되지 않는 고도로 양식화된 그리고 고풍스런 묘사들 가지고는 그리스 청동기 시대에 사용되었던 것과 같은 전차를 재구성하기란 쉬운 일이 아니다. 기원전 15세기의 이집트 무덤들에서 발굴된 청동기 시대 전차들을 통해 유추할 수 있으며, 역사 시대의 그리스 예술가들이 묘사했던 두 마리의 말이 끄는 경주용 전차들은 본질적으로 이것들과 다르지 않다.

### 문학작품상의 증거

『일리아드』에서 묘사된 전차 형태는 두 마리의 말이 끄는 전차이다. 예외적으로 호메로스는 네 마리의 말이 끄는 헥토르의 전차에 대해 이야기하고 그들의 이름을 거론하고 있다. 고대의 학자들은 문법적인 이유에서 이 호메로스의 원문이 이 점에서 전와되었다고 생각했다. 하지만 여하튼 고전기의 시대착오적인 예술가들은 네 마리의 말이 끄는 전차를 영웅적인 과거의 행위들을 묘사하는 데 도입했다.

　『일리아드』제16권에서 전차를 탄 트로이인들이 그리스 진지 바깥쪽의 해자를 가로질러서 철수하지 않으면 안 되게 되었다. 이 과정에서 많은 전차들의 멍에 받침대가 부러졌으며, 자유로워진 말들이 질주하기 시작했다. 전차에 탄 병사들은 어찌할 바를 모르며 당황했다. 전차와 받침대를 연결하는 이음매가 충격에 취약한 약점이었다. 이집트의 전차들에서는 최대한의 견고함을 확보하기 위해서 받침대가 차축까지 전차 밑 뒤쪽으로 확대되었다. 하지만 기원전 14세기의 크레타 서판의 표의문자들은 청동기 시대 전차들이 전차의 가장자리에서 툭 튀어나와 멍에 위의 받침대와 결합하는 수평 버팀목에 의해 강화되었다고 암시하고 있다. 이러한 디자인은 다음 그림에서처럼 재구성된다.

청동기시대 전차

### 화병 그림

손잡이와 주둥이가 있는 물주전자는 키프로스에서 출토된 것으로 청동기 시대 도공과 예술가의 작품이다. 전차 장면들이 있는 그리스의 검정색 도안의 화병은 마드리드 고고학 박물관에서 볼 수 있다.

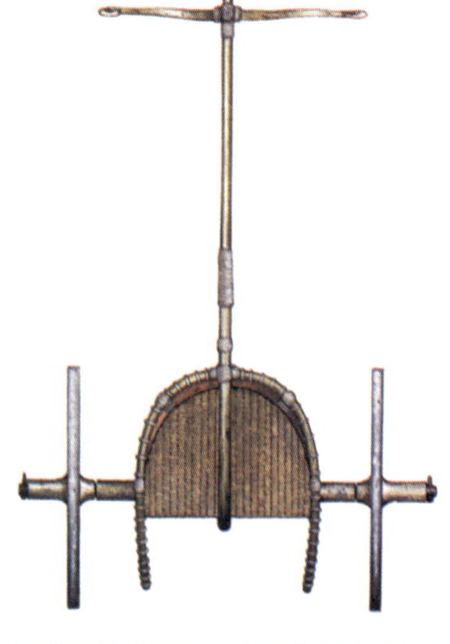

으며, 말들은 황금 이마를 갖고 있었다. 청동으로 된 바퀴 주위는 황금으로 되어 있었고, 바퀴 중앙은 은으로 되어 있었다. 전차를 묘사하고 있는 초기 그림들에서는 대체로 바퀴살이 네 개였지만 헤라의 전차 바퀴살은 여덟 개였다. 이와는 대조적으로 디오메데스 전차의 차축은 금속이 아닌 떡갈나무로 만들어졌다.

멋지게 장식된 헤라의 전차는 신들의 대장장이였던 헤파이스토스가 만든 아킬레우스의 방패를 무색케 할 정도로 화려한 것이었다. 하지만 우리는 여기에서 어떤 면에서는 풍부한 황금과 상감세공으로 이루어진 투탕카멘의 무덤을 닮은 헤라 여신의 의전용 전차에 대한 정확한 묘사에 접하고 있다. 또한 전차는 쇠 가공품들이 처음으로 모습을 드러낸 세계에서 만들어낸 생산품이었다.

## 전투 방식

주지했다시피 보통 호메로스 시대의 전투 지휘관은 전차에서 내려 적에게 다가갔다. 그는 한 개 아니면 두 개의 투척용 창을 휴대했다. 만약 적이 상처를 입지 않았다면, 그는 자신에게 빗발치듯 날아오는 보복용 화살들을 막아내기 위해 방패를 사용했다. 양쪽 편 창 모두가 빗나갔을 경우에 전사들은 즉시 칼로 서로를 공격하거나 아니면 칼을 사용하기에 앞서 무거운 돌이나 작은 돌멩이를 서로에게 던졌던 것 같다. 트로이의 평원이야말로 이렇게 즉시 사용할 수 있는 투척용 무기들에게는 더할 나위 없이 최적의 장소였던 것 같다.

이러한 싸움에서는 상당한 임기응변이 작용했다. 메넬라우스와 파리스가 일 대 일 싸움으로 전쟁을 마무리지으려고 했을 때, 메넬라우스의 칼이 파리스의 투구 깃털 장식에 부딪치어 서너 조각으로 부러졌다. 메넬라우스는 실망했지만 파리스의 투구 깃털 장식

전사 화병(기원전 1200년경). 가죽(?) 갑옷을 입은 병사들은 설사 황금시대의 미케네보다 호메로스의 시대에 더 가깝다고 하더라도 『일리아드』의 전승에서 더 멀리 떨어져 있다.

을 붙잡고 그를 그리스 전선 쪽으로 질질 끌고 가기 시작했다. 따라서 파리스는 투구 끈에 목이 졸려 하마터면 질식사할 뻔했다. 만약 이때 투구 끈을 끊어지게 해준 여신이자 어머니인 아프로디테의 가호가 없었다면, 그는 죽음을 피할 수 없었을 것이다. 파리스가 메넬라오스의 손아귀에서 벗어나는 데 성공했지만, 메넬라오스는 여전히 파리스의 투구를 손에 쥐고 있었다.

전투에 대한 대부분의 묘사들은 중무장한 지휘관들에게 초점을 맞추고 있다. 하지만 엄청난 숫자의 그리스 군대에게 주의가 집중되었고, 트로이 군대는 연이은 왕실 동맹자들의 분견대에 의해 유지되었다. 격렬한 전투 장면에서 우리는 익명의 사상자들뿐만 아니라 익명의 손에서 날아온 수많은 창과 화살들을 볼 수 있다. 군대의 하사관과 병사들은 대형을 갖추고(팔란게스*phalanges*) 싸우는 것으로 묘사되고 있다. 양쪽은 지휘관들의 지휘에 따라 질서 정연하게 정렬되었지만, 전투가 끝난 뒤의 전장은 혼란으로 무질서해지고 피비린내가 진동했다. 적의 전열은 지휘관들 가운데 한 명이 죽었을 때 더 쉽게 무너졌으며, 이것은 완전한 참패로 이어졌던 것 같다. 이때 전차는 도망가는 적을 추적하는 데 유용하게 사용되었다. 하지만 팔란게스라는 단어는–호메로스는 단 한 번 단수형인 팔랑크스*phalanx*를 사용했다–나중 시기의 전투와 관련된 밀집대형을 의미했던 것 같지는 않다. 호메로스 시대의 팔랑크스는 고전기의 팔랑크스처럼 창을 찌르는 무기로 사용하지는 않았다.

그리스 군대의 규율은 대체로 훌륭한 편이었다. 그리스인들은 아마도 그들의 언어와 연성連聲의 어려움 때문에 수다스럽게 재잘거렸던 트로이 사람들과는 다르게 아무 말 없이 조용히 행군했다. 하지만 이와 관련해서 그리스인들의 눈에 띄게 고분고분하지 않는 성격이 언급되어야 한다. 호메로스는 그리스의 지도력에 가시와도 같은 존재였던 테르시테스를 대단히 경멸했다. 그의 선동 행위는 아가멤논과 아킬레우스에게서 볼 수 있었던 교묘한 방식이 아니라 지휘관들을 희생해서 웃음을 불러일으키는 데 있었다. 마침내 오디세우스는 그의 눈에서 눈물이 흐를 정도로 흠씬 두들겨 팼다. 『아이티오피스』에서 아킬레우스는 자신이 전투 중에 죽였던 아마존족의 여왕에 대해 감성적이 되었다. 테르시테스는 아킬레우스가 그녀와 사랑에 빠져있다고 비난했다. 기분이 나빠진 아킬레우스는 테르시테스를 죽이고 말았다.

『일리아드』에서는 설사 활이 창을 보조하는 무기로 묘사되고 있다고 하더라도, 화살이 빈번하게 언급되고 있다. 그리스와 트로이 양쪽의 지휘관들 중 일부는 뛰어난 궁수였다. 그중에서도 특히 트로이 사람들 중에 파리스와 판다로스가 궁수로 유명했다. 그리스인들 중에 테우케르는 『일리아드』에서 적들 중 아홉 명을 활로 쓰러뜨린 최고의 궁수였다. 하지만 다른 귀족 궁수들처럼 그 또한 창과 방패로 백병전을 할 수 있었다. 활시위가 끊어졌을 때 그는 다른 무기들로 재빠르게 무장했다. 『오디세이아』에 따르면 오디세우스는 뛰어난 궁술을 자랑했지만, 트로이 전쟁에서는 매우 특별한 공격 임무가 아니면 활을 사용하지 않았다. 사실 오디세우스는 트로이 원정에 참가했을 때, 활을 집에 두고 왔다.

대체로 호메로스에게서 '훌륭한 창병'은 '훌륭한 투사'와 동일한 의미로 사용된다. 하지만 궁술은 트로이 전쟁에서 중요한 요소였다. 아킬레우스와 파리스는 둘 다 적이 쏜 화살을 맞고 죽었다. 예언에 의하면 전투력을 상실한 채 뱀에게 물린 곪은 상처로 고통을 겪으면서 렘노스 섬에서 오랫동안 괴로운 나날을 보냈던 불운한 그리스인 지휘관 필록테테스의 활 없이는 트로이를 함락시킬 수 없었다. 필록테테스가 다시 전쟁에 모습을 드러냈을 때, 파리스는 죽음을 면치 못했으며 트로이는 함락되었다.

필록테테스 자신은 물론이고 그의 전체 분견대는 능숙한 활 솜씨로 유명했다. 반면에 트로이 쪽에서는 마케도니아에서 온 파이오니아인들이 궁수 부대를 구성했다. 이것과는 별개로 화살이 빈번하게 언급되고 있다는 사실로부터, 궁수들의 숫자가 대단히 많았음을 추론할 수 있다. 그렇다고 화살 모두가 귀족들의 활에서 발사되었던 것은 아니다. 아마도 호메로스가 묘사하고 있는 활이 가장 효능이 뛰어났던 것은 아니라는 점에 주목해야 할 것 같다. 그 활들은 가장 효과적인 방식으로 사용되지도 않았다. 활 그 자체는 가운데 부분에서 결합된 두 개의 굽은 뿔로 만들어진 합성식이었다. 활시위는 중세 영국의 큰 활처럼 귀에 못 미친채 궁수의 가슴까지만 끌어당겨졌다. 화살의 유효 사거리는 창을 월등하게 능가하지는 못했던 것 같다.

### 그리스의 전략과 포위공격전

운문 형태의 전설에 관한 서사 문학에서는 트로이 사람들의 동맹자인 에우리폴로스가 죽은 뒤에 그리스인들이 "트로이를 포위공격했다"고 말하고 있다. 이것이 의미하는 바가 무엇이든 전쟁의 처음 9년 동안 트로이를 굶주림으로 항복시키려고 시도했다는 기록은 없다. 사실 트로이에 증원군이 계속 도착했으므로 그러한 시도는 성공 가능성이 전혀 없었을 것이다. 트로이 진영 어디에서도 성벽이나 성벽으로 둘러싸인 참호는 없었다. 반대로 그리스인들은 그들의 진영과 해안가로 끌어올린 배를 지키기 위해, 해안가에 도랑을 파고 성벽을 세워야 했다. 아킬레우스와 그의 병사들이 철수한 뒤, 헥토르는 그리스 진영을 맹렬히 공격해 성벽을 꿰뚫고 들어가 그리스 함대에 불을 지르는 것을 목전에 두고 있

었다. 이러한 위기의 순간
에 파트로클로스가 아킬레
우스의 갑옷을 입고 아킬레
우스의 병사들을 지휘해 그
리스를 구해냈다.

아킬레우스가 전쟁에
복귀한 뒤에 그리스인들은
재차 공세를 취했다. 전승에
의하면 트로이를 힘이나 속
임수 중에 어떤 방식으로 무너뜨릴지의 문제로 아
킬레우스와 오디세우스 사이에 논쟁이 벌어졌다고

키프로스에서 출토된 페니키아의 은 그릇(기원전 7세기). 『일리아드』 최초
의 문어 판들과 동시대로 추정되는 포위공격 그림으로서 우리들의 특별한
관심을 끈다. 페니키아의 한 도시가 공격받고 있는 모습이 보인다.

한다. 트로이 전쟁의 두 영웅은 각각 자신의 성격과 능력에 따라 의견을 제시했다. 아킬레우
스는 자신의 방식대로 트로이 서쪽의 스카이아 성문을 격렬하게 공격했으며 그곳에서 장렬
하게 전사했다. 결국 트로이가 목마의 책략으로 점령당했을 때, 속임수로 트로이를 무너뜨
려야 한다는 오디세우스의 제안이 옳았음이 입증되었다.

굶주림으로 트로이를 항복시키려는 시도는 행해지지 않았을 뿐더러 성벽에 대한 공격
도 전혀 이루어지지 않았다. 아킬레우스의 마지막 공격은 트로이의 성문들 중 하나로 향해
졌다. 그리고 이것은 또한 일찍이 트로이 사람들이 그리스의 진지를 공격했을 때, 진지의 성

화병에서 그리스의 범선을 볼 수 있다(기원전 520년경). 전함들과
는 다르게 상선들은 돛에 의존했다. 그들에게는 기동성이 요구되
지 않았으며, 노잡이들은 화물칸을 차지하곤 했다.

문을 통해서 공격해 들어왔다는 점을 상기시켜 준다. 헥토르 자신은 육중한 돌로 성문을 지탱하고 있었던 경첩과 기다란 빗장을 부러뜨려 성문을 박살냈다. 동시에 그는 전차들을 잠시 도랑의 가장자리에 남겨둔 채 걸어서 성벽을 공격하라고 명령했다. 지휘관 한 명이 그의 명령을 무시하고 바닷가에 올려진 배들의 좌측에 열려진 성문으로 도망가는 적을 추격하려고 했다. 하지만 성문은 잘 방어되었으며 공격은 성공하지 못했다. 한편 리키아의 지도자인 사르페돈이 총안이 있는 흉벽의 일부를 부수는 데 성공했다고는 하지만, 성벽에서의 전투 결과는 불확실한 채로 남았다. 결국 진지 밖으로 밀려났던 공격자들이 도랑 위로 밀어닥쳤으며, 이 과정에서 미리 성안으로 들어와 도랑의 가장자리에서 대기하고 있었던 수많은 전차들이 처참하게 파괴되었다.

이러한 사실들로부터 호메로스 시대의 그리스인들이 실제로 포위공격에 대해 아는 바가 전혀 없었을 것이라고 추론할 수 있다. 이와는 대조적으로 구약성경에서는 동방 민족들이 도시를 굶주리게 하는 것은 물론이고 요새를 공격할 수도 있었다고 전하고 있다. 요새화된 진지를 공격하는 데 트로이 사람들이 그리스인들보다 더 탁월한 기량을 발휘했다고 추론할 수도 있을 것이다. 이러한 공격술은 아마도 트로이 사람들이 동방과의 접촉으로 전수 받았던 것 같다. 하지만 그리스 군대가 일시적으로 주둔한 군사 진지의 성벽을 예전부터 그 자리에 견고하게 세워져 있었던 트로이의 성벽과 비교하는 것은 애초부터 잘못된 것일지도 모른다.

### 호메로스 시대의 배

『일리아드』에서 헥토르가 공격 대상으로 삼았던 배들은 가볍게 만들어졌으며, 쉽게 바다에 띄워졌고, 쉽게 부서졌으며, 그리고 다시 쉽게 띄워졌다. 트로이의 공격으로부터 그리스의 배들을 보호하기 위해서 아가멤논은 서둘러 노를 저어 바다로 빠져나가는 작전을 구사했다. 하지만 그러한 비상시 기동작전의 실제 가능성은 문제가 되지 않았다.

호메로스 시대의 배는 마룻줄에 매달린 하나의 활대에 돛 하나를 달고 있었다. 이물(뱃머리)과 고물(선미)에는 갑판이 깔려 있었지만, 배의 한 가운데 공간은 노잡이들의 노 젓는 자리로 채워져 있었다. 오디세우스는 파이아키아인의 배에서 갑판 아래가 아닌 편평한 표면 위 고물에서 잠을 잤다. 아래 쪽 갑판은 없었다.

이미 호메로스 시대에 상선은 전함과 구조가 달랐다. 상선에 대한 언급들을 종합해볼 때, 비교적 폭이 넓게 만들어졌음을 알 수 있다. 그리고 상선에는 보통 20명의 노잡이가 있었다. 수송선이기도 했던 전함들은 꽤 많은 수의 병사들을 수송했다. 노잡이들은 대부분 전투병이었음에 틀림없으며, 보통 전함에서는 고전기 그리스의 전함에서 처럼 노잡이들과 전함에 배속된 병사들 사이에 구별이 전혀 없었던 것 같다. 필록테테스의 일곱 척 배의 노잡이들은 지휘관처럼 모두 숙련된 궁수들이었다. 반면에 아가멤논은 내륙 지역인 아르카디아의 분견대에 배를 제공했다. 왜냐하면 아르카디아인들은 항해민족이 아니었으며, 배 또한 소유하고 있지 않았기 때문이었다. 아르카디아인들에게는 노 젓는 일을 시키지 않았던 것 같다.

아킬레우스는 50척의 배로 트로이를 향해 항해했으며, 각각의 배는 50명의 병사들을 수송했다. 호메로스의 이야기는 50명의 노잡이들을 일일이 열거하지 않는다. 보이오티아 분견대의 배들은 각각 120명의 병사를 수송했다. 그들 모두가 노잡이들이었던 것 같지는 않다. 만약 그들이 노잡이였다면, 그들은 틀림없이 교대로 노를 저었을 것이다. 여하튼 노잡이들의 숫자가 총 승선인원과 항상 일치했었을 리는 없다. 오디세우스는 항해 후반기에 잃었던 사상자들은 말할 것도 없이 트로이의 옛 트라키아 동맹자인 키코네스인들과의 싸움에서 각각의 배에서 여섯 명의 병사를 잃었다. 만약 노잡이들이 모두 전투병이었다면, 사상자들이 예상될 수 있었을 것이다. 따라서 똑같은 배가 항상 똑같은 숫자의 노로 추진되었을 리는 없다.

전함은 주로 해안 도시를 공격하고 연안 지역을 습격하는 데 사용되었던 것 같다. 정확히 말하면 그리스인들과 트로이인들 사이에 어떤 해상 교전이 이루어졌다는 기록은 전혀 없다. 하지만 호메로스 시대에 분명히 해전은 이루어졌으며, 그리스 배들은 그러한 전투를 위해 장비를 갖추고 있었다. 트로이인들이 해안의 배를 공격했을 때, 그리스인들은 해전에서 사용된 기다랗고 마디가 있는 미늘창으로

기원전 702년 페니키아를 방문하는 센나케리브를 보여주는 프리즈(소벽)에 나타난 페니키아 전함. 아시리아와 페르시아 제국이 번갈아 페니키아 도시들로부터 해군을 징집했다.

트로이인들과 맞섰다. 아약스가 휘둘렀던 미늘창은 길이가 22큐빗(대략 36피트, 11미터)에 달했다.

트로이인들은 상당한 규모의 상설해군을 유지했던 것 같지는 않다. 파리스가 세상에서 가장 아름다운 신부를 찾아서 그리스로 항해했을 때, 특별한 선박건조 프로그램에 착수했다고 한다. 적어도 그것은 전설적인 시인 호메로스가 전하는 이야기이다. 아마도 트로이인들의 해상 동맹은 본토 그리스의 해상 동맹에 필적하는 해군을 소유하고 있었던 것 같다. 여하튼 트로이의 배들은 트라키아 동맹자들을 헬레스폰토스 해협을 가로질러 수송했었음에 틀림없다.

## 첩보와 기습작전

방금 앞에서 언급했던 트로이를 방어하기 위한 트라키아 원정대는 불운했다. 트라키아의 지도자인 레소스 왕은 트로이 평원에서 첫날밤을 넘기지 못했다. 이 이야기는 『일리아드』 제10권에서 전해지고 있다.

문제의 그날 밤 트로이인들은 그들의 도시 앞 평원에 배치되어 그리스 진지에 공격을 감행할 태세를 취했다. 그들은 이제 성벽 안으로 후퇴하는 문제로 더 이상 시달리지 않았고, 그들의 횃불은 어느 곳에서나 볼 수 있었다. 그리스인들이 긴장하고 불안해하는 기색이 역력했다. 의사소통이 가능한 포로가 필요했다. 그를 통해서 적의 의도가 무엇인지 즉시 알아낼 수 있었을 것이다. 이러한 첩보를 얻기 위해서 오디세우스와 디오메데스가 극도로 위험한 야간정찰에 자원했다.

운 좋게도 헥토르 또한 그리스 진지의 상황에 대한 첩보를 얻고자 돌론이라는 트로이인 첩자를 보냈다. 오디세우스와 디오메데스는 어둠 속에서 돌론과 마주쳤다. 그들은 돌론을 추격끝에 붙잡아 첩보를 얻어낸 뒤 죽였다. 그들은 다른 유용한 첩보 이외에도 레소스 왕의 위치와 도착한 지 얼마 되지 않은 트라키아 동맹자들에 대해서 알게 되었다. 트라키아 동맹자들이 그들의 목표가 되었다. 돌론에게서 얻어낸 첩보에 따르면 트로이 인들은 그들의 동맹자들이 자고 있는 동안에 망을 보고 있었다. 그의 첩보는 사실로 들어났다. 오디세우스와 디오메데스는 레소스 왕을 둘러싸고 있었던 트라키아인들 중 12명을 죽였으며, 마지막으로 레소스 왕을 죽이고 그의 멋진 트라키아산 말들을 쫓아버렸다. 그리스 진지로 돌아오는 길에 피로 얼룩진 돌론의 무기와 장비를 수거했다. 그리고 그들이 지나온 길을 표시하기 위해서 위성류(식물의 일종) 덤불 위에 그것들을 매달아 놓았다.

기원전 1500년경 테라 섬이 지진으로 파괴되었다. 폐허들 중 한 곳에서 나일 강의 작은 배들을 생각나게 하는 고대의 배들을 그린 벽화가 발굴되었다.

『일리아드』의 그 밖의 다른 구절에서 묘사 되고 있는 무기와 장비가 제10권에서 묘사되는 것들과 차이가 나고 있는 이유에 대해 학자들은 돌론과 레소스 왕의 이야기가 중간에 끼워 넣어진 것 때문이라고 생각했다. 야간 기습

## 초기 그리스의 배

### 펜테콘테르 Pentekonter

길이: 약 65피트(약 20미터)
들보: 약 3.5피트(약 1미터)
흘수: 약 2.5피트(약 0.8미터)
승무원: 선장, 북치는 사람, 노잡이 50명, 키잡이, 4~5명의 갑판 승무원

호메로스가 언급하고 있는 '50개의 노를 가진 배'(펜테콘테르)는 반드시 트로이의 함락과 동시대에 있었던 것은 아니고 기원전 800년경 그가 살았던 시기에 시작된 것 같다. 그 원형은 전함 카누와 청동기시대 가죽으로 덮인 작은 배이지만, 이들 배는 상당히 진보한 것이다. 펜테콘테르는 주로 소나무로 만들어졌으며 나중에 늑재가 삽입된 외판을 포개지 않고 맞대어 붙인 압축된 가죽으로 덮인 다양한 길이의 부재들로 구성되었다. 노를 지탱하고 더 많은 지레장치를 만들기 위해서 두 개의 뼈대가 뱃전으로 이어졌다. 돛대와 돛은 장거리 항해를 위해 사용되었지만 전투가 시작됨과 동시에 해안가에 남겨졌다. 왜냐하면 여분의 무게가 배의 속도를 늦추었을 뿐만 아니라 배의 안정감을 약화시켜 기동성을 떨어지게 만들고 충각으로 들이받는 공격에 더 취약하게 만들었기 때문이다. 고물(선미)에 매어 있는 두 개의 커다란 노 아니면 짧은 노는 조타용으로 사용되었다. 나중에 이것들이 비대칭을 이루게 되면서 방향을 바꾸기가 더 쉬워졌다. 펜테콘테르는 식량과 물을 저장하는 작은 방과 함께 노잡이들로 채워진 갑판이 없는 작은 배에 불과했으므로 보통 밤마다 해변에 끌어 올려졌으며 결코 해안에서 멀리 벗어날 엄두를 내지 못했다. 전투 중에 배들은 그들의 충각으로 들이받아 서로에게 치명적인 상처를 입히거나 그렇지 않으면 상대방의 배에 올라타려고 시도했다. 당연히 커다란 배가 유리했다. 따라서 20개와 30개의 노를 가진 갤리선에서 50개의 노를 가진 갤리선으로 급격한 성장이 이루어졌다. 이것들과 함께 일단 노를 갖춘 배들이 크기에서 실질적인 한계에 도달했다.

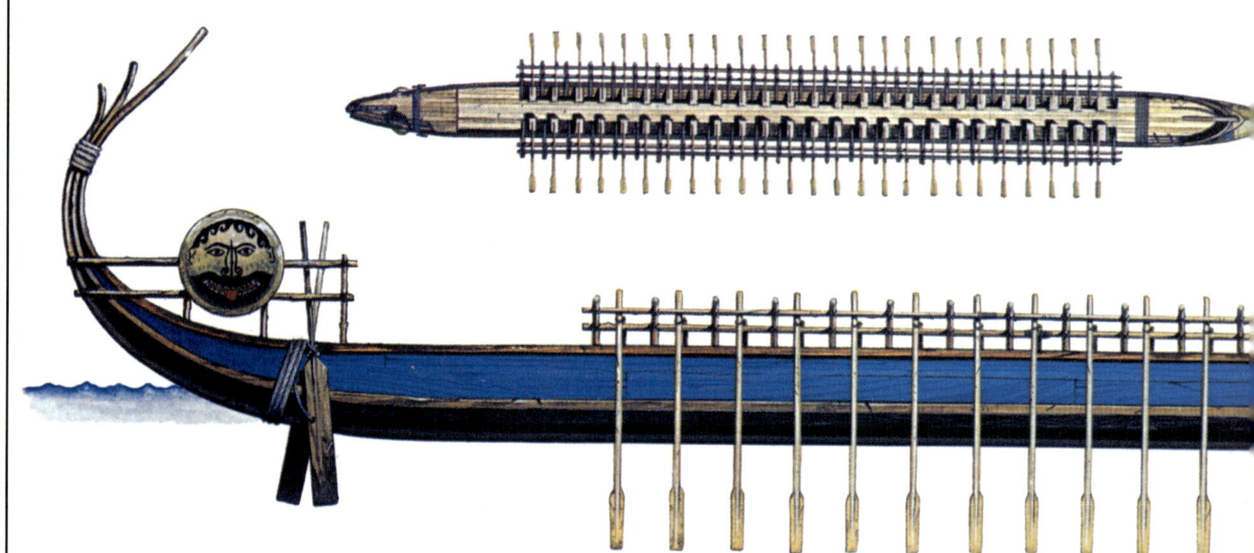

을 위해 디오메데스는 깃 장식이 없는 가죽 투구를 썼으며, 반면에 오디세우스는 수퇘지의 엄니로 장식된 가죽과 펠트로 만든 모자를 쓰고 활 하나와 여러 개의 화살이 들어있는 화살통을 빌렸다. 하지만 이것이 예외적인 경우였음을 잊어서는 안 된다. 이러한 종류의

### 2단 노선 Bireme

일단 길이가 실질적인 한계에 도달하자 힘(노 젓는 사람들)을 증대시키는 방법은 노잡이들을 높이를 달리해서 앉히는 것이었다. 기원전 700년경의 페니키아의 2단 노선이 최초의 것이다. 그림에서 볼 수 있는 유형은 나중에 해적들이 사용했던 것으로 헤미올리아(hemiolia),즉 1과 1/2이라고 불렸다. 이것은 위층의 뒤쪽에 14명(양 옆에 각 7명)의 노잡이들이 갑판 승무원처럼 행동했기 때문이다. 따라서 배는 돛과 1과 1/2단 노로 이동할 수 있었다. 이렇게 해서 속도와 지구력이 결합되었다. 접근하자마자 돛대는 부딪치게 될 것이고 마지막 접근을 위해 모든 노에 사람이 배치될 것이다. 돛의 사용으로 2단 노선은 노만으로 움직이는 전함을 앞지를 수 있게 되었다. 나중에 로도스의 해군은 트리에미올라(triemiola), 즉 2와 1/2이라고 불렸던 해적 포획선을 고안했다. 이것은 또한 '빨리 펼 수 있는' 돛대를 갖춘 일종의 3단 노선이었다.

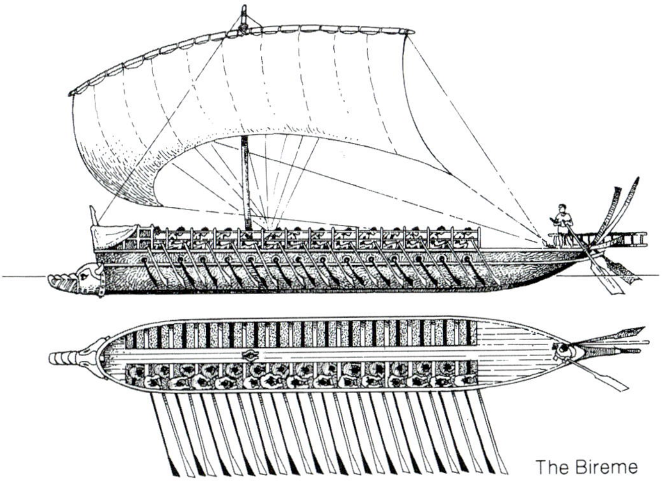

The Bireme

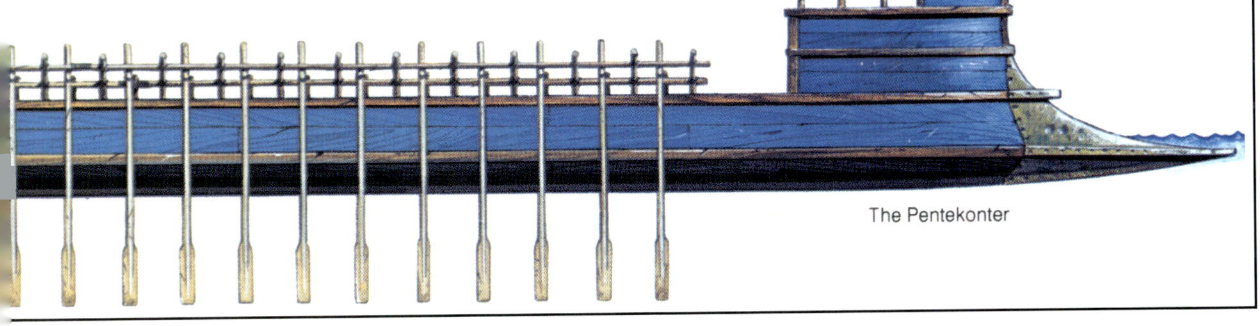

The Pentekonter

야간 작전을 수행하기 위해서는 트로이의 횃불 불빛에 번쩍일 수 있는 놋쇠로 만든 갑옷을 착용해서는 안되었다.

　전차와 전차의 사용에 관한 정보 또한 이 이야기에서 확인될 수 있을 것이다. 레소스 왕뿐만 아니라 그의 모든 부하들도 전차를 소유했다. 한때 디오메데스는 레소스 왕의 전차를 손으로 끌거나 아니면 심지어는 값비싼 갑옷이 들어있는 전차를 팔로 들어올리려고까지 생각했다. 디오메데스의 엄청난 힘을 인정한다 하더라도, 이것은 트라키아의 전차들이 매우 가볍게 만들어졌음을 짐작케 한다. 돌론의 첩보는 트라키아인뿐만 아니라 그 밖의 트로이동맹자들에 대해서도 언급했다. 게다가 그는 프리기아인과 마이오니아인을 전차에서 싸우는 투사이자 전차 소유자라고 말했다. 트로이 동맹자들 사이에서 전차는 전적으로 귀족의 특권이었던 것 같지는 않다. 일부 분견대에서는 전차 한 대와 말 두 필이 기본적인 장비에 해당되었던 것으로 보인다. 『일리아드』 제2권에서 묘사되고 있는 트로이 동맹자들에 대한 설명에서는 이것에 대한 암시가 전혀 없다. 하지만 그러한 해석은 나중에 그리스 진지에 대한 공격에서 전차가 수행했던 눈부신 역할과 잘 부합된다.

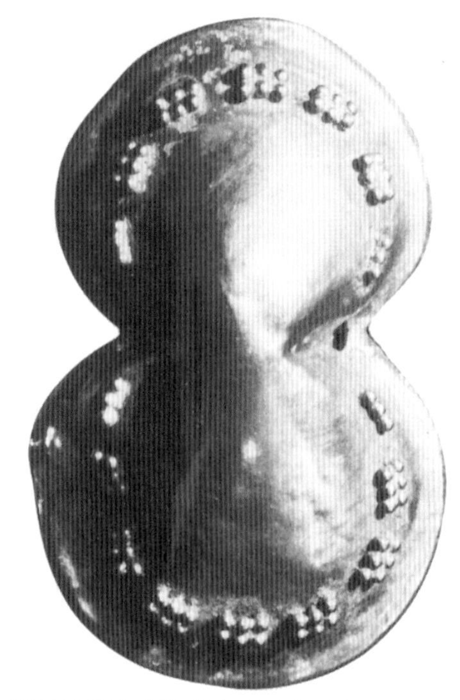

장식용 모형 방패. 미케네의 8자 모양 방패는 여러 형태의 디자인과 장식에 모티프를 주었다.

## 고고학적 증거

　오디세우스가 야간 작전에서 착용했던 수퇘지의 엄니로 장식된 가죽과 펠트로 만든 모자에 대해서는 고고학적 발굴을 통해 놀라울 정도로 많은 증거가 제공되었다. 물론 펠트와 가죽은 썩기 쉬운 재료이지만, 썩어 없어진 모자들에서 수퇘지 엄니의 잔해가 발견되었다.

　이제 고고학적 입증이라는 전체적인 문제에 들어가 보자. 19세기 후반부에 최초로 슐리만이 그리고 나중에는 다른 고고학자들이 호메로스의 시에서 세상에 널리 알려졌던 많은 지역들을 발굴했다. 그 결과 『일리아드』와 『오디세이아』에서 묘사되는 이야기들과 놀라울 정도로 부합되는 고대 문명의 유적들이 세상에 모습을 드러내기 시작했다. 세상을 놀라게 한 황금 보물과는 별개로 슐리만은 미케네 전사들의 무덤에서 청동제 무기들을 발견했다. 이들 미케네 무기들 중에 특별히 눈에 띄는 것은 가볍고 가느다란 긴 칼날이었다. 이 칼날을 다른 재료로 만들어진 자루에 끼우기 위한 슴베가 있었지만, 너무나 약해서 충격에 쉽게 부러졌다. 하지만 이러한 종류의 칼이 자루에서 부러지는 것은 『일리아드』의 메넬라오스의 경우처럼 칼이 산산조각 나는 것을 막아주곤 했다. 하지만 다른 유형의 더 짧은 칼 또한 동일한 시기의 무덤에서 출토되었다. 여기에서 슴베는 구체적으로 테두리가 붙여진 자루로 발전했으며, 한결 디자인이 개선되었다. 고고학자들은 이들 무기가 보통 호메로스의 트로이로 확인된 소아시아 히사를리크 언덕의 고대 도시가 몰락했던것 보다 적어도 300년 앞선 기원전 17세기에서 15세기에 걸친 시기에 사용된 것으로 추정하고 있다.

초기 미케네 시대의 무덤에서 창끝은 칼보다 덜 흔하게 볼 수 있다. 아마도 그것은 창끝이 죽은 자를 위해 남겨두기에는 살아있는 사람에게 너무나 값진 것이었기 때문이었던 것 같다. 현존하는 창끝은 크기가 상이하다. 커다란 창끝은 무겁고 분명히 찌르는 무기로 사용되었을 것이다. 하지만 상대적으로 작은 창끝은 투척용 창 손잡이에 잘 맞았던 것 같다.

슐리만은 미케네에서 수퇘지 엄니의 조각을 발견했지만 금속제 투구는 하나도 발견하지 못했다. 미케네의 황금 가슴받이는 아름답기는 하지만 부러지기 쉬웠던 것으로 보아 틀림없이 장식용으로 만들어졌을 것이다. 미케네에서 부싯돌과 흑요석으로 만든 수많은 화살촉이 발굴되었다. 그 재료가 그리스 본토에서 흔하게 볼 수 없는 재료였던 것으로 미루어 볼 때, 수입되었던 것으로 짐작된다. 특히 상감 처리된 미케네의 단도 날에서 방패의

미케네에서 출토된 이 상감 단검에서는 거대한 방패들을 가진 사자 사냥꾼들을 볼 수 있다. 『일리아드』에서 그러한 방패들에 대한 묘사는 구전에 의해 호메로스를 미케네의 과거와 연결하는 것처럼 보인다.

모습이 발견되었다. 그런 방패들은 황소 가죽으로 만들어졌던 것으로 보이며, 두 가지의 디자인, 즉 직사각형의 탑 모양 방패와 폭이 좁고 몸통 부분이 잘록한 8자 모양의 방패가 눈에 띈다. 두 가지 모두는 커다랗고 길어서 방패를 든 병사들을 턱에서 발목까지 방어해 줄 수 있었다. 직사각형의 탑 모양 방패는 『일리아드』에서 묘사된 아약스의 방패를 연상케 한다. 심지어 8자 모양의 방패조차 호메로스가 방패에 사용했던 '원형의' 아니면 '균형이 잡혀 완벽한' 이라는 별칭에 적합했던 것 같다. 결국 그 방패는 두 개의 인접한 볼록 원의 모습을 하고 있다.

**미케네와 크레타**

후기 미케네 문화의 발전은 아서 에반스 경의 크레타 발굴에서 드러났다. 이 단계는 일반적으로 '궁정 시기'로 알려지고, 무기들은 종종 최초 디자인에서 볼 수 있었던 결함을 보완한 것으로 초기의 것들이 구조적으로 개선되었음을 알 수 있다. 무기가 발견되었던 곳은 귀족 전사들의 무덤이었던 것 같다. 이것들로부터 『일리아드』의 영웅들을 연상해내기란 그리 어렵지 않다. 하지만 이 시기에 나타난 하나의 주목할 만한 변화는 청동제 갑옷과 투구의 발전이다. 화살촉은 흔히 부싯돌, 흑요석 그리고 청동으로 만들어졌다. 크레타의 궁

에게 문명 후기 청동기시대의 다른 요새지들처럼 미케네도 바위로 된 언덕 위에 있는 키클롭스 성벽에 의해 방어되었다. 호메로스에게서 미케네는 아가멤논의 도시였다.

정 문화와 관련된 철갑 갑옷과 투구 그리고 다른 갑옷과 투구들에 대한 단편적인 증거들이 그리스 본토에서도 발견되었다. 그것들은 중세 기사의 철갑 갑옷에서 볼 수 있는 청동제 어깨 조각과 목 가리개를 특징으로 하고 있었다. 그러한 갑옷과 투구들은 무거웠으며, 이로 인해 기동성이 현저하게 약화 되었을 것이다. 『일리아드』의 영웅들이 보여주었던 민첩성은 무거운 갑옷과 투구의 사용과는 전혀 부합되지 않는다. 게다가 무거운 갑옷과 투구는 아마도 기원전 1450~1350년으로 거슬러 올라간다.

또한 고고학자들은 후기 미케네 문명의 특징을 덜 화려하고 더 작은 무기들에서 찾고 있다. 영웅시대가 지나간 뒤에 병기공들은 몇 안 되는 귀족들이 아니라 대단히 많은 평민들을 위해 무기를 만든 것으로 생각된다. 동시에 미케네 문명은 보다 광범위하게 확산되어, 그것의 특징적인 문화가 서쪽으로는 멀리 시칠리아와 리파리 제도諸島에서 그리고 동쪽으로는 멀리 키프로스와 시리아 해안에서 발견된다. 원료를 절약하고 비용을 줄여 더 많이 그리고 더 조잡하게 만드는 경향은 오늘날의 산업에서도 그 비슷한 모습을 찾을 수 있을 것 같다. 하지만 제조된 무기들은 설사 덜 화려하더라도 더 효과적이었던 것 같다. 미케네 시대 전 기간은 대략 기원전 2000~1000년의 후반부에 걸쳐 있다.

## 그림과 문서

고고학자들이 고대의 문서를 발견해서 해독할 때, 선사시대였던 시기로 거슬러 올라가 역사시대를 확대한다. 이것은 미케네 문명과 관련해서 나타났다. 그 시기의 문서 기록들은 미케네 문명과 관련해서 여러 유적에서 발견되었다. 설사 그리스어가 그리스 알파벳 문자로 씌어져 있지 않다고 하더라도, 이들 문서 기록은 그리스어로 기록되어 있다. 사용된 고어체 원본은 고고학자들이 '선문자線文字 B'라는 이름으로 분류했던 것이다.

슐리만의 연구에 뒤이어 아서 에반스 경은 크레타의 크노소스에서 '선문자 B'로 씌어진 것으로 생각되는 다량의 구워 말린 진흙 서판을 발견했다. 하지만 그 원본은 당시에 해독하지 못했으며, 그리스어로 생각되지 않았다. 이들 서판에서 종종 오늘날 고속도로 휴게소를 안내하는 도표 그림에 필적하는 그림문자들을 볼 수 있다. 이들 그림문자는 문서 기록들을 보충하고 게다가 문서 기록들에 대한 복잡한 해독과정에 도움을 주었다.

불행히도 어떤 역사 기록도 이제까지 발견되지 않았다. 진흙 서판은 주로 회계와 재산 목록에 대한 기록이다. 하지만 현재 우리의 흥미를 끄는 것은 이들 서판 중 상당수가 크노소스 왕궁 병기고의 목록에 대해 언급하고 있다는 점이다. 전시에 사용하기 위해서 보관된 전차들의 숫자는 수백 대에 달했다. 또한 전차들의 모습은 분명히 전투장면을 묘사하고 있는 것으로 보이는 얇은 돋을새김으로 조각되어 있다. 미케네인들이 일찍이 말을 타고 다녔다는 증거는 어디에도 없다. 단지 귀족 지배자들의 개인 재산이 아니라 군대에 제공된 기본적인 지급품으로 보이는 전차들의 증거를 찾는 것은 흥미로운 일이기도 하다. 전차는 분명히 체계적인 방식으로 보관되었을 것이다. 기록들에 따르면 전차의 차량은 보통 바퀴들과 분리해서 쌓아올려졌거나 아니면 심지어 더 작은 부분으로 해체되어 보관되기도 했다. 크레타의 크노소스 정부가 행했던 것처럼 전차를 타고 싸우는 것은 호메로스가 전하고 있는 것보다 훨씬 더 고도로 조직된 전투 방식이었음에 틀림없다. 동시에 평화 시의 군대가 대체로 전투가 한창일 때보다 더 조직된 모습을 나타낸다.

전차들과는 별개로 진흙 서판들은 여러 종류의 무기와 갑옷에 대한 정보를 제공한다. 일부 그림문자들은 다른 것들보다 더 사실적이다. 하지만 이러한 그림문자들조차도 해석의 어려움에 직면한다. 예를 들어서 칼과 단도를 쉽게 구분할 수 없다. 호메로스에게서 보통 칼을 의미하는 그리스 단어조차도 미케네 문맥에서는 단도를 포함해서 특히 찌르는 무기를 가리키는 것으로 생각된다. 몸을 보호하는 덮개처럼 묘사하기가 더욱 어려운 물건들은 고고학자들에게 훨씬 더 커다란 문제를 제기한다.


## 성채


현재 프리아모스의 트로이로 확인되는 파괴된 도시는 고대 트로이가 세워졌다고 전해지는 소아시아 북서쪽의 히사를리크 언덕에서 슐리만이 최초로 발굴했다. 그곳에는 불과 폭력으로 파괴되었던 흔적이 남아 있으며, 초기 도시들의 잔해 위에 서 있다. 이 초기 도시들 중 하나는 지진으로 파괴되었던 것 같다. 그리스 전설에 따르면 트로이는 일찍이 헤라클레스에 의해 파괴되었다고 한다. 이야기에 따르면 바다는 물론이고 지진까지 관장했던 포세이돈 신이 그 재난에 책임이 있었다. 고고학은 이 유적에서 거대한 성벽의 존재를 확인하고 있

트로이의 성벽과 망루의 기단부. 전승에 의해 호메로스의 트로이가 있었던 장소인 히사를리크 언덕에서 그들의 조상들의 폐허에 도시들이 잇따라 세워졌다.

다. 이것은 고대의 전승을 뒷받침하고도 남음이 있다.

또한 고고학적 증거에 따르면 불탄 도시 트로이는 그리스 본토의 미케네와 동시에 번영을 구가했다. 미케네처럼 미케네의 다른 유적들에서도 거대한 성벽이 축조되었음을 알수있다. 이러한 성벽들은 '키클롭스 성벽'으로 알려진 방식으로 지어졌다. 왜냐하면 고졸기의 그리스인들은 이 성벽들이 전설적인 거인족 키클롭스의 작품이었다고 생각했기 때문이다. 키클롭스 성벽은 대충 깎은 거대한 돌을 겹쳐 쌓아올려 만들어졌다. 그리고 이들 거대한 돌의 불규칙한 외형 때문에 생길 수밖에 없는 빈틈을 메우기 위해 더 작은 돌들이 끼워 넣어졌다. 하지만 출입구 가까이에는 큰 돌덩이들이 사각을 이루면서 옆으로 줄지어 놓여 있었다.

이런 식으로 출입구를 다른 곳과 구별하면서 미케네의 건축가들은 단지 외관에만 주의를 기울였던 것 같다. 하지만 또한 그들은 보다 견고한 방어벽을 마련하기도 했던 것 같다. 고대의 전설에 따르면 도시를 습격한다는 것은 도시의 성문을 습격하려는 것을 의미했다. 미케네에서는 능보가 주요 성문 가까이에 톡 튀어나와 있다. 그곳에서 출입구에 있는 적을 향해 투석무기를 비스듬히 발사할 수 있었다. 호메로스의 증언에 따르면 아킬레우스는 트로이의 스카이아 성문을 공격하는 도중에 죽었다. 그보다 나중의 전설에서는 그가 발뒤꿈치에 화살을 맞고 죽은 것으로 전해졌다. 그러한 이야기를 전했던 사람들은 아킬레우스를 죽게 했던 치명적인 화살이 분명히 측면 아니면 후방에서 날아왔을 것으로 상상했다.

출입구 측면에 세워진 능보는 미케네의 성채들이 있는 그 밖의 다른 곳에서 발견될 수 있다. 이것은 전적으로 초기의 공격 전술에 대한 문학적 증거와 부합된다. 트로이 전쟁보다 한 세대 일찍 일어났던 것으로 알려진 테베 전쟁에서, 테베에 대한 공격을 이끌었던 일곱 명의 지휘관들은 각각 그 도시의 일곱 개 성문들 중 하나를 골라서 공격했다. 일곱 명의 지휘관들 모두가 공격에 성공하지 못했고, 여섯 명은 죽었다.

## 결론

고고학적 이야기들을 호메로스 세계의 문학적인 그리고 전설상의 이야기들과 비교할 때, 차이점뿐만 아니라 주목할 만한 유사점 또한 발견된다. 따라서 호메로스의 서사시를 역사적 허구의 영역으로 파악하는 것은 정당해 보인다. 이들 서사시에 역사의 지위를 부여할 수는 없다. 눈에 띄는 시적 가치는 그 자체로 역사가에게 장애물이다. 왜냐하면 시인은 기억된 또는 기록된 과거의 말라빠진 시체들에 자신이 살고 있는 시대의 생명력을 불어넣으려고 노력하기 때문이다. 시인은 과거와 자신의 즉각적인 경험의 세계를 융합시키려고 노력하면서 어쩔 수 없이 시대착오를 범하게 된다.

아서왕과 원탁의 기사 이야기가 비교할만한 실례를 제공한다. 전설에 의하면 이 이야기는 유럽의 암흑시대인 중세로 거슬러 올라가는 로마령 브리타니아 왕의 무훈에 근거한 것이라고 한다. 하지만 아서와 그의 기사들은 갑옷을 입고 중세 기사도 시대의 프랑스 기사들의 행동을 보여준다. 이러한 다양한 요소들에 덧붙여 아서왕의 기사 이야기에서 로마 시대 이전의 이교도인 켈트족의 역사와 종교에서 유래된 요소들을 쉽게 감지할 수 있다. 이러한 제설복합주의는 전통적인 서사시적 작품들에서 자주 발견될 수 있다.

역사적으로 중요한 한 시기의 희곡에서조차 거의 비슷한 과정이 감지될 수 있을 것이다. 우리는 셰익스피어가 『율리우스 카이사르』에서 시계와 책을 언급했다는 이유로 그를 비난하지 않는다. 그리고 20세기에는 이 점에서 시인의 자유를 옹호하기라도 하듯, T. S. 엘리엇이 역사적으로 중요한 하나의 주제를 다루면서 의도적으로 시대착오를 끌어들였다.

과거 시대를 묘사하는 호메로스나 그 밖의 다른 시인들이 역사를 전해줄 것으로 기대하는 것은 문학의 본질을 잘못 이해하는 것이다. 하지만 그 상황은 우리의 관심을 끈다. 서사시적 작품들에는 종종 역사의 요소들이 있을지도 모른다. 왜냐하면 시인은 자신의 역사를 꾸며내기 위한 시간은 물론이고 인내심도 가지고 있지 않기 때문이다. 하지만 외부의 증거로부터 도움 받지 않고서는 설사 우리가 역사와 허구를 둘 다 현존하는 것으로 확

티린스에 있는 거대한 문루 성채. 호메로스의 시를 통해 에게 문명 청동기시대의 문루들이 공격자들의 주요 목표물이었음을 알 수 있다.

신한다고 하더라도, 역사를 허구와 구별하기란 불가능하다. 어떤 면에서 아무리 고고학의 증언이 다른 것과 비교가 안 될 정도로 생생하다고 하더라도, 고고학은 비문이나 영속성을 갖는 어떤 재료 위에 씌어진 글의 형태로 역사를 나타낼 수 있을 때에만 문서로 전해지는 전승의 대체물이 된다.

학자들은 여러 해 계속해서 호메로스가 묘사한 것들을 그리스와 에게 해 지역에서의 고고학적 발견들과 관련시키고 싶은 유혹을 받아왔다. 왜냐하면 많은 경우에 문학적인 증거가 고고학적 증거와 긴밀하게 일치하기 때문이다. 하지만 두 가지가 현저하게 일치하지 않는 경우도 있다.

고고학과는 별개로 호메로스 서사시가 씌어진 시기에 관한 논의는 의미상의 난관에 직면한다. 작시법이라는 것이 무엇을 의미하는가? 시적 관점에서 보면 셰익스피어가 키드누스 강에서 안토니우스와 클레오파트라가 만나는 장면을 묘사한 것은 셰익스피어의 작시법이다. 그리고 동일한 장면에 대해 역사가인 플루타르코스가 묘사한 것은 그가 다루었던 원사료이다. 하지만 우리의 관심이 전적으로 역사적인 것이라면, 플루타르코스 아니면 심지어는 플루타르코스가 자신의 글쓰기에 기초로 삼았던 앞선 시기의 작가들 중 한 명이 기록했으며, 셰익스피어는 단지 그 기록을 각색했던 것에 불과하다고 주장해야 할 것 같다.

호메로스의 시에 대한 평가는 물론 그것의 시적 가치에서 비롯된다. 그리고 호메로스의 시를 논의할 때 문학비평의 어법을 채택하는 것은 당연한 것이다. 하지만 만약 호메로스에게서 역사를 끄집어내려 한다면, 이러한 어법은 당연히 오해를 불러일으킬 것이다. 적어도 '작시법' 이라는 단어의 의미가 변해야 한다. 그리고 우리가 작시법의 시기에 대해 말할 때, 그것에 따라서 우리의 의미는 바뀔 것이다. 결국 역사가 기초로 하고 있는 당대의 이야기들에 더 가까운 것은 한 명의 시인이 아니라 그가 쓴 작품의 출처이다.

유명한 미케네의 사자 문. 문루를 빙 둘러싼 성벽의 사각형 돌덩이들은 성채의 다른 부분들에서 사용된 가공되지 않은 다각형 돌덩이들과 뚜렷한 차이를 보인다.

# 페르시아 전쟁

기원전 5세기에 거대한 페르시아 제국의 지도자들이 연속해서 서쪽으로 그들의 지배권을
확대시키고자 했다. 서구 문명의 장래에 사활이 걸린 일련의 전투에서 그리스 동맹국들은
완강한 저항으로 침입자들을 격퇴했다.

## 고대의 문헌

페르시아의 그리스 침략 역사는 기원전 484년경 소아시아
남서해안의 그리스 도시국가인 할리카르나소스에서 태어난 헤
로도토스가 연속적으로 그리고 연결된 형태로 이야기하고 있다.
이오니아의 그리스인이었던 헤로도토스는 자신의 방언으로 글
을 썼지만, 멀리 여행을 떠나 이탈리아 남부의 그리스 식민시였
던 투리이에 정착하기 전에 한때 아테네에 거주했다. 그는 기원
전 454년경에 투리이에서 죽었다. 따라서 제1차 페르시아 침입
은 그가 태어나기 직전에 일어났으며, 제2차 침입은 그의 유년기
에 일어났다.

페르시아의 그리스 침입을 주제로 페르시아 전쟁사를
쓴 할리카르나소스의 헤로도토스

페르시아 전쟁 이후의 전쟁사를 주제로 택했던 아테네인 투
키디데스는 기원전 5세기 후반부에 저술활동을 했으며, 페르시아 전쟁에 대한 그의 언급들
은 가끔 헤로도토스를 통해 얻은 지식을 보완한 것이다. 하지만 아이스킬로스의 희곡 『페르
시아인』에서 그 전투에 참전했던 것으로 보이는 사람에 의해 제2차 페르시아 침입과 살라미
스 해전이 이야기되고 있다. 그는 10년 전에 마라톤 전투에도 참전한 적이 있었다. 그의 형
은 실제로 마라톤 평원의 전투에서 죽었다. 물론 아이스킬로스는 시인이자 극작가였으며,
그의 목적은 역사를 쓰는 데 있지 않았다. 하지만 오늘날의 어떤 역사가도 아이스킬로스 희
곡이 문헌으로서 갖는 중요성을 무시할 수 없을 것이다.

아이스킬로스의 희곡과는 별개로 페르시아 전쟁이 일어나기 한 세기 전에 살았던 그리
고 동부 에게 해 지역에서 페르시아 세력의 진출에 앞선 정치상황을 언급한 그리스 서정시인
들이 남긴 단편적인 증거가 전해진다. 그들의 우연적인 역사서술은 아마도 동일한 시기에 대
한 헤로도토스의 이야기에 덧붙여질 수 있을 정도로 유용한 것이다. 페르시아 전쟁이 일어난

지 6세기가 지난 뒤에 씌어진 플루타르코스의 전기들을 가볍게 다루어서는 안 될 것이다. 플루타르코스는 진지하고 탐구적인 작가였으며, 이제는 사라지고 없는 수많은 책과 기념비 그리고 비문들에 접할 수 있었다. 물론 기념비와 비문은 특히 지난 한 세기 반 동안 고고학자들에 의해 발굴되었으며, 이집트에서 발견된 불완전한 형태의 그리스어 파피로스 원본을 해독함으로써 우리의 지식은 더욱 보완되었다. 설사 그렇다고 하더라도 고대 후기의 작가들과 주석가들은 우리를 능가하는 대단히 많은 이점을 갖고 있다.

**페르시아 전쟁의 사건들**

키루스 대제의 승리로 모습을 드러냈던 페르시아 제국은, 성립된 지 200년이 채 지나지도 않아 알렉산더 대왕의 동방원정으로 갑작스럽게 멸망했다. 기원전 6세기 초에 페르시아인들은 오늘날 보통 페르시아 만으로 불리는 곳에서 정확히 동쪽으로 수사 주변의 영토를 차지했다. 키루스는 왕국 북쪽의 메디아인들을 정복했으며, 그 후 그에게 대항하는 대규모 동맹이 결성될 수 있기 전에 서쪽에 위치한 소아시아의 강국 리디아로 관심을 돌렸다. 키루스는 리디아 왕 크로이소스를 정복하고 리디아의 수도인 사르디스를 차지했다. 크로이소스는 '친親 그리스인' 으로 묘사될 수 있을 것이다. 그는 자신이 지배했던 동부 에게 해의 그리스 도시들뿐만 아니라 그리스 본토의 도시들과도 우호적인 관계를 유지했다. 따라서 대부분의 그리스인들이 그의 죽음에 적지 않게 당황해 했을 것이라고 짐작할 수 있다. 반면에 소규모 독립적인 도시 국가들의

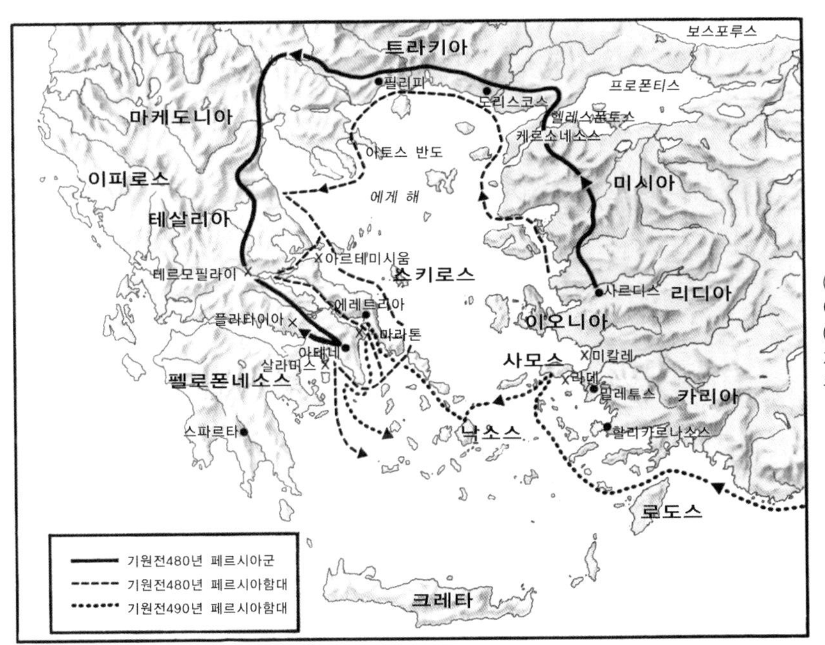


(왼쪽) 다리우스 1세와 크세르크세스가 지휘하는 페르시아 병력의 이동경로
(아래) 최대의 세력판도를 자랑하고 있을 때의 페르시아 제국. 다리우스의 정복과 이오니아인들의 반란으로 다리우스는 곧 그리스와 대결하게 된다.

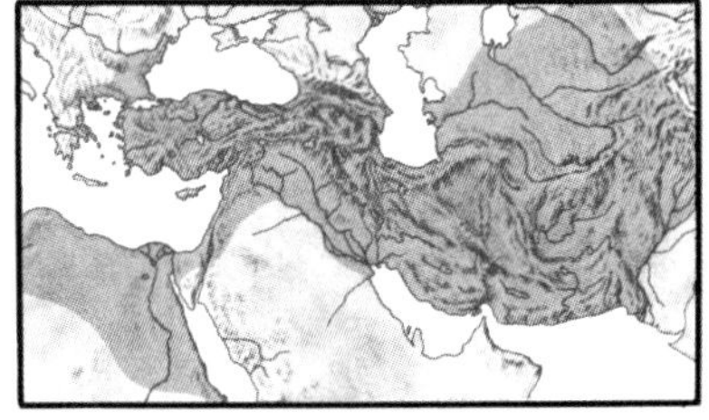

(위) 기원전 486년에 죽었던 페르시아의 다리우스 1세의 무덤. 35년간의 통치 동안 그는 이집트에서 인더스 계곡까지 이르는 페르시아 제국을 만들었다.
(아래) 다리우스의 아들인 크세르크세스의 동전. 그는 아테네에 맞서 그의 아버지의 복수전을 수행했지만 살라미스에서 함대가 그리고 플라타이아에서 육군이 패배했다.

보호를 포함해서 그리스인이 이상으로 내세웠던 자유는 소아시아로 그 세력을 확대했던 페르시아 제국과 불가피하게 충돌할 수밖에 없는 단계에 이르렀다.

키루스는 제국을 페르시아어로 총독을 뜻하는 '사트라프'가 통치하는 속주로 나누었다. 하르파구스 장군이 에게 해 해안을 정복하는 사이에 키루스 자신은 구약성경에 기록된 사건인 바빌론 정복을 위해 동쪽으로 돌아왔다. 그리고 그는 세상에 알려지지 않은 전쟁에서 북쪽 부족들에게 둘러싸여 죽음을 맞이했다. 그의 아들 캄비세스는 정신 장애를 가지고 있었다는 일부 증거에도 불구하고 이집트를 제국에 추가시켰으며, 그 후 한 왕위찬탈자가 통치했던 기간이 지나고 아케메네스 왕가의 또 다른 자손이었던 다리우스가 제국의 왕관을 차지했다.

다리우스는 제국을 20개의 사트라프 관구로 조직했으며, 제국을 남동유럽으로 확대시키고자 했다. 그는 군대를 이끌고 보스포루스 해협뿐만 아니라 다뉴브 강까지도 넘었다. 스키타이인들과 대적한 마지막 전투에서 그는 운이 나빴다. 만약 다뉴브 강의 교두보를 지켰던 이오니아 그리스인 분견대의 충성이 없었더라면 아마도 다리우스의 페르시아 군대는 포위되어 절멸당했을지도 모른다. 이 전투에서 다리우스뿐만 아니라 이오니아 그리스인들도 잘못된 결론에 도달했다. 다리우스는 장차 자신이 이오니아인들의 확고한 충성을 기대할 수 있을 것으로 생각했으며, 페르시아인들이 스키타이인들에게 패했다는 것을 알고 있었던 이오니아의 그리스인들은 그들을 지배하고 있었던 페르시아 군주 다리우스에게 그 어느 때보다도 성공의 가능성이 높은 반란을 일으킬 때가 가까워졌다고 판단했다.

이오니아인들의 주요 도시인 밀레투스에서 온 사절단이 그리스 본토에서 동포들의 무장 지원을 요청했다. 사절단의 지원 요청에 전과 다름없이 신중한 입장을 견지하고 있었던 스파르타인들은 망설이다가 결국에는 지원을 거부했다. 예전처럼 충동적이었던 아테네인들은 이오니아의 그리스인 독립을 위해 20척의 배를 제공했다. 커다란 에우보이아 섬에 위치한 도시였던 에레트리아 또한 5척의 배를 제공했다.

처음에 이오니아인들의 반란은 성공했다. 그리스인들은 내륙으로 진군해 페르시아의 사트라프가 상속했던 크로이소스의 옛 수도인 사르디스를 불태웠다. 하지만 보복이 뒤따랐다. 그리스 함대가 기원전 494년 라데 전투에서 파괴되었다. 밀레투스 또한 페르시아인들에게 파괴되었고, 주민들은 학살당하거나 노예가 되었다. 이 소식은 아테네인들에게 충격으로 다가왔다. 그들은 정말로 더 나쁜 일이 일어날 수 있을 것이라고 생각했다. 이오니아인들의 해상 지원을 알고 있었던 다리우스는 그리스 본토를 응징하기 위한 원정을 준비하고 있었다. 사위가 지휘했던 다리우스의 함대는 기원전 492년에 항해에 나섰으며, 에게 해 북부의 해안선 가까이를 따라 항해했다.(고대 지중해의 배들은 가능하다면 육지가 시야에서 사라지지 않기를 바랐다). 폭풍우가 아토스 산의 곶에서 떨어져 있었던 페르시아 함대에 심각한 타격을 입혔다. 따라서 다리우스는 재차 항해를 시도하지 않으면 안 되었다.

다른 지휘관들의 지휘 하에 또 다른 함대가 에게 해 중부를 가로질러 낙소스를 경유해 파견되었다. 반란을 일으켰던 두 도시들 중 약한 쪽이었던 에레트리아가 신속하게 점령당해 불태워졌다. 이제 페르시아인들은 아티카의 북서해안에 자리 잡은 마라톤 평원에 상륙했다. 그곳에서 남쪽으로 펜텔리쿠스 산언저리를 따라 난 길이 아테네로 똑바로 이어졌다. 하지만 아테네 군대는 페르시아 군의 상륙을 저지했으며, 마라톤 평원의 전투에서 페르시아 군대에게 빛나는 승리를 거두었다. 그 후 마라톤 전투에서 살아남았거나 전투에 참가하지 않았던 페르시아 병사들은 사로니코스 만에서 아테네에 접근하기 위해서 수니온 곶을 우회하여 함대로 수송되었다. 하지만 승리를 거둔 아테네 군대는 서둘러 아테네로 향하는 길을 따라 마라톤 평원에서 돌아왔으며, 페르시아 함대가 도착했을 때 다시 한 번 페르시아 병사들과 대결했다. 페르시아 병사들로서는 감히 두 번째 상륙을 시도하려는 엄두조차 내지 못했다.

다리우스는 반란을 일으킨 에레트리아를 응징했지만 아테네에게 당한 굴욕적인 패배에는 복수를 하지 못한 채 기원전 486년에 죽었다. 사실 페르시아의 관점에서 보면 아테네는 새로운 범죄를 저지른 것이었다. 다리우스의 아들인 크세르크세스가 아버지가 해결하지 못한 아테네에 대한 응징의 임무를 이어받았다. 아버지 다리우스 대왕의 마지막 원정 10년 후인 기원전 480년에 크세르크세스는 나중에 전설이 될 정도로 엄청난 규모의 군대를 이끌고 헬레스폰토스 해협을 넘어 트라키아를 통과한 뒤 그리스 북부로 진군하기 시작했다. 페르시아 함대는 지상군의 진군을 뒤따라 전에 다리우스의 해군이 괴멸되었던 에게 해 북부 해안을 따라 항해했다. 하지만 출발에 앞서서 크세르크세스는 아토스 산맥의 지협을 뚫

**마라톤 전투(기원전 490년)**

| 페르시아군 | 그리스군 |
|---|---|
| **보병** | |
| 20,000명 | 아테네 9,000명 |
| | (중갑보병) |
| | 플라타이아 600명 |
| | (중갑보병) |
| **기병** | |
| 5,000명 | 없음 |
| **함대** | |
| 삼단노선 200척 | 없음 |
| 수송선 400척 | |
| 수병 40,000명 | |

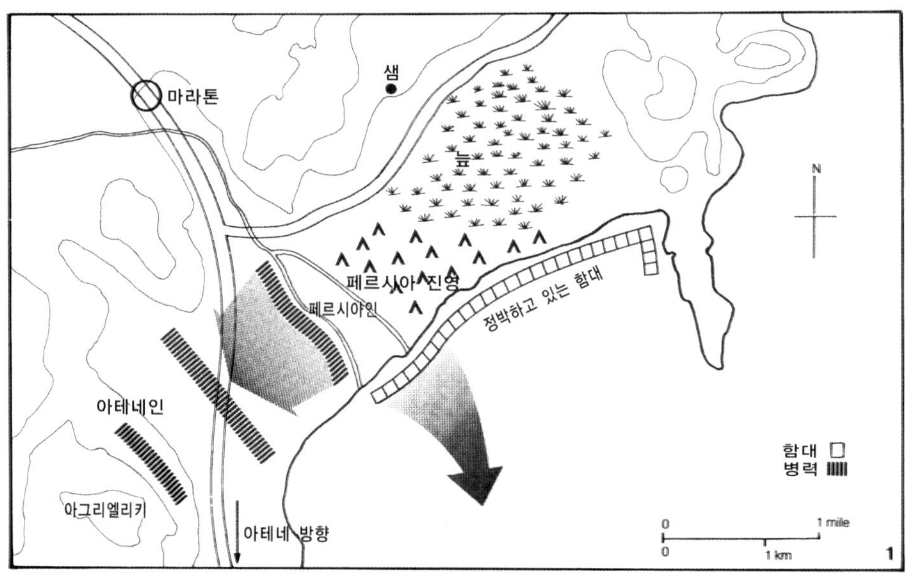



**전쟁의 경과** 페르시아 원정군이 마라톤 만에 상륙한다. 아테네인들과 플라타이아인들이 높은 지대를 차지하고 아테네로 이르는 해안도로를 방어한다.

수적 열세에 놓인 그리스인들은 종교 의식 때문에 도착이 지연되고 있는 스파르타의 증원군을 기다린다. 양쪽 모두 공격개시를 기다리고 보름달이 가까이 다가올수록 스파르타인들의 도착 약속도 가까워진다.

1. 페르시아군이 아테네를 향해 해상으로 기병 전체와 일부 보병으로 이루어진 타격부대를 파견한다. 남아 있는 보병들은 아테네인들이 아테네로 돌아가는 것을 막기 위해 전진한다. 그리스인들에게 남아 있는 유일한 기회는 페르시아 해군이 도착하기 전에 페르시아인들을 무찌르고 아테네에 도달하는 것이다. 페르시아와 정면으로 맞서기 위해서 그리스인들은 전선을 확대해야 한다. 그리스인들은 날개 부분은 밀집 대형을 이루지만 중앙에는 단지 드문드문 대형을 이룬다. 플라타이아인들은 왼편을 방어한다. 그리고 아테네의 전시사령관 칼리마코스가 오른편을 지휘한다.

2. 화살의 사정거리 안으로 들어왔을 때 그리스인들은 마라톤 평원을 가로질러 빠르게 돌격해 들어온다. 페르시아인들은 그러한 무모하리만큼 저돌적인 공격에 놀란다. 그리스의 날개 부분은 페르시아의 부족에서 징집된 병사들과 마지못해 전쟁에 참가한 이오니아의 그리스인 징모병들을 압도하지만, 취약한 중앙 부분은 페르시아군에게 무너지고 지리멸렬해진다. 이러한 중요한 전투 순간에 아테네의 규율이 위력을 발휘한다. 측면에 위치한 병력들이 적들을 추적하는 것 대신에 전형적인 협공작전으로 페르시아의 중앙으로 향한다. 페르시아의 중앙은 붕괴되지만 많은 병사들이 용케 안전하게 그들의 함선에 올라탄다. 다른

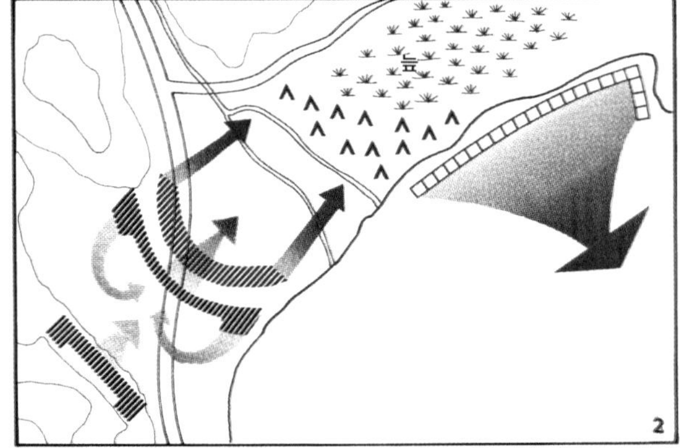



병사들은 추적당하고 근처 늪지대에서 살해된다. 그리스인들은 페르시아 함선을 나포하려고 시도하고, 함선들 가운데 일곱 척을 나포한다.

**결과** 아테네인들은 전장을 지키는 병력을 남겨두고 강행군을 통해 아테네로 돌아간다. 그들은 페르시아 함대가 빈손으로 아시아로 항해해 돌아가기 대략 1시간 전에 아테네에 도착한다. 페르시아의 사상자 가운데 대략 6,400명이 죽었으며, 그들 중 많은 수가 도망을 시도하다가 익사했다. 믿기 어렵겠지만 아테네인 사망자는 전시사령관 칼리마코스를 포함해서 192명에 불과했다.

---

고 나아갈 수 있도록 운하를 파게 했다. 이 일에는 무려 삼 년의 기간이 걸렸다. 이렇게 해서 페르시아 함대는 곶을 돌아가야 하는 위험에서 벗어나게 되었다.

이때 그리스 민족을 구해내는 일에 스파르타가 동참하도록 설득되었다. 스파르타의 왕들 중 한 명이(스파르타에는 두 명의 왕이 있었다: 역자 주) 자살 부대와 자신이 소집할 수 있었던 동맹군으로 테르모필라이 전투에서 최후의 한 사람까지 명예롭게 싸웠다. 그 사이에 그

리스 함대는 에우보이아의 북쪽 곶 아르테미시움에서 떨어져 페르시아 함대에 지연작전으로 맞서 싸웠다. 하지만 그리스 함대의 저항이 실패로 끝나면서 결국 페르시아인들이 그리스 북부의 지배자가 되었다. 아테네 주민들이 살라미스 섬과 그 밖의 인근 해안으로 철수했다. 페르시아인들이 아테네로 들어와 제단을 불사르고 최후까지 항전하는 몇 안 되는 사람들을 죽였다. 살라미스에서 그리스 함대와 전쟁의 운명을 결정하는 전투가 벌어졌다. 이 전투에서 치명적인 상처를 입은 페르시아 함대가 축출되었으며, 아마도 멀리 동쪽으로 자신의 패배 소식이 퍼질 것을 두려워했던 크세르크세스는 그리스 정복을 위해 다른 지상군을 마르도니우스 장군에게 남겨둔 채 대부분의 군대를 이끌고 헬레스폰토스 해협으로 향했다. 하지만 다음 해에 마르도니우스 장군의 군대는 플라타이아 전투에서 전멸했다. 살아남은 병사들은 크세르크세스를 뒤따라서 아시아로 돌아갔다.

플라타이아 전투가 있는 사이에 새로운 상황이 에게 해 동부에서 전개되었다. 크세르크세스 함대의 살아남은 배들이 아시아 본토의 미칼레에서 바닷가로 끌어올려졌으며, 그 둘레에 울타리를 쳤다. 반면에 뱃길로 조심스럽게 페르시아인들을 추격했던 그리스인들은 사모스의 해안에서 망을 보고 있었다. 마침내 용기를 낸 그리스인들이 그리스 본토에서 분리된 해협들을 가로질러 항해했으며, 적의 주둔지와 함대 모두를 파괴했다. 그리스인들은 플라타이아에서의 승전보에 자극을 받고 작전을 감행했던 것으로 보인다. 헤로도토스는 플라타이아와 미칼레에서의 승리가 같은 날 이루어졌다고 말하지만, 그의 말을 액면 그대로 받아들일 필요는 없을 것 같다.

미칼레는 소아시아 남부의 에우리메돈 강기슭에서 그리스의 또 한 차례 승리를 기대했다. 하지만 그리스의 성공은 계속되지 않았으며, 그 뒤 페르시아 군주에 대항해 반란을 일으킨 이집트인들을 지원하려는 원정대의 시도가 실패로 끝났다. 기원전 449년이 되어서야 비로소 페르시아는 에게 해 동부 그리스 도시들의 독립을 승인하는 협정에 조인할 수 있었다.

## 페르시아 최고 사령부

두 번의 침입에서 페르시아 군대가 그리스 군대를 수적으로 압도하고 있었으므로, 두 차례에 걸친 침입이 모두 실패한 것에 대해 페르시아 지휘관들을 비난하는 것도 무리가 아닐 듯하다. 두 번의 침입 모두 주도권은 페르시아의 대왕들로부터 나왔으며, 어떤 유력한 '군주 배후의 권력'에는 의문의 여지가 없었던 것 같다. 그럼에도 불구하고 두 차례의 군사 작전에서 그들이 보여준 행동에는 특별히 비난받을 만한 것이 없다. 모든 제국의 역사에서는 팽창이 어느 정도 충분할 정도의 단계에 이르게 되면, 비록 축소는 아니지만 안정과 강화가 필요하게 된다. 이오니아의 반란을 부추겼던 몇 척 안 되는 아테네와 에레트리아의 함선들이 페르시아가 지상과 바다에서 보여주었던 엄청난 규모의 군사 작전에 대한 구실이 되기에는 어딘가 부족한 감이 있다.

아이스킬로스의 비극으로 눈을 돌리면 다리우스와 크세르크세스의 성격 사이에서 어느 정도 차이점을 발견하게 된다. 그의 작품인 『페르시아인』에서는 살라미스에서의 패배 이후에 크세르크세스가 풀이 죽은 채 페르시아로 돌아오는 이야기가 나온다. 다리우스의 혼령이 나타나서 최근의 패배를 초래했던 어리석음을 꾸짖는다. 다리우스가 단호하고 위엄 있는 반면에 크세르크세스는 성급하고 무능하다. 헤로도토스의 이야기는 이러한 평가를 첫눈에 확인해주고 있는 것처럼 보인다. 크세르크세스가 헬레스폰토스 해협 위로 건설했던 첫 번째 다리가 세찬 바람으로 무너졌을 때의 사건을 생각나게 한다. 그 다리 위에서 크세르크세스는 바다의 난폭함을 벌하기 위해 바다에 채찍을 가하도록 명령했다. 하지만 이것은 크세르크세스 쪽에서는 단순히 유치하기 짝이 없는 행동은 아니었던 것 같다. 그의 다국적 군대에는 페르시아인들의 계몽된 조로아스터교에 대해 아무것도 모르는 무지한 종족들이 많이 있었다. 따라서 재차 사기를 북돋아주기 위해서는 바람과 파도의 신들마저도 페르시아 대왕들의 지배를 받고 있다는 점을 입증해 보일 필요가 있었다.

우리는 크세르크세스가 살라미스에서 패배한 뒤 멀리 떨어져 있는 제국의 수도인 수사로 돌아온 것을 그의 우유부단함과 소심함 때문으로 간주하는 경향이 있다. 마르도니우스 장군은 그리스에서 냉혹하게 자신의 운명에 내맡겨졌던 것 같다. 하지만 그 문제는 전적으로 다르게 판단될 수도 있을 것이다. 페르시아 왕들의 성공은 주로 권력을 위임할 수 있는 능력에 달려 있었다. 리디아를 정복했을 때 키루스는 하르파구스 장군에게 자신의 정복을 마무리 짓도록 권력을 위임했다. 아마도 마르도니우스에게도 그리스 정복의 완성이라는 막중한 과업이 위임되었을 것이다. 하지만 아이스킬로스의 비극에서 다리우스와 크세르크세스의 성격을 비교 묘사한 부분을 대수롭지 않은 것으로 가볍게 처리해서는 안 된다. 결국 아이스킬로스는 자신이 묘사했던 사건들로부터 대단히 가까운 시기에 글을 쓰고 있었으며, 더욱이 그는 다리우스와 크세르크세스가 동시대인들 사이에서 스스로 얻었던 명성을 결코 무시하지 않았을 것이다.

마르도니우스 장군에 대해 말하자면 그는 다리우스의 사위였으며, 페르시아 함대가 아토스 산의 암벽에서 재난을 당했을 때, 함대를 지휘하고 있었다. 다리우스는 분명히 그에게 불만을 가졌을 것이다. 왜냐하면 다리우스 대왕의 뒤이은 그리스 원정에서 마르도니우스가 지휘를 맡지 않기 때문이다. 마르도니우스 대신에 다티스와 아르타페르네스가 에게 해 중부를 가로질러 에레트리아와 마라톤으로 향하는 함대를 지휘했다. 하지만 마르도니우스는 능력을 갖춘 사람이었으며, 나중에 그가 복권된 사실로 부터 크세르크세스의 신임을 받고 있었음을 알 수 있다. 크세르크세스가 페르시아로 돌아온 뒤 마르도니우스는 그리스 도시국가들과의 교전에 앞서 교묘한 외교술로 그들을 분열시켜 서로 적대하게 하려고 시도했다. 이러한 외교적 주도권에서 그가 성공할 가능성은 대단히 높았으며, 약간의 인내심만 가지고 있었다면 성공했을지도 모른다. 하지만 해상을 통해 병참을 확보하지 못했던 마르도니우스는 페르시아 대군에게 식량을 공급하는 데 어려움을 겪었을 것이다. 따라서 그는 가능하다면 최대한 빨리 결정을 내려야하는 압박감에 시달렸을 것이다.

## 아테네의 지도력

페르시아 왕들이 당한 불행은 그들과 맞서 싸웠던 개개 그리스인 지도자들의 명민함과 결단력에서 그 원인을 찾아야 한다. 용기와 판단력으로 마라톤 전투를 승리로 이끌었던 밀티아데스는 활력이 넘치고 모험심이 강한 사람이었다. 이름이 같은 그의 삼촌은 아주 흥미로운

(왼쪽) 보드 게임에 열중하고 있는 호메로스의 영웅들을 보여주는 엑세키아스의 화병 그림. 하지만 그들의 무기와 갑주는 기원전 6세기 중갑보병의 갑옷과 투구이다. (아래) 기원전 460년경으로 거슬러 올라가는 코린트식 청동 투구. 비문에서 알 수 있듯이 아르고스인들이 코린트인들에게서 빼앗은 이 투구는 제우스신에게 바쳐졌다.

아르테미시움과 테르모필라이(기원전 480년)

| 페르시아인 | 그리스인 |
| --- | --- |
| 보병 | |
| 130,000명 | 7,000명 |
| 기병 | |
| 20,000명 | 한 명도 없음 |
| 함대 | |
| 3단 노선 1,200척 | 3단 노선 271척 |
| 많은 병참선 | |

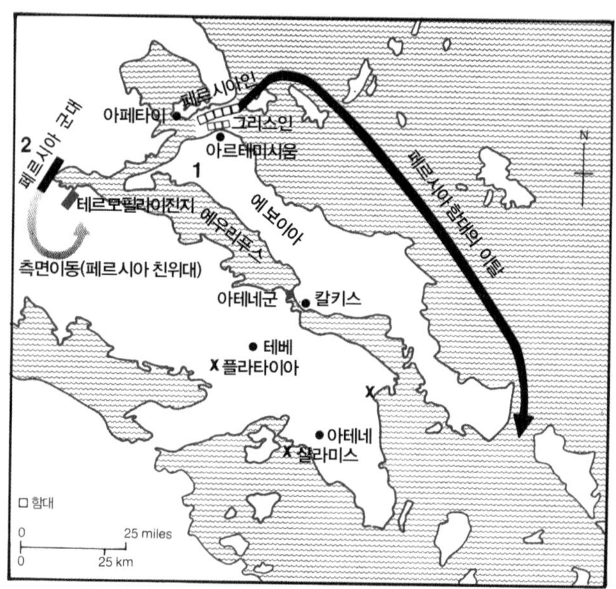


**전반적인 상황** 기원전 481, 480년에 크세르크세스는 그리스에 대한 대규모 침입을 준비한다. 동시에 시칠리아에 대한 카르타고의 침입은 그리스 본토의 군사력 증강을 막기 위한 것이다. 그리스인들은 페르시아의 진격을 저지하기 위해서 아테네 북쪽에서 두 차례의 교전을 계획한다.

1. 스파르타의 에우리비아데스와 아테네의 테미스토클레스의 지휘를 받은 그리스 함대가 에보이아와 그리스 본토 사이의 해협에 배치된다. 에보이아를 둘러싸려고 시도한 페르시아 군대가 폭풍우로 파괴된다. 육군이 그들로부터 병참을 필요로 하기 때문에 함대 전체가 출정할 수는 없다. 그리스인들에 대한 정면 공격이 격퇴당하고, 페르시아 배들은 하룻밤 사이에 폭풍우를 이겨내야 한다. 두 번째 공격이 이틀 후에 재개된다.

2. 레오니다스가 지휘하는 7,000명의 그리스 병력이 테르모필라이의 산맥과 바다 사이의 좁은 길에서 저항한다. 게다가 1,000명의 포키스 병사들이 산맥 둘레의 측면로들 중에 가장 공격받기 쉬운 지점을 방어하기 위해서 주둔한다. 아르테미시움에서의 전투는 크세르크세스로 하여금 그리스인들 배후로 병력을 상륙시키지 못하게 했다. 며칠 계속되던 페르시아의 전면적인 정면 공격은 격퇴되었으며, 페르시아인

들에게 엄청난 희생을 안겨다 주었다. 한 그리스인 반역자의 안내를 받은 히다르네스 휘하의 10,000명의 페르시아 친위대가 측면을 포위하는 진격을 한다. 포키스인들이 고지로 물러갈 때 페르시아인들은 그들을 우회한다. 레오니다스는 이것을 알고 자신의 병사들 중 거의 2,000명에게 고립되기 전에 철수하도록 명령한다. 남은 중갑보병들은 포위되고, 격렬한 전투 중에 레오니다스는 사망한다. 스파르타인들은 작은 언덕으로 물러나 그곳에서 최후의 한 사람까지 싸우다가 죽는다.

**결과** 크세르크세스는 아테네를 점령하기 위해서 남쪽으로 진군하고, 아테네 주민들은 살라미스로 피신한다.

---

상황에서 트라키아 케르소네소스, 즉 갈리폴리 반도의 한 이민족의 왕이 되었다. 수단을 가리지 않고 젊은 밀티아데스는 삼촌의 지배권을 상속받으려 했지만, 이오니아 반란 이후에 트라키아가 페르시아의 지배를 받게 되자 아테네로 피신했다. 그는 여기에서 도시 아테네의 정책을 책임지고 있었던 10명의 장군들 중 한 명으로 선출되었으며, 기원전 490년의 위기 때는 총사령관(폴레마르크) 칼리마코스에게 캐스팅 보트를 사용해 신속한 군사 작전에 찬성하도록 설득했다. 이 일이 있고 나서 다른 장군들은 밀티아데스에게 그들의 권력을 부여하는 것에 만족했다.

페르시아의 전략은 선택권을 열어놓는 것이었다. 방어자들이 마라톤에서 교전하고 있는 동안에 남쪽으로부터 아테네에 대한 해상공격이 이루어졌을지도 모른다. 어쩔 도리 없이 그리스군은 패배했을지도 모르며, 그 결과 육로가 뚫렸을지도 모른다. 침입자인 페르시아군의 수적 우위의 관점에서 보면, 두 가지를 결합하는 것조차 가능했을지도 모른다. 밀티아데스는 페르시아군의 우유부단을 알아채고 절호의 기회에 전광석화의 공격을 감행했

던 것 같다. 페르시아 기병에 맞서기 위한 예방조치로 그의 군대의 양 날개가 강화되었다. 하지만 그리스의 공격이 이루어졌을 때 페르시아 기병은 배에 타고 있었으므로 사용되지 않았다. 하지만 밀티아데스가 편성한 대형의 의도는 마주보는 페르시아의 양 날개를 감싸고 적의 중심부를 에워싸는 것이었다. 이 대형은 일시적으로 승리를 가져다주었다.

신들린 채 전진했던 그리스군은 이제 페르시아 함대를 공격했다. 이 과정에서 그리스군은 지나치게 앞서나갔으며, 바로 그때 총사령관 칼리마코스가 전사했다. 칼리마코스의 죽음으로 밀티아데스는 새로운 영웅으로 부상했다. 그의 전략과 전술은 의문의 여지 없이 그 자신의 강한 이기심에 의해 고무되었다. 왜냐하면 그는 트라키아 케르소네소스에서 지배권을 되찾고 싶어 했기 때문이다. 마라톤 전투에서 승리하고 아테네 함대의 지휘권을 획득했을 때, 밀티아데스는 파로스에서 페르시아에 동조하는 세력으로 추정되는 자들과의 전투에서 개인적 목적을 위해 자신의 권한을 사용했다. 그는 권한남용으로 아테네에서 기소되었으며, 파로스에서 입었던 상처 때문에 기원전 489년에 감옥에서 사망했다.

크세르크세스가 기원전 480년에 침입해 들어왔을 때, 그리스는 다시 한 번 한 걸출한 인물의 활약으로 페르시아의 지배에서 벗어났다. 젊은 시절 테미스토클레스는 조금은 방탕한 생활을 했지만, 정치에 몰두하면서 자신의 타고난 불성실함을 국가에 봉사하는 것으로 대신했다. 그보다 앞서 활약했던 밀티아데스처럼 테미스토클레스도 자신의 판단에 완전한 확신을 가졌으며, 다른 사람들이 자신을 신뢰하지 않을 수 없게 할 수 있었다. 또한 그는 밀티아데스처럼 자신이 기획했던 위대한 승리에서 명목상의 지휘권을 행사하지 않았다.

테미스토클레스는 살라미스 섬과 아티카의 주요 해안 사이의 좁은 해협에서 해전을 치르기로 결정했다. 하지만 지상전에서 페르시아의 승리에 겁을 먹은 그의 동맹자들이 각자 그들의 영토를 지키기 위해 뿔뿔이 흩어질지도 모르는 일이었다. 스파르타의 함대사령관이 위협적인 자세로 지휘봉을 들어올렸을 때까지 그리스의 지휘관들은 격렬한 논쟁과 함께 분노를 드러냈다. 그때 테미스토클레스가 "조용히 하고 내 말을 들으시오."라고 침착하게 말했다. 스파르타 함대지휘관은 그의 말에 귀를 기울였다.

아테네 정치가인 테미스토클레스. 그의 선박건조계획으로 아테네는 살라미스에서 페르시아인들을 격파할 수 있었으며, 스파르타의 저항에도 불구하고 그리스의 지배적인 도시국가로 등장한다.

그렇다고 하더라도 테미스토클레스는 동맹자들을 신뢰하지 않았으며, 비밀리에 첩자 한 명을 페르시아 진영에 심어놓고 그리스 함대가 너무 늦기 전에 살라미스에서 탈출하려 한다는 정보를 퍼뜨리게 했다. 크세르크세스는 해협의 모든 출구를 봉쇄하려고 신속하게 해군을 파견했다. 뿔뿔이 흩어진다는 것은 더 이상 가능하지 않았으며, 전체 그리스 함대는 테미스토클레스가 방어하기 원했던 곳에서 싸우는 것 말고는 다른 방도가 없었다.

밀티아데스와 테미스토클레스는 두 차례의 페르시아 침입에서 각각 그리스를 구한 구세주로 영원히 기억될 수 있을 것이다. 하지만 페르시아로부터 이오니아 섬들을 해방시킨 것은 사실 밀티아데스의 아들인 키몬의 역할 때문이었다. 설사 나중에 아테네가 동방에서 수행한 전투들의 동기가 이집트와 키프로스로부터 곡물공급을 기대하는 것이었다고 하더라도, 결국 전쟁의 최초 명분은 이오니아 해방의 문제였다.

키몬은 기원전 466년 에우리메돈 강어귀에서 조금 떨어진 곳의 전투에서 승리한 함대 사령관이었다. 한때 그는 트라키아의 페르시아 진지를 공격한 적이 있으며, 스키로스 섬의 해적 본거지를 없애는 데 성공했다. 그는 페르시아와 평화조약을 체결하기 몇 년 전, 키프로스에서 현역 복무 중에 사망했다. 그의 아버지와는 다르게 키몬은 청렴했던 것 같다. 사실 그의 적들은 그가 마케도니아 왕에게서 뇌물을 받았다는 이유로 기소했지만, 그는 혐의에서 벗어났다. 그는 통일된 그리스의 이상을 소중하게 여겼다. 이것이 그를 스파르타에 우호적으로 만들었다. 하지만 스파르타인들은 그를 신뢰하지 않았으며, 키몬의 친스파르타적인 호감은 그를 아테네에서 인기 없는 사람으로 만들었다. 아테네에서 키몬은 정치적인 공격의 표적이었다.

## 스파르타의 영웅들

헤로도토스는 아테네를 그리스의 자유를 위한 투사이자 수호자로 부르며 찬사를 보내고 있다. 사실 중요한 순간에 스파르타가 머뭇거림으로써 거의 파괴적인 결과가 초래되었다. 그렇다고 해서 스파르타가 전쟁에서 보여준 노력과 지도력을 과소평가해서는 안 될 것이다. 테르모필라이에서 레오니다스 왕이 보여주었던 행동은 그리스와 세상 사람들에게 영웅적 행동의 모범으로 남았다. 더욱이 레오니다스 왕은 영웅에 그치지 않고 신중한 전략가이기도 했다. 정찰을 통해서 테살리아 북쪽의 비교적 광활한 지역에서 크세르크세스와 대결하는 것이 무모한 짓이 될 것이라는 것을 알게 되었다. 그래서 레오니다스 왕은 그리스인들이 가장 값지게 죽

페르시아인들과 싸우는 그리스인들을 보여주는 아테네 아크로폴리스의 돌을새김 (기원전 430~420년경). 그리스인들은 주로 중무장 보병에 의존했으며, 페르시아인들은 기병에서 우세했다.

을 수 있는 전략지점으로 테르모필라이를 선택했던 것이다. 지금까지 거의 2,500년 동안 해안선이 변화해왔다. 기원전 490년에 절벽과 바다 사이의 골짜기는 매우 협소했으며, 이 좁은 골짜기로 길이 나 있었다. 크세르크세스는 '불사신'으로 불렸던 자신의 정예 선발대를 보내 협곡에서 7,000명의 그리스 중무장 보병들을 밀어붙였다. '불사신'은 미리 선발된 병사들이 사상자들의 자리를 메우기 위해서 대기하고 있었기 때문에 붙여진 명칭이었다. 결국 페르시아인들이 협곡에 모습을 나타냈으며 그리스군의 측면이 무너지고 있었다. 레오니다스 왕은 어쩔 도리 없이 더 멀리 남쪽으로 후퇴를 하든지 아니면 테르모필라이 협곡에서 죽음을 맞이해야 했다. 따라서 그는 동맹군들을 돌려보내기로 결정했지만, 다른 몇 명의 펠로폰네소스 동맹군들과 1,100명의 보이오티아인들이 그와 함께 계속해서 지연작전으로 반격했다. 마침내 적의 숫자에 압도된 레오니다스 왕과 병사들은 한 사람 남김없이 모두 전사했으며, 이것은 최후의 한 사람까지 싸운다는 스파르타의 군사적 이상이 실행에 옮겨진 순간이었다.

북쪽으로 진군했을 때 레오니다스 왕은 다시 스파르타로 돌아갈 수 있으리라고는 기대하지 않았으며, 상속할 자식이 있는 스파르타인만을 데리고 왔다. 당연히 한창 나이였던 전사들의 자식은 아직 어렸고, 레오니다스 왕도 플레이스타르코스라는 어린 자식을 한 명 남겨 두고 출정했다. 스파르타 국제國制는 특이하게도 이왕제二王制를 승인했지만, 실제로는 두 명의 왕 중 한 명에게 지배권이 부여되었다. 레오니다스 왕의 조카인 파우사니아스가 어린 플레이스타르코스의 섭정으로 임명되었다. 섭정 자격으로 파우사니아스는 테르모필라이 전투가 있은 지 일 년 후에 플라타이아 전투에서 그리스 연합군을 승리로 이끌었다. 살라미스의 승리에 뒤이은 파우사니아스의 승리는 페르시아의 진격에 속수무책이었던 한 해 전 여름의 사건들과 좋은 대조를 이루었다. 하지만 유감스럽게도 파우사니아스의 성격 또한 사심 없는 레오니다스 왕의 성격과 뚜렷한 차이를 보였다. 플라타이아에서의 승리 이후 파우사니아스는 그리스 전역에 개인적 지배권을 확립하려고 시도했다. 이를 위해서 그는 한때 적이었던 페르시아인들과 음모를 꾸몄으며, 이러한 음모가 스파르타인들에게 감지되었을 때, 그는 비참하고 불명예스러운 최후를 맞이했다.

## 페르시아 함대

헤로도토스의 이야기를 읽은 사람이라면 두 차례의 페르시아 침입에서 해군의 중요성을 과소평가할 수 없을 것이다. 페르시아인들은 지상군으로 함대를 소유하고 있지 않았다. 더욱이 대 함대를 소집할 수 있었던 대왕들–특히 크세르크세스–의 조직력에 대해서도 헤로도토스는 말하고 있다. 페르시아인들은 그리스인의 선박조종술과 전투력을 너무나 잘 알고 있어서, 그들이 상대할 적이었던 그리스인들을 결코 가볍게 여기지 않았던 것 같다.

페르시아 함대의 최대 분견대는 페니키아인 승무원들이 배치된 페니키아 선박으로 구성되었다. 또한 다소 놀랍게도 페르시아인들은 그들이 정복했던 그리스의 이오니아 도시들의 선박과 승무원에 의존했다. 페르시아인들은 자체 함대를 소유한 그리스인 분견대의 충성에 의구심을 가지고 있었을 것이다. 전투가 벌어지는 동안 여러 차례의 사건에서 이오니아인들은 마음이 내키지 않은 상태에서 전투를 했던 것으로 보이며, 마침내 미칼레 전투에서는 이오니아의 그리스인들이 동포를 돕기 위해서 페르시아인 지배자들을 이반하기 시작했다.

페르시아의 호의에 굴복해 할리카르나소스를 통치했던 그리스의 왕녀 아르테미시아는 살라미스 전투에서 페르시아 편에 서서 갑판에 모습을 드러냈다. 하지만 그녀는 특별한 순간에 상황에 따라 어느 한 쪽 편을 들었던 것 같다. 때문에 그녀는 아테네 함대의 추격을 받았으며, 일부러 그녀 휘하 분견대의 다른 갤리선을 충각으로 받아 침몰시켰다. 그녀가 페르시아에서 그리스로 편을 바꾸었다고 생각한 아테네인들은 추격을 멈추었으며, 아르테미시아는 더 이상의 방해 없이 탈출하는 데 성공했다.

아마도 크세르크세스는 이오니아 함대를 후방에 두는 것보다는 자신과 함께 움직이게 하는 것이 덜 위험하다고 생각했던 것 같다. 모든 배에는 일단의 병사들, 즉 페르시아인과 메디아인 아니면 믿을 만한 충성심을 보여주었던 그 밖의 사람들이 있었다. 페르시아인 지휘관들은 자주 지역함대 사령관을 대신했으며, 크세르크세스는 페르시아가 지배하는 지역의 지배자들을 개인적으로 감시했다. 그들의 지위는 페르시아인에게 인질에 가까웠다.

페니키아인과 그리스인의 해군 분견대와는 별개로 크세르크세스의 함대에는 전투 중에 두각을 나타냈던 이집트의 소함대가 있었다. 키프로스와 킬리키아에서 온 배들도 있었다. 키프로스는 그리스 도시들과 페니키아 도시들을 모두 포함하고 있었으며, 킬리키아인들은 대부분 그리스 혈통이었다. 킬리키아인들이 그리스 본토인들과 어떤 교감을 느꼈는지는 또 다른 문제이지만, 단지 제국이라는 고리가 그들을 페르시아인들과 묶어놓았다. 지상군의 비율에 대한 전체 해군의 비율이 기록되어 있다. 즉 헤로도토스에 따르면 트라키아의 도리스코스에서 크세르크세스가 숫자를 헤아렸던 지상군 병력은 1,700,000명이었다. 함대의 숫자와 관련해서는 수송선을 포함하지 않고 1,207척이라는 비교적 정확한 숫자가 제시되고 있다.

## 고대 함선의 구조

이제 고대 함선의 구조, 특별히 고대 전함의 구조에 대해서 무언가 말해야 할 것 같다. 상선과 수송선은 갑판을 지탱하는 가로 들보의 폭이 비교적 넓어서 널찍했으며, 짐을 실을 수 있는 공간을 남겨두기 위해서라면 노보다는 오히려 돛에 의존해야 했다. 가끔 그리스인들은 상선과 수송선을 '원형의 배'라고 불렀다. 이와는 대조적으로 전함을 일컫는 라틴어가 기다란 배를 의미하는 '나비스 롱가' *navis longa*였음을 기억할 필요가 있다. 이 책에서 다루고 있는 고대시기를 통틀어 전함은 비교적 기다랗고 유선형이었다. 그것은 속력을 낼 수 있도록 건조되었으며, 돛보다는 노에 의존했다. 두 차례에 걸친 그리스 침입에서 페르시아인들이 수송선과 전함을 둘 다 필요로 했던 것은 어찌보면 당연했다.

대략 페르시아 전쟁시기에 나타났던 그리고 우리가 다루고 있는 전투에서 사용되었던 특징적인 전함은 3단 노선三段櫓船인 트리레메*trireme*였다. 이것에 해당하는 그리스어는 트리에레스*trieres*이다. 그것은 문자 그대로 노가 3개였거나 아니면 노 하나에 3명씩의 노잡이가 배치되었음을 의미한다. 하지만 그것은 분명히 한 개의 노가 다른 노 위에 정렬된 3단으로 된 노를 언급한 것이다. 일찍이 2단의 노를 갖춘 2단 노선이 만들어졌다. 보다 흔하게 전함 설계에 모순되는 요구사항을 주문했던 두 가지 주요 전투방식이 있었다. 첫 번째는 충각으로 들이받는 것이었다. 이것은 아마도 가장 많은 숫자의 노잡이들을 중심으로 만들어진 가장 작은 배에 요구되었던 것 같다. 수병들의 숫자가 적은 아테네 해군은 이 원리에 따랐다. 다른 하나는 배에 올라타는 것이었다. 이것은 최대한도의 적선 돌입 대원들을 실어 날을 수 있는 커다란 배에 요구되었다. 결국에는 배에 올라타는 전술이 우세해졌다. 왜냐하면 충각으로 들이받기 위해서는 적선 돌입 대원들이 바랐던 반대로 배가 접근해야 했기 때문이다. 따라서 갑판이 가득 채워진 커다란 배들로 발전해갔다. 기동작전과 충각받기는 두 가지 주요 전술, 즉 디에크플러스와 페리플러스에 의존했다. 페리플러스는 적의 측면을 포위해서 취약한 부분들을 충각으로 받기 위해 단순히 전선을 확장하는 것이었다. 페리플러스보다 복잡했던 디에크플러스는 숙련된 노 젓기와 뛰어난 타이밍이 요구되었으며, 기동작전과 충각받기에 가장 적합한 전술이었다. 방어 전술은 키클로스였다. 적선 돌입 대원들을 지원하기 위해서 적선을 걸어 꼼짝 못하게 하는 갈고리와 적선에 올라탈 수 있는 두꺼운 판자가 사용되었다. 배가 더 커짐에 따라서 보다 복잡한 장치들, 즉 적선에 올라타기 전에 피해를 입히고 전투준비를 하기 위한 투석기, 일종의 선개교旋開橋인 코르부스*corvus*, 높이의 이점을 가져다주는 탑, 그리고 마지막으로 투석기에서 발사되는 갈고리인 하르팍스*harpax*가 개발되었다. 지중해가 로마의 호수로 확고한 기반을 굳히면서 해군 발전에 대한 필요성이 사라졌으며 더 작고 비용 효율이 더 높은 배들 *liburnians*이 등장했다.

## 키클로스 Kyklos
### (원형 방어)

수적 열세에 놓여 있었거나 아니면 상대적으로 속도가 느린 함대를 소유했던 쪽에서는 원형 방어전술을 채택할 수 있었다. 이것은 아르테미시움에서 그리스인들이 페르시아인들에 맞서 사용했던 전술이다. 아래 그림은 기원전 429년 리움 앞에서 펠로폰네소스인들의 배가 아테네인들의 배에 맞서서 사용했던 키클로스를 보여주고 있다.

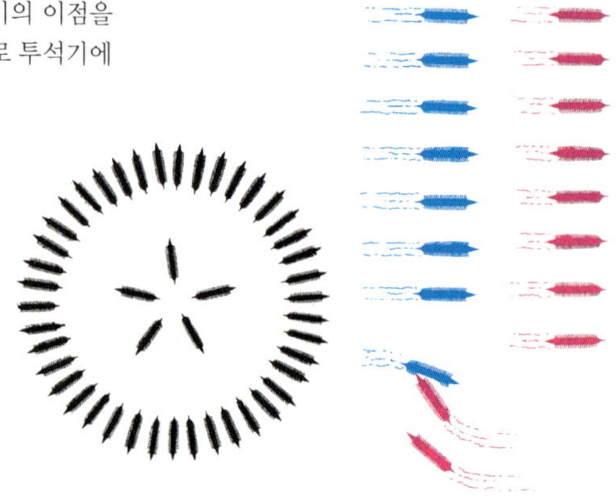

# 기원전 500년경의 그리스의 3단 노선

길이: 125~135피트(38~41미터)
들보: (선체) 10~13피트(3~4미터)
　　　(현외 장치) 18피트(5.5미터)
노 길이: 14~15피트(4.25~4.5미터)
흘수: 3~4피트(0.9~1.2미터)
승무원: 170명의 노잡이(위층에 62명, 중간층에 54명, 아래층에 54명)를 포함한 200명
　　수병: 아테네에서는 10명의 중갑보병과 4명의 궁수가 3단 노선에 배치되어 있었던 반면에 다른 곳에서는 40명까지 배치되어 있었다.
　　갑판 승무원: 선장과 노 젓는 박자를 맞추기 위해 피리를 부는 사람을 포함해서 15명
노잡이들은 노예가 아니라 하층계급 출신의 고도로 훈련받은 전문가들이었다. 중갑보병은 중산계급이었고 궁수는 스키타이 용병이었다. 재구성한 3단 노선 그림은 동전, 이 배들을 들여놓았던 격납고에서의 발굴물들 그리고 해군에 대

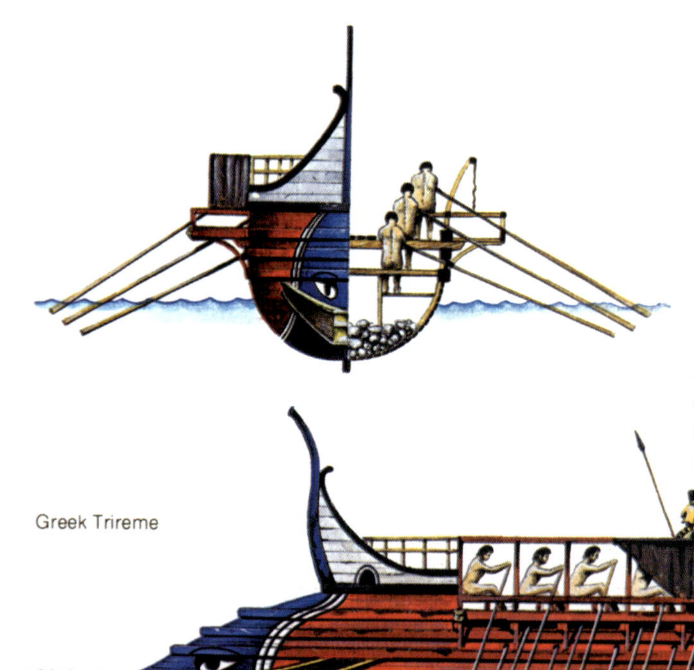

Greek Trireme

## 페리플러스 Periplus

가장 단순한 형태에서 페리플러스는 더 많은 숫자로 적의 측면을 포위하는 함대를 포함한다. 그림에서 알 수 있듯이 빨간색 함대가 측면에 있는 배들이 페리플러스를 실행할 수 있도록 파란색 적 정면에서 충각을 적 쪽으로 향하게 해놓고 느린 속도로 후퇴한다. 이것은 공격자들에게 적의 측면을 충각으로 받을 수 있게 해준다. 동시에 나머지 배들은 퇴각하는 것을 멈추고 공격하기 위해서 앞으로 나아간다. 이 전술은 대단히 자주 사용되었으며, 그리스인들이 갑 뒤에 측면 부대를 숨겨 놓은 채 페르시아인들과 싸웠던 살라미스 해전(기원전 480년)에서 특히 그 효력을 발휘했다. 디미트리오스 폴리오르케테스도 키프로스의 살라미스전투에서 프톨레마이오스에 맞서 이 전술을 사용해 200척의 적함을 파괴하는 데 성공했다.

## 디에크플러스 Diekplus

적함보다 더 빠르고 더 민첩한 빨간색 함대가 파란색 함대의 전선을 깨뜨리고 자신들에게 유리한 전면전에 돌입하기를 원한다. (1) 기함旗艦의 인도 하에 앞으로 일렬로 적에게 접근한다. (2) 빨간색 기함이 신속하게 한 쪽으로 역진함으로써 적진으로 들어간다. 그리고 파란색 배의 노를 잘라내 무력화해 버린다. (3) 빨간색 기함이 다시 속도를 내면서 다음 공격대상을 고른다. 무력화된 파란색 배는 다음 빨간배에게 결정타를 맞는다. 파란색 배가 자기편을 도우려고 방향을 바꾸려고 시도한다면, 뒤따라오는 빨간색 배들에게 취약한 측면이 노출되는 위험을 감수하지 않으면 안 될 것이다.

이것에 대한 대항 전술은 이중 전선을 구축해서 디에크플러스가 자멸하게 만드는 것이었다. 물론 이것은 전선을 축소해서 페리플러스에게 쉽게 공격당하게 할 수 있는 불리한 점이 있었다.

한 현존하는 기록들과 같이 다양한 출처에 근거한 것이다. 문학작품에서는 이 단계에는 노 한 개당 한 명의 노 젓는 사람밖에 없었으며, 페니키아의 배가 그리스의 배보다 높았고 더 많은 수병들을 실어 날랐다고 말하고 있다. 이것은 몇몇 재구성된 그림에서 볼 수 있는 것과는 다르게 그리스의 배는 상대방 페니키아의 배와는 다르게 갑판 부분이 올라와 있지 않았음을 암시한다.

선박 자체의 건조는 8개의 노로 젓는 오늘날의 배와 유사했다. 즉 경쾌한 돛배로 만들어진 두꺼운 판자들로 된 선체는 처음에는 단단한 모노코크 구조(외판만으로 하중에 견디게 한 구조)로 건조되었고 나중에 늑재가 삽입되었다. 이 배들은 좁은 가로 들보 때문에 너무 가볍고 불안정해서 노잡이들은 앉아 있는 자세에서 창을 투척하고 돌을 던져야 했다. 가죽으로 만든 차폐물인 파라블레마타는 창과 다른 투석무기들로부터 노잡이들을 보호하는 역할을 했다. 승무원들의 규모 때문에 3단 노선은 물과 병참을 조달하기 위해 밤에 해안에 접근하지 않으면 안 되었다. 이것은 승무원들이 작전을 수행할 기지(경사가 완만한 해안)가 필요했음을 의미하며, 이러한 필요조건이 상당 정도 전술을 좌우했다.

볼 수 있었던 것은 50개의 노를 갖춘 1단 갤리선인 펜테콘테르였다. 30개의 노를 갖춘 트리아콘테르*triaconter*도 있었다.

전함이건 수송선이건 고대의 함선들은 보통 가로돛을 이용했으며, 효과적인 임무 수행을 위해서는 순풍이 필요했다. 가끔 수송선은 단 한 개의 활대와 돛 그리고 여기에 덧붙여 세 개 아니면 네 개의 돛대를 갖추었다. 전함은 전투를 시작하기에 앞서 돛대와 돛을 내렸으며, 짧고 폭넓은 두 개의 커다란 노로 조종되었다. 적의 함대를 충각으로 받는 것이 대표적인 전술이었다. 하지만 중무장 병사들이 적의 뱃전에 다가가서 올라타는 작전 또한 시도되었으며, 이렇게 해서 전리품을 획득할 수 있었다. 투석기 또한 사용되었지만, 투석기를 이용한 전투 방식은 그리스인들보다는 페르시아인들에게 더 많이 권고되었다.

## 페르시아의 해군 전략

크세르크세스가 아버지의 원래 계획대로 북쪽에서 그리스를 침입하기로 결정했다는 것은 흥미롭다. 그는 아토스 반도를 통과하는 것이 주요한 위험을 없애줄 것으로 확신했다. 분명히 그는 지상군이 해안을 따라 나아갈 수 있다면, 그리스에 훨씬 대규모의 군대를 배치할 수 있을 것으로 생각했다. 동시에 지상군의 측면에서 보조를 맞춘 함대에는 병참문제를 상당 부분 덜어주었던 수송선이 포함되어 있었다. 지상군은 낙타와 그 밖의 동물들의 도움으로 엄청난 양의 짐과 장비를 날랐다. 말은 포함되지 않았는데 고대 세계에서는 통상적으로 말이 그러한 일에 사용되지 않았다. 그리고 크세르크세스가 자신의 말들을 특별한 배에 태워 해상으로 수송했다는 것은 주목할 만하다. 말의 편자는 고대의 문명 중심지들에서 알려지지 않았다. 따라서 만약 말들이 육로로 계속 이동해야 했다면, 페르시아 기병은 절뚝거리는 말을 타고 그리스에 도착했을지도 모른다.

물론 수송선과 지상군 모두를 보호하는 데 전함이 필요했다. 해군의 방어가 없었다면, 페르시아 군대는 측면과 후방으로부터 그리스 군대의 합동공격의 위험에 노출되었을 것이다. 더욱이 크세르크세스가 바랐던 것은 그리스 해군을 만나는 곳이라면 어디에서든 그들을 즉시 무력화시키는 것이었다.

크세르크세스는 에우보이아의 북쪽 곶에 위치한 아르테미시움에서 처음 그리스 해군과 조우했다. 이곳에서 여러 차례 전투가 벌어졌으며, 그때마다 상이한 결과가 초래되었다. 그리스는 위치를 잘 선택했다. 에우보이아 해안과 그리스 본토 사이의 좁은 해협에서 수적으

## 살라미스 해전(기원전 480년경)

| 그리스측 | 페르시아측 |
| --- | --- |
| **함대** | |
| 아테네 150척 | 페니키아 100-120척 |
| 아이기나 30척 | 이집트 75-90척 |
| 메가라 20척 | 이오니아의 그리스인 100척 |
| 코린트 40척 | 키프로스 50척 |
| 펠로폰네소스 50척 | 리키아 20척 |
| 기타 20척 | 카리아 25척 |
| | 킬리키아 30척 |
| | 기타 50척 |

1. 그리스 최고사령부는 크세르크세스에게 그리스 함대가 코린트 지협으로 달아나서 육군과 합류하려 한다는 허위 전갈을 보낸다. 이것을 곧이곧대로 믿고 크세르크세스는 그의 이집트 소함대를 보내 메가라 해협을 봉쇄하게 하고(A) 그리스의 도주를 기다리면서 프시탈레이아의 양쪽에 자신의 함대를 배치한다. 이집트 소함대가 저녁 내내 기다렸지만 허탕치고 만다.

계략을 더 발전시키기 위해서 그리스 함대는 새벽에 바다로 가서 북쪽으로 향한다(B). 몇몇 다른 함대와 함께 코린트 소함대가 이집트의 공격으로부터 메가라 해협과 후방의 그리스인을 방어할 목적으로 돛을 올리기 시작한다. 크세르크세스는 그의 함대에게 해협으로 전진하도록 명령한다(C).

2. 아이기나인들과 메가라인들이 암벨라키 만에서 그들의 매복 공격으로부터 전진해서(A) 이오니아인들과 교전한다. 그 사이에 나머지 함대는 페르시아인들이 좁은 해안에서 교란되어 파르마코우사이 제도 사이로 다가올 때까지 페르시아인들을 유인하면서 후퇴한다. 그리스인들이 공격한다(B).

페니키아의 해군 사령관은 일찍 죽는다. 지휘관 없는 페니키아 소함대는 더 트인 바다로 후퇴하려고 한다. 그리고 더 많은 페르시아 배들이 전진하면서 혼란을 초래한다. 아침이 되고 점점 강해지는 남풍으로 혼란은 악화된다. 위쪽이 더 높아 불안정한 페니키아 갤리선들이 서로 충돌하기 시작한다(그들은 그리스의 배보다 전투용 다리와 더 많은 수병을 수송했다). 페니키아인들은 혼란에 빠져 도망치고, 아테네인들은 해협 아래로 적선들을 추적하면서 고전적인 협공으로 뒤에서부터 이오니아인들을 공격한다. 페르시아 함대는 프시탈레이아 너머로 격퇴되고, 그 섬의 주둔군은 그리스 함대의 수병들에게 괴멸된다. 그 사이에 코린트인들은 이집트인들이 접근하지 못하게 했다. 페르시아인들은 200척의 3단 노선을, 그리고 그리스인들은 40척의 3단 노선을 잃었다.

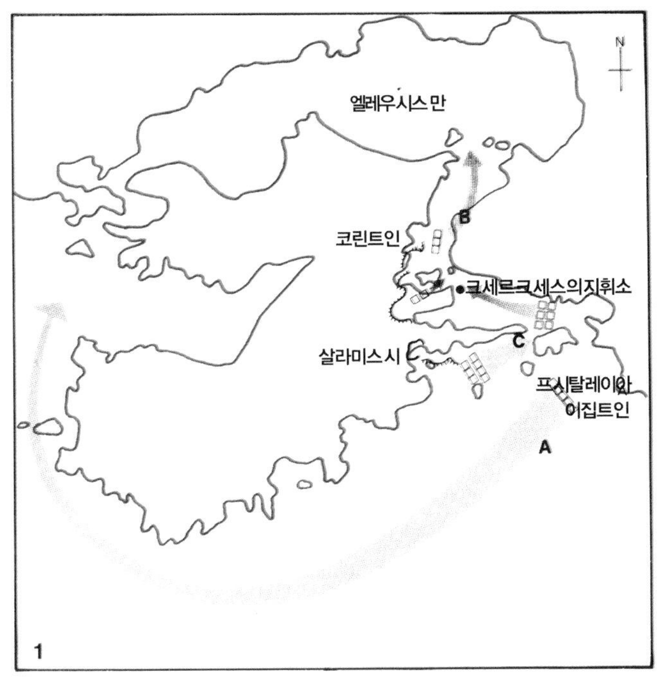


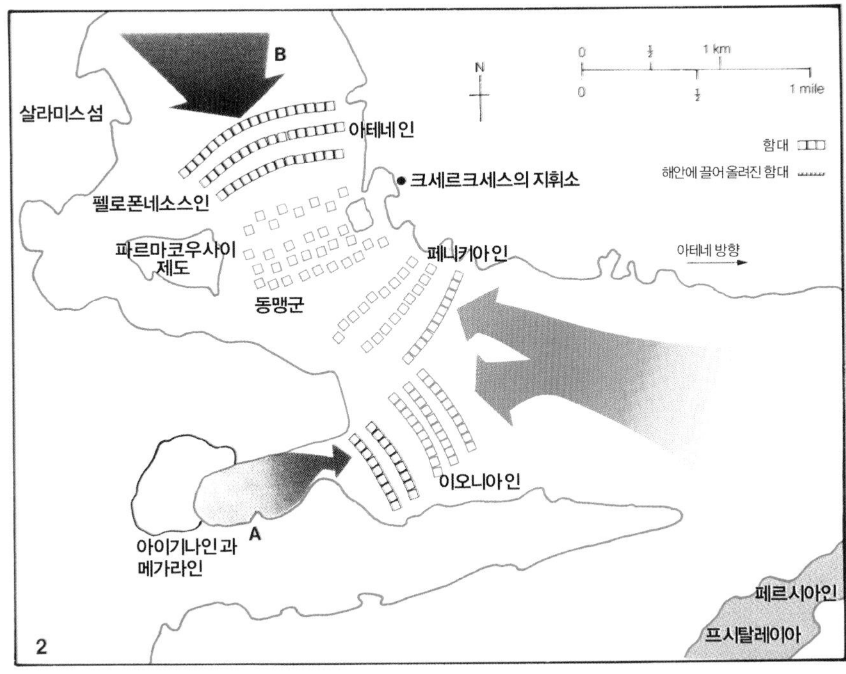

로 우세한 페르시아 군은 그리스인들을 포위할 수 없었다. 동시에 그리스인들은 테르모필라이에서 레오니다스 군대의 측면을 방어했다. 만약 페르시아인들이 후방에서 그리스인을 공격하려고 에우보이아를 빙 돌아 항해했다면, 페르시아 지상군은 해상지원을 받지 못했을 것이다.

그리스인을 기습했던 것은 엄청난 규모의 크세르크세스 군대였다. 크세르크세스가 남은 병력으로 아르테미시움에서 그리스인과 교전하는 동안, 에우보이아 남쪽을 빙 돌아 함대 중에 한 분대를 파견하는 것은 실제로 가능했다. 그러한 전략은 어느 한 쪽 전선에 대한 수적 우위를 빼앗기지 않는 것이었다.

고물(선미)을 앞으로 하여 해변 위로 끌어올려진 기원전 400년경의 페니키아 전함을 보여주는 동전

하지만 그리스인에게는 다행스럽게도 여름의 세찬 비바람이 테살리아 전역에 몰아쳤다. 엄청난 규모의 크세르크세스 함대의 모든 배들이 정박할 수 있는 충분히 안전한 항구를 찾기란 불가능했다. 함대의 상당 부분이 악천후에도 불구하고 먼 바다에 머물러있지 않으면 안 되었다. 이렇게 해서 많은 배들이 난파되었다. 한 소함대가 에우보이아를 빙 돌아 기다란 에우보이아 섬을 그리스 본토와 분리시키는 에우리푸스 해협으로 항해하도록 급파되었을 때, 이 소함대 또한 폭풍우와 위험한 해류에 희생되었다. 따라서 소함대는 임무를 결코 달성할 수 없었다.

헤로도토스가 제시한 숫자와는 별개로 사건들 자체는 페르시아 대함대의 엄청난 규모를 짐작케 해준다. 아르테미시움의 패배로 인한 엄청난 손실에도 불구하고, 크세르크세스의 함대는 같은 해 늦여름 살라미스 전투가 시작되었을 때에도 여전히 엄청난 수적 우위를 자랑하고 있었다. 심지어 살라미스 전투 이후에도 살아남은 배와 승무원의 숫자는 여전히 많아서 미칼레에서 그리스 함대가 공격에 앞서서 오랫동안 주저했을 정도였다.


**그리스 해군과 전술**


그리스 해군의 전술과 선박 건조 기술을 일반화하는 것은 도시국가마다 차이가 있기 때문에 쉽지 않다. 예를 들어서 펠로폰네소스인들은 다른 그리스인들보다 적함에 접근해 올라타는 작전에 훨씬 더 의존했다. 최대의 해상 세력이었던 아테네인들은 특별히 충각의 사용에 탁월한 능력을 발휘했다. 그리스의 갤리선에서는 충각이 수면 바로 위 지점까지 중무장되고 강화된 용골의 앞부분 선단 가까이에 만들어졌다. 배의 이물은 충각 바로 뒤의 용골을 기초로 해서 만들어졌다. 이것과는 별개로 노 젓는 갑판과 같은 높이에 이물에서 불쑥 튀어나온 세 개의 쇠스랑이 있었다. 만약 충각이 수선 아래의 적함을 들이받아 깊이 꿰뚫는다면, 세 개의 쇠스랑이 적함의 선체 상부와 접촉하면서 엄청난 피해를 가져다주었다. 또한 쇠스랑은 공격자의 이물을 방어해주었으며, 적의 노 또는 조타용의 짧고 폭넓은 노를 파괴하는데 사용될 수 있었다. 이렇게 만들어진 전함에는 대부분 충각이 설치되었던 것 같다.

충각으로 들이받기 전의 예비단계로 적의 노와 조타장치에 대한 공격이 이루어졌다. 디에크플러스(Diekplus)로 알려진 전략에서 공격용 선박은 적함의 고물을 빙 돌아 날쌔게 회전해 노와 조타용의 짧고 폭넓은 노를 부러뜨렸다. 그리고 나서 주위를 선회하면서 무력해진 적함을 충각으로 들이받았다.

충각으로 들이받기 위해서는 뱃전에서 적을 공격해야 했다. 그리고 이것은 날씨를 잘 예측하는 지휘관들의 임기응변으로 이루어질 수 있었다. 허둥대면서 도주하려는 적 또는 선박을 완전히 장악하고 있지 못한 적이 확실한 목표가 되었다. 질풍 또는 파도가 거세게 몰아치는 바다에서는 공격자가 중심을 잘 잡고 폭풍우에 영향을 받지 않아야 했다. 다시 말하자면 공격자에게는 탁월한 선박조종술과 적함보다 바다에서 더 잘 견딜 수 있는 선박이 필요했다. 특히 아테네인들은 두 가지 장점을 모두 다 갖추고 있었다.

설사 디에크플러스 전략을 실행에 옮길 수 있는 여지가 없었다고 하더라도, 이제까지 묘사했던 전술은 살라미스 전투에서 실증되었다. 어떤 경우이든 디에크플러스 전략은 밀집대형으로 분쇄될 수 있었다. 페르시아 함대를 구성하고 있었던 페니키아 선박들은 그리스 선박보다 고물과 갑판이 더 높게 만들어졌다. 게다가 그곳에 배치된 궁수들과 투창병들은 높은 위치의 이점을 충분히 이용할 준비가 되어 있었다. 하지만 더 높게 만들어진 선박들은 폭풍우가 몰아치는 악천후에 불안정하고 다루기가 어려웠다. 테미스토클레스의 충고대로 그리스인들은 공격개시 전에 바람이 불어주기를 기다렸다. 그리스 선박 한 척이 페니키아 선박을 충각으로 들이받아 높은 고물을 박살내면서 전투가 시작되었다. 침입자들에게 혼란이 가중되었으며, 얼마 안 있어 바다 위는 온통 침입자들의 파괴된 배, 부러진 노, 시체 그리고 전투의 잔해들로 뒤덮였다.

## 플라타이아 전투

이제 살라미스 전투에서의 승리 그 다음 해인 기원전 479년에 플라타이아에서 벌어진 지상전에 대해서 알아보자. 플라타이아 전투는 그리스군에게 또 한 번의 결정적인 승리를 가져다주었다. 살라미스와는 다르게 플라타이아 전투는 판단보다는 행운이 가져다준 승리였다. 그리스군을 지휘했던 스파르타 장군 파우사니아스는 빈틈없는 전술가이자 전략가였음에 틀림없다. 그는 그리스군은 물론이고 적군인 페르시아인들의 주요 강점과 약점을 잘 파악하고 있었다. 하지만 페르시아군 총사령관이었던 마르도니우스 또한 이 점에 있어서는 파우사니아스에게 뒤지지 않았다. 크세르크세스의 사망이 페르시아군에게 유리하게 작용했다고 생각할 수도 있을 것이다. 비록 그가 조직에 탁월한 재능을 발휘했다고는 하지만, 그는 군인이 아니었다.

플라타이아에서 양 진영의 지휘관들은 상대에게 자신의 강력한 방어 진지를 공격하도록 유인했다. 각 지휘관은 그러한 진지에 공격을 개시하는 것이 얼마나 위험한 짓인가를 알았다. 하지만 적이 먼저 공격해 들어오기를 기다리면서 무작정 기다릴 수만은 없었다. 이제 해상 보급품을 빼앗긴 페르시아의 대군은 머지않아 적의 영토에서 직접 식량을 조달해야 하는 어려움에 직면해야 한다. 파우사니아스가 당면한 문제는 전술적이고 긴박한 것이었다. 그는 키타이론 산기슭의 작은 언덕에 진지를 구축했다. 아소푸스 강 반대쪽을 가로질러 방책으로 둘러친 마르도니우스의 진지에서 나온 페르시아 기병은 지휘관의 사망을 포함해 엄청난 손실을 입고 퇴각했다. 하지만 마르도니우스는 현명하게도 주력군을 보내지 않았다. 비록 그의 기병이 당장 그리스군이 점령했던 산악지역에서 승리할 수 없었다고는 하지만, 그리스군의 물과 식량의 보급을 방해할 수 있었다.

이제 파우사니아스는 또 다른 진지를 구축했다. 그는 군대를 이끌고 평원으로 나갔다. 거기에 밀집해 펼쳐져 있었던 언덕들



1. 파우사니아스가 지휘하는 그리스 군대가 보이오티아로 진격한다. 마르도니우스가 그의 기병에게 유리한 테베 남쪽을 전장으로 선택한다. 그리스인들은 산기슭의 작은 언덕들 너머로 진격하지 않으려는 신중함을 보여준다. 마르도니우스의 기병은 그리스 군대를 유인하려고 노력하지만, 전초전에서 기병 장군이 살해되고 마르도니우스의 기병은 퇴각한다. 그들은 퇴각하면서 메가라인들과 아테네인들에게 많은 사상자를 안겨준다.

2. 파우사니아스가 플라타이아 가장자리를 지나서 물을 충분히 공급받을 수 있는 아소푸스 능선 양쪽에 새로운 유리한 위치를 차지한다. 양쪽 군대는 기다린다. 마르도니우스는 그리스의 게릴라 전투로 병참문제에 더욱 어려움을 겪는다. 그의 기병은 밤에 500대의 짐마차로 이루어진 병참수송대를 공격해 손에 넣는다(A). 그리고 그리스의 병참선을 차단한다. 다음 3일 동안 페르시아 기병은 그리스군과 소규모 전투를 벌이고 그들의 샘에 독을 탄다(B). 이제 파우사니아스가 행동해야 할 때가 되었다. 그는 산맥에 접근하고 밤중에 경험이 부족한 병사들을 다시 돌아오게 함으로써 후퇴하는 척한다(C). 그들은 새벽까지 플라타이아의 성벽 아래에서 그들의 길과 진지를 잃는다. 동이 트자마자 그리스의 좌측과 우측 날개가 후위대의 엄호를 받고 철수한다(D).

3. 마르도니우스가 전면적인 공격을 명령한다. 그의 기병의 공격을 받고 아테네인들은 어쩔 수 없이 반격을 하게 된다. 그리스 동맹국들이 아테네인들을 돕기 위해서 돌진하지만 보이오티아인들에 의해 거칠게 다루어진다(A). 마르도니우스와 그의 근위기병은 스파르타인들을 만으로 이끈다(B). 코린트인들과 다른 펠로폰네소스인들이 그들을 도우러 온다(C). 페르시아인들은 방패 뒤에 몸을 웅크리고 있는 중갑보병들에게 화살을 쏘아댄다. 마침내 테게아인들이 돌격하고 그 뒤를 이어 스파르타인들이 돌격한다. 그리스의 중무장 보병은 곧 적의 용맹한 저항을 이겨내고 마르도니우스는 살해된다. 아르타바주스가 지휘하는 페르시아의 본대는 아소푸스 능선에 올라(D), 때 맞춰 페르시아군의 붕괴를 목격한다. 아르타바주스는 후퇴하고 스파르타의 추격을 받는다. 그리고 보이오티아 군대도 와해된다. 마르도니우스의 지휘를 받은 병사들 중 단지 3,000명만이 살아남았으며, 그리스 동맹국 병사들은 1,000명이 죽었다. 그리고 1,500~3,000명의 그리스인들이 목숨을 잃었다.

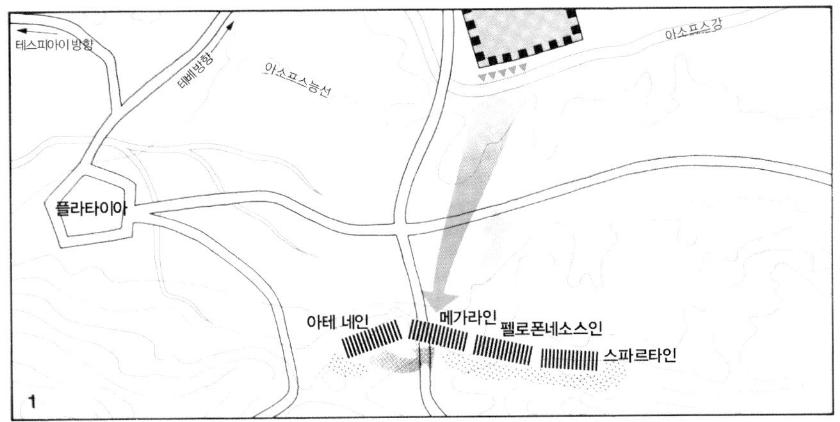


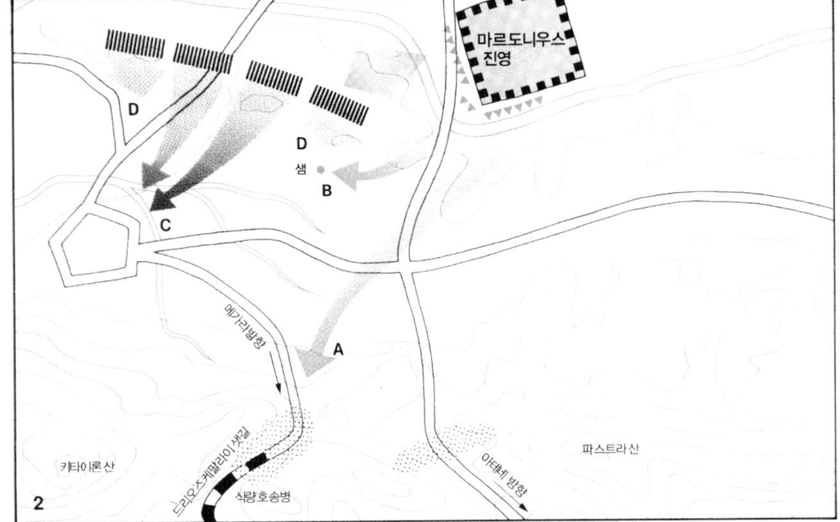


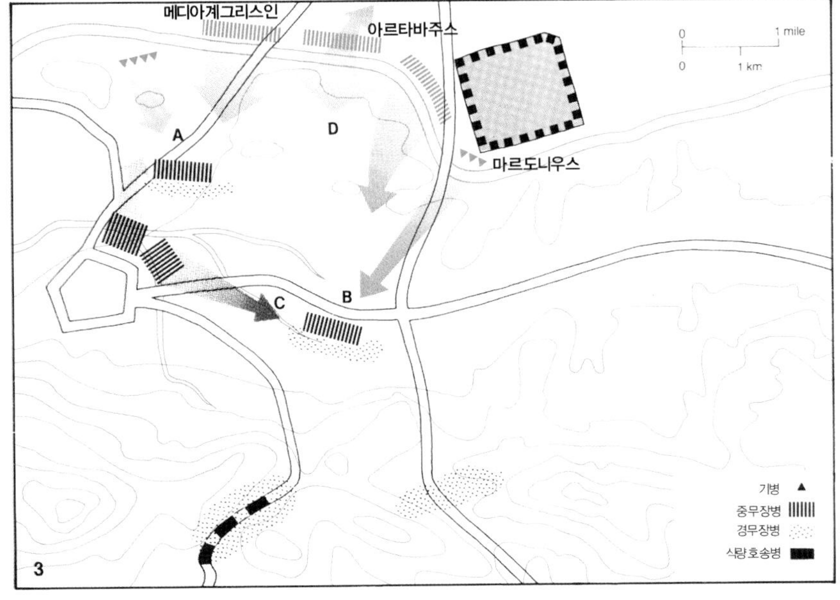

이 기병의 정면 공격으로부터 그를 방어해주었다. 마르도니우스는 아직 공격하지 않았다. 그리스군의 물과 식량 문제가 더욱 심각해졌다. 파우사니아스는 10일 동안 기다렸지만 더 이상 기다릴 수 없었다. 하지만 그는 놀랄 만큼 침착했다. 그는 페르시아 진영을 공격함으로써 전투를 감행하려는 시도를 하지 않았다. 그런 방법은 치명적인 결과를 가져올 수도 있었다. 하지만 설사 그렇다 하더라도, 다른 방법이 위험하지 않다는 보장은 없었다. 파우사니아스는 예전의 진지에서 가까운 곳으로 밤중에 철수하기로 결정했다. 그곳에서는 물을 공급받을 수 있었고 병참선이 덜 노출될 수 있었다. 일부 장교들에게는 사기를 저하시키는 후퇴로 보였던 야간 행군의 어려움과 혼란의 와중에서 그리스군 부대들이 뿔뿔이 흩어지면서 연락이 끊어졌다.

다음 날 마르도니우스는 그리스군의 분열된 모습을 보았지만, 그것을 보이는 것 이상으로 훨씬 더 심각한 것으로 판단하는 잘못을 범했다. 그는 시간만 허락된다면 그리스 국가들과 그들의 군사 분견대들이 서로 싸움으로써 전선에서 이탈할 것이라는 생각에 고무되었다. 사실 그는 이러한 목적을 서둘러 달성하기 위해서 외교 수완과 술책에 몰두했다. 하지만 현 상황에서 그리스의 어려움은 정치적인 것이라기보다는 전술적인 것이었다. 쉽게 승리할 것으로 생각하고 쇄도해 들어왔던 페르시아군은 그리스군의 완강한 저항에 직면했다.

비록 나머지 그리스군과 분리되었다고는 하지만, 스파르타의 주력부대는 페르시아 기병의 투입을 지체시켰던 높은 지역의 이점으로 보병공격에 맞설 수 있었다. 이것은 파우사니아스가 오랫동안 기다려왔고 각오하고 있었던 기회였다. 격렬한 전투에서 스파르타군은 마르도니우스를 죽이고 적을 압도했다. 스파르타군이 성채를 공격하는 경향이 없었다고는 하지만, 그때 그들은 페르시아 진지를 공격했다. 여기에서 운 좋게도 얼마 전 페르시아군에 협력한 보이오티아인을 무찔렀던 일부 그리스 부대가 스파르타 군에 합류했다. 마침내 페르시아 진지가 점령되었으며, 방어자들에게 어떠한 관용도 베풀지 않았다. 불과 몇 명만이 탈출했을 뿐이었다. 마지막 순간에 마르도니우스의 지휘를 따르려 하지 않았던 또 하나의 페르시아 대병력이 이미 헬레스폰토스로 돌아가는 중이었다. 보이오티아가 페르시아군에게 협력하게 했던 테베 시는 짧은 포위공격으로 점령되었으며, 그곳의 정치지도자들은 사형에 처해졌다. 페르시아군이 식량을 징발할 필요 없이 자신들은 물론이고 동물들에게 먹일 수 있는 식량을 마련할 수 있을 것으로 생각했던 엄청난 양의 보물이 승리한 그리스의 수중으로 넘어갔다.

## 그리스의 무기와 갑주

역사시기 초기에(기원전 8세기와 7세기) 그리스 전사들은 다양한 모양과 크기의 방패를 사용했다. 오늘날 몇몇 학자들은 우리들이 옛날의 어법에 지나치게 현혹되어 있다고 생각하지만; 스파르타의 시인 티르타이오스의 시 구절들로부터 7세기에 스파르타인들과 그의 동시대인들이 여전히 넓적다리, 정강이, 가슴, 그리고 어깨를 보호했던 길고 폭이 넓은 방패를 사용했음을 짐작할 수 있다. 이러한 긴 방패는 목을 빙 둘러서 어깨 위로 매달린 가죽 끈으로 지탱할 수 있었다. 그것에 덧붙여 왼손으로 방패 가장자리의 손잡이를 잡게 되어 있었다.

페르시아 전쟁이 발생하기 전에 그리스 전사의 장비와 전투 방식에서 점진적이지만 근본적인 변화가 있었던 것 같다. 이제 중갑보병(그리스어로 *hoplites*)이 전투에서 기본적인 역할을 맡았으며, 방어용 무기에 상당히 의존했다. 다른 방패들을 대신했던 오목한 둥근 방패는 직경이 대략 3피트(약 1미터)였다. 그것은 청동으로 보강하거나 장식을 붙인 나무로 만들어졌으며, 대단히 자주 중세의 문장에 비유할 수 있는 어떤 무늬가 새겨져 있었다. 중갑보병의 방패에는 안쪽 오목한 표면에 두 개의 받침대가 있어서 그 중 하나에는 팔꿈치를 집어넣고 다른 하나는 손으로 움켜쥐었다.

방패의 편평하고 넓은 테두리 위로 드러난 중갑보병의 머리는 청동투구로 잘 보호되었다. '코린트식' 투구로 알려진 모양은 전투 시에 앞으로 잡아당겨질 수 있어서 얼굴을 면갑으로 가려주었다. 한편 투구는 눈을 보이게 하는 틈새와 코와 입으로 숨쉴 수 있는 공간을 고려해서 만들어졌다. 전투가 없을 때 투구를 머리 뒤로 제쳐 얼굴을 드러낼 수 있었다. 이러한 자세는 조각상, 화병그림 그리고 동전에서 흔하게 볼 수 있는 모습이다. 하지만 결코 드물지 않게 움직일 수 있는 면갑과 뺨 가리개를 갖춘 더욱 복잡한 모양을 한 투구가 있었다. 투구 위에는 보통 '세로 면으로' 초승달 모양의 말총 깃털이 자주 장식되어 있었다.

중갑보병이 사용했던 둥근 방패는 무릎 아래는 보호해주지 못했으므로 다리보호대 또한 필요했다. 정강이받이가 다리보호대 역할을 했다. 이렇게 해서 그리스 중갑보병은 머리에서 발끝까지 효과적으로 무장했다.

그리스 중갑보병의 주요 공격용 무기는 길이가 9피트(약 3미터)에 달하는 긴 창이었다. 호메로스 시대의 창과는 다르게 투척용이 아니라 찌르기 위해서만 사용되었으며, 창끝에는 쇠가 붙여져 있었다. 또한 중갑보병은 근접 전투를 위해 베고 찌르는 단검을 휴대했다.

중갑보병과 비교해 수적으로 보잘것없었던 그리스 기병은 갑옷을 입지 않았으며 방패도 휴대하지 않았다. 그들의 무기는 찌르는 창 아니면 투척용 창으로, 가끔 둘 또는 그 이상을 휴대하고 있었다. 그리스 기병은 유산계급에서 징집되었다. 왜냐하면 부자들만이 말을 직접 조달할 수 있었기 때문이다. 종종 그들은 적과 맞서기 위해서라기보다는 악천후에 맞서기 위한 보호 장치로 챙이 넓은 모자를 썼다. 그리스인들은 보통 안장 없이 말을 타거나 그렇지 않으면 안장받침만을 사용했다. 그들에게는 등자는 물론이고 편자도 없었다.

중갑보병과 보잘것없는 기병 이외에 그리스 군대에는 경무장병력도 있었다. 이들은 휴대하고 있던 가벼운 방패를 의미하는 펠트로부터 펠타스타이*peltastai*로 불렸다. 그들은 한 다발의 투척용 창으로 무장했으며, 치고 빠지는 전술을 포함하는 정찰이나 습격에 주로 이용되었다. 따라서 그들이 적의 맹렬한 공격을 견디어낼 수 있을 것으로는 기대되지 않았다.

그리스인들은 경무장병력과 함께 궁수를 사용했으며, 나중에는 궁수들이 가끔 말을 타기도 했다. 아테네에서 말을 타지 않은 궁수들은 경찰 임무에 사용되었지만, 이들은 북부 그리스에서 공공 비용으로 사들인 스키타이인 노예들이었다. 가장 유명한 그리스 궁수들은 크레타인이었다. 하지만 크레타인은 페르시아 전쟁에 참가하지 않았다.

## 중갑보병 전술

그리스의 중갑보병 전술은 중갑보병의 무기와 갑옷을 결정했던 요소로 간주될 수 있을 것 같다. 호메로스가 하사관과 병사를 나타내기 위해 사용했던 단어인 팔랑크스는 고전기에 특히 중갑보병이 채택했던 밀집대형에 사용되었다. 이 대형은 꾸준히 그 길이가 늘어났지만, 크세노폰의 시대에는 4열을 이루었다. 이것이 기원전 5세기에 일반적인 대형으로 받아들여졌던 것 같다. 이 대형에서는 뒤 열에서 적을 향해 긴 창을 앞 열의 방패들 너머로 내밀 수 있었다. 팔랑크스의 열이 늘어나면서 창의 길이 또한 늘어났다.

팔랑크스에서 뒤 열의 역할은 주로 대형에 무게를 실어주는 것이었으며, 고대 그리스의 전투는 양편에서 한 편이 무너질 때까지 밀치는 오늘날의 럭비스크럼과 매우 흡사했던 것 같다. 긴 창은 이러한 유형의 싸움에서 거의 사용될 수 없었을 것이다. 특히 뒤 열의 긴 창은 장애물에 불과했을 것이다. 그럼에도 불구하고 전투는 자주 이런 종류의 싸움으로 발전했던 것 같다. 일부 고대인들의 무기와는 다르게 그리스 고전기의 창끝은 연철보다는 부드러운 강철로 만들어졌다. 오늘날의 기준으로 보면 창끝은 잘 담금질되지 않았으며, 방어하는 적들의 청동갑옷을 꿰뚫을 수 없었을 때 '스크럼' 상황이 자연스럽게 형성되었던 것 같다. 적의 방어선을 힘으로 뚫고 지나가는 것이 불가능했던 곳에서는 방어선을 밀어젖히는 것 말고는 다른 방도가 없었다.

(위) 크세르크세스가 그리스로 이끌고 들어왔던 군대에서 말 탄 궁수들은 중요한 구성 요소였다. 그리고 그들은 플라타이아 전투에서 효과적으로 사용되었다.
(아래) 그리스 군대의 트럼펫 부는 병사를 그린 포도주 잔. 트럼펫 부는 병사의 신호는 그리스 전쟁에서 지극히 중요했다.

밀집대형에서는 모든 방패가 방패를 휴대한 병사의 좌측면뿐만 아니라 우측면 그리고 인접한 창 부대를 방어해 주었다. 일단 대형이 무너지면 이러한 이점도 사라졌다. 전투에서 승리하려면 대형을 유지하면서 적의 대형을 무너뜨려야 했다. 일단 대형이 무너지면,군대는 도망 이외에 달리 선택할 방법이 없었다. 달려서 도망가려면 중갑보병은 육중한 방패를 버리지 않으면 안 되었고, '방패를 버리는 자'를 의미하는 단어는 현대 그리스어에서조차도 여전히 도망병을 의미한다. 기원전 1세기에 호라티우스는 자신이 필리피 전투에서 브루투스와 카시우스를 위해 싸웠을 때, 방패를 버린 적이 있었다고 고백하고 있다. 그의 이러한 솔직한 고백은 똑같은 행동으로 자신들의 잘못을 인정했던 초기 그리스 시인들의 사례에서 깊은 영향을 받은 것 같다.

고대의 수많은 전투에서는 패자 측에서의 엄청난 사상자와 승자 측에서의 경미한 손실 사이에 불균형이 있었다. 이것은 전투 자체가 아니라 전투가 끝난 뒤 도망병들에 대한 대학살에서 이루어졌기 때문이다. 스파르타인들에게 도망이란 있을 수 없는 일이었다. 그들은 방패를 갖고 돌아오든지 아니면 그 위에 실려서 돌아와야 했다. 왜냐하면 티르타이오스의 스파르타 방패들이 들것으로 유용하게 사용될 수 있었기 때문이다. 물론 중갑보병이 거추장스러운 방패를 버리고 도망가는 적을 따라잡기란 어려웠다. 이것은 기병과 경무장 병사들이 하는 일이었다.

예외는 항상 존재하는 법이다. 스파르타인들도 가끔은 도망쳤으며, 쫓기는 자는 물론이고 쫓는 자도 가끔 방패를 버렸다. 이런 식으로 메세니아의 지도자인 아리스토메네스가 스파르타인 적들에 대한 승리의 순간에 방패를 잃어버렸던 적이 있었다. 그는 간신히 잃어버린 방패를 되찾았다. 이것과 관련해서는 파우사니아스의

### 팔랑크스

기원전 7세기에 중갑보병의 방패가 도입
된 이후로 새로운 전투 대형이 전개되었
다. 그것은 보통 팔랑크스(설사 이 용어가
호메로스 시대 이래로 사용되었다고 하더
라도)로 불린다. 이러한 대형에서는 중갑
보병들이 항상은 아니지만 8열로 정렬했
다. 각 열의 횡간은 6~8피트(2~2.5미터)
였다. 이것은 산개대형으로 불렸으며 기동
작전을 위한 통상적인 대형이었다. 또한
팔랑크스는 전위가 후위로 빠져나갈 수 있
도록 공간을 남겨 두었다. 적과 접촉하기
직전에 뒤 열들은 밀착해서 각 병사의 간격
이 3피트(1미터)로 줄어든다. 그리고 그의
방패 왼쪽 면으로 옆 병사를 막아준다. 이
러한 방패 벽 위로 중갑보병은 자신의 창을
쭉 내밀 수 있었다. 뒤 열들은 쓰러진 병사
의 자리를 채우거나, 아니면 필요할 경우
그의 뒤에 몸을 숨기고 밀고 나아갔다. 각
병사들이 옆 병사의 방패 뒤에서 비스듬히
움직이려는 경향이 있었으므로, 팔랑크스
는 습관적으로 오른쪽으로 쏠렸으며, 이것
은 많은 전투의 결과에 영향을 미쳤다. 왕
과 장군(스트라테고스)을 포함해 장교들은
장비를 잘 갖춘 중갑보병들과 나란히 앞 열
에서 싸우도록 되어 있었으며, 따라서 나
머지 병사들과 똑같은 위험에 노출되지 않
을 수 없었다.

### 중갑보병의 투구와 갑옷

그러한 투구와 갑옷은 대략 오늘날의 자동
차 비용에 비견될 정도로 매우 비쌌다. 그
림 왼쪽의 병사는 조각되고 장식된 '칼키
스식' 투구, 허리에 두르는 청동 갑옷, 그
리고 정강이받이로 이루어진 투구와 갑옷
을 입고 있다. 그는 통상적인 중갑보병의
칼인 코피스*kopis*에 대한 대안으로 베는 데
사용하는 무거운 칼을 휴대한다. 그림 오른
쪽의 병사는 가장 단순한 형태의 중갑보병
장비를 갖추고 있다. 즉 보강되지 않은 허
리에 두르는 갑옷과 종 모양의 단순한 투구
그리고 평범한 정강이받이가 그것이다. 중
갑보병의 장비를 갖춘다는 것은 그가 중산
계급임을 나타내는 표식이었다.

팔랑크스 전술은 그리스 화병과 조각에서 잘 묘사되
고 있다. 여기에 있는 것은 기원전 4세기 크산토스의
네레이드 기념비에서 볼 수 있다.

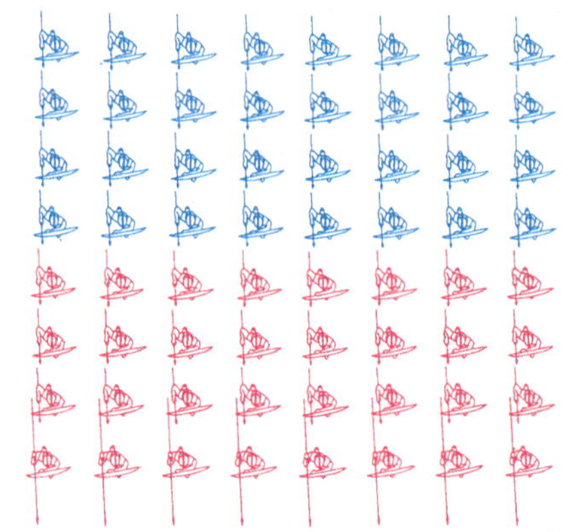

# 그리스 중갑보병 (기원전 480년경)

오른쪽 그림은 페르시아 전쟁의 전형적
인 중갑보병이다. 그가 쓰고 있는 다소
구식의 투구는 자연 그대로의 말총 깃으
로 장식되어 있다. 다른 투구들은 검정
색, 흰색 아니면 다색이었다. 그는 방어
를 위해 비늘 모양의 금속조각으로 보강
된 흉갑을 입고 있다. 그의 방패는 호프
론*hoplon*이다. 이 시대에 청동 표면에
그려진 도안은 동물들과 머리가 뱀이며,
보는 사람을 돌로 변화시켰다는 세 자매
의 괴물인 고르곤처럼 특별히 인기 있는
신화에 등장하는 피조물들이었다.

그는 다리에 다리의 근육을 모방해서
만든 청동 정강이받이 한 쌍을 장식용으
로뿐만 아니라 강화용으로 착용하고 있
다. 그의 주요 무기는 6피트 6인치와 10
피트(2~3미터) 사이로 길이가 다양한
기다란 창이다. 창은 보통 어깨 위로 손
을 들어 던지도록 사용되었으며, 손잡이
는 가죽 끈으로 묶여있다. 그의 두 번째
무기는 어깨에서 허리에 어긋매껴 둘러
멘 어깨띠에 매단 짧은 칼이다. 이렇게
장비를 갖추고 부분적으로 그의 옆 병사
의 방패로 엄호 받은 전사는 머리에서 발
까지 보호받으며, 그의 기다란 창은 가
공할 착탄거리를 갖는다. 이와 같은 중
갑보병들은 테르모필라이를 방어했고,
살라미스 해전에서 싸웠으며, 그리고 플
라타이아에서 승리했다.

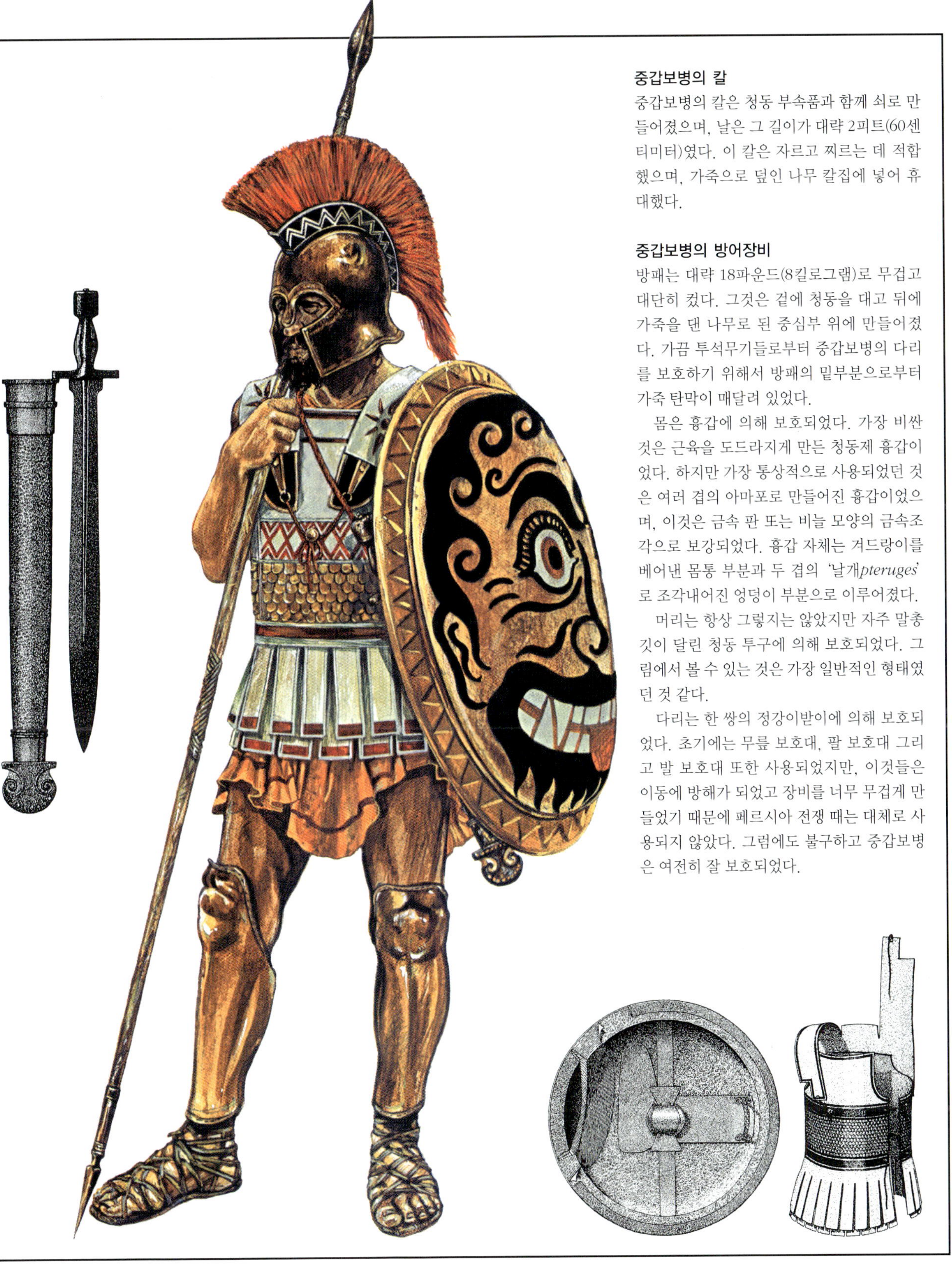

## 중갑보병의 칼

중갑보병의 칼은 청동 부속품과 함께 쇠로 만들어졌으며, 날은 그 길이가 대략 2피트(60센티미터)였다. 이 칼은 자르고 찌르는 데 적합했으며, 가죽으로 덮인 나무 칼집에 넣어 휴대했다.

## 중갑보병의 방어장비

방패는 대략 18파운드(8킬로그램)로 무겁고 대단히 컸다. 그것은 겉에 청동을 대고 뒤에 가죽을 댄 나무로 된 중심부 위에 만들어졌다. 가끔 투석무기들로부터 중갑보병의 다리를 보호하기 위해서 방패의 밑부분으로부터 가죽 탄막이 매달려 있었다.

몸은 흉갑에 의해 보호되었다. 가장 비싼 것은 근육을 도드라지게 만든 청동제 흉갑이었다. 하지만 가장 통상적으로 사용되었던 것은 여러 겹의 아마포로 만들어진 흉갑이었으며, 이것은 금속 판 또는 비늘 모양의 금속조각으로 보강되었다. 흉갑 자체는 겨드랑이를 베어낸 몸통 부분과 두 겹의 '날개*pteruges*'로 조각내어진 엉덩이 부분으로 이루어졌다.

머리는 항상 그렇지는 않았지만 자주 말총깃이 달린 청동 투구에 의해 보호되었다. 그림에서 볼 수 있는 것은 가장 일반적인 형태였던 것 같다.

다리는 한 쌍의 정강이받이에 의해 보호되었다. 초기에는 무릎 보호대, 팔 보호대 그리고 발 보호대 또한 사용되었지만, 이것들은 이동에 방해가 되었고 장비를 너무 무겁게 만들었기 때문에 페르시아 전쟁 때는 대체로 사용되지 않았다. 그럼에도 불구하고 중갑보병은 여전히 잘 보호되었다.

『그리스 이야기*Description of Greece*(4, 16, 6)』에 주목하라.

## 페르시아의 무기와 장비

헤로도토스는 크세르크세스 군대의 무기와 장비를 비교적 상세하게 묘사하고 있다. 페르시아인들은 펄럭이는 펠트 모자, 물고기 모양의 쇠 비늘 표면을 한 튜닉, 그리고 바지를 입었다. 그들은 잔가지를 엮어 만든 방패를 휴대했으며, 무기는 커다란 활, 단창, 그리고 오른편 측면의 혁대에 매달려 있었던 단검들이었다. 이렇게 장비를 갖춘 페르시아인들은 말을 타거나 타지 않은 경우로 구분되었던 것 같다. 일반적으로 페르시아 군대는 엄청난 숫자의 기병과 궁수에 의존했다.

헤로도토스는 페르시아인들과는 별개로 페르시아 왕들이 다른 민족을 동원해 구성했던 분견대에 대해 상세하게 말하고 있다. 하지만 헤로도토스의 정보에 바탕이 되었던 통계가 설사 엄청난 규모였다고 하더라도, 이 통계는 크세르크세스의 실제 원정군보다는 전체 페르시아 제국의 잠재적 전투력에 대해 언급했던 것 같다. 우리는 청동 투구를 착용했던 아시리아인들과 그 밖의 다른 사람들에 대해 알고 있다. 하지만 대체로 아시아 민족은 여러 종류의 부드러운 머리쓰개로 보호받았을 뿐 어떤 견고한 갑옷도 입었던 것 같지는 않다. 단검, 활 그리고 화살과는 별개로 그들은 쇠 대못이 박힌 곤봉, 도끼 그리고 올가미 밧줄을 휴대했다.

기병들-특히 기병 장교들-은 더 견고한 갑옷을 입었던 것 같다. 플라타이아 전투 초기 단계에 죽었던 페르시아의 기병 사령관 마시스티우스는 진홍색 겉옷 안쪽에 황금 비늘갑옷을 입었다. 그는 말이 화살을 맞고 쓰러지자 선 채로 맹렬하게 자신을 방어했다. 따라서 그의 몸에 타격을 가해 쓰러뜨린다는 것은 어려워 보였다. 마침내 그를 에워쌌던 아테네인들은 그렇게 완강하게 버틸 수 있었던 비밀을 알아차리고 그의 얼굴을 강타했다.

말 탄 그리고 말 타지 않은 페르시아 궁수들은 모두 엉덩이에 매단 화살통에 그들의 화살을 휴대했다. 이러한 관습은 화살통이 등에 매달려 있었던 그리스 궁수들과는 달랐다. 급하게 화살을 쏠 필요가 있을 때 엉덩이에 매달린 화살통에서 보다 신속하게 화살을 꺼낼 수 있었다.

헤로도토스는 인도 분견대의 전차에 대해 언급하고 있다. 하지만 이러한 전차가 전투에 사용되었다고 말하고 있지는 않다. 보통 페르시아 왕들은 전차를 타고 전장에 나갔으며, 또한 페르시아인들이 사냥할 때도 전차가 사용되었다. 고전기 그리스인들은 전차를 스포츠 행사에서만 사용했다. 대체로 페르시아 전쟁 무렵에 전차는 말 탄 병사들로 대체되었다. 이러한 변화는 의문의 여지없이 말 탄 병사가 말을 보다 쉽게 제어할 수 있게되었던 말 재갈의 기능이 개선되면서부터 시작되었다.

## 그리스 승리의 원인

헤로도토스는 페르시아 보병의 영웅적 행동과 신체적 강인함에 찬사를 보내고 있다. 그는 플라타이아 전투에서 그리스 중갑보병들과의 백병전에서 페르시아 보병들이 패했던 이유는 열악한 무기와 장비 때문이었다고 분명하게 말했다. 플라타이아 전투의 마지막 국면에서 무장한 병사들과 비무장 병사들 사이에 거의 백병전에 가까운 싸움이 벌어졌다. 하지만 이것이 무기 사용과 군사 전략에서 숙련된 솜씨를 필요로 했던 그리스 병사들의 가치를 떨어뜨리지 않는다. 헤로도토스의 말처럼 숙련성이 뒤떨어진 페르시아인들은 무질서하게 싸웠다.

두 차례에 걸친 페르시아의 침입에서 그리스인들이 걸출한 장군들을 배출하는 행운을 가졌다는 점 또한 강조되어야 한다. 그리스 장군들은 결정적인 전투를 보병전투로 바꾸는 탁월한 능력을 발휘했다. 보병전투에서는 페르시아 군대, 즉 기병과 궁수의 수적 우위가 무력화되었다.

무기 훈련과는 별개로 그리스인들은 운동을 통해 단련된 강인한 신체로 큰 덕을 보았다. 스파르타 시민들의 생애는 군사훈련에 바쳐졌으며, 스파르타 국가는 전쟁기계와 다름없었다. 하지만 탁월한 체력 때문에 매번 '마라톤 경주'에 대해 말할 때마다, 마라톤 전투에서 아테네 중갑보병이 성취한 놀라운 성과에 찬사가 보내지고 있다. 지칠 줄 모르는 힘으로 대략 70파운드(32킬로그램)의 무게가 나가는 갑옷을 입은 병사들이 빠른 걸음으로 거의 1마일을 공격해 들어갔다. 페르시아 보병을 격파하고 페르시아 함선을 공격했던 격렬한 전투가 있고 나서, 그리스 중갑보병은 20마일(33킬로미터) 이상을 걸어 아테네로 돌아와 또 다른 상륙에 대비했다. 전투가 있기 전에 아테네 병사 페이디피데스가 이틀 동안 아테네와 스파르타 사이의 152마일(245킬로미터)을 달렸지만, 시기적절한 도움을 구하는 데에는 실패했다. 또한 고대 올림픽 경기에서는 갑옷을 입고, 그렇지 않으면 적어도 팔에 중갑보병의 무거운 방패를 걸치고 달리는 경기가 있었음을 기억할 필요가 있다.

페르시아 전쟁의 심리적 측면이 간과되어서는 안 될 것이다. 그리스의 저항은 영감을

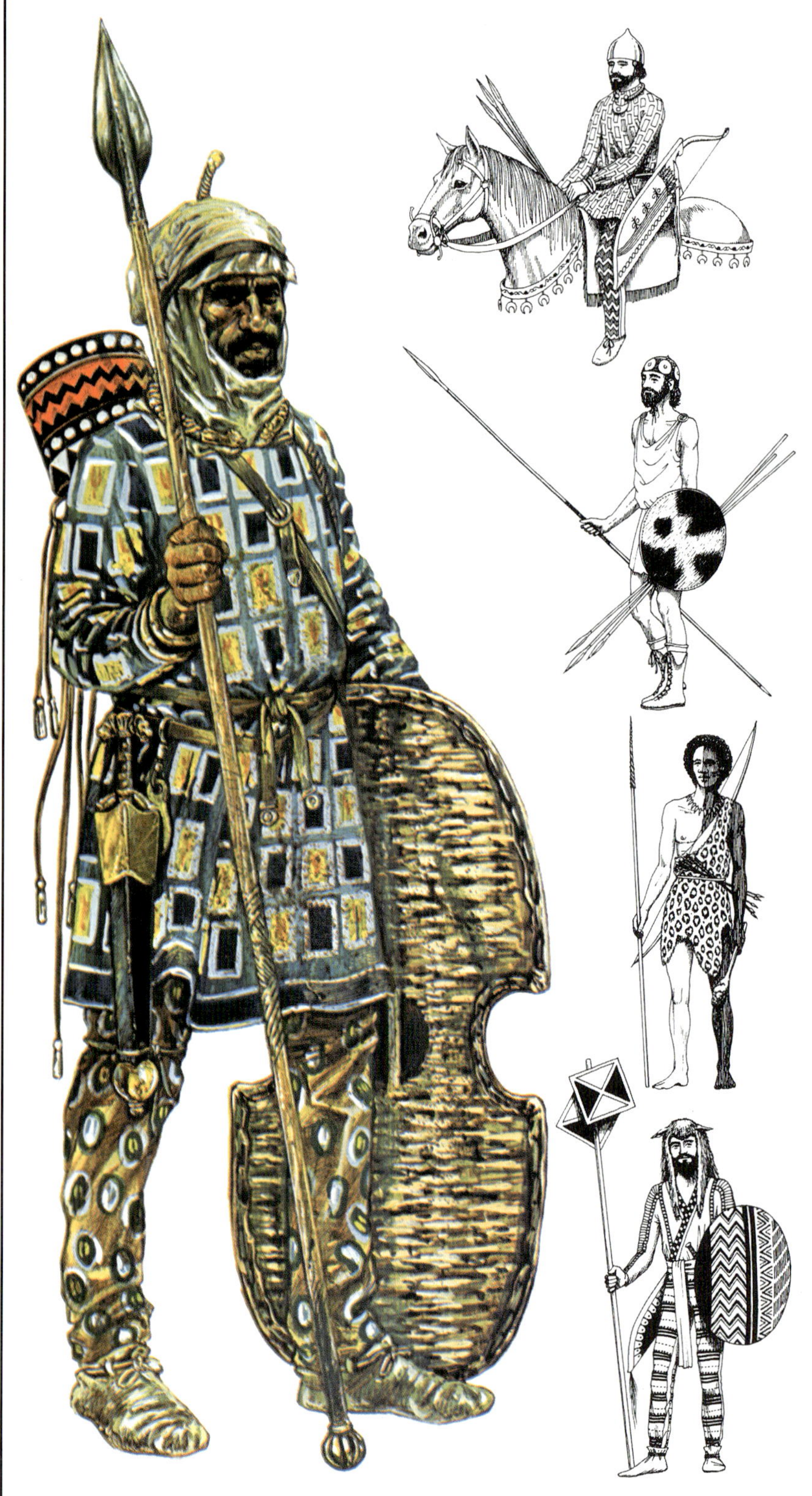

## 페르시아 군대

왼쪽 원색 그림은 불멸의 군대라는 명칭을 가진 페르시아 '친위대' 를 나타낸다. 불멸의 군대라고 불린 이유는 사상자가 발생해도 전체 병력의 규모는 언제나 10,000명을 유지했기 때문이다.

페르시아 친위대는 항상 메디아인 아니면 페르시아인으로 구성되었으며, 평시에는 왕을 호위하고 전시에는 군대의 핵심을 이룬 직업 군인이었다. 그림에서 묘사된 친위대는 전장에 나타날 때의 모습으로, 페르세폴리스의 돋을새김에서 볼 수 있고 통상적으로 묘사되는 궁정에서 입는 옷과는 매우 달랐다. 페르시아 친위대의 무기는 중무장한 그리스의 중갑보병들과 맞서기에는 대체로 효과가 없는 것으로 입증된 활과 은 평형추(장교들은 금 평형추)가 달린 머리 부분이 쇠로 된 짧은 창이다. 그의 두 번째 무기는 손잡이 끝에 사자의 머리가 장식된 커다란 단검 아니면 짧은 칼이었다. 방어용으로 그는 튜닉(가운 같은 겉옷) 아래에 비늘 모양 금속조각의 흉갑을 걸친다. 그리고 전통적인 모양의 가죽이 덮인 가는 가지로 엮어 만든 방패를 휴대했다. 이 방패는 화살 등에 맞서서는 적절하게 보호를 해줄 수 있었지만, 그리스의 방패와는 다르게 찌르는 창에는 속수무책이었다. 머리에는 먼지를 막아줄 수 있었던 부드러운 천이었던 티아라*tiara*를 착용한다. 그의 헐거운 튜닉에는 진홍색, 파란색, 노란색, 또는 심지어는 흰색까지 세련되게 수가 놓아져 있다.

페르시아 친위대가 아무리 용맹스러웠다고 하더라도 그리스의 중갑보병에 맞선 전투에서 상대적으로 조악한 방패와 투구 또는 다리 보호대의 결핍 때문에 고통을 겪었다. 그의 한 가지 이점이었던 활은 대체로 중갑보병의 육중한 갑주를 꿰뚫기에는 역부족이었다.

### 그 밖의 병사 유형

오른쪽 제일 위 그림은 또 다른 페르시아 병사로 메디아 기병을 나타낸다. 그는 비늘 모양의 금속흉갑 위에 수가 놓아진 튜닉과 바지를 입고 있다. 머리에는 청동투구를 쓰고 있으며 그의 무기는 활과 여러 개의 창이다. 대부분의 페르시아 병사들처럼 그는 금 또는 은 목걸이와 팔찌로 화려하게 옷을 입고 있다. 바로 그 밑에는 소아시아의 프리기아 창병이 있다. 그는 작은 원형 방패와 던지는 창들 그리고 찌르는 창을 휴대하고 있다. 그는 금속판으로 보강된 작은 가지로 엮어 만든 투구를 쓰고 있다. 그 밑에는 페르시아 제국 전체에서 징집된 별난 유형의 병사들 중 하나인 에티오피아인이 있다. 그의 무기는 종려나무로 만든 활, 돌화살촉이 달린 등나무로 만든 화살, 곤봉 그리고 영양의 뿔이 끝머리에 씌워진 창이다. 전투 시에 그는 몸의 한쪽 면은 희게 그리고 다른 한쪽 면은 주홍으로 칠한다. 맨 아래쪽은 수놓아진 꽉 쪼이는 튜닉을 입고 스키타이의 깃발을 들고 있는 스키타이 병사이다. 그는 가죽으로 덮이고 작은 가지로 엮어 만든 방패, 활 그리고 단검을 휴대하고 있다. 머리에는 동물 가죽을 쓰고 있다. 스키타이인들은 페르시아인들에게 기병과 보병 모두를 제공했다. 페르시아 군대에는 또한 박트리아인, 인도인, 아랍인, 이집트인, 그리고 그 밖의 많은 피정복민들이 포함되어 있었다.

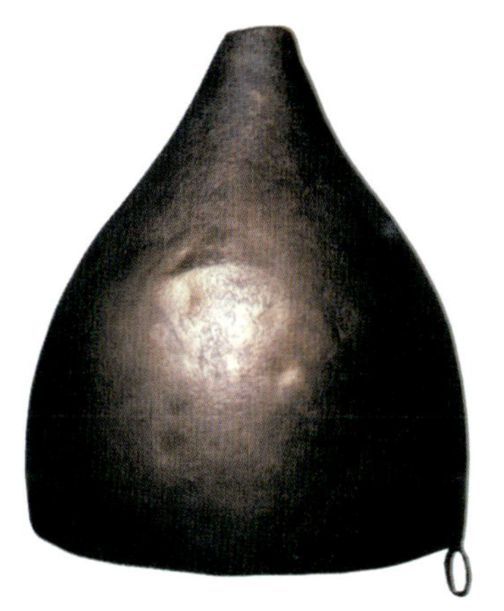

올림피아에서 출토된 기원전 5세기 페르시아의 청동투구. 하지만 크세르크세스의 많은 병사들이 천 아니면 펠트 모자에 의해서만 보호되었다.

받은 것이었다. 그럼에도 불구하고 그러한 영감이 실제로 애국심에서 나온 것인지는 의심스럽다. 다른 그리스 국가들의 적극적인 지원을 받을 것이라고는 생각지도 않았던 북쪽의 테살리아인들은 크세르크세스에게 협력했다. 테베의 지휘를 받은 보이오티아인들은 테살리아인들처럼 크세르크세스에게 협력했던 것에 변명할 수 있었을 것이다. 왜냐하면 스파르타의 지배를 받은 펠로폰네소스인들이 코린트만을 가로지르는 방벽을 세워 북부 그리스를 운명에 맡김으로써 자신들을 방어하려고 했기 때문이다. 아테네가 함대를 철수시키겠다고 위협하지만 않았더라면, 펠로폰네소스인들은 그렇게 했을 것이다. 헤로도토스가 극구 칭찬했던 것처럼 아테네인들은 그리스의 애국심이 진정으로 회복되는 계기를 제공했다.

그럼에도 불구하고 아테네인들은 '반역자들'의 행동에 희생자가 되었다. 한때 아테네에서 자비로운 참주였으며 나중에는 페르시아 궁정으로 망명했던 피시스트라토스의 아들 히피아스가 아테네에 복귀할 수 있을 것이라는 희망으로 다리우스의 함대를 뒤따라왔다. 게다가 바로 이 무렵 히피아스의 추방을 묵인했지만 이제 와서는 아테네 민주정의 발전에 혐오감을 가졌던 강력한 알크마이오니다이 귀족가문이 페르시아 침략군과 협력할 태세를 갖추고 있었다고 믿을 만한 이유가 있다.

아마도 그리스 저항의 진정한 영감은 애국심보다는 자유에서 나왔을 것이다. 하지만 자유는 모호한 이상이다. 자유는 너무나 자주 자신의 의지를 다른 사람에게 강요하기도 한다. 그리고 이것이 그리스인들 사이에서 말해졌던 자유이다.

# 펠로폰네소스 전쟁

두 개의 주요 세력이 그리스에 출현했다. 하나는 육상 세력이자 군국주의적이고 권위주의적인 스파르타이고, 다른 하나는 해상 세력이자 비교적 민주적인 아테네이다. 정치적 경쟁은 아테네의 이미지를 손상시키는 전쟁을 초래했으며, 아테네의 패배에서 절정에 달했다.

## 고대의 문헌

기원전 5세기 아테네와 스파르타의 장기간 전쟁에 대해 알고 싶을 때, 특별히 이 주제로 글을 쓰는 데 적임자였던 아테네 역사가 투키디데스에게 많은 신세를 지지 않으면 안 될 것이다. 그는 자신이 살았던 동시대의 사건들을 기술했으며, 전쟁 중에는 군대와 함대를 지휘하는 지휘관이었다. 기원전 424년 트라키아의 도시 암피폴리스가 스파르타의 수중에 넘어가는 것을 막을 수 없었다는 것이 그에게는 치욕스러운 일은 아니었을 것이다. 그와 싸웠던 스파르타 장군 브라시다스는 보기 드문 군사적 천재성을 지닌 지휘관이었다. 하지만 투키디데스는 자신의 실패 때문에 아테네에서 비난받았으며, 전쟁의 나머지 기간을 망명생활로 보냈다. 이 기간 동안 그에게는 스파르타와 아테네 사이의 전쟁사를 쓰기 위한 자료를 수집하기에 충분한 시간이 있었지만, 전쟁이 끝난 뒤 사면을 받고 아테네에 소환될 때까지는 실제로 전쟁사를 쓰지 않았다. 그의 전쟁사는 기원전 411년의 사건들로 마무리된다. 그는 전쟁사를 완성하지 못하고 죽었다.

투키디데스는 역사가로서 충분한 자격을 갖추고 있었다. 그는 한편에서는 스파르타에 우호적인 정치가였던 키몬의 친척이었으며, 다른 한편에서는 스파르타에 적대적이었던 페리클레스의 열렬한 지지자였다. 따라서 그의 정치적 불편부당함은 무관심이 아니라 표리관계에 있는 양 쪽에 대한 관심 때문이었다. 틀림없이 그는 각기 다른 충성의 희생자가 되었을 것이다.

투키디데스의 역사는 크세노폰이 「헬레니카」에서 멈추었던 시점부터 계속되었다. 크세노폰은 탁월한 능력의 군사 지휘관이었다. 그가 실제로 펠로폰네소스 전쟁의 이야기를 완성했는지는 판단의 문제일 것 같다. 왜냐하면 그는 펠로폰네소스 전쟁이 기원전 405년 아이고스포타미 전투에서 아테네 함대의 파괴로 끝난 것으로 생각했기 때문이다. 확실히 이 사건으로 아테네는 필수적인 보급품을 빼앗겼으며, 그 다음 해에 항복하지 않으면 안

되었다. 하지만 단편들만이 전해오는 그 밖의 역사가들 견해는 이와는 달라서 펠로폰네소스 전쟁이 10년 후 아테네의 부활과 함께 끝난 것으로 생각했다.

기원 1세기 말과 2세기 초에 활약했던 플루타르코스에게도 우리는 어느 정도 빚을 지고 있다. 키몬과 페리클레스에 대한 그의 전기는 펠로폰네소스 전쟁 바로 전 시기와 전쟁의 초기 국면들과 관계가 있다. 사실 투키디데스는 페르시아 침입자들의 패배와 아테네와 스파르타의 전쟁 시작 사이의 50년 또는 그 이상의 기간에 대해 매우 불완전한 설명만을 하고 있다. 따라서 나중에 한 작가가 전해주었던 증거를 대수롭지 않은 것으로 간주해서는 안 된다.

크세노폰을 제쳐둔 채 투키디데스와 그의 뒤를 이었던 역사가들을 비교할 수 없다. 테오폼포스, 에포로스 그리고 크라티포스에 대해서는 여기저기 흩어진 단편들과 증언들만이 전해져 내려온다. 투키디데스의 「역사」 속편으로 보이는 그리스 역사에 대한 매우 인상적인 인용구가 이집트의 파피로스 사본에서 재발견되었다. 하지만 이 단편은 단지 900행의 길이로 이루어져 있는 것에 불과하다. 역사는 사건들을 원인 및 결과와 관련해 연구할 것을 요구한다. 이것은 한 역사가가 그 결과를 알 만큼 충분히 오래 또는 충분히 늦게까지 살았음을 전제로 한다. 그럼에도 불구하고 다행히도 우리는 고대 전쟁에 참가했던 사람에게서 전쟁의 이야기를 전해들을 수 있게 되었다는 사실에 기뻐해야 한다.

### 정치적 배경

키몬과 페리클레스의 싸움은 어느 정도 성격의 충돌에서 비롯되었던 것 같다. 그것은 다정다감하고 외향적인

(위) 펠로폰네소스 전쟁시기와 관련된 주요 문헌은 역사가 투키디데스에게서 비롯된다. 불행히도 그는 자신의 저작을 완성하기 전에 죽었다.
(아래) 페르시아 전쟁에 뒤이은 몇 년 동안 아테네의 정치·문화적 지배력을 촉진시켰던 아테네의 유명한 정치가인 페리클레스.

# 궁수와 투석병

원색 그림은 전형적인 스키타이 궁수를 보여준다. 그들은 기원전 6세기 아테네의 참주 피시스트라토스에 의해 모집되었으며, 아테네의 중갑보병 곁에서 용병으로서 그리고 아테네에서는 경찰력으로 사용되었다. 그들은 아티카의 화병 그림에서 자주 무릎을 꿇고 활을 쏘는 모습으로 광범위하게 등장한다. 그들은 마라톤 전투에서는 아테네 군대와 함께 있지 않았으며, 실제로는 아시아 스키타이인들, 즉 '사카이족'의 분견대가 페르시아 침략군과 싸웠다. 기원전 5세기 동안에 페르시아인들 또한 사카이족을 고용해 그들의 군대에 궁술을 가르치도록 했다. 그림에서 등장하는 스키타이 궁수는 헤로도토스에 의해 언급되었던 기다랗고 뾰족한 모자 그리고 헐거운 튜닉과 바지를 입고 있다. 그는 합성식 활을 휴대하고 세 개의 깃이 달린 작은 화살을 막 쏘려 하고 있다. 그의 화살통, 즉 '고리토스*gorytos*'는 색칠한 문양들로 장식되고, 그 안에는 두 번째 활과 화살들이 들어있다. 스키타이인들이 엄지손가락 고리를 사용했다는 증거는 없다. 하지만 그들은 오늘날 서구에서 사용되는 통상적인 지중해식 발사 방법을 채택했다. 이 점에서 그들은 엄지손가락과 집게손가락 사이에 화살을 끼워서 발사했던 전형적인 그리스 방식과는 대조된다. 즉 그리스인들은 꽉 쥐는 힘이 약해서 스키타이인들의 강한 활을 잡아당길 수 없었음을 의미했다. 그리스에서는 펠로폰네소스

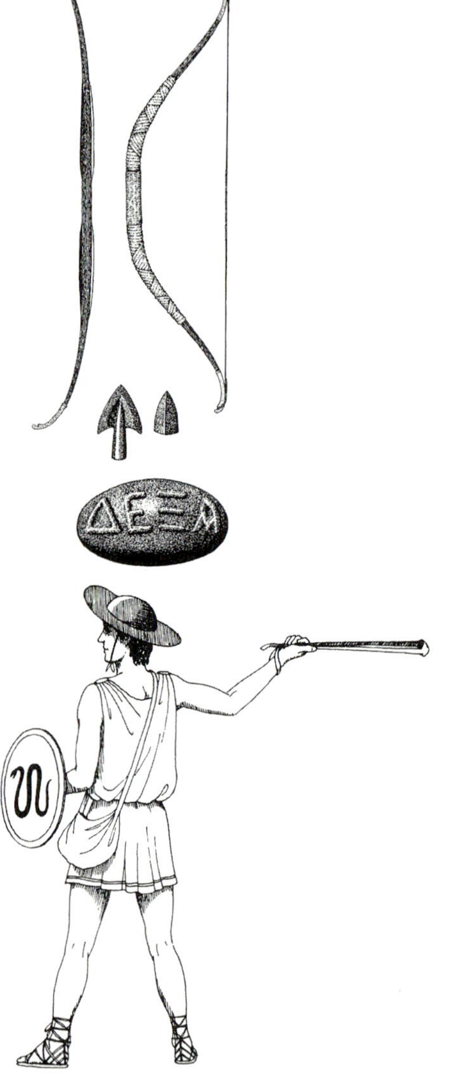

전쟁 말경에 궁수들의 진정한 가치가 차차 인정되었던 것 같다.

## 합성식 활

그림은 시위가 달리지 않은 활과 시위가 달린 활을 보여준다. 그리고 두 가지 유형의 청동 화살촉도 보인다. 두 경우 모두 화살대가 화살촉에 꼭 맞았다.

## 투석병

스팍테리아 전투에서 스파르타인들과 싸웠던 병사들을 대표하는 투석병. 그림에서 그는 탄알 발사체를 들고 있다. 25~30그램이 나가는 탄알이 발사된다. 탄알은 날아갈 때 볼 수 없고 약 100미터의 사정거리에서 무방비 상태의 사람을 관통할 수 있었다. 그림에 등장하는 병사는 눈부신 햇빛을 막기 위해 둥근 모자를 쓰고 있으며, 엉덩이 쪽에 있는 가방에 투석용 돌들을 휴대한다. 그는 손잡이가 하나밖에 없는 조그마한 방패를 갖추고 양모 또는 아마포로 만든 헐거운 튜닉을 입고 있다. 그의 투석기의 한쪽 끝은 손목 둘레에 고리로 연결되어 있다. 반면에 다른 한쪽 끝은 돌이 발사되도록 되어 있다. 그림에서 볼 수 있는 것과 같은 로도스 투석병들은 기원전 401년에 크세노폰의 퇴각 때 그들의 가치를 입증해 보였다.

스키타이 복장을 입은 한 음악가를 그린 도기 그림. 그의 기다란 파이프는 그의 입까지 끈으로 매어져 있다.

군인과 지적인–지식인은 아닐지라도–웅변가 사이의 싸움으로 쉽게 해석될 수 있다. 하지만 이 싸움은 아테네 정치에서뿐만 아니라 그리스 전체의 정치활동에서 분명하게 드러났던 태도의 차이를 반영한 것이었다. 그리스인들이 전통적인 스파르타의 지도력 하에 여전히 통합될 수 있었을까 아니면 페르시아 전쟁의 결과로 비록 분열적이기는 하지만, 스파르타를 대신해 아테네가 장악했던 패권을 받아들일 수 있었을까?

문제는 전혀 전략적이지 않았다. 펠로폰네소스 전쟁 초기에 페리클레스는 능숙하게 아테네의 문화적 우위에 대해 주위를 환기시켰다. 사실 문화 분야에서 아테네의 패권은 널리 알릴 필요가 없는 자명한 사실이었다. 하지만 펠로폰네소스 전쟁에서 나타났던 태도의 양극화는 심각한 이념적 차이에 의해서도 특징지어졌다. 여기서 말하는 이념적 차이란 권력구조인 민주주의와 과두정 사이에 존재했던 차이를 말한다.

오늘날 민주주의는 다양한 의미로 사용되고 있다. 하지만 그리스인이 이해하는 민주주의의 의미는 오늘날의 어법과 전혀 부합되지 않는다. 아테네 민주주의는 모든 시민들에게 개방된 민회의 정치적 우위를 의미했다. 시민권은 배타적 특권이었다. 여성과 노예 그리고 시민의 혈통을 주장할 수 없었던 그리스의 다른 국가에서 들어온 외국인 집단에게는 시민권이 부여되지 않았다. 대의제 민주주의의 가능성은 없었다. 행정관들은 추첨으로 선출 또는 임명되었다. 하지만 민회 구성원들은 아테네 시민이라는 지위에 의해서만 야외에서 함께 만나 협의하고 투표했다.

이와는 대조적으로 스파르타에서는 두 명의 세습 왕이 명목상 권력을 장악했지만, 실제 권력은 다섯 명의 감독관(에포르*ephor*)에게 있었다. 그들은 민회에서 매년 선출되었다. 이 외에도 민회에서 스파르타의 유력한 가문들 중에서 선출된 60세 이상의 28명으로 구성된 장로회(게루시아*gerousia*)가 있었다. 민회는 왕, 감독관 그리고 장로회의 제안을 박수로 승인 또

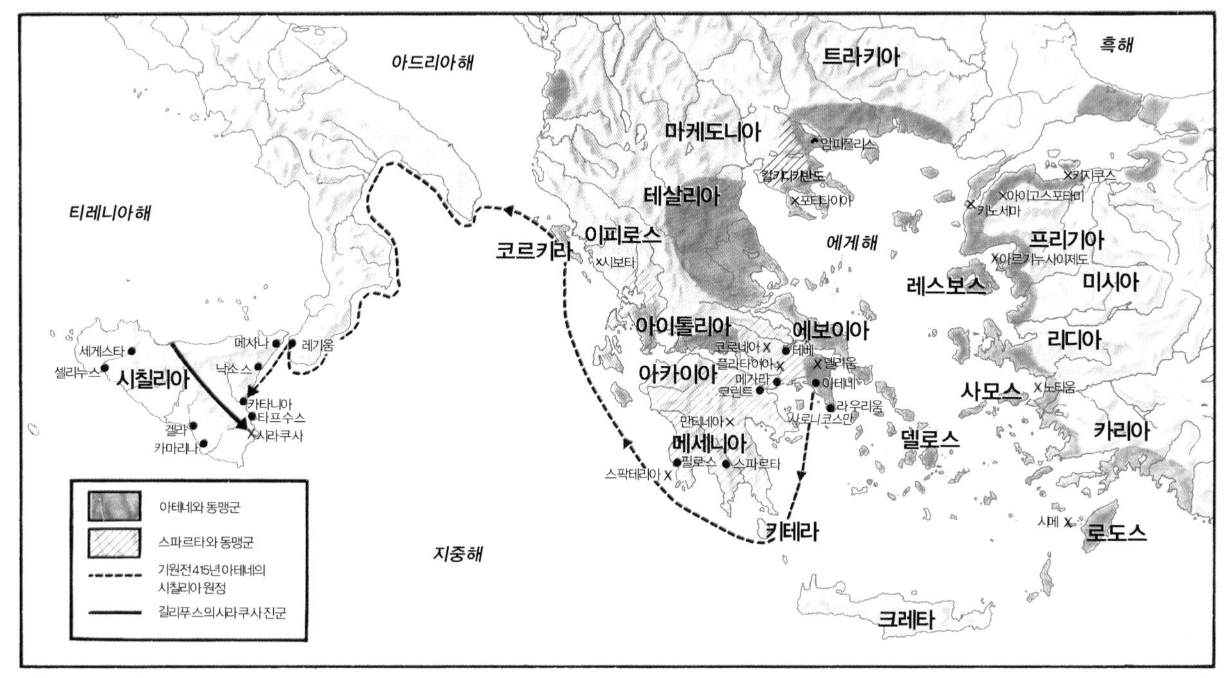


이 지도는 아테네의 제해권이 육군이 압도적으로 강한 스파르타인들에게 밀리는 펠로폰네소스 전쟁 동안 이루어졌던 주요 전투들을 보여준다.

는 거부할 수 있었다. 그 밖의 경우에는 민회가 자기 의사를 표현할 수 있는 권한은 없었다. 30세가 되어야 비로소 민회에 참석할 수 있는 자격이 주어졌다.

스파르타와 비교해서 아테네에는 '민주주의'라는 말이 잘 어울리는 것 같다. 최후의 수단으로서 통치란 소수에 의한 지배를 의미한다. 왜냐하면 소수만이 '통치'라는 단어가 의미하는 명령의 통일성을 가져올 수 있기 때문이다. 하지만 지배하는 소수는 비교적 규모가 크거나 아니면 작을 수 있다. 아테네에서는 지배하는 소수의 규모가 컸지만 스파르타에서는 작았다. 이러한 의미에서만 고대와 현대에 사용하는 민주주의라는 단어에 어떤 유사점이 있을 뿐이다.

그럼에도 불구하고 스파르타가 아테네보다 더 민주적이었던 것처럼 보이는 부분이 있다. 이것은 여성들의 지위와 관련이 있다. 어떤 도시에서도 여성들은 투표하거나 또는 정치 활동에 참여할 수 있는 권리가 없었다. 설사 시민의 딸이었던 사람과 그렇지 않았던 사람 사이에 중요한 차이가 있었다고 하더라도, 아테네에서 여성은 시민적 권리와 법적 권리를 거의 누리지 못했다. 시민의 딸이었던 사람만이 법적 결혼을 하고 자식은 시민이 되었다. 하지만 스파르타에서 시민 가족의 여성은 아테네에서 어떤 여성에게도 부여되지 않았던 권리, 즉 재산을 소유할 수 있었던 것 같다. 이러한 법적 권리의 사회적 결과—그리고 결국에는 정치적 결과—는 중요했다. 기원전 4세기에 스파르타 국제國制에 관해 썼던 아리스토텔레스는 여성지배라는 이유로 스파르타인들을 비난했다.

아무리 그렇다 하더라도 스파르타인들은 펠로폰네소스 전쟁의 이념적 모습을 가장 중요한 것으로 생각했다. 스파르타인들은 아테네를 점령하고 그리스의 지배자가 되자마자 모든 주요 도시들에 과두정을 수립했으며, 과두정이 지속되도록 무장 주둔군을 배치했다. 이러한 상황이 지속되지 않았음은 의문의 여지가 없다. 많은 경우에-무엇보다도 아테네에서- 민주정에 대한 정서는 너무 강렬해서 일단의 무장 주둔군으로 위압받지 않았다. 사실 시민들의 수가 감소하면서, 스파르타는 그리스에 주둔시킬 수 있는 병력이 부족했다. 게다가 해방자로서 스파르타의 명성은 무장 주둔군의 배치로 크게 훼손되었다.

## 아테네 제해권

아테네의 힘과 비교해 해상에서 스파르타의 약점은 페르시아 전쟁 때 발생했던 사건들로 드러났다. 오늘날의 역사가들에게 델로스 동맹으로 알려진 에게 해 해상국가들의 동맹이 키몬의 반 페르시아 정책을 페리클레스의 반 스파르타 정책으로 전환시켰다. 파우사니아스의 불명예와 소환 이후에 스파르타인들과 다른 펠로폰네소스 국가들은 결국 아테네 제해권의 실체를 인정했다. 아테네가 주도했던 동맹은 델로스 섬에 참모본부와 공동 금고를 설치했다. 동맹이 요구하는 수준의 선박을 제공할 수 없었던 동맹국들은 돈을 기부했다. 델로스 동맹의 조직은 원래의 목적에 잘 이바지했다. 하지만 페르시아와 평화에 이르기도 전에 몇몇 국가들이 동맹에서 탈퇴하려고 했지만 실패했다. 에우보이아의 도시 카리스투스는 동맹 가입을 강요받기까지 했다.

기원전 447년 서쪽으로 팽창하려는 아테네의 야심은 마침내 보이오티아 전장에서 재앙을 맞는다. 아테네는 코린트, 테베 그리고 스파르타와 전쟁에 휘말렸다. 페르시아에 대항해 결성된 델로스 동맹을 아테네는 다른 그리스 국가들에 대항하는 데 이용했던 것 같다. 동시에 페리클레스뿐만 아니라 생각 있는 아테네인이라면 누구에게나 아테네의 존립은 에게 해의 지배에 달려 있었다. 그러한 상황은 역사상 비슷한 실례들이 많이 있다. 한 세력의 존립은 다른 세력들을 복종시킴으로써만 보장될 수 있다. 이미 기원전 454년에 델로스 섬에 있던 동맹금고가 아테네로 옮겨져 관리되었다.

당시 많은 그리스 국가들에게 아테네 제해권이 제공했던 것은 그들을 보호해주는 대가로 돈을 뜯는 것에 불과했다. 그럼에도 불구하고 만약 아테네인들이 에게 해의 섬들과 해안 도시들의 선의에 기초한 동맹에 의존할 수 없었다면, 그들은 거의 좀처럼 지배적 지위를 유지할 수 없었을 것이다. 우리는 이미 이념적 고려가 자주 선의의 토대를 창조하고 보존하는 데 기여했던 방식에 주의를 환기한 바 있다. 또한 여기에 식민지와 민족 간의 유대가 덧붙여질 수 있을 것 같다.

그리스 민족이라는 그리고 보다 중요하게는 지방 국가의 시민이라는 의식과는 별개로 그리스인들은 민족 간의 충성을 의식하고 있었다. 이오니아의 그리스인들에 대한 아테네의 지원에 덧붙여 아테네가 그들의 충성심을 규합할 수 있었던 것은 아테네인들이 이오니아 혈통이었다는 사실에 어느 정도 기인했다. 에게 해 북동부의 아이올리아인들처럼 이오니아의 그리스인들은 선사시대에 에게 지역의 고대 그리스 이전 민족들과 피를 섞었다. 나중에 그리스에 출현했던 도리아인들은 비교적 순수한 북방혈통의 표본이었다. 그 결과 나타난 기질상의 차이는 오늘날 북유럽 민족을 지중해 민족과 구별하는 기질과 비교된다. 여러 경우에 스파르타와 아테네는 둘 다 민족감정을 이용할 수 있었으며, 에게 해 중앙에 자리 잡은 그리스인들은 주로 이오니아인이었다.

이러한 상황에서 아테네는 에게 해와 흑해 지역의 많은 식민지에 힘과 영향력을 행사했다. 기원전 8세기 초부터 진행된 식민화는 결코 비옥하지 않았던 지역에서 인구 증가의 압박을 완화시킬 목적으로 승인되었다. 함대들이 식민자들을 해외로 실어 보냈다. 이들 식민자의 숫자는 대략 수백 명에서 수천 명에 이르렀다. 아직 조직적인 정치권력이 존재하지 않는 지역을 찾는 것이 무엇보다도 중요했다. 대체로 식민시는 모시와 전통적인 유대관계를 유지했다. 이러한 종류의 식민시 건설은 자발적인 것이었지만, '클레루키아'(정복한 토지를 시민에게 분배하여 둔전병의 역할도 맡게 한 식민시: 역자 주)로 알려진 곳도 있었다. 클레루키아에서는 식민자들에게 시민권이 부여되었다. 정복지에 클레루키아를 세우는 것은 아테네의 일반적인 관례였다.


**아테네 외교와 해군 전략**


아티카 남동쪽의 라우리움 은광에서 비롯된 아테네의 부는 만약 테미스토클레스가 두 차례에 걸친 페르시아 침입 때 그것을 해군의 군비무장으로 전환시키지 않았다면, 공적인 분배에 다 써버렸을 것이다. 이 조치에 대한 지지를 이끌어내기 위해서 테미스토클레스는 페르시아에 대한 공포를 환기시키는 것보다는 아테네의 해상이웃인 아이기나 섬에 맞서 질투심을 일으키는 것이 더 효과적이라고 생각했다. 하지만 그의 정책이 페르시아 지배로부터 그리스를 구해주었다는 사실에는 의문의 여지가 있을 수 없다.

아테네의 3단 노선을 묘사하는 대리석 돋을새김. 3단 노들이 분명하게 보이지만, 노잡이들은 맨 위 열만 보인다. 그러한 전함들은 전투 시에 속도를 내기 위해서 전적으로 그들의 노에 의존했다.

침입의 물결이 물러났을 때, 아테네의 지배력 강화를 의혹의 눈초리로 바라보던 스파르타가 아테네인들이 폐허로 변한 성벽을 재건하지 못하게 했다. 스파르타는 북부 그리스의 도시들에게 한때 테베가 마르도니우스를 위해 했던 것처럼, 미래의 어떤 침입자에게도 그리스의 작전기지를 빼앗기지 않도록 성채를 허물도록 권고했다. 테미스토클레스는 아테네인들이 서둘러서 도시 성벽을 재건하는 동안, 그 문제에 대한 협상을 교묘하게 질질 끌었다. 그리고 머지않아 스파르타는 아테네 성벽의 재건이라는 기정사실에 직면했다. 적어도 이것은 투키디데스가 전하는 이야기이다. 플루타르코스는 테오폼포스의 견해를 인용해 테미스토클레스가 도시성벽의 재건을 눈감아주도록 스파르타의 감독관들을 매수했다고 전하고 있다. 사실 두 가지 모두 가능성 있는 이야기이다. 즉 교묘한 외교술이 매수와 결합되었을지도 모른다.

더욱이 테미스토클레스는 아테네의 주요 항구였던 피레우스 항을 요새화했다. 이것은 자급자족 농업에 집중했던 아테네의 전통적인 정책을 파기하는 것이었다. 나중에 피레우스 항과 그보다 작은 팔레론 항을 연결시키는 기다란 성벽들이 세워졌다. 피레우스 항까지의 이중 성벽은 대략 길이가 4마일(6.4킬로미터)이었고, 군대의 포위에도 불구하고 해상 보급품이 아테네에 도달할 수 있도록 대략 200야드(183미터) 너비의 회랑 지대가 마련되었다.

테미스토클레스가 제안했던 대전략을 완성하기 위해서는 단 하나의 추가 조치가 필요했다. 그것은 에게 해에 해군 작전기지의 연락망을 설치하는 것이었다. 그러한 연락망은 이른바 델로스 동맹에 의해 제공되었다. 델로스 동맹의 중요성은 고대 선박들의 구조를 언급함으로써 이해할 수 있다. 고대 선박은 가볍고 비교적 부서지기 쉬웠으며, 오랫동안의 악천

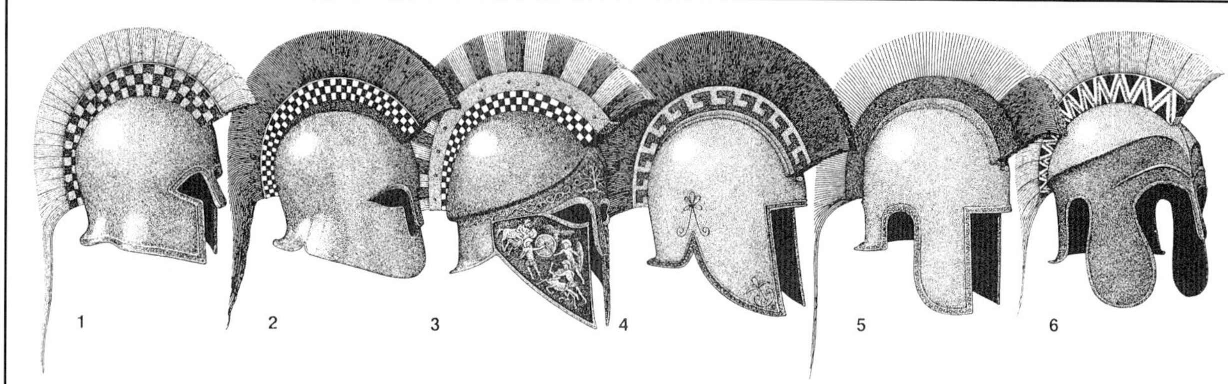

## 그리스 중갑보병의 투구

중갑보병과 그의 장비의 발전은 오늘날 '코린트식' 과 '일리리아식' 으로 알려진 청동 투구의 두 가지 주요 형태를 발생시켰다. 그러한 투구들은 재산으로 소중히 여겨졌으며, 종종 아버지로부터 자식에게로 대물려 전해졌다. 코린트식 투구는 소형모루 위에 금속을 두드려서 그리고 딱 맞게 주문에 의해 제작되었다. 도기와 조각에서 이들 투구

는 대체로 깃 장식과 함께 등장한다. 하지만 면밀히 검토해보면 실제로는 많은 투구에서 깃 장식을 볼 수 없다. 깃 장식은 보통 긴 자루 브러시처럼 나무에 끼워진 말총으로 만들어졌다. 말총은 염색하기 어려웠으므로 센털은 보통 염색되지 않은 채로 남았다. 검정색과 흰색 그리고 밤색은 흔한 자연색이었다. 투구의 안감에 대해서는 알려진 바가 전혀 없다. 하지만 투구 안쪽에 펠트를 들러붙

게 했던 것으로 생각된다. 위의 그림들은 기원전 5세기경에 사용되었던 여러 투구들을 보여주고 있다. 1. 간단하게 장식된 코린트식 투구의 변형으로 방어에는 완벽하지만, 장기간 동안 쓰기에는 덥고 숨 막힐 뿐만 아니라 시각과 청각을 심하게 제한하는 문제를 갖고 있다. 2. 남부 이탈리아의 변형된 투구로, 이것으로부터 에트루리아-코린트식 투구가 발전했다. 3. 고전적인 코린트식 투구

후를 견딜 수 있도록 만들어지지 않았다. 그것은 해안 가까이를 항해했으며, 폭풍우의 첫 번째 징후가 감지되면 대피할 곳으로 향했다. 해안은 충분했으므로 배가 정박할 곳을 찾아다닐 필요는 없었다. 하지만 암석이 많고 비바람을 막을 수 없는 동부 지중해의 해안선에는 불편을 느낄 만큼 해안이 거의 없었다. 도시국가들에서 대부분의 정박지는 항구 역할을 했다. 도시국가들은 아마도 맨 먼저 배가 정박할 장소를 결정했던 것 같다. 전쟁과 무역 모두를 위해서는 그러한 작전기지를 이용하는 것이 필수적이었으며, 이러한 목적은 해당 국가들의 정치적 지배로 가장 잘 보장될 수 있었다. 아테네인들은 자신들이 무엇을 필요로 하는가를 잘 알고 있었으며, 그들의 필요와 권리를 동일시했다.

동맹 기금 또한 강력한 해군을 유지하는 데 필요했다. 선박을 건조하고 유지하며 그리고 수선하는 데 드는 비용과는 별개로 노잡이들에게 급료를 지불해야 했으며, 3단 노선에서는 배 한 척에 150명 이상으로 노잡이들의 숫자가 많았다. 노잡이들은 아테네의 하층시민 계급에서 징집되었으며, 그들에게는 일당이 지급되었다. 위쪽에서 더 기다란 노를 저었던 노잡이들이 때때로 아래쪽에서 노를 젓는 사람들보다 더 많은 돈을 벌었다. 각각의 배에서 무장한 해군들은 더 부유하고 무기를 휴대한 계급에서 징집된 중갑보병들이었다. 심지어 중갑보병들에게도 나중에 창과 방패가 제공되었다. 반면에 개개인은 나머지 장비인 투구와 갑옷을 마련해야 했다.

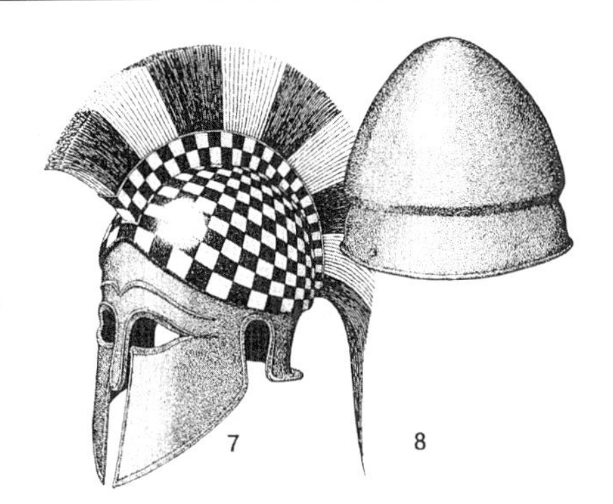

이다. 투구를 쓴 사람의 입과 목을 더 잘 보호하기 위해서 뺨 부분을 길게 늘였다. 이것에는 돋을새김 조각이 풍부하게 장식되어 있다. 7. 청각을 향상시키기 위해 귀 부분을 도려낸 후기 코린트식 투구이다. 6. '칼키디키식' 투구로 알려지고 있다. 4와 5. 일리리아식 투구가 발전된 형태이다. 8. 펠로폰네소스 반도에서 유행한 보다 값싸고 대량으로 제작된 투구이다.

## 펠로폰네소스 전쟁의 발발

에게 해 기지를 차지하는 것보다 오히려 서쪽으로 나아가려는 아테네의 야심이 펠로폰네소스 전쟁을 일으키는 원인이 되었다. 이러한 야심은 지협에 위치에 있었던 해상 도시 코린트를 희생시켜 충족될 수밖에 없었다. 이것이 아테네인들이 그렇게 열망했던 서쪽으로의 경제적 팽창을 촉진시켰다. 기원전 459년에 아테네인들은 코린트에 맞서고 있었던 더 작은 지협도시 메가라를 위해 개입했다. 기원전 435년에 개입은 여전히 정치적 무기였으며, 코린트는 여전히 적이었다. 이때 코린트인들은 식민시였던 코르키라와의 싸움에 휘말리게 되었다. 이피로스의 해안에서 멀리 떨어진 곳에 위치한 시보타 근처에서의 해전 이후에 만약 아테네 선박들이 코르키라를 구하기 위해 개입하지 않았더라면, 코린트인들은 식민시 코르키라의 주민들을 제압했을 것이다.

포티다이아에서의 전투에서도 코린트가 연루되었다. 포티다이아인들은 델로스 동맹의 가맹국으로 동맹에 마음이 내키지 않았으며, 마케도니아 왕에게 고무되어 동맹에서 탈퇴하려고 했다. 칼키디키 반도의 서부 해안에 위치한 포티다이아는 코린트의 식민시였으며, 아테네의 강압에 직면해 모시인 코린트의 도움을 요청했다. 하지만 아테네인들은 기원전 430년에 포위공격을 감행해 포티다이아를 점령했다. 이때 경제 봉쇄로 메가라를 지배하려 했던 페리클레스의 시도는 포티다이아에서 일어났던 일에 대한 보복 위협으로 볼 수 있을 것이다. 그가 코린

투구를 제작하고 있는 무기제조업자를 보여주고 있는 채색 도기. 특별히 '코린트식'의 투구는 얇은 청동판 하나로만 만들어지기 때문에 숙련된 솜씨가 요구되었다.

트를 똑같은 방식으로 처리했을 것이라는 점에는 의문의 여지가 없다. 하지만 메가라와는 다르게 더 큰 도시가 코린트만으로 향하는 출구들과 함께 지협의 서쪽에 위치해 있었다. 메가라 항은 사로니코스 만에 위치해 있었다.

다른 국가들, 특히 테베와 보이오티아는 자신들이 아테네의 정책과 행동으로 위협받고 있음을 알았다. 만약 아테네가 목표로 삼았던 코린트 만에 기지를 보유한다면, 그들은 전통적인 적이었던 아테네에 둘러싸이게 될 것이다. 아테네로부터의 총체적인 위협에 직면한 그들은 펠로폰네소스 동맹의 가맹국들과 그 맹주인 스파르타에 지원을 요청했다. 전쟁 내내 스파르타는 아테네의 적들에게 가장 덜 적대적이었으며, 전쟁 막바지에는 자신의 반대편에 섰던 승자들에게 가장 관대했다.

펠로폰네소스 전쟁은 코린트와의 해전으로 시작되었으며, 이러한 상태가 전쟁의 초기 국면 내내 지속되었다. 이제 코린트 선박들은 펠로폰네소스 동맹들의 선박들로 보충되었지만, 아테네는 여전히 제해권을 장악하고 있었다. 기원전 429년 아테네 해군 사령관 포르미오는 충각으로 들이받는 뛰어난 전술로 코린트 만 입구에서 두 차례나 코린트와 펠로폰네소스 함대를 무찔렀다.

하지만 전투가 진행되면서 코린트인들은 교훈을 얻었으며, 새로운 유형의 전함을 설계했다. 이물(뱃머리)을 높게 설계함으로써 승무원들과 투척용 무기들을 던지는 병사들이 유리한 위치에서 전투를 할 수 있게 했다. 충각으로 들이받는 전술에서는 이물의 상충부가 결코 적과 충돌하지 않았다. (이물의) 높이가 낮은 아테네 전함은 수선水線의 충각과 길게 늘인 이물로 충격을 주었다. 해전의 패배로 코린트인들은 높이가 더 낮은 보강된 이물을 도입했다. 이것은 정면에서 충각으로 들이받는 새로운 방식의 해군 전술을 촉진했다. 기동성을 높이고 우현 또는 좌현에 설치된 충각으로 들이받기 위해 가볍게 건조된 아테네의 전함들은 방향 전환 시에 불리했다.


## 스파르타의 전략


전쟁 초기국면에서 스파르타의 전략은 특별히 효과를 발휘하지 못했던 것 같다. 스파르타인들은 아테네를 포위공격하려고 시도하지 않았으며, 일 년간의 아티카 침입으로 만족했다. 그들은 주어진 시간 안에 아티카의 수많은 농경지를 약탈했으며, 이것으로 아테네인들이 총력전에 뛰어들기를 바랐다. 이것은 테미스토클레스와 페리클레스가 모두 예견했던 상황이었다. 아테네의 농촌 주민은 가축 떼를 에우보이아로 안전하게 피신시켰으며, 자신

# 스파르타의 중갑보병

그림의 스파르타 중갑보병은 완전한 전투장비를 갖추고 있다. 그의 코린트식 투구는 황동으로 만들어져 있고 비스듬히 가로지르는 깃 장식으로 꾸며져 있다. 스파르타의 문장이 새겨져 있는 그의 방패는 '근육을 모방한' 정강이받이처럼 표면이 청동으로 되어 있다. 빨간 튜닉 위에 걸쳐진 흰색 아마포 흉갑은 '종 모양'의 허리에 두르는 무거운 갑옷을 대체했으며, 여러 겹의 직물을 붙여서 만들어졌다. 흉갑은 가벼운 무게 때문에 이점이 있었지만 종종 판금으로 보강되었다. 그림에서 보이는 빨간 망토는 스파르타군 특유의 전투복이었다. 전투가 시작되면 망토는 벗어 던져진다. 알렉산더 시대 이전에는 그리스에서 수염을 기르는 것이 그리고 스파르타의 성인 남성들에게는 긴 머리카락이 특징이었다. 헤로도토스는 테르모필라이에서 페르시아의 맹공격을 기다리면서 스파르타인들이 운동을 하거나 머리에 빗질을 하면서 시간을 보냈다고 기술하고 있다. 그의 창 손잡이는 가죽으로 묶여 있어서 팔랑크스의 방패 벽 위로 손을 위로 올려서 창을 찌를 때 확실한 힘을 가할 수 있었다. 다른 중갑보병들과는 다르게 스파르타의 중갑보병은 전 생애를 병사로서 훈련했다. 따라서 그의 훈련과 무기 다루는 기술은 다른 중갑보병보다 탁월했으며 소름을 끼치게 할 정도였다.

들은 도시 성벽 뒤에 몸을 숨겼다. 해안으로 이어지는 장성 덕분에 해상 보급품에 접근할 수 있었다. 더욱이 아테네 해군, 상선 함대, 그리고 일련의 에게 해 기지들 덕분에 에게 해의 다른 한 쪽, 특히 흑해 지역으로부터 곡물을 들여올 수 있었다. 성벽 내부의 밀집으로 비위생적인 환경이 만들어졌으며, 그 결과 전염병으로 많은 사람들이 죽어 나갔다. 하지만 그것은 어느 편에서도 전략적으로 계획했던 것이 아니었다.

펠로폰네소스 전쟁에서는 고전적인 중갑보병 전투의 실례들을 거의 찾아볼 수 없다. 스파르타인들이 포위공격을 시도할 만큼 어리석지 않았던 것처럼, 아테네인들도 스파르타에 총력적으로 맞서지 않을 만큼 충분히 현명했다. 주목할 만한 하나의 예외가 있었다. 불안한 휴전기간 이후인 기원전 418년 아테네의 탁월한 젊은 정치가이자 장군인 알키비아데스의 제안으로 아테네의 한 분견대가 스파르타에 반란을 일으킨 위성 동맹국들을 지원하도록 파견되었으며, 북부 펠로폰네소스의 만티네아에서 총력전이 벌어졌다.

스파르타인들은 중갑보병의 전투능력에서 훈련 부족으로 인한 곤란을 겪지 않았다. 일단 전투가 시작되면 자주 중갑보병의 전열이 좌에서 우로 이동하기 시작했다. 그 결과 좌측 날개부분이 적의 오른편에 쉽게 포위될 수 있었다. 이것은 맨 오른편의 병사가 본능적으로 방패로 가려지지 않는 우측면이 노출되는 것을 두려워한 나머지 바깥쪽으로 조금씩 이동했기 때문이다. 나머지 병사들은 그와 간격을 좁혀 나갔다. 이렇게 해서 각각의 병사들은 인접 병사들의 방패로부터 보호받을 수 있기를 바랐다. 이 때문에 기원전 418년 만티네아 전투에서 아테네 군대와 스파르타 군대 모두 마주 바라보는 왼쪽 날개를 측면에서 포위하려고 했다.

포위되는 것을 두려워한 스파르타 왕 아기스는 마지막 순간에 왼쪽 날개를 확대하고 오른편의 병사들로 취약해진 전선을 강화하려고 시도했다. 전선 강화를 위한 이동을 책임지고 있었던 두 명의 장교가 명령에 불복했다. 그 결과 혼란이 초래되어 전선에 틈이 생겼으며, 그 사이로 적이 밀어닥쳤다. 하지만 신속하게 적의 측면을 포위했던 오른편 병사들이 승리에 고무되어 있었던 적의 중심부를 제압하기 위해 방향을 바꾸었다. 이 전투에서 지휘관들의 서투른 지휘에도 불구하고 스파르타 중갑보병의 탁월함이 다시 한 번 입증되었다.

### 스파르타 군대

만티네아 전투와 관련해서 투키디데스는 야전에서 스파르타 왕이 일사불란한 지휘체계에

## 스파르타 군대의 편성

스파르타 군대의 편성에 대해서는 두 가지의 꽤 상세하지만 다른 설명들이 있다. 기원전 400년경의 투키디데스에 따르면 스파르타 군대는 기본적으로 한 열에 8명의 병사가 배치되었다. 네 열이 한 개의 에노모티아, 즉 소대를 이루고 에노모타르크의 지휘를 받았다. 네 개의 에노모티아가 모여 한 개의 펜테코스티, 즉 중대를 이루고 펜테콘테르의 지휘를 받았다. 그리고 네 개의 펜테코스티가 모여 한 개의 로코스, 즉 대대를 이루고 로카고스의 지휘를 받았다. 일곱 개의 로코스가 모여 한 개의 군대를 이루었다. 투키디데스처럼 야전에서 장교였고 따라서 그와 견줄만한 권위를 지니고 있는 크세노폰은 단 두 개의 에노모티아가 한 개의 펜테코스티를, 두 개의 펜테코스티가 한 개의 로코스를 그리고 네 개의 로코스가 폴레마르크의 지휘를 받는 한 개의 모라, 즉 연대를 이룬다고 보았다. 군대는 여섯 개의 모라로 구성되었다. 나중에 인구 감소가 전체 병력에 영향을 미쳤지만, 모라의 전체 병력 규모는 (500, 600 또는 900명으로 그 기록이 분분하다) 소집된 연령집단의 규모에 달려있다. 소대인 에노모티아는 종대로 행군했다. 전투에 배치할 때 후위 부대들이 지휘관의 왼편에 정렬해서 가로 16명 그리고 세로 8명이 4열 종대의 팔랑크스를 형성했다. 그리고 종대들 사이의 간격은 2미터를 유지했다.

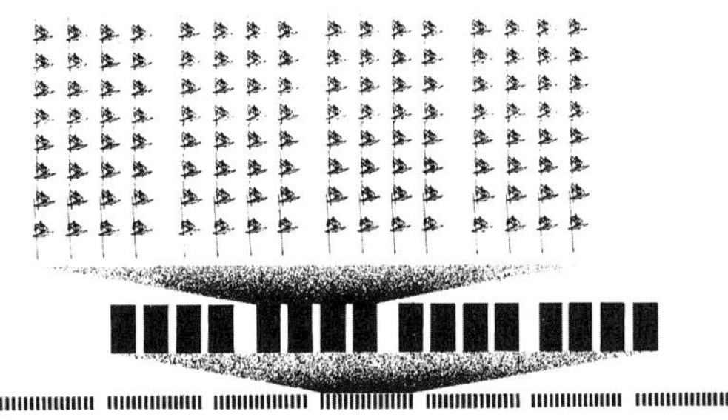

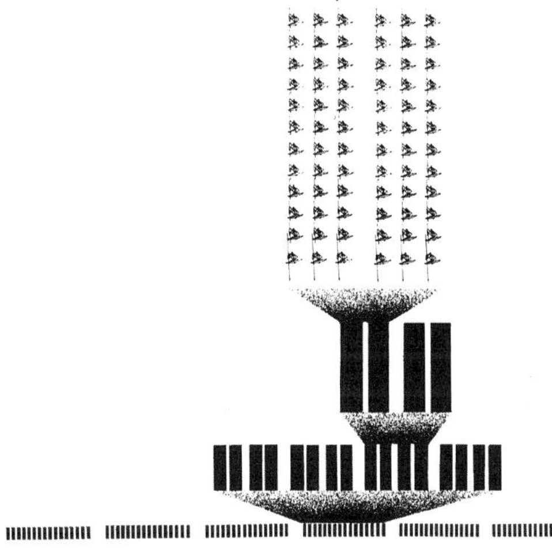

## 다른 유형의 군대

그림의 보병은 대부분 농노인 헬로트였으며, 주인을 따라서 전선에 나갔다. 창 아니면 그 대신에 투석기로 무장한 그는 염소가죽 부대에 담아온 음식물로 그의 주인에게 시중들곤 했다. 그림의 병사는 한 묶음의 창을 휴대한다. 각각의 창에는 고리가 매달려 있다. 고리는 손잡이 둘레에 그리고 나서는 창을 던지는 병사의 첫 두 손가락 주위에 묶여 있다. 따라서 그는 창에 더 많은 회전력을 가해서 정확성과 사정거리를 증가시킬 수 있었다. 테살리아인 기병은 소가죽으로 만들어진 것으로 보이는 특이한 투구를 쓰고 있으며 방패는 휴대하고 있지 않다. 고대의 모든 기병들처럼 그에게도 등자가 없으므로 말을 제어하기 위해서 뒤쪽에 앉는다.

따라 모든 부대에 신속하게 명령을 전달할 수 있었다고 말한다. 전시사령관들이 왕의 명령을 부대 지휘관들을 통해 병사들에게 하달했다. 만티네아 전투에서 가장 규모가 큰 스파르타 부대는 로코스*lochos*였으며, 오늘날의 대대에 비해 수적으로 적었다. 로코스는 4개의 펜테코스티에스*pentecostyes*로 나누어졌으며, 각각의 펜테코스티에스는 4개의 에노모티아이*enomotiai*로 구성되었다. 펜테코스티에스는 오늘날의 중대 그리고 에노모티아이는 소대에 해당된다. 이 경우 스파르타 군대는 7개의 대대로 편성되었다.

좌익에서 우익까지 전체 전선은 448명의 병사들로 이루어졌다. 이들 뒤에는 대부분 8열로 된 보조 병사들이 있었다. 왕의 친위대원들은 설사 그들이 펠로폰네소스 전쟁 무렵에 대부분 보병으로 복무했다고 하더라도, 기사*hippeis*로 간주되었다. 만티네아 전투에서 말 탄 병사들은 양 측면을 방어하기 위해서 스파르타 군대의 어느 한 쪽 날개에 배치되었다. 하지만 아기스 왕의 우려대로 말 탄 병사들의 자질이나 숫자는 어떠한 신뢰도 가져다주지 못했다.

투키디데스가 스파르타 군대는 모두가 명령이 제대로 이행되고 있는지에 책임을 느꼈던 장교단이었다고 말했던 것으로 미루어볼 때, 그는 스파르타 군대의 효율적인 명령체계를 인정했던 것 같다. 하지만 우리는 "추장은 너무 많은데 인디언은 너무 적은" 상황을 잘 알고 있다. 이러한 군 편제가 항상 최상의 규율을 만들어내는 것은 아니다. 플라타이아 전투에서 스파르타의 한 나이 어린 지휘관이 파우사니아스의 후퇴명령을 거부했을 때, 광범위하고 위험한 혼란이 초래되었다. 만티네아 전투에서는 오른편의 전시사령관들이 왕의 명령을 무시한 채 독자적으로 전투를 수행하면서 계속 승리했다. 그들은 나중에 스파르타에서 재판에 회부되었으며, 비겁했다는 이유로 추방형을 선고받았다고 투키디데스는 전하고 있다. 하지만 그들이 처벌받았던 이유는 비겁함 때문이 아니라 명령불복종 때문이었을 것이다.

전투적인 중갑보병에게 명령을 내린다는 것은 어려운 일이었다. 귀 부분이 가려진 투구-특히 코린트식 투구-가 병사들의 청력을 꽤 저하시켰을 것이다. 그럼에도 불구하고 신호로 나팔이 사용되었으며, 스파르타 군대는 피리소리에 맞춰 행진했다. 피리소리는 분명히 마음을 안정시키는 효과가 있었다. 수신호 또한 사용되었다. 신호의 사용은 전술 책략에서도 가끔씩 채택되었다. 기원전 494년 세페이아에서 아르고스인들과의 초기 전투에서 스파르타 병사들은 "저녁 식사를 위해 해산하라"는 의미의 신호를 들었으며, 이렇게 해서 예기치 않은 기습공격을 시도하기에 앞서 적들로 하여금 경계를 소홀히 하게 했다. 스파르타의 해군 사령관 리산드로스는 아테네 군대와의 아이고스포타미 전투에서 이와 유사한 전술을 사용했다. 이 경우 기습공격을 알리는 신호는 햇빛에 번쩍이는 청동방패였다.

## 아테네 군대

아테네에서는 10명의 장군(스트라테고이Strategoi)이 민회에서 박수갈채로 매년 선출되었다. 다른 관리들과는 달리 그들은 재선될 수 있었으며, 연달아 재선되었던 페리클레스처럼 엄청난 개인적 영향력을 행사하고 아주 중요한 정책의 연속성이 보장될 수 있었던 것 같다. 그들에게는 자주 방어와 안전을 책임져야할 의무가 있었다. 육군과 해군 모두의 군비에 해당하는 요새와 보급품, 육군과 해군의 징집, 그리고 전쟁세의 부과는 그들의 통치 범위에 속해 있었다.

스파르타에서처럼 아테네에서도 군대를 관리하기 위한 군사적 위계가 존재했다. 보병은 중대를 지휘하는 젊은 장교들인 로카고이*lochagoi*와 함께 10명의 탁시아르코이*taxiarchoi*에 의해 지휘되었다. 기병은 두 명의 고참 장교인 히파르코이*Hipparchoi*의 지휘를 받았다.

화병에는 투구를 쓴 기병들이 보이지만 초기 그리스 기병들은 전투 중에는 투구를 쓰지 않았다.

그들 밑에는 문자 그대로 '부족지도자'를 뜻하는 10명의 필라르코이*phylarchoi*가 있었다. 기병과 보병 모두 10개 지구의 시민들 즉 '부족' 단위로 징집되었다.

행정과는 별개로 선출된 장군들을 포함해서 위에서 언급된 모든 장교들은 야전에서 지휘관들이었던 것 같다. 그들은 전략적인 그리고 어느 정도까지는 전술적인 결정에 대해 책임을 졌다. 하지만 일단 중갑보병 전투가 시작되면, 전투로 인한 소음과 밀집상태로 지휘나 전략이 제대로 효력을 발휘할 수 없게 되었다. 반면에 스파르타와 아테네 모두 경무장 군대는 어떤 종류의 소단위 조직의 지배를 받았던 것 같다.

스파르타의 중갑보병이 그리스의 다른 모든 군대에 대해 비교 우위에 있었던 점은 군사 훈련과 군사 행동에 전 시간을 바친 직업 군인이었다는 사실이다. 이것은 정치·경제적 상황의 결과였다. 스파르타 시민들은 스스로를 적대적인 농노 집단을 지배하는 소규모 주둔군으로 간주했던 것 같다. 또한 선거권이 없었던 자유로운 농민 집단과 함께 농노들은 스파르타 시민들을 양육하고 부양했다. 이렇게 해서 완전한 자격을 갖춘 시민에게는 필요한 군대 식비를 낼 수 있는 수단이 있었다.

비록 사정은 달랐지만 아테네 시민이 군사 훈련과 경험이 부족했던 것은 아니다. 18세가 되면 부유한 중갑보병 계급의 아테네인들이 2년간의 군사훈련에 소집되었다. 이 훈련에는 무기, 전술 그리고 요새의 사용이 포함되었다. 그 후 그들은 60세까지 군역의무를 가진 자로서 군명부에 남았다. 하지만 20세 이하 또는 50세 이상은 아티카에서의 군복무처럼 수비대 임무를 위해서만 소집될 수 있었다. 예컨대 기원전 431년 페리클레스는 아테네에 중갑보병 13,000명과 함께 수비대 임무를 맡고 있는 16,000명이 더 있었다고 주장했다. 16,000명의 숫자에는 나이 들거나 어린 시민들뿐만 아니라 중무장갑옷을 마련할 경제적 여력이 있었던 거류외인들도 포함되어 있었다.

아테네인들은 펠로폰네소스 전쟁에서 기병을 사용했지만, 항상 전력 투입했던 것은 아니다. 스파르타에서처럼 기병대의 자격에는 중요한 사회적 관계들을 수반했다. 하지만 더 부유한 일부 시민들은 전장에서 계속 '기사'로 복무했다. 스파르타가 매년 아티카를 침공하고 있었던 전쟁 초기에 페리클레스는 적의 침입부대를 격퇴하기 위해 기병 분견대를 파견했다. 이 무렵 한편에서는 아테네인들과 테살리아 동맹자들 그리고 다른 한편에서는 보이오티아 기병들 사이에 소규모 기병전투가 있었다. 중갑보병들이 보이오티아인들을 도우러 올 때까지 아테네인들은 완강하게 저항했다. 만티네아 전투에서 아테네 기병은 수많은 아테네인 도망자들을 구출할 수 있었으며, 기병을 잘 사용했던 테베인들에게 승리를 가져다주었던 기원전 424년 델리움 전투에서 적어도 아테네인들은 퇴각하는 보병 일부를 보호하기에 충분한 기병을 보유하고 있었다. 당시 말을 타고 있었던 젊은 장교 알키비아데스는 보병으로 복무하고 있던 철학자 소크라테스를 도울 수 있었다.

또한 아테네인들은 펠로폰네소스 전쟁이 막바지에 이를 때까지 경무장 군대의 가치를 과소평가했다. 이 점에서 그들은 쓰라린 경험을 통해 교훈을 얻었다. 아테네인들은 기원전 429년 칼키디키 기병과 경무장 군대에게 고통스런 패배를 맛보았다. 그 당시 칼키디키의 도시들이 아테네 동맹에 반란을 일으켰다. 아이톨리아의 농민 사회에 에워싸여 있는 서부 그리스에서 기원전 426년 경무장 게릴라 병사들에 포위되어 아테네 중갑보병의 전투가 심각한 어려움에 빠졌다. 창, 투석기 그리고 때때로 활이 경무장 병사의 주요 무기였다. 그들은 중갑보병과 맞붙으려 하지 않았다. 경무장 병사는 긴급할 경우에만 칼을 휴대했다. 게릴라 전술과는 별개로 포위공격에서는 분명히 투석기가 큰 힘을 발휘했다.

## 펠로폰네소스 전쟁의 포위공격들

펠로폰네소스 전쟁 초기에 그리스의 포위공격은 이전 시기와 비교해 그리고 스파르타의 그것과 비교해 대단히 정교해졌다. 전쟁의 처음 몇 년 동안 아티카 변경 근처에 위치한 보이오티아의 도시 플라타이아가 전쟁터가 되었으며, 보이오티아와 펠로폰네소스의 연합군으로부터 포위공격을 받았다. 플라타이아에는 비전투원인 수비대만이 남아 있었다.

포위공격자들이 플라타이아의 성벽에 바싹 붙어서 목재로 보강된 흙 경사로를 만들었다. 하지만 플라타이아인들은 성벽을 더 높이 올리고 경사로를 밑으로부터 파서 무너뜨렸다. 펠로폰네소스인들은 공병들이 만든 틈새를 진흙과 잔가지로 채워 막았다. 거기에 응수해 플라타이아인들은 위협에 처한 성벽 내부에 새로운 요새를 세웠다. 공성 망치들이 접근했을 때, 머리부분을 올가미 밧줄로 잡아채거나 아니면 위에서 무거운 들보를 떨어뜨려 부러뜨렸다. 플라타이아에 불을 지르려는 시도가 있었지만, 억수같이 퍼붓는 뇌우로 실패했다. 따라서 방어자들을 굶겨 죽일 목적으로 총안이 설치되고 포탑이 있는 이중 성벽을 만들었다. 바깥 쪽 성벽은 아테네 증원군의 기습공격에 대비한 예방조치였다. 하지만 아테네인

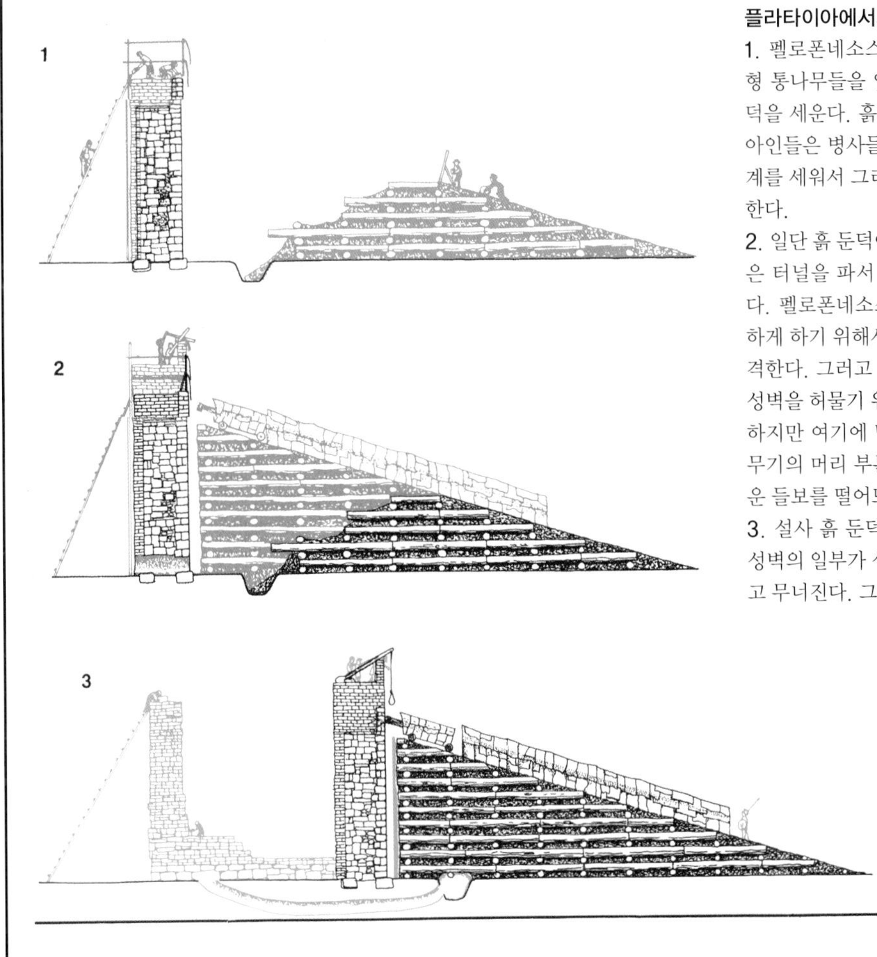

**플라타이아에서의 포위공격(기원전 429~427년)**

1. 펠로폰네소스의 포위공격자들이 여러 층의 십자형 통나무들을 엇갈리게 해서 흙을 채워 넣어 흙 둔덕을 세운다. 흙 둔덕이 성벽에 접근할 때, 플라타이아인들은 병사들을 보호하기 위해 가죽으로 덮인 비계를 세워서 그리고 이것 뒤에 성벽들을 올려서 대항한다.

2. 일단 흙 둔덕이 성벽에 도달하자, 플라타이아인들은 터널을 파서 흙 둔덕의 기초를 허물려고 시도한다. 펠로폰네소스인들은 경사로의 표면단장을 견고하게 하기 위해서 단단한 윗가지와 진흙을 사용해 반격한다. 그리고 나서 그들은 플라타이아인들이 올린 성벽을 허물기 위해서 성벽 공격용 무기를 사용한다. 하지만 여기에 맞서 플라타이아인들은 성벽 공격용 무기의 머리 부분을 무너뜨리기 위해 연속해서 무거운 들보를 떨어뜨리고 올가미로 잡아채려고 한다.

3. 설사 흙 둔덕의 토대가 침식되었다고 하더라도, 성벽의 일부가 성벽을 때려 부수는 무기의 공격을 받고 무너진다. 그때 포위공격을 받고 있는 플라타이아인들은 내부 성벽을 세워 벽으로 둘러싸인 울타리로 적들을 유인하려고 한다. 여기에 맞서 포위공격자들은 이 울타리를 나무와 역청으로 메워 불을 지른다. 하지만 뜻밖의 비바람으로 불이 꺼진다. 그 후 플라타이아인들은 오랜 저항 끝에 배고픔을 이겨내지 못하고 펠로폰네소스인들에게 굴복했다.

들은 스파르타 중갑보병들과 정면대결하는 것을 두려워했으므로, 어떠한 증원군도 파견되지 않았다. 마침내 긴 공성용 사다리를 갖춘 플라타이아인들이 이중 성벽의 한 부분을 공략해 점령했다. 그 사이에 200명의 플라타이아인들이 아테네로 도망갔다. 그들은 처음에 의도적으로 추적자들을 혼란시킬 목적으로 틀린 길을 택했다. 다음 해 여름 스파르타의 성벽 공격이 어느 정도 성공했지만, 포위공격자들은 공격이 효과를 거두도록 방어자들을 굶겨 죽이는 전략을 채택했다. 남아있는 200명의 수비대가 항복했으며, 그들은 형식에 불과한 일부 법적 절차를 거친 후에 사형에 처해졌다.

플라타이아에서는 닭을 잡기 위해 소 잡는 칼이 휘둘러졌다. 그 밖의 다른 포위공격들이 군사적으로 더 중요했다. 기원전 425년 아테네 함대가 서부 펠로폰네소스 반도의 필로스 해안에 상륙부대를 내려놓았으며, 그곳에 요새를 세웠다. 이곳에서 상륙부대는 이미 스파르타에 불만을 품은 예속민이었던 메세니아 주민을 지켜주는 수비대로 복무할 계획이었다. 스파르타인들은 필로스를 봉쇄했으며, 인접한 만의 입구를 가로질러 뻗어있었던 스팍테리아 섬을 점령했다. 하지만 곧 아테네 함대가 스팍테리아의 스파르타인들을 포위공격하기 시작했다. 아테네 중갑보병부대가 기습공격으로 그 섬의 남쪽 끝에 있는 스파르타의 전초부대를 궤멸시켰다. 그러고 나서 수적으로 압도적인 궁수와 투석병이 상륙했다. 스팍테리아 섬의 삼림이 원인을 알 수 없는 불로 파괴되었으며, 모든 은폐물이 없어진 상황에서 원래 420명 규모였던 스파르타 군대는 항복하지 않을 수 없었다.

펠로폰네소스 전쟁 동안 이루어진 모든 포위공격들 중에 가장 주목할만하고 놀라운 것은 시칠리아 동부해안의 시라쿠사에 대한 공격이었다. 이 공격으로 포위공격을 감행한 아테네인들은 파국적인 결과를 맞았으며, 결국 아테네의 꿈이었던 서쪽으로의 팽창이 물거품이 되었다. 시라쿠사에 상륙하자마자 아테네인들은 기지를 세웠다. 그들은 시라쿠사가 시칠리아의 나머지 지역과 연락을 취하지 못하도록 고원을 가로질러 서쪽으로 이중 성벽을 세웠다. 그 사이에 아테네 함대는 해상을 통제했다. 아테네인들이 성벽을 남쪽으로 확대해갔을 때, 시라쿠사인들은 자신들의 도시 성벽에서 시작해 아테네인들이 세울 계획이었던 성벽 코스를 가로질러 직각으로 대항 성벽을 세웠다. 하지만 아테네인들은 이들 장애물을 제거했다.

북쪽에서 포위공격을 했던 아테네인들의 성벽이 미완성인 채로 남아있었고, 이 틈으로 스파르타 장군 길리푸스의 지휘를 받은 3,000명의 시칠리아인들이 시라쿠사를 도우러 왔다. 북쪽으로 확장되어가고 있었던 아테네인들의 성벽이 곧 대항 성벽에 의해 봉쇄되었다. 하지만 이번에는 아테네인들이 이길 수 없었다. 북쪽의 틈이 열린 채로 있었으며, 방어자들이 그

1. 아테네인들이 에우리알루스를 통해 시라쿠사로 접근하고, 짧은 전투 후에 에피폴라이 고원을 점령한다. 그들은 두 개의 요새, 즉 북쪽 전선에 위치한 라브달룸에 하나 그리고 남쪽 전선을 지키기 위한 원형 요새 하나를 세운다. 그들은 원형 요새로부터 주위를 둘러싸는 성벽 한 쌍을 세운다.

2. 시라쿠사인들이 대항 성벽을 세우지만 함락되어 해체된다.

3. 이제 시라쿠사인들은 늪지를 가로질러 해자와 울타리를 건설한다. 하지만 이것 또한 함대와 널빤지 위로 늪지를 건넌 육군의 양 갈래 작전으로 함락된다.

4. 아테네인들은 함대를 보호하기 위해서 해안 쪽으로 넓게 남쪽 전선에 그들의 성벽을 완성한다. 하지만 아테네 사령관 니키아스는 북쪽 성벽을 완성하지 않은 상태로 내버려둔다. 이것은 큰 실수였다.

5. 시라쿠사인들은 스파르타에 원조를 요청한다. 스파르타는 군대를 파견하는 대신에 길리푸스라는 장군을 보낸다. 그는 3,000명의 비정규군을 소집해서 저항을 전혀 받지 않고 시라쿠사에 들어간다. 길리푸스는 시라쿠사에서 지휘권을 차지하고, 라브달룸을 점령한다. 그리고 라브달룸과 요새 사이에 성벽을 세운다. 이것이 포위공격에서 전환점을 이룬다.

6. 니키아스가 아테네에 포위공격을 취소할 것을 요청하지만, 대신에 아테네는 증원군을 보낸다. 니키아스는 커다란 항구의 남쪽 끝에 위치한 플레미리움에 세 개의 요새를 세운다.

7. 이제 아테네와 시라쿠사 양쪽 모두 증원군을 맞이한다. 길리푸스는 육상과 해상으로 공격하고, 몇 차례의 해전을 치른 뒤에 플레미리움을 점령하고 아테네 함대를 울타리에 가둔다. 그리고 줄지어 닻줄로 묶인 배로 항구 입구를 봉쇄한다. 그 사이에 아테네군은 늪지에 빠지고 병에 걸려 고통 받는다. 시라쿠사 해군은 되돌아가 힘없는 오래된 이물(뱃머리)을 충격에 더 강하게 만드는 등 코린트식으로 함선을 개조한다. 강화된 현외장치로 새롭게 개조된 함선은 충각으로 적함의 정면을 들이받을 수 있게 된다. 충각으로 정면을 들이받는 전술과 작은 배를 사용해서 적함의 노잡이들을 공격하는 전술은 아테네 함대의 사기를 꺾어놓기

에 부족함이 없다. 아테네 함대는 커다란 항구를 벗어나는 데 실패하고, 따라서 배를 포기하고 육상으로 도망가지 않으면 안 되었다. 시라쿠사의 기병들과 경무장병들이 끊임없는 공격으로 아테네인들을 괴롭힌다. 병에 걸려 허약해지고 갈증으로 고통 받는 생존자들이 항복한다. 이렇게 기원전 416년 시라쿠사에 대한 아테네의 포위공격은 커다란 실패로 막을 내린다. 아테네는 그리스, 에트루리아, 그리고 이탈리아의 동맹자들과 함께 150~200척의 함선과 40,000~50,000명의 병사들을 잃었다.

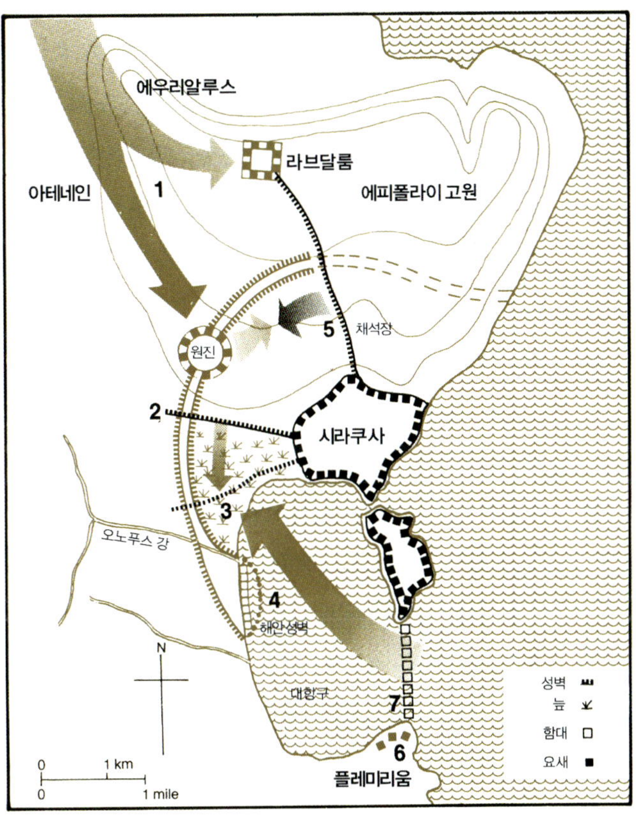


곳을 뚫고 지나갈 수 있었다. 길리푸스가 지휘하는 시라쿠사인들이 곧 공세로 나왔으며, 아테네인들은 그들이 세운 이중 성벽 안에서 포위공격을 받았다. 마침내 아테네인들은 기지마저 점령당했으며, 해변의 항구에 포위당했다. 해상으로의 탈출은 항구에서 시라쿠사 함대가 승리함으로써 차단되었다. 강화된 코린트식 신형 선박들이 건조되었으며, 충각으로 정면을 들이받는 전술이 채택되었다. 아테네 원정군 전체와 그들에 합류했던 대규모 증원군이 철저하게 격파되었다.

여기에서 다루고 있는 기간 동안 포위공격자들은 굶겨 죽이는 전략으로 방어자들에게 자주 승리를 거두었다. 이 전략으로 플라타이아와 포티다이아의 최종 항복을 이끌어

냈다. 함대를 빼앗긴 아테네인들은 결국 굶주림에 굴복했다. 시라쿠사를 봉쇄하기에 앞서 스파르타의 해군사령관 리산드로스는 굶어 죽어가고 있는 숫자를 부풀리기 위해 다른 곳에서 잡혀온 아테네인 포로들은 모두 보냈다.

## 스파르타의 새로운 전략

특수한 상황들로 인해 스파르타인들은 길리푸스를 펠로폰네소스인들로 편성된 소규모 군대와 함께 파견해 아테네와 싸우고 있는 시칠리아의 전열을 재정비하게 했다. 알키비아데스가 시라쿠사 원정에서 소환되었을 때, 그는 아테네에서 자신을 시기하는 정적들에게 기소되는 위기에 처하게 되었다. 그는 스파르타로 도망가서 피난처를 제공받는 대가로 정보를 제공했다. 스파르타인들은 그가 제공한 정보에 따라 행동했다.

시칠리아 문제에 개입하는 것과는 별개로 알키비아데스는 매년 아티카에 침입해 효과를 보지 못한 스파르타 군대에게 대안으로 아티카에 있는 상설 기지 하나를 차지할 것을 권고하면서, 그 밖의 다른 유용한 제안들을 했다. 아티카에 상설 기지를 설치하는 것은 아테네인들을 단순히 주기적으로가 아니라 지속적으로 위협할 수 있는 것이었다. 따라서 기원전 413년에 아티카를 다시 방문한 스파르타인들은 아테네 북쪽으로 약 14마일(23킬로미터) 떨어진 곳에 위치한 데켈리아를 점령했다.

스파르타 전사의 작은 청동 입상. 그의 투구는 면갑을 제공하기 위해 앞으로 끌어 내려져 있다. 몸을 감싸고 있는 망토는 담요로도 사용될 수 있었지만, 전투 시에는 착용하지 않았다.

데켈리아를 선택한 것은 탁월한 위치 선정이었다. 사실 그것은 알키비아데스 자신의 선택이었다. 이제 펠로폰네소스인들의 침입은 끊임없이 계속되었다. 일찍이 아테네 농민들은 전투 시즌을 제외하고는 땅을 경작해서 수확의 결실을 누릴 수 있었지만 상황이 급변했다. 또한 데켈리아는 전문적인 기술을 보유하고 있었던 상당수 도망 노예들의 피난처로 알려져 있었다. 아테네인들은 대략 20,000명의 노예를 잃었다. 또한 양떼와 짐 싣는 동물들도 펠로폰네소스인들의 약탈로부터 자유롭지 못했으며, 바위투성이의 땅 위에서 적의 침입을 격퇴하느라 혹사당했던 아테네 기병들은 말들이 절뚝거려 이동 자체가 불가능해졌다. 이와 관련해 편자가 고대 그리스인들에게는 아직 알려지지 않았다는 사실을 상기할 필요가 있다. 이러한 어려움들 말고도 전에 에우보이아에서 육로로 도착했던 보급품을 이제는 막대한 비용을 들여 해로로 공급받지 않으면 안 되었다. 아테네 군대는 여름과 겨울 모두 주간에는 근무명부표에 따라 그리고 야간에는 전체 수비대가 도시 성벽을 방어했다.

스파르타인들은 몇 년 동안 계속해서 데켈리아에서 지배권을 유지했으며, 기원전 406년 그곳을 지배하고 있었던 아기스 왕이 실제로 아테네의 성벽을 급습하기 위해서 야간 공격을 개시했다. 그는 경계를 소홀히 하고 있는 아테네인들의 전초부대를 장악했지만, 성벽의 방어자들은 곧바로 경계 태세에 들어갔다. 이때 아기스의 군대는 14,000명의 중갑보병과 같은 숫자의 경무장 군대 그리고 1,200명의 기병으로 구성되었다. 이것은 예전에 스파르타가 압도적으로 중갑보병 군대에 의존했다는 점을 고려한다면 엄청난 변화이자 발전이었다.

비록 아테네인들이 이 사건으로 동요했다고는 하지만, 아테네 수비대는 과감하게 성문을 열고나와 전투를 감행하면서 스파르타의 공격에 단호하게 대처했다. 하지만 스파르타 군대는 성벽 밑에 자리를 잡고 위에서 날아오는 무기들을 피할 수 있었다. 아기스는 이러한 상황에서 전투를 하는 것이 현명하지 않다는 판단을 내렸다. 그는 퇴각했으며, 아테네인들은 그를 추적할 의사가 없었다.

## 스파르타 해군의 약점과 치유책

스파르타의 해군력은 결코 강하지 않았지만, 시칠리아에서 아테네의 참패는 스파르타가 강한 해상국가로 발돋움할 수 있는 기회가 되었다. 이러한 기회는 대부분 스파르타의 해군사령관 리산드로스의 열정과 모험심에 힘입은 바 크다. 아테네인들은 시라쿠사에서 경험했던 엄청난 해군력의 손실을 회복하려고 애썼다. 하지만 그 사이에 그들은 동부 지중해에서의 패권을 상실했다. 소아시아의 페르시아 태수들, 즉 남부의 티사페르네스와 북부의 파르나바주스가 델로스 동맹에 소속된 그리스 도시들에게 옛날 '보호자'인 아테네에 반란을 일으키도록 부추겼다. 이렇게 해서 페르시아인들이 자연스럽게 스파르타의 동맹자가 되었다. 물론 그들의 장기적인 목표는 서로 달랐다. 공식 협정의 체결로 페르시아인들은 선박과 유급 노잡이들을 제공할 것을 약속했고, 스파르타인들은 그리스의 이오니아

## 트라키아의 펠타스트

페르시아 전쟁을 경험한 후에 그리스인들은
궁수와 투석병 그리고 펠타스트와 같은 경무
장 투석병들의 가치를 인식했다. 원래 펠타스
트는 그들의 고유 의상을 입고 싸운 트라키아
의 부족민들이었다. 하지만 나중에 그 말은
특수한 형태의 보병을 가리키게 되었다. 펠타
스트라는 이름은 주로 초생달 모양을 하고 있
었지만 원형 아니면 타원형이기도 했던 방패
인 펠타에서 유래되었다. 펠타는 작은 가지를
엮어서 만들었으며 염소 또는 양 가죽이 덮여
씌워졌다. 펠타의 사용과 펠타스트의 비무장
은 그를 중무장 군대의 공격에 노출시켰다.
하지만 궁수와 같은 경무장 군대와의 백병전
에서는 이점을 가지고 있었다. 펠타스트가 가
지고 있었던 또 다른 이점은 중갑보병에 비해
서 장비 구입과 유지에 들어가는 비용이 훨씬
적었다는 것이다. 펠타스트의 무기는 한 다발
의 창이었으며, 그 길이는 3.5피트(1.1미터)
와 5피트(1.6미터) 사이
에서 다양했다. 원색 그
림은 특유의 여우가죽
모자와 높은 장화를 신
고 있는 전형적인 트라키아의 펠타스트를 보
여주고 있다. 그의 망토(제이라)에는 특이한
문양들이 그려져 있다. 그의 망토와 튜닉은
보다 자유롭게 이동할 수 있고 창을 쉽게 투
척할 수 있도록 졸라매져 있다. 코린트 전쟁
동안에 펠타스트는 중갑보병 부대들이 전투
에서 그들과 맞서 싸울 수 없을 만큼 민첩하
게 움직였다.

도시들에 대한 페르시아의 권리를 인정했다. 하지만 그 협정은 스파르타인들의 바람처럼
효력을 발휘하지는 못했다. 스파르타 여왕인 티마이아를 임신시켰던 알키비아데스가 이제
서둘러 스파르타를 떠나 소아시아로 가서 티사페르네스에게 피신했다. 알키비아데스는 한
번 더 자신이 받은 환대에 보답하기 위해 조언을 해주었다. 그는 티사페르네스에게 페르시
아인들이 스파르타에 대한 원조를 늦추어야 하며, 그렇게 함으로써 서로 대립하는 그리스

## 연속동작으로 본 창 투척
위 그림은 펠타스트가 자신의 창을 던지는 모습을 연속동작으로 보여주고 있다. 네 번째와 다섯 번째 손가락으로 투석무기를 가볍게 잡고 두 번째와 세 번째 손가락은 손잡이 주위에 묶여 있는 가죽끈 고리에 삽입된다. 가죽끈은 투석무기의 발사에 지레 작용을 더하며 두드러질 정도로 역학적 효과를 개선해준다. 투석무기를 비틀어 던짐으로써 정확성에 큰 도움이 되었다.

## 중갑보병에 맞선 전술
산개대형에서 펠타스트는 무리를 지어 전진하면서 창을 던진다. 그리고 나서 그들은 그들의 동료들에게 피신한다. 갑주의 방해를 받지 않았으므로 그들은 결코 중무장한 적과 맞붙어 싸울 필요가 없다.

## 다른 유형의 병사
오른쪽 그림은 이 당시 대부분의 트라키아인들과는 다르게 베는 데 사용하는 커다란 칼(마카이라)로 무장했던 한 부족민을 보여주고 있다. 그의 방패는 펠타가 변형된 것이다. 그는 뒤로 묶인 여우 가죽 모자의 방한용 귀마개를 쓰고 있다. 그 옆 그림은 후기의 펠타스트를 보여주고 있다. 크세노폰과 함께 행군하면서 페르시아로부터의 그의 영웅적인 퇴각에서 그 모습을 나타냈다. 그는 용병이고 이동을 용이하게 하려고 펠타를 어깨 위에 매달고 있다. 오른쪽 허리에 있는 가방에는 식량과 아마도 약탈품을 넣어 두었던 것 같다. 그의 창은 휴대하기 편하게 묶여 있다.

국가들 사이에 세력 균형을 유지해야 한다고 조언했다.

그 결과 기원전 411년과 405년 사이에 벌어졌던 일련의 해전을 통해 동부 에게 해에서 세력 균형이 이루어졌다. 헬레스폰토스 해협의 키노세마 곶에서 아테네인들은 처음에 패배하는 것처럼 보였던 전투를 스파르타의 해군사령관 민다루스에 맞서 최후순간에 승리로 뒤바꾸어놓을 수 있었다. 다음 해인 기원전 410년 아테네인들은 민다루스를 죽이고 키지쿠스에서 그의 함대를 격파함으로써 스파르타 함대에 완벽한 승리를 거두었다. 반면에 스파르타 함대의 승무원들은 가까스로 육로로 도망쳤다. 헬레스폰토스 해협에서 아테네 해군에 협력했던 그리고 키지쿠스에서의 승전 대부분에 기여했던 알키비아데스가 아테네에서 다시 열렬한 환영을 받았으며, 곧 리산드로스에 맞서 싸우도록 지휘권을 부여받았다. 하지만 알키비아데스가 연락 임무차 잠시 부재중이었던 기원전 406년 그의 부관이 명령에 따르지 않고 사모스 섬 맞은 편 노티움에서 불필요한 해전을 일으켜 막대한 손실을 입고 패배했다. 그 결과 평판이 추락한 알키비아데스는 다시 공직생활에서 은퇴해 헬레스폰토스 해협 근처의 성에 은신하면서 파르나바주스의 처분에 맡겨졌다.

같은 해 레스보스 근처 아르기누사이 제도諸島에서 아테네 해군이 승리를 거두었다. 아테네인들은 더 이상 해군 전술에서 우위를 확신하지 못했으며, 한때 가장 많은 재미를 보았던 디에크플루스의 기동작전에 맞서기 위해 두 줄로 방어적 자세를 취하면서 항해했다. 그 전투에서 아테네인들은 적함 75척을 침몰시켰다. 리산드로스의 뒤를 이은 스파르타 사령관 칼리크라티다스가 물 속에 빠져 죽었다. 하지만 조난당한 생존자를 구할 것인지 아니면 승리를 이용할지 선택에 직면한 아테네인들은 둘 다 시도했지만, 아무런 성과도 얻지 못했다. 인명 손실이 너무 컸으므로 함대 사령관들은 아테네로 돌아와 태만했다는 이유로 처형당했다.

기원전 405년 아테네 함대를 무찔렀던 아이고스포타미 전투는 해전으로 기록될 수 없다. 스파르타 해군의 지휘권을 다시 차지했던 리산드로스가 헬레스폰토스 해협의 반대쪽 해안에서 기습공격을 감행해 아테네 선박과 승무원들을 사로잡았다. 아테네 해군 사령관 키몬만이 몇 척 안 되는 배와 함께 도망갔다.

펠로폰네소스 전쟁 마지막 몇 년간의 역사는 사모스 섬에 기지를 둔 아테네 함대와 기원전 411년 아테네에서 쿠데타로 들어선 과두정 사이의 실질적인 내전 상태로 복잡해진다. 사실 양측의 절충이 곧 이어졌지만 정치적 적대감은 여전히 강렬했다. 아테네 군대의 사회적 분열은 장교와 여타 병사들 사이의 분열이 아니라 중갑보병과 노잡이 사이의 분열이었다. 스파르타인과 페르시아인 모두 이러한 상황의 이점을 이용할 수 있어야 했다. 하지만 그들은 내부의 시샘으로 분열되었다. 스파르타 국내 정부는 당연히 리산드로스의 독재적인 태도에 의혹의 시선을 보냈으며, 페르시아 태수들은 서로를 시기했다. 결국 야심만만한 젊은 왕자 키루스가 왕이었던 아버지에게서 위임받은 권한으로 양쪽 모두를 대체했다.

마지막 몇 해 동안의 전투에서 알키비아데스는 계속해서 자신이 하나의 도시국가인 것처럼 행동했다. 아테네가 항복하고 나서 얼마 되지 않아 그는 프리기아의 집에서 영문을 알 수 없는 침입을 받고 살해당했다. 그의 죽음에는 아마도 리산드로스와 파르나바주스에게 혐의가 있을지도 모른다. 아테네에 있는 그의 적들을 포함해서 기꺼이 알키비아데스를 제거하려고 했던 사람들이 대단히 많았다. 알키비아데스가 유혹했던 한 지방 여성의 형제들이 그를 살해했다는 이야기도 전해져 오고 있다.

### 전쟁의 잔학 행위와 협상

펠로폰네소스 전쟁은 격렬한 전투가 이어졌으며, 도처에서 잔학 행위들이 목격되었다. 미틸레네를 정복한 뒤 아테네 민회는 투표를 통해 미틸레네의 모든 성인 남자들을 처형하고 여자와 어린이는 노예로 삼을 것임을 공표했다. 다음 날 또 한 번의 투표로 형의 선고가 취소되었으며, 형 집행 연기 명령이 형이 집행되기 바로 직전 미틸레네에 도착했다. 하지만 나중에 이와 비슷한 형의 선고가 멜로스 섬의 주민들에게 통과되었을 때, 형 집행은 연기되지 않았다.

펠로폰네소스 전쟁 초기에 플라타이아인들은 그들의 도시로 침투해 들어왔던 무장한 테베인들을 즉결 처형했다. 이것은 플라타이아인들이 포로로 잡힌 테베 병사들에게 관용을 베풀겠다는 조건으로 테베 구원병들의 철수를 유도한 뒤에 이루어졌다. 나중에 플라타이아의 수비대가 항복했을 때, 테베인들은 스파르타의 반대에도 불구하고 플라타이아 수비대 모두를 처형해야 한다고 주장했다. 스파르타의 해군사령관 알키다스는 어리석게도 그리고 잔인하게도 에게 해의 해상 도시들에서 아테네 군대에 징집되었던 노잡이 포로들을 학살했다. 그럼에도 불구하고 전쟁에 휘말린 모든 그리스 국가들 중에 대체로 스파르타가 가장 절제되어 있었다. 사실 스파르타인들은 플라타이아에서 그리고 나중에 아이고스포타미에서 동맹국들의 의사에 굴복해 형식적으로 법적 절차를 밟는 척하면서 포로들의 학살을 정식으로 승인했다. 하지만 아테네가 항복한 뒤 스파르타 정부는 아테네인포로들을 대량학살하고 노예로 삼아야 한다는 코린트와 테베의 바람을 무시하고 받아들이지 않았다. 코르키라에서의 내란으로 초래된 잔학 행위들은 제쳐두고라도 아테네인들은 다른 그리스 국가들보다 훨씬 더 잔인하게 행동했다. 그들은 페르시아 전쟁에서는 영웅이었지만, 펠로폰네소스 전쟁에서는 악당이었다. 특히 아테네인들이 스파르타의 해군력 강화에 두려워하고 있던 때인 펠로폰네소스 전쟁의 마지막 국면에 아테네인들은 무자비하게 야만적으로 반응했다. 아테네 민회는 적군에 복무하다 포로로 붙잡힌 용병 노잡이들의 오른손을 절단하

## 스팍테리아에 대한 공격
### (기원전 425년)

| 아테네군 | 스파르타군 |
| --- | --- |
| 중갑보병 | |
| 아테네 800명 | 스파르타 440명 |
| 메세니아 | |
| 200~300명 | |
| 경무장병 | |
| 궁수 800명 | 헬로트 약 560명 |
| 펠타스트 | |
| 800명 | |
| 노잡이 | |
| 70척의 3단 노선 | |
| 5,000~7,000명 | 없음 |

**전반적인 상황** 스팍테리아의 스파르타인은 필로스에서 아테네인을 봉쇄하는 병력의 일부였다. 한 차례 아테네 해군의 승리가 상황을 역전시켰지만, 스파르타인들을 굶겨 죽이려는 시도는 헤엄쳐서 간신히 봉쇄를 뚫었던 사람들 때문에 실패로 돌아갔다. 스팍테리아 섬에서 화재로 숲이 파괴되었으며, 스파르타인들은 엄폐물 없이 무방비상태로 노출되었다. 데모스테네스는 공격할 계획을 짰다. 클레온이 20일 안에 승리를 장담하는 궁수들과 창병들을 데리고 아테네에서 도착했다.

1. 아테네의 중갑보병이 동이 트기 전에 상륙하고 전초 지점에 침입해 섬 위쪽으로 전진한다. 스파르타의 주력군이 전진한다.

2. 스파르타인들은 적 창병들이 그들의 측면과 후방을 습격할까 두려워 아테네의 중갑보병과 맞붙어 싸울 수 없었다. 갑옷이나 무거운 방패로 방해받지 않았던 아테네의 창병들은 거친 땅 위에서 가공할 스파르타의 공격을 쉽게 피할 수 있었다. 스파르타인들은 50야드(약 46미터) 정도의 사정거리에서 끊임없이 발사돼 날아오는 투석무기, 화살, 그리고 창들의 공격에 시달렸다. 이 와중에 스파르타인들의 사령관인 에피타다스가 죽고 부사령관은 부상을 당했다. 그들은 언덕 꼭대기에 있는 폐허로 변한 요새 안의 전초 기지로 철수했다.

3. 스파르타인들은 한 메세니아 장교가 절벽 꼭대기를 따라 병력을 이끌고 와서 스파르타의 후방을 기습 공격할 때까지는 굴복하지 않았다. 결국 포위당하고 지칠 대로 지친 스파르타인들은 항복했다. 120명의 '스파르티아테스(장교계급)'를 포함해서 292명의 중갑보병이 포로로 잡혔다. 아테네의 사상자는 50명 정도에 불과했다. 스팍테리아 섬에서의 전투는 스파르타인들이 패배한 것에서 볼 수 있듯이 경무장 병력의 가치가 입증된 전투였다. 그리스 전체는 스파르타인들이 그들이 처한 상황에서 죽는 것보다는 차라리 항복하는 것을 선택했다는 사실에 놀라워했다.

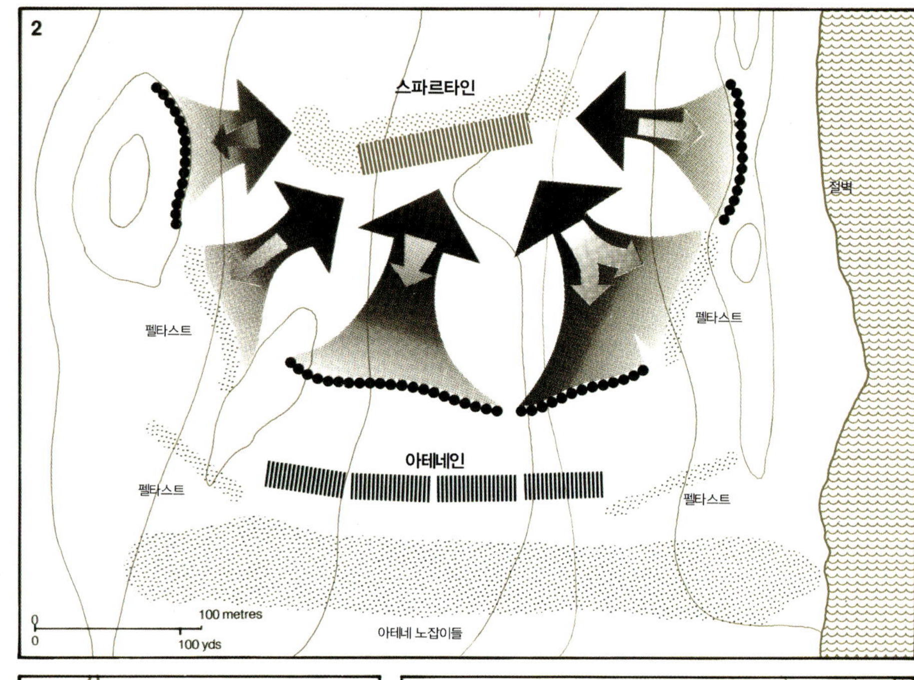

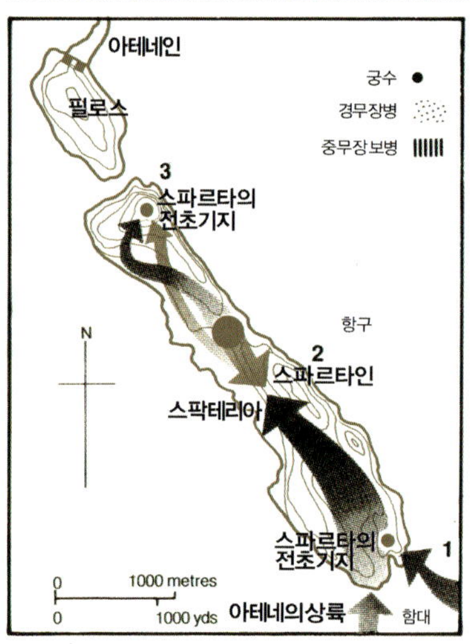

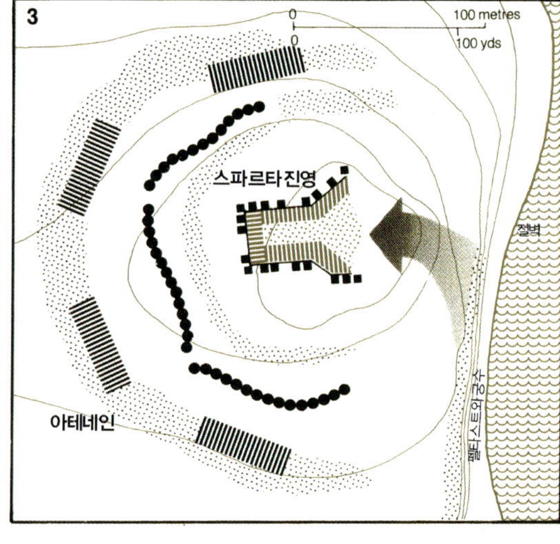

도록 명령했다. 아이고스포타미 전투 이후에 나머지 병사들과 함께 처형당했던 아테네의 해군사령관 필로클레스는 나포된 두 척의 3단 노선 승무원들을 절벽 위에서 내던지도록 지시했다.

포로 학살이 그리스에서 전례가 없었던 것은 아니다. 고질적인 식량 부족 문제만으로도 항복한 사람들 모두에게 자비를 베풀 수는 없었을 것이다. 하지만 몸값을 받거나 포로를 교환하는 것이, 그렇지 않으면 기원전 446년 코로네아 전투 이후에 아테네 포로들에게 했던 것처럼 평화 협상의 일부로 포로들의 귀환을 교섭하는 것이 대체적인 관례였다.

인도주의 문제와는 별개로 고전기 그리스의 전투는 매우 틀에 박힌 모습을 보여주었다. 중갑보병 전투는 거의 계획된 것처럼 보였다. 그것은 전투 자체라기 보다는 결투로 시비를 가리는 중세의 시죄법試罪法에 더 가까웠다. 전투는 마치 전통적인 경기장에서처럼 똑같은 장소에서 반복되곤 했다. 하지만 이것은 그리스의 지형 때문이었다. 걸어서조차 빠져나가기 힘들었던 산이 많은 지역에서 군대는 계속해서 똑같은 평원과 산길, 즉 테르모필라이, 만티네아, 코로네아, 그리고 카이로네아에서 충돌하지 않으면 안 되었다.

일단 전투에서 승리하게 되면 승자는 패자로부터 노획한 무기와 갑주들처럼 전리품을 전시했다. 패배한 군대는 죽은 병사들의 시신을 되찾기 위해서 휴전협정을 요구했다. 이것이 바로 승리를 주장하고 패배를 인정하는 공식적인 방식이었다.

순례자들의 안전통행과 함께 휴전협정은 모든 신전에서 체결되었다. 체육 경기는 종교 의식과 긴밀하게 결합되었다. 즉 올림픽 경기는 제우스를 그리고 피티아 경기는 아폴론을 기리는 행사였다. 그리고 비록 종교적 휴전이 가끔 깨어졌고 결의론(양심의 문제나 행위의 선악을 경전·교회 또는 사회도덕의 표준으로 규정지으려는 학설: 역자 주)으로 가득 찬 비난들이 초래되었다고 하더라도, 지방의 휴전협정은 심지어 전시에도 경기의 거행을 허용했다. 사자들과 사절들은 신성불가침의 존재였다.

# 스파르타의 쇠퇴와 테베의 패권

기원전 4세기에 일만 병사의 진군은 기병과 경무장군의 중요성이 증대하고 있음을 보여준다. 이것은 레욱트라 전투에서 스파르타 중갑보병의 패배와 마케도니아의 필리포스 군대에서 최고조에 달했다.

## 고대의 문헌

크세노폰은 이 시기와 관련해 매우 중요하다. 크세노폰은 투키디데스의 펠로폰네소스 전쟁사를 아테네의 항복과 기원전 403년의 사건들까지 계속 다루고 나서, 2년간의 공백기를 남겨두고-나중에 채워넣었다- 기원전 362년까지 어느 정도 연속해서 그리스에 대한 이야기를 계속했다. 동시대의 다른 역사가들은 플루타르코스, 디오도로스 시켈로스 그리고 코르넬리우스 네포스와 같은 후기 저술가들을 통해 알 수 있다. 유감스럽게도 네포스는 크세노폰보다 더 많은 자료들을 언급하고 있다. 하지만 설사 시종 일관된 형태로 전해오고 있다고 하더라도, 기원전 4세기에 에포로스나 테오폼포스의 훌륭한 증언이 크세노폰의 증언만큼 값어치가 있는 것인지는 의문이다. 크세노폰은 당대에 군사적 그리고 정치적으로 중요한 역할을 수행했으며, 그 결과 당대의 지도적 인물들과의 친밀한 관계는 말할 것도 없이 그리스인들과 비그리스인들 사이의 전투에 대한 자신의 경험에 의존할 수 있었다.

또한 크세노폰은 그리스 역사와는 별개로 『소아시아 원정기*Anabasis*』에서 페르시아 제국 심장부를 향해 원정을 떠난 그리스 용병 군대의 위대한 군사적 모험을 기록했다. 이 원정은 실패로 끝났으며, 크세노폰은 그리스 군 지휘관들이 반역자들에게 살해당한 뒤에 그리스 군 지휘권을 물려받았다. 당시 그가 보여주었던 지도력과 군사적 자질은 자신이 지휘하고 있었던 병사들을 구해냈고, 군사적 모험이 완전한 실패로 끝나는 것을 막아주었다. 『소아시아 원정기』에 등장하는 이야기는 직업 군인의 관점에서 서술한 것이다.

크세노폰은 직업 군인의 관점에서 두 개의 다른 작품을 썼다. 하나는 기병 사령관의 의무와 역할을 기술한 『기병장교*Hipparchus*』이고, 다른 하나는 승마술과 그것의 군사적 응용에 관한 보다 일반적인 작품이다. 설사 크세노폰이 기병 무기의 중요성을 과장하기보다는 오히려 과소평가하는 것처럼 보이더라도, 그리스 전투에서 기병의 중요성이 더욱 더 현실화되고 있었던 시기에 씌어진 이들 작품은 종종 계몽적 성격을 지녔다. 이 점에서 그는 자신을 선전하는 방식으로라도 주제의 중요성을 주장하려는 경향이 있었던 대부분의 저술가들과는 다르다. 풍부한 경험에도 불구하고 크세노폰은 신중한 성격의 장교였다. 그는 생애의 후반부에 글을 쓰면서도 여전히 자신보다 앞선 세대에 치러졌던 전투의 관점에서 생각했다.

크세노폰의 역사 마지막을 장식하는 만티네아 전투로 테베는 짧은 기간이지만 스파르타를 대신해 패권을 차지한다. 오늘날의 표현으로 말하자면 그리스에서 '권력 공백'이 초래되었다고 말할 수 있을 것 같다. 반쯤 그리스화된 북쪽의 마케도니아에서 한 야심에 찬 왕이 이 상황을 적절하게 이용할 수 있었다. 이 시기에 대해서는 아테네의 웅변가들─가장 유명한 사람이 데모스테네스이다─의 현존하는 연설문들을 통해 알 수 있다. 데모스테네스는 마케도니아 왕 필리포스 2세의 야심에 격렬하게 저항했다. 필리포스를 우호적으로 간주하고 그를 그리스를 통합할 수 있는 지도자로 보았던 이소크라테스의 저작들이 현존하고 있다는 것 또한 다행스러운 일이다. 이소크라테스는 웅변가는 결코 아니었다. 그의 정치적 저술들은 연설보다는 오히려 배포를 목적으로 출판되었으며, 이런 이유에서 그는 정치적 팸플릿의 저자로 묘사되어 왔다. 여하튼 그는 기원전 4세기 중엽 그리스의 정치 상황에 대한 데모스테네스의 진지하지만 지나치게 한편으로 치우친 견해에 맞서 최상의 대책을 제시하고 있다.

기원전 4세기로 거슬러 올라가는 묘비. 심지어 펠로폰네소스 전쟁이 끝난 이후에도 기병은 여전히 주로 경무장 소전투 병력으로 사용되었다. 그리고 백병전에서 중무장 보병과 맞서지 않는 경향이 있었다.

## 정치 상황

고전기 내내 그리스인들은 정치 활동을 동요시키고 마비시켰던 딜레마로 괴로워했다. 이것은 감정적 갈등의 결과였다. 그들은 도시국가에 대한 충성이든 공동의 그리스 민족에 대한 충성이든 어느 쪽이 더 중요한가를 결코 결정하지 않았다. 페르시아 전쟁에서 침입자에 맞서 그리스는 통합을 이루었다. 페르시아인들의 편에 섰던 그리스 도시들은 엄청난 압박에 시달렸다. 하지만 그리스 국가들이 페르시아인들에게 쟁취한 자유는 서로 싸우는 자유였으며, 다음 세기 동안 그들은 이 자유를 충분히 이용했다. 단지 페르시아 태수들이 스파르타로부터 이오니아 도시들에 대한 지배권을 되찾았던 펠로폰네소스 전쟁 말기에 그리스인들은 한 번 더 페르시아를 정치 세력으로 의식하게 되었다. 그 무렵 페르시아는 더 이상 예전같이 활기 넘치는 강력한 세력이 아니었으며, 동쪽에 주목하고 있었던 그리스 전략가들은 페르시아 왕의 제국을 적들과 맞서 싸울 수 있는 경제적 동맹자로 아니면 약탈과 공격의 매력적인 대상으로 보았다.

페르시아의 대 그리스 정책은 여전히 일관되게 '분할 통치'의 원칙에 기초하고 있었다. 하지만 그리스 지도자들은 똑같은 정책이 페르시아인들에게 적용될 수 있다는 것을 알고 있었다. 10,000명 이상의 그리스 용병군대는 키루스 왕자의 아버지인 다리우스 2세가 죽었을 때, 키루스의 페르시아 왕위 계승권을 지지했다. 키루스가 기원전 401년 바빌론 근처의 쿠낙사 전투에서 사망했을 때, 그의 큰 형 아르타크세르크세스 2세는 이론의 여지없는 지배자였으며, 키루스의 지배에서 자유로워진 에게 해 해안의 두 명의 태수가 한 번 더 상대방을 제거하려는 음모를 꾸미고 있었다. 동부 에게 해의 그리스 지휘관이라면 누구에게나 이러한 페르시아의 불화를 충분히 이용할 수 있는 길이 열려 있었다.

그 사이 스파르타는 다른 그리스 국가들 사이에서 평판이 나빠졌다. 기원전 404년 아테네의 항복 이후에 리산드로스의 지휘를 받은 스파르타인들이 수비대를 주둔시키고, 과두정을 수립했으며, 그리고 공동 방어에 대한 지원 명목으로 유급 용병들에게 세금을 가차 없이 거두었다. 이렇게 함으로써 스파르타인들은 앞선 세기에 아테네인들이 저질렀던 실수를

되풀이하고 있었다. 유일한 차이는 스파르타인들의 괴뢰 정부가 민주정부가 아닌 과두정부였다는 사실이다. 하지만 아이고스포타미 전투의 승리자인 리산드로스가 권좌에서 물러났을 때, 스파르타의 정책에 변화가 일어났으며, 원래 리산드로스가 정치적 도구로 이용하고 싶어 했던 아게실라오스 왕이 그의 권한을 대신했다. 아게실라오스는 키루스의 원정이 가져다준 교훈을 잊지 않았다. 젊은 페르시아 왕자 키루스의 지휘 하에

낙타 위에 앉아 있는 한 페르시아인 고관. 페르시아 군대에는 이 시기에 낙타가 포함되어 있었다. 하지만 낙타가 기병을 동요시키는 경향이 있었으므로 조심스럽게 다루어질 필요가 있었다.

일만 병사의 페르시아 진격의 범위를 지도의 오른편에서 볼 수 있다. 그 사이에 테베 전쟁이 그리스 본토를 지배한다.



치러진 쿠낙사 전투에서 이미 언급된 그리스 용병들의 지원을 받은 한 아시아 군대가 대략 4배의 병력으로 이루어진 페르시아 군대에 패배를 안겨주었다는 소문이 있었다. 그래서 왕위 요구자가 죽지 않았더라면, 그것으로 페르시아 왕위 계승이 결정되었을 것이다. 그 후 즉석에서 조직된 지휘를 받은 그리스인들은 천 마일에 달하는 진군과 그들의 길을 가로막으려는 모든 시도들에 맞서 그리스로 귀환할 수 있었다. 페르시아인들의 근본적인 군사적 약점이 노출되었으며, 잇따라 등장한 동부 에게 해의 스파르타 지휘관들이 이러한 약점을 충분히 이용했다. 페르시아 태수들이나 왕을 더 이상 두려워하지 않은 스파르타 지휘관들이 리산드로스가 아테네에 맞서 재정 지원을 받기 위해 대가로 팔았던 이오니아의 그리스 도시들을 페르시아인들로부터 해방시켰다. 스파르타인들은 이러한 애국주의적 성취에 만족하는 것으로 그치지 않고, 아시아 본토 멀리까지 원정 전쟁을 수행했다. 그곳에서 그들은 전리품을 통해 충분한 보상을 받았다. 이러한 모험에 가까운 계획에서 아게실라오스보다 더 철저

하게 성공적이었던 사람은 아무도 없었다.

　페르시아가 보여준 반응은 군사적인 것이라기보다는 경제적이고 외교적인 것이었다. 아게실라오스의 공격에 시달렸던 티사페르네스의 뒤를 이은 페르시아 태수가 재정지원금을 북부 그리스의 스파르타 적들에게 넘겨버렸다. 그 결과 동맹을 맺은 테베, 코린트, 아테네 그리고 아르고스가 스파르타의 패권을 무너뜨리기 위해서 싸웠던 것처럼 코린트 해협 안쪽과 그 주위에서 기원전 395~387년 코린트 전쟁이 발생했다. 여기에서 페르시아의 정책은 눈에 띄게 성공을 거두었다. 이것은 심지어 페르시아인들까지도 만족시킬 만큼 대단히 성공적이었다. 아게실라오스는 지체없이 크세르크세스가 한 세기 이상 앞서서 밟고 지나갔던 길을 따라 그리스로 다시 진군했다. 규모가 너무 커서 주체하기 힘들었던 페르시아군의 대형과는 전적으로 다르게, 그는 기동력이 뛰어난 군대로 30일이 채 못 되어서 진군을 마무리했다. 그러고 나서 그는 기원전 394년 코로네아에서 그리스 군대를 무찔렀으며, 다시 한 번 육상에서 스파르타의 패권이 확립되었다. 하지만 코린트 전쟁으로 아테네인들은 해외 동맹국과 일부 재산 이외에도 제해권을 되찾았다. 아이고스포타미에서 도망갔던 아테네 해군 사령관 코논이 코로네아 전투 직전에 크니도스 해전에서 스파르타인들을 무찔렀다. 그리고 다음 해 그는 아테네와 피레우스 항구 사이에 장성을 재건하는 일을 도왔다.

　페르시아인들은 지지대상을 바꿀정도로 아테네의 패권 부활에 상당히 놀랐다. 스파르타 사령관 안탈키다스가 사르디스의 태수와 분쟁해결을 위한 평화협상에 착수했다. 넓게 말하면 평화협상의 조건은 그 밖의 그리스 국가들의 독립과 아테네가 최근에 되찾았던 에게 해 속령들에 대한 권리를 적절히 고려해 주면서, 페르시아가 이오니아 섬들을 차지하는 대신 스파르타가 계속 그리스를 지배한다는 것이었다. 실제로 이때의 평화는 진정한 평화라기보다는 오늘날의 정치가들이 '냉전'이라고 부르는 편에 더 가까웠다. 그것은 신뢰할 수 없는 스파르타인들의 간섭과 기습 공격으로 특징지어졌다. 이러한 공격 행위들로부터 테베는 실제로 안탈키다스 협정으로 겪었던 것처럼 다른 어떤 그리스 국가들보다 더 많은 고통을 겪었다. 테베는 격렬하게 반발했다. 결국 그리스에서 스파르타의 패권은 기원전 371년 레욱트라 전투에서 테베에 치명상을 입었다. 잠깐 반짝하는 십 년 간의 패권 이후 테베가 지배권을 상실했을 때에도 스파르타인들은 재건할 수 없었다.


**용병 군대와 크세노폰의 일만 병사**

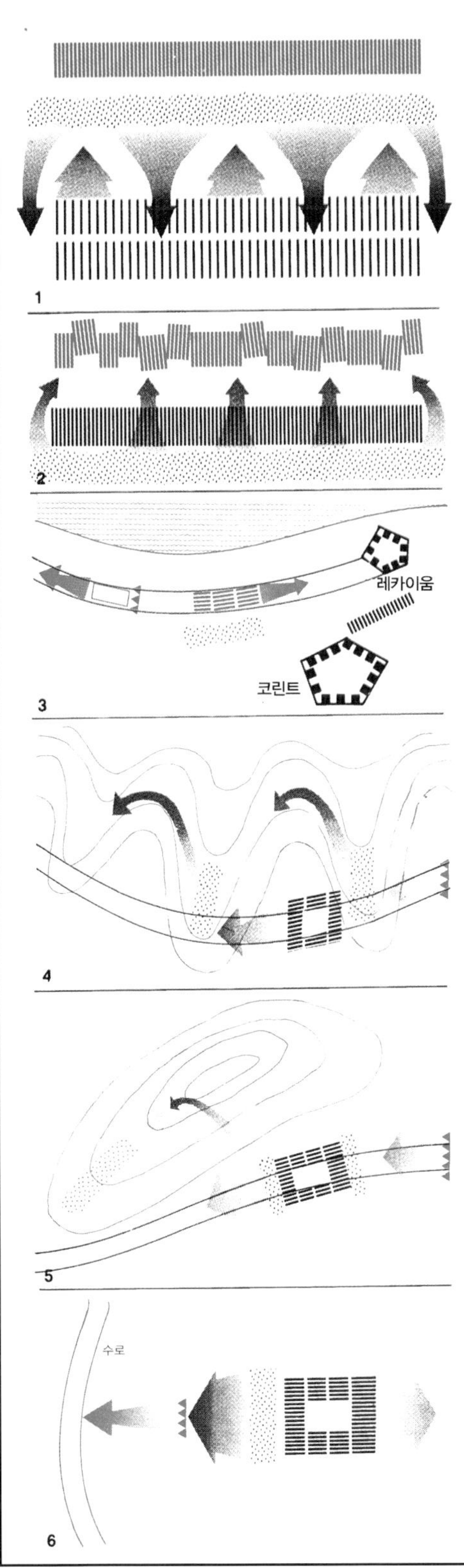


# 경무장병의 사용

아리아노스는 경무장병의 가치를 간략하게 강조하고 있다. 그는 경무장병이 "원거리에서 타격을 가한다"고 쓰고 있다. 또한 그는 고지를 점령해서 적군을 몰아낼 때, 정찰과 매복을 수행할 때, 그리고 괴멸된 적을 추적할 때 경무장병이 대단히 유용하다는 점에 주목한다.

### 대접전에서의 창병

1. 왼편 그림은 어떻게 일단의 창병들이 팔랑크스가 배치되는 동안에 적 투석무기들로부터 중갑보병의 팔랑크스를 보호할 수 있었는지를 보여준다. 그러고 나서 창병들은 산개대형에 있는 열들을 통해서 철수하고 팔랑크스들이 전투에 참가한다.
2. 일단 적의 전열이 무너지자 경무장병들이 후퇴하는 적을 추격하기 위해 재차 무리를 지어 전진한다.

### 소규모 접전: 레카이움 전투

창병들은 실제로 도움 없이 소규모 전투에서 승리할 수 있었다. 스파르타인들은 스팍테리아 전투에서 그리고 다시 기원전 390년에 레카이움에서 창병들로부터 교훈을 얻었다.
3. 스파르타의 중갑보병들과 기병은 레카이움에서 시키온까지 한 수송부대를 호위한다. 코린트의 아테네인들이 이피크라테스가 지휘하는 창병들과 일부 중갑보병들을 파견한다. 일단 수송부대가 아테네인들을 지나치자 스파르타인들은 방향을 바꾸었으며, 그러자 방패로 방어되지 않는 오른쪽이 노출된다. 아테네 창병들은 스파르타인들을 괴롭히고 그들의 공격을 교묘히 피해나간다. 스파르타인들은 구릉에서 저항하지만 그 다음에 칼리아스의 중갑보병들로부터 위협받는다. 스파르타인들은 괴멸되고 경무장병들의 추격을 받는다. 600명의 스파르타인들 중 약 250명이 살해되었다.

### 크세노폰의 일만 병사의 퇴각

4. 이것은 고지를 지배하는 것이 얼마나 중요한지를 강조하는 사건이다. 그리스 보병은 연속적으로 이어진 산마루를 넘어서 퇴각한다. 경무장병들의 후위가 보병이 지나갈 때까지 고지를 장악함으로써 페르시아 기병의 공격을 막는다. 그러고 나서 그들은 산허리 둘레에서 움직이면서 기동훈련을 반복한다. 그 사이에 전위부대가 차례로 다음 산마루를 확보한다.
5. 아시아인들이 길을 내려다볼 수 있는 산마루를 장악함으로써 퇴각을 봉쇄한다. 그리스 경무장병들이 아시아인들의 진지 위쪽으로 있는 언덕의 정상을 향해 질주하고 적을 언덕 아래로 몰아낸다. 이렇게 해서 진군하는 것이 가능해졌다. 이러한 종류의 작전에서 민첩함과 신속함은 필수적이다.
6. 경무장병들은 매복병으로 이상적이다. 여기에서 그들은 페르시아 기병을 추격하기 위해 강 너머에서 기다린다. 일단 사정거리에 들어오면 매복병들의 공격으로 공포를 느끼면서 강을 되돌아가려고 서두르는 페르시아인들에게 엄청난 사상자가 생긴다.

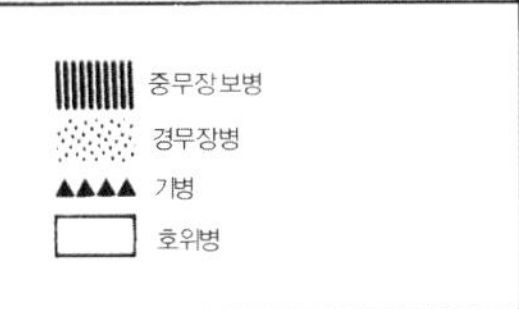

페르시아 본토로 침입했던 아게실라오스는 크세노폰을 따라 그리스로 돌아왔던 유명한 '일만 병사' 중 상당수를 다시 고용했다. 그들은 한 때 키루스 밑에서 복무한 적이 있었다. 사실 크세노폰은 아테네인이었으므로 다른 편에 있어야 했지만 코로네아에서 아게실라오스 군대에 복무하고 있었다. 이러한 사실들로부터 기원전 4세기 그리스 전투에서 용병 군대의 중요성이 점증하고 있었음을 짐작할 수 있다. 동부 지중해와 인접 지역들 도처에서 그리스인들은 매우 이른 시기부터 용병으로 복무했다. 고고학자들의 증거에 따르면 심지어 멀리 스페인 서쪽에서까지 그리스의 무기와 갑주는 높이 평가되었다. 그것들의 사용법을 가장 잘 알고 있었던 병사들은 훨씬 더 높게 평가되었다. 이러한 내용은 고대 이집트와 아시아의 비문에서 자주 암시되고 있다. 그리스인들은 페르시아 전쟁 이전에 트라키아인과 스키타이인 용병을 사용하고 있었으며, 펠로폰네소스 전쟁 동안에도 여전히 그들을 사용하고 있었다. 트라키아의 암피폴리스에서 스파르타 장군 브라시다스와 아테네 장군 클레온이 죽은 기원전 422년 전투에서는 스파르타와 아테네 양쪽 모두가 용병을 고용했다. 대체로 그리스인들은 중갑보병을 수출하고 경무장병과 기병을 수입하는 경향이 있었다. 하지만 이것이 그리스인들과 다른 민족들 사이에서만 독점적으로 이루어졌던 것은 아니다. 그리스인은 그리스인도 고용했다. 시라쿠사에서 아테네인들에게 고용된 만티네아 출신의 아르카디아 용병들은 그들이 같은 아르카디아인들과 싸우고 있다는 사실 때문에 결코 기세가 꺾이거나 낙담하지 않았다.

스파르타인들은 협약에 의해 만티네아와 테게아 같은 아르카디아 도시들로부터 병력을 끌어 모을 수 있었다. 하지만 또한 그들은 똑같은 곳에서 용병을 모집하는 것이 더 바람직하다는 것을 알았다. 용병을 모집함으로써 협약에 의해 모집할 수 있었던 것보다 훨씬 더 많은 병력을 끌어 모을 수 있었다. 예를 들어서 브라시다스는 암피폴리스에서 그 지역의 용병들은 물론이고 아르카디아인으로 보이는 펠로폰네소스인을 고용했다. 아르카디아인들은 내륙에 자리 잡고 있었으므로 강인하고 목축에 알맞은 사람들이었다. 전시에 그들은 주로

## 페르시아 군대

그림에서 볼 수 있는 완전 무장한 기병은 소小 키루스 왕의 근위대원이다. 그의 옷에서 그리스의 영향을 많이 받았음을 알 수 있다. 청동 투구는 말총 깃으로 장식되어 있고, 흉갑은 청동 비늘조각으로 보강된 아마포로 만들어져 있다. 창 끝이 쇠로 된 두 자루의 창에 덧붙여 그는 전형적인 그리스의 짧은 칼을 휴대하곤 했다. 고삐를 잡고 있는 그의 왼쪽 팔이 가죽으로 묶여 보호받고 있는 점에 주목하라. 그리스인들과는 다르게 페르시아의 중무장 기병은 청동 비늘조각으로 된 다리 보호대를 착용했다. 가죽 모카신(뒤축이 없는 부드러운 가죽구두)는 유일한 발 보호장비이다. 메디아 평원에서 자란 그의 말은 비교적 몸집이 크다. 말 또한 가죽과 천 안감으로 기운 청동 비늘조각으로 된 보호대를 착용하고 있다.

## 다른 유형의 군대

위쪽의 경기병은 전형적인 페르시아 머리장식인 티아라와 갈색과 흰색의 튜닉 위로 속을 넣고 누빈 선홍 색깔의 갑옷을 허리에 착용하고 있다. 그는 두 자루의 무거운 투창을 휴대한다. 왜냐하면 페르시아 기병은 정면에서 격돌하는 기병이라기보다는 투석무기를 던지는 군대로서 작전을 수행했기 때문이다. 그의 그리스 양식의 칼은 자신의 방어를 위해 사용되었다. 일부 기병들은 칼보다는 오히려 전투용 도끼를 휴대했다. 소문에 의하면 이 전투용 도끼는 그라니코스 강 전투에서 알렉산더의 투구를 쪼갤 정도로 강력한 힘을 가지고 있었다고 한다. 말의 고삐는 황동으로 그리고 마구는 가죽으로 만들어졌다. 말의 앞 갈기와 꼬리는 빨간 리본으로 묶여 있었다. 보병의 장비는 그리스의 장비가 페르시아 군대에 영향을 주었음을 보여준다. 그는 중갑보병이 휴대했던 유형의 방패와 칼을 휴대했지만, 기병만이 마련할 여력이 있었던 값비싼 몸 갑주는 착용하지 않았다. 하지만 일부 병사들은 그들의 튜닉 밑에 방어용으로 쇠사슬 갑옷을 착용했던 것 같다.

중갑보병으로 복무했다. 그리스 용병군대의 또 다른 출처는 크레타였다. 크레타인들은 특히 궁수로 활약했다. 이와 비슷하게 로도스 용병들은 전문 투석병으로 사용되었다.

크세노폰이 참가했던 키루스의 원정은 전례 없는 대규모 용병 부대 때문에 새로운 시대를 특징짓는 사건이었다. 하지만 전문성 문제와는 별개로 용병 부대를 통해 얻은 전술적 교훈은 이상하게도 반대쪽을 강조했다. 쿠낙사 전투는 그리스 중갑보병의 뛰어난 승리였다. 그것은 페르시아 제국의 경무장병이 그리스의 중무장 보병들에게 적수가 되지 못했음을 다시 한 번 입증했다. 쿠낙사에서 키루스는 승리를 목전에 두고 사망했으며, 그의 아시아 증원군은 즉시 도망갔다. 따라서 그리스인들은 용병으로서의 일자리와 지휘관을 잃었지만, 그렇다고 해서 이것으로 기원전 401년 쿠낙사 전투는 물론이고 그 이후까지도 용병 부대의 군사적 중요성에 변화가 생겼던 것은 아니다.

처음에는 티사페르네스의 페르시아 정규군에게 쫓겨서, 그 후에는 산악지역의 비정규군에게 시달려서, 그리고 마지막에는 북부의 태수인 파르나바주스의 군대와 충돌해 북쪽의 흑해 해안으로 밀려났을 때, 그리스인들은 중갑보병 부대의 효용성뿐만 아니라 한계 또한 경험했다. 사실 펠로폰네소스 전쟁 후반부의 교훈들이 강화되었다. 크세노폰이 여전히 기병 역할의 중요성을 과소평가했던 것 같다고는 하지만, 그것을 점점 이해하게 되었다. 훨씬 더 중요한 것은 활, 투석기, 그리고 창으로 무장한 경무장 투석병들의 잠재적 효과였다. 수백 마일에 달하는 적진의 근처 기지에서 병사들을 떼어놓아야하는 상황이 되었을때, 화살과 쇠가 박힌 굵은 화살의 공급은 중요한 문제였다. 하지만 크레타 궁수들은 적이 다 써버린 화살들을 주워 모아 사용했다. 크레타 궁수들이 지나갔던 몇몇 촌락들은 쇠가 박힌 굵은 화살을 사용하도록 활시위와 납을 제공했다. 그리스인들은 익숙하지 않은 상황에서 임시변통으로 무기를 만들거나 싸워야하는 상황에 자주 직면했다. 창 투척병들에게는 지면에서 높은 곳에 자리 잡는 것이 중요했다. 위쪽 암벽에서 적 게릴라 부대의 공격을 받았을 때, 절망적으로 불리한 상황에 있었던 그리스 경무장 군대는 중갑보병의 방패에 둘러싸여 몸을 숨겼다. 경무장 군대는 경무장 투석병들이 가장 높은 지점을 차지했을 때, 일렬종대로만 깊은 산 아래쪽으로 진군할 수 있었다. 이렇게 해서 아래쪽의 울퉁불퉁한 바위들을 적 게릴라 부대가 사용할 수 없게 했다.

일만 병사의 진군에서 발생한 여러 사건들을 통해 전통적인 태도가 변화를 수용해가고 있었음을 알 수 있다. 병사들은 시민군이 아닌 직업군을 형성했고, 직업적인 기준에서 판단했다. 크세노폰이 로도스인들에게 앞에 나서 타고난 투석 기술을 발휘하라고 호소했을 때, 이와 병행해서 급료 인상과 복무조건의 개선을 제안했다. 로도스인들은 투석병으로 입대하지 않았으며, 투석이 원래 계약조건의 일부도 아니었다. 나중에 로도스 부대 한 병사의 기발한 제안에 따라 부풀은 가죽으로 강을 건널 준비를 했다. 그는 자신의 제안에 합당한 보상을 받을 수 있을 것으로 기대했다. 한 번은 크세노폰이 병사들에게 불굴의 자세로 전투에 임해달라고 말하면서, 병사들이 진심으로 원했던 것은 영웅으로 간주되는 것이 아니라 안전하게 집으로 돌아가는 것뿐이었다고 솔직하게 인정했다.

반면에 종교적 의무는 경건하고 성실하게 지켜졌다. 크세노폰은 심지어 곤경이 임박해 있을 때에도 신들에게 제물을 바칠 정도로 성실했다.

스키타이 궁수들은 기원전 5세기 아니면 4세기로 추정되는 스키타이 기원의 황금 옷 장식에서 특징을 이루었다. 이것은 흑해 근처에서 발견되었다. 활은 스키타이인들 특유의 무기로서 존속했다.

이러한 태도는 독립적인 도시국가들에서 고무되었던 좁은 의미의 충성보다 더 가치 있었던 것으로 보이는 일종의 애국심 같은 것이었다. 여기에서 신들은 모든 그리스인들의 신이었고, 그리스에서 종교의식의 거행은 일만 병사를 하나로 묶을 정도의 연대의식에서 비롯되었다.

종교적 기원을 가지고 있었던 것으로 병사들이 지지했던 또 하나의 그리스적 전통은 전투를 위해 출정했을 때, 기쁨의 노래를 부르는 것이었다. 기쁨의 노래는 여러 엄숙한 의식에서 불려졌던 찬가였다. 그것이 적들의 마음속에 공포감을 불러일으켰을 것이라는 데에는 의문의 여지가 없다. 그리고 이것은 아시아 병사들과의 싸움에서 효과를 발휘했던 것으로 보인다. 사실 전투 찬가를 부르는 것이 그리스의 보편적 관습은 아니었다. 스파르타인들은 적의 용기를 흔드는 것보다는 자신들의 용기가 흔들리지 않도록 찬가를 피리 음악으로 바꾸었다. 하지만 찬가는 설사 그들의 지휘관이 주로 스파르타인이었다고 하더라도, 일만 병사에 의해 채택되었다. 크세노폰은 병사들이 데리고 간 정부情婦들이 찬가가 불린 뒤 병사들과 함께 함성을 질렀던 흥미로운 사건에 대해 이야기하고 있다.

전장에서 큰 소리로 외치는 함성은 찬가와는 다른 것이었다. 찬가는 적이 어느 정도 떨어져 있을 때 불렀지만, 함성은 전투가 막 시작되는 찰나에 질렀다. 또한 신원 확인을 위해 함성이 사용되었으며, 전투에 앞서 암호의 방식으로 전달되었다. 쿠낙사 전투에서 암호로 사용된 그리스 군대의 함성은 '구원자이자 승리의 신이신 제우스여'였다.

## 아게실라오스 왕의 군대 경력

크세노폰은 스파르타 왕 아게실라오스의 친구이자 찬미자였다. 아게실라오스는 아시아에서 크세노폰이 성취한 위업을 모방하고 싶어 했다. 또한 그는 용병의 사용에 믿음을 갖고 있었으며, 예속된 그리스 도시들에서 징집을 달갑지 않게 여겼던 병사들이 징집 면제를 위해 돈을 치를 때 기뻐했다. 이렇게 모아진 돈은 훌륭한 직업 군인들과 멋진 말들의 값을 치르는 데 사용될 수 있었다. 앞선 세대의 스파르타 지휘관들과는 다르게 아게실라오스는 기병에 대한 믿음이 있었다. 쿠낙사에서 본국으로 향해 행군을 시작할 때부터 크세노폰은 짐을 실어 나르는 포획된 말들을 50명으로 구성된 소규모 기병 부대로 전환시켰다. 하지만 이 정도의 병력으로는 오랜 행군이 거의 끝나가고 있을 때, 헬레스폰토스 해협 동쪽에서 파르나바주스의 기병 공격으로부터 마초馬草를 징발하는 그리스 부대를 보호하기에는 충분치 않았다. 이때 그리스는 500명의 병사를 잃었다. 그리고 마침내 파르나바주스의 기병들이 격파되었을 때, 그들의 패배는 중갑보병의 공격으로 촉진되었다. 이렇게 해서 기병이 중갑보병과 전투하는 것은 어리석은 짓이라는 그리스 군대의 격언이 확인되었다.

하지만 아게실라오스는 크세노폰보다 기병에 더 많이 의존했다. 사실 그는 독단적인 인물이었다. 그는 기원전 394년 코로네아에서 반란을 일으켰던 그리스 국가들에 맞서기 위해 테살리아를 지나서 행군하는 동안 주목할 만한 승리를 기록한 적이 있었다. 그가 아시아에서 소집했던 기병은 반대쪽의 테살리아 기병을 쉽게 압도했다. 테살리아 기병은 그리스에서 최고였지만, 테살리아 말들은 아시아 혈통의 말들에 필적하지 못했다.

아게실라오스는 전략가로서뿐만 아니라 전술가로서도 적응력이 뛰어났다. 소아시아에서 티사페르네스에 맞서 작전을 수행할 때, 그는 교묘한 이중 속임수로 적을 현혹시켰다. 그가 리디아를 공격했던 것은 적이 그것을 속임수로 간주하고 카리아 남쪽에 병력을 집중케 하려는 의도였다. 아게실라오스는 처음에 의도했던 대로 리디아를 공격했으며, 어떤 계획적인 방어도 없었으므로 알아듣게 차근차근 타이르는 데 어려움이 없었다.

이렇게 자유로운 스파르타 왕 아게실라오스는 적들을 돈을 주어 내쫓거나 아니면 그들과 싸우는 것에 똑같이 준비가 되어 있었다. 그는 상황에 따라 자유롭게 한 가지 방식을 채택했다. 그가 아시아에서 그리스로 신속하게 귀환한 것은 이러한 임기응변식 태도에 기인했다.

아게실라오스가 코로네아에서 채택했던 전술은 전통적인 관습과 혁신이 뒤섞인 것이었다. 전투는 전통적인 중갑보병 전투로 시작되었으며, 각각 오른쪽 날개에 위치한 스파르타와 테베의 군대가 반대편의 왼쪽 날개에 위치한 적들을 격파했다. 테베인들은 추격을 늦추고 그들과 그들의 아르고스 동맹자들이 이미 후퇴했던 안전한 산악 지역 사이에 아게실라오스의 군대가 자리 잡고 있다는 것을 알았다. 테베인들이 남쪽으로 진군해 헬리콘 산에서 아르고스인들과 합류하려고 시도했을 때, 주위를 선회하고 있던 아게실라오스가 정면 공격을 했다. 하지만 이런 식으로 테베인들의 방어선을 무너뜨릴 수는 없었다. 따라서 아게실라오스는 철수해서 산개 대형으로 군대를 재편성했다. 그는 테베인들을 측면에서 공격할 수 있기를 기대하면서 산개 대형으로 만들어진 틈새를 그들이 통과하도록 내버려두었다. 하지만 측면 공격은 그다지 성공적이지 못했으며, 테베인들은 순조롭게 헬리콘 산에 도달했다. 아게실라오스는 들판을 차지했지만 적을 절멸시키지는 못했다.

루마니아에서 발견되었던 기원전 4세기 트라키아의 은제 투구에서 묘사된 말 탄 전사. 그리스와 마케도니아의 전사들은 종종 트라키아 전쟁에 관여했다.

　맹렬한 기세로 다가오는 적들이 통과하도록 내버려두고, 그들을 기진맥진케 해서 측면을 공격하는 작전은 굴대에 낫을 단 아시아의 전차에 맞서 일만 병사들이 싸웠던 방식이었다. 이 작전은 나중에 로마인들이 카르타고 코끼리들과 싸울때 사용했다. 크세노폰은 우선 아게실라오스가 테베인들을 정면 공격한 것에 대해 비난한다. 만약 아게실라오스가 기다리는 것에 만족했다면, 그는 테베인들이 남쪽으로 진군했을 때 공격했을 것이다.

　나중에 테베의 군대가 스파르타의 영토를 점령하면서 패권을 장악했던 시기에 용기와 지략을 갖춘 아게실라오스에게는 대부분의 그리스 도시들에서와 같은 상설 성벽이나 난공불락의 성채는 없었지만, 스파르타를 성공적으로 방어했다. 사실 스파르타인들은 항상 적의 영토에서 전투를 수행했다. 하지만 이 경우에 그들은 운 좋게도 전례가 없었던 상황들을 다루는 데 적임자였던 아게실라오스를 지도자로 모시고 있었다.

　테베의 붕괴 이후에 아게실라오스 왕은 80의 나이에 다시 용병을 이끌고 외국 원정을 떠났다. 페르시아에 대항하는 이집트 반란자들의 지원을 받고 처음에는 아시아로 그리고 다음에는 나일 강 어귀의 삼각주로 진군했다. 이집트에서는 반란자들끼리 싸웠으며, 아게실라오스는 한 소규모 전쟁에서 다른 편에 맞서 고용되는 그다지 당당한 입장에 있지 않았다. 하지만 여기에서도 그는 군사 전략에서 재능을 발휘했다. 엄청난 규모의 경험 없는 적 병사들에게 포위공격을 받게 되었던 아게실라오스는 포위당한 자신의 군대 주위에 적들이 성벽과 참호를 세우도록 내버려두었다. 작은 틈새를 제외하고 성벽이 완성되었을 때, 그는 갑자기 그 사이로 돌격해 들어갔다. 압도적인 수적 우위에도 불구하고 적들은 자신들이 세운 성벽 때문에 측면 또는 후방에서 그를 공격하는 데 애를 먹었다. 이집트 동맹자들과 함께 그리스군은 구출되었을 뿐만 아니라 참호 사이에서 포위된 공격자들에게 엄청난 손실을 입혔다.

---

### 레욱트라 전투(기원전 371년)

| 스파르타와 동맹군 | 테베군 |
|---|---|
| **중갑보병** | |
| 스파르타 2,000명 | 6,500명 |
| 포키스 1,500명 | |
| 아카르나니아 1,000명 | |
| 코린트 2,000명 | |
| 아르카디아 2,000명 | |
| 아카이아, 엘레이아, | |
| 시키온 1,500명 | |
| **기병** | |
| 1,000명 | 1,500명 |
| **펠타스트** | |
| 스파르타 300명 | 1,000명 |
| 트라키아 500명 | |
| 포키스 300명 | |

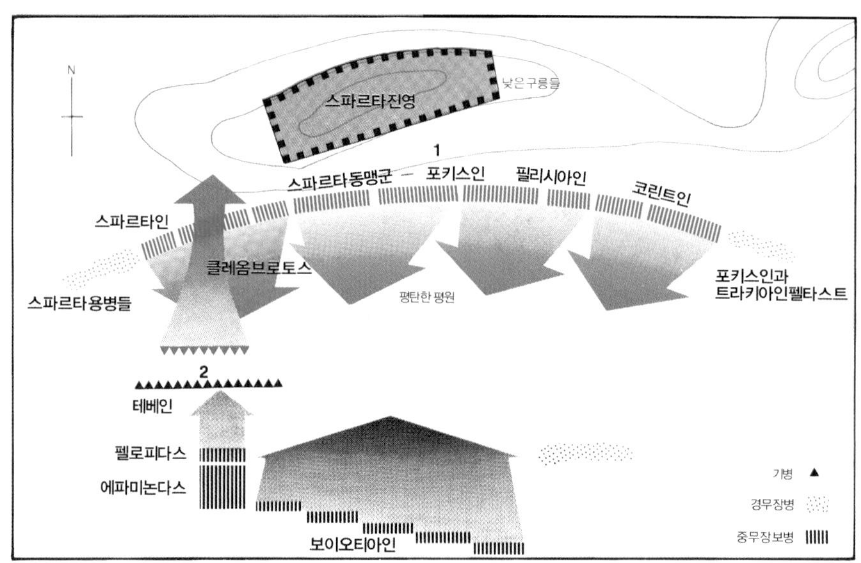


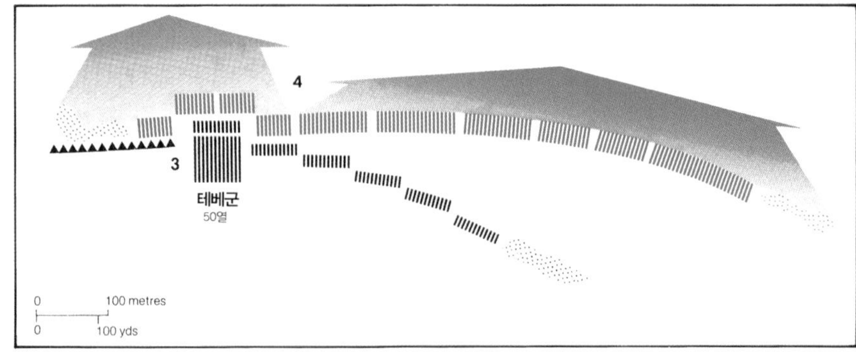


1. 클레옴브로토스 왕이 지휘하는 스파르타인들과 그들의 동맹자가 보이오티아를 침입해서 테베 근처의 레욱트라에 진지를 구축한다. 테베인들(펠로피다스가 지휘하는 최정예 군대인 신성대를 포함해서)이 에파미논다스의 지휘 하에 출격한다. 테베인들은 현저한 수적 열세에 있었지만 에파미논다스의 설득으로 전투에 돌입한다. 스파르타인들이 초승달이 얕게 드리워진 평원에서 대형을 정렬한다. 테베인들은 왼쪽 날개를 강화하고 오른쪽은 뒤로 후퇴시켜둔다.

2. 테베의 좌측 날개에서 기병이 스파르타의 기병을 물리치고, 펠로피다스와 신성대는 이 공격을 강화한다. 테베 기병이 측면공격을 저지하는 동안에, 테베의 팔랑크스는 스파르타의 팔랑크스를 무찌른다.

3. 클레옴브로토스 왕 주위에서 격렬한 전투가 벌어지고, 수적으로 우세한 테베군이 스파르타군을 물리친다.

4. 클레옴브로토스 왕과 많은 장교들이 죽고, 동맹군들은 테베 기병의 공격을 받고 그들의 진지로 후퇴한다. 스파르타의 좌측 날개는 전투에 참가하지 않았다. 500명의 스파르타인들이 전투에서 사망했고 400~500명은 후퇴했으며, 테베인들은 300명이 죽었다. 에파미논다스의 병법이 수적 열세의 테베인들에게 그리스의 최정예 군대에 맞서 위대한 승리를 안겨 주었다.

아게실라오스는 이집트에서 본국으로 돌아오는 도중에 84세의 나이로 죽었다. 유감스럽게도 그가 관할했던 방어 재정에 대한 소문이 떠돌아다니고 있었던 것 같다. 즉 스파르타가 더 많은 용병을 고용할 수 있게 해주었던 돈을 용병 원정대가 마련했다는 것이다. 하지만 사실은 아게실라오스가 인력 자원을 마련하기 위해 군사 기술을 뒷거래하고 있었다고 주장되었던 것 같다.

## 스파르타 중갑보병에 대한 도전

아게실라오스의 죽음은 그리스 역사에서 한 시대의 종언을 알리는 사건이었다. 그의 숙련된 작전으로 스파르타 시민군의 심각한 전투력 저하가 어느 정도 숨겨진 채 표면에 드러나지 않았다. 새로운 전투 방식이 발전하면서 스파르타 중갑보병 밀집대형의 우위가 끝나가고 있었다. 펠로폰네소스 전쟁 이래로 스파르타 군대는 실질적으로 형태가 바뀌었다. 이것은 중갑보병의 중추를 이루었던 완전한 시민권 소유자의 숫자가 감소했음을 반영한 것이었다. 그러한 감소는 어느 정도 다른 그리스 국가들에서의 인구감소에 비견될 수 있다. 하지만 일반적인 경향들과는 별개로 스파르타의 군사력은 펠로폰네소스 전쟁이 시작되기도 전인 기원전 456년 발생했던 강력한 지진으로 심각한 타격을 입었다.

기원전 4세기의 스파르타 군대는 6개의 대대(모라이*morai*)로 구성되었다. 각 대대는 폴레마르크의 지휘를 받았고, 당대의 역사가들에 따르면 400에서 600명 정도의 병사들로 구성되었던 것으로 추정된다. 시민은 물론이고 비시민도 대대에서 복무했다. 대대는 앞서 로코스*lochos*에서처럼 소부대로 세분되었다. 코린트 전쟁 동안 스파르타의 일개 대대가 동맹군의 분견대를 펠로폰네소스 반도로 호위하고 난 뒤 코린트 해협에서 저지당했으며, 아테네 지휘관 이피크라테스에게 회복불능의 타격을 입고 참패했다. 전체 600명의 병력 중에 사상자 250명이라는 참혹한 결과를 가져왔다. 이피크라테스의 전술과 전략은 훨씬 더 의미심장했다. 그의 승리는 경무장 병력을 사용해 중갑보병을 상대로 얻어낸 것이었다. 코린트 외곽에서 스파르타의 패배는 그리스 전쟁사에서 다른 패배들과 견줄 수 있다. (펠로폰네소스 전쟁 중에 암피폴리스에서처럼) 방심한채 적의 성벽 아래에 밀집해서 행군하고 있던 스파르타 군대가 도시 성벽에서 몰려나오는 돌격대에게 노출되었다.

그러나 그 전투는 스팍테리아 전투를 더 생각나게 했다. 스파르타군은 날아오는 무기들에 압도되었으며, 맞붙어 싸운다는 것은 불가능해 보였다. 스팍테리아 전투에서 어느정도의 불행에 더해 스파르타의 통찰력 부족이 치명적인 결과를 가져왔다. 하지만 이피크라테스는 승리를 주도면밀하게 설계했다. 그는 새로운 경무장 전투의 전술과 전략 개념을 철저하게 지켜나갔다. 실제로 이 경우에 이피크라테스의 승리를 역사적으로 의미 있는 것으로 간주하는 데에는 제3의 이유가 있다. 즉 그가 지휘했던 군대는 용병들이었으며, 그들의 승리는 주로 시민으로 구성된 군대에 맞서 얻어낸 것이었다.

기원전 4세기 또 한 명의 위대한 직업적 지휘관은 아테네인 카브리아스였다. 그는 코린트 전쟁 동안 보이오티아에서 아게실라오스에 맞서 싸운 것으로 유명하다. 적의 공격을 예상한 그는 부하들에게 무릎을 꿇은 채 방패로 가리고 적을 향해 창을 들이대라고 명령했다.

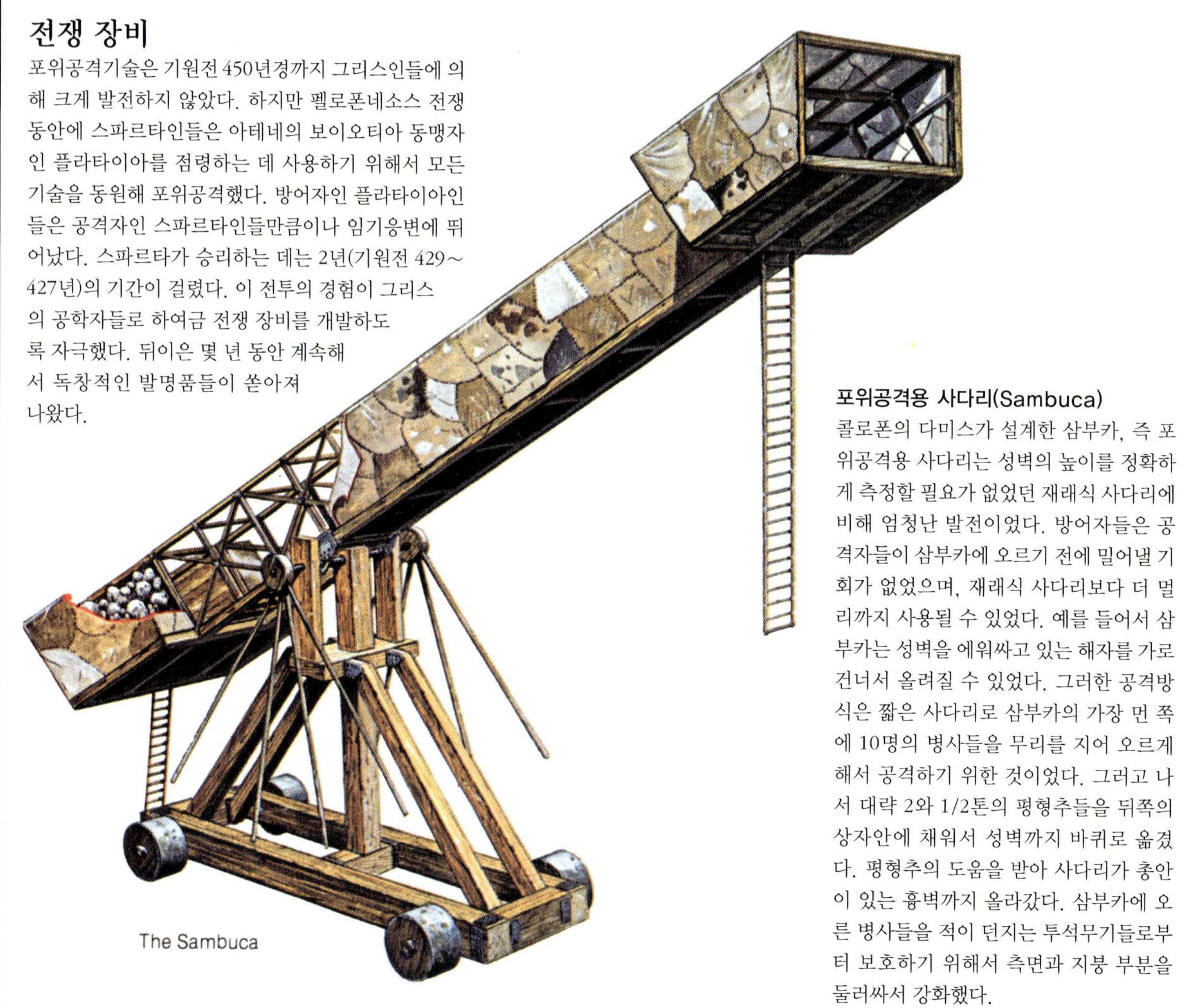



## 전쟁 장비

포위공격기술은 기원전 450년경까지 그리스인들에 의해 크게 발전하지 않았다. 하지만 펠로폰네소스 전쟁 동안에 스파르타인들은 아테네의 보이오티아 동맹자인 플라타이아를 점령하는 데 사용하기 위해서 모든 기술을 동원해 포위공격했다. 방어자인 플라타이아인들은 공격자인 스파르타인들만큼이나 임기응변에 뛰어났다. 스파르타가 승리하는 데는 2년(기원전 429~427년)의 기간이 걸렸다. 이 전투의 경험이 그리스의 공학자들로 하여금 전쟁 장비를 개발하도록 자극했다. 뒤이은 몇 년 동안 계속해서 독창적인 발명품들이 쏟아져 나왔다.

### 포위공격용 사다리(Sambuca)

콜로폰의 다미스가 설계한 삼부카, 즉 포위공격용 사다리는 성벽의 높이를 정확하게 측정할 필요가 없었던 재래식 사다리에 비해 엄청난 발전이었다. 방어자들은 공격자들이 삼부카에 오르기 전에 밀어낼 기회가 없었으며, 재래식 사다리보다 더 멀리까지 사용될 수 있었다. 예를 들어서 삼부카는 성벽을 에워싸고 있는 해자를 가로 건너서 올려질 수 있었다. 그러한 공격방식은 짧은 사다리로 삼부카의 가장 먼 쪽에 10명의 병사들을 무리를 지어 오르게 해서 공격하기 위한 것이었다. 그리고 나서 대략 2와 1/2톤의 평형추들을 뒤쪽의 상자안에 채워서 성벽까지 바퀴로 옮겼다. 평형추의 도움을 받아 사다리가 총안이 있는 흉벽까지 올라갔다. 삼부카에 오른 병사들을 적이 던지는 투석무기들로부터 보호하기 위해서 측면과 지붕 부분을 둘러싸서 강화했다.

아게실라오스는 공격을 시작해보지도 못하고 저지당했다. 아마도 무릎을 꿇은 자세만큼이나 적절한 장소 선택이 아게실라오스를 저지했던 것 같다. 하지만 조각상으로 유명해진 카브리아스는 조각가에게 자신과 부하들을 전장에서 취했던 것처럼 무릎을 꿇고 있는 모습으로 묘사해 줄 것을 요구했다. 사실 카브리아스에게서 비롯된 무릎을 꿇고 있는 조각상들은 머지않아 체육경기에서 우승한 운동선수들 사이에서도 유행하게 되었다.

　　육군과 해군에서 오랜 경력을 쌓는 동안 카브리아스는 애국적인 군복무를 했지만, 이것이 철저하게 직업적이었던 그의 사고방식을 결코 손상시키지 않았다. 그는 이집트에서 아게실라오스와 함께 복무하면서 이집트 해군을 지휘했다. 반면에 이집트 육군은 스파르타 왕이 지휘했다. 아게실라오스는 자신이 육군과 해군을 둘 다 지휘할 수 있을 것으로 기대했으므

### 성벽 공격용 무기(Battering Ram)

성벽 공격용 무기는 성벽의 일부를 무너뜨려 틈을 만들거나 군대가 성벽 입구를 밀고 진입할 수 있도록 성벽을 허물기 위해 사용되었다. 그림에서 볼 수 있는 모형은 기원전 4세기에 많이 사용된 '거북' 모형을 한 성벽 공격용 무기이다. 실제 성벽 공격용 무기는 앞쪽 끝이 금속판으로, 그리고 톱니바퀴 모양의 끝은 종종 청동으로 만들어졌다. 롤러로 추진되었던 성벽 공격용 무기는 상당한 반동력이 주어지곤 했다. 전체에 걸친 방어용 덮개로서 황소 가죽 사이에 여러 겹의 바닷말을 압축해서 만들었기 때문에 불에 타지 않았다.

### 불을 던져올리는 장치(Fire-Raiser)

불을 던져올리는 장치는 기원전 424년에 델리움에 대한 포위공격때 아테네의 방책에 맞서 테베인들에 의해 사용되었다. 불붙은 석탄과 황 그리고 역청으로 가득 찬 쇠가마솥에 한 병사가 계속해서 불을 지피고 있었다. 가마솥에 가장 가까운 레버 부분은 불이 붙지 않도록 쇠판금으로 덮여있었다.

로 실망이 컸다. 하지만 같은 이집트 군주 밑에서 전우로서 전투를 하면서 두 사람 중 어느 누구도 그들이 한때 그리스의 전장에서 적으로 만난 적이 있다는 생각으로 전혀 괴로워하지 않았다고 암시하는 구절은 어디에서도 찾아볼 수 없다.

### 경무장 군대

경무장 군대의 효율적인 조직과 장비는 기원전 4세기에 획기적으로 발전했다. 그리스군의 역사와 관련해서 말할 때, 경무장 군대라는 말에는 창던지는 병사, 궁수, 그리고 투석병이 포함된다. 이들 중에 창던지는 병사가 역사시대에 가장 오랜 군복무의 전통을 가졌다. 그들은 휴대하고 있었던 방패의 모양에서 펠타스타이*peltastai*라고 불렀다. 펠타*pelta*는 트라키아에서 전래되었다. 기원전 6세기 아테네의 참주였던 피시스트라토스는 트라키아의 오지에서 망명생활을 한 뒤, 그곳에서 용병대를 모집했다. 아테네가 펠타에 친숙해진 것은 그때부터였던 것 같다. 펠타는 잔가지로 엮어 만든 뼈대 위에 동물가죽을 펼쳐 만든 조그마한 원형 방패이다. 거기에는 어떤 금속 부속품이나 장식품도 없으며, 팔뚝으로 지탱하지 않더라도 왼손으로 잡을 정도로 충분히 가벼웠다. 특별히 펠타는 넓은 초승달 모양을 하고 있었지만, 펠타라는 말은 똑같은 가벼운 재료로 만들어진 다른 모양들에도 사용되었다. 펠타스트가 휴대했던 창들은 손잡이 아래쪽 중간쯤의 가죽고리들과 조화를 이루었다. 집게손가락과 세 번째 손가락을 고리에 맞물리게 하면서 손 위에 지탱된 창의 손잡이를 엄지와 나머지 손가락으로 움켜잡았다. 이것은 창던지는 병사가 더 큰 힘을 쓸 수 있게 해주었고, 날아가는 무기에 힘을 더해주었다. 설사 펠타스트가 적들과 맞서 싸울 때 보통 칼로 치고받는 전투를 하지 않았다고 하더라도, 그들도 다른 전투원들처럼 비상시에 (원래는 짧은) 칼이나 단검을 휴대했다.

활과 화살의 조립과 사용 모두 그리스에서 상당한 편차가 있었다. 크레타에서 궁술은 아주 오랜 시절부터 시작되었지만, 그리스의 나머지 지역에서는 대체로 경시되었다. 기원전 4세기경 크레타 용병 궁수들의 사용은 흔하게 볼 수 있는 현상이었다. 페르시아 전쟁 전에 아테네인들은 스키타이인들을 용병 궁수로 사용했다. 하지만 헤로도토스에 따르면 아테네인들은 마라톤 전투에서 궁수를 갖고 있지 않았다. 하지만 아테네의 치안유지군은 계속해서 스키타이 용병들에 의존했으며, 치안유지군은 보통 '궁수'로 간주되었다.

고대 그리스에서 가장 흔하게 볼 수 있는 활의 형태는 합성조립식이었지만, 잉글랜드의 장궁長弓처럼 단 한 개의 구부러지기 쉬운 나무 막대기로 만든 활은 크레타 외부에서 사용되고 있었다. 호메로스는 한 쌍의 야생염소 뿔로 만든 활을 묘사하고 있다. 휘기 쉬운 나무의 중심부 옆에 묶인 뿔로 실전에 쓸 수 있는 활을 만들 수 있었을 것이다. 하지만 또 다른 증거에서는 보통 창자 아니면 힘줄로 만든 활시위는 별개로 하고 뿔 조각, 나무 그리고 마른 창자를 포함한 덜 단순한 제조 과정이 암시되고 있다. 스키타이인들 사이에서는 활의 조립뿐만 아니라 사용도 복잡했다. 설사 스키타이인들이 왼손에 활을 잡고 있었다고 하더라도, 그들은 활을 조준할 때 활의 왼편에 화살을 얹어 놓으려 했다. 더욱이 궁수는 대체로 오른손의 집게와 세 번째 손가락 사이의 활시위에 화살을 얹었다. 그리고 지중해에서 화살을 쏠 때 전통적으로 사용했던 방식대로 세 손가락을 사용해서 시위를 잡아당겼다. 스키타이의 화살은 크레타인들의 무거운 화살촉과는 다르게 작은 청동 화살촉이 달린 짧은 화살이었다. 하지만 스키타이인들은 널찍한 화살통에 활은 물론이고 대단히 많은 소형 화살들을 휴대했다.

페르시아 제국 여러 지역들의 궁수들 사이에서는 서로 다른 사용법이 널리 퍼져 있었다. 크세노폰과 전장에서 마주쳤던 일부 산악부족의 궁수들은 발로 활을 구부려서 특별한 힘을 얻었다. 몇몇 부족 궁수들의 화살은 너무 길어서 그리스인들이 떨어진 화살을 모아서 던지는 창으로 사용할 수 있을 정도였다. 페르시아의 화살은 장궁으로 발사되었다. 이렇게 날아온 무기들은 크세노폰의 크레타 궁수들이 다시 사용할 수 있었다. 심지어는 짧은 크레타의 활로도 기다란 페르시아의 화살을 오른쪽 어깨까지는 아니지만 귀까지 잡아당기는 것이 가능했던 것 같다. 그리스의 궁수들은 보통 가슴까지만 시위를 당겼다.

크레타의 궁수들과는 다르게 로도스 출신의 그리스인 투석병들은 제대로 장비를 갖추었을 때, 소아시아의 적군들에 비해 이점을 가지고 있었다. 그리스의 투석용 굵은 납 화살은 페르시아인들이 투석기로 쏘아올린 무거운 돌보다 두 배의 사정거리를 가지고 있었다. 이러한 종류의 투석용 굵은 납 화살은 현대의 발굴자들에게 발견되었다. 그것에는 가끔 발사를 책임지고 있었던 지휘관의 이름이 새겨져 있는 경우가 있다. 또한 가끔 투석용 굵은 납 화살은 "뺏어봐!" 같은 비꼬는 글씨들이 새겨진 채 적에게 발사되기도 했다.

### 중갑보병 전술과 테베의 팔랑크스

경무장 전투와 기병 전투의 새로운 발전에도 불구하고 그리스에서 스파르타의 패권은 중갑보병 전투 자체의 발전으로 마침내 종식되었다. 기원전 371년 레욱트라 전투에서 에파미논다스와 펠로피다스의 고무적인 지휘를 받은 테베군이 좌측 날개에 12열에 불과한 스파르타의 중갑보병에 맞서 50열의 팔랑크스를 집결시켰다. 공격을 받았을 때 테베의 전열은 의도적으로 좌측 전방으로 기울어졌다. 그래서 스파르타의 우측 날개(그리스 팔랑크스에서 전통적으로 강한 날개)가 테베 동맹군들이 전투태세를 갖추기 전에 압도되었다. 전투를 지휘하고 있었던 스파르타의 왕 클레옴브로토스가 테베의 의도를 알아차렸을 때, 그는 마지막 순간에 위기에 처한 좌측 날개를 강화하고 공격 중인 테베군을 포위하려고 했다. 하지만 테베의 정예부대(신성대로 알려짐)의 신속하고도 강력한 공격으로 스파르타군의 기동력은 무용지물이 되고 말았다. 스파르타군은 혼란에 빠졌으며, 클레옴브로토스 왕은 전투 초기 단계에 죽었다.

레욱트라 전투에서 일어났던 일은 중갑보병 전투의 발전을 전반적으로 고찰하도록 자극한다. 쿠낙사 바깥쪽으로 진군하던 도중 크세노폰이 아시아의 여왕을 즐겁게 해주려고 군대의 위용을 과시하려 했을 때, 그의 중갑보병이 4열 횡대로 정렬했다. 그는 이것을 전형적인 대형으로 부르고 있다. 언뜻 보기에 전투 대형의 횡대를 언급하는 고대 중갑보병 전투에 대한 묘사들이 거의 모두 8열 아니면 그 이상의 횡대를 언급하고 있다는 것은 놀라워 보일지도 모른다. 하지만 8열 아니면 그 이상의 횡대 대형은 정확히 언급할 필요가 있을 것 같다. 왜냐하면 그러한 대형들이 기원전 4세기 후반으로 가면서 설사 전형적인 대형이 되어가고 있었다고 하더라도, 크세노폰이 글을 쓰고 있던 당시에는 전형적인 대형이 아니었기 때문이다.

코로네아 전투에서 키루스 원정대의 고참병들이 포함된 아게실라오스의 동맹군이 좌측 날개에 포진한 채 크세노폰의 표현대로 '창끝을 내밀고' 적들을 격파했다. 하지만 스파르타군이 전투의 제2단계에서 테베군과 충돌했을 때, 방패와 방패가 맞부딪치는 전투가 시작되었다. 이러한 전투에서는 찌르는 것보다는 방패로 밀고 나아가는 것이 문제였다. 테베군은 스파르타군과 마찬가지로 방패를 공격무기로 사용하는 법을 알고 있었으며, 그들의 횡대 전투대형으로부터 중량감이 한층 더해졌다. 아직까지는 발전 초기에 있었다고는 하지만 이러한 전술은 분명히 테베군에게 낯선 것이 아니었다. 그들은 25열 횡대의 팔랑크스로 델리움에서 아테네군을 격파한 적이 있었다. 그것에 맞서 아테네군은 단지 8열 횡대만을 집결시켰지만 아무런 쓸모가 없었다.

팔랑크스가 어디에서나 일률적인 횡대로 정렬했던 것은 아니다. 기원전 418년 만티네아 전투에서 스파르타 전열의 횡대는 각 부대를 지휘하고 있었던 하급 지휘관들의 결정에 맡겨졌다. 여기에서 대형의 횡대는 창으로 찌르는 전투와 방패로 밀고 나아가는 전투 중에 어떤 방식을 채택할 것인가에 달려 있었다. 하급 지휘관은 자신의 부대에 소속된 개개 병사들을 알고 있었으며, 어떤 전투방식이 더 적절할지 판단할 수 있었다. 반면에 통일성의 결여는 파괴적인 결과를 가져올 수 있었다. 이것은 코린트 전쟁 동안 아테네, 아르고스, 보이오티아, 코린트 그리고 에우보이아의 동맹군들이 각자 익숙한 대형을 채택하고자 했을 때, 네메아에서 특별히 극명하게 드러났다. 동맹군들은 전체적으로 통일된 전술을 전혀 고려하지 않았다.

## 시민의 사기와 신성대

레욱트라 전투에서 스파르타의 극적인 패배는 대체로 그리스 전체에서 그리고 특히 테베에서 시민들의 사기부활에 새로운 자극제가 되었다. 하지만 스파르타의 중갑보병 팔랑크스가 무적이 아니라는 인식은 코린트 전쟁으로 거슬러 올라갔다. 스파르타가 코린트 전쟁이 막을 내리면서 명예롭게 평화를 쟁취한 것은 전통적인 전투방식보다는 오히려 장군이자 정치가인 아게실라오스의 뛰어난 능력에 힘입은 것이었다. 설사 그렇다고 하더라도 스파르타가 손에 넣은 평화는 한명의 스파르타인 승리자가 아닌 한 페르시아인 중재자의 지시에 의한 것이었다. 군사적 관점에서 보면 용병대의 사용이 늘어났음에도 불구하고, 시민의 자신감 부활은 시민군의 효율성에 대한 자신감이 부활되었음을 의미했다.

리산드로스는 코린트 전쟁 초기에 보이오티아를 침공하다가 죽었으며, 그에 필적하는 능력을 갖춘 스파르타의 해군 지휘관은 더 이상 존재하지 않았다. 이러한 사실 때문에 아테네인들은 장성을 재건한 뒤 에게 해 국가들 중에서 아테네의 이념에 호의적인 정부들의 지지와 해군력에 기초한 예전의 제국 시스템을 재건할 수 있었다. 기원전 382년 스파르타인들이 기습적으로 테베에 꼭두각시 정부를 세웠을 때, 그들은 아테네의 방식을 모방하려고 했다. 하지만 그들의 행동은 너무나 서투르고 뻔뻔스러웠으므로 결국 기대에 어긋나는 결과를 가져왔다. 즉 테베에서 스파르타인들은 증오의 대상이 되었으며, 그리스의 나머지 지역들에서는 적대적인 의심의 대상이 되었다. 또한 테베는 스파르타를 만족시키려고 테베로부터 보이오티아의 소도시들에 대한 전통적인 지배권을 박탈했던 '페르시아 왕의 평화(대왕의 평화)'로 굴욕감을 맛보았다.

일단 스파르타의 꼭두각시 정부가 제거되고 스파르타 주둔군이 테베에서 쫓겨나자, 용병이나 동맹국의 지원보다는 시민의 충성에 훨씬 더 의존하는 시민군 중심의 군사조직에서 테베의 애국심이 표현되었다. 테베의 군사적 부활에서 가장 주목할 만한 특징은 '신성대'로 알려진 정예부대였다. 신성대는 그리스어로 '헌정된 부대'라는 뜻으로 설명될 수 있을 것이다. 하지만 고대의 역사가들은 이와는 다르게 설명했다. '신성한Sacred'이라는 단어는 대체로 그리스 도시들의 성채에 적용되었던 별칭이었다. 테베에서 신성대는 원래 성채 호위병으로 구성되었다고 전해진다. 설사 세평에 따라 신성대가 또 다른 테베 지도자인 고르기다스에 의해 10년 일찍 창설되었다고 하더라도, 레욱트라 전투 때의 신성대는 펠로피다스가 조직하고 훈련시켰다.

전승에 따르면 300명의 신성대는 동성애자들의 짝으로 이루어졌다. 왜냐하면 그리스인들은 동성애를 사악한 것으로 간주하지 않았기 때문이다. 동성애자들의 부대에 대한 생각은 사실 펠로피다스의 신성대보다 더 오래되었다. 호메로스는 『일리아드』에서 친족으로 이루어진 부대가 군대의 사기를 위해 좋을 것이라고 넌지시 말하고 있다. 플라톤은 반드시 그의 견해였다고 볼 수는 없지만, 동성애자들로 이루어진 부대가 동일한 목표를 보다 효과적으로 수행할 수 있을지도 모른다고 말했다. 동성애자들은 사랑하는 상대방의 존재를 통해서 전장에서 자신의 노력에 박차를 가하고 불명예스러운 행동을 하지 못하게 하는 영감을 발견하곤 했다. 하지만 동성애를 혐오했던 크세노폰은 정신과 인격에 대한 찬미 그 이상의 것에 근거한 우정은 전사의 사기를 고양시키는 것이 아니라 타락시킬 수 있을 뿐이라고 주장했다.

기원전 338년 마침내 그리스 도시국가들의 독립을 좌절시켰던 카이로네아 전투에서 신성대의 부대원 각각은 전장에서 쓰러져 죽는 모진 고통을 경험했다. 승리자인 마케도니아의 필리포스 2세는 "이들이 천박한 짓을 했거나 경험했다고 생각하는 자가 있다면 그가 누구든지 죽여라!"고 외치면서 눈물을 흘렸다고 한다. 필리포스 2세는 분명히 우정의 본질에 관한 크세노폰의 견해를 받아들였던 것이다.

### 펠로폰네소스 반도의 에파미논다스

레욱트라 전투 이후 테베 육군의 총사령관으로 복무한 에파미논다스는 재차 펠로폰네소스 반도를 침략했으며, 만약 아게실라오스가 즉각적인 방어를 하지 않았더라면 스파르타는 점령당했을 것이다. 에파미논다스의 군사 및 정치 전략은 어느 정도 서로 연결되어 있어서 클라우제비츠의 제자들이 인정하지 않으면 안 될 정도이다. 그는 오랫동안 스파르타가 지배해왔던 중부 및 서부 펠로폰네소스 반도에 위치한 지역들에게 자유를 주장하도록 부추겼다. 이 결과 한때 황량한 농촌 지역이었던 곳에 요새화된 도시들이 세워졌다. 이것은 스파르타가 저지른 죄악을 응징하는 하나의 사례였다. 왜냐하면 보이오티아의 지방 도시들에 대한 테베의 패권을 인정하지 않으려는 스파르타의 태도 때문에 전쟁이 일어났기 때문이다.

에파미논다스가 세웠거나 되찾았던 도시들, 즉 만티네아, 메갈로폴리스 그리고 메세네는 하나의 사슬로 연결된 요새처럼 스파르타의 북서 연락망을 차단했다. 만티네아는 아게실라오스가 기원전 385년 포위공격하기 전에 아르카디아의 중심부로 번영하고 있었다. 그때 스파르타인들은 만티네아를 관통했던 강의 흐름을 뒤바꾸어 놓았다. 그래서 밀려온 강물이 바깥쪽 성벽들을 침식했다. 항복했던 만티네아 시민들은 집을 빼앗기고 여러 촌락으로 분산되었다. 에파미논다스는 뿔뿔이 흩어진 사람들을 도시로 불러들였으며, 그들이 요새에서 잘 보호받도록 조치를 취했다. 사실 많은 요새가 필요했다. 왜냐하면 만티네아는 훤히 트인 평범한 평원의 한 중앙에 위치해 있었기 때문이다.

메세네는 원래 도시가 아닌 지역 명칭이었지만, 에파미논다스의 발의로 메세네라는 이름의 도시가 이토메 산의 메세니아 요새 근처에 세워졌다. 메갈로폴리스(로마인들이 그렇게 불렀다)에 대해 말하자면 그것은 새로운 도시였다. 그 이름에 해당되는 그리스어는 단지 커다란 도시를 의미하는 헤 메갈레 폴리스*He Megale Polis*였다. 메갈로폴리스는 알페우스 강이 올림피아를 향해 북서쪽으로 흐르고 에우로타스 강이 남쪽을 향해 스파르타와 라코니아 만으로 흐르는 평원에 위치해 있었다. 고대 그리스인들은 눈에 띄게 부족했던 도로를 대신해서 강과 하상을 이용했다. 따라서 메갈로폴리스는 스파르타의 연락망을 가로막는 명성을 누렸다. 그곳의 주민은 40개의 아르카디아 촌락의 주민들로부터 끌어왔다. 불행히도 아르카디아의 촌락민들은 아게실라오스에게 해산된 만티네아의 시민들이 촌락생활에 대해 가졌던 것 이상의 친밀감을 도시 생활에 대해 갖지 않았다.

앞에서 언급된 세 도시의 옛터는 모두 현존하고 있다. 메세네의 옛터는 특별히 인상적이다. 그리스에서 요새의 고고학이 항상 역사와 적절하게 관련될 수 있는 것은 아니라는 점은 실망스럽다. 아티카에 있는 아이고스테나의 성벽은 메세네의 성벽과 모양이 유사하지만, 세워진 시기와 목적은 불가사의하다. 기원전 4세기 동안에 요새는 점점 더 정교하게 만들어졌다. 기원전 357년경 아이네아스 타크티코스 또는 그 다음 세기 비잔티움의 필론처럼 현존하는 기술적 보고서들이 이것을 입증한다.

펠로폰네소스 전쟁 동안과 그 이전에 요새는 주로 도시와 성채를 방어하기 위해서 세워졌다. 기원전 4세기에 요새는 자주 도시 중심부에 인접한 영토의 넓은 지역을 에워싸기 위해서 세워졌다. 요새 자체는 회전포탑, 총안이 있는 흉벽, 해자, 샛문 그리고 출격 문이 갖추어져 있었던 중세의 성을 연상케 했다. 돌출해 있는 능보의 우측면에서 출격이 이루어졌다. 성벽은 석조물에 벽돌을 겹쳐 놓는 것을 특징으로 하고 있었다. 도시 방어와 더 넓은 지역을 에워싸는 것과는 별개로 기원전 4세기 내지는 5세기로 거슬러 올라가는 소규모 요새의 옛터들이 그리스에서 발견될 수 있다. 이것들은 가끔 망루 아니면 신호탑이었으며, 해안에서는 해적에 대항하는 방어물로 세워졌다.

### 만티네아 전투와 결과

에파미논다스의 전략과 전술은 가끔 우유부단한 것처럼 보였지만, 이러한 겉모습은 상대방을 현혹시키는 것이었다. 그는 항상 적에 대한 기습공격을 목표로 삼았으며, 기습공격을 감행할 수 없는 곳에서는 종종 공격을 시도하려 하지 않았다. 기원전 363년 펠로폰네소스 반도 북부에서 올림피아 신전의 기금을 유용한 사건에 대해 논쟁이 벌어졌다. 그 결과 아르카디아의 도시들이 분열되었다. 만티네아와 테게아가 각각 경쟁세력의 우두머리로 등장했다. 테게아는 테베를 지지했고, 만티네아는 스파르타에 우호적이었다. 이것은 민주정을 지지하는 세력과 과두정을 지지하는 세력 사이의 이념 갈등을 낳았다.

8년 전 여러 그리스 국가들과는 다르게 레욱트라 전투의 소식을 무덤덤하게 받아들였던 아테네인들은 이제 스파르타와 공개적으로 동맹관계에 있었다. 에파미논다스는 아테네 분견대가 스파르타를 돕기 위해 진군했을 때, 코린트 해협에서 이를 저지하고 싶어했다. 하지만 이때 그는 예상과는 다르게 아테네인들이 육로가 아닌 해상을 택하기로 결심했기 때문에 실망했다. 보이오티아와 북부의 다른 그리스 지방에서 징집된 군대와 함께 그는 성벽으로 둘러싸이고 병참이 잘 공급된 테게아에 사령부와 기지를 세웠다. 그곳에서 그는 스파르타인들과 그들의 동맹국들 사이의 만티네아에서 유리한 위치를 차지했다. 스파르타군 사령관 아게실라오스가 라코니아의 펠레네를 경유해서 북쪽으로 진군해갔을 때, 에파미논다스는 그와 싸우려들지 않았다. 그 대신 에파미논다스는 적을 피해 곧바로 스파르타로 향했다. 테베군에게는 불행하게도 이동에 대한 정보가 탈영병을 통해 아게실라오스에게 전해졌으며, 아게실라오스는 정확히 때를 맞춰 스파르타로 돌아갔다.

기습공격부대가 패배하면서 에파미논다스는 스파르타에 대한 공격을 밀어붙이지 못했지만, 돌연 야간 행군을 재개해 만티네아를 위협했다. 여기에서 또 한 번 기습공격의 이점이 그를 외면했다. 아테네의 기병부대가 만티네아인들을 돕기 위해 막 도착했으며, 테베와

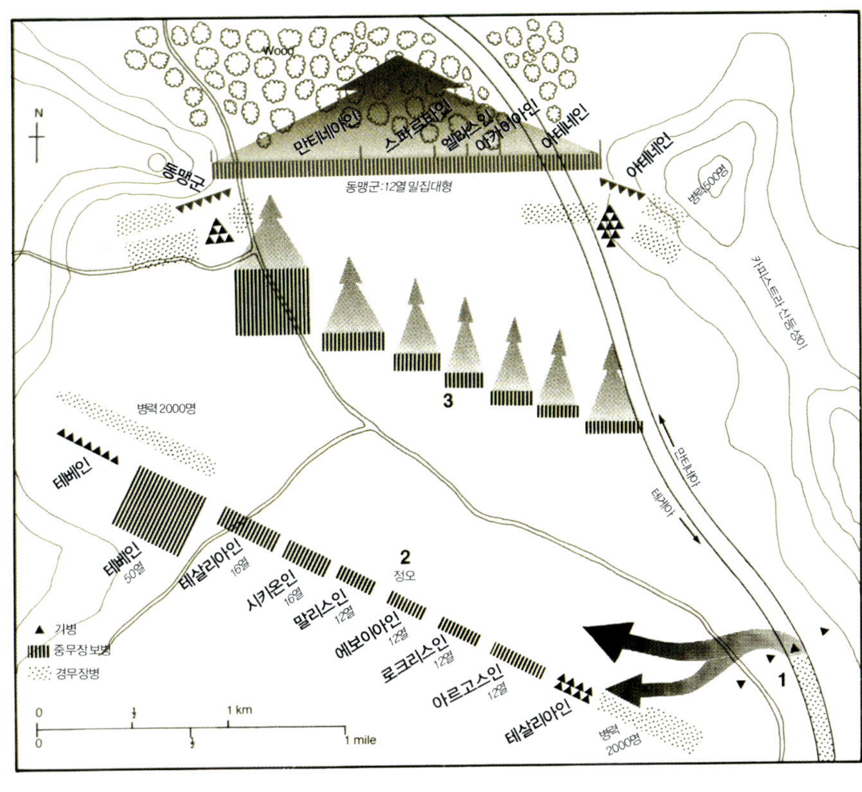


1. 에파미논다스의 보이오티아인들이 만티네아로 진군한다. 만티네아인들과 동맹군들은 두 개의 가파른 산마루 사이의 길을 봉쇄한다.

2. 테베인들이 그들의 정면을 가로질러 행군하고 무기를 땅에 내려놓는다. 동맹군들은 테베인들의 공격을 예상하지 못한 채 경비태세를 완화하고 있다.

3. 에파미논다스는 그의 기병과 경무장병력이 왼쪽 측면을 봉쇄하고 있는 사이에 갑자기 적의 우측을 향해서 비스듬한(45도 각도의) 대형으로 진군한다. 테베의 대규모 팔랑크스가 정면에서 공격해 들어가는 사이에 테베 기병은 동맹군들을 물리치고 노출된 우측을 공격한다. 만티네아인들이 도망치지만 에파미논다스는 살해된다. 에파미논다스의 죽음으로 충격을 받은 테베인들은 추격을 포기하고 약탈병들 중 일부가 살해된다.

만티네아 전투는 한창때의 에파미논다스를 보여준다. 그는 좌측을 봉쇄하고 그가 공격에 착수하는 우측면을 노출시키기 위해서 기병과 경무장병력을 사용한다.

---

테살리아의 기병들로 이루어진 에파미논다스의 전위대를 몰아냈다. 동맹국들의 도움을 받은 스파르타는 이제 만티네아 앞에서 군대를 소집할 시간적 여유를 갖게 되었다. 평원이 1마일 떨어진 산비탈 옆 양쪽에 압축된 지점에서 북쪽으로 향하는 길을 차단했다. 계속되는 전투에서 에파미논다스는 마침내 그렇게도 간절히 원했던 기습공격을 시도했다. 그는 군대를 전투대형으로 정렬시키더니 갑자기 서쪽으로 방향을 바꾸었다. 그러고 나서 인접한 산기슭에서 자리를 잡은 뒤 병사들에게 무기를 땅에 놓으라고 명령했다. 에파미논다스가 전투할 의사를 포기했던 것처럼 보이자 적들은 경계를 늦추었다. 그러자 갑자기 에파미논다스는 레욱트라에서처럼 왼쪽 날개를 강화하고 오른쪽 날개를 천천히 이동시키면서 공격했다. 적의 예측을 불가능하게 했던 이동으로 승리를 거두었지만, 그는 이 전투에서 치명상을 입고 조국 테베에게 강화조약을 체결하도록 촉구하면서 죽었다. 아이러니컬하게 만티네아에서 스파르타인들에 맞서 성공했던 책략은 테베인들이 오래 전에 세페이아 전투에

서 아르고스인들에 맞서 그리고 그렇게 오래 전이 아닌 기원전 405년 아이고스포타미 전투에서 아테네인들에 맞서 사용했던 것과 비슷했다.

에파미논다스의 죽음이 승리를 거의 패배로 바꾸어놓았다고 말할 수 있을지도 모른다. 적은 추격 받지 않았다. 그 순간부터 테베의 군사력, 해상진출의 포부 그리고 정치적 영향력이 빠른 속도로 쇠퇴했다. 통합된 지도력은 그리스 도시국가에게는 많은 것을 의미했다. 항상 동료 시민들의 질투에 시달린 지휘관만이 일관된 정책을 수행할 만큼 충분히 오래 지위를 유지할 수 있었다. 아테네에서는 페리클레스가 그리고 스파르타에서는 리산드로스와 아게실라오스가 비교의 대상이 될 수 있을 것이다. 에파미논다스의 정책은 테베인들에게는 공격이 최상의 방어라는 인식에서 시작되었다.

이제 테베는 설사 보이오티아의 소규모 도시들을 지배할 수 있었다고 하더라도, 옛날의 전략들을 고수하는 데 만족했다. 테베의 활력은 머지 않아 북부 그리스 인근 민족들과의 소규모 그리고 소모적인 전투로 약화되었다.

## 전제군주와 군대

에파미논다스의 기질은 동시대는 물론이고 고대 후기에도 많은 찬사를 받았다. 그것은 아마도 그가 헌신적인 입헌주의자였기 때문이다. 심지어 로마 제국 하에서조차도 고대인들은 입헌 정부를 심정적으로 존중했다. 그들은 오늘날의 우리들과 마찬가지로 입헌 정부를 정치적 자유의 이상과 동일시했다. 하지만 군사적 관점에서 입헌 정부는 전제군주정과 맞붙었을 때 가끔 불리함을 깨닫곤 한다. 전제군주는 협의절차에 쩔쩔매지 않고 신속한 결정에

더 많은 신뢰를 둔다. 물론 그의 결정이 반드시 옳은 것은 아니다. 하지만 전쟁 시에는 잘못된 결정이 우유부단과 동요보다는 나을지 모른다.

시칠리아와 서부 지중해의 그리스 도시들의 정치발전은 그리스 본토와는 현저한 대조를 이루었다. 전제군주들 치하에서 시칠리아의 그리스인들은 카르타고와 에트루리아의 위협을 물리쳤다. 그리고 중간에 등장한 온건한 민주정에도 불구하고, 입헌주의는 그들의 생활방식에 낯선 것이었다. 시민군의 충성에 기댈 수 없었던 전제군주들은 자연히 용병들을 모집하는 경향이 있었다. 용병 군대과 함께 전제군주들은 선박건조와 해군전술은 말할 것도 없이 기병, 경무장 군대, 정교한 요새, 포위공격술 그리고 포의 사용을 발전시켰다. 이미 이 점에서 시라쿠사인들이 아테네인들에게는 적수 그 이상이었다. 물론 중갑보병 또한 사용되었지만, 이들은 자주 용병들이 띄엄띄엄 배치된 시민군을 구성했다. 그리스 본토에서 중갑보병 군대에 대한 집중은 입헌적 보수주의의 결과였다. 그것은 무기와 갑주를 마련할 여력이 있는 부유한 시민계급에게 전투가(그리고 따라서 상당부분 외교정책이) 맡겨졌음을 의미했다. 시라쿠사의 시민들이 봉기를 일으켰을 때, 그들은 그리스 본토에 도움을 구했다. 플라톤의 친구인 디온은 그리스에서 소규모 장교단을 소집했다. 그는 장교단과 함께 시칠리아로 항해해 디오니시오스 2세에 대항하는 민주 봉기를 이끌었다. 조금 뒤에는 시라쿠사인들이 모시인 코린트에 도움을 요청했다. 코린트는 걸출한 장군 티몰레온을 보냈으며, 그는 시라쿠사인들의 전제군주뿐만 아니라 카르타고인들에 맞서 시칠리아의 그리스인들을 대신하여 싸웠다. 하지만 그리스 본토와 중심 국가들은 대체로 기술 발전을 수입하는 것보다는 지도력과 이념을 수출하는 경향이 더 강했다.

전제군주들이 누리는 군사적 이점들은 기원전 4세기 동안 점점 더 분명해졌다. 동쪽에서 페르시아 세력의 쇠퇴는 특히 지방 독재자들의 등장을 촉진했다. 키프로스에서 한때 페르시아에 공물을 바쳤던 에바고라스가 독립제후로 등장해 크니도스 전투(기원전 394년)에서 아테네의 승리와 스파르타 해군력의 몰락에 눈부신 공헌을 했다. 게다가 더 중요한 것은 할리카르나소스의 마우솔로스였다. 설사 그가 한때 페르시아 왕의 태수들 중 한 명이었다고 하더라도, 그는 자신의 제국을 지배하게 되었고, 에게 해의 여러 해군 국가들이 아테네에 대한 충성에서 벗어나게 했다.

카이로네아 평원. 기원전 338년 마케도니아의 필리포스는 테베와 아테네의 동맹군을 상대로 완전한 승리를 거두었다. 그 결과 마케도니아는 명실공히 그리스의 지배자가 되었고 나아가 동방 정복의 기초를 다지게 되었다.

그리스 도시국가들에게 훨씬 더 강력한 위협은 그리스 반도 북부의 전제정치로부터 제기되었다. 테살리아 지역 페라이에서 이아손의 대규모 전투 준비는 그가 기원전 370년 암살되었을 때, 그리스 전체를 두려움에 떨게했다. 마침내 마케도니아의 필리포스 2세에 의해 그리스의 입헌적 자유에 피할 수 없는 충격이 가해졌다. 그 충격이 이아손으로부터 좀 더 일찍 찾아왔다고 볼 수도 있지만, 필리포스 2세는 이아손과는 다르게 암살되기 전에 자신의 계획을 더 진척시킬 수 있었다.

## 마케도니아의 필리포스

마케도니아의 필리포스는 다방면에서 천재였다. 그의 정복은 무엇보다도 견실한 정치 및 경제 기구에 기초한 것이었다. 그는 새로운 형태의 군대를 창조했으며, 탁월한 전략과 전술 능력으로 군대를 이끌었다. 결코 문화적 또는 인종적 통일이 아닌 마케도니아의 정치적 통일은 그의 위대한 업적이었다. 필리포스의 최초 팽창 목적은 칼키디키 반도의 무역자원과 트라키아의 귀금속 광상鑛床을 장악하는 것이었다.

다른 무엇보다도 전적으로 수적인 힘으로 유명했던 필리포스의 전투 병력은 팔랑크스를 측면 공격으로부터 방어하고 적군의 측면을 포위하면서 쉽게 기동할 수 있었던 기병 및 경

### 크니도스 전투(기원전 394년)

**지휘관** 아테네 해군 사령관인 코논의 지휘 하에 그리스인 노잡이들이 배치된 3단 노선의 전투 함대를 채택한 페르시아 사트라프 파르나바주스와 스파르타의 해군 사령관 피산드로스의 대결

**병력수**

피산드로스의 함대: 85척의 갤리선
다만 코논의 소함대만이 이들 갤리선보다 수적으로 우세하다.

1. 코논의 소함대가 파르나바주스 함대의 페니키아 배들을 이끈다.
2. 에게 해의 동맹 도시들로부터 모집된 피산드로스의 좌측 날개 분견대가 적군들에 직면해 도망간다.
3. 스파르타의 배 여러 척이 좌초하고, 승무원들이 육지로 도망간다.
4. 피산드로스가 그의 좌초된 배를 방어하면서 싸우다가 죽는다.

### 스파르타의 손실

50척의 배를 잃지만 많은 승무원들이 도망간다. 교전 소식이 코로네아 전투 직전에 스파르타 왕 아게실라오스에게 도달한다.

**결과** 에게 해에서 아테네의 제해권이 복원되었지만, 페르시아가 아테네와 스파르타 사이에서 균형을 유지한다.

무장 병력에 팔랑크스를 결합시킨 것이었다. 오늘날의 역사가들이 사용하는 것과 같은 팔랑크스라는 단어는 특히 마케도니아의 팔랑크스에 자주 적용된다. 이것은 그리스의 초기 전투대형들과는 현저하게 달랐다. 산개대형으로 이동할 때 팔랑크스가 더 기동성이 있을 수 있었다. 팔랑크스는 병사들이 양손으로 잡아야 할 정도로 대단히 기다란 미늘창을 사용했

## 이피크라테스의 병제개혁

아테네의 장군 이피크라테스는 펠타스트의 잠재력을 알았던 위대한 개혁가였으며, 레카이움 전투에서처럼 스파르타의 중갑보병에 맞선 전투에서 펠타스트를 사용해서 상당한 승리를 거둔다. 이러한 경험에 비추어 그는 장비를 더 가볍게 만들어 전통적인 중갑보병 장비에 변화를 도입했다. 옆의 원색 그림은 이러한 변화를 보여주고 있다. 커다랗고 육중한 금속 표면의 방패가 작고 가벼운 가죽 표면의 방패로 대체되었다. 금속 정강이받이를 벗어던지고 장군 이름을 딴 이피크라티드로 불리는 장화가 사용되었다. 허리에 두르는 갑옷은 속을 누빈 아마포로 만들어졌으며, 그의 투구는 최신의 '트라키아식'에 해당되었다. 이러한 스타일의 허리에 두르는 갑옷은 기원전 4세기에 꽤 일반화되어 있었다. 플루타르코스는 가우가멜라 전투에서 알렉산더가 이와 유사한 흉갑을 입었다고 전하고 있다. 그의 창은 중무장한 적을 능가할 수 있도록 그 길이가 12피트(3.6미터)로 길어졌다. 이러한 장비는 예전처럼 인기가 있었던 갑옷과 투구를 대체하지 못했다.

### 후기 펠타스트

이 기간 동안에 펠타스트의 장비는 더 무거워지는 추세였다. 펠타스트는 이제는 타원형인 작은 가지로 엮은 더 큰 방패를 가지고 있다. 그는 용병으로서 비싸지 않은 투구를 살 수 있었다. 그의 무기는 통상적인 창과 칼 그리고 이제 그를 백병전에서 방어해줄 수 있는 짧은 창이었다. 알렉산더 계승자들의 시대에 그는 몸 갑주를 착용했으며 그의 타원형 방패는 가죽으로 덮인 나무로 만들어질 수 있었다.

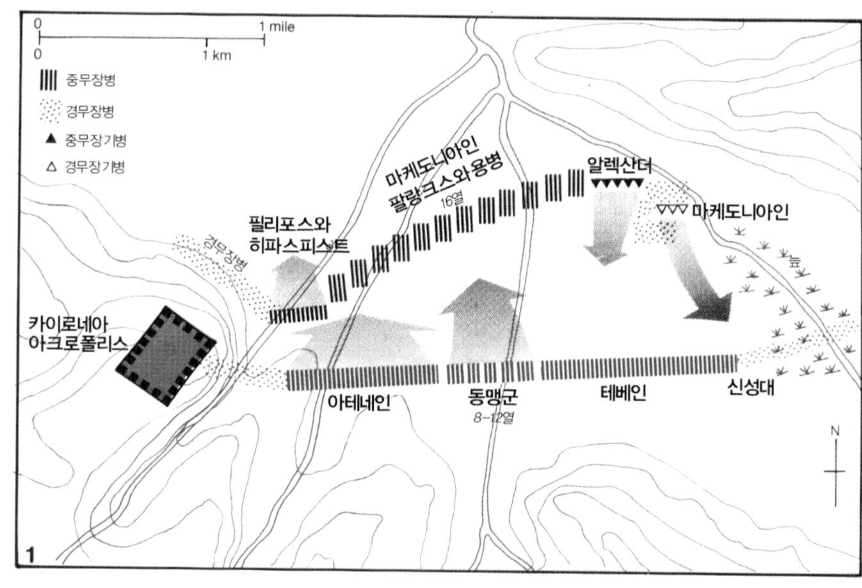



기원전 339년 마케도니아의 필리포스 2세가 중부 이탈리아에 침입한다. 필리포스 2세에 맞서 아테네와 테베는 동맹을 결성한다. 먼저 동맹군은 군사적으로 중요한 통로들을 봉쇄하고 수많은 용병들의 도움으로 필리포스의 진군을 저지한다. 하지만 암피사에서 필리포스는 경계병들을 무찌른다. 아테네와 테베의 동맹군이 서둘러서 카이로네아에 집결한다.

1. 동맹군들은 아크로폴리스와 강 사이에 강력한 진지를 구축한다. 필리포스는 오른편에서 마케도니아의 히파스피스트들을 지휘하고 그 사이에 알렉산더는 좌측에서 기병을 지휘한다. 필리포스는 한때 그의 지휘관이었던 에파미논다스의 전술을 생각나게 하는 비스듬한(45도 각도) 대형으로 진군한다. 전투가 시작되자 필리포스는 후퇴한다(이것은 아마도 속임수였던 것 같다). 이때 아테네인들이 밀고 들어오면서 중앙에 틈이 생긴다.

2. 알렉산더는 쐐기 대형을 이루고 틈사이로 돌진하여 테베의 후방으로 향한다. 필리포스의 중앙 팔랑크스가 전진해 들어갈 때, 알렉산더는 아테네인들을 공격한다. 아테네인들이 혼란에 빠져 무너진

다. 그 사이에 마케도니아의 경무장기병이 신성대의 측면을 강타한다. 이렇게 해서 테베 기병들은 마케도니아 기병에 에워싸여 궤멸된다. 300명의 신성대원들 중에 254명이 살해되고 나머지 모두는 부상당한다. 1,000명의 아테네인들이 죽고 2,000명이 포로가 된다. 테베도 이와 비슷한 손실을 입었다.

이 전투로 시민으로 이루어진 중갑보병에 비해 직업적인 창병의 중요성이 부각되었다. 그리스의 운명은 필리포스의 자비에 달려 있는 꼴이 되었다.

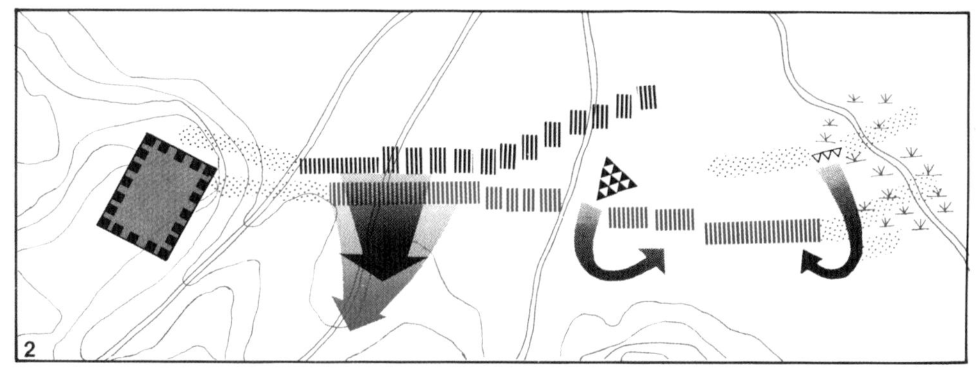

다. 사리사sarissa로 불렸던 미늘창은 전투대형에게 찌르는 힘을 보다 강화시켜주었음에 틀림없다. 이러한 대형에서는 첫 번째 열의 방패 너머로 보다 조밀하게 줄지은 창끝들이 불쑥 나와 있었다. 마케도니아 팔랑크스의 횡대는 머지 않아 8열에서 16열로 발전했다. 이 점에서는 필리포스가 횡대가 긴 테베의 팔랑크스를 모방할 필요가 있다고 생각하지 않았다는 것이 주목할 만하다. 마케도니아의 전투대형은 테베의 그것과 똑같이 미늘창으로 찌르거나 아

니면 방패로 밀고 나갈 준비가 되어 있었던 것 같다. 양손이 무거운 미늘창을 잡는 데 사용되었으므로, 팔랑크스 병사의 방패는 그의 목둘레에 매달려 있었고 아마도 필요할 때 팔꿈치나 팔뚝으로 방패를 다루었을 것으로 짐작된다.

마케도니아 군대의 또 다른 특징은 히파스피스타이*hypaspistai* 군단이었다. 히파스피스트는 원래 '방패를 가진 자' 또는 '중무장 전투병의 종자'였다. 추측건대 이들은 필리포스의 군대에서 팔랑크스 병사들보다는 가볍게 무장했지만 초승달 모양의 가벼운 방패*pelta*를 가졌던 펠타스트보다는 무겁게 무장했던 보병대였다. 그들은 카이로네아 전투의 전술에서 두드러진 역할을 했다. 여기에서 그들은 철수하는 척하면서 전투 경험이 없는 아테네군을 좌측 날개 앞쪽으로 유인했다. 이렇게 해서 반대편 그리스 전선에 치명적인 틈이 생겨났다. 이 틈으로 오른편의 테베군사들이 포위되어 괴멸되었다.

마케도니아의 필리포스 2세는 기원전 359년 어려운 상황에서 권력에 한발짝 다가갔다. 그는 왕조의 경쟁자들을 제거하고 파이오니아족 침입자들을 매수했으며, 일리리아인들을 격퇴했다. 15살의 소년이었을 때 그는 테베에 인질로 잡혀갔으며, 그곳에서 그리스의 생활방식과 테베의 군사전술-특히 에파미논다스가 발전시킨 밀집 보병의 사용-에 대한 찬미자가 되었다.

필리포스는 기원전 357년 암피폴리스를 점령해 판가에우스 산의 금광에 대한 접근을 통제함으로써 마케도니아의 정치와 경제의 미래를 확보했다. 그는 비밀리에 전략적 가치가 있는 피드나항구를 손에 넣은 대가로 아테네인들에게 암피폴리스를 제공했다. 그리고 기원전 356년 아테네인들의 묵인 하에 피드나와 포티다이아 모두를 차지했지만, 때가 무르익은 기원전 349년 필리포스 2세는 코린토스를 포위공격해 무자비하게 파괴했다. 그리고 마케도니아에 대항했던 그 밖의 동맹 도시들을 예속시켰다.

또 다른 기회를 붙잡은 필리포스는 인접 국가인 포키스에 맞서 테베와 그 위성국들을 대신해 기원전 353년 간섭했다. 이 싸움은 처음에는 델포이 신전의 재산과 관련된 본질상 종교적인 싸움이었다. 필리포스는 처음에는 포키스인들에게 승리하지 못했지만, 기원전 346년에 그들을 완전히 궤멸시켰다. 그리고 델포이 신전과 그 재산의 관리를 책임지고 있었던 국가들의 인보동맹회의에서 포키스인들이 차지하고 있었던 자리를 빼앗아버렸다.

기원전 340년 필리포스는 북동전선의 전쟁으로 관심을 돌렸다. 그때 필리포스의 정책에 놀라고 분개했던 페르시아는 물론이고 아테네 또한 페린토스와 비잔티움으로 하여금 필리포스에 저항하도록 고무했다. 설사 그가 이들 두 도시 어느 쪽도 점령할 수 없었다고 하

카이로네아 전투에서 쓰러졌던 테베인들의 무덤이 거대한 돌사자상에 의해 눈에 띈다. 그 사이 몇 해 동안 그 기념비는 상당히 많이 복원되었다.

더라도, 그는 스키티아인들 및 다른 발칸 부족들과의 전쟁에서 승리했다. 그리고 기원전 339년 그는 재차 델포이 분쟁에 간섭하는 기회주의적 태도를 보여주었다. 테베는 마케도니아 무장 군대의 직접적인 위협을 받았다. 그리고 위험을 감지한 아테네인들은 데모스테네스의 연설에 고무되어 전통적인 적이었던 테베인들과 공동전선을 폈다. 하지만 필리포스는 기원전 338년 카이로네아 전투에서 자신에게 맞서 연합했던 그리스 군대를 격파했다.

이제 필리포스는 명실공히 북부 그리스의 지배자가 되었다. 코린트에서의 회의 이후에 그는 전략적 요충지인 테르모필라이, 칼키스, 테베 그리고 코린트에 수비대를 주둔시

126

마케도니아의 필리포스 2세의 동전들에는 일반적으로 말에 탄 모습
과 '말을 사랑하는 자'를 의미하는 그리스 이름인 '필리포스'가 각인
되어 있다.

키기 위한 구실로 사용했던 범그리스 동맹을 주도했다. 그는 국내 모반으로 기원전 337년에 암살당했다. 마케도니아의 여왕 올림피아스는 나중에 정적들에 의해 필리포스의 살해 공모 혐의로 고발되었지만, 마케도니아인들은 그녀의 내면 성격에 복수심이 자리잡고 있다는 사실을 분명히 알고 있었음에도 올림피아스에 대한 경외심을 버리지 않았다. 나중에 그녀는 자살했다.

필리포스는 그리스 국가들 사이의 전쟁에 지속적으로 관련되었던 무모한 충동에 영향 받지 않았다. 그는 행동할 순간이 다가올 때까지 자신의 의도와 감정을 숨길 수 있었다. 하지만 이 점에서 완벽하게 위선적인 태도를 가졌다고 하더라도, 그는 자신을 기만하지는 않았다. 그리스 문화에 대한 그의 찬미는 진심에서 우러난 것이었고, 아마도 그는 그리스가 자신을 지도자로 필요로 했다고 진정으로 믿었던 것 같다. 사실 이러한 견해를 지지하고 있었던 뛰어난 그리스인들이 있었으며, 이러한 지지자들이 필리포스의 성공에 상당 정도 기여했다. 필리포스의 아들 알렉산더 대왕은 아버지의 정책을 계속 이어나갔다. 알렉산더는 필리포스가 계획했던 정복 그 이상의 것을 실행에 옮겼다.

# 알렉산더 대왕

군대 지휘관들 중 어느 누구도 짧은 생애 동안 그리스에서 인도까지 펼쳐진 대제국을 세웠던 마케도니아의 왕 알렉산더 3세의 자리에 근접하지 못할 것이다. 만약 그가 살아 있었더라면 그의 지배 하에 세계 통합의 꿈이 실현되었을지도 모른다.

## 고대의 문헌

필리포스 2세의 아들이자 마케도니아의 세 번째 왕 알렉산더에 대해 수많은 전기 작가들이 이야기했고, 그의 정복이야기는 수많은 고대 역사가들에 의해 기록되었다. 현존하는 작품들 중에 플라비우스 아리아노스의 작품이 가장 포괄적이고 믿을 만하다. 아리아노스는 기원 2세기의 사람이다. 그는 철학자이자 실천가였다. 그는 로마 황제 하드리아누스 치세에 카파도키아의 총독이었으며, 러시아 남부의 유목민족이었던 알란족의 제국영토 침입을 격퇴했다. 군인으로서, 소아시아 동부 출신으로서, 그리고 소아시아에서 군사 경험을 쌓았던 사람으로서 그는 알렉산더가 아시아에서 치른 전쟁의 연대기를 쓸 자격을 충분히 갖추고 있었다. 그는 출처와 문헌을 선택할 때 자신의 판단력에 따랐으며, 악티움 해전이 있은 지 일 년 후인 기원전 30년에 클레오파트라의 죽음으로 막을 내렸던 이집트 왕조의 건설자이자 알렉산더 휘하의 장군이었던 프톨레미의 역사에 주로 의존했다. 하지만 프톨레미의 역사는 현존하지 않는다.

아리아노스는 프톨레미에 덧붙여 공학자이자 공학적 능력으로 마케도니아 군대에 복무했던 그리고 알렉산더의 신임을 받았던 장교들 중 한 명이었던 아리스토불로스의 보고서에도 의존했다. 아리아노스의 작품은 『알렉산더의 원정*Anabasis*』으로 불린다. 아나바시스는 크세노폰이 키루스의 원정을 기록한 작품에서 제목으로 사용했던 그리스어 단어이다. 전후 관계에서 볼 때 아나바시스는 '내륙으로의 여행'을 의미한다. 또한 아리아노스는 알렉산더 함대의 사령관이었던 네아르코스의 보고서도 자세히 인용한다. 이 작품은 『인도학*Indica*』이다. 이 보고서는 인도와 인도의 관습들에 관한 이야기로 시작된다. 하지만 그것은 네아르코스의 지휘를 받은 알렉산더 함대가 완수했던 항해를 주요 주제로 다루고 있다. 네아르코스는 마케도니아 군대의 지원을 받고 인도에서 페르시아로, 즉 인더스 강 입구에서 티그리스 강으로 귀환했다.

　　또한 아리아노스는 망설이듯 자신의 이야기 속에 어느 정도 역사적 가치가 있다고 생각되는 여타 작가들의 작품에서 끄집어낸 증거를 포함하고 있다. 하지만 그 주제에 관한 분석적인 언급에서 그는 알렉산더에 대해 쓰여졌던 엄청난 양의 이야기들이 거의 역사적 가치가 없음을 암시하고 있다. 몇몇 작가들에게 알렉산더는 그의 인생사에 모든 종류의 낭만적이거나 경이적인 소재를 끼워넣는 것이 가능했던 전설에 불과했다. 아리아노스가 아무런 확신도 없이 아마존 여전사들과 알렉산더의 모험 이야기를 인정하고 있는 것은 이러한 끼워넣기식 이야기 범주에 속한다. 알렉산더의 또 다른 전기들은 알렉산더와 그의 아버지 필리포스 2세를 그리스의 자유를 압살한 자로 간주했던 그리스의 자유로운 전통을 반영하고 있다. 그러한 작품들은 파렴치한 중상모략에 가깝다. 알렉

알렉산더 대왕의 이 두상은 소아시아의 페르가몬에서 발견되었으며, 기원전 2세기의 것으로 추정된다. 알렉산더의 초상화는 항상 그를 젊고 수염이 없는 모습으로 그리고 있다.

산더의 충성스러운 장교들이었던 프톨레미와 아리스토불로스는 당연히 알렉산더를 지지하는 편견을 가졌다. 하지만 이러한 편견이 진실에 대한 어떠한 헌신도 인정하지 않았던 다른 작가들을 언급한다고 해서 바로잡아질 수 있는 것은 아니다.

　　알렉산더의 생애에 관해 플루타르코스는 매우 다양한 출처에 근거해 글을 썼던 것으로 보인다. 그래서인지 그의 작품은 결국 일관성이라는 점에서 문제를 노출하고 있다. 서기 1세기에 활동한 또 다른 전기 작가 퀸투스 쿠르티우스 루푸스는 사실을 왜곡해 이야기하고 있다. 거기에서는 디오도로스 시켈로스에게서와 마찬가지로 어떤 유용한 정보를 끄집어낸다는 것은 불가능해 보인다. 하지만 쿠르티우스와 디오도로스 모두 기원전 3세기에 활동했던 클리타르쿠스에게 상당히 의존했다. 역사가로서 클리타르쿠스의 명성은 고대 세계에서는 매우 낮았으며, 그가 얼마나 많은 진실을 허구와 뒤섞었는가를 오늘날의 역사가가 알기란 어렵다.


## 필리포스의 죽음과 정치상황


　　알렉산더가 아버지로부터 물려받은 상황에 대해 알아보자. 기원전 338년 카이로네아 전투 이후에 필리포스는 조건을 지시할 수 있는 입장에 있었다. 하지만 그는 분명히 뒤따르

는 평화가 협상의 결과로 보여야 한다는 점에 관심을 가졌다. 코린트에서의 회의 이후 그는 그리스 국가들의 동맹을 결성하고 자신이 동맹의 우두머리가 되었다. 대부분의 중요한 그리스 도시들이 이 연방형태의 동맹에 속해 있었다. 특별히 스파르타만이 이 동맹에 가입하지 않았다. 그러고 나서 필리포스는 앞선 세기인 기원전 5세기 초에 페르시아가 그리스를 침공한 것에 대한 보복으로 추정되는 대 페르시아 전쟁을 그리스의 이름으로 선언했다. 얼핏 보면 그리스의 전쟁 선언은 통상적으로 어느 정도 고대의 불화 또는 명예손상에 근거한 것이었다. 과거 악행의 부활이 전쟁의 대의명분에 힘을 실어주었으며, 성전의 분위기를 고무했다. 펠로폰네소스 전쟁은 이와 같은 상호비난으로 시작된 바 있었다. 하지만 필리포스 2세의 팽창주의적 야심과는 별개로 그리스를 통일하고 싶어 했던 사람이라면 누구든지 페르시아를 적과 동일시하지 않을 수 없었다. 여전히 페르시아인들은 수많은 이오니아 도시들을 지배하고 있었으며, 눈에 띌 정도로 수뢰收賄와 외교적 수완을 동원해 자유로운 그리스 국가들을 대립하게 함으로써 분열을 조장하는 데 전력을 다했다.

필리포스 2세의 사망 소식에 그리스 동맹의 도시들은 즉시 동맹협약을 파기했다. 하지만 마케도니아의 주둔군들이 여전히 테베와 코린트의 성채를 포함해 그리스의 전략적 요충지를 점령하고 있는 상황이었다. 그리고 놀랄 만한 속도로 알렉산더가 군대의 선두에서 남쪽을

이수스 전투에서의 알렉산더와 다리우스를 보여주는 모자이크. 1831년에 폼페이에서 발견되었다.
이 모자이크는 알렉산더 대왕과 동시대인이었던 한 그리스인 미술가의 작품에 기초한 것이다.

향해 서둘러 진군해 왔을 때, 그리스의 저항은 물거품이 되었다. 알렉산더는 결코 복수심을 품고 있지 않았다. 코린트 동맹의 협정이 조용히 그리고 확고하게 재확립되었다.

보다 심각한 것은 마케도니아 북부에 이웃한 부족국가 트라키아와 일리리쿰에서의 군사적 위협이었다. 그들을 다루면서 마케도니아의 전쟁 기구뿐만 아니라 그 기구를 다루는 알렉산더의 능력에 대한 철저한 시험이 이루어졌지만, 두 가지 시험을 모두 통과하면서 알렉산더의 명성이 한층 더 강화되었다.

외부 적들로부터의 위협과는 별개로 알렉산더는 조국 마케도니아 심장부에서 직접적인 도전에 직면하게 되었다. 필리포스가 살아있는 동안 왕위계승에 대한 문제들이 발생했다. 왜냐하면 필리포스가 새로운 여왕인 클레오파트라와 결혼하기 위해 알렉산더의 어머니인 올림피아스를 버렸기 때문이다. 그 결과 초래된 불확실성만으로도 왕실의 다른 자손들의 야심에 불이 지펴졌음에 틀림없다. 하지만 알렉산더가 아버지에 대해 느꼈던 분노에도 불구하고, 그는 신속하게 필리포스의 암살자를 사형으로 벌하고 잇따라 왕위를 노릴 가능성이 있는 세 명을 처형했다. 그들은 필리포스 살해에 공범일 수도 있었다. 알렉산더의 승인 없이 올림피아스는 클레오파트라와 그녀의 어린 딸을 살해함으로써 알렉산더의 일을 마무리지었다. 마케도니아가 그리스의 입헌주의적 이상들을 보호했음에도 불구하고, 마케도니아의 정치 자체는 실제로 왕조정치였으며, 전형적인 왕조의 방식에 따라 문제들이 해결되었다.

그 사이 페르시아 제국에 대한 침략준비가 신속히 진행되었다. 필리포스 2세는 이미 함대의 지원을 받고 헬레스폰토스 해협을 가로질러 10,000명 이상의 병력을 파견했던 적이 있었다. 소아시아의 그리스 도시들이 그를 해방자로 맞이했다. 사실

알렉산더가 지나갔던 카파도키아의 전형적인 지형. 알렉산더가 페르시아 제국을 정복한 후에 카파도키아는 독립하게 되었으며, 나중에는 북쪽의 폰투스로부터 분리되었다.

문제의 병력은 단순한 전초부대에 불과했으며, 필리포스 2세가 죽을 적에 그가 주력군을 동행하고 도착하기를 기다리고 있었다. 더할 나위 없이 시기적절했다. 왜냐하면 페르시아 궁정 자체가 궁정모반과 국왕 살해로 요동치고 있었기 때문이다. 또한 여기에서는 알렉산더가 신속하게 관심을 기울여야 했던 문제가 있었다.

## 알렉산더의 기질

알렉산더는 아버지 필리포스가 죽었을 때 20살에 불과했다. 경험은 대체로 나이와 비례하지만, 그는 매우 어린 나이에 병사, 행정가 그리고 외교관의 자질을 갖추었다. 16살의 나이에 아버지가 비잔티움 원정으로 부재중이었을 때 섭정으로 국사를 책임졌으며, 자진해서 군대를 지휘해 트라키아의 반란군을 주요 도시에서 몰아내 알렉산드로폴리스의 이름으로 여러 이주민들을 그곳에 재식민시켰다. 카이로네아 전투에서 알렉산더는 테베의 신성대를 상대로 필리포스의 정예기병연대를 지휘했다. 그는 이 전투에서 불요불굴의 용기로 유명해졌다. 또한 알렉산더는 강화조약체결 이후 다른 사절들과 함께 아테네에 파견되었다. 그들은 아테네인 사망자들의 유골을 아테네 시에 전해주었다.

알렉산더는 지휘관으로서 탁월한 자질을 나타냈다. 그의 자질은 아버지의 죽음에 뒤이어 일어났던 트라키아에서의 전투로 입증되었다. 한 번은 적군이 마구馬具를 벗긴 전차 부대를 가파른 비탈 아래쪽으로 내보내 알렉산더 군대의 정면을 돌파하려고 했다. 알렉산더는 마케도니아의 팔랑크스 병사들에게 대형을 산개하라고 명령하고, 적 전차들이 산개 대형을 통과해 돌진해 들어오도록 내버려두게 했다. 이렇게 되자 위험을 피할 수 없게된 병사들이 드러누워 방어용 방패들을 연결했고 전차바퀴가 그들의 몸 위로 지나가게 내버려두어야 했다. 병사들은 알렉산더의 명령을 잘 따랐으며, 마케도니아에서는 단 한 명의 사상자도 나오지 않았다.

전투를 치르면서 알렉산더는 자연의 장애물을 얕보았다. 테살리아인들이 그리스로 진군해 들어오는 알렉산더를 템페에서 저지했을 때, 그의 선발공병부대가 기다리고 있는 적들을 측면에서 포위할 수 있도록 오사 산의 바위투성이 벼랑들을 지나가는 군사도로를 냈다. 그는 북부 부족들과의 전투에서도 이와 유사한 번뜩이는 재치를 보여주었다. 그때 그는 병력수송을 위해 지방의 고깃배들을 징발해 기습적으로 다뉴브 강을 도하했다.

필리포스와 앞선 마케도니아 왕들처럼 알렉산더는 자신이 그리스인으로 보여지기를 갈망했다. 마케도니아인들은 반半 그리스인이었고 언어는 많은 이국적 요소들을 흡수한

그리스 방언이었다. 그
래서 그리스인들은 마케
도니아인들의 언어를 더
이상 이해할 수 없었다.
하지만 마케도니아 귀족
들은 그리스어와 마케도
니아어를 모두 사용했
고, 올림포스의 신들을
숭배했으며, 올림픽 경
기에서 그리스 체육당
국으로부터 선수로 인

시돈에서 발견된 알렉산더 석관에 묘사된 그리스인과 페르시아인. 페르시아인들을
특징지었던 독특한 트라키아 투구와 머리 장식에 주목하라.

정받았다. 알렉산더의 가정교사는 철학자 아리스토텔레스였으며, 젊은 왕자 알렉산더는 호메로스와 그리스 문화 전반에 대한 애호가로 잘 알려져 있었다. 사실 그는 그리스인이 되는 것으로도 만족하지 않고 자신을 제우스의 아들인 그리스의 신으로 선언하고 싶어 했다. 소문에 의하면 제우스가 뱀으로 변장해서 알렉산더의 어머니에게 접근했다고 한다.

이러한 친 그리스적 입장에서 본다면, 알렉산더가 페르시아 정복 이후 페르시아 의복과 관습을 채택하고 마케도니아 장교들에게 자신과 똑같이 할 것을 강요함으로써 친 그리스적 감정을 훼손시켰다는 것은 놀랄 만하다. 그의 친 그리스적 입장은 아마도 자연스러운 열정이었던 것 같다. 하지만 그의 동방 지향은 자신이 정복한 페르시아 제국을 회유하기 위한 것으로 정책의 문제였다. 실제로 알렉산더의 기질은 모순으로 가득 차 있었다. 위험과 곤경에 대한 무관심은 그를 범죄와 잔혹함으로 이끈 지나친 음주 및 격렬한 분노의 폭발과 결합되었다. 술 취한 채 분노한 상태에서 그는 옛 친구이자 고참 장교였던 클리투스를 살해했다. 그리고 설사 그의 일반적인 회유정책과는 전적으로 배치되는 행동이었다고는 하지만, 자신의 일시적 기분을 위해 알렉산더는 정복했던 도시 페르세폴리스를 불태웠다. 다리우스 왕족의 여인들을 죄수로 만들었던 알렉산더는 중세의 전설적인 기사들을 명예롭게 했던 예의바름과 기사도로 그들을 다루었다. 하지만 그는 테베는 말할 것도 없이 티르와 가자의 생존자들에게는 무자비했다. 2,000년 이상의 시간적 간격에서 우리는 이러한 모순된 행동에 주목할 수 있을 뿐이지 설명할 수는 없다. 알렉산더가 32살의 나이로 죽었으므로 그의 기질이 형성될 시간이 거의 없었다고 주장할 수도 있을 것이다.

## 알렉산더의 군대

만약 알렉산더가 병사들의 사기를 북돋울 수 없었다면, 그의 광범위한 정복은 애초부터
불가능했을 것이다. 병사들의 사기는 지도자로서 알렉산더의 용기와 능력의 산물이었다. 이
것과는 별개로 마케도니아 군대는 단결심을 북돋울 목적으로 조직되었다. 이 점에서 기원전
5세기의 오래된 중갑보병 시민군은 사회의 배타적인 엘리트집단을 대표했다는 사실 때문에
존경받았다. 기원전 4세기 초의 용병군대들은 직업적 충성의식으로 단결했다. 잘 훈련받은
용병들은 서로에 대한 신뢰를 가지고 있었으며, 유능한 지휘관 밑에서 복무할 수 있는 기회
를 중요하게 생각했다. 분명히 알렉산더는 소아시아를 침략할 때 용병을 사용했으며, 더 멀

리 동쪽에서 군사 작전을 진행할 경우에는 용병에 더 의존했다. 동시에 앞에서 주목했던 이유들 때문에 전제군주는 자신의 영토에서 부유한 시민계급들로 징집된 중갑보병 군대를 유지하는 것에 관심을 갖지 않았다. 이러한 이유들 때문에 마케도니아의 군주들은 '연대의식'을 위한 새로운 기초를 찾지 않으면 안 되었다.

보병 전우들과 원래는 '(기사의 갑옷을 들고 따라다니는) 종자'를 의미했던 것에 불과한 히파스피스트들에 대해 듣게 된다. 왕 자신의 기마근위대장이 기병대대를 지휘했다. 그리고 후기 작가들은 '은방패'로 불렸던 보병 분견대에 대해 언급한다. 이러한 용어는 엘리트 부대를 암시한다. 그리고 일반적으로 말해서 엘리트주의는 알렉산더의 군대에서 하나의 중요한 원칙이었다. 엘리트 집단은 초기에서 후기까지 마케도니아 군대의 특징을 이루었다. 전투에서 그들은 선봉에 섰으며, 선봉부대는 아게마*agema*로 알려졌다. 그리스어로 아게마는 '지휘 받는 사람'을 의미했으며, 전적으로 야전군을 의미했던 것 같다. 마케도니아인들 사이에서 그 의미는 오히려 '지휘하는 사람'이었다. 마케도니아의 아게마는 보병대나 기병대의 선봉이 될 수 있었다. 히파스피스트들의 아게마가 있었으며, 왕실기병대대는 엘리트 집단으로 이루어진 사람들의 아게마였다. 알렉산더가 기병을 히파르키아이*Hipparchiai*로 재편성한 뒤에 치른 동방 전

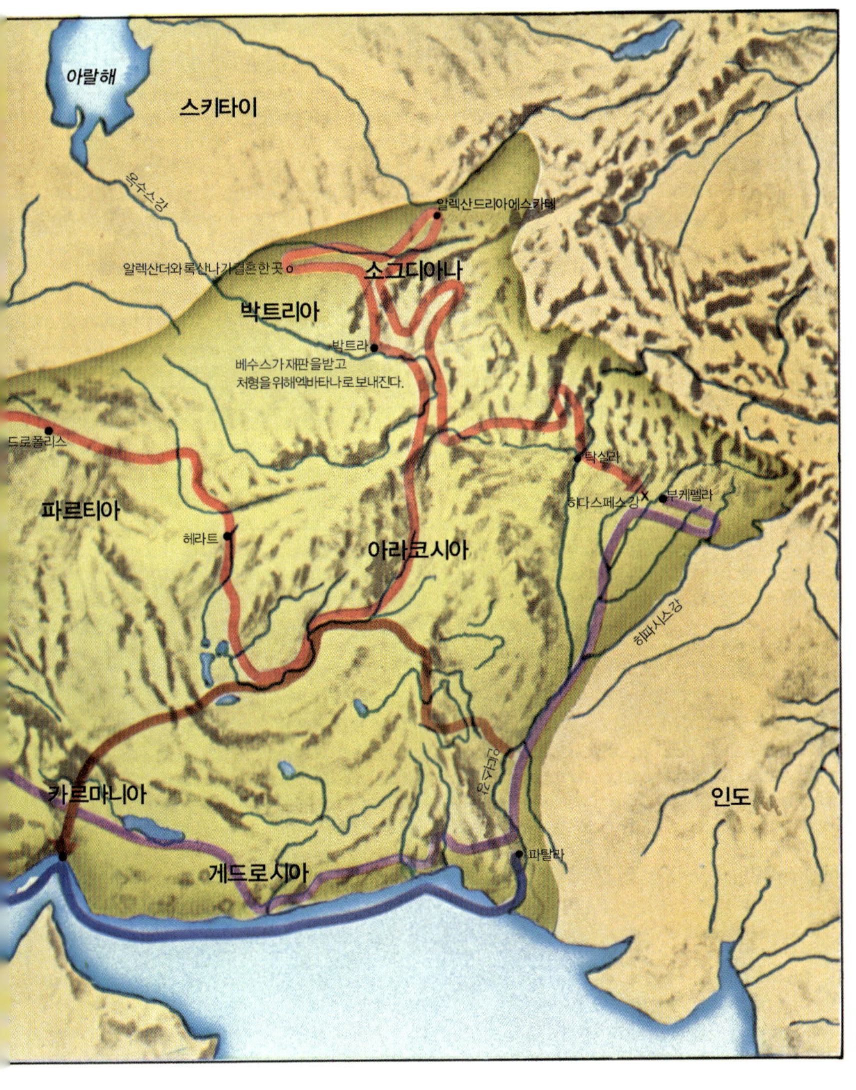



이 지도는 알렉산더의 위대한 정복전쟁의 사건들을 연속적으로 보여준다. 그가 군사작전을 수행했던 다양한 지역이 눈에 띈다.

투에서 아게마는 여전히 기병의 선봉으로 존속했다.

따라서 군대는 기술적으로 다양해졌으며, 실질적으로 대단히 복잡해졌다. 그것은 경무장 군대를 더 무겁게 무장시키고 중무장 군대를 더 가볍게 무장시키는 기원전 4세기의 경향이 절정에 이르렀음을 보여주었다. 그럼에도 불구하고 서로 다른 일에 적합한 도구들에서처럼 전투 무기들에서도 차이점들이 뚜렷하게 드러났다. 엘리트 집단으로 이루어진 부대는 중무장한 기병대였다. 이와는 대조적으로 트라키아인들과 마케도니아인들의 정찰병들 *prodromoi*은 경무장 기병부대를 나타냈다. 또한 알렉산더는 궁수, 투석병 그리고 펠타스트를 사용했다. 그리고 포위공격에서 진가를 발휘했던 일단의 기술병들과 공병들이 전투병의 뒤를 따랐다.

어떤 면에서 알렉산더가 군대를 다루었던 전술적인 방식은 정형화된 것이었으며, 그 정도로는 기습공격의 이점을 확보할 수 없는 것처럼 보였다. 공격의 주요수단은 엘리트 집단

## 마케도니아 보병

**신타그마**(기원전 1세기 아스클레피오도토스는 신타그마를 이론적인 훈련교본 대형이라고 말했다)

팔랑크스의 기본적인 보병 부대는 16명씩 16열 종대로 구성된 256명의 신타그마였다. 이는 전체 대대로서 신타그마타르크의 지휘를 받았다. 이 부대는 복잡한 이중 기동작전을 수행할 수 있었으며, 이러한 작전을 수행하기 위해서 많은 수의 하급 장교들이 존재했다. 각 종대는 로카고스의 지휘를 받았으며, 그의 부지휘관인 오우라고스는 후위를 책임졌다. 헤밀로키테스는 1/2 종대의 지휘관이었고, 에노모타르크는 1/4 종대의 지휘관이었다.

### 히파스피스트와 팔랑크스 병사들

히파스피스트의 등장은 대단한 논란거리로 남아 있다. 우리는 그들이 팔랑크스 병사들과는 별개의 분견대를 이루었다고 알고 있지만 그들의 장비에 대해서는 의견이 상이하다. 왼쪽 병사는 최근 필리포스의 무덤에서 발견된 무기와 유사한 12피트(3.6미터)짜리 찌르는 창과 방패를 휴대하고 있다. 일부의 주장에 따르면 그는 일반적인 팔랑크스 병사(오른쪽)와 유사했다. 이 팔랑크스 병

사는 로카고스이고 많은 수의 그의 하급자보다 더 잘 무장하고 있다. 그는 15피트(4.5미터)짜리 창을 휴대하고, 테두리가 없는 그의 방패는 목줄로 묶여 있어서 전투 시에 양손으로 무거운 창을 꽉 쥘 수 있다. 그는 '미늘이 있는' 트라키아 투구와 정강이 받이를 착용하고 있다.

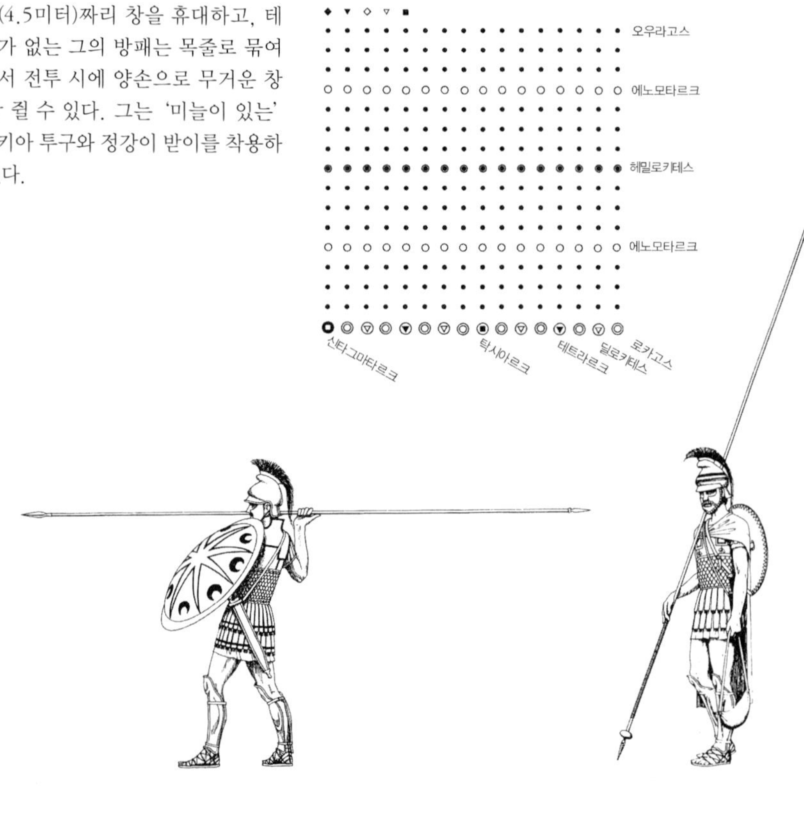

으로 이루어진 중무장 기병이었다. 공격은 측면에서 행해졌으며, 그 사이 팔랑크스는 중앙에서 적의 전진을 저지했으며, 좌측 날개의 경무장 기병은 팔랑크스가 측면에서 포위당하지 않도록 지켜주었다. 하지만 이러한 일반적인 대형은 유연성의 여지를 남겨 놓았다. 방어에서 공격으로 쉽게 전환할 수 있도록 공격 타이밍을 조절하는 것이 매우 중요했으며, 이 점에서 알렉산더의 판단은 아주 정확했다. 게다가 팔랑크스는 다양한 대형을 펼칠수 있었던 부대로, 고도의 유연성을 갖추고 있었다. 팔랑크스는 방진方陣을 형성하고 적에게 측면을 향하게 한 채 직사각형 대형을 확대시킬 수 있었다. 그렇지 않으면 팔랑크스는 적의 전선을 모퉁이에서 정면 아니면 비스듬하게 향할 수 있을 정도로 견고한 종대를 이룰 수 있었다. 게다가 팔랑크스는 V자형 또는 쐐기 모양의 대형을 펼칠 수 있었다. 비록 마케도니아의 창 전체길이가 17피트(5.2m)였다고 하지만, 일부 팔랑크스 병사들은 다른 팔랑크스 병사들보다 더 가볍게 무장했던 것 같다. 다양하게 장비를 갖춘 군대를 정해진 위치에 배치하는 것

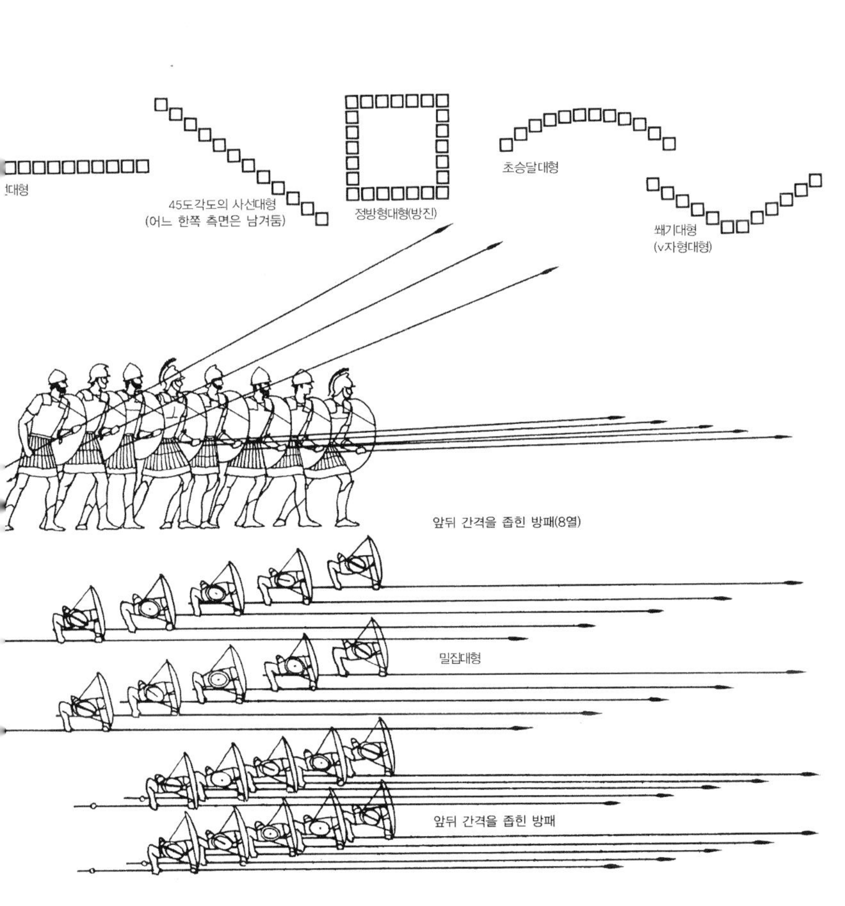



## 전투 대형

산개 대형에서 신타그마의 각 병사는 가로 6피트, 세로 6피트(1.8 x 1.8미터)를 차지했다. 적과의 교전이 임박했을 때는 밀집대형이 채택되어 각 병사는 가로와 세로 각 3피트(0.9 x 0.9미터)를 차지했다. 이것은 전투를 위해 진격할 때 취했던 전형적인 대형이었으며, 그림에서 보이는 것처럼 처음 5열의 창끝이 팔랑크스의 정면 너머로 내밀어져 있다. 기다란 창을 지탱하기 위해서는 양손이 필요했으므로 더 작은 방패와 목줄이 필요했을 것이다. 강력한 방어벽을 구축하기 위해서 각 병사는 자신의 방패를 앞 병사에게 얹고 밀고 나아갔다. 팔랑크스는 이러한 방법 말고는 전진을 기대할 수 없었으며, 알렉산더는 이러한 대형으로 히다스페스 전투에서 포루스의 코끼리들과 맞섰다. 이러한 셀 수 없이 많은 창끝들이 가공할 힘을 발휘했을 것이라는 점은 쉽게 짐작할 수 있다. 그리고 파괴를 부를지도 모르는 재난을 피하기 위해서는 훈련의 질이 요구되었다. 이 시대의 팔랑크스의 훈련의 질에 대한 더 이상의 증거는 팔랑크스가 전투를 위해 채택할 수 있었던 다양한 대형들에 의해 제공된다. 일부 대형은 왼쪽 맨 위 그림에서 볼 수 있다. 모든 움직임들은 광범위하게 이루어졌으며 단결심을 자극했음에 틀림없다. 알렉산더의 보병이 전투에서 보여준 행동이야말로 이러한 단결심을 극명하게 보여주는 실례이다.

은 유연성에 기여할 수 있었을 것이다. 분명히 알렉산더의 팔랑크스 병사들의 창은 나중 군대의 창보다 짧았다(고대의 치수는 큐비트로 나타냈고, 표준이 되는 큐비트는 지방마다 상이했다. 이러한 차이는 고대 세계의 치수에 대한 오늘날의 많은 논쟁을 설명해줄지 모른다).

## 그리스 국가들의 반란

아시아로 침투하기 앞서 알렉산더는 그리스 본토와 발칸 반도에서 군사기지를, 그리고 에게 해에서 연락망을 확보할 필요가 있었다. 그는 트라키아와 일리리쿰에서의 전투로 그 지역 사람들을 정복했으며, 필리포스 2세가 카이로네아 전투 이후 테베와 다른 도시들에 주둔시켰던 마케도니아 수비대들에 대한 지원을 확보하기 위해 그리스 국가들 사이에서 충분한 정치적 동의를 얻고 싶어 했다. 이 점에서 그는 실망했음에 틀림없다. 알렉산더가 일리리아의 부족들과 싸우고 있는 동안 그가 살해되었다는 소문이 퍼졌다. 아테네에서 반反마케도니아 웅변가인 데모스테네스가 알렉산더의 죽음에 대한 목격자를 제시했으며, 테베의 반란을 고무하기 위해서 페르시아로부터 돈을 조달했다. 테베에서 두 명의 마케도니아 장교가 살해되었으며, 마케도니아 수비대는 테베를 포위공격했다. 이 사건은 초기 단계에서조차도 그의 죽음이라는 단순한 소문이 반란을 고무할 만큼의 위력을 지닐 정도로 알렉산더의 개인적 명성이 대단했음을 말해준다. 말하자면 알렉산더에게는 전에 취했던 것보다 더 단호한 행동을 취할 수 있는 구실이 주어졌던 것이다. 그는 그리스로 신속하게 진군해 들어갔다. 테베는 공격으로 점령당했고, 필리포스가 최초로 조직했던 그리스 동맹을 근거로 테베의 성벽과 건물이 철저하게 파괴되었으며, 살아남은 시민들은 노예로 팔렸다. 테베의 점령에 뒤이은 대학살에서 테베의 적으로 기꺼이 알렉산더의 편을 들었던 포키스인들과 보이오티아인들이 마케도니아인들보다 더 무자비한 면을 보여주었다. 알렉산더는 아테네를 관대하게 다루었고, 테베에서는 그리스의 종교와 문화에 대한 존경심과 더불어 테베의 신전들과 유명한 시인 핀다로스의 후손들을 살려주어야 한다고 주장했다. 마케도니아에 호의적이었고 연고가 있었던 가문들에게도 관용이 베풀어졌다. 만약 알렉산더의 성격에서 필요에 따라 관대하기도 하고 동시에 무자비하기도 한 면이 있었다면, 이것은 적어도 군사 지휘관에게 요구되는 것들이었다. 이러한 대안적인 태도는 어느 때고 필요할지 모른다. 보복은 저항을 강화시킬지 모르지만 지속적인 평화협상 시도는 우유부단으로 받아들여지기 쉽다.

기원전 334년 알렉산더는 40,000명의 병사와 헬레스폰토스 해협을 건넜으며, 아버지 필리포스 2세가 일찍이 아시아에 교두보로 배치해 놓았던 마케도니아 군대와 합류했다. 그리스 본토는 안전했다. 펠로폰네소스 반도 사람들은 반란에 참가하지 않았다. 테베는 더 이상 존재하지 않았고, 아테네는 많은 마케도니아 동조자들을 가지고 있었다는 사실과는 별개로 테베가 당했던 쓰라린 경험에 의해 위협받았다. 소아시아의 그리스 도시들에게 알렉산더의 도착은 그들의 생각대로 자유를 가져다주었다. 그들은 꼭 알맞은 동맹자들로서 알렉산더를 기다렸다. 알렉산더의 계획에는 정교한 연락망이 없었다. 그는 계속 늘어가는 정복지에서 군대를 조달할 계획이었다. 그럼에도 불구하고 그는 후방에 상당수의 적군을 남겨둔 채 동쪽으로 진군할 수는 없었다. 후방의 적군들은 세 명의 태수가 헬레스폰토스 해협 근처의 그라니코스 강기슭에 집결시켰던 페르시아군과 페니키아 해군이었다. 알렉산더는 그들에 맞서 함대를 거의 소집할 수 없었다. 마케도니아 편대가 포함되어 있었다고 하지만, 알렉산더의 함대는 대부분 그리스 동맹국들이 제공했던 모두 200여 척에 달하는 배로 구성되었다. 하지만 알렉산더의 전략은 기지를 점령해서 적의 해군을 육상에서 괴멸시키는 것이었다. 이러한 방법은 고대의 전투에서 자주 권장되었으며, 고대 선박들의 크기가 적당하고 구조가 간단했다는 점에 비추어 본다면 채택하지 않을 수 없는 전략이었다. 함대는 호의적인 해안에서 얼마간 떨어져 오랫동안 머무르지 못했을 것이다. 더욱이 그 함대는 파괴되었을 때 쉽게 대체될 수 있었다. 페르시아인들은 그들이 원했을 경우에 새로운 배와 승무원의 대금으로 치를 충분한 자금을 가지고 있었다. 따라서 페르시아인들의 배를 파괴하는 것보다는 항구와 조선소를 점령하는 것이 더 중요했다.

## 그라니코스 강 전투

아시아로 진군한 후에 알렉산더는 동쪽 측면을 위협했던 페르시아 군대를 쳐부수지 않고서는 남쪽으로 진군할 수 없었다. 따라서 그는 먼저 정찰대를 보낸 뒤 군대를 이끌고 헬레스폰토스 해협의 남부 해안과 나란히 있는 길을 따라 적에게 향했다. 정찰대와 경계병의 사용은 아이고스포타미 전투에서 아테네인들이 참패 당하지 않게 해줄 수 있었지만, 과거에 그리스 지휘관들은 이 방법에 그다지 관심을 갖지 않았다. 하지만 알렉산더는 아버지의 군대에서 훈련을 잘 받았으며 마케도니아의 전쟁 기구는 숙련된 솜씨로 작동했다.

페르시아인들은 비록 보병의 숫자에서는 다소 열세였다고는 하지만, 수적으로 침입자들

## 그라니코스 강 전투(기원전 334년)

| 알렉산더 | 페르시아군 |
| --- | --- |

### 기병

| | | 펠타스트 | |
| --- | --- | --- | --- |
| 중무장 엘리트 기병 1,700명 | 박트리아 2,000명 | 트라키아 6,000명 | 그리스인 용병 |
| 경무장 기병 800명 | 히르카니아 1/2,000명 | 그리스인 용병 | 펠타스트 1/2,000명 |
| 테살리아 1,700명 | 파플라고니아 1,000명 | 펠타스트 5,000명 | |
| 그리스 600명 | 카파도키아 1/2,000명 | | |
| 파이오니아 200명 | 기타 8/10,000명 | | |

경무장보병

일리리쿰 1,000명 / 징집된 지방 병력
아그리아니아 500명 / 5/8,000명(궁수와 창병)
(창병)
크레타 500명(궁수)

### 중무장보병

| 팔랑크스 12,000명 | 그리스인 용병 |
| --- | --- |
| 연합 그리스 중갑보병 7,000명 | 중갑보병 5/8,000명 |
| 히파스피스트 3,000명 | |

1. 페르시아 사트라프들이 알렉산더를 전투에 끌어들일 결심을 하고 그라니코스 강으로 진군한다. 알렉산더는 이것을 알고 강으로 달려간다. 페르시아 기병이 그곳에 먼저 도착해서 보병이 도착할 때까지 제방을 차지하려고 한다. 알렉산더는 자신의 군대가 좌측으로 확대될 때까지 배치한다. 페르시아 보병을 미리 봉쇄하길 원했던 알렉산더는 즉각적인 공격을 명령한다. 알렉산더의 경무장 기병과 중무장 엘리트 기병 한 개 대대가 돌격해 들어가 거점 한 곳을 차지한다. 알렉산더와 중무장 엘리트 기병들은 페르시아 중심부를 향해 비스듬한 대형으로 돌진한다. 알렉산더 군대의 총진군이 시작된다.

2. 알렉산더와 살해된 스피트리다테스 주위에서 격렬한 전투가 벌어진다. 히파스피스트와 중무장 엘리트 기병들의 공격을 받은 스피트리다테스의 히르카니아인들이 흩어지고 참패가 잇따른다. 설사 그리스 용병들이 보다 질서 정연한 철수를 준비한다고 하더라도 페르시아 보병은 똑같이 따라한다.

3. 알렉산더의 계속되는 공격으로 그리스 보병의 절반이 마케도니아 보병에게 둘러싸일 때까지 낮은 언덕에서 꼼짝 못하게 되었다. 알렉산더는 그들의 항복을 받아들이지 않는다. 많은 병사들이 살해되었을 때, 알렉산더는 나머지를 포로로 삼고 본보기로 쇠사슬에 결박해 마케도니아의 광산들로 보낸다.

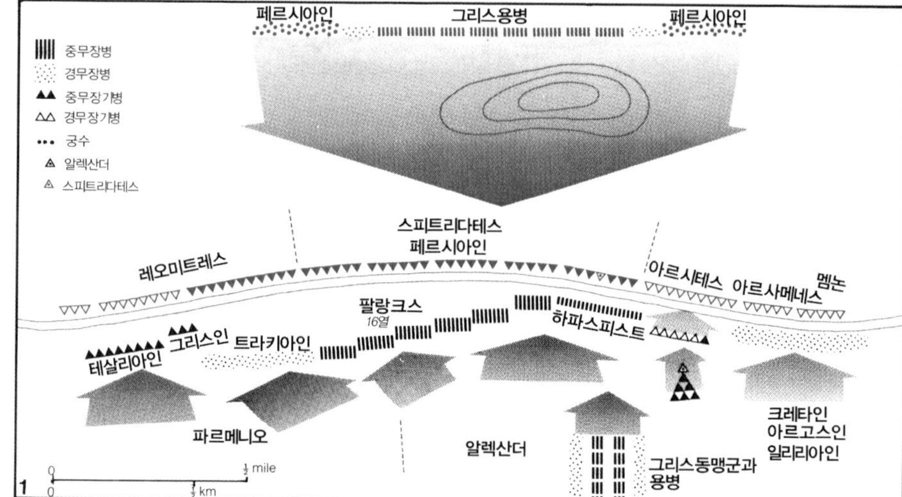


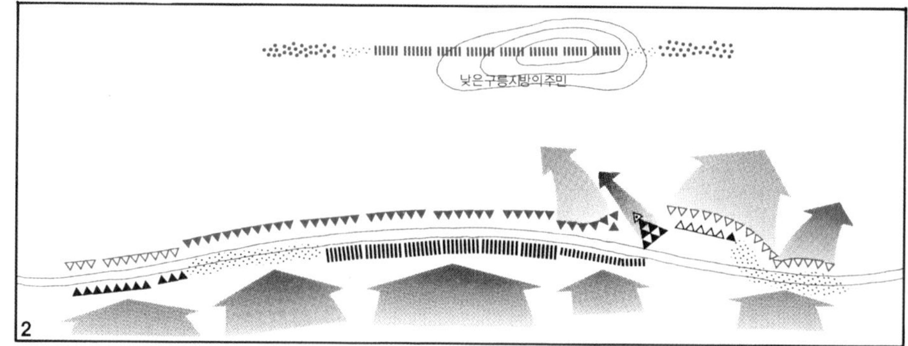


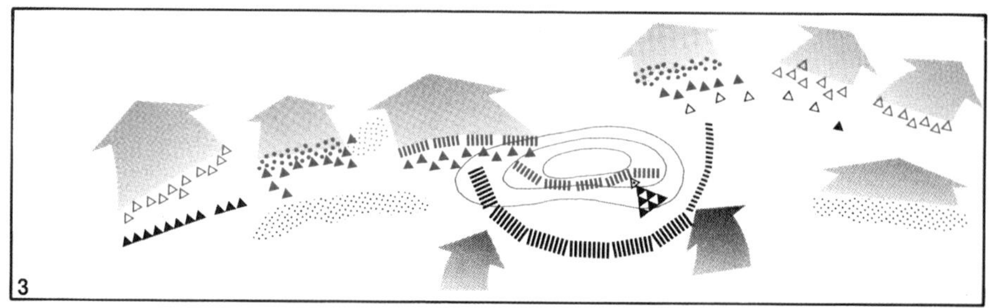

과 거의 대등했다. 페르시아 군대 일부는 가공할 만한 중갑보병 부대를 구성했던 그리스 용병들로 편성되었다. 이들의 숫자는 20,000명에 다소 못 미쳤다. 이 숫자는 과장된 것으로 생각되어왔지만, 그것을 기록한 아리아노스는 가장 신뢰할 만한 출처이다. 페르시아는 멀리 떨어져 있는 깊은 강기슭에 진지를 구축했다. 필리포스의 명령에 따라 아시아로 전위대를 이끌고 왔던 알렉산더의 부사령관 파르메니오가 적을 기다리라고 조언했지만, 알렉산더는 생각이 달랐으며, 즉각적인 공격을 결정했다.

험난한 지형과 그라니코스 강이 가져다준 장애물에도 불구하고 계속되는 전투에서 전술은 전형적인 전투방식을 따르는 것이었다. 팔랑크스가 적과 교전하는 사이 기병이 오른쪽 날개에서 공격을 가했다. 그 결과 그라니코스 강과 강기슭에서 벌어졌던 전투는 보병전투에서 흔히 볼 수 있는 백병전의 모습을 띠었다. 이 싸움에서 긴 창으로 무장한 마케도니아 기병은 짧은 창을 가진 페르시아 기병에 비해 이점을 가졌다. 동시에 페르시아인들은 바싹 접근해서 언월도偃月刀를 사용할 수 있었다. 알렉산더 자신이 하마터면 언월도에 희생될 뻔했다.

그라니코스 강 전투에 대한 아리아노스의 이야기는 어떤 점에서는 서사적 이야기와 같다. 여기에서는 양편의 지도자들 사이의 결투에 중심을 두고 일대일의 싸움이 강조되고 있다. 알렉산더를 쓰러뜨리는 것이 페르시아의 계획이었을 것이다. 그의 화려한 기장과 주위 사람들로 인해 알렉산더는 쉽게 눈에 띄었다. 그리고 쿠낙사에서 키루스의 죽음이 어떻게 승리마저도 패배로 바꾸어놓았는지 기억되었던 것 같다. 그때 키루스 자신은 아르타크세르크세스 왕을 개인적인 공격목표로 선택했다. 적의 지도자를 특별한 목표물로 선택하는 것은 페르시아의 통상적인 관례였던 것 같다.

알렉산더의 정찰대가 가장 먼저 그라니코스 강에 도달해서 들어갔다. 그들은 강을 건너기에 최적의 지점을 신호로 보냈음에 틀림없다. 설사 걸어서 건널 수 있었다고 하더라도 그라니코스 강은 봄철에 예상할 수 있는 것처럼 비교적 깊게 흐르고 있었다. 깊은 물속에서는 기병들이 어느 정도 이점을 가지고 있었다. 페르시아인들은 반대쪽 높은 강기슭에서 무기를 비 오듯이 날려 보냈다. 하지만 마케도니아의 기병은 그들의 갑옷과 투구 때문에 잘 보호받았다. 알렉산더는 군대를 강 아래로 비스듬히 이끌었다. 따라서 틀림없이 종대의 선두가 강기슭이 더 낮았던 지점에 자리 잡는 것이 가능했을 것이다. 뒤따르는 병사들은 일단 교두보가 확보되었다면, 경사진 전선의 방식에 따라 적을 향해서 방향 전환을 할 수 있었을 것이다.

그라니코스 강을 가장 먼저 건넜던 마케도니아의 전위부대에 상당수의 사상자가 나왔

# 초기 노포(弩砲)

인력에 의한 투석무기 발사 장치에 있어서 분명한 진보인 가장 초기의 것으로 알려진 포가 기원전 400년 시라쿠사에서 만들어졌으며, 그 후 정교한 포로 발전했다. 여기 그림들은 초기의 발전들을 보여주고 있다.

## 가스트라페테스Gastraphetes(배에 대고 쏘는 활)

이것은 원래 기계 장치로 당기는 대단히 강력한 활이었다. 기계 장치의 사용으로 더 강력한 활이 사용될 수 있었다.[손으로 쏘는 활의 당기는 힘이 40~60파운드(18~27킬로그램)인데 비해 약 150~200파운드(68~90킬로그램)이다.] 무게와 느린 발사속도 때문에 이 장치는 주로 포위공격에 한정해서 사용되었다.

## 옥시벨레스Oxybeles(굵고 짧은 화살을 쏘는 장치)

가스트라페테스의 다음 발전 단계인 옥시벨레스(기원전 375년경)는 너무 커서 휴대하기가 불가능했던 더 크고 더 강력한 기계장치였다. 따라서 받침대가 필요했다. 훨씬 더 강력한 활이 윈치와 레버에 의해 당겨졌다. 옥시벨레스의 사용으로 사정거리와 정확성이 증대되었다.

## 옥시벨레스Oxybeles(비틀어서 발사하는 장치)

합성식 활이 힘의 한계에 부딪히면서 노포 설계자들이 새로운 힘의 원천인 비틀기에 의존했다. 그림에서 볼 수 있는 옥시벨레스(기원전 340년경)는 1/4마일(400미터)을 초과하는 사정거리에서 방패와 갑주를 꿰뚫을 수 있었다. 크기가 커지면서 옥시벨레스는 돌을 던지는 무기로 개조되었다.

## 리토볼로스Lithobolos(투석 장치)

이 장치는 10파운드(4.5킬로그램)에서 180파운드(82킬로그램)까지의 돌을 쏘았다. 이러한 장치들은 크기에서만 다를 뿐 형태는 모두 비슷했다. 그림에 나오는 리토볼로스는 60파운드(27킬로그램)이다. 이러한 기계장치들은 보통 150~200야드(157~185미터)에 달하는 탄도거리를 가지고 있어서 요새화된 성벽으로부터 총안이 있는 흉벽을 무너뜨릴 수 있었다.

## 탄약

가늘고 짧은 화살인 다트와 굵고 짧은 화살인 볼트는 크기에서 차이가 있었다. 지느러미 모양의 부분이 있는 발사체와 그렇지 않은 발사체가 모두 사용되었다. 가장 널리 보급되어 있는 크기는 27인치(68센티미터)였다. 탄두 또한 다양했다. 사용된 돌은 구 모양으로 정성스럽게 만들어졌다. 그러한 돌로 만든 '탄약 더미'가 여러 개 발견되었다. 하나의 신속한 수단으로 효과적인 탄두 모양인 구를 만들기 위해 거친 돌에 진흙을 입히는 경우가 가끔 있었다. 물론 이것의 불리한 점은 그러한 발사체가 단단한 탄환만큼의 타격을 입히지 못했다는 것이었다.

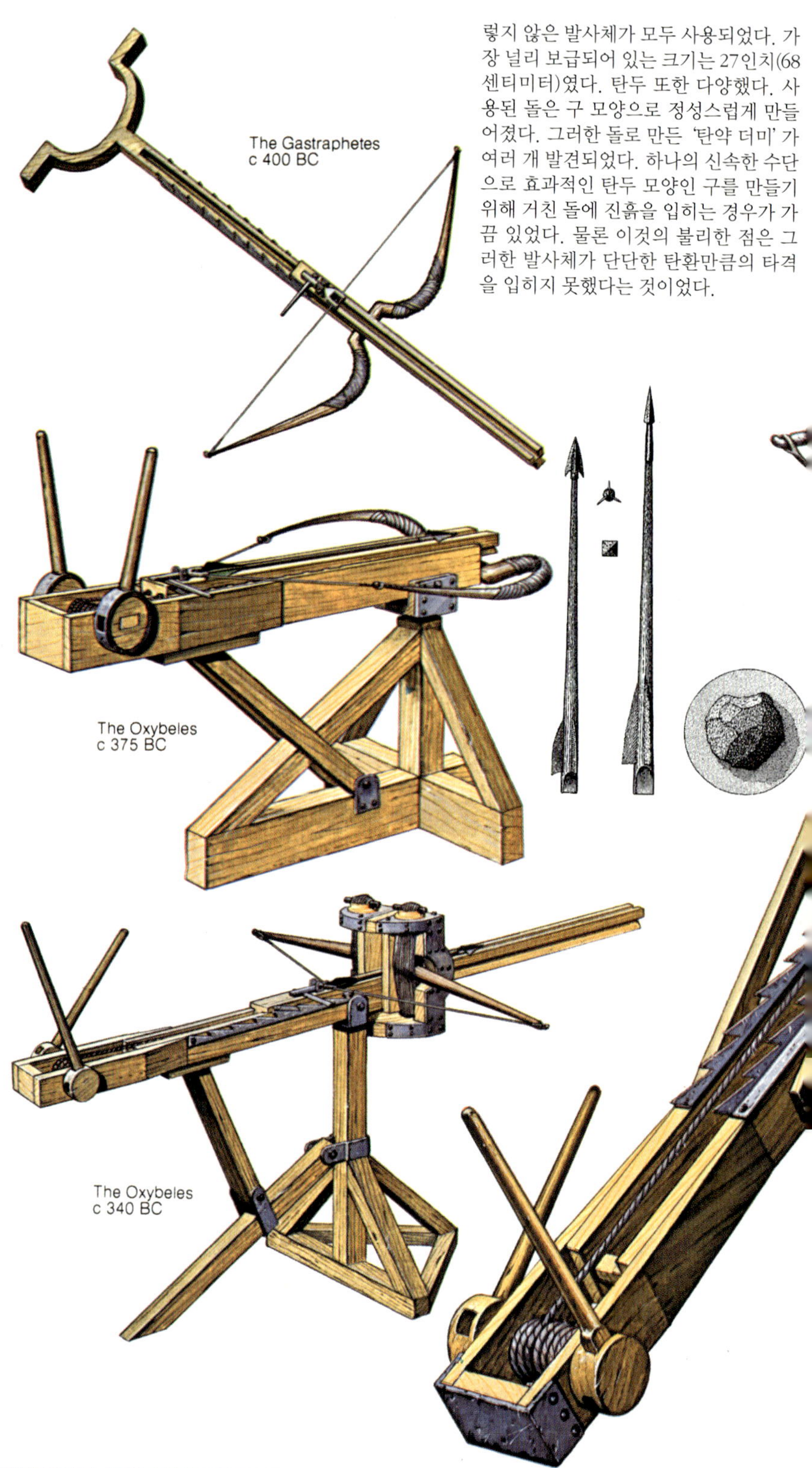

다. 하지만 엘리트 집단으로 이루어진 기병대와 함께 알렉산더는 전위부대 바로 뒤를 따라갔다. 페르시아 왕들과는 다르게 그는 호위병들에게 둘러싸여있지 않은 채 그들을 앞에서 이끌었다. 이것은 그의 용기를 나타내는 표시로 그렇지 않으면 그의 무모함의 한 사례로서 해석될 수 있을 것이다.

마케도니아의 기병이 점점 더 늘어나는 숫자로 하상河床에서 출현했을 때, 그들은 적 기병들을 압도했으며, 결국 페르시아 군대의 양쪽 날개가 무너지면서 적 기병들은 도망쳤다. 페르시아 군대의 중앙에 자리 잡고 있었던 그리스인 중갑보병 용병들은 자리를 지키고 있었다. 그들은 아리아노스가 인색하게 말하고 있는 것처럼 어떤 합리적인 전투계획에 의해서가 아니라 그들이 당한 엄청난 참사로 마비되었다. 그리스인 중갑보병 용병들은 알렉산더의 기병에게 에워싸이면서 참혹하게 쓰러졌다. 도망친 자들은 거의 찾아볼 수 없었다. 페르시아 군대의 그리스인 중갑보병 용병들 중에 2,000명이 살아남았지만, 사슬에 묶여 마케도니아로 보내졌다. 그들은 그리스의 대의에 대한 반역자로서 그곳에서 중노동의 형을 살아야했다. 왜냐하면 알렉산더는 자신의 군대 거의 절반을 구성했던 마케도니아인들을 그리스인으로 간주했기 때문이다. 분명한 사실은 알렉산더가 모집했던 일부 그리스인 용병들과 함께 그리스 동맹 도시들이 용병의 4분의 1 이상을 공급했다는 것이다. 나머지는 트라키아인, 파이오니아인 그리고 그 밖의 북부 민족들로부터 모집되었다. 하지만 패배한 그리스 용병대의 지휘관이었던 로도스의 멤논은 죽지 않았을 뿐만 아니라 포로로 잡히지도 않은 채 후일의 전투를 기약했다. 그는 어떠한 경우든 그라니코스 강에서 싸워서는 안된다고 충고했으며, 이로 인해 페르시아인들 사이에서 어느 정도 반감을 초래했던 것이 사실이다.

## 그라니코스 강 전투 이후

그라니코스 강 전투로 페르시아 왕 다리우스 3세는 멤논에게 가졌던 믿음을 다시 확인할 수 있었다. 그리스인 용병 지휘관이었던 멤논의 전략은 철두철미했다. 그는 정정당당한 전투를 피하고, 아시아에서 초토화전술을 채택했으며, 해안에 해상기지와 해군기지들을 세웠다. 그리고 알렉산더를 해상에서 봉쇄하기를 원했다. 멤논 자신이 살아있는 동안에는 이 계획이 효력을 발휘할 수 있는 가능성들이 여전히 있었다. 하지만 사르디스의 중요한 교차로는 물론이고 많은 해안 도시들이 아무런 저항도 하지 못한 채 알렉산더에게 점령되었다. 밀레투스는 내륙의 페르시아 군대의 지원을 바라면서 계속 버텼다. 또한 밀레투스는 미칼레에 기지를 둔 페니키아와 키프로스의 함선으로부터 지원을 받았다. 하지만 알렉산더는 이러한 해군과 육군의 지원 모두를 격퇴하고 밀레투스를 점령했다. 멤논이 할리카르나소스를 거점으로 그곳을 강력하게 요새화했다. 그곳에서 쫓겨난 멤논은 해상에서 알렉산더의 측면을 위협했을 뿐만 아니라 그리스와 마케도니아에대한 반격의 도약판이 될 수 있는 에게 해의 중요한 섬들에 해군기지들을 설치하려고 했다. 페르시아인들에게는 불행하게도 멤논이 갑자기 병에 걸려 죽었다. 그의 지휘권을 이어받았던 지휘관들은 얼마 동안 계속해서 멤논과 똑같은 전략을 구사했지만, 결국에는 알렉산더에게서 그리스 본토에 대한 지배권을 위임받은 마케도니아 총독 안티파트로스의 막강한 해군력 때문에 그들의 전략을 단념할 수밖에 없었다.

알렉산더는 사르디스에 주력부대와 함께 파르메니오를 남겨 두었다. 자신의 공격부대를 데리고 알렉산더는 소아시아의 남서쪽 끝을 빙 돌아 그리고 남부 해안을 따라서 진

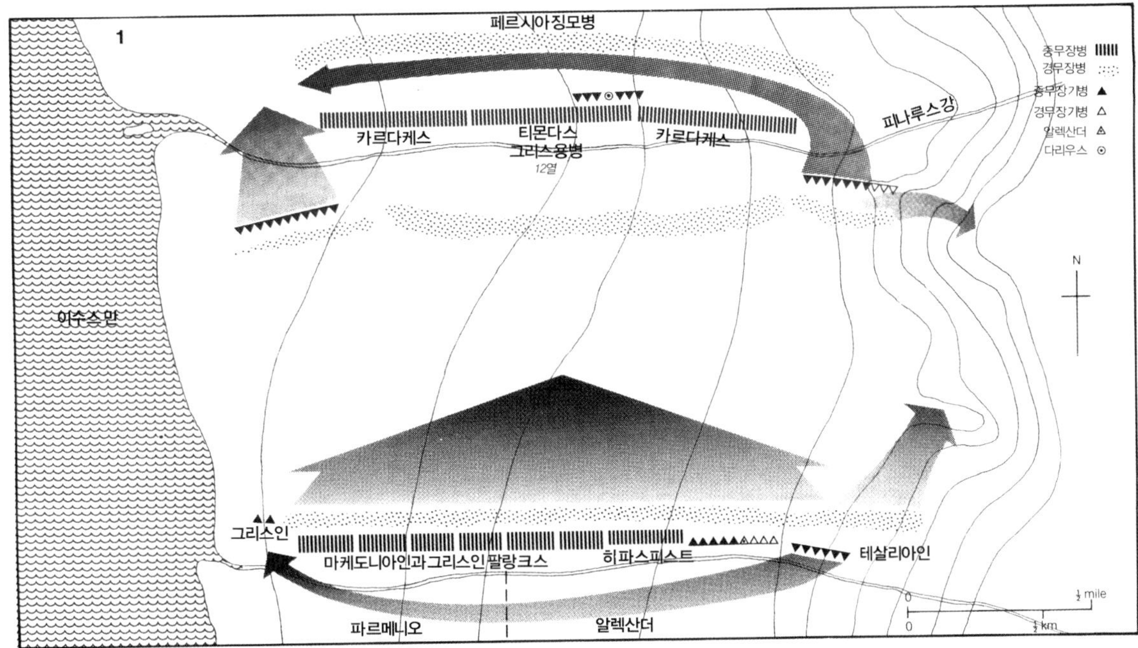


# 이수스 전투(기원전 333년)

| 알렉산더 | 다리우스 |
|---|---|
| **보병** | |
| 히파스피스트 3,000명 | 그리스인 용병 중갑보병 8/10,000명 |
| 팔랑크스 12,000명 | 카르다케스 20,000명 |
| 연합 그리스 보병 7,000명 | |
| **경무장병** | |
| 트라키아 6,000명 | 12/15,000명 |
| 일리리쿰 1,000명 | 징발된 부족민 전체 50,000명 |
| 크레타 1,000명 | |
| 용병 5,000명 | |
| **기병** | |
| 중무장 엘리트 기병 2,100명 | 귀족 3,000명 |
| 테살리아 2,100명 | 기타(중무장 기병과 경무장 기병) |
| 그리스인 동맹자 750명 | 8/10,000명 |
| 경무장 기병 600명 | |
| 파이오니아 300명 | |

1. 다리우스는 교묘한 전략으로 알렉산더를 본국 마케도니아로부터 격리시켰다. 그래서 알렉산더는 다리우스와 정면으로 맞서지 않으면 안되었다. 다리우스는 언덕들과 바다 사이에서 기병과 경무장 병력의 보호 하에 자신의 대군을 배치한다. 알렉산더가 진군할 때 다리우스의 보호막이 측면으로 물러서고, 그 사이에 그리스 중갑보병들이 중심부를 차지한다. 산기슭의 작은 언덕들은 기병들이 싸우기에 적합하지 않았으므로 다리우스는 그의 기병 대부분을 오른쪽 날개로 돌린다. 여기에 맞서 알렉산더는 테살리아인들을 왼편으로 이동시키고, 이렇게 해서 초래된 틈을 중무장 엘리트 기병과 펠타스트로 틀어막는다. 또한 알렉산더는 언덕에 있는 페르시아인들과 맞서기 위해서 경무장병력을 파견한다.

2. 알렉산더의 경무장병력은 페르시아인들을 언덕으로 몰아붙인다. 그 사이에 알렉산더는 날개 부분을 보호하기 위해서 오른쪽으로 비스듬히 전진한다. 파르메니오가 밀어붙이면서 마케도니아 전열에서 틈이 생겨난다. 알렉산더는 페르시아 좌측을 공격해 완승을 거둔다. 팔랑크스가 피나루스 강을 건너려고 시도할 때 필사적인 전투가 시작된다. 그 사이에 페르시아 기병은 전초 경무장병의 지원을 받은 테살리아인과 맞붙게 된다.

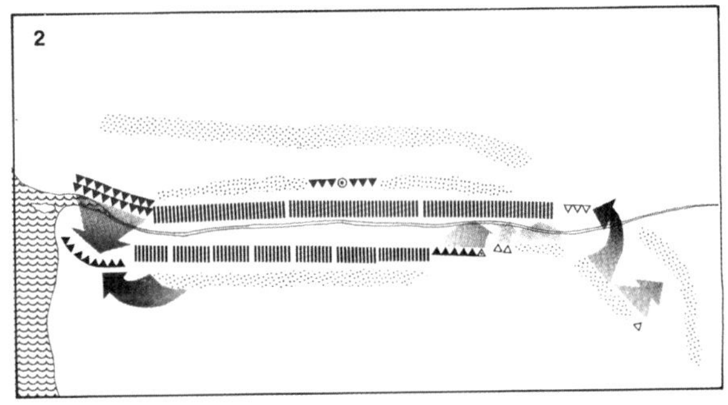


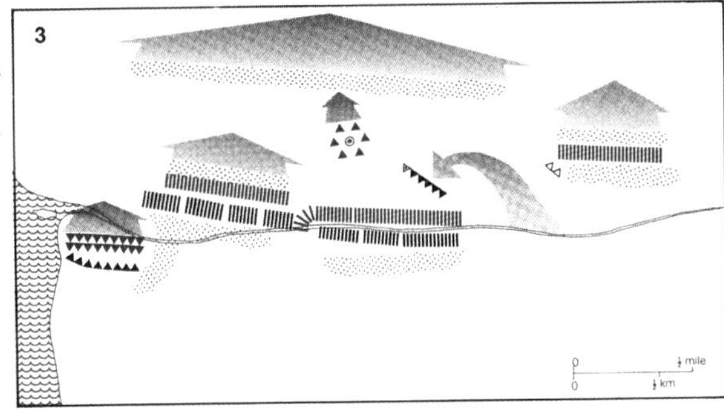


3. 알렉산더가 다리우스의 뒤를 좇아 왼쪽으로 방향을 바꾸고 그의 전차 주위에서 격렬한 전투가 뒤따른다. 알렉산더는 넓적다리에 부상을 입는다. 마케도니아인들이 우세한 입장에 있다는 것을 알아차린 다리우스는 벌판으로 서둘러 도망간다. 다리우스의 그리스인 용병들이 팔랑크스를 곤경에 빠뜨리지만 알렉산더의 중무장 엘리트 기병들이 용병들을 밀치면서 전진해 들어간다. 다리우스가 도망가는 것을 본 페르시아의 오른쪽 진영 또한 무너지고 공포가 확산된다. 다리우스는 알렉산더의 추격을 피한다. 용병들은 간신히 추격에서 벗어나지만 심하게 상처 입고 그들 중 상당수가 죽는다. 다리우스의 부인과 가족은 포로가 된다.

# 중무장 엘리트 기병

그림에서는 전투에 모습을 드러냈던 것으로
보이는 알렉산더의 중무장 엘리트 기병의 한
대원을 묘사하고 있다. 기병이 기원전 5세기
에서처럼 척후병 아니면 말 탄 궁수로서 사용
되기보다는 전투에서 실제로 중요한 위치를
차지하게 된 것은 필리포스와 알렉산더의 지
도력 때문이었다. 알렉산더 자신은 중무장 엘
리트 기병의 한 기병대대를 지휘했으며, 그의
전술을 연구해 보면 돌격부대로서 마케도니아
기병의 중요성이 즉시 드러난다. 그들은 상당
히 무겁게 무장을 했으며, 가공할 힘에 덧붙여
서 훈련을 통해 기동성까지 갖추었다. 게다가
알렉산더는 프로드로모이로 불리는 경무장 기

병의 분견대들 또한 사용했다. 그들은 더 기다
란 창으로 무장했던 것으로 보인다.

그림에서 볼 수 있는 중무장 엘리트 기병은
완전한 시야 확보가 가능했던 보이오티아의
투구를 쓰고 있다. 그는 청동흉갑, 가죽 끈으
로 맨 정강이받이(이것은 선택적인 것이었다),
그리고 발가락이 노출된 샌달을 신고 있으며,
일직선의 곧은 칼을 휴대하고 있다. 아래의 흑
백그림은 행군대형에 있는 중무장 엘리트 기
병의 모습을 나타낸다. 그는 정강이받이를 하
고 있지 않으며 트라키아 투구를 쓰고 있다.
그림에서 알 수 있듯이 이 시기에는 등자는 물
론이고 안장도 사용되지 않았다.

## 기병 대형

위쪽의 그림은 기병 대형의 방식들을 보여주
고 있다. 그리스인들은 가로 16명 그리고 세로
8명으로 이루어진 4각 대형을 선호했다. 경무
장 기병은 산개 대형을 더 많이 채택했다. 스
키타이인들은 트라키아인들과 마케도니아인
들이 받아들였던 쐐기 대형을 선호했다. 테살
리아의 장사방형 기병 대형은 갑작스런 방향
전환에 적합했다.

군했다. 그리고 옆길로 벗어나 내륙에 위치한 고르디움에서 재차 파르메니오와 합류하기 위해 북쪽으로 향했다. 전략적으로 볼 때 이러한 이동은 불필요한 것처럼 보일지 모르지만, 알렉산더의 원정은 때때로 탐험, 순례 또는 심지어 여행이라는 겉모습을 취했다. 여하튼 그는 이미 자신의 것으로 간주한 제국의 모습들에 친숙해질 수 있는 기회를 놓치지 않았다.

파르메니오의 군대와 합류한 알렉산더는 다시 남쪽을 향해 킬리키아 평원으로 진군해 시리아를 위협했다. 전략적으로 대단히 중요했던 산길을 방어하는 데 무기력했던 페르시아 군대가 알렉산더가 접근하자 도망쳤다. 하지만 다리우스가 직접 지휘했던 페르시아의 주력군이 멀리 시리아 남쪽에서 기다리고 있었다. 이때 알렉산더가 갑자기 열병을 앓게 되면서 진군이 지연되었다.

알렉산더 군대의 진군이 지연되면서 용기를 얻은 다리우스 3세는 우회해서 진군했으며, 북쪽의 산길을 지나 이수스 시를 급습했다. 그는 그곳에 남겨져 있었던 병에 걸린 마케도니아 병사들을 잔혹하게 살해했다. 이러한 진군으로 그는 알렉산더의 후방에 자리 잡았다. 알렉산더는 놀랐지만 당황해하지 않았다. 왜냐하면 다리우스 3세의 진군으로 600,000명의 페르시아군이 산맥과 바다 사이에 평야가 끼어있는 위치에 자리잡았기 때문이다. 페르시아 입장에서 본다면 이런 위치에서는 병사들의 수적 우위와 투석무기들의 이점이 발휘될 수 없었다. 하지만 어떤 점에서 그 위치는 그라니코스 강에서 태수들이 선택했던 위치와 유사했다. 다리우스 군대는 강 앞의 하상을 따라 정렬했다. 때는 기원전 334년 늦은 가을이었으므로, 강바닥은 말라붙어 있었다. 다리우스 3세의 용병 중갑보병들이 중앙에 위치했다. 그의 기병대는 양 날개를 지켰으며, 오른쪽 날개에 더 많은 병사들을 배치했다. 왜냐하면 산맥으로 인해 왼쪽 날개에 병사들을 배치할 만한 공간이 전혀 남아 있지 않았기 때문이다. 또한 다리우스 3세는 오른쪽 날개를 헤치고 나가 알렉산더를 해상에서 봉쇄하고 싶었다. 다리우스가 빙 둘러 포위하는 진군 이후에 두 군대의 위치가 서로 바뀌었음을 기억해야 한다.

알렉산더가 거두었던 승리의 대부분은 대체로 훌륭한 정찰업무에 기인했던 것 같다. 다리우스는 위쪽 산비탈에 상당수의 병력을 배치함으로써 엘리트 집단으로 이루어진 알렉산더의 기병대가 측면을 포위하지 못하게 했다. 다리우스의 계획을 알아차린 알렉산더는 자신의 경무장 분견대에게 방어하게 했다. 또한 알렉산더는 좌측 날개를 강화하기 위해 파르메니오가 지휘하는 테살리아 기병을 보냈다. 알렉산더가 전투에 들어가기 직전 이런 모든 변화를 시도한다는 것은 가능했다. 그의 진군은 여유 만만했고, 페르시아인들은 그에게 주도권을 빼앗긴 채 위치를 지켰다.

이 전투는 고대의 수많은 전투방식을 따랐다. 적을 에워싸고 있었던 마케도니아 군대의 오른쪽 날개는 중앙의 팔랑크스를 긴장시켰다. 오른쪽의 팔랑크스 병사들이 오른쪽 날개의 기병들과 접촉을 유지하려고 했을 때, 그들은 왼쪽의 팔랑크스 병사들과 분리되었다. 이렇게 해서 위험한 틈이 생겨났으며, 다리우스의 그리스인 용병들이 이 틈을 재빠르게 이용했다. 따라서 알렉산더는 그리스인 용병들이 중앙을 돌파해서 자신을 포위할 수 있기 전에 엘리트 집단으로 이루어진 병사들로 다리우스의 그리스인 용병들을 포위할 수 있어야 했다. 알렉산더는 측면과 후방의 용병들을 무서운 기세로 헤치고 달리면서 승리했다. 포로로 잡힐 위기에 처한 다리우스는 전차를 타고 황급히 도망쳤다. 파르메니오의 기병을 저지했던 오른쪽의 페르시아 군대조차도 그들의 왕이 그랬던 것처럼 도망치기에 바빴다. 페르시아 군대와 동행했던 다리우스의 어머니, 부인, 그리고 자식들은 알렉산더의 포로가 되었다.

## 티르 공략

이수스의 전투는 빛나는 승리였다. 만약 페르시아 왕실의 인질들을 소유했던 알렉산더가 다리우스가 새로운 군대를 동원할 시간적 여유를 갖기 전에 동쪽의 페르시아 제국의 심장부로 진군하기로 결정했더라면, 그것은 누구나 쉽게 이해할 수 있는 결정이었을 것이다. 하지만 알렉산더는 레반트 해안을 확보한다는 원래의 계획을 고수했다. 이러한 전략이 신중하게 계획되었다는 것은 의문의 여지가 없다. 페르시아와 키프로스의 함대가 페르시아의 통제에 기꺼이 따랐지만, 그들은 멤논의 죽음에도 불구하고 여전히 그리스 본토와 마케도니아 자체에 반격을 시도할 수 있었다.

알렉산더는 시리아 해안 아래쪽을 따라 남쪽으로 진군을 계속했다. 이수스 전투의 결과에 놀란 시돈과 비블로스는 아무런 저항 없이 그에게 항복했다. 하지만 티르는 알렉산더의 종주권을 인정하기는 했지만, 그가 시 주변 지역들로 들어오는 것은 거부했다. 티르가 외관상 난공불락의 위치에 있는 섬의 앞바다에 세워졌다는 사실에 전혀 위축되지 않았던 알렉산더는 즉시 포위공격을 하기로 결심했다. 그의 소규모 해군력은 공해에서 수많은 티르의 배를 상대할 수 없었다. 따라서 그는 육상에서 둑길을 건설하기 시작했다. 둑길이 점점 깊어지는 물속으로 확장되면서 둑길 건설이 더 어렵게 되었다. 둑길을 건설하고 있었던 병사들은 도시 성벽들과 티르의 함선에서 날아오는 무기들의 사정거리에 놓이게 되었다. 알렉산더는 둑길에 두 개의 탑을 세우는 것으로 응수했다. 이렇게 세워진 두 개의 탑으로 포위공격용 포

(투석기와 석궁)를 사용해서 적의 공격을 격퇴할 수 있었다. 동시에 둑길 건설에 동원되었던 병사들도 탑 뒤에 몸을 숨길 수 있었다. 탑 자체는 가죽으로 덮여 있어서, 불꽃을 내며 타오르는 적진에서 날아오는 뾰족한 창으로부터 보호되었다. 티르인들은 화공선火攻船을 진수시켜 두 개의 탑을 간신히 넘어뜨렸다.

알렉산더는 둑길을 넓혔으며, 더 많은 포위공격무기들을 전선에 보냈다. 또한 그는 이제 대규모 함대를 소집할 수 있었다. 그의 위풍당당한 진군에 위압당한 시돈과 키프로스는 함선과 선원을 제공했다. 티르인들은 알렉산더가 소집한 해군의 무기 규모에 놀라 공해에서 싸우기를 거부했다. 하지만 그들은 배를 사용해 각각 시돈과 이집트 쪽으로 향해 있었던 섬의 북쪽과 남쪽 항구들을 봉쇄했다.

둑길이 마침내 완성되었으며 알렉산더의 포위공격무기들이 티르 시의 성벽들을 향해 조준되었다. 하지만 티르인들은 이미 높이가 150피트(46미터)나 되는 나무로 만든 탑을 총안銃眼이 있는 흉벽胸壁 위에 걸쳐 놓은 채 알렉산더의 탑에 반격을 가했다. 성벽에 접근한다는 것은 바다에서 성벽 근처에 내던진 돌 때문에 어려웠다. 알렉산더는 돌을 끄집어내라고 명령했지만, 이 일을 위해 파견된 배들이 티르의 무장선들이 정박용 계류 밧줄을 잘라버렸기 때문에 방해받았다. 알렉산더는 돌을 끄집어내고 있는 사람들을 보호하기 위해 무장한 배를 배치했다. 그때 티르의 잠수부들이 밧줄을 잘라버리곤 했으며, 마케도니아인들은 배를 닻사슬로 단단히 고정시켰다. 결국 마케도니아인들은 돌을 올가미로 잡아맨 뒤 쇠뇌(창이나 화살, 돌 따위를 발사하기 위해서 쓴 무기)를 사용해서 깊은 바다 속으로 던져버렸다.

이제 티르의 배들은 북쪽 항구를 지켰던 키프로스의 해군에 맞서 기습 출격할 태세를 갖추었다. 하지만 알렉산더는 경계를 늦추지 않았으며, 시기적절한 조치들을 취했다. 티르의 또 다른 배들이 재차 북쪽 항구 입구를 봉쇄하려고 파견되었으며, 알렉산더는 티르의 3단 노선들을 저지하기 위해 급하게 병력이 배치된 함대를 이끌고 티르를 빙 돌아 항해했다. 알렉산더는 설사 티르의 승무원들이 헤엄쳐서 살아남았다고는 하더라도, 대부분의 3단 노선을 보기 좋게 무력화시켰다.

이제 티르를 포위하고 있었던 알렉산더 군대는 배에 실린 무기들을 티르의 북쪽 성벽으로 날려 보냈지만, 성벽은 굳건하게 방어되었다. 하지만 남쪽에서 이루어진 비슷한 공격은 더 성공적이었고 파괴된 성벽 사이로 틈이 만들어졌다. 출입구를 통해 침투하려는 최초의 시도는 실패했지만, 결국 성벽 사이의 틈이 넓어지면서 티르 시로의 진입이 가능해졌다. 알렉산더는 성벽을 차지했지만 티르인들은 도시 안에서 마지막 필사적인 저항을 시도했

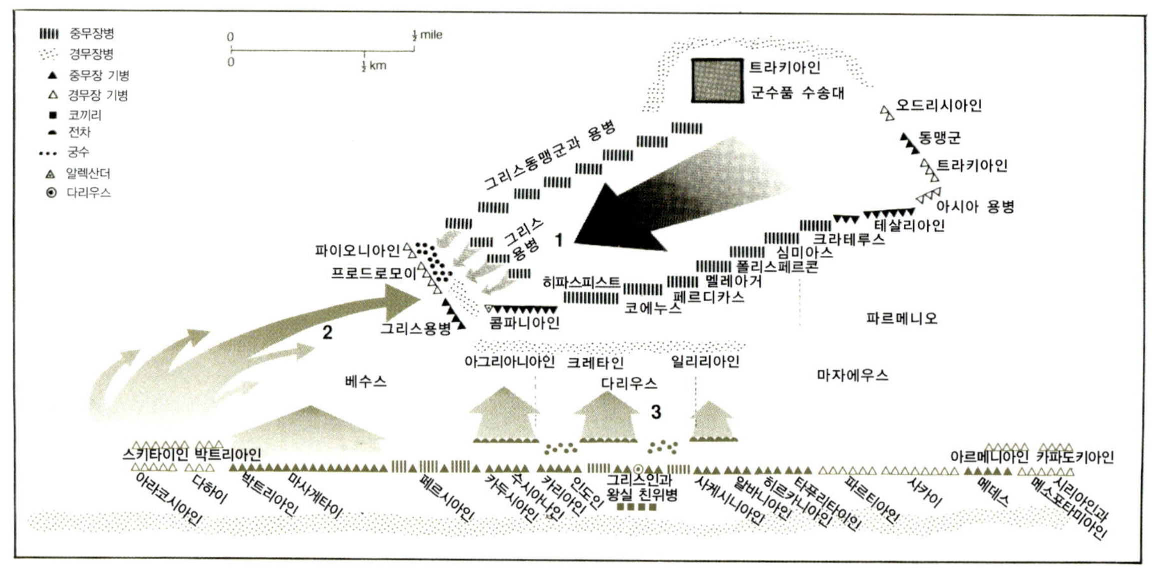


<u>가우가멜라 전투(기원전 331년)</u>

**알렉산더**

보병

팔랑크스 12,000명
히파스피스트 3,000명
그리스인 동맹자 7,000명
그리스인 용병 8/9,000명

트라키아 6,000명
일리리쿰 1,000명
아그리아니아 1,000명
크레타 1,000명

**다리우스**

보병

황실 근위대 2,000명
그리스인 용병 2,000명

경무장병

마르디 2,000명
징발된 농민 전체 50,000명 정도

중무장 엘리트 기병 2,100명
테살리아 2,100명
그리스인 동맹자 750명
경무장 기병 600명
파이오니아 300명
트라키아 500명
아시아 300명
(용병 궁수)
그리스인 용병 400명

기병

페르시스 1,000명
황실 근위병 1,000명
인도 1,000명
카리아 1,000명
수시아나 1,000명
카두시 1,000명
사케시니아 1,000명
메디아 2,000명
알바니아 1,000명
히르카니아 1,000명
타푸리타이 1,000명

다. 알렉산더와 히파스피스트들에 의해 저항은 진압되었으며, 티르 시의 방어자들은 대량 살육되었다. 카르타고에서 온 몇몇 순례자들과 방문자들은 목숨을 건졌지만, 부녀자들과 아이들은 노예가 되었다.

### 가우가멜라 전투(기원전 331년)

알렉산더가 여전히 티르를 포위공격하고 있을 때, 다리우스는 그에게 사절단을 보내 10,000탤런트와 자신의 딸, 그리고 유프라테스 강 서쪽의 모든 영토를 바치겠다고 제안했다. 다리우스는 그 대가로 왕가의 복원 그리고 우정과 동맹의 협약체결을 요구했다. 알렉산더는 다리우스가 제안한 것들이 이미 자신의 수중에 들어와 있었으므로 그리고 자신이 원하기만 하면 다리우스의 동의 하에 또는 동의 없이 그의 딸과 결혼할 수 있었으므로 이 제안을 거부했다.

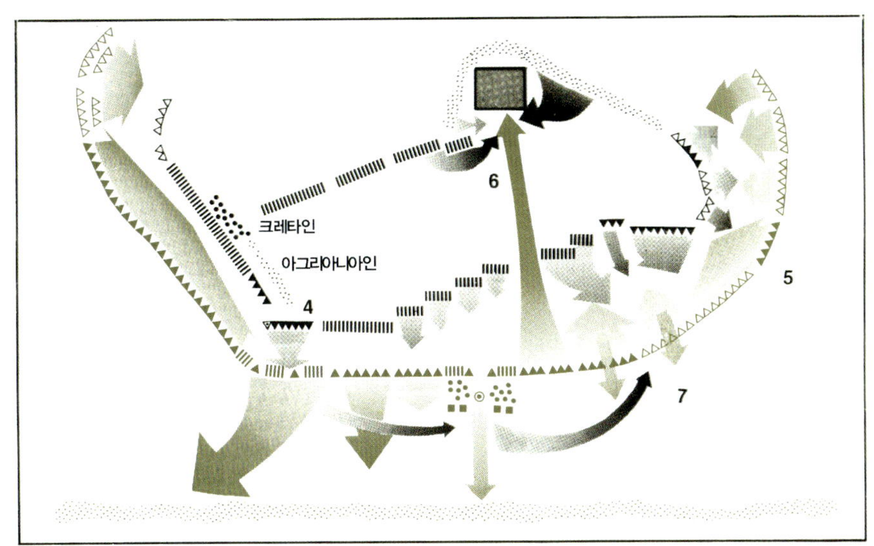


1. 다리우스는 자신의 기병을 위해 전장을 깨끗이 정리한다. 알렉산더는 45도 각도의 비스듬한 대형을 채택하고 오른쪽 대각선으로 비스듬히 전진시킨다. 베수스가 이 대형의 측면을 공격하려고 시도한다.

2. 소규모 접전: 마케도니아의 우측이 중무장 기병의 공격을 받고 후퇴한다. 아리스톤의 병사들이 전선을 강화한다.

3. 전차 공격이 경무장 병력들에 의해 분쇄된다. 일부는 팔랑크스를 통과하지만 전선 뒤의 군대 말구종들에게 괴멸된다.

4. 중무장 엘리트 기병들이 베수스가 전선을 왼편으로 확대하면서 생긴 취약 지점을 공격한다. 즉 팔랑크스가 정면으로 공격하자 중심부가 와해된다. 베수스는 더 이상 전진하지 못한다.

5. 마자에우스가 자신의 기병 전부를 동원해 파르메니오를 공격한다.

6. 두 개의 팔랑크스 부대가 파견되고, 일부 페르시아인들이 병참부대를 공격하기 위해 갈라진 틈을 통과한다. 차례로 그들은 마케도니아 증원부대의 공격을 받는다.

7. 파르메니오를 돕기 위해 알렉산더는 마자에우스의 측면을 에워싸기 위해서 좌측으로 전차를 움직인다. 파르티아인과 히르카니아인에 맞서 격렬한 전투가 벌어진다. 60명의 중무장 엘리트 기병들이 사망한다. 많은 사람들이 부상당한다. 테살리아인들의 지원을 받은 알렉산더가 승리한다.

다하이 1,000명
아라코시아 2,000명
마사게타이 2,000명
박트리아(중무장) 6,000명
박트리아(경무장) 1,000명
카파도키아 1,000명
아르메니아 2,000명
시리아 1,000명
파르티아 2,000명
메소포타미아 1,000명
스키타이 4,000명
바퀴에 낫이 달린 전차 200대
코끼리 15마리

티르처럼 페니키아의 도시인 가자도 알렉산더에게 저항했다. 가자는 좀처럼 포위공격이 어려울 것처럼 보였던 높은 고지대에 세워졌다. 하지만 알렉산더에게 장애물은 자신이 무적임을 입증해 보일 수 있는 기회에 불과했다. 그는 가자에서 부상당했지만, 도시를 점령한 뒤 한 명의 성인남자도 남겨두지 않고 살해했으며, 부녀자들과 아이들은 노예로 만들었다.

가자에서 알렉산더의 힘을 목격했던 이집트의 페르시아 태수는 알렉산더에게 저항하지 않는 것이 현명하다고 생각했다. 최근에 페르시아에게 재정복당했던 이집트의 주민들은 알렉산더를 해방자로 간주했다. 그는 파라오로 인정받았고, 알렉산드리아에 그리스 방식으로 도시를 건설했으며, 황량한 사막을 가로질러 시와로 그의 군대를 진군시켰다. 시와에서 암몬(그리스인들의 제우스)의 신탁은 알렉산더가 암몬 신의 아들임을 선언하는 것으로 해석되었다.

기원전 331년 알렉산더는 군대를 이끌고 재차 동쪽으로 향했다. 이제 해안선이 확보되었으며 그의 동방원정 프로그램들이 진지하게 시작되었다. 그는 시리아를 통과해 진군한 뒤 유프라테스 강과 티그리스 강을 건너 메소포타미아의 반대쪽인 아르벨라 시 근처의 가우가멜라 평원에서 다리우스와 맞섰다. 이곳은 알렉산더가 다리우스와 대결했던 마지막이자 결정적인 전투 장소였다.

페르시아 왕 다리우스는 군대를 소집했으며, 엄청난 규모와 눈길을 끄는 다양한 민족 구성 때문에 크세르크세스가 한 세기 반 전에 그리스로 이끌고 들어왔던 군대를 생각나게 했다. 거기에는 바퀴에 낫이 달린 전차, 코끼리, 낙타 그리고 전통을 자랑하는 페르시아 연대들과 함께 인도인, 스키타이인, 그리고 박트리아인을 포함해 여러 국적의 분견대들이 포함되어 있었다. 하지만 이제 수가 고갈된 다리우스의 그리스인 용병부대는 아시아의 보병과 부족 징집병들로 편성되는 증원군을 필요로 했다.

평상시처럼 알렉산더는 치밀한 정보수집과 정찰업무를 통해 전투를 준비했다. 포로들을 심문해 다리우스의 전체 전투 대형을 확인하기도 했다. 게다가 그는 몸소 기병정찰대를 이끌고 전투를 치를 장소를 답사했다. 웅덩이나 대못처럼 기병들을 함정에 몰아넣는 장애물은 혹시 없는지 확인할 필요가 있었다. 실제로 다리우스는 낫이 달린 전차를 실전에 투입할 것에 대비해 전투를 치를 장소의 땅을 고르게 했다.

이수스에서처럼 다리우스는 알렉산더에게 선제공격을 하게 내버려두려 했을 것이다. 하지만 이런 상황에서는 부적절했다. 알렉산더는 오른쪽 날개 기병대를 훨씬 더 오른쪽으로 이동시켰으며, 여기에 대응해서 수적으로 우세하고 광범위하게 펼쳐져 있는 페르시아 전선은 측면에서 알렉산더 앞까지 도달하기 위해 똑같은 방향으로 움직였다. 만약 이러한 추세가 지속되었더라면, 마케도니아와 페르시아 양쪽 군대는 전차투입을 위해 고르게 닦아 놓았던 장소에서 살짝 빠져나갔을 것이다. 따라서 다리우스는 좌측 날개 기병대에게 공격을 명령했다. 싸움이란 처음에는 누구에게도 결정적인 승리를 가져다주지 않았지만, 결국에는 알렉산더가 승리했다. 낫이 달린 전차에 대해 말하자면 그것은 거의 70년 전에 쿠낙사 전투에서처럼 대실패로 입증되었다. 마케도니아인들은 대형을 산개해서 전차가 통과하도록 내버려두었다. 그 사이 경무장 군대가 투석무기로 공격했으며, 전차를 끌고 있었던 말들의 고삐를 붙잡고 전차 기사들을 끌어내렸다.

한편 알렉산더가 참패한 페르시아의 좌측 날개를 몰아냈을 때, 특히 파르메니오가 지휘하는 좌측 날개가 페르시아의 우측 앞에서 후퇴하고 있을 때, 중앙의 팔랑크스가 따라갈 수 없다는 것을 알았다. 알렉산더는 이러한 상황을 예상했으며, 팔랑크스에 측면 호위대를 배치했다. 하지만 마케도니아 군대의 주력 부대들 사이에 틈이 발생했을 때, 페르시아와 인도의 군대가 그 틈을 뚫고 나와 마케도니아의 병참부대를 공격해 페르시아 포로들을 구출하고 마케도니아 호위대를 쓰러뜨렸다. 결국 예비 병력으로 후방에서 대형을 이루고 있었던 팔랑크스가 이러한 위기 상황을 타개하고 적으로부터 군용 행낭을 되찾았다.

이 단계에서 파르메니오로부터 도움을 요청받은 알렉산더는 적에 대한 추격을 포기하고 엘리트 집단으로 구성된 병사들과 함께 좌측 날개를 구해내기 위해 전장을 가로질러 말을 몰았다. 그가 도망친 적 기병대와 중앙에서 충돌했을 때, 상황이 복잡해 졌다. 적 기병대와의 충돌로 알렉산더가 파르메니오를 도울 수 있는 시간이 지연되었다. 하지만 파르메니오의 테살리아인 기병대가 가까스로 페르시아군의 공격을 견디어냈으며, 페르시아인들은 이미후퇴를 하고 있었다. 따라서 알렉산더는 페르시아의 좌측 날개가 무너졌을 때, 도망쳤던 다리우스를 다시 추격할 수 있었다. 이수스에서처럼 페르시아군 전체는 왕을 따라 도망쳤다. 만약 보다 강력한 지휘관이 페르시아군을 지휘했더라면, 이수스 아니면 가우가멜라에서 전혀 다른 결과가 나왔을지도 모른다.


## 동쪽으로 더 멀리


이제 알렉산더는 페르시아 제국의 위대한 수도들, 즉 바빌론, 수사, 페르세폴리스 그리고 엑바타나와 더불어 엄청난 양의 보물을 차지했다. 다리우스는 황량한 북쪽 지방으로 피신했다. 그곳에서 그는 자신의 장교들 중 한 명에게 살해당했다. 따라서 알렉산더가 페르시아 왕의 칭호를 차지하는 데에는 어떤 걸림돌도 없었다. 그리고 그가 다리우스를 살해한 자를 사로잡았을 때, 야만스럽게 처형하는 대신 페르시아 재판정에 인도했다.

페르시아 제국의 중심 지역에 대한 정복은 어렵지 않았다. 하지만 동쪽 지방의 정복은 지금은 코라산, 투르케스탄 그리고 아프가니스탄으로 이루어진 지역에서 3년간의 힘든 산악 전투를 수반했다. 하지만 알렉산더의 경험은 그를 모든 유형의 전투를 치를 수 있는 적임자로 만들어주었다. 그리고 박트리아의 부족장 딸 록산나와의 결혼함으로써 박트리아 부족민들을 회유할 수 있었다.

가우가멜라 전투에 뒤이은 몇 년 동안 알렉산더가 직면했던 문제는 점점 더 군사적인 것이라기보다는 오히려 정치적인 것이었다. 전제권력을 차지하면서 그의 성격은 독재적이고 포악하게 변해갔다. 그는 그라니코스 강 전투에서 자신의 목숨을 구해주었던 장교 클리투스를 술 취한 상태에서 화내며 살해했다. 한때 엘리트 집단으로 이루어진 부대의 지휘

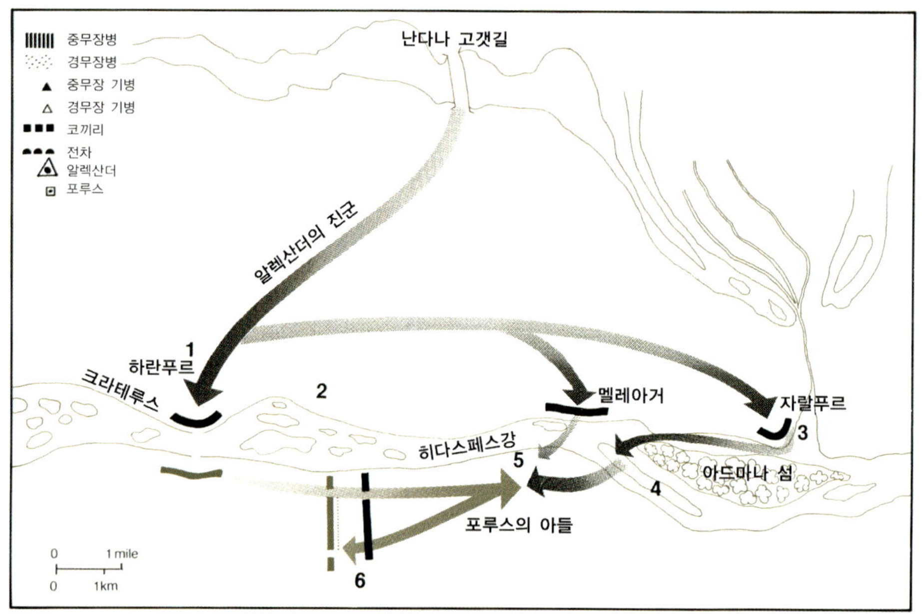



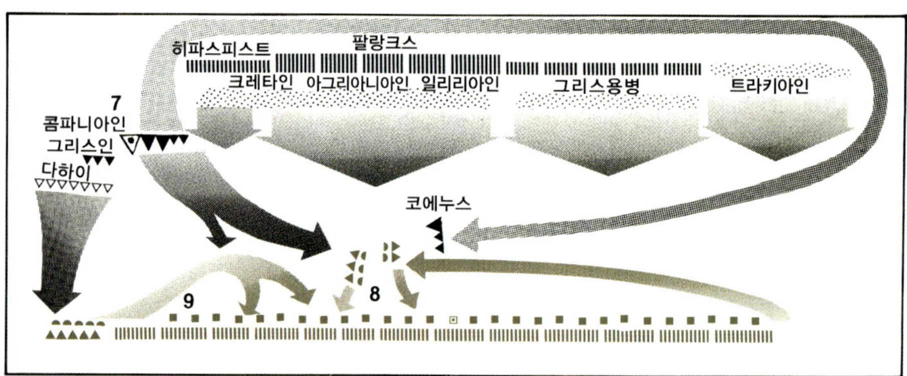



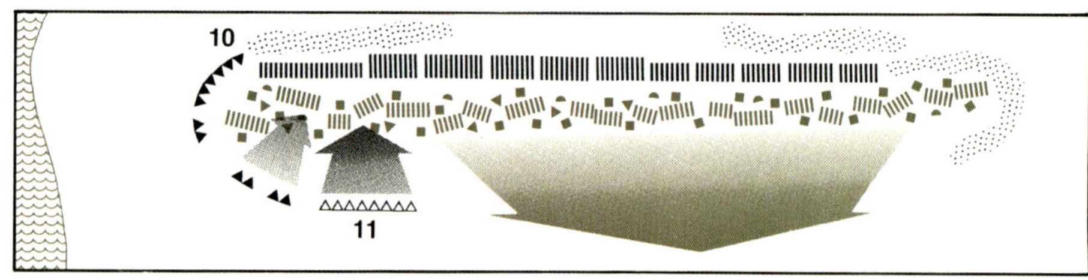



드마나 섬 뒤편을 건너기로 결심한다(3). 알렉산더는 밤을 틈타 이동한다. 그 사이에 폭풍우 때문에 크라테루스와 일부 병력(기병 2,000명과 보병 9,000명)이 얕은 여울에 남게 되고, 도중에 멜레아거를 기병 1,000명 및 보병 16,000명과 함께 떨어뜨려 놓는다. 알렉산더는 남은 병력과 함께 출항해서 뜻하지 않게 한 섬에 상륙한다(4). 그리고 마침내 물이 불은 강을 건너서 물가에서 전투에 돌입한다. 그 사이에 배가 팔랑크스를 실어 나른다. 말 탄 궁수들의 엄호를 받고 기병이 이동하고(5), 그 사이에 포루스는 자신의 아들을 보내 그들을 저지하게 한다. 알렉산더는 포루스가 뒤따라오고 있지 않다는 것을 알게 되고, 알렉산더의 기병이 전차가 진흙에 빠져 움직이지 못하는 인도인들을 압도한다. 포루스의 아들이 여기에서 살해된다. 포루스는 알렉산더와 맞서려고 그의 군대를 이동시킨다. 이때 알렉산더의 기병이 보병 앞에서 기동 작전을 펼쳤다(6). 그래서 알렉산더의 보병은 대형을 갖출 시간적 여유를 가졌다. 포루스의 보병은 코끼리의 엄호를 받고 있다. 알렉산더의 기병이 오른쪽으로 이동한다(7). 그 사이에 코에누스가 원을 이루면서 왼쪽으로 이동한다. 마케도니아의 말이 인도의 말 왼편을 강타할 때, 포루스는 그의 오른쪽 날개의 말을 채찍으로 때린다. 코에누스가 그들을 쫓는다. 알렉산더가 공격하고 그들은 코끼리들 사이에 몸을 숨긴다(8). 그리스 경무장 병력들이 그들을 괴롭힌다(9). 그리고 나머지 인도 기병은 알렉산더에게 격퇴된다(10). 재결합한 알렉산더의 기병은 팔랑크스가 전진할 때 보병을 공격한다. 코끼리들이 미쳐 날뛰며 달리고 기병은 궤멸되어 크라테루스의 병사들에게 둘러싸인다(11). 포루스의 패배로 전투가 막을 내린다(포루스가 입은 손실은 실로 엄청난 것이었다).

**히다스페스 전투(기원전 326년)**

| | 알렉산더 | 포루스 |
|---|---|---|
| **보병** | | |
| 팔랑크스 | 1,400명 | 30,000명 |
| 히파스피스트 | 3,000명 | 소그디아나 500명 |
| 그리스인 용병 | 8/10,000명 | 스키타이 500명 |
| 경무장병 | 6/7,000명 | 다하이 기병 궁수 1,000명 |
| | | 용병 1,000명 |
| | | 아라코시아 500명 |
| | | 파라파니사다이 500명 |
| | | 인도 동맹군 700명 |
| **기병** | | |
| 중무장 엘리트 | | 말 4,000마리 |
| 기병 | 2,100명 | 전차 300대 |
| 박트리아 | 500명 | 코끼리 80/100마리 |

1. 알렉산더는 히다스페스 강에 도달해 얕은 여울을 봉쇄하고 있는 포루스를 발견한다. 많은 속임수 동작을 사용하고 나서(2) 그는 아

관으로서 알렉산더의 총애를 한 몸에 받았던 파르메니오의 아들 필로타스는 반역죄로 기소되어 처형당했다. 그 후 보복을 당하지 않을까 두려워했던 알렉산더는 파르메니오까지 살해했다.

알렉산더는 페르시아 제국의 주민들을 회유하지 않고서는 페르시아 제국을 차지할 수 없을 것이라는 점을 어느 누구보다 잘 알고 있었다. 그는 점진적으로 페르시아의 관습과 의복을 받아들였으며, 그의 장교들에게 자신과 똑같이 할 것을 요구했다. 하지만 아시아인들에 대한 이러한 회유의 제스처들 때문에 마케도니아인들과 그리스인들은 소외감을 갖게 되었으며, 그들에게서 분노와 반란의 조짐이 감지되었다. 하지만 승리한 전쟁 지도자의 명성은 어떤 정치 지도자이든 장도壯途로 이끄는 법이다. 그것은 알렉산더를 다시 인도 동쪽으로 진군하도록 이끌었다. 아마도 그는 계속되는 군사 정복이야말로 자신의 정치적 힘을 유지하는데 없어서는 안 되는 것이라고 생각했던 것 같다. 그는 히다스페스 강(젤룸 강) 기슭에서 인도의 왕 포루스에게 승리했다.

코끼리는 알렉산더의 인도 전투에 대한 이야기에서 눈에띄게 많이 등장한다. 마케도니아의 팔랑크스를 크게 무찔렀던 히다스페스 강 전투에서 인도인들은 알렉산더의 병사들에게 새로운 도전이었다. 설사 다리우스가 가우가멜라 전투에서 코끼리를 동원했다고 하더라도, 코끼리는 그 전투에서 어떤 두드러진 활약도 하지 못했다. 신기함 말고는 인도의 코끼리는 그다지 심각한 위협이 되지 못했다. 코끼리 몰이꾼은 날아오는 무기들에 취약했으며, 그가 죽고 없을 경우 놀란 그리고 통제 불능의 코끼리는 적에게만큼이나 자신들에게도 위험한 존재였다. 코끼리는 지나가는 길에 발에 밟히는 것은 무엇이든 짓뭉갰다. 동시에 코끼리가 전투에서 가질 수 있었던 유용성이 무시되었을 리 없다. 왜냐하면 코끼리는 계속해서 그리스 군대뿐만 아니라 마케도니아 군대에서도 널리 사용되었기 때문이다. 히다스페스 강 전투 이후 알렉산더는 수많은 코끼리를 생포했으며, 인도 군주들로부터 또 다른 코끼리들을 선물로 받았다.


## 알렉산더의 귀환


편잡 지방을 통과한 알렉산더는 사막을 가로질러 갠지스 강으로 진군하고 싶어 했다. 하지만 여기에서 그의 군대가 반란을 일으켰다. 병사들을 끌어당기는 인품에도 불구하고 알렉산더는 병사들에게 더 이상 멀리 그를 따르게 할 수 없었다. 그는 그리스의 지리학 이론에 따라 세계의 광대한 대륙의 주위를 둘러싸고 있었던 대양大洋에 도달할 작정이었다. 그는 이것이 인도로 가는 해상로를 열어줄 수 있을 것으로 기대했다. 해상 항해를 마음에 품고 알렉산더는 그의 오랜 진군에 그리스인 조선공들을 데리고 왔다. 이제 그는 해상 항해를 통해 귀환한다는 기대로 스스로를 위로했다. 그는 함대를 건조하고 인더스 강 아래로 강 입구까지 수백 마일을 항해했다. 이 항해가 마무리되기 오래 전에 알렉산더의 장교 크라테루스가 갠지스 강에 떠 있는 배들과 나란히 행군했던 주력부대와 함께 내륙 루트를 통해 페르시아로 다시 파견되었다. 알렉산더의 해군 사령관 네아르코스는 함대를 지휘해 인도양과 페르시아 만의 해안들을 따라 위험한 항해를 시작했다. 그 사이 알렉산더는 기지를 구축하고 함대에 공급할 병참을 마련하기 위해 자신의 군대와 함께 게드로시아 사막을 가로질러 육로로 진군했다. 이 진군에서 알렉산더 군대는 온갖 종류의 결핍과 곤경으로 소름끼칠 정도의 고통을 받았으며, 많은 병사들이 황야에서 죽어 나갔다. 알렉산더는 카르마니아 해안(호르무즈 해협 근처)에서 자신의 함대와 재회했지만, 네아르코스에게 페르시아 만 위쪽 멀리 티그리스

## 적군인 인도 병사

이 그림은 알렉산더가 히다스페스에서 격파했던 군대들을 보여주고 있다. 전투 코끼리에 대나무 창으로 무장한 코끼리 부리는 사람과 인도의 수장이 타고 있다. 코끼리의 엄니는 황동을 씌워 보강했다. 대나무로 만든 6피트(1.8미터)짜리 긴 활이 인도의 주요 무기였다. 이 활에서 3피트(1미터)짜리 긴 화살이 발사되었다. 길고 날이 넓은 칼(44인치, 112센티미터)이 한 손 또는 양 손으로 사용될 수 있었다. 방패는 가죽으로 만들어졌다.

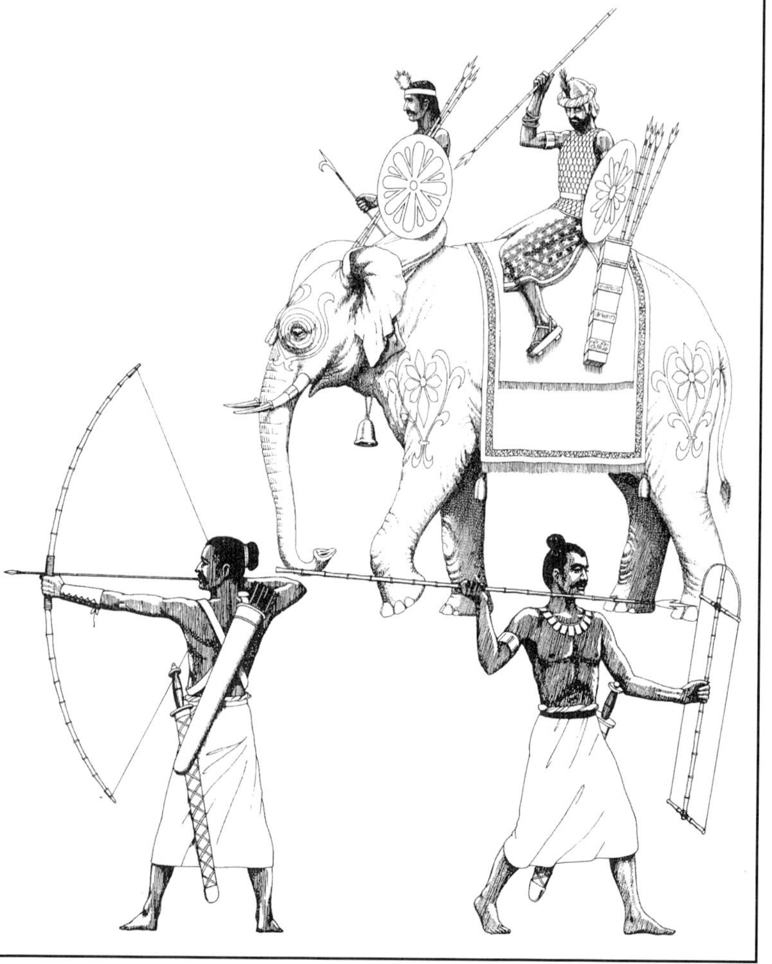

이 동전은 히다스페스 전투에서 포루스에게 거두었던 알렉산더의 승리를 기념하기 위해서 주조되었던 것 같다. 이것은 군대 형태의 한 면모를 복원하는 데 도움이 된다.

강 어귀까지 계속해서 항해할 것을 명령했다.

페르시아로 돌아오자마자 알렉산더는 그가 자리를 비운 사이에 저질러졌던 수뢰收賄와 음모 사건들을 엄하게 다루었다. 그러고 나서 그는 곧바로 공공 토목공사와 약탈 행위의 진압에 시간을 할애했다. 그 후 함대를 유프라테스 강 아래로 이끌고 가 그 지역을 정복하기 위한 사전준비로 아라비아를 빙 도는 새로운 항해를 준비하기 시작했다. 마케도니아인 추종자들을 페르시아 주민들과 결합시키려는 알렉산더의 시도는 계속되었다. 페르시아 제국의 동쪽 변경지역들로 출발하기 전에 이미 알렉산더는 페르시아인들을 마케도니아의 전투방식으로 훈련시켜 군사적으로 결합하기 위해 많은 노력을 했다. 이러한 시도는 마케도니아인들의 불만을 자아내기에 충분했다. 티그리스 강 어귀 근처의 오피스 산정에서 알렉산더의 고참 병사들은 자신들이 불필요한 존재가 될지도 모른다는 두려움에 폭동을 일으키기 직전이었다. 하지만 알렉산더는 그들을 안심시키는 데 성공했으며, 오피스 산정에서 감동적인 화해의 장면들이 뒤를 이었다.

그의 아라비아 구상과는 별개로 알렉산더는 대양을 항해하겠다는 계획을 결코 잊지 않았다. 그는 이 루트를 통해 세계를 빙 돌아 항해해 카르타고가 지배했던 지역들을 정복하고 로마의 점증하는 힘을 억제하고 싶어 했다. 만약 그가 살아 있었더라면 이러한 목표를 추구하기 위해 함대를 이끌고 아프리카를 빙 돌아 항해했을 것이다. 실제로 서방 국가들은 알렉산더가 더 이상 무시할 수 없는 정치·군사적 힘을 가지고 있다고 생각했다. 기원전 324년 바빌론 근처에서 알렉산더는 리비아, 카르타고, 스페인 그리고 갈리아에서 온 사절단들의 알현을 받았다. 몇몇 경우 마케도니아인들에게 그들은 이름 그 자체가 알려져 있지 않은 먼 지역에 사는 민족의 대표자들이었다.

기원전 323년 자신이 수도로 선택한 바빌론에서 알렉산더가 갑작스레 병에 걸려 죽었다는 소식은 전 세계를 놀라게 했다. 알렉산더는 록산나 말고도 다리우스의 딸인 스타티라와 결혼했다. 그리고 멤논의 미망인이었던 바르시네는 그가 마음속 깊숙이 품고 있었던 정부情婦였다. 아리스토불로스의 주장에 근거해 아리아노스는 알렉산더에게 페르시아인 부인이 한 명 더 있었다고 말하고 있다. 그리스인들과는 다르게 마케도니아인들이 항상 일부일처의 전통을 지켰던 것 같지는 않다. 록산나는 알렉산더가 죽은 뒤에 그의 아들을 낳았지만, 그러한 상황에서 유아와 어린 아이들의 미래는 불안한 것이었다. 알렉산더는 권력 상속을 준비하기는커녕 결코 어느 누구도 지명하지 않았다. 하지만 그가 살아 있었더라면, 아마도 그는 부재자 황제가 되었을 것이다. 그리고 그의 섭정들이 계승자가 되기 위해 서로 싸웠을 것이라는 점에는 의문의 여지가 없다.

# 알렉산더 계승자들과 후기 그리스 세계

알렉산더가 죽은 뒤에 그의 제국은 계승전쟁으로 갈가리 찢겨 나갔다. 그 사이에 그리스의 도시국가들은 한 번 더 독립을 위해 싸웠다. 전쟁을 위한 기구에는 이제 신흥강대국인 카르타고가 사용했던 갤리선처럼 더 무겁고 더 빠른 전함들이 포함되었다.

### 고대의 문헌

아리아노스는 알렉산더의 공훈에 대한 이야기 외에 알렉산더가 죽고 난 이후의 사건들에 대해 한 권의 책을 썼다. 불행히도 이 책은 단편적으로만 전해져 왔다. 따라서 그 시기에 대해 말해주고 있는 고대의 주요 문헌은 기원전 1세기 후반부에 활약했던 디오도로스 시켈로스의 작품이다. 그는 스스로 역사의 '도서관' 이라고 불렀던 책을 썼다. 이 책은 율리우스 카이사르의 전쟁 때까지의 완전한 세계사를 목표로 했다. 디오도로스는 여러 출처를 인용하고 있다. 그것들 중 일부는 고대에 꽤 많이 알려져 있었던 것들이었지만, 다른 일부는 그렇지 않았다. 알렉산더가 죽은 뒤 그를 곧바로 계승했던 계승자들의 시대에 대해 디

알렉산더의 죽음과 입소스 전투 사이의 22년 동안 알렉산더 계승자들의 제국은 크게 변했다. 이 지도는 영토의 분포를 보여주고 있다.

오도로스는 멀리 기원전 297년까지의 사건들을 기록했던 아테네 역사가 딜로스의 도움을 받았다. 또한 디오도로스는 카르디아의 히에로니무스에게도 많은 도움을 받았다. 히에로니무스는 병사와 관리로 복무했던 경력 때문에 알렉산더의 죽음에 뒤이은 반세기 동안 활약했던 역사가로서 손색이 없었다. 이와는 대조적으로 사모스의 두리스는 확신을 갖고 진실을 언급하지 않으면서 인기를 좇는 데에 급급했던 작가였다. 유감스럽게도 디오도로스는 각 출처들의 가치를 구분하려고 애쓰지 않았다. 이것은 그의 독자들 몫으로 남겨졌다.

동전에 각인된 프톨레마이오스 소테르는 알렉산더의 장군이었고 나중에 이집트의 왕이 되었다. 알렉산더의 정복에 대해 그가 남긴 기록은 아리아노스의 주요 전거였다.

시칠리아 사람으로 기억되는 디오도로스는 시칠리아 역사를 주제로 책을 쓰는 데 전력을 다했다. 이 분야에서 그가 사용한 문헌은 또 한 명의 시칠리아출신 그리스인으로 동시대의 수많은 사건들을 기술했던 티마이오스(기원전 352~256년)였다. 동시대를 살아가는 작가는 당연히 자신의 자료를 관찰하는데 좋은 위치에 있다. 하지만 그가 개인적으로 자신의 자료에 편견을 갖게 되는 것은 불가피하다. 그의 증언이 대체로 고대인들 사이에서 존경을 받을 만했다고 하더라도, 티마이오스가 항상 공평했던 것은 아니다.

다행히도 우리는 플루타르코스의 『영웅전』으로부터도 도움을 받는다. 플루타르코스는 『알렉산더 전기』 맨 처음에 자신이 역사가라기보다는 오히려 전기 작가라는 것을 그리고 역사가에게 기대할 수 있는 광범위한 정보 제공을 약속하지 않는다는 것을 강조했다. 플루타르코스의 『영웅전』 가운데 많은 부분이 여기에서 다루어지고 있는 시기 또는 그 시기 가까이에 활약했던 유력한 군인들과 정치가들에 관한 내용들이다. 그것들은 대체로 기록이 많이 남아 있지 않은 시기에 대한 지식을 넓혀주는데 중대한 기여를 한다. 더욱이 그리스 세계는 예전보다 한층 더 유력한 개인들의 행동에 사건들이 집중된 역사적 단계로 이동했다. 역사와 전기 사이의 관계는 그만큼 더 가까워졌다.

앞서 말한 출처들 말고도 서기 3세기에 활동했던 것으로 추

알렉산더 사후에 트라키아를 통치했던 리시마코스를 나타낸 것으로 생각되는 흉상. 그는 다른 '알렉산더 계승자들'과 싸웠으며 기원전 281년 셀레우코스와 맞선 전투에서 사망했다.

정되는 마르쿠스 유니아누스 유스티누스에게서 얻을 수 있는 것과 같은 지식이 추가될 수 있을 것이다. 초록에서 유스티누스는 폼페이우스 트로구스의 세계사를 요약했다. 기원 초기에 만들어진 트로구스의 라틴어 작품은 그 보다 앞선 시기에 만들어졌던 그리스 문헌들에 의존했다.

　　군사 행동 및 전투 방식과 관련된 현재의 관심에서 볼 때, 군사학과 군사기술에 관한 다양한 고대의 교과서들이 전해져 내려오고 있다는 사실에 감사해야 한다. 여기에는 기원전 4세기 말 아이네아스 타크티코스와 기원전 3세기 말로 추정되는 비잔티움의 필론의 작품이 포함된다. 이들 말고도 중요한 작가들로는 기원전 1세기로 추정되는 시기에 기계장치에 관한 소책자를 남긴 공학자 아테나이오스와 기원전 3세기로 추정되는 시기에(정확한 연대는 알려져 있지 않다) 참고문헌도 없이 포위공격 병기에 관한 소책자를 남긴 비톤이 언급되어야 한다.

## 알렉산더 사후의 정치상황

　　알렉산더 사후에 논쟁으로 격화된 계승문제는 그의 상급 장교들이 서로 왕위를 주장하면서 장기간의 전쟁으로 비화되었다. 이 전쟁의 와중에서 페르디카스, 크라테로스, 그리고 에우메네스가 살해되었다. 안티파트로스와 그의 계승자들은 마케도니아와 그리스를, 리시마코스는 트라키아를, 안티고노스는 프리기아와 소아시아의 상당 부분을, 프톨레마이오스는 이집트를, 그리고 셀레우코스는 멀리 인도까지 동방 지역을 소유하게 되었다. 기원전 319년에 안티파트로스가 죽고 난 뒤 그의 아들 카산드로스의 왕위계승권이 무시되고 그의 장교들 중 한 명의 수중에 권력이 넘어갔다. 머지않아 카산드로스가 왕위를 주장했다. 하지만 내분으로 쇠약해진 마케도니아는 이제 예전만 못한 역할을 수행했으며, 제국에서 지리적으로 중심적인 위치를 차지했던 안티고노스가 대담하게도 제국 전체를 장악하려는 열망으로 가득찬 유일한 지배자였다. 그의 야심을 저지하기 위한 연합전선이 결성되었으며, 그와 그의 아들 디미트리오스는 결국 기원전 301년 입소스 전투에서 패배했다. 안티고노스 자신은 그 전투에서 살해되었다. 입소스 전투는 어쨌든 그 시기에 결정적인 것으로 간주될 수 있는 유일한 전투였다. 왜냐하면 입소스 전투는 알렉산더의 권력을 계승할 유일한 존재는 결코 있을 수 없으며, 정치적 분할이야말로 그가 정복했던 거대한 영토의 운명이었음을 입증했기 때문이다. 물론 이것이 각각 분할된 지역의 지배자들 사이의 전쟁으로 귀결되지는 않았다. 정반대로 그들의 관계는 우울하게도 앞선 한 세기 반 동안 그리스 국가들 사이에 존재했던 관계와 유사했다. 어떤 단일한 강국이 다른 강국들을 지배할 수 없었다. 게다가 지배적인 중심 권력 없이는 끊임없이 변하는 적대 행위와 동맹의 패턴 말고는 기대될 수 없었다. 유혈과 파괴 그리고 재원 낭비가 불가피하게 수반되었다.

설사 그리스 국가들의 자유가 언제나 그랬던 것처럼 주로 싸우는 자유에 해당되었다 하더라도, 어느 정도 쇠퇴의 기미를 보이고 있었던 그리스의 자유라는 대의가 알렉산더의 계승자들이 멀리 떨어진 동방의 전쟁 무대에서 싸우고 있는 동안에는 효력을 발휘했다. 알렉산더의 사망소식이 그리스에 알려지자마자 아테네는 봉기를 일으켰으며, 테살리아인 및 아이톨리아인과 동맹을 맺고 테살리아의 도시인 라미아에서 안티파트로스를 봉쇄하는 데 성공했다. 하지만 안티파트로스는 해상에서 아테네의 패배에 고무되어 마케도니아의 증원군이 도착할 때까지 버텼다. 그러고 나서 그는 크라논에서 그리스의 적들을 무찔렀다. 전과 다름없이 아테네에서 반 마케도니아 감정을 고무시키고 있었던 데모스테네스는 칼라우리아 섬(오늘날의 포로스)으로 도망갈 수밖에 없었다. 그는 아테네에서 정적들의 제의로 사형선고를 받았다. 안티파트로스의 부하 몇 명이 사형을 강제집행하기 위해 칼라우리아 섬까지 데모스테네스를 추격했지만, 그는 사형이 집행되기 전에 독약을 마시고 자살했다.

스파르타는 그리스 본토에서 필리포스 2세 또는 알렉산더의 직접적인 지배를 받지 않았던 몇 안 되는 도시들 중 하나였다. 하지만 알렉산더는 스파르타인들이 전통적인 펠로폰네소스 동맹국들의 지원을 받지 못하게 해 무력화시켰다. 페르시아의 자금을 지원받았던 스파르타가 자신의 힘을 주장하려고 시도하자 안티파트로스는 기원전 331년 메갈로폴리스에서 스파르타군을 궤멸시켰다.

그리스인들 사이의 전쟁은 이제 도시가 아닌 동맹들 사이에서 치러졌다. 기원전 4세기 초반부에 에파미논다스는 고대 보이오티아 동맹을 모방해 스파르타가 경비를 부담해 아르카디아의 도시들을 하나로 묶으려고 시도했다. 필리포스, 알렉

**입소스 전투(기원전 301년)**

**지휘관**

안티고노스

분리주의를 주장하는 통치자들인 프톨레마이오스, 카산드로스, 그리고 리시마코스의 지지를 받았던 셀레우코스 니카토르

**병력 수**

안티고노스: 보병 70,000명, 말 10,000마리, 코끼리 75마리
셀레우코스: 보병 64,000명, 말 10,500마리, 코끼리 400마리, 전차 120대

1. 기병을 지휘하는 안티고노스의 아들 디미트리오스가 셀레우코스의 아들 안티오코스를 격파하고 추적한다.
2. 셀레우코스의 코끼리들이 디미트리오스의 귀환을 저지한다.
3. 기병의 지원이 없는 안티고노스가 위협받는다.
4. 셀레우코스가 양동陽動과 계략으로 자신의 공격을 늦춘다.
5. 셀레우코스의 심리전이 성공한다. 그는 안티고노스 진영으로부터 도망자들을 끌어당긴다.
6. 또 다른 안티고노스의 군대는 사기가 저하되고 뿔뿔이 흩어진다.
7. 셀레우코스가 안티고노스의 주요 진지에 공격을 개시한다.
8. 안티고노스가 전투 중에 사망한다.
9. 플루타르코스에 따르면 보병 5,000명과 말 4,000마리를 데리고 디미트리오스는 에페소스를 경유해서 그리스로 도망간다.

산더, 그리고 안티파트로스는 카이로네아 전투 이후 코린트에서 결성된 그리스 동맹의 지도자들로서 권한을 행사했다. 기원전 3세기 동안 나타난 가장 강력한 동맹은 아카이아 동맹이었다. 여기에는 아카이아 국가들 이외에 다른 국가들이 포함되었으며, 아카이아 동맹은 불가피하게 스파르타의 군사력과 충돌하게 되었다.

기원전 244년 아기스 4세가 스파르타 왕에 즉위했다. 스파르타의 쇠락을 치유할 방법을 찾는 과정에서 그는 전통적인 통치 및 규율 시스템을 부활시켰으며, 수많은 비시민들을 배타적일 뿐만 아니라 점점 규모가 줄어들고 있는 시민집단에 편입시키려고 시도했다. 아기스는 체포되어 감독관(에포르)들의 명령으로 사형에 처해졌다. 몇 년 후 클레오메네스 3세가 감독관직을 폐지하고 전제 군주가 되었지만, 그는 전투에서 패한 뒤 아카이아 동맹과 마케도니아의 협력으로 권좌에서 쫓겨났다. 클레오메네스보다 더 무자비했던 스파르타의 또 다른 전제 군주가 강탈자 나비스라는 이름으로 나타났다. 클레오메네스처럼 그는 아카이아 동맹과 대립했다. 이제 아카이아 동맹은 마케도니아 대신에 로마를 동맹국으로 의지했다. 나비스는 결국 기원전 193년 패배하고 그 다음 해에 암살당했다.

**로도스의 해군력**


군사령관들의 세계에서 계속 번영을 구가하며 강력해진 그리스의 입헌 국가는 로도스였다. 그리스 본토의 정치 동맹들처럼 로도스의 연방정부는 범위가 한정된 채 고안된 도시국가들에 비해 하나의 이점이 있었다. 로도스 섬의 도리아계 그리스 식민자들은 최초에 세 개의 주요 도시, 즉 이알리소스, 린도스 그리고 카미로스를 건설했다. 도리아계 주민임에도 불구하고 로도스 섬은 펠로폰네소스 전쟁 대부분의 기간 동안 줄곧 아테네 동맹의 일원이었다. 아테네의 국력이 쇠퇴하고 리산드로스가 페르시아의 재정 지원으로 스파르타를 동부 지중해의 해군 국가로 만들었던 기원전 411년에야 비로소 로도스는 아테네에 대한 충성을 철회했다. 이 무렵 로도스 섬의 도시들은 수도와 중앙 정부를 새롭게 세우고 연방을 구성했다. 하지만 연방을 구성한 각각의 도시들은 상당한 수준의 지방자치를 유지했다.

로도스는 곡물과 다른 뱃짐을 배에 실어 나르면서 부유해졌다. 알렉산더가 페니키아의 티르를 파괴하자 섬 국가인 로도스에게는 위험한 무역 경쟁국이 제거되었다. 동시에 페르시아 제국 전체에 대한 마케도니아의 지배와 그것에 뒤이은 동부 지중해에서 정치적 국경들의 폐지로 로도스의 선박들에게 새로운 해안과 항구가 열렸다. 알렉산더 계승자들의 시

# 후기 그리스의 투구

기원전 5세기와 4세기 내내 그리스의 투구는 방어기능에 손
상을 가하지 않은 채 환기와 청각 그리고 시각을 향상시킬
목적으로 계속 개선되었다. '칼키디키' 투구(6번)는 원래의
형태로 계속 인기가 있었지만, 두개골의 융기부분을 더 잘
방어하고 더 나은 환기를 위해 뺨 부분에 경첩을 댄 개선된
투구(3번)가 등장했다. 코 부분 또한 더 작아지고, 어떤 투
구에서는 코 부분이 완전히 사라지기도 했다. 이러한 형태
의 투구는 이탈리아에서 대단히 인기가 있었으며, 기원 2세
기 또는 그 이후까지 존속했다. (7)번 투구는 이탈리아 투구
로 그리스풍의 깃 장식을 전형적인 이탈리아의 뺨 부분과 결
합시킨 것이다. 다른 투구들은 '칼키디키식'의 뺨 부분을 갖
고 있다. 기원전 4세기경부터 투구는 더 정교해졌고 (4)번
투구는 사자 머리 모양을 한 고도로 장식된 아티카의 투구이
다. 이것은 알렉산더가 썼던 투구이다. 알렉산더의 사촌인
피로스의 투구 같은 것들은 뺨 부분이 수양 머리 모양을 하
고 있었다. 그러한 투구들은 갑주를 착용한 사람의 장식적
인 재능이 절정에 이르렀음을 보여준다. 기원전 5세기와 마
케도니아 시대 사이에 가장 인기 있었던 투구 형태들 중 하
나는 '트라키아식' 투구로 뺨 부분이 매우 길었다. '트라키
아' 라는 이름은 그 투구가 트라키아에서 유래되었다는 의미
가 아니라 트라키아의 테 없는 모자를 닮았다는 의미이다.
(2)번, (5)번, 그리고 (8)번이 이러한 '트라키아식' 투구에
해당되며, 이들 중 (8)번이 가장 오래된 형태이다. 뺨 부분
이 매우 길었기 때문에 목과 목구멍을 완벽하게 방어할 수
있었다. (2)번은 깃 장식이 늘어진 새로운 형태의 투구로 아
마도 이탈리아의 영향을 받아 기원전 5세기 말에 고전적인
일직선의 곧은 깃 장식을 대체하기 시작했다. (5)번은 전형
적인 트라키아 투구이지만 수염 모양으로 뺨 부분이 고도로
장식되어 있다. (1)번은 트라키아와 아티카의 특징을 둘 다
가지고 있는 투구이다. 투구에 색을 칠하는 관례가 꽃을 피
웠으며, 현존하는 그림으로부터 판단컨대 심지어 상당한 인
기까지 누렸던 것 같다. 예를 들어서 (7)번 투구는 아래 절반
은 검정색 그리고 위 절반은 빨간색이다. 하지만 (마케도니
아의 무덤벽화를 통해 분명하게 알 수 있듯이) 다른 투구들
은 빨간색과 검정색 그리고 흰색의 테가 장식되어 있었다.
보다 값비싼 투구들은 검정 에나멜 상감세공으로 장식되어
있었다.

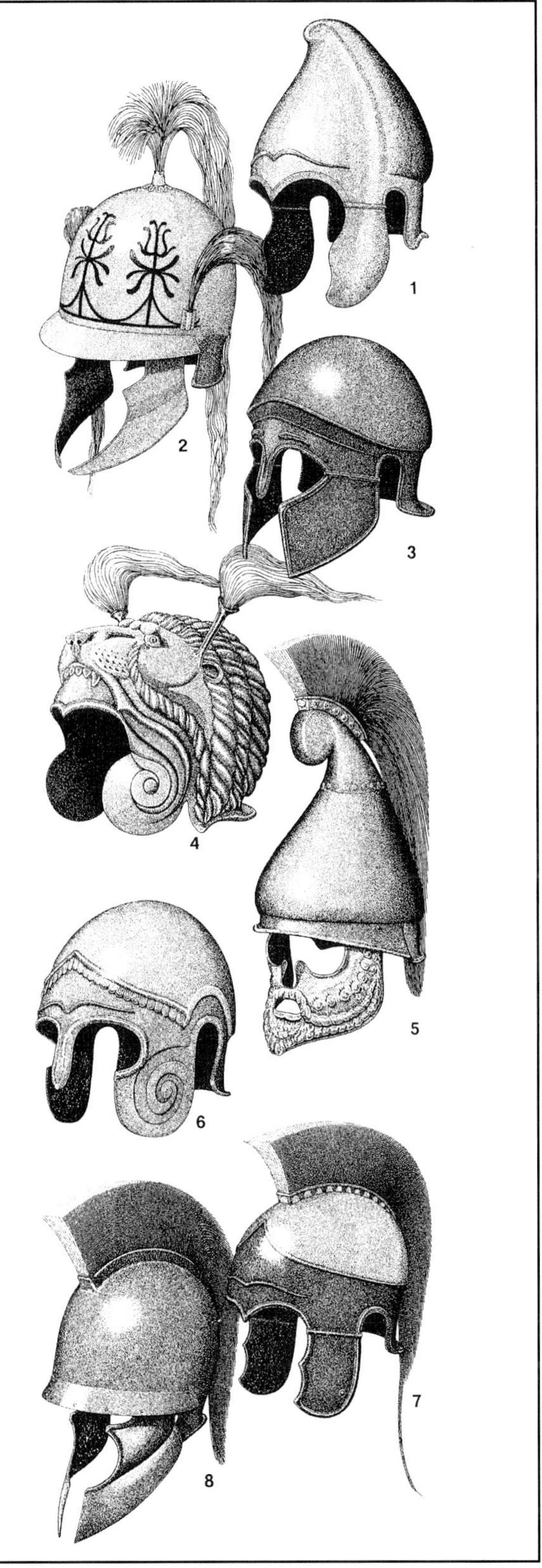

대에 로도스는 가까스로 세력균형을 유지했으며, 교묘하게 독립을 유지해나갔다. 로도스인들은 주위의 경쟁 왕조들에게 아첨하고 회유했다. 만약 로도스가 자체적으로 강력한 해군을 갖고 있지 않았다면, 아첨과 회유만으로는 로도스의 자유를 확보하는 데 충분하지 않았을 것이다. 로도스인들은 해군을 유지하기에 충분히 현명하고 대담했다. 그들의 온건한 형태의 민주정에서 노 젓는 승무원들은 빈민계층에서 징집되었던 반면에 장교들은 부유한 가문에서 모집되었다. 로도스인들은 해군의 사병이든 지휘관이든 용병에 의존할 필요가 없었다.

사실 로도스인들은 그리스의 해군 강국이었던 아테네를 계승했다. 아테네에서처럼 해군력은 주로 시민의 애국심에 달려 있었다. 하지만 비교적 작은 섬이었던 로도스는 아테네인들이 누리지 못했던 몇 가지 이점을 가지고 있었다. 로도스인들은 방어를 위해서 전적으로 해군에 의존할 수 있었다. 적이 로도스를 육상에서 침투하기 어려웠으므로 로도스인들은 육군을 조직하거나 또는 선창 및 조선소와 확실한 연락을 유지하기 위해 장성長城을 세우지 않아도 되었다. 실제로 유명한 로도스의 투석병들은 대부분 외국 군대에서 용병으로 복무했으며, 아마도 이것은 로도스에 '눈에 보이지 않는 이득'을 가져다주었던 출처로 생각되었던 것 같다. 더욱이 로도스의 바위투성이 해안은 나중에 십자군들이 깨닫는 데 그리 오랜 시간이 걸리지 않았던 것처럼 해상 공격에 대항하는 요새로서 두말할 나위 없이 훌륭한 장소였다.

또한 동부 지중해에서 로도스의 해군이 차지하는 우위는 해적질을 막아내는 방어벽이기도 했다. 불행하게도 고대 세계에서 해적들을 진압할 만큼 충분히 강한 국가들은 대체로 해적처럼 무법적으로 행동하는 것에 개의치 않았다. 그들이 제공했던 방어는 '방어용 돈벌이'가 되었다. 하지만 로도스는 이 점에서는 예외였다. 철저하게 입헌적 원칙들에 충실했던 로도스는 나중에 로마인들이 모방해서 법률로 구체화했던 해양법 법전을 발전시켰다. 사실 로마법에 기초한 근대법이 간접적으로 로도스에게 어느 정도 빚지고 있다고 해도 과언이 아니다.

세력 균형에 노력을 기울였던 로도스의 외교 정책이 지속될 수 있었던 것은 아니다. 마침내 프톨레마이오스 아니면 안티고노스 중 어느 한쪽 편을 들 수밖에 없었던 로도스인들은 프톨레마이오스와의 동맹이 가장 유리할 것으로 생각했다. 따라서 로도스는 안티고노스의 고명한 아들인 폴리오르케테스(포위공격자) 디미트리오스에게 봉쇄되고 습격을 받았다. 하지만 이러한 시련에도 꿋꿋하게 살아남은 로도스는 증강된 국력으로 다시 나타났다.

## 포위공격

로도스에 대한 포위공격은 아마도 그리스와 마케도니아의 포위공격술 전반의 발전에 대한 몇몇 언급들에서 실마리가 잡힐 수 있을 것 같다. 심지어 펠로폰네소스 전쟁 전에도 페리클레스가 기원전 441년 아테네 동맹에서 탈퇴하려고 반란을 일으켰던 사모스 섬과의 전투에서 공성망치를 사용한 적이 있었다. 그리고 우리는 이미 앞에서 스파르타인들과 그들의 동맹국이 흙으로 만든 경사로, 불꽃을 내며 날아가는 화살, 불타는 장작다발, 그리고 정교하게 둘러쌓은 성벽들과 함께 공성망치를 사용했던 플라타이아를 포위공격했음을 언급한 바 있다. 기원전 5세기에는 포위당한 쪽에 이점이 있었다. 그리고 습격으로 도시를 점령한다는 것은 엄청난 어려움을 수반하는 것이었다. 아테네의 장성들은 결코 습격당하지 않았으며, 아테네인들은 오랫동안의 봉쇄 이후 겨우 포티다이아를 점령할 수 있었다. 이러한 상황들은 주로 그리스인들이 궁수와 투석병에서 약점을 드러냈으며, 투석전을 전반적으로 경시했음을 말해준다. 엄호 사격이 없을 경우에는 플라타이아에서 발생했던 것처럼, 모든 포위공격 작전들은 포위당한 성벽으로부터의 반격에 노출되었다. 플라타이아에서는 공성망치의 머리 부분이 요새화된 성벽 위에서 떨어지는 육중한 들보들에 의해 깨어져 나갔다.

투석전이 도입되면서 상황이 결정적으로 변했다. 손으로 던지는 투석무기들이 광범위하게 사용되고 곧이어 뒤틀린 근육과 같은 굵은 밧줄의 추진력으로 발사되는 포 병기들이 잇따라 사용되기 시작했다. 화살을 발사하는 노포弩砲의 사용은 시라쿠사의 참주 디오니시오스 1세에게서 시작되었다. 이 장치는 육중한 나무 틀 위에 장착된 거대한 석궁이었다. 따라서 이 석궁으로 앞부분이 무거운 창을 발사할 수 있었다. 마케도니아의 필리포스 2세가 기원전 340년 페린토스를 포위공격할 때, 이 장치를 사용했다. 하지만 무거운 돌을 던지기 위해서 노포를 최초로 사용한 것은 아마도 다소 시간이 지난 뒤였던 것 같다. 알렉산더가 티르를 포위공격했을 때, 노포를 사

기원전 4세기에는 중무장 보병의 갑주를 가볍게 해서 기동성을 더 살리려는 일반적인 경향이 있었다. 하지만 정강이받이는 존속했다. 이 그림에서 볼 수 있는 정강이받이는 살로니카 근처의 데르베니에서 발견되었다.

용했음에 틀림없다.

　물론 이러한 종류의 포는 포위공격하는 쪽은 물론이고 포위공격을 받는 쪽에서도 사용되었다. 사실 포의 사용은 성벽 안에 있는 사람들에게 유리하게 작용했다. 왜냐하면 그들의 요새는 더 견고하고 영구성이 뛰어났으며, 좁은 포문과 총안 그리고 총안이 있는 흉벽을 갖춘 채 건설되었기 때문이다. 그 뒤에 포병들이 숨어서 작전을 수행할 수 있었다. 포위공격을 하는 군대는 요새를 방어하고 있는 자에 필적한 포문들이 설치된 정교한 탑과 옥탑을 만들어 대항했다. 이러한 구조물들에는 공성망치가 숨겨져 있었다. 공성망치를 조작하는 방법은 높은 곳의 들보에 매달아서 목표물을 향해 머리 부분을 휘두르는 것이었다. 또한 공성망치는 바퀴 달린 수레들에 탑재해서 공격 중에 몸집이 크고 힘센 부대원이 성벽을 향해 힘차게 밀 수 있었다. 공성망치의 손잡이를 나무 관으로 쏙 들어가게 만든 보다 정교한 형태의 공성망치들이 개발되었다. 그 후 공성망치는 여러 차례 노포에서처럼 윈치(감아올리는 기계)로 감겨 성벽으로 발사되었다.

　종종 바퀴 달린 수레 위에 설치된 옥탑은 대호를 파는 병사들 아니면 적의 누벽 앞에 있는 해자를 메우는 병사들의 작전을 은폐할 목적으로 사용될 수 있었다. 포와 투석기의 엄호를 받고 기다란 공성용 사다리를 사용하는 공격이 점점 더 효과를 발휘하기 시작했다. 공성용 사다리가 항상 나무로 만들어졌던 것은 아니다. 일종의 가죽과 새끼 그물코로 만든 사다리도 사용되었다.

　방어자들은 때때로 총안이 있는 흉벽에 나무로 만든 플래카드를 매달았다. 이 플래카드는 기다란 공성용 사다리를 격퇴할 수 있도록 옮길 수 있었다. 물론 이러한 방어용 플래카드는 공격해 들어오는 적들이 던지는 불붙은 창에 노출되었음에 틀림없다. 군사기술에서처럼 장비와 대항 장비의 끊임없는 개발이 이어지면서 공격자와 방어자 모두 엄청난 경비를 지출할 수밖에 없었다. 도시를 점령하는 데 보다 간단하고 비용이 덜 드는 방식은 내부의 반역을 선동하는 것이었다. 그리고 이러한 반역으로 도시들이 자주 점령되었다. 모든 경계수단과 대응책에도 불구하고 '보안'이라는 제목으로 분류될 수 있는 이 방식은 기원전 4세기 말 아이네아스 타크티코스의 논문에서 과학적으로 고찰되었다.


**로도스에 대한 포위공격**


　디미트리오스는 로도스의 포위공격에 병사들과 선박들을 포함해 엄청난 장비들을 동원했다. 200척에 달하는 전투함대와 150척 이상의 보조함대 말고도 소규모 해적

함대들의 지원을 받았다. 1,000척에 달하는 해적 무역선도 로도스의 부와 전리품을 손에 넣을 수 있다는 기대감에 그의 뒤를 따랐다. 실제로 모든 작전은 하나의 거대한 해적 사업과 같은 것이었다. 디미트리오스는 한 명의 해적 왕이 되는 것을 영광스럽게 생각했던 것 같다.

### 로도스에서의 헬레폴리스

높이: 130~140피트(40~43미터)

기단부: 사방 72피트(22미터)

무기: 최하층: 180파운드(82킬로그램) 노포 2개와 60파운드(27킬로그램) 노포 1개
　　　1층: 60파운드(27킬로그램) 노포 1개
　　　다음 다섯 층: 다트(가늘고 짧은 화살) 발사기 2개

구조: 주요 들보들은 전나무 아니면 소나무이고 바퀴와 수평봉은 오크나무이다. 모든 주요 이음매들에는 철판이 씌워져 보강되었다. 불을 일으키며 날아오는 무기의 공격을 막기 위해서 내부의 세 면에 철판이 입혀졌다.

추진력: 직경이 각각 15피트(4.6미터)인 바퀴 8개 위에 올려졌다. 대략 200명의 인원이 배치되어 캡스턴과 벨트에 의해 추진되었다. 여기에 덧붙여 뒤에서 미는 힘이 가해졌다.

무게: 아마도 150톤 정도는 되어 보인다. 아시리아 시대 이래로 포위공격 탑이 존재했다. 그림에서 볼 수 있는 것은 기원전 304년에 디미트리오스 '폴리오르케테스(포위공격자)'를 위해 아테네의 에피마코스가 만들었던 유명한 헬레폴리스이다. 이것은 고대에 가장 규모가 큰 포위공격 탑이었으며 비트루비오스, 디오도로스, 플라타르코스 그리고 아테나이오스 메카니코스라고 불린 사람의 설명에서 헬레폴리스에 대한 묘사가 등장한다. 대부분의 포위공격 탑은 이 거대한 구조물인 헬레폴리스보다는 작았으며 가죽과 양모 아니면 가죽과 해초로 덮여 있었다. 많은 포위공격용 탑에는 도개교가 있었지만 헬레폴리스에는 분명히 도개교가 없었다. 엄청난 크기의 돌을 발사하는 장치는 누벽과 칸막이벽을 파괴할 수 있었다. 일단 이러한 일이 마무리되면 공격자들은 성벽 공격용 무기와 천공기를 가져와서 성벽을 파괴할 수 있었다.

　로도스 시뿐만 아니라 로도스의 주요 항구 또한 탑과 성벽으로 요새화되었다. 이곳에서 로도스 함대는 안전하게 머무를 수 있었다. 디미트리오스는 병참선들이 그의 봉쇄를 뚫고 드나드는 것을 막을 수 없었다. 따라서 그의 첫 번째 관심사는 항구를 점령하는 것이었다. 그는 즉시 자신의 항구를 나란히 건설하는 일에 착수해 방파제를 세우고 못이 박힌 방재防材를 물에 띄워 적의 반격으로부터 해상 포위공격작전을 방어했다. 동시에 디미트리오스의 군대는 그 섬을 파괴해서 도시 주변으로 투석무기의 사정거리 밖에 거대한 육상 진지를 세웠다.

　포위공격이 이루어지는 동안 양측은 앞서 언급했던 기술 장치들을 사용했다. 포위공격을 하는 쪽에서의 갱을 파는 작전에 포위공격을 당한 쪽은 갱을 파괴하는 대항 작전으로 맞섰다. 포위공격의 초기 단계에 디미트리오스의 병사들이 주요 항구의 방파제에 공격을 위한 교두보를 확보했다. 하지만 로도스인들이 이러한 교두보 확보를 저지했기 때문에 그는 로도스의 항구를 결코 점령하지 못했다. 나중에 육상 공격의 결과로 디미트리오스가 실제로 로도스 시의 성벽을 뚫고 침입했지만 저지당했다. 성문을 뚫고 침입했던 디미트리오스의 병사들 대부분이 사망했다.

　로도스의 포위공격에서 우리를 가장 놀라게 했던 것은 '도시포획자'를 뜻하는 헬레폴리스라는 별명이 붙은 디미트리오스의 거대한 탑이었다. 하지만 로도스에 대한 공격에서 이 탑으로 도시를 점령하는 데 실패했다. 헬레폴리스는 나무로 짠 거대한 정사각형의 격자에 기초해 만들어졌다. 이 격자의 면적은 5,200평방피트(484평방미터)였다. 이 탑은 대략 높이가 140피트(43미터)였고, 9개 층의 맨 위층은 면적이 900평방피트(84평방미터)였다. 불에 맞서기 위해서 탑은 세 개의 노출된 면에 철판을 덮어 씌웠다. 탑은 거대한 바퀴 위에 올려졌으며, 바퀴는 철판으로 덮여 있었다. 헬레폴리스의 포문들은 기계장치에 의해 열리고 닫히게 만들어졌으며, 투석 공격의 충격을 막기 위해서 가죽과 양털이 덧씌워졌다. 위층 탑들과의 연락은 각기 올라가고 내려오는 목적으로 사용된 두 개의 사다리로 이루어졌다.

　헬레폴리스는 아마도 특별히 선발된 3,400명의 힘센 병사들이 교대로 움직였다. 일부는 탑 안쪽에서 그리고 다른 일부는 탑 뒤에서 헬레폴리스를 밀었다. 디오도로스는 이 괴물 같은 괴상한 기계 전체가 어떤 방향에서도 매끄럽게 굴러갈 수 있었다고 말하고 있다. 실제로 헬레폴리스는 이제까지 가솔린 엔진으로 운전되었던 다른 어떤 것보다도 훨씬 더 커다란 탱크였다. 하지만 모든 예방책에도 불구하고 로도스인들은 가까스로 헬레폴리스의 철판들 중 일부를 제거하는 데 성공했다. 탑이 실제로 불에 탈 위험이 있을 때, 디미트리오스는 전투에서 탑의 철수를 명령했다.

　입헌주의자들이나 군주나 다같이 전체 그리스와 마케도니아 세계는 로도스가 포위공격

받는 동안에 로도스인들을 동정했다. 결국 이 싸움은 법과 해적 사이의 싸움이었다. 디미트리오스는 아마도 그의 작전이 평판이 나쁘다는 것에 영향을 받았던 것 같으며 마침내 자신이 승리할 수 없다는 것을 확신했으므로 로도스인들과 강화조약을 체결하고 다른 전쟁을 찾아서 떠났다. 어찌할 바를 모를 정도로 기뻤던 로도스인들은 그들이 약속했던 대로 시민, 노예 그리고 거류 외인들의 희생에 보답했다.

디미트리오스가 버리고 간 병기들로 로도스 주변이 넘쳐났으며, 병기들에서 나온 금속 파편들을 재료로 로도스인들은 그들의 항구 입구에 세계의 칠대 불가사의 중 하나인 로도스의 콜로소스(로도스 섬에 있었다는 거대한 아폴론 상)라는 거대한 조각상을 세웠다. 그 자체로 불가사의였던 거상은 엄청난 포위공격에 딱 어울리는 기념물이었다.

## 성채

알렉산더 대왕에 뒤이은 여러 세대 동안 성채는 점점 더 정교해진 포위공격술과 더 크고, 더 풍부한 그리고 더 강력한 기계장치들로 무장한 군대들의 도전에 대처할 필요가 있었다. 포위공격자들을 투석무기들로 측면에서 위협할 수 있는 유리한 위치의 선정과 반격이 대단히 중요하게 여겨졌다. 이를 위해서 성벽들이 가끔 톱니모양의 들쭉날쭉한 모양으로 세워졌다. 성벽 그 자체가 톱니 모양의 외관을 따르든가 아니면 일직선의 성벽이 바깥면 쪽으로 톱니를 드러냈다. 이러한 장치의 이점은 어느 한쪽의 톱니 돌출부분이 다음 톱니 돌출부분에 대한 포화를 엄호하는 데 있었다. 펠로폰네소스 반도 서쪽에 위치한 사미콘의 성채는 비대칭적이고 경사진 톱니 성채의 좋은 예가 된다. 그리고 그것은 예를 들어서 카리아 해안의 밀레투스에서 채택된 등변 지그재그 형과 대비될 수 있을 것이다.

포위공격용 탑의 접근에 대한 하나의 방어물로서 깊은 해자가 자주 성채로 둘러싸인 진지의 성벽들 앞에 설치되었다. 이러한 해자는 카이로네아 전투 이후에 아테네의 도시성벽 앞에 설치되었으며, 그것들은 뒤이은 세기 동안에 개선되었다. 고고학적 증거에 따르면 이들 해자는 깊이 13피트(4미터) 그리고 너비 33피트(10미터)에 달했던 것 같다. 몇몇 경우에는 해자에 물이 가득 차 있었다. 해자가 도시를 에워싸고 있을 때는 종종 안쪽 가장자리에 있는 성벽이나 울타리로 그 이상의 방어가 가능했다.

성벽에 탑을 세우는 것은 오랫동안 그리스 도시들의 특징이었다. 탑은 능보(성채의 돌출부) 방식으로 돌출했으며 포위공격자들을 측면에서 공격할 수 있게 해주었다. 동시에 탑을 수비했던 투석병들은 높은 위치에서 공격할 수 있는 이점을 가졌으며, 어떤 포위공격용

탑에도 맞설 수 있는 위치에 있었
다. 이러한 방어용 탑들은 점점 숫
자가 늘어나는 경향이 있었다. 또
한 방어용 탑들은 그것들을 연결해
주고 있는 칸막이 벽에서 점점 독
립되어갔다. 할리카르나소스 근처
의 민도스에서 알렉산더의 포위공
격부대는 간신히 하나의 방어 탑을
파괴했지만, 그것의 파괴가 견고한
성벽을 무너뜨리는 데 아무런 영향
을 주지 못했다. 역으로 로도스의
포위공격 동안에 디미트리오스의
군대는 탑 자체를 파괴하지 않은
채 탑의 각 면에 있는 칸막이 벽을

터키 남부 팜필리아 해안의 시데의 성벽. 견고한 성채들이 포위공격술이
급격하게 발전했던 시대를 입증한다.

파괴할 수 있었다. 탑은 정사각형, 다각형, 반원 또는 말굽 모양(U자형)으로 설계되었다. 탑
건설자들이 도입했던 포 총안과 총안의 숫자가 증가하는 경향이 있었다. 탑 사이의 칸막이
벽은 탑 자체의 길이에 비해 더 높게 세워졌었음에 틀림없다. 고고학적 증거에 따르면 기원
전 4세기 동안에는 성벽의 높이가 대체로 대략 29.5피트(9미터)였다. 만약 헬레폴리스의 공
격이 예상되었다면, 성벽은 아마 더 높게 세워졌을 것이다. 가끔 포위공격을 받는 동안에 방
어자들에 의해 도시 성벽이 점점 높아졌다. 성벽의 가장 높은 부분은 보통 탑 사이의 연락통
로가 되었으며, 게다가 그곳에는 총안을 낸 흉벽을 향해 포대가 설치되었다. 탑과 마찬가지
로 이러한 흉벽은 기울어진 지붕을 지탱했던 것 같다. 그 경우에 흉벽은 창문 역할을 했다.

　　티르와 로도스에서 모두 포위공격을 당한 성벽들은 그들 앞에 놓여 있었던 돌 때문에
공격하기가 어려웠다. 심지어 방어하기에 가장 좋은 지점들이 방어해야 할 필요가 있는 지
역과 긴밀하게 일치하지 않았던 곳에서조차도 천연요새지가 꽤 많이 사용되었다. 이러한 이
유 때문에 도시 성벽이 도시 그 자체보다 엄청나게 큰 지역을 둘러싸는 경우가 빈번했다. 따
라서 가장 인상적인 몇몇 요새들이 천연요새의 조건을 전혀 갖추지 않은 지역에 세워졌으
며, 그 위치를 강화하기 위해서는 많은 노력이 필요했다.

## 용병 군대, 보수와 전리품

기원전 3세기 혹은 2세기의 병사를 그린 무덤 벽화. 소아시아 서부에서 발견되었다. 알렉산더의 계승자들이 이렇게 무장한 병사들을 지휘했다.

로도스에 대한 포위공격이 정치적으로 무익한 것이었다고 하더라도, 그것은 하나의 흥미로운 사례연구를 제공한다. 왜냐하면 그것은 시민 수비대와 교전하는 용병군대를 보여주기 때문이다. 시민군은 자신의 조국에서 부인과 아이들 그리고 재산을 지키기 위해서 최선을 다해 싸웠다. 반면에 용병 군대는 침략군이 되어 마음껏 약탈하고 적국에 의존해 살아나갈 때 가장 큰 동기를 부여 받았다. 이러한 상황은 기원전 3세기 말 크레타 비문을 통해 엿볼 수 있다. 이 비문에서는 협상의 조건을 기록하면서 병사의 하루치 식량이 곡물을 조달할 수 있는 적지에서 숙영하는 경우를 제외하고는 1코이닉스[지방마다 다르지만 그 범위는 대략 1.5파인트(850cc)와 약 1/4갤런(1리터 이상)이었다]의 곡물이라고 구체적으로 표시하고 있다. 기원전 5세기에 본국에서 멀리 떨어져 복무하는 시민으로 구성된 육군과 해군은 배급을 현물로 받건 아니면 현금으로 받건 생계 수당만을 기대했다. 페르시아의 보조금은 3단 노선의 노잡이들에 대한 하루치 식량 수당을 1/2드라크마로부터 1드라크마까지 올렸다. 하지만 기대했던 것만큼의 결과를 얻는 데에는 어려움이 있었다. 1드라크마는 66.5그레인(4.3그램)의 은을 함유하고 있었던 것 같다. 화폐 가치 변동에 익숙해 있는 독자들이라면 오늘날의 상품가치의 관점에서 이것이 얼마의 가치를 지니고 있는가를 어림잡아 계산할 수 있을 것이다.

기원전 4세기와 3세기 동안에 용병 복무의 대가로 지불하는 주요 보상은 보수가 아니라 전리품이었다. 즉시 쓸 수 있는 현금은 보수로 지급하기에는 종종 부적절했다. 스파르타의 클레오메네스 3세는 용병을 유지할 현금이 부족했으므로, 기원전 222년 셀라시아에서 손실이 큰 전투를 급하게 서둘렀다. 클레오메네스가 자신의 영토에서 방어전을 지휘하고 있었다는 점이 언급되어야 한다. 그가 일찍이 아르카디아에서 치렀던 것과 같은 공격전에서는 전리품을 손에 넣을 수 있었고 용병의 보수는 전쟁의 결과에 따라 지급될 수 있었다.

포로들은 현금 몸값으로 자주 주인이 바뀌었던 것 같다. 로도스에 대한 포위공격전에 로도스인들은 디미트리오스와 협정을 체결했다. 이 협정에 따르면 어느 쪽이 되었는 포로로 잡힌 자유민은 1,000드라크마 그리고 노예는 500드라크마에 교환되어야 했다. 하지만 대부분의 전리품은 현물이었으며, 포로들은 보통 노예로 팔려 나갔다. 로도스에서처럼 기대에 부푼 일단의 무역상들이 침략군을 뒤따랐다. 이들 중에는 노예 무역상들이 다수였다. 승리 후에는 포로들이 현장에서 팔릴 수 있었다.

용병군대의 변덕스러움과는 별개로 전리품에 대한 용병군대의 욕구는 그들이 전투를 목적으로 고용되었던 것처럼 전투 과정에 중요한 필요조건이 되었다. 심지어 시민군들에게서조차도 지휘관은 일단 부하들이 약탈에 빠져든다면, 그들을 통제하기가 어려웠다. 이러한 이유로 한 전투 지구에서 거둔 승리는 자주 다른 전투 지구에서 패배로 이어졌다. 알렉산더가 적들이 도망가고 풍부한 전리품이 기다리고 있는 순간, 승리로 의기양양해하고 있는 엘리트 집단으로 구성된 병사들을 철수시킬 수 있었던 것은 다름 아닌 알렉산더의 규율에 기초한 것이었다. 그는 전투 중에 쫓기고 있는 좌측 날개를 지원하기 위해 철수를 결심했던 것이다.

아마도 국적이 같다는 공통의 끈으로 지휘관과 결합되어 있다고 느꼈던 소수의 마케도니아 핵심세력들을 제외하고 알렉산더 계승자들의 군대는 주로 용병들에 의존했다. 이러한 사실은 용병들이 치른 전쟁이 대체로 왜 그렇게 결정적인 승리를 가져다주지 못했는지를 설명해주고도 남음이 있다. 적들을 숨겨주었던 도시나 지역은 말할 것도 없이 패배한 군대에게서 빼앗은 물건들을 차지했던 용병대로서는 약탈에 열중한 나머지 철저하게 승리를 추구하거나 도망자들을 추적할 필요성을 전혀 느끼지 못했을 것이다. 실제로 적들을 완전히 궤멸시키는 것은 용병의 관심사가 아니었다. 왜냐하면 적을 완전히 궤멸시킬 경우에 용병은 고용기회와 생계를 잃게될지도 몰랐기 때문이다.


## 전투 코끼리


그리스-마케도니아 세계에서 군대를 지휘했던 왕들과 장군들은 무거운 장비를 선호하는 경향이 있었던 것 같다. 전투 코끼리의 사용은 아마도 이러한 성향과 부합된다고 할 수

| 라피아 전투(기원전 217년) | |
| --- | --- |
| 프톨레마이오스 | 안티오코스 |
| 기병 | |
| 근위병 700명 | 말 6,000마리 |
| 이집트 2,000명 | |
| 그리스 용병 2,000명 | |
| 코끼리 73마리 | 코끼리 102마리 |
| 보병 | |
| 왕실 근위병 3,000명 | 팔랑크스 20,000명 |
| 팔랑크스 25,000명 | 히파스피스트 10,000명 |
| 그리스 용병 8,000명 | 그리스 용병 5,000명 |
| 크레타 3,000명 | 크레타 2,500명 |
| 트라키아, | 페르시아, |
| 갈리아 6,000명 | 아그리아니아 2,000명 |
| 이집트 20,000명 | 아라비아 10,000명 |
| 리비아 3,000명 | 메디아, |
| | 카두시아, |
| | 카르마니아 5,000명 |
| | 리디아 1,000명 |
| | 카르다케스 1,000명 |
| 펠타스트 | |
| 2,000명 | 7,000명 |

1. 안티오코스의 인도 코끼리들이 상대 아프리카 코끼리들을 공격해서 몰아붙인다. 그리고 프톨레마이오스의 근위 기병과 보병들을 혼란에 빠뜨린다. 2. 안티오코스가 상대 기병을 공격한다. 그의 펠타스트(창병)들은 프톨레마이오스의 펠타스트들과 리비아인들을 무찌른다. 안티오코스는 그들을 추격한다. 3. 프톨레마이오스의 코끼리들이 오른쪽에서 공격하기를 거부하지만 그의 용병들은 아랍인들을 공격한다. 그 사이에 (4) 기병은 코끼리들을 피해 적들을 궤멸시킨다. 5. 프톨레마이오스는 자신의 팔랑크스 뒤에 몸을 숨긴다. 그들의 날개 부분을 빼앗긴 두 개의 팔랑크스가 결합한다. 그가 서둘러 조직한 대규모 이집트 병력이 승리를 거둔다. 안티오코스가 돌아왔지만 시기적으로 너무 늦었다. 그는 보병 10,000명, 말 300마리 그리고 코끼리 5마리를 잃는다. 프톨레마이오스의 사상자는 보병 1,500명, 말 700마리, 그리고 코끼리 16마리에 달한다.

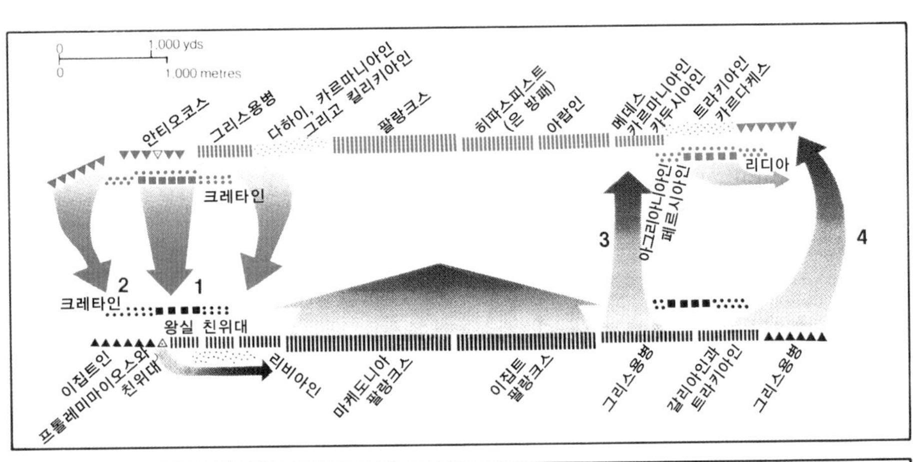


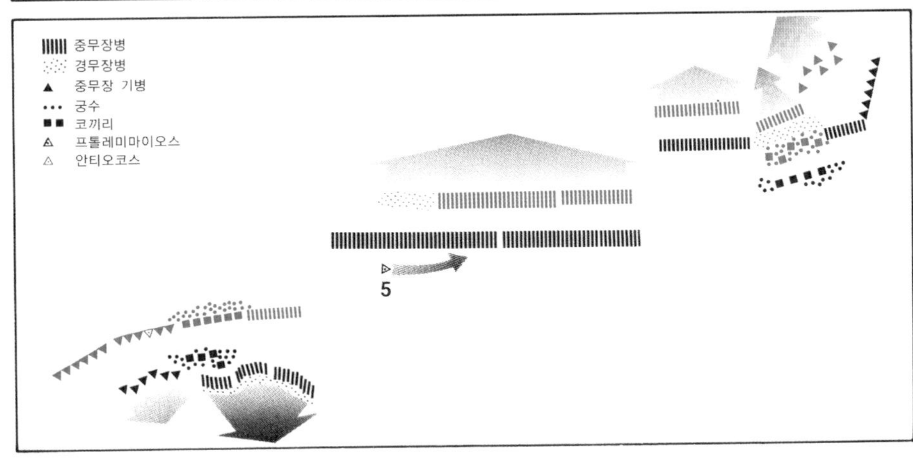


있다. 주지했다시피 코끼리는 유연한 전술로 매우 쉽게 격파될 수 있었다. 하지만 동시에 코끼리는 계속 사용할 수 있는 몇 가지 구체적인 이점들을 가지고 있었음에 틀림없다. 코끼리는 적들을 발로 짓밟거나 아니면 긴 코로 움켜쥐어서 일격을 가할 수 있었다. 그리고 적잖이 중요한 것은 코끼리를 이용해 더 높은 포좌에서 투석무기들을 발사할 수 있다는 것이었다. 코끼리의 등 위에 올려진 포탑에는 네 명이 자리 잡을 수 있었던 것 같다. 포위공격을 고려할 때, 산악과 해군 전술은 고대인들이 더 높은 곳에서 유리한 위치를 차지하는 것을 대단히 중요시했음을 일깨워준다. 높은 곳에서 적을 위협했던 궁수들은 더 넓은 시야와 더 먼 사정거리를 확보했다.

　설사 코끼리가 말을 쉽게 놀라게 해서 다루기 어렵게 만들었다고 하더라도, 기병과 비교해볼 때 코끼리의 기동성은 현저하게 떨어졌다. 대체로 코끼리는 주둔하는 적군에 맞서 사용하기에 가장 적합했다. 이와 관련해서 코끼리와 맞서 싸웠던 마케도니아의 팔랑크스가 기동성이 떨어졌다는 점이 언급되어야 한다. 이것은 모든 것을 더 크고 더 육중하게 만들려는 군사적 경향의 또 다른 실례로 추정된다. 디미트리오스의 병기공이 스물여섯 걸음에서 날아오는 창을 완벽하게 막아내는 40파운드(18.1킬로그램)의 무게로 가벼워진 갑옷을 제작했다. 이와 비슷한 갑옷 하나가 디미트리오스의 부관들 중 한 명에게 제공되었다. 하지만 그는 2탤런트의 무게가 나가는 갑옷투구 한 벌에 익숙해져 있었다. 보다 표준적인 무게는 1탤런트였다. 아티카의 무게 단위로 탤런트는 어림잡아 57파운드(25.86킬로그램)였다. 여하튼 그러한 갑옷은 무게가 많이 나간다고 할 수 있다. 육중하게 무장한 팔랑크스 병사들이 코끼리의 공격으로 부터 민첩하게 도피하는 전략을 수행하는 것이 어렵다는 것을 알았다면, 이것은 그다지 놀랄 일이 아니다.

로도스의 린도스에 위치한 아크로폴리스의 바위에 새겨진 기원전 2세기 그리스 갤리선의 돋을새김. 고물(선미)이 보이고 커다란 타륜들은 쉽게 볼 수 있다.

    코끼리에 맞서기 위한 특별한 수단들이 고안되었다. 가장 효과적인 수단은 지면에 대못을 박아두는 일이었던 것 같다. 고통으로 미쳐 날뛰는 가엾은 코끼리들은 통제 불가능한 상태에 도달했다. 하지만 아마도 코끼리의 위협에 대항하는 최상의 응수 방법은 똑같이 코끼리의 힘을 이용하는 것이었다. 이 경우에는 몸집이 더 큰 코끼리들에게 이점이 있었을 것으로 짐작된다. 왜냐하면 몸집이 더 큰 코끼리들은 무게 때문만이 아니라 그들의 등에 올라 탄 궁수들이 보다 높은 위치를 차지할 수 있었기 때문이다. 재빨리 인도에 접근한 셀레우코스 왕조의 지배자들은 처음에는 코끼리와 코끼리를 부리는 인도 사람들을 독점했다. 머지않아서 프톨레마이오스 왕조의 지배자들이 에티오피아에서 잡아온 아프리카 코끼리들을 조련해 셀레우코스 왕조의 지배자들과 어깨를 나란히 했다. 프톨레마이오스 왕조의 지배자들이 손에 넣었던 아프리카 코끼리는 인도 코끼리보다 몸집이 더 큰 종은 아니었다. 아프리카 코끼리를 몸집이 더 작은 것으로 묘사했던 고대의 문헌들은 카르타고인들이 사용했던 것으로 홍해와 아틀라스 산맥 부근에서 발견된 북아프리카 아종亞種에 익숙해 있었다. 프톨레마이오스 왕조의 아프리카 코끼리들이 기원전 217년 가자 근처의 라피아 전투에서 셀레우코스 왕조의 인도 코끼리들과 싸웠을 때, 셀레우코스 왕조의 인도 코끼리들이 승리했다. 하지만 이 경우에는 코끼리의 숫자가 셀레우코스 왕조에게 유리하게 작용했다.

    게다가 코끼리는 도시의 입구를 돌파하는 데 사용될 수 있었다. 하지만 기원전 318년 메갈로폴리스에서 마케도니아의 지휘관이 이것을 시도했을 때, 방어자들은 코끼리 공격이

## 알렉산더 계승자의 전투 코끼리

알렉산더는 포로스의 코끼리들에 너무 강한 인상을 받은 나머지 코끼리들을 자신의 군대에 편입시켰다. 그리고 그의 계승자들의 치세에 미늘창을 든 병사들로 이루어진 팔랑크스와 코끼리가 전쟁을 지배했다. 보통 인도인이었던 코끼리 부리는 사람도 창으로 무장했다. 전투 시에 코끼리의 주요 이점은 그 엄청난 크기와 그것이 불러 일으켰던 공포감이었다. 특별히 코끼리는 기병과의 전투에서 유용했다. 왜냐하면 코끼리에 익숙하지 않았던 말들이 코끼리의 모습과 내지르는 소리에 당황하곤 했기 때문이다.

따라서 20~50미터 간격으로 무리를 지어 다가오는 코끼리는 기병의 진격을 효과적으로 저지할 수 있었다. 하지만 코끼리에게는 한 가지 불리한 점이 있었다. 설사 죽이기가 어렵다고 하더라도, 여러 차례 찔린 상처 또는 자신을 부리는 사람의 사망은 코끼리를 당황케 하기에 충분했으며, 적에게만큼이나 자신에게도 커다란 위험을 초래할 수 있었다. 따라서 코끼리는 경무장 보병의 호위를 받았다. 나중에 알렉산더 계승자의 코끼리들은 경무장병의 상설 분견대로 자리 잡았다. 또한 오금이 잘려 절룩거리지 않게 하려고 코끼리에게 가죽 또는 금속 갑옷을 입혔다. 몸집이 더 작은 아프리카 숲 속

에 사는 코끼리들도 이집트의 프톨레마이오스 왕조와 카르타고에 의해 사용되었다. 이집트가 코끼리 등 위에 전투용 탑을 설치했지만 카르타고가 그렇게 했는지는 확실하지 않다. 아래 그림에 나오는 코끼리는 기원전 280~200년의 기간에 가장 흔하게 볼 수 있었다.

**알렉산더 계승자의 갑옷 입은 기병**
알렉산더의 기병은 갑옷을 입은 페르시아 기병의 영향을 받았다. 알렉산더의 계승자들은 이 갑옷을 채택했다. 흑백 그림에 나오는 기병은 기원전 200년경 페르가몬의 돋을새김에 그 바탕을 두고 있다.

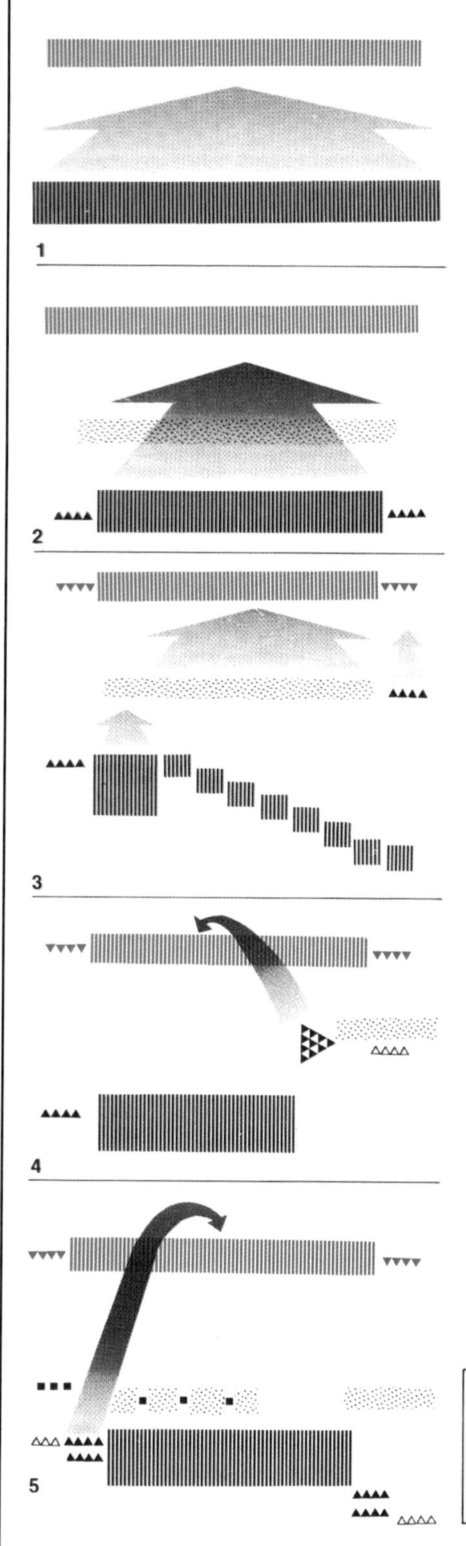

# 그리스 전쟁에서의 전술

### 그리스 팔랑크스

1. 이 그림은 그리스 팔랑크스가 기원전 490년 마라톤에서 어떻게 싸웠는지를 보여준다. 팔랑크스는 하나의 견고한 전선을 이루면서 한 무리가 되어 공격한다. 그것은 밀집대형의 병사들로 구성되며 (각 병사의 폭이 3~4피트), 4열 또는 그 이상의 열로 늘어설 수 있다.

### 기병과 경무장 병력의 도입

2. 공격하는 병력에 기병과 경무장병이 추가됨으로써 전술적 유연성이 확보되었다. 기병은 펠타스트가 작은 방패를 사용해서 적의 화살과 돌 그리고 창으로부터 중갑보병을 보호하는 사이에 팔랑크스의 취약한 측면을 보호하는 데 효과가 있다. 그러한 전술은 기원전 5세기 말과 4세기에 솔리기아, 델리움 그리고 코로네아 전투에서 관찰될 수 있다.

### 테베의 전술

3. 레욱트라 전투(기원전 371년)와 만티네아 전투(기원전 362년)는 에파미논다스 지휘 하에서 테베의 전투대형이 전술적으로 발전했음을 입증한다. 45도 각도의 비스듬한 공격이 팔랑크스의 한 쪽 날개를 '강화하고' 주요 타격을 가하는 데 사용된다. 반면에 다른 한 쪽 날개에는 병력을 남겨 두고, 경무장병과 기병의 공격으로 적이 와해된다.

### 마케도니아의 변화

4. 필리포스 2세와 알렉산더의 주요 전투들을 검토해 보면 그 이상의 전술의 발전을 알 수 있게 된다. 팔랑크스는 16~20열로 늘어섰지만 테베의 팔랑크스만큼 굉장한 것은 아니었다. 하지만 팔랑크스가 정면에서 교전하는 동안에 적 후방을 흔들어대는 격렬한 기병 공격으로 강력한 타격을 가한다. 팔랑크스는 (이수스 전투에서처럼) 횡대로 진군하거나 아니면 (카이로네아와 가우가멜라 전투에서처럼) 45도 각도로 비스듬하게 진군한다.

### 알렉산더 계승자들의 전술개발

5. 계승자들의 전쟁에서 나타나는 다양한 갈등들은 전술을 보다 정교하게 가다듬는 계기를 만들어 주었다. 예전의 모든 전술원칙들, 즉 주요 타격을 가하는 중무장기병, 중무장기병을 엄호하는 경무장기병, 그리고 소규모 접전을 담당하는 경무장병력 등이 채택되었다. 하지만 하나의 새로운 요소가 코끼리 대형에서 도입되었다. 코끼리는 적 기병의 전의를 상실하게 만들고 적의 전선을 와해시키는 데 사용되었다.

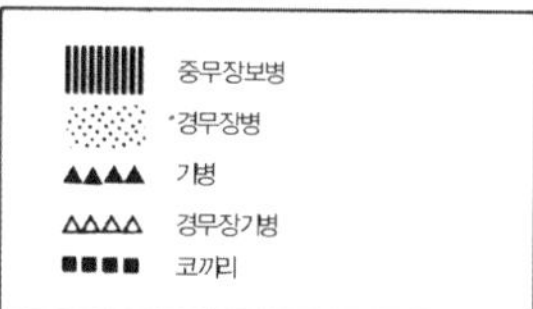

예상되었던 커다란 출입문에 온통 못을 박아두었다. 따라서 마케도니아 지휘관의 작전은 처참한 패배로 막을 내렸다.

## 5단 노선들과 더 육중한 전함들

3단 노선(그리스어로 트리에레스)은 하나의 노가 다른 노 위에 포개져 대체로 세 줄로 늘어선 노를 갖춘 전함을 의미했던 것으로 이해된다. 2단 그리고 3단의 노를 갖춘 전함들에 대한 묘사들은 현존하고 있다. 기원전 5세기에 아테네의 노잡이들은 그들이 노를 저었던 단에 따라서 트라니타이, 지기타이, 그리고 탈라미타이로 구분되었다. 가장 긴 노를 저었던 트라니타이는 기원전 415년 아테네의 시라쿠사 원정 초기 때 그랬던 것처럼 가끔 특별 보수를 받았다. 하지만 트리에레스라는 단어에서는 노의 단에 대한 어떠한 암시도 찾아볼 수 없다. 그 단어는 원래 '3중 장치로' 라는 것을 의미할 뿐이었던 것 같다. 펠로폰네소스 전쟁이 끝난 뒤에 4단 노선과 5단 노선이 널리 사용되었다. 아리아노스는 티르에서의 알렉산더의 군사작전을 묘사하면서 둘 다 언급하고 있다. 나중에는 10단, 20단, 그리고 심지어는 40단 갤리선들이 언급되고 있다. 고정되어 있지 않은 삼각형의 위 돛을 생각하지 않는다면, 이러한 숫자들이 포개진 노의 단을 나타냈다고 생각하는 것은 불가능하다.

40단 선박들에 대한 언급은 특히 설득력이 없다. 그것들은 전적으로 불신되고 있는 것 같지만, 여전히 문제 하나가 남는다. 3단 노선에서는 세 명이 한 조로 이루어진 노잡이들을 위해 마련된 노 젓는 의자들이 아마도 좌우로뿐만 아니라 앞뒤로도 흔들거렸던 것 같다. 따라서 위쪽 단에서 마주보고 있는 노잡이들은 아래쪽 단 노잡이들의 머리 바로 위에 앉지 않았다. 노 자체의 배치는 여하튼 복잡했을 것이고 다른 문제들을 나타냈을 것이다. 따라서 오늘날의 학자들은 대체로 5단 노선이 하나의 노에 다섯 명의 노잡이가 자리 잡았거나 다섯 명의 노잡이가 둘 또는 세 개의 노를 공유했던 갤리선이라는 결론을 내리고 있다. 아마도 5단 이상의 갤리선에 붙여진 명칭은 그 배의 각 면에 자리 잡은 노잡이들 아니면 단 하나의 노에 서로 얼굴을 맞댄 채 앉았던 노잡이들을 고려한 것으로 보인다. 이렇게 추정하는 사람들은 중세와 르네상스 시대의 베니스 갤리선에 대한 유추에 근거하고 있다. 하지만 실제로는 상당한 편차가 있었다고 알려진다. 한 가지는 분명해 보인다. 즉 전함들과 관련해서 고대의 분류법은 노의 단과 관련해서 일치되지 않았다.

그 이상의 암시가 있다. 만약 그리스 갤리선들이 노가 아닌 노잡이들과 관련해서 분류되있다면, 각각의 노에 세 명의 노잡이를 위한 의자들이 마련된 1단 노의 갤리선은 여전히 3

단 노선으로 묘사되어야 했다. 노가 경사진 것은 노잡이들이 여전히 층층으로 앉았음을 의미할 것이다. 게다가 안쪽의 노잡이들이 가장 힘들었을 것이다. 따라서 각 단이 트라니타이, 지기타이, 그리고 탈라미타이로 구분되었던 것 같다. 하지만 이것을 입증할 만한 증거는 전혀 없다. 그것은 논리적으로 필연적인 가설처럼 보일 뿐이다. 반면에 고대인들은 용어 사용에 있어서 일관되지 않았던 것 같다. 5단 노선quinquereme이 다섯 개의 노 자리를 갖춘 갤리선이 아니었다 하더라도 3단 노선이라는 단어는 고대인들에게 항상 세 개의 노 자리를 갖춘 갤리선을 의미했던 것 같다.

알렉산더 계승자들의 해군에서 두드러지게 나타났던 4단 노선과 5단 노선은 더 많은 사람들과 더 큰 노가 사용되었던 더 크고 육중한 배였다. 3단 노선은 충각으로 받거나 적의 노와 조타장치를 공격하기 위한 전투에서 사용되었다. 또한 3단 노선은 투석무기가 발사되거나 또는 적함에 올라타는 부대들을 내보내는 플랫폼으로 사용되기도 했다. 게다가 기원전 4세기 말의 배들은 앞쪽의 갑판에 육중한 포위공격 장비들을 실어나를 수 있었으며, 말 수송선을 견인할 수 있었다.

심지어 디미트리오스의 해군조차 15단과 16단 갤리선의 특징을 갖추었다. 그것들은 엄청난 장관을 이루었고 의문의 여지없이 대단한 선전 가치를 가졌지만, 널리 사용되었던 것 같지는 않다. 다른 모든 해군 사령관들처럼 디미트리오스는 여러 가지 목적을 위해 '1과 1/2' 형태의 배를 포함해서 가볍고 갑판이 없는 배에 의존하지 않으면 안 되었다. 이 배에 1과 1/2 단의 노들이 있었는지 아니면 1과 1/2 열의 노잡이들이 있었는지는 추측의 수준에 머무를 수밖에 없다.


## 시칠리아 전투


동시대에뿐만 아니라 기원전 4세기 초에 서부 지중해에서 치러졌던 것과 같은 전투를 언급하지 않고서 알렉산더 계승자들의 전쟁 자원에 대해 적절한 논의를 한다는 것은 불가능해 보인다. 얼마 안 있어 그리스 본토와 동부 그리스 세계의 군주들이 서부에 몰두하지 않을 수 없게 되었다. 그리고 필리포스와 알렉산더가 발전시켰던 마케도니아의 전쟁 기구는 상당 정도 서부의 영감 때문이었다. 기원전 398년 시칠리아 서해안의 모티야에서 시라쿠사의 디오니시오스 1세의 지휘를 받은 그리스인들이 카르타고인들을 포위공격한 것은 티르와 로도스 섬에 맞서 준비되었던 것과 같은 대규모 동부 포위공격작전에 현저하게 앞선 것이다.

모티야는 카르타고인들에게 상업기지로서뿐만 아니라 해군기지로서도 가치가 있는 곳이었다. 그 도시 자체는 대략 직경 1.5마일(2.4킬로미터)의 섬에 세워졌고, 대략 2마일(3.2킬로미터) 너비의 만에 둘러싸여 있었으며, 둑길로 본토와 연결되었다. 그리스 군대와 그 지원 함대가 모티야에 접근했을 때 방어자들은 둑길을 파괴해버렸다. 하지만 디오니시오스는 곧 새로운 둑길을 세우기 시작했으며, 새롭게 세워진 둑길로 모티야는 결국 공격을 받고 점령당했다. 적들이 포위공격자의 나무로 만든 탑들을 불태우는 약간의 전과를 올렸음에도 불구하고, 포위공격자들의 공성망치, 투석기 그리고 포위공격용 6층탑이 결국 승리했다. 포위공격의 또 하나의 기술적 위업은 디오니시오스가 만을 에워싸고 있는 지류를 가로질러 자신의 배를 끌어당기기 위해서 굴림대를 사용한 것에서 드러난다. 이것으로 수적으로 우세했던 디오니시오스의 함대가 카르타고의 해군 사령관이 싸우고 싶어 했던 좁은 항구 입구에서 압박받지 않은 채 유리하게 배치될 수 있었다. 그 결과 카르타고에서 온 지원 함대가 모티야를 운명에 맡겨 놓은 채 떠나지 않을 수 없게 되었다.

기원전 4세기 말에 시칠리아 그리스인들의 투사로서 널리 존경받은 티몰레온이 또 다시 그들을 카르타고의 위협에서 벗어나게 해주었다. 그는 원래 참주인 디오니시오스 3세와 그밖의 야심 있는 폭군들에 맞서 싸우는 시라쿠사인들을 도와달라는 코린트의 요청을 받았다. 기원전 341년에 티몰레온은 카르타고인들에 맞서는 지도자로 등장했으며, 설사 그의 그리스 적들이 카르타고의 편을 들어서 그를 실망시켰다고 하더라도 크리미소스 강에서 그들을 격퇴했다. 입헌주의에 고무된 해방자와 국민적 투사로서의 티몰레온의 보기는 그와 동시대인 마케도니아의 필리포스에게 영향을 미치지 않았을 리 없다. 필리포스의 정책과 전략은 종교를 빙자한 내정간섭에 기초하고 있었다.

포위공격자 디미트리오스 시대에 또 한 명의 가공할 그리스인 전쟁 지도자가 시칠리아에서 나타났다. 이 사람은 티몰레온의 시대에 탁월한 군사적 능력으로 복무했던 아가토클레스이다. 그 후 그는 민주정치를 지지했으며, 어느 정도 부침을 겪은 뒤에 시라쿠사의 참주가 되었다. 참주가 된 뒤에 그는 다른 그리스 도시들뿐만 아니라 몇몇 경우에 그에 반대하는 시칠리아의 그리스인들과 연합했던 카르타고인들과 싸우게 되었다. 그는 카르타고인들에게 패해 쫓기는 가운데 아프리카에서 반격을 시도해 보복하기로 결심했다. 그는 기회를 엿보았으며, 카르타고 함대를 교묘히 피해 자신의 소함대를 이끌고 아프리카 해안에 도착했다. 여기에서 그는 부하들에게 카르타고 영토를 점령하기 위해 전력을 다하게 할 목적으로 배를 불태우게 했다. 북아프리카의 그리스 도시인 키레네의 도움을 받고 아가토클레스는 성공적인 전투를 시작했으며, 카르타고를 거의 장악할 뻔했다. 그 사이에 시칠리아의 카르타고인들은 시라쿠사의 점령에 실패했으며, 아가토클레스는 시라쿠사로 귀환할 수 있었나. 그 뒤의 아

프리카 원정은 성공하지 못했지만, 아가토클레스의
시칠리아 지배는 확실히 유지되었다.

　　아가토클레스의 반격 전략은 로도스의 멤논이 불
시에 죽지만 않았더라면 알렉산더에 맞서 사용했을지
도 모르는 전략을 생각나게 한다. 또한 그것은 알렉산
더 자신이 여러 차례의 전투를 통해 분명히 하고자 했
던 것, 즉 군대가 적의 기지를 위협할 수 있는 위치를
차지하고 있는 동안에는 기지가 필요 없다는 점을 입
증했다. 기원전 4세기 후반 동부와 서부를 모두 포함
한 지중해의 전쟁 지도자들은 서로 상대방의 전략적
방법들을 연구하고 익혔던 것으로 짐작된다.

기원전 306년에 디미트리오스 폴리오르케테스(포위공격자)는 키프로스
의 살라미스 앞에서 이집트의 프톨레마이오스에 맞서 해전에서 승리했
다. 이 동전은 뱃머리에 올라탄 승리의 여신을 보여주고 있다.

　　아가토클레스에 대해 말하자면, 상습적으로 전투를 통해 즐거움을 찾는 그의 성향이 이
탈리아와 코르키라에서 무훈을 쌓는 원동력이 되었다. 그리고 죽기 전에 그는 알렉산더의
계승자들과 접촉했고 전쟁까지 치렀다. 하지만 그의 왕위 계승권 자체가 논쟁거리가 되었으
며, 설사 시라쿠사의 정치를 전혀 안정시키지 못했다고 하더라도 그는 자신의 가문에 앙갚
음하기 위해 대중들의 편에서 왕조의 모든 권리들을 포기했다. 그는 어떤 점에서는 인자한
참주로 생각될 수 있을 것이다. 하지만 역사가인 티마이오스는 그에게 정치적으로 희생당한
사람들 가운데 한 명이었으며, 따라서 아가토클레스의 사후 명성은 상처를 입게 되었다.

## 카르타고의 제해권

　　서부 그리스인들에게 그리고 특히 그리스의 시칠리아 도시들에게 카르타고는 오랫동안
가장 가공할 적이었다. 이 점에서는 페르시아도 동방에서 동일한 역할을 했다. 하지만 그 밖
의 다른 점에서 카르타고는 페르시아와 현저하게 달랐으며, 카르타고의 힘은 전혀 다른 자
원에 기초하고 있었다. 페르시아는 하나의 영토였지만 카르타고는 하나의 도시였다. 페르시
아는 다른 나라들에게 대부분의 해전을 치르게 하면서 자신은 위대한 육상제국이 되었다.
카르타고는 위대한 무역국이자 해군국이었으며, 외국 용병들을 편애한 나머지 그들을 고용
해 육상 전투를 치르게 했다.

　　카르타고 시는 기원전 9~8세기 동안에 티르에서 온 페니키아 식민자들이 오늘날의 튀
니지인 북아프리카 해안에 건설했다. 카르타고인들은 셈어를 말하는 민족으로 인종적으로

그리스인들과는 구별되었다. 이와는 대조적으로 페르시아인들은 그리스와 이탈리아 반도에 들어갔던 사람들과 인종적으로 유사했으며, 그리스어뿐만 아니라 라틴어와 같은 어족에 속하는 인도유럽어를 사용했다. 하지만 카르타고의 사회·경제적 제도들은 페르시아가 그리스의 그것들과 닮았던 것보다 훨씬 더 그리스의 그것들을 닮았다. 카르타고는 결코 전제 군주정이 아니었다. 아리스토텔레스는 그의 『정치학』에서 카르타고의 국제國制를 찬미하고 그것을 스파르타의 국제에 비유했다. 카르타고의 식민화 방식 또한 그리스와 닮았다. 티르에서 파생된 카르타고는 사르디니아 남부와 스페인을 포함해서 서부 지중해 전역에 무역 식민시를 건설했다. 하지만 그 목적은 인구 압박을 완화시키는 것보다는 오히려 무역 중개지점을 설립하려는 것이었다. 그리고 그 결과 식민시와 모시 사이의 관계는 대체로 그리스 세계에서 존재했던 것보다 더 긴밀한 유대를 형성했다. 분명히 시칠리아의 카르타고 도시들은 그리스인들과의 전쟁에서 북아프리카의 적극적인 지원을 받았다.

카르타고인들은 그들의 상선을 보호하기 위해서 많은 전함들로 이루어진 해군을 유지했다. 카르타고에는 내항과 외항으로 이루어진 두 개의 항구가 있었으며, 둘 다 육지로 둘러싸인 인공적으로 파낸 내만內灣이었다. 갤리선에는 보통 시민 노잡이들이 배치되었지만, 항구의 크기와 이에 못지않게 요구되는 커다란 상선뿐만 아니라 이용할 수 있는 승무원들의 숫자 또한 해군의 규모를 제한했던 요인이었던 것 같다.

카르타고인들과 페니키아인들은 대체로 고대 세계에서 가장 용맹무쌍한 항해자들이었다. 하지만 그리스인들과의 해전에서-그리고 그 후 로마인들과의 해전에서-그들이 거둔 승리는 놀랍게도 경미한 것이었다. 동부 지중해의 페니키아인들처럼 카르타고인들은 종종 배의 숫자에서 우세했던 것처럼 보이지만, 배가 일 대 일로 맞서는 해전에서 그들은 결코 우세했던 것 같지는 않다. 오히려 그 반대였던 것 같다. 분명히 카르타고인들은 그들의 배에 더 적은 숫자의 무장병력을 실어 날랐으며, 이것이 승선 전술에서뿐만 아니라 해상에서의 투석전에서도 그들에게 불리하게 작용했다. 기원전 5세기에 크세르크세스의 페니키아 함대에서는 해군병력들이 페르시아인들로 채워졌다. 카르타고인들은 이 점에서는 결함이 있었다. 아프리카 해안 근처에서 아가토클레스의 침략함대는 수적으로 우세한 카르타고의 해군과 마주칠 뻔했다. 하지만 그리스인들은 그들이 투석무기의 사정거리 안에 있었을 때 추적자들을 가까이 오지 못하게 할 수 있었다. 왜냐하면 아가토클레스가 그의 갤리선에 더 많은 수의 궁수들과 투석병들을 탑승시켰기 때문이다.

시칠리아에서 동포들의 전쟁을 지원하는 수병으로서 카르타고인들은 크세르크세스의 침략군들이 피할 수 있었던 도전에 직면했다. 카르타고 군대는 넓게 펼쳐진 공해를 가로질러 수송되어야 했으며, 해안에 접근해 지나갈 수 없었다. 분명히 이것은 카르타고의 배들이 바람이 불어가는 쪽의 해안으로 몰릴 위험은 덜했지만, 그것은 오히려 '홉슨의 선택(권하는 것을 받느냐 안 받느냐만을 결정하는 선택권)' 문제였음을 의미했다. 왜냐하면 기원전 311년에 시칠리아를 향해 출발했던 카르타고의 대규모 침략함대가 폭풍우를 만났기 때문이다. 이 폭풍우로 카르타고는 200척의 수송선은 물론이고 130척의 3단 노선 중에 60척을 잃었다.

이 불운한 원정에 참가한 갤리선들이 모두 3단 노선이었다는 점에 주목해야 한다. 또한

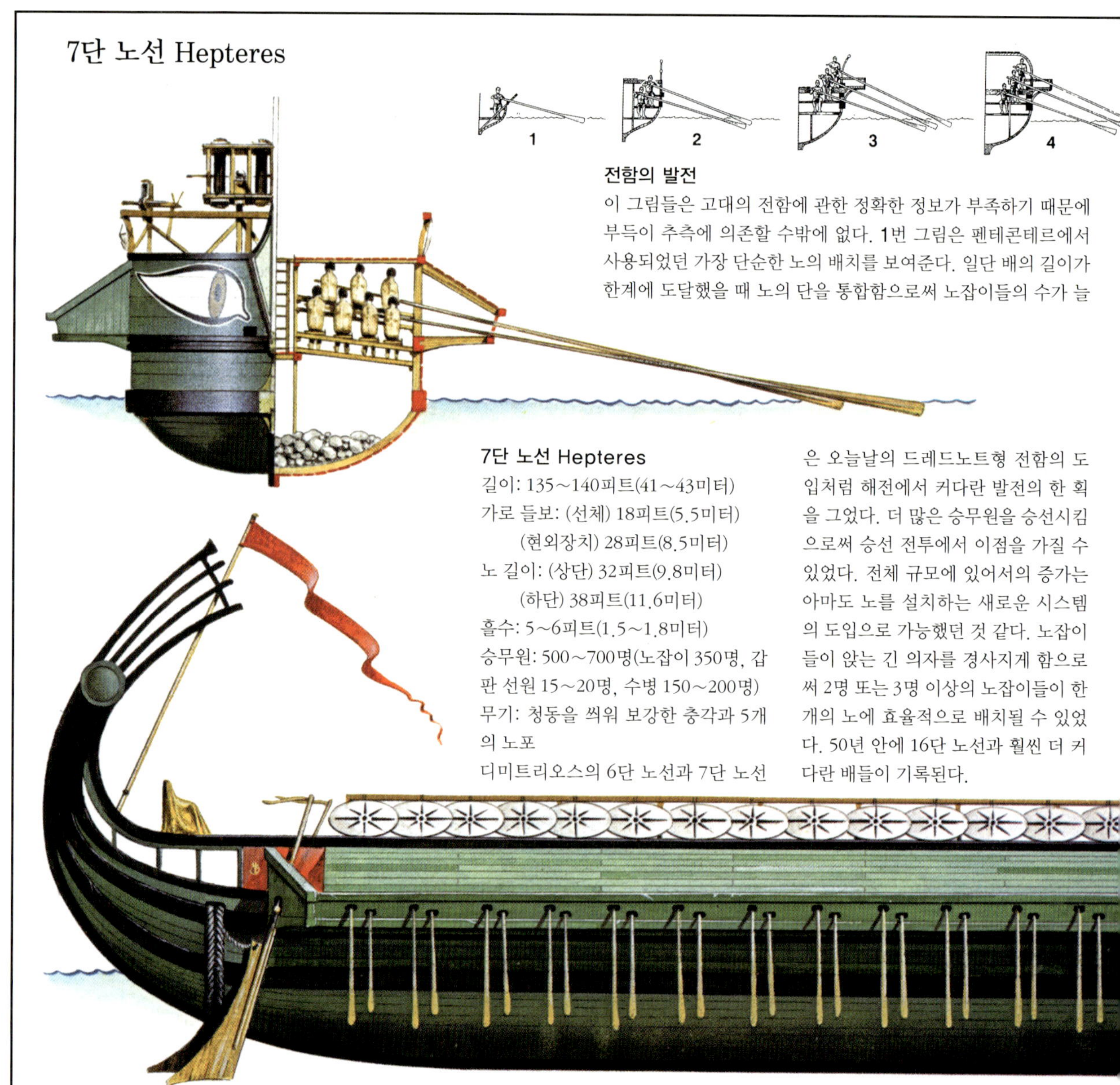

## 7단 노선 Hepteres



**전함의 발전**

이 그림들은 고대의 전함에 관한 정확한 정보가 부족하기 때문에 부득이 추측에 의존할 수밖에 없다. 1번 그림은 펜테콘테르에서 사용되었던 가장 단순한 노의 배치를 보여준다. 일단 배의 길이가 한계에 도달했을 때 노의 단을 통합함으로써 노잡이들의 수가 늘은 오늘날의 드레드노트형 전함의 도입처럼 해전에서 커다란 발전의 한 획을 그었다. 더 많은 승무원을 승선시킴으로써 승선 전투에서 이점을 가질 수 있었다. 전체 규모에 있어서의 증가는 아마도 노를 설치하는 새로운 시스템의 도입으로 가능했던 것 같다. 노잡이들이 앉는 긴 의자를 경사지게 함으로써 2명 또는 3명 이상의 노잡이들이 한 개의 노에 효율적으로 배치될 수 있었다. 50년 안에 16단 노선과 훨씬 더 커다란 배들이 기록된다.

**7단 노선 Hepteres**

길이: 135~140피트(41~43미터)
가로 들보: (선체) 18피트(5.5미터)
　　　　　(현외장치) 28피트(8.5미터)
노 길이: (상단) 32피트(9.8미터)
　　　　　(하단) 38피트(11.6미터)
흘수: 5~6피트(1.5~1.8미터)
승무원: 500~700명(노잡이 350명, 갑판 선원 15~20명, 수병 150~200명)
무기: 청동을 씌워 보강한 충각과 5개의 노포
디미트리오스의 6단 노선과 7단 노선

카르타고인들은 5단 노선의 사용도 발전시켰다. 사실 시라쿠사의 디오니시오스 1세에게서 비롯된 5단 노선의 발명이 원래는 페니키아가 새롭게 고안한 것이었다고 생각된다. 설사 5단 노선이 더 가벼운 함대에 비해 이점만을 가졌던 것은 아니라고 하더라도, 5단 노선은 해전에서 몇 가지 이점들을 가졌던 것이 분명하다. 원래는 5단 노선이 주로 항해를 고려해서 도입되었을 가능성을 배제할 수 없다. 즉 5단 노선은 가파른 바다를 헤쳐 나가기 위해 보다 무겁고 견고하게 만들어진 배였다. 그리스인들처럼 카르타고인들도 항상 보다 육중한 배를 추

어났다(2번과 3번 그림). 4번 그림은 중앙 통로를 높인 페니키아식의 3단 노선을 보여준다. 최초의 4단 노선과 5단 노선은 각각의 노에 단지 더 많은 노잡이를 배치함으로써 이루어졌다. 또 다른 발전된 형태는 현외장치와 갑판 전체를 에워싸는 것이었다(5번과 6번). 다음으로 노의 배치가 바뀌었다(7번과 그 이하). 이것은 더 작은 배에 노를 설치하는 새로운 시스템으로 이끌었다(8번과 9번).

구하는 경향이 있었다. 기원전 535년 코르시카의 알라리아 앞바다에서 그리스인이었던 포카이이인들과 교전했던 카르타고의 배들은 적함과 마찬가지로 5단 노선이었던 것 같다.

그리스인들과 로마인들이 가끔 모방했던 것으로 보이는 카르타고 전함의 특징 하나는 활대에서 뱃머리로 끌어올릴 수 있었던, 그리스어로 아카티온*akation*으로 알려진 작은 보조 돛이었다. 이것은 바람에 비스듬히 항해하고 있는 배에게 도움을 주었을 것이다. 또한 이 작은 보조 돛은 비상 전투 시에 유용하게 사용될 수 있었다. 갤리선에서 큰 돛대는 급하게 올릴 수 없었다. 하지만 디오도로스는 아가토클레스의 노잡이들과 마주칠 위험에 처한 카르타고의 전함 한 척이 유리한 순풍을 이용하기 위해 어떻게 앞 돛대의 큰 보조 돛을 올리고 위험에서 벗어났는가를 말해주고 있다.

## 카르타고의 육군

카르타고인들이 주로 용병을 육군으로 사용했다고, 하더라도 그들의 시민군 또한 무시될 수 없다. 분명히 시민군은 소규모였다. 즉 아가토클레스에 맞선 카르타고 함대에서 카르타고 시민들의 숫자는 10,000명에 달하는 리비아인 용병에 비해 2,000명에 불과했다. 하지만 카르타고는 그리스인들이 '신성대'로 묘사했던 정예 시민군을 소유했다. 그리고 카르타고인들이 용병과 함께 북아프리카 도시들의 반란자들에 맞서 싸우도록 소집되었을 때,(그때는 이미 카르타고가 로마의 위협을 받고 있었다) 그들은 잔혹한 전쟁 후에 결국 승리했다.

카르타고 군대는 시칠리아에서 티몰리온에 맞서 싸웠다. 이와 관련해서 플루타르코스는 흰 방패로 무장한 10,000명의 보병에 대해 말하고 있다. 그리스인들은 번쩍이는 무기와 진격해 들어오는 느린 보폭 그리고 질서 정연한 대형 때문에 그들을 카르타고인일 것으로 짐작했다. 물론 카르타고 본토의 시민들과 해외 식민지의 카르타고 시민들은 구분되어야 한다. 하지만 어떠한 경우든 카르타고인들을 비군사적인 민족으로 묘사하는 것은 잘못일 것이다.

카르타고인들은 로마와의 최초 전쟁에서는 물론이고 용병 반란군들과의 전쟁에서도 코끼리를 사용해 상당한 효과를 보았다. 카르타고인들의 코끼리 사용은 마케도니아 왕조의 군주들이 인도에서 배웠던 것과는 달랐다. 카르타고인들에게는 코끼리 등 위에 궁수들이 배치된 포탑과 같은 상교가 없었다. 카르타고의 전투 코끼리는 몰이 막대기를 가진 단 한 사람의 몰이꾼에 의해 통제되었을 뿐이다. 그리고 주로 발로 적을 짓밟는 역할이 기대되었다.

코끼리는 카르타고 군대에서 전차를 대신했던 것 같다. 하지만 카르타고인들은 그리스인들이 경주용으로만 사용했던 네 마리의 말이 끄는 전차들을 포함해 역사상 중요한 시기에 전차를 사용하기도 했다. 전차 싸움을 위해서는 적합한 지형이 필수적이었다. 페르시아인들은 아시아 군대에서 전차를 꽤 많이 사용했지만, 그리스에서 전차 전쟁의 최근 실례는 기원전 8세기에 칼키스와 에레트리아의 두 도시 사이에 벌어졌던 에우보이아의 렐란티네 평원 전쟁에서 찾을 수 있다. 네 마리의 말이 끄는 전차들은 시칠리아에서 티몰리온에 맞서 동원되었으며, 크리미소스 전투에서는 그리스 기병을 궤멸시키는 힘을 발휘했다. 그때 잇따라 발생한 뇌우와 맹렬한 기세로 퍼붓는 호우가 그리스에게 유리하게 작용했다. 무거운 쇠사슬 갑옷이 카르타고의 보병들을 방해했으며, 진흙으로 인해 전차가 움직일 수 없게 되었음에 틀림없다. 이 전투에 대한 플루타르코스의 설명은 흥미를 자아낸다. 설사 그리스의 창으로 카르타고인들의 갑옷을 꿰뚫는 것이 어려웠다 하더라도, 카르타고인들은 특별한 기술을 필요로 했던 칼싸움에서 그리스인들과 어깨를 나란히 할 수 없었다. 페르시아 전쟁 이래로 전술에 변화가 일어났다. 플루타르코스 또한 전례 없이 많은 숫자의 카르타고 시민군들이 그 전투에서 죽었다고 말하고 있다. 대체로 많은 수의 아프리카인, 스페인인 그리고 누미디아인 용병들-그들이 입은 피해는 크지 않았다-이 카르타고 군대에 고용되었다.

카르타고 용병대는 북아프리카뿐만 아니라 카르타고인들이 무역관계를 수립했던 수많은 나라에서 모집되었다. 서로 다른 용병과 연합군 분견대는 종종 여러 가지 무기에서 전문화되었던 것 같다. 카르타고의 서쪽과 남쪽에 살았던 유목민족인 누미디아인들은 말을 길렀고 기병을 제공했다. 그들은 기병으로 유명했으며 고삐 없이 말을 탄 것 같다. 리비아 인들은 전차기사였다. 리비아에서 카르타고와 싸웠던 아가토클레스는 자신의 군대에 리비아 전차들을 징발할 수 있었다. 발레아레스 제도諸島의 주민들은 카르타고인들에게(그리고 후에는 로마인들에게) 투석병을 제공했다. 발레아레스 군대의 특징은 앞서 살펴보았던 동부 지중해의 로도스인들과 비교된다.

# 에피로스의 피로스와 로마 공화정

남부 이탈리아를 장악하기 위한 로마의 진군으로 기원전 3세기 초에 로마는 에피로스의
피로스와 대결하게 되었다. 그가 애써서 얻은 승리들은 군사용어에 새로운 용어를 더해주
었다.

## 고대의 문헌

에피로스의 피로스의 경력은 여기서 다루고자 하는 주제의 핵심을 이룬다. 피로스의
생애와 관련해서 플루타르코스가 남긴 글은 현존하는 중요한 문헌이다. 플루타르코스는
카르디아의 히에로니무스가 제공한 당대의 증거에 의존하고 있다. 히에로니무스의 『계승
자들의 역사*Histories of the Successors*』는 알렉산더 이후의 사건들에 대한 아리아노스의 역
사는 물론이고 디오도로스의 『세계사*Bibliotheke*』에 중요한 자료를 제공했다. 또한 그것은
플루타르코스의 다른 작품인 『영웅전』에 대해서도 자료 제공의 출처였다. 히에로니무스
는 자신처럼 트라키아의 케르소네소스(갈리폴리 반도)의 카르디아 지방 출신이었던 에우
메네스의 군대에서 싸웠다. 에우메네스가 안티고노스에게 사로잡혀 목숨을 잃었을 때, 히

이탈리아의 창. 나중에 로마의 창에서 볼 수 있는 것처럼 머리 부분을 나무 안에 끼워 넣지 않고 창 손잡이가 청동 머리 부분에 있는 구멍에 끼워졌다.

에로니무스는 시대가 요구하는 것을 재빠르게 간파하고
변신 끝에 안티고노스에게 충성을 바쳤다. 그는 기원전
301년 입소스 전투를 목격했으며, 나중에 안티고노스의
아들 디미트리오스는 그를 보이오티아의 총독에 임명했
다. 히에로니무스의 『계승자들의 역사』에는 적어도 피로
스의 죽음까지 그리고 아마도 훨씬 이후의 사건들이 포함
되었다.

초기 로마사에 대한 거의 모든 지식들은 후대의 작가
들로부터 비롯된 것이다. 기원전 4세기 전에는 일부 기록들
이 로마에서 보관되었다. 아마도 그 기록들은 기원전 390
년 갈리아인들의 로마 약탈로 훼손되었을 것이다. 여하튼
기원전 4세기 초부터 그 해 행정관들의 이름 밑에 해마다의
중요한 사건들을 편집하고 표시하는 것은 로마 대신관

Pontifex Maximus의 책임이었다.

　　로마의 최초 역사가들은 공직에 종사하고 있었다. 그들은 종종 중요한 관직을 차지하고 있었던 원로원 의원들이었다. 그들의 목적은 주로 애국적인 것이었고 그리스 세계에 우호적인 관점에서 로마 역사를 기술하고자 했다. 로마에서 역사를 쓴다는 것은 무엇보다도 교양 있고 명예로운 일이었다. 카르타고와의 제2차 포에니 전쟁에 참가했던 퀸투스 파비우스 픽토르 같은 로마의 초기 작가들은 그리스어로 작품을 썼다. 하지만 마르쿠스 포르키우스 카토(검열관 카토)는 자신의 작품을 라틴어로 편찬했으며, 그의 시대(기원전 234~149년)부터 역사 서술에 라틴어가 널리 사용되었다. 역사 서술은 일찍이 신관의 연대기를 이용했으므로, 대표적 인물들은 연대기 작가들로 알려지고 있다. 그들의 연대기는 기원전 2세

이 지도는 피로스가 이탈리아와 시칠리아에서 치렀던 전투의 전반적인 성격을 나타낸다.
로마 보병을 압도하기 위한 베네벤툼 전투에서 코끼리 공격이 실패하면서 그는 후퇴하고 철수했다.

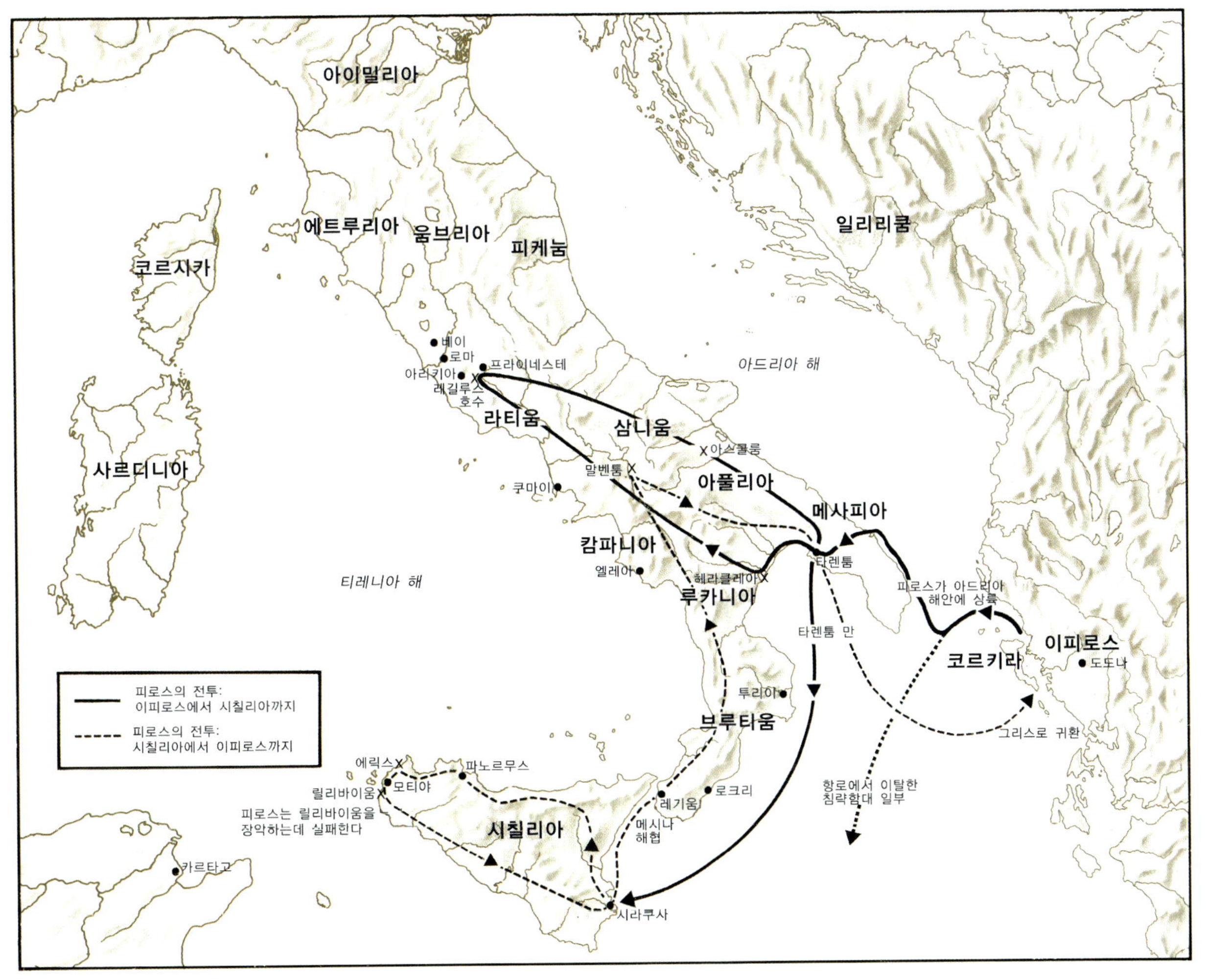

나폴리에서 볼 수 있는 피로스의 조각상. 피로스와 로마인들 사이의 관계는 기사도적인 적대관계였다. 값비싼 희생을 치르고 그가 거둔 승리들은 로마의 권위를 높여주었을 뿐이었다.

기 말 대신관 푸블리우스 무키우스 스카이볼라의 연대기 80권의 출판에서 절정에 이르렀다. 이들 연대기는 신뢰할 만한 것으로 다음 세기의 연대기 사가들에 의해 전혀 의문시되거나 논박되지 않았다.

초기 연대기 작가들의 작품은 기원전 1세기와 그 이후의 로마 역사가들뿐만 아니라 리비우스와 동시대 인물인 디오도로스와 할리카르나소스의 디오니시오스를 포함해 로마 역사를 다루었던 그리스 역사가들에 의해서도 이용되었다. 하지만 초기 몇 세기 동안 로마 역사와 관련된 연대기 이야기들의 내용은 리비우스의 작품을 통해 가장 잘 알려져 있다. 로마의 건국(전승에 따르면 기원전 753년)과 그의 시대(기원전 59년 ~서기 17년) 사이에 걸쳐 있는 리비우스의 산문 서사시는 국가의 운명에 대한 내용으로 가득 차 있다. 최초 142권 중에 1권에서 10권 그리고 21권에서 45권이 전해오고 있다. 그 밖의 발췌본과 단편들과는 별개로 리비우스의 완성작품에 대한 후기 작가들의 개요는 현존하고 있다. 우리가 다루고 있는 주제와 관련해 불행하게도 리비우스는 전투 경험이 전혀 없었다. 하지만 그가 자신의 방법론과 많은 자료를 끄집어낸 연대기들은 대부분 전쟁과 정치에서 주도적인 역할을 했던 사람들에 의해 수집되어 정리되었다. 반대로 리비우스의 문학적 천재성으로 이들 작가의 증언이 망실되지 않았다. 기원전 1세기 이전 로마의 어떤 역사 기록들도 독자적으로 보존되지는 않았다.

로마의 초기 역사에서 전설로부터 사실을 구분해내는 데에는 고고학이 많은 역할을 했다. 고고학은 자주 고대의 문학적 전승을 뒷받침하는 데 기여했다. 예를 들어 고고학은 일정 시기에 도시들의 번영과 쇠퇴에 관한 증거를 제공했다. 고대의 주화와 비문은 그것들 자체로 문헌기록으로 남는다. 물론 로마의 시인들에게 영감을 불어넣었던 옛 이야기들의 신빙성은 대부분 논쟁거리로 남는다. 하지만 로마 초기 역사에 대한 주요 개요들은 대체로 받아들여진다. 예를 들어서 로마 왕국과 관련된 모든 전설을 믿지 않은 채, 어느 누구도 로마가 왕위를 계승한 뒤 죽을 때까지 군림했던 왕들에 의해 통치되었지만, 기원전 6세기에 발생한 근본적인 변화로 매년 선출되는 두 명의 행정관-후에 집정관으로 알려졌다-의 수중으로 통치권이 넘어갔다는 것을 부인하고 싶지 않을 것이다.

# 역사적 배경

기원전 4세기 남부 이탈리아의 타렌툼에서 도리아계 그리스인 식민자들이 모시인 스파르타에 그들을 위협했던 토착민들과의 싸움에서 도와줄 것을 요청했다. 북부 그리스가 마케도니아의 필리포스 2세와의 싸움에 말려들었을 때, 스파르타는 나중에 이탈리아 전투에서 목숨을 잃었던 아르키다모스 3세 휘하의 병력을 파견했다. 나중에 알렉산더 대왕이 동방에 있었을 때, 에피로스의 부족들과 도시들을 지배했던 그의 삼촌-그 또한 알렉산더라는 이름으로 불렸다-이 남부 이탈리아에 개입해 달라는 타렌툼의 또 다른 요청을 흔쾌히 받아들였다. 그 또한 타렌툼에서 싸우다가 죽었다. 이러한 종류의 세 번째 에피소드는 스파르타의 용병사령관 클레오니모스가 5,000명의 병사들로 이탈리아의 인근 도시들로부터 타렌툼을 지켜주었던 기원전 303년에 나타났다. 클레오니모스는 이탈리아를 코르키라에 대항하는 기지로 사용했으며, 결국에는 그를 고용했던 타렌툼과 싸웠다. 이렇게 정기적으로 되풀이되는 상황들 속에서 그리스에서 타렌툼을 가장 자연스럽게 도와 줄 수 있는 곳은 타렌툼의 모시인 스파르타와, 비교적 좁은 바다를 가로질러 이탈리아의 뒤꿈치 맞은편에 유리한 위치를 차지하고 있었던 에피로스였다. 마침내 기원전 281년 로마와 충돌하게 된 타렌툼인들이 에피로스 왕 피로스를 불러들였다.

에피로스의 부족민들 중에는 비교적 그리스화된 집단인 몰로시아인들이 주력군이었다. 그들의 왕은 아킬레우스로부터 혈통의 기원을 찾았으며, 신탁 때문에 그리스 전역에서 찬양되었던 도도나의 제우스 신전이 그들 주위에 있었다. 그리스 문명과 에피로스의 접촉은 아드리아 해 동부 해안에 위치한 코린트와 엘레아의 수많은 식민시들에 의해 촉진되었다. 알렉산더는 이탈리아 원정에 착수하기 전 에피로스를 부유하게 만들기 위해 많은 것을 했다. 그리고 몰로시아인들의 왕인 피로스의 아버지는 테살리아 귀족 집안의 숙녀와 결혼했다. 대체로 에피로스는 마케도니아처럼 반半 그리스 영토로 분류될 수 있을 것이다.

피로스는 어렸을 때 왕위를 상속했으므로 그의 지위는 오랫동안 불안정한 상태를 유지했다. 하지만 마침내 그는 프톨레마이오스의 도움을 요청했으며, 에피로스에서 강력한 기반을 잡은 후 처음에는 공동으로 그리고 다음에는 단일 군주로 지배했다. 이러한 자격으로 그는 기원전 297년 카산드로스의 죽음으로 마케도니아의 왕위를 주장했던 디미트리오스를 몰아내기 위해 트라키아 군주인 리시마코스와 동맹을 맺었다. 디미트리오스의 주장은 안티파트로스의 딸 필라와의 결혼에 근거한 것이었으며, 그는 한때 자신을 입헌적 자유의 수호자로 내세웠던 몇몇 그리스 국가들의 지원을 끌어냈다. 동맹을 맺은 피로스와 리시마코스는

세 잎 장식으로 된 삼니움족의 가슴받이는 널리 분포된 형식이다. 이것은 기원전 4세기에 남부 이탈리아에서 흔히 볼 수 있었으며 카르타고인들에 의해 채택되었다.

디미트리오스를 무찌르는 데 성공했지만, 마케도니아 왕국의 지배를 둘러싸고 두 사람이 경쟁한 끝에 피로스가 강제로 물러나게 되었다. 좌절한 피로스는 자신의 야심을 서쪽으로 펼칠 준비가 되어 있었다.

피로스에게 기회를 주었던 타렌툼인들은 아마도 낡아빠진 것으로 묘사될 수 있는 오래된 조약을 로마와 체결했다. 그것에 따르면 로마인들은 타렌툼 만에 전함을 파견할 수 없었다. 기원전 282년 로마인들은 그리스 도시인 투리이, 로크리, 그리고 레기움에 보조 수비대를 두었다. 이러한 조치들은 북쪽으로 루카니아의 이탈리아인들을 겨냥한 것이었다. 하지만 투리이는 타렌툼 만의 서쪽 모퉁이에 자리 잡고 있었으며, 아마도 로마는 힘을 과시하려는 듯 그곳에 전함을 파견했던 것 같다.

타렌툼인들이 이것을 못 본 체 넘어갈 수도 있었지만, 그들은 이미 로마의 팽창에 우려를 표시하고 있었으므로 전쟁을 결심했다. 따라서 그들은 여러 척의 로마 전함을 공격해 침몰시켰으며, 투리이에서 로마의 수비대를 몰아내고 약탈했다. 타렌툼인들의 폭력성은 타렌툼의 민주주의자들이 투리이의 과두주의자들에게 가졌던 증오에 의해 이념적으로 설명될 수 있을 것 같다. 이제 로마와의 전쟁에 전념했던 타렌툼인들은 개인자격으로뿐만 아니라 이탈리아에 있는 그 밖의 그리스 도시들을 대신해 피로스에게 원조를 요청했다. 로마에 맞서 공동전선을 구축하기 위해 그들은 자신들의 무장병력은 물론이고 루카니아인, 메사피아인, 그리고 삼니움인을 포함한 엄청난 숫자의 이탈리아 토착 징집병들을 제공했다. 플루타르코스에 따르면 그 숫자는 모두해서 기병 20,000명과 보병 350,000명이었다. 숫자의 정확성과는 관계없이 이 정도의 병력은 피로스를 전쟁에 끌어들이고 에피로스에서 대중들에게 전쟁에 대한 열정을 불러일으키기에 충분했다.

### 피로스의 침략군

피로스는 테살리아인 참모장교이자 외교관이던 키네아스를 3,000명의 선발대와 함께

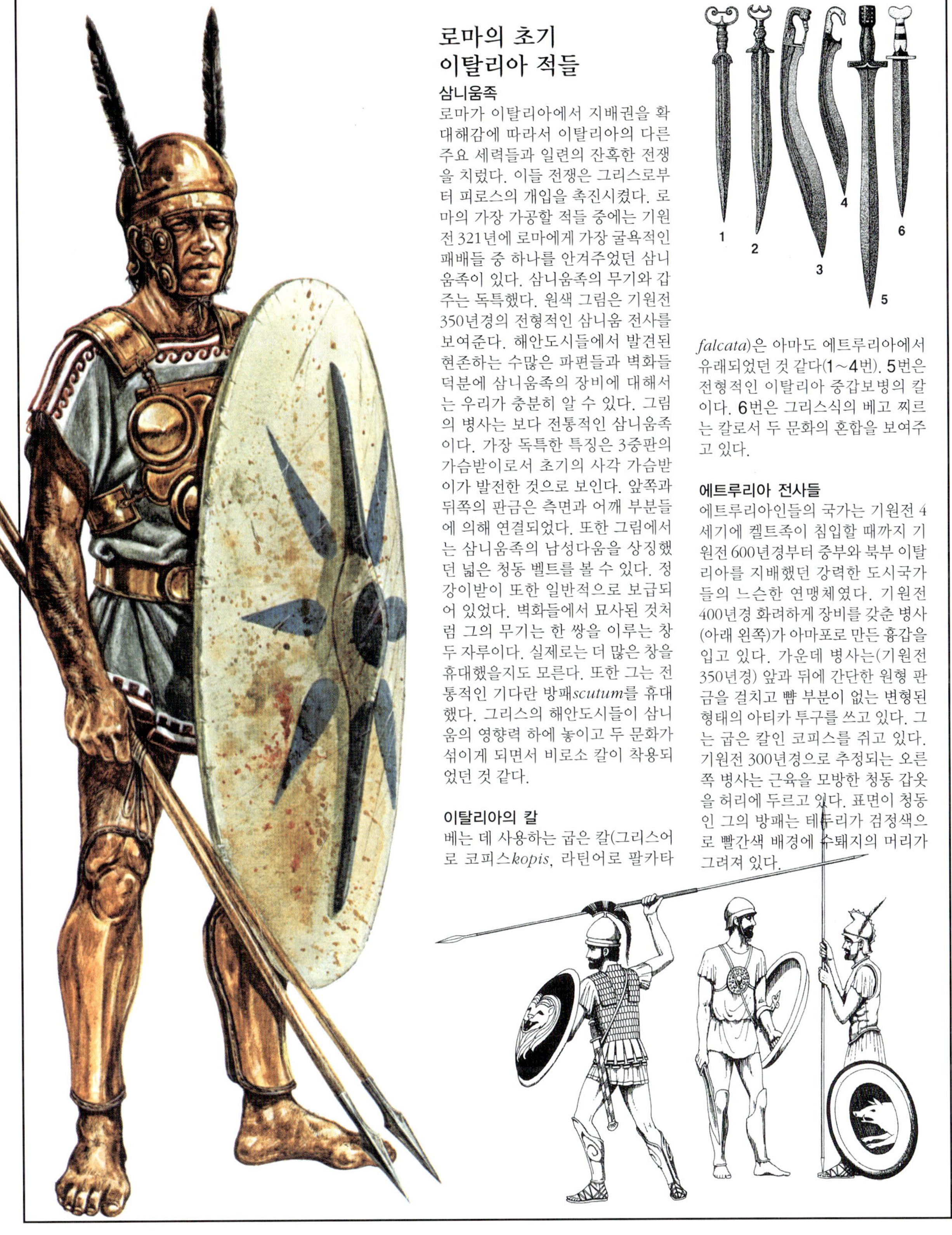

## 로마의 초기 이탈리아 적들

### 삼니움족

로마가 이탈리아에서 지배권을 확대해감에 따라서 이탈리아의 다른 주요 세력들과 일련의 잔혹한 전쟁을 치렀다. 이들 전쟁은 그리스로부터 피로스의 개입을 촉진시켰다. 로마의 가장 가공할 적들 중에는 기원전 321년에 로마에게 가장 굴욕적인 패배들 중 하나를 안겨주었던 삼니움족이 있다. 삼니움족의 무기와 갑주는 독특했다. 원색 그림은 기원전 350년경의 전형적인 삼니움 전사를 보여준다. 해안도시들에서 발견된 현존하는 수많은 파편들과 벽화들 덕분에 삼니움족의 장비에 대해서는 우리가 충분히 알 수 있다. 그림의 병사는 보다 전통적인 삼니움족이다. 가장 독특한 특징은 3중판의 가슴받이로서 초기의 사각 가슴받이가 발전한 것으로 보인다. 앞쪽과 뒤쪽의 판금은 측면과 어깨 부분들에 의해 연결되었다. 또한 그림에서는 삼니움족의 남성다움을 상징했던 넓은 청동 벨트를 볼 수 있다. 정강이받이 또한 일반적으로 보급되어 있었다. 벽화들에서 묘사된 것처럼 그의 무기는 한 쌍을 이루는 창두 자루이다. 실제로는 더 많은 창을 휴대했을지도 모른다. 또한 그는 전통적인 기다란 방패*scutum*를 휴대했다. 그리스의 해안도시들이 삼니움의 영향력 하에 놓이고 두 문화가 섞이게 되면서 비로소 칼이 착용되었던 것 같다.

### 이탈리아의 칼

베는 데 사용하는 굽은 칼(그리스어로 코피스*kopis*, 라틴어로 팔카타 *falcata*)은 아마도 에트루리아에서 유래되었던 것 같다(1~4번). 5번은 전형적인 이탈리아 중갑보병의 칼이다. 6번은 그리스식의 베고 찌르는 칼로서 두 문화의 혼합을 보여주고 있다.

### 에트루리아 전사들

에트루리아인들의 국가는 기원전 4세기에 켈트족이 침입할 때까지 기원전 600년경부터 중부와 북부 이탈리아를 지배했던 강력한 도시국가들의 느슨한 연맹체였다. 기원전 400년경 화려하게 장비를 갖춘 병사(아래 왼쪽)가 아마포로 만든 흉갑을 입고 있다. 가운데 병사는(기원전 350년경) 앞과 뒤에 간단한 원형 판금을 걸치고 뺨 부분이 없는 변형된 형태의 아티카 투구를 쓰고 있다. 그는 굽은 칼인 코피스를 쥐고 있다. 기원전 300년경으로 추정되는 오른쪽 병사는 근육을 모방한 청동 갑옷을 허리에 두르고 있다. 표면이 청동인 그의 방패는 테두리가 검정색으로 빨간색 배경에 수퇘지의 머리가 그려져 있다.

타렌툼으로 보냈다. 그는 외교관의 양성과 정보에 상당히 의존했다. 그 사이 피로스 자신은 침략군의 주력부대를 소집했다. 전함들을 호위하기 위한 배는 타렌툼이 자체적으로 조달했다. 과거에는 클레오니무스가 이와 비슷한 일을 대신했다. 말 수송선과 바닥이 편평한 다양한 배가 포함된 함대에 피로스는 20마리의 코끼리, 3,000명의 기병, 20,000명의 보병, 2,000명의 궁수, 그리고 500명의 투석병을 태웠다. 플루타르코스에 따르면 거친 바다가 기다리고 있었으며, 그들이 중간쯤 건너고 있을 때 철 지난 북풍이 불기 시작했다. 그 결과 많은 배가 시칠리아를 지나 리비아를 향해 남쪽으로 떠밀려갔다. 이탈리아의 발뒤축을 돌아서 타렌툼 만으로 들어가는 것이 불가능해졌다. 바람에 날려 항로에서 이탈했던 배들은 아드리아 해의 해안에서 피난하기위해 항구를 찾았음에 분명하다. 플루타르코스가 전하는 바에 따르면 처음에 항구 없는 해안에서 많은 배를 박살냈던 해풍이 갑자기 방향을 바꿔 피로스의 기함旗艦이 해안에 도달하지 못하게 했다. 들쑥날쑥한 해안선의 외곽을 따라 바싹 접근한 배들이 종종 항로를 바꾸었다. 여하튼 왕의 전함을 해안에 끌어올리는 것이 불가능할지도 모른다는 위험이 있었다. 피로스는 바람에 날려 다시 바다로 밀려나는 것보다는 차라리 어두울 때, 조그만 배에 옮겨 탄 뒤 새벽 동이 틀 무렵 기진맥진한 채 해안에 도달하는 쪽을 택했다. 바람이 멈추었고 흩어진 함대의 다른 몇몇 지함들이 그를 따라붙었다. 그들은 타렌툼의 동맹자로서 최선을 다해 도와주었던 메사피아 주민들의 열렬한 환대를 받았다. 마침내 2,000명의 보병, 매우 적은

새끼 코끼리들이 그들의 부모와 함께 출정했다. 플로루스가 전하는 바에 따르면 자식들의 안전을 염려한 암컷 코끼리가 이탈리아에서 피로스의 병사들 사이에 대혼란을 퍼뜨렸다.

수의 기병, 그리고 두 마리의 코끼리를 동원했던 피로스는 선발대와 합류하기 위해 타렌툼까지 육로로 밀고 나아갔다.

폭풍우에 대한 플루타르코스의 이야기는 다소 와전된 것이며 그 사건 자체의 혼란스러움에 영향 받은 것 같다. 하지만 그 에피소드는 고대의 항해술에 관심을 갖고 있는 사람이라면 누구나 주목할 만하다. 폭풍우를 막을 것이라곤 아무것도 없었던 이탈리아 해안 가까이를 항해하던 배들 중에 피로스의 기선만이 거친 바다에서 항로를 유지할 수 있었다. 아마도 이 기선은 피로스가 나중에 시칠리아에서 사용했으며, 폴리비오스가 결국 카르타고의 수중에 넘어갔다고 전하고 있는 7단 노선과 동일시될 수 있을 것 같다. 여하튼 우리는 여기에서 보다 크고 육중한 배들이 전에 비해 항해에 적합하도록 강화되었다는 추가적인 증언에 접하게 된다. 플루타르코스는 피로스의 배가 엄청난 크기와 힘 때문에 안전할 수 있었다고 말하고 있다.

피로스 왕이 타렌툼에 접근하자 키네아스는 이미 그곳에 주둔하고 있던 병력들과 함께 마중나왔다. 타렌툼인들과 피로스가 체결했던 협정의 정확한 내용들이 무엇이었든, 피로스는 산개 대형을 유지했던 자신의 함대가 타렌툼 항구에 도달할 때까지 타렌툼인들의 기분을 상하게 할지도 모르는 어떠한 행위도 하지 않으려고 애썼다. 그러고 나서 그는 상황을 파악하고, 타렌툼 시 전체를 전시체제로 전환시켰으며, 모든 오락장과 경기장을 폐쇄했다. 그리고 모든 축제와 사교 행사를 중지시켰으며 주민들을 징집했다. 피로스의 이러한 처리방식에 강하게 반대했던 일부 시민들은 도시를 떠났다.

피로스는 가공할 로마 군대가 도중에 루카니아의 후배지後背地를 약탈하면서 다가오고 있다는 것을 알았다. 타렌툼인들이 그에게 약속했던 대규모 연합군은 아직 도착하지 않았으며, 피로스는 더 많은 병력의 지원을 받을 때까지 기꺼이 기다리려고 했던 것 같다. 하지만 적에게 주도권을 넘겨주면서까지 너무 오래 지체하는 것은 전략적으로 어리석을 뿐만 아니라 군대의 사기에도 좋지 않았을 것이다. 아마도 시간을 벌기 위해 피로스는 로마가 타렌툼과의 불화를 중재하기 위해 자신을 중재자로 받아들일지의 여부를 묻기 위해 전령을 보냈다. 그는 자신의 예상대로 로마인들은 그를 중재자로 원치 않을 뿐더러 그를 적으로 두려워하지도 않는다는 응답을 로마로부터 받았다.

피로스는 로마인들이 시리스 강을 건넜을 때, 헤라클레아 근처의 진지에서 바라보고 있었다. 그리고 그가 부관 한 명에게 말했던 것처럼 '야만족' 치고는 놀랄 만한 것으로 보이는 로마군의 빈틈없는 강력한 대형과 군사규율에 강한 인상을 받았다. 지금까지보다 더 피로스는 증원군을 기다리고 싶었지만, 로마군은 작징하고 그의 바람이 실현되지 잃도록 단호하게 대처했다. 피로스는 강둑을 따라 방어적인 위치에 병사들을 배치했지만, 로마군이 선수를 쳤다. 로마의 기병이 약간의 병력과 함께 걸어서 건널 수 있는 지점에서 강을 건넜으며, 포위당한 피로스의 병사들은 철수하지 않으면 안 되었다.

## 헤라클레아전투와 아스쿨룸 전투

방금 대략적으로 살펴본 상황에서 헤라클레아 전투가 시작되었다. 피로스는 더 이상 지체 없이 자신이 주도권을 잡아야한다고 생각했다. 그래서 알렉산더 대왕의 유서 깊은 전술을 채택해 팔랑크스에게 적을 전방에 붙들어 놓게 했으며, 그 사이 자신은 3,000마리의 말 선두에 서서 기병공격을 지휘했다. 하지만 알렉산더와는 다르게 행동 개시 시점을 잘못 정했다. 그의 공격은 너무 때늦은 감이 있었다. 로마인들은 대체로 기병은 약했지만, 이번 경우에는 이탈리아 동맹들로부터 기병을 지원받았던 것 같다. 그리고 피로스의 테살리아 기병은 격퇴되었다. 그 후 피로스 왕은 설사 공격역할을 수행하기에 부적합하다고는 하지만, 자신의 팔랑크스 병사들에게 공격을 명령했다. 만약 로마의 말이 코끼리에게 겁을 먹지 않고 통제하기가 불가능하지도 않았다면, 피로스의 팔랑크스 병사들은 당연히 로마의 기병에게 포위되었을 것이다. 이러한 상황에서 테살리아 기병이 공격을 재개할 수 있었으며, 곧 파죽지

기원전 4세기 파에스툼의 무덤에 묘사된 삼니움족의 기병들. 삼니움족은 이 시기에 로마의 무자비한 적이었다.

세로 나아갔다.

　설사 결정적이지는 않았다고 하더라도, 그 승리는 우리가 보통 '피로스의 승리(엄청난 희생을 치르고 얻은 승리라는 의미)'라고 묘사하는 것보다 더 값진 승리였다. 디오니시오스에 따르면 로마의 사상자는 15,000명 그리고 히에로니무스에 따르면 7,000명이었다. 디오니시오스는 피로스의 사상자를 13,000명 그리고 히에로니무스는 4,000명으로 전하고 있다. 그렇게 현저하게 불일치하는 통계를 비웃어서는 안 될것 같다. 근대의 전쟁현장으로부터 사상자 보고는 종종 이와 유사한 불일치를 보여준다. 여하튼 피로스는 로마가 버리고 간 진지를 차지했으며, 그의 명성은 놀라울 정도로 강화되었다. 따라서 전투가 벌어지기 전에 그가 그토록 애타게 기다렸지만 모습을 나타내지 않은 채 망설이고 있었던 수 많은 루카니아인, 삼니움인, 그리고 다른 동맹자들이 이제 피로스 편에 가담하기 시작했다.

　피로스는 로마 자체의 점령을 기대하지 않았지만, 북쪽으로 로마 도시성벽의 37마일(60킬로미터) 이내까지 전진했다. 그는 힘에 기초한 협상을 기대했다. 하지만 피로스의 존재는 결코 로마인들을 위협하지 못했다. 피로스가 로마인들로부터 동맹자들을 떼어놓고, 그들의 땅을 유린하거나 로마 시 자체를 공격할지도 모른다는 것에 전혀 두려움을 갖지 않았던 로마인들은 타렌툼인들을 지켜주겠다는 조건의 평화협상을 체결했다. 그들(로마와 타렌툼)의 우호적 관계는 피로스와 그의 군대가 이탈리아에서 무조건 철수하는 것에 달려 있었다.

　그 사이 두 명의 로마 집정관이 이끄는 군대가 이탈리아 전체에 힘을 뻗치기 시작했다. 피로스는 그들을 무시할 수 없었다. 그들은 피로스의 후방과 통신 그리고 그의 동맹자들을 위협했다. 무엇보다도 명성과 군대의 사기가 위기에 직면하게 되었다. 피로스는 적과 싸우는 것을 꺼리는 것처럼 보여서는 안 되었다. 그는 로마와의 협상을 파기하고 다시 교전에 들어갔다. 아풀리아의 아스쿨룸에서 로마군과 맞선 피로스는 코끼리나 기병이 전투를 수행하기 어려운 거칠고 나무가 무성한 장소에서 싸웠다. 따라서 그는 보병 전투로 전환했다. 그 장소는 팔랑크스에게도 방해가 되었던 것 같다. 그래서 로마인들은 낮 동안 내내 전쟁을 질질 끌었으며, 아무것도 결정되지 않은 채 밤이 찾아 왔다.

다음 날 피로스는 로마가 거친 지역에서 채택했던 유연한 전술을 사용할 수 없도록 탁 트인 장소로 유인해서 싸우고자 했다. 설사 그렇다 하더라도 로마인들은 코끼리가 전투에 투입되기 전에 결판을 내려고 필사적으로 싸우며 짧은 칼로 그리스 팔랑크스의 기다란 미늘창을 상대할 수 있는 것처럼 보였다. 결국 코끼리가 한 번 더 피로스에게 승리를 안겨 주었지만, 이번 승리는 실제로 보다 '엄청난 희생을 치르고 얻은 승리'였다. 로마인들은 그들의 진지로 후퇴했을 뿐이었다. 피로스 자신은 팔에 상처를 입었다. 히에로니무스의 계산에 따르면 피로스 측에서의 3,550명과 비교해 로마인 사상자는 6,000명에 달했다. 하지만 피로스는 많은 유능한 참모들을 잃었으며, 로마인들처럼 새로운 군대를 소집할 수 있는 처지에 있지 못했다.

피로스가 다소 현란한 지휘관이었다고는 하지만, 용맹스럽고 병사들을 분발케하는 힘이 있었다. 그는 심지어 절망적인 전투가 한창일 때조차도 평상심을 유지할 수 있었다. 그럼에도 불구하고 그는 전략가 또는 전술가로서 탁월했던 것 같지는 않다. 증원군을 기다리며 피로스는 헤라클레아에서 로마인들에게 귀중한 주도권을 헌납해 버렸다. 결국 그는 그토록 기다렸던 증원군을 맞이하지 못했다. 그의 기병 공격 시점 또한 늦었다. 아스쿨룸에서의 우유부단한 전투로 값진 교훈을 얻고 나서야 비로소 피로스는 전투에 적합한 장소를 선택할 수 있었다.

## 시칠리아의 피로스

이제 피로스에게는 새로운 전쟁에 대한 두 가지 전망이 기다리고 있었다. 둘 다 그에게 그리스 문명을 대신해 싸우는 기회를 가져다주었다. 피로스는 항상 이러한 기회를 갈망해 왔다. 한 번의 기회는 그리스 자체에 있었다. 그곳에서는 북쪽에서 침입해 들어온 켈트 유목민집단이 혼란을 초래했다. 또 한 번의 기회는 시칠리아에 있었다. 그곳에서는 아가토클레스의 뒤를 이을 군사 후계자가 없었던 그리스 도시들이 다시 한 번 카르타고인들의 위협을

---

**아스쿨룸 전투(기원전 279년)**

**지휘관** 피로스 대 로마의 두 집정관 파브리키우스와 퀸투스 아이밀리우스

**병력 수** 3,000명의 선발대와 함께 보병 20,000명, 말 3,000마리, 궁수 2,000명, 투석병 500명, 코끼리 20마리로 구성된 피로스의 침략군이 헤라클레아에서 7,000명이 죽거나 부상당했지만 이탈리아 동맹자들이 피로스의 군대에 합류한다.

로마군: 40,000명에 달하는 동맹국의 말을 포함해 두 명의 집정관이 이끄는 군대

1. 거친 지역에서는 기병과 코끼리가 작전을 수행할 수 없다. 로마인들은 쉴새없이 공격하며 괴롭히는 전술을 사용한다.
2. 피로스는 일찌감치 숲을 점령해서 로마군이 평야에서 전투하지 않으면 안 되게 만든다.
3. 경무장병들이 코끼리들 사이에 배치된다. 피로스의 팔랑크스에 맞서 로마의 군단병들이 맹렬하게 싸운다.
4. 개인적으로 엄청난 용기를 보여준 피로스가 창에 맞고 부상당한다.
5. 코끼리의 공격으로 로마인들이 진지로 후퇴한다.
6. 피로스는 철수한다.

**사상자** 로마군: 6,000명  피로스: 3,550명

받았다. 피로스는 시칠리아 원정을 선택했다. 확실히 그것은 자신의 불만족스러운 현재 상황에서 덜 후퇴하는 것처럼 보였다. 타렌툼인들에게는 정나미 떨어지게도 로마에 대한 평화 제안이 실패한 후, 피로스는 이탈리아에서 군사작전을 보류하고 타렌툼에 수비대를 주둔시켰다. 그리고 30,000명의 보병과 25,000명의 기병을 데리고 시칠리아로 항해했다. 따라서 그의 성공에는 의문의 여지가 없어 보였다. 피로스는 시칠리아의 서쪽 맨 끝에 위치한 스파르타인들의 강력한 요새 도시인 에릭스에 도착하자마자, 그곳의 카르타고인들을 일소했다.

에릭스는 습격으로 점령되었다. 나팔소리와 함께 성벽의 방어자들을 흩어지게 했던 투석무기의 일제사격 신호가 떨어졌다. 공성사다리들이 신속하게 올려졌고, 피로스 자신은 가장 먼저 총안이 있는 흉벽으로 오르며 전혀 상처 입지 않은 모습으로 나타났다. 이것은 그의 뜻대로 이루어진 승리였으며, 그는 자신의 맹세대로 헤라클레스를 기리는 체육경기와 전시회로 승리를 축하했다.

정복당한 채 이미 협상조건에 마음이 기울어있었던 카르타고인들에게 피로스는 평화의 파수꾼 역할을 맡게 된 자신을 발견했다. 원래 아가토클레스가 캄파니아에서 용병대로 고용한 이탈리아 도적떼들은 시칠리아의 도시들에서 보수를 강탈해가는 버릇이 있었다. 자칭 스스로를 마메르티니(그들의 방언으로 '전쟁신의 병사들' 이라는 뜻)로 불렸던 무법적이고 폭력적인 이들은 후기의 역사에서 중대한 역할을 수행하게 되었다. 하지만 우선 피로스는 정정당당한 전투에서 그들을 무찌르고 수많은 요새를 점령함으로써 어떻게

마메르틴족의 동전. 마메르틴족은 원래 시라쿠사의 아가토클레스에 의해 고용된 이탈리아의 용병들이었다. 그들은 메사나(메시나)에 독립국가를 세웠다.

든 그들을 억누르려고 했다. 하지만 여기에서조차도 그의 위업은 완성되지 못했다. 마메르틴인들은 살아남아서 나중에 지중해 세계를 혼란에 빠뜨렸다.

카르타고인들의 문제와 관련해 피로스는 그들이 요청했던 평화협상안을 거부하고 그들이 완전히 시칠리아에서 철수할 것을 요구했다. 하지만 이 무렵 그는 시칠리아의 그리스 도시들과 논쟁에 빠져들기 시작했다. 그들 중 일부는 카르타고인들을 지원할 준비가 되어 있었던 반면 다른 일부는 지원을 받을 목석으로 살아남은 마메르티니들을 규합했다. 피로스는 자신이 자리를 비운 사이에 타렌툼인들과 이탈리아 본토의 다른 그리스인들이 로마로부터 가혹한 시련을 당하고 있다는 소식에 접하게 된다. 이제 그는 또 하나의 교착상태

에서 벗어날 수 있는 기회를 갖게 되었으며, 이 기회를 놓치지 않았다.

승리한 전쟁 지도자로서뿐만 아니라 관대한 통치자로서 피로스의 명성은 시칠리아에서 결정적으로 타격을 입었다. 그는 남아 있는 릴리바이움 요새를 차지하는 데 실패했다. 이것은 카르타고인들이 앞선 세기 초에 모티야를 파괴한 뒤에 시칠리아의 가장 서쪽 지점에 설치했던 요새였다. 아가토클레스를 모방해서 아프리카 침략을 계획한 피로스는 노잡이 승무원들의 강제 징집 같은 것으로 평판이 좋지 않게 되었다. 하지만 동시에 그리스인들이 결코 다루기 쉬운 주민들이 아니었음을 인정해야 한다. 자유를 위해 싸운 모든 전사는 머지않아 잠재적인 참주로 의심받게 되어 있었다.

시칠리아에서 로마와 카르타고 사이에 전투가 이루어질 것으로 알고 피로스가 시칠리아를 떠났다고 한다. 아마도 이 말은 역사가들이 만들어낸 것 같다. 하지만 시칠리아는 항상 싸움터로 남아 있었으며, 여기에서 널리 팽창하는 세력이 누구이든 도전받아야 하는 지역을 찾기란 쉬웠다.


## 동맹자 로마와 카르타고

이탈리아와 시칠리아에서 피로스가 군사 작전을 펼치고 있을 때(기원전 281∼275년) 사실 로마와 카르타고는 매우 이른 시기에 체결된 일련의 조약으로 결합되어 있었다. 정확히 몇 번 조약을 체결했는지에 대해서는 고대 사가들은 물론이고 근대 학자들 또한 일치된 견해를 보이고 있지 않다. 로마가 카르타고와 치렀던 전쟁을 기술한 그리스 역사가 폴리비오스는 이러한 조약들을 알기 쉽게 부연설명하고 있다. 그것들 가운데 가장 먼저 체결된 조약은 고전 라틴어 형태로 로마에 보존되었다. 폴리비오스에 따르면 그 조약으로 로마인들은 날씨 또는 전쟁으로 떠밀려가는 경우를 제외하고는, 카르타고 북쪽의 페어 곳 남쪽으로 항해할 수 없었다. 이곳에 우연히 있게 된 사람은 배를 수리하는 데 필요했던 것 또는 신들에게 바칠 제물을 제외하고는 어떤 것도 가지고 갈 수 없었다. 게다가 5일 안에 그곳을 떠나지 않으면 안 되었다. 전령관이나 공증인 입회 하에 예정된 구역에서 모든 사업계약이 체결될 수 있었다. 그런 계약들은 리비아와 사르디니아에서 법률에 의해 시행될 수 있었다. 시칠리아에서 로마인은 다른 사람들과 동일한 권리를 누릴 수 있었다. 카르타고로서는 로마의 라틴 위성국들과 우호적인 관계를 반드시 유지해야 했다. 그리고 설사 다소 애매하다고 하더라도, 이것은 다른 라틴 도시들에게도 적용되었다. 즉 만약 카르타고인들이 라틴 도시를 점령했다면, 그들은 그 도시를 약탈하지 않은 상태로 로마에 넘기지 않으면 안 되

남부 이탈리아 파에스툼의 기원전 4세기 무덤 벽화에 나오는 루카니아인 전사.
파에스툼은 그리스의 식민시였지만 기원전 390년에 루카니아인들에게 점령당했다.

었다. 더욱이 카르타고인들은 라틴 영토에 어떠한 요새도 세울 수 없었으며, 만약 카르타고인들이 우연히 무장한 채 그곳에 들어갔다면, 그곳에서 밤을 보낼 수 없었다.

폴리비오스는 나중에 또 하나의 조약이 체결되었다고 말한다. 로마인들이 상거래는 물론이고 해적질을 해서는 안되는 구역들이 보다 구체적으로 한정되었다. 만약 카르타고인들이 어떤 라틴 도시를 점령했다면, 그들은 귀중품과 포로를 손에 넣을 수 있었지만 도시 자체는 로마인들에게 양도해야 한다. 한편에서 노예의 포획에 대해 말하는 세부적인 규정들이 있는가 하면 다른 한편에서 카르타고의 민감한 지역들인 사르디니아와 리비아에 대한 언급이 있다. 로마인들은 사르디니아와 리비아 어느 곳에서도 상거래를 하거나 식민지를 건설할 수 없었다.

폴리비오스에 의해 언급된 세 개의 조약들 중 마지막은 피로스의 침략으로 야기되었으며, 기원전 279년에 체결되었던 것으로 추정된다. 이 조약에서 규정하고 있는 바에 따르면, 만약 로마인이든 카르타고인이든 나중에 피로스와 조약을 체결해야 한다면, 이 조약에서는 하나의 조건이 충족되어야 한다. 즉 만약 당사자인 로마와 카르타고 어느 쪽이든 피로스 왕의 공격을 받게 된다면, 둘 다 전쟁 지역 내에서 협력해야 할 것이다. 여하튼 그 경우에 카르타고인들은 수송선과 전투함을 제공해야 하지만 로마와 카르타고 정부는 각각 자체 병력에게 보수를 지불해야 할 것이다. 카르타고인들은 해상전투를 지원해야 하지만 병력을 상륙시킬 의무는 없었다. 체결 당사자들의 대표들이 각자 자신의 신들 이름으로 이 조약에 엄숙하게 맹세했으며, 로마에서 동판에 새겨진 조약 조건들이 유피테르 신전에 보관되었다. 폴리비오스는 로마인들과 카르타고인들 각각이 시칠리아와 이탈리아로 진입하는 것을 금지했던 또 다른 조약이 있었다는 친 카르타고 입장에선 그리스인 역사가 필리누스의 주장을 받아들이지 않았다.

고대 세계에서 상업행위와 전략적 행위를 구분한다는 것이 항상 쉬운 것만은 아니다. 무역에서 중요한 부분을 차지하는 것은 노예무역이었으며, 노예 포획은 필연적으로 폭력과 호전적인 행위가 수반되었다. 설사 조약준수에 대한 보증으로 해적질을 국부적으로 삼가하지 않으면 안 되었다고 하더라도, 해적질 자체가 어떤 국제규약을 위반한 것으로 간주되지는 않았다. 하지만 위에서 언급한 조약들 중 처음 두 개는 주로 상업적인 범주에 속한 것으로, 그리고 세 번째는 군사적인 범주에 속한 것으로 볼 수 있을 것 같다. 근본적인 원칙은 아마도 카르타고가 로마의 군사원조에 대한 대가로 해군을 제공해야 한다는 것이었다.

시칠리아에서 피로스의 간섭을 저지할 수 있기를 바라면서 카르타고의 한 해군 사령관이 로마가 피로스 왕과 평화협상을 체결하지 못하도록 120척의 배와 함께 도착했다는 내용이 실제로 기록되어 있다. 로마인들은 처음에 분명한 언질을 주려고 하지 않았다. 따라서 카르타고인들은 피로스와 협상하기 위해 배를 몰고 나갔다. 피로스와의 협상이 아무런 결과도 가져오지 않았지만, 카르타고의 협상 사절단이 다시 로마로 돌아왔을 때, 로마인들은 이전보다는 유순했다. 카르타고의 협상자들은 자신들의 주장을 밝혔다. 로마는 이탈리아에서 피로스와의 전쟁을 계속했다. 실제로 시칠리아로 돌아가는 도중에 카르타고의 해군 사령관은 수비대를 강화하기 위해 메시나 해협에 접해 있는 레기움에 500명의 로마 병사들을 수송하기까지 했다.

## 피로스의 종말

피로스에 맞선 카르타고의 외교 주도권이 분명히 효과를 발휘했던 것 같다. 더욱이 시칠리아에서 돌아온 카르타고 해군이 피로스의 병사들을 공격했으며, 상당수의 피로스의 배를 파괴했다. 또한 대략 1,000명의 마메르틴인들이 게릴라 전투로 피로스를 괴롭히기 위해 이탈리아로 건너왔다. 그들이 손쉽게 이탈리아로 건너올 수 있었던 것은 카르타고 함대의 도움 때문이었다.

이탈리아에서 피로스에게 무시당하는 것에 반감을 가졌던 삼니움인들이 더 이상 그의 주위에 모여들려고 하지 않았다. 그 해에 선출된 두 명의 집정관이 각각 지휘했던 로마 군대가 이제 따로따로 전투를 수행하고 있었다. 피로스가 루카니아에서 적과 상대하기 위해 병력 절반을 파견했던 반면에 그 자신은 말벤툼(나중에 보다 호의적으로 베네벤툼이라는 이름으로 바뀌었다) 근처에서 로마군과 맞서기 위해 북쪽으로 진군했다. 여기에서 그는 야간공격을 시도했다. 고대 전투에서 야간공격은 실패하는 경향이 많았다. 알렉산더는 가우가멜라에서 야간작전에 대한 유혹을 떨쳐냈다. 피로스의 야간공격 시도는 일반적인 규칙에 대한 예외가 아니었다. 그의 전진하는 병사들이 칠흑같이 어두운 밤 시간에 숲이 우거진 지역에서 길을 잃었으며, 새벽녘이 되어서야 그들 자신이 전혀 뜻하지 않은 지역에 있음을 알게 되었다. 처음에는 예기치 못한 적의 출현에 놀랐던 로마군은 고립된 전위부대를 공격해 격퇴하는 것이 가능하다는 것을 곧 깨닫게 되었다. 이러한 상황에 고무된 집정관이 탁 트인 평원에서 피로스의 주력군과 싸웠다. 이때 로마군은 코끼리를 다루는 방법을 알았던 것 같다. 설사 코끼리가 처음에는 보통 때처럼 엄청난 힘으로 앞으로 다가왔다고 하더라도, 결국에는 놀라서 자기 편으로 방향을 바꾸도록 유도했다. 그 결과 피로스는 후퇴하지 않을 수 없게 되었다.

이제 피로스는 8,000명의 보병과 500명의 기병을 지휘하게 되었고, 플루타르코스가 설득력 있게 주장하는 것처럼 그들에게 보수로 지불할 돈이 부족한 피로스는 새로운 전쟁을 찾아 나서야만 했다. 이제 그는 디미트리오스의 아들이

**베네벤툼 전투(기원전 275년)**

**지휘관** 피로스 대 집정관 마니우스 쿠리우스

**병력 수**

피로스 군대: 보병 20,000명, 말 3,000마리. (코끼리 두 마리가 마메르틴족과의 교전에서 최근에 살해되었다)

로마 군대: 한 명의 집정관 군대, 대략 보병 17,000명과 동맹국 기병 1,200명

1. 피로스는 다른 또 한 명의 집정관 군대의 주의를 다른 데로 돌리려고 병력을 파견한다.
2. 쿠리우스의 진지를 향한 야간 행군에서 피로스의 군대가 숲이 우거진 지역에서 길을 잃는다.
3. 그들은 새벽에 완전한 기습공격을 완수하는 데 실패한다.
4. 로마의 반격이 피로스의 전위부대를 격퇴한다.
5. 코끼리의 전투 개입으로 로마군은 후퇴하지 않을 수 없게 된다.
6. 로마군은 그들의 진지에서 반격을 준비하고 코끼리 몇 마리를 사로잡는다.
7. 피로스의 군대가 퇴각하지 않으면 안 되게 된다.

**결과**

피로스는 단지 보병 8,000명과 말 500마리만을 거느리고 이피로스로 귀환한다. 이탈리아에서 로마의 권위가 강화된다.

자 계승자인 안티고노스 고나타스가 차지하고 있었던 마케도니아에서 새로운 전쟁을 시작했다. 이 시기 갈리아인들은 남부 유럽에서 지중해 문명에 위협적인 존재였음에도 불구하고, 일리리아인들처럼 그리스의 군사령관들에게 유용한 존재로 인식되었다. 피로스와 안티고노스 둘 다 갈리아인들을 고용했다. 피로스는 안티고노스의 코끼리를 격퇴했으며, 자신에게 대항하는 마케도니아 보병을 무찔렀다. 안티고노스는 도망쳤지만, 마케도니아 주민들은 곧 피로스와 사이가 나빠졌다. 현금 보수를 전혀 요구하지 않았던 갈리아인들은 친구와 적 양쪽 모두를 약탈함으로써 보상받았다. 이때 그들은 보물을 찾기 위해 몇몇 왕의 무덤을 파헤쳤다. 이 와중에 무덤 주인들의 뼈가 사방에 흩어졌다. 이 사건으로 피로스의 그리스 정서가 모욕을 당했지만, 여기에 맞서 그가 할 수 있는 일이라곤 아무것도 없었다.

언제나 그런 것처럼 완결되지 않은 채로 있을 바에는 차라리 시도하지 않은 게 더 나았을 일에서 방향을 바꾸어 피로스는 스파르타의 정치에 간섭해 달라는 부탁에 응했다. 그는 이를 통해서 펠로폰네소스의 지배자가 되고 싶어 했다. 그는 아르고스에서 벌어진 시가전에서 한 여인이 그를 향해 정확히 겨냥해 던진 기와에 맞아 죽었다.

그 사이 이탈리아에서 피로스가 타렌툼에 남겨 두었던 주둔군이 기원전 272년까지 로마군에 저항했다. 그 후 그 주둔군은 항복했지만 명예로운 조건으로 철수할 수 있었다. 반면 타렌툼인들은 로마에 인질로 붙들렸으며, 로마의 주둔군을 받아들였다. 로마인들은 피로스

를 지지했던 이탈리아 주민들을 보복적인 차원이 아니라 엄하게 다루었다. 그들의 중요한 영토는 로마와 시민권의 끈으로 연결된 라틴 식민자들을 정착시키기 위해서 몰수되었다. 레기움에서 로마인들에 의해 설치된 주둔군은 주로 캄파니아 용병들로 구성되었다. 그리스의 아르카디아처럼 이탈리아의 캄파니아는 전통적으로 용병의 출처였다. 이들 캄파니아 용병들은 반란을 일으켰으며, 캄파니아와 같은 혈통이었던 마메르틴인들의 방식대로 독자노선을 추구하려고 했다. 레기움을 재차 점령한 로마인들은 반란자들에게 관용을 베풀지 않았으며, 그들 중 300명을 로마에서 처형했다.

## 로마의 정치·군사적 등장

이제 로마는 에트루리아와 그리스 도시들을 포함해 남부와 중부 이탈리아를 지배했다. 물론 북부 이탈리아는 주로 갈리아인들이 장악하고 있었으며, 갈리아인들은 계속해서 로마에 위협적인 세력으로 남았다. 로마가 강 나루터 근처의 작은 군사 전초기지로부터 이탈리아 반도의 지배세력으로 발전해 갔던 과정은 결코 빠르거나 지속적이지 않았다. 그 과정은 5세기라는 오랜 기간에 걸쳐 이루어졌으며, 그 동안 로마는 두 번이나 외국 세력에게 점령당했다.

전승에 따르면 에트루리아인으로 로마의 마지막 왕이었던 타르퀴니우스 수페르부스가 아들이 귀족 친척의 부인을 야비하게 겁탈한 이후인 기원전 6세기 말에 추방되었다. 라르스 포르세나의 지휘를 받은 에트루리아 군대가 타르퀴니우스를 복위시키려고 시도했지만, 호라티우스의 영웅적 행동으로 좌절되었다. 호라티우스는 두 명의 동료와 함께 다리가 완전히 파괴될 때까지 그들이 테베레 강을 건너지 못하게 막아냈다. 그 후 남쪽의 라틴 도시들은 추방당한 왕을 다시 왕위에 앉히기 위해 연합했지만, 레길루스 호수 전투에서 로마인들에게 패했다.(전설에 따르면 로마인들은 신들의 도움을 받았다고 한다!)

현존하는 전설들과 관련된 삽화가 들어있는 에트루리아의 무덤 비문들은 기본적인 역사적 사실들에 커다란 차이가 있음을 암시한다. 포르세나가 에트루리아인 동료였던 타르퀴니우스의 친구가 아니라 불구대천의 적이었음은 분명해 보인다. 그는 아마도 타르퀴니우스의 몰락을 앞당기기 위해 로마에서 귀족적이고 약간은 에트루리아적인 구성분자들과 공모했던 것 같다. 그러고 나서 그는 직접 로마를 차지했다. 분명히 포르세나는 라틴인들과 쿠마이의 그리스인 동맹자들과 싸우기 위해 남쪽으로 진군했다. 타르퀴니우스에게는 쿠마이가 마지막 피난처가 되었다고 전해진다. 에트루리아인들이 아리키아에서 라틴 동맹에게 패했을 때, 로마는 도망자들을 로마에서 받아들이고 보호했다. 더욱이 리비우스는 로마인들에 대한 포르세나의 우정과 로마인들의 생활방식에 대한 그의 예의바른 공경을 강조하고 있다. 로마가 에트루리아에 종속된 동맹자의 지위를 받아들였다고 생각할 수 있을 것이다. 에트루리아의 대군주 지위에도 불구하고 로마 주민은 물론 라틴인이었다. 에트루리아에 대한 로마 주민들의 충성은 에트루리아의 무역 경쟁 상대인 그리스의 해상 국가들과 동맹을 맺었던 다른 라틴도시들과의 충돌을 야기했다.

로마에서 라틴인의 애국적 정서는 중세에 영국인의 애국적 정서가 프랑스에 맞서 프랑스어를 하는 플란타지네트 왕조의 왕들을 지도자들로 받아들였던 것처럼, 에트루리아 자체에 맞서 에트루리아 왕들과 그들의 지도력을 받아들였던 것 같다. 하지만 로마의 초기 역사가들은 도시 로마를 라틴인 형제들에 맞서 고용된 괴뢰 국가는 물론이고 에트루리아 왕조정치의 단순한 앞잡이로 고찰하기를 좋아하지 않았다. 결과적으로 이들 연대기작가들은 역사적인 인물들에게 허구적인 역할을 부여함으로써 그들이 손수 만든 역사로 대체했다.

에트루리아의 영향력이 감소하면서 로마는 에트루리아인들과 라틴인들 모두에 대해 권한을 주장했다. 하지만 기원전 4세기 초 로마는 파괴적인 갈리아 전투 이후 엄청난 무리를 지어 침입해 들어온 갈리아인에게 압도되었다. 로마인들은 카피톨리움 언덕의 요새 안으로 후퇴했다. 그리고 그들은 토지가 아닌 동산動産에 즉각적으로 관심을 나타냈던 갈리아인들을 매수했다. 로마의 역사기록에 의하면 떠나가는 갈리아인들의 발걸음을 재촉하기 위한 군사작전을 감행하려고 추방된 로마의 전쟁 지도자인 위대한 카밀루스가 소환되었다. 하지만 이것은 갈리아인들이 원했던 것을 손에 넣었으므로 그들 스스로가 원해서 떠났다는 사실을 어느 정도 은폐하고 있다. 리비우스는 로마의 타락과 불경을 이러한 재난 때문이라고 비난하지만, 로마인들은 여하튼 압도적인 수적 열세 때문에 갈리아인들에게 패했음에 틀림없다. 그것과는 별개로 로마인들은 무기와 전투 방식에서 그들에게 낯선 적을 다룰 때 결코 최선을 다하지 않았다.

기원전 5세기 에트루리아의 작은 청동 조상. 에트루리아의 상들에서 자주 볼 수 있는 것처럼 투구의 뺨 부분들이 발견된다. 경첩이 달린 그리스식과 비교하라.

로마 군의 역사는 재난으로 물들여져 있다. 어떤 위대한 제국도 성장기 동안 로마가 경험했던 것보다 더 강력한 재난을 경험하지 못했다. 어느 누구도 로마인들이 가공할 군사 민족이었음을 부인하지 못할 것이다. 그럼에도 불구하고 그들이 결국 고대 세계를 지배할 수 있게 해주었던 천재성은 군사적인 것만큼이나 정치적인 것이었다. 그들의 위대한 정치적 도구는 시민권개념이었다. 시민권은 권리, 의무, 그리고 명예의 집합체로서 개별적으로 획득될 수 있었으며, 몇 번에 나누어 부여될 수 있었다. 법률적으로 계약하고 혼인할 수 있는 권리가 바로 그런 것들이었다. 이 두 가지 권리 모두로부터 정치적으로 투표할 수 있는 권리가 다시 분리될 수 있었다. 투표권이 반드시 관직 보유권을 의미했던 것은 아니다. 따라서 정복당한 적들은 종종 부분적인 시민권을 부여받았다. 일부 도시는 투표권 없는 로마 시민권을 누렸다. 그들은 외교정책의 문제를 제외하고는 자치권을 행사했다. 하지만 그런 공동체의 시민들마저도 로마로 이주할 경우에는 완전한 로마 시민권을 부여받았다. 이러한 권리가 쓸모없었던 곳에서는 시민권이 공동체에서 공훈을 세웠던 사람들에게 부여될 수 있었다.

### 초기의 로마군대

물론 시민권은 정치적 지위는 물론이고 군사적 지위 또한 의미했다. 무엇보다도 시민권이 강제했던것은 군사적인 의무였다. 어느 정도 중간 단계의 시민권을 누렸던 라틴과 그 밖의 이탈리아 동맹자들은 원칙적으로 로마인들에 버금가는 숫자의 전사들을 제공해야 했다. 실제로 로마인들이 적들에 비해 약한 것으로 알려졌던 기병에는 특별히 이탈리아 동맹자들을 사용했다. 그리스 도시들은 대체로 군사 분견대에 기여하지 않았지만 배와 노잡이를 제공했다. 그들은 이러한 역할 때문에 '해군 동맹시'로 알려졌다.

기술 자원이 손 무기와 갑옷 그리고 말로 이루어진 군대는 여하튼 발전 초기에 기본적인 사회 계급을 반영한다. 말과 갑옷을 구입할 능력이 있었던 전투원들은 당연히 귀족계급에서 끌어오게 마련이다. 그 밖의 전투원들은 갑옷을 전혀 갖추지 못했으며, 설사 그 수가 적지 않았다 하더라도 덜 정교한 무기를 갖추게 마련이다. 이것은 그리스 군대뿐만 아니라 중세 군대에도 해당되었다. 그것은 분명히 로마인들에게 해당되었다. 사실 로마에서는 군대의 계급이 특별히 신중하게 그리고 상당히 세부적으로 분화되었다. 이러한 계급 구분은 전승에서 로마의 여섯 번째이자 끝에서 두 번째 왕으로 알려진 세르비우스 툴리우스의 군사 및 행정개혁과 관계가 있다. 설사 몇몇 학자들이 이른바 세르비우스 체제가 이보다 뒤에 도입되었다고 생각한다 하더라도, 그의 이름은 문제의 개혁이 기원전 6세기에 이루어졌음을 암시한다.

'세르비우스' 보병은 다섯 개의 유산 계급으로 나누어졌다. 그 중 가장 부유한 계급은 칼과 창으로 무장하고 투구, 원형 방패, 정강이받이 그리고 가슴받이로 무장했다. 모든 보호용 갑옷은 청동으로 만들어졌다. 두 번째 계급은 가슴받이는 입지 않았지만 원형 방패 대신에 기다란 방패를 휴대했다. 세 번째 계급은 정강이받이를 착용하지 않았다는 점을 제외한다면 두 번째 계급과 유사했다. 네 번째 계급은 (찌르는) 창과 투창만을 휴대했다. 다섯 번째 계급은 투석병으로 구성되었다. 궁수들에 대한 언급은 어디에도 없다. 가장 빈곤한 시민들

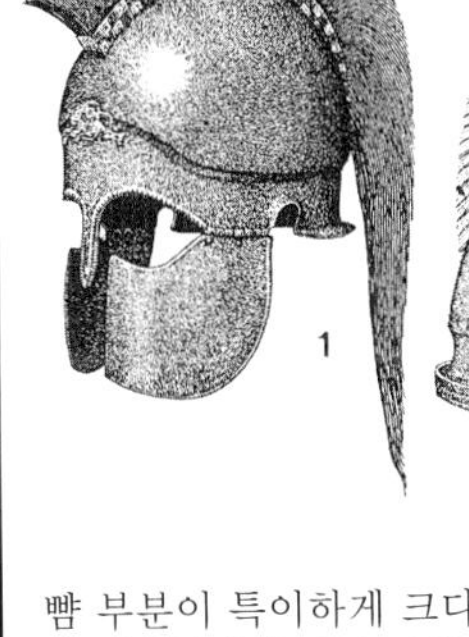

## 에트루리아의 투구

이탈리아의 투구 모양에 많은 것들이 영향을 주었다. 이것들 중에 가장 큰 영향을 준 것은 그리스의 식민 정책이었다. 1번은 그

뺨 부분이 특이하게 크다는 점을 제외한다면 당시 기원전 5세기의 그리스식과 유사한 '칼키티키' 투구이다. 특이하게 큰 뺨 부분은 독특한 에트루리아 스타일로 보인다. 깃 장식 또한 그리스식이다. 이탈리아에서는 염색된 일직선의 깃털 장식을 쓰는 것이 유행이었다. 2번은 테두리가 넓고 두꺼운 이탈리아 어느 지방 스타일의 투구인 '네가우'이다. 이러한 단순한 형태의 투구는 기원전 500년과 200년 사이에 많이 사용되었다. 선택적이었던 깃 장식은 세로로 아니면 비스듬하게 올려질 수 있었다. 에트루리아의 무덤벽화와 작은 조상들은 그리스의 투구들과 마찬가지로 이탈리아의 투구들에도 가끔 색이 칠해졌다는 것을 보여준다. 3번 또한 '네가우'

우' 투구를 보여주지만, 숙련된 돋을새김 장식으로 마스크와 외형이 닮도록 장식된 커다란 뺨부분을 가지고 있다는 특징이 있다.

## 삼니움족의 투구

로마가 기원전 4세기 이탈리아의 패권을 차지하기 위해 싸웠던 삼니움족들 사이에 '아티카' 투구가 매우 인기가 있었다. 4번은 기원전 400년경의 전형적인 투구이다. 그것은 아티카 투구가 변형된 것으로 이탈리아의 깃털 장식이 일직선으로 되어 있다. 삼니움족이 인근 해안지역들인 캄파니아, 아풀리아 그

리고 루카니아를 점령함으로써, 삼니움족은 점점 그 지역의 많은 그리스 식민시들의 영향을 받게 되었다. 그들의 갑주가 이것을 반영하고 있다. 5번의 날개와 깃털은 남부 이탈리아의 전형적인 투구로, 올려진 깃 장식 받침대 또한 이탈리아식이다. 하지만 투구 자체는 고전적인 '아티카식' 에 해당된다. 6번은 트라키아식과 아티카식이 결합된 것이다. 돋을새김된 머리카락의 이마 장식, 섬세한 날개 그리고 파도 모양을 한 복잡한 깃 장식, 이 모든 것이 이 투구가 비싼 것임을 명시한다.

## 로마의 투구

아래 그림은 기원전 3세기에 가장 널리 보급되었던 투구들의 형태를 보여준다. 7번은 '에트루리아-코린트' 투구로 알려진 스타일이다. 이것은 유명한 그리스 스타일이 독특한 이탈리아식으로 바뀐 투구로 머리 맨 윗부분에 쓰도록 디자인되었다(원래는 교전 중이 아닐 때에는 뒤로 젖혀졌다). 이 투구는 뺨 부분이 있는 것과 없는 것 둘 다 쓸 수 있었다. 8번은 기원 1세기까지 장교의 투구로 인기가 있었던 '아티카식' 의 또 다른 견본이다. 9번은 매우 인기 있었던 '몬테포르티노' 스타일을 보여준다. 이 투구는 켈트족에게서 유래된 것으로 기원전 300년경 켈트족의 침입 이후에 채택되었다. 여기에 이탈리아식의 뺨 부분과 깃 장식이 더해졌다. 이탈리아식과 켈트식의 결합은 양 민족에게 인기가 있었다.

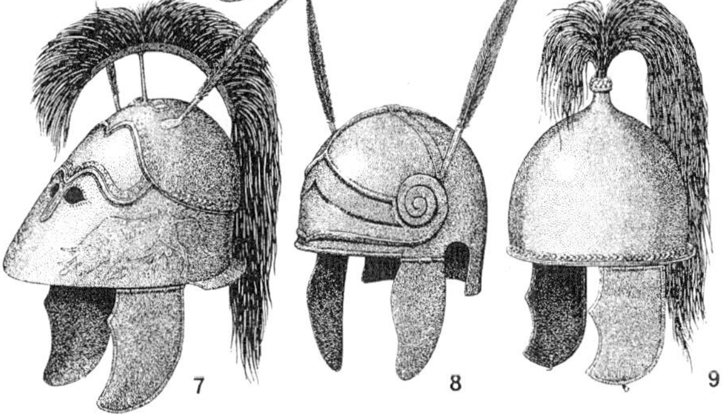

# 로마 군대(기원전 3세기)

오른쪽 그림은 이 시기의 병사들을 보여준다. 일정한 수준의 재산을 소유한 자들이 군역에 종사할 수 있었다. 시민은 17세에서 46세까지 군역의 의무가 있었지만, 비상시에는 50세 또는 그 이상까지 확대될 수 있었다. 따라서 병사들은 다양한 전선을 형성하고 있었던 네 개의 유형으로 등급이 매겨졌다. 벨리테스(아래)는 가장 나이 어리고 빈곤한 병사였다. 그들은 4피트(1.2미터)짜리 창들과 칼 그리고 작은 가지를 엮어 만든 뒤에 가죽으로 덮은 직경 3피트(1미터)짜리 방패로 무장했다. 그들의 유일한 다른 방어수단은 투구였다. 폴리비오스는 그들 중 상당수가 투구 위로 늑대 가죽 또는 곰 가죽을 둘러썼다고 말하고 있다. 맨 오른쪽의 원색 그림은 하스타투스 또는 프린키페스를 보여준다. 그들은 각각 중무장 보병의 처음 두 열을 이루었다. 하스타투스는 성숙한 젊은이들이었다. 그들은 무겁고 기다란 방패인 스쿠툼, (하나는 무겁고 하나는 가벼운) 두 개의 창, 그리고 베고 찌르는 데 사용하는 짧고 곧은 칼로 무장했다. 갑주는 병사들 각자가 스스로 마련했으므로 다양했다. 그림의 병사는 작은 사각의 등받이와 가슴받이, 왼쪽 다리 한쪽만의 정강이받이 그리고 몬테르르디노 투구를 착용하고 있다. 프린키페스는 하스타투스처럼 무장했다. 왼편에 그려진 그림은 나이 든 고참병들 중 하나인 트리아리우스로서 찌르는 데 사용하는 기다란 창을 휴대했다. 그는 쇠사슬 갑옷의 상의를 살 만한 여력이 있으며, 에트루리아-코린트식 투구와 양쪽 다리 모두에 정강이받이를 하고 있다.

## 로마의 전투 방식

1. 하스타티와 프린키페스는 산개대형으로, 그리고 트리아리이는 밀집대형으로 군단 정렬이 이루어진다. 정렬된 대열들 사이의 간격은 0에서 250피트(0에서 76미터) 사이로 편차가 있다. 벨리테스는 소규모 접전을 하고 적을 혼란시키는 역할을 한다. 모든 준비가 완료되었을 때 벨리테스는 소환되어 산개대형을 하고 있는 병사들을 지나서 뒤쪽으로 빠져 나간다.

2. 하스타티 중에 전위 백인대가 오른쪽으로 이동하고 후위 백인대는 견고한 전선을 형성하기 위해서 전진한다. 대략 150야드(137미터) 지점에서 양쪽의 공격이 시작된다. 맨 앞 열의 하스타티는 적으로부터 대략 35야드(32미터) 지점에서 그들의 창을 던지고 그것에 뒤이어 재빠르게 무거운 창을 던진다. 그들은 칼을 뽑아서 달려가 가능한 한 큰 충격으로 적을 내리친다. 다음 열에 있는 병사들이 맨 앞 열 위로 창을 던진다. 격렬한 전투가 계속되고 양쪽은 휴식을 취하기 위해 소강상태에 접어든다. 이러한 소강상태가 몇 시간 계속된다.

3. 소강상태 동안에 하스타티가 소환명령을 받는다. 후위 백인대가 물러서고 그들 앞에 전위 백인대가 미끄러져 들어온다. 그리고 나서 하스타티의 보병 중대가 트리아리이 뒤에 정렬하기 위해서 밀집대형으로 물러난다. 그 사이에 프린키페스가 산개대형으로 이동하면서 하스타티를 지나간다. 계속해서 맨 앞 열이 보충되기 때문에 적에게 유리한 것은 없다.

4. 후위 백인대가 전위 백인대 좌측에 배치된다. 프린키페스는 공격 거리 이내에서 기동 작전을 한다. 그리고 피로에 지친 적은 새로운 적과 또 다른 격렬한 공격에 직면한다.

5. 만약 적이 프린키페스가 힘이 빠지기 전에 격파되지 않는다면, 프린키페스의 자리는 3열로 된 트리아리이 창병으로 채워진다.

6. 이제 군대는 철수하거나 아니면 공격을 재개할 준비를 할 수 있다. "마지막 수단은 트리아리이에게 있다"는 구절은 절망적인 상황을 묘사할 때 쓰는 표현이었다. 물론 모든 전투가 '교과서적으로' 진행되지는 않았다. 자마와 키노스케팔라이 전투가 이를 잘 입증한다.

이 전투방식의 장점은 전투대형을 이루고 있는 각 대열들이 상이한 상황에 적응해나가는 유연성에 있다.

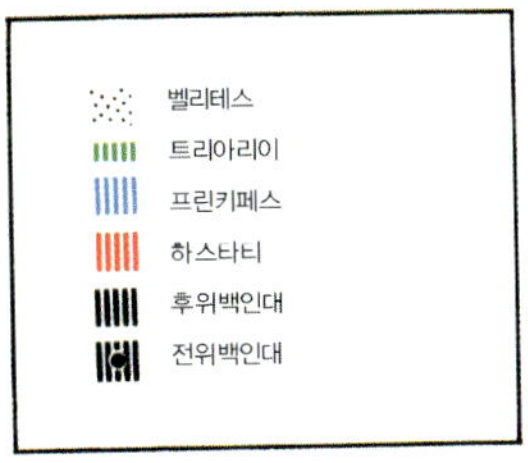

이탈리아의 청동 가슴받이. 초기 이탈리아의 무기와 갑주의 디자인은 종종 그리스 원형의 영향을 받았음을 보여준다.

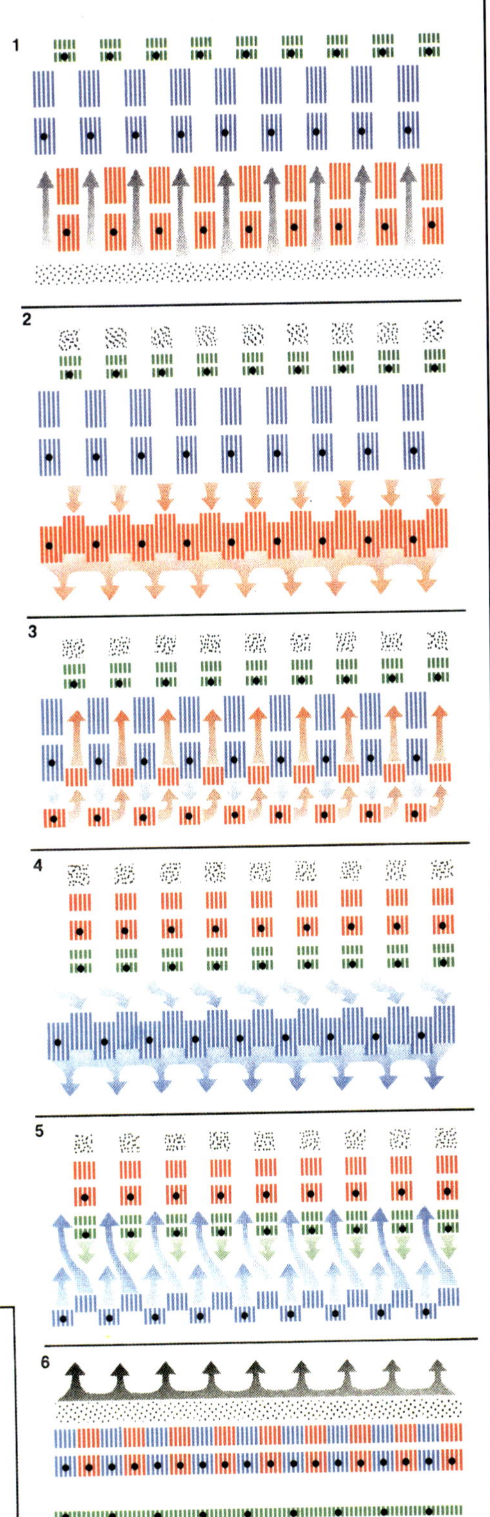

은 비상 시기를 제외하고는 복무하지 않았다. 비상 시기에는 국가가 그들에게 장비를 제공했다. 하지만 그들은 보통 포위공격용 병기를 지키고 이와 유사한 의무들을 수행하기 위해서 직공들 중에서 선발되었다.

또한 군대는 시민들이 투표를 목적으로 조직했던 것처럼 백인대로 구분되었다. 하지만 백인대 하나는 100명이 아닌 60명 단위로 조직되었다. 첫 번째 유산계급은 80개의 백인대로, 두 번째와 세 번째 그리고 네 번째는 각각 20개의 백인대로 이루어졌다. 그리고 다섯 번째 계급은 30개의 백인대로 이루어졌다. 하급자 백인대와 상급자 백인대 사이가 구분되었다. 하급자 백인대에는 최전선 전투에 배치할 젊은이들로 구성되었고, 상급자 백인대는 주둔군 역할에 보다 적합한 나이든 사람들로 구성되었다. 단일한 유산계급이 두 개의 연령집단 사이에 똑같이 나누어졌다.

기병은 18개의 백인대를 구성하기 위해 가장 부유한 가문들에서 징집되었다. 기병 백인대는 말 구입을 위한 보조금과 그것의 1/5에 해당하는 말 유지비를 매년 받았다. 이렇게 매년 지급되는 보조금은 미혼여성들에게 부과된 세금으로 충당되었음에 분명하다. 대체로 전쟁에 대한 재정부담이 가난한 사람들로부터 부자들에게로 옮겨갔다. 이러한 부담에 대해 부자들은 정치적 참정권 독점과 같은 방식으로 보상받았다. 결국에 이러한 보상이 지나친 것이었다는 생각이 드는 것은 불가피하지만, 이 문제로 여기에서 시간을 지체할 필요는 없다.

고고학적 증거에서 드러나는 것처럼 로마 역사의 초기에 그리스 중갑보병의 갑옷은 지중해 전역에서 널리 모방되었다. 이탈리아는 이러한 관례에 영향을 받았으며, 리비우스가 기술한 것처럼 로마 또한 이탈리아에서 예외가 아니었다. 그리스 무기들을 사용하려면 그리스의 기술이 필요했다. 그리고 이것은 차례로 그리스의 전술 방식들을 취했다. 로마인들은 해상민족으로서 해외의 영향을 더 많이 받을 수 있었던 북쪽 이웃인 에트루리아인들뿐만 아니라 이탈리아의 그리스 도시들—쿠마이가 가장 유명하다—과 직접 교류함으로써 그리스의 관례들과 접촉했다. 세르비우스의 병제개혁을 토대로 징집되었던 로마 군대는 여러 열로 늘어서서 밀집대형을 이룬 중갑보병의 팔랑크스로서 싸웠다. 그들은 찌르는 기다란 창은 물론이고 방패로 적을 압박해 나갔다. 제4 그리고 제5보병계급으로 구성된 경무장군은 소규모접전에 사용하는 무기를 준비했을 것이다. 그리고 기병은 팔랑크스의 양쪽 측면 날개를 지켰다. 또한 제1계급의 백인대에 배속된 기술병들fabri로 이루어진 백인대가 두 개 있었다. 그리고 피리와 나팔 부는 사람들로 이루어진 음악가들의 백인대가 두 개 있었다.

## 카밀루스의 병제개혁

　　로마의 군사조직에서 또 하나의 위대한 이정표는 카밀루스의 위업과 관련되어 있다. 갈리아로부터 로마를 구한 것으로 유명하고 로마의 '제2 건설자'로 기억되는 카밀루스는 존경받는 국민적 영웅이었다. 그의 이름은 전설이 되었고 수많은 전설이 그의 주위에 쌓였다. 동시에 그는 의문의 여지없이 역사적 인물이었다. 갈리아가 로마를 점령하고 있을 동안 그가 때마침 로마에 돌아와 갈리아인들에게서 배상금을 빼앗았다는 것을 믿을 필요는 없다. 바로 그 당시는 배상금으로 지불한 금이 저울에 재어지고 있는 순간이었다. 하지만 그가 에트루리아의 도시인 베이를 점령한 것은 역사적 사실에 바탕을 둔 것이다. 게다가 리비우스의 묘사대로 그는 여기에서 갱도를 파 들어가는 작전을 펼쳤던 것 같다. 마찬가지로 그의 작품으로 알려진 병제개혁은 설사 전부는 아니더라도 부분적으로 그의 발의로 이루어진 것으로 짐작된다.

　　로마에서 갈리아인들이 철수하고 난 뒤 얼마 되지 않아 로마군대의 전술대형에 급격한 변화가 일어났다. 세르비우스의 군대에서 최소 부대 단위는 백인대였다. 그것은 군사적인 고려보다는 정치·경제적 고려에 기초한 것으로 전술적 단위라기보다는 오히려 행정적 단위였다. 가장 큰 단위는 대략 4,000명의 보병으로 이루어진 군단이었다. 한 개 군단은 60개의 백인대로 이루어졌으며, 카밀루스 시대부터 이들 백인대는 두 개가 한 쌍으로 결합되었다. 각각의 쌍은 보병중대*manipulus*로 알려져 있다. 보병중대는 전술 단위였다. 새로운 체제 하에서 로마 군대는 한 대열이 다른 대열의 뒤에 자리 잡는 3대열의 전투대형으로 정렬했다. 각 대열의 보병중대들은 간격을 두고 배치되었다. 만약 앞 대열이 후퇴하지 않으면 안 되었을 때나 앞 대열의 보병중대들이 포위당해 위기를 맞이했을 때, 그들은 즉각 후방 대열에서 간격을 두고 퇴각할 수 있었다. 같은 방법으로 필요할 경우에 뒤 대열은 앞 대열을 지원하기 위해 쉽게 전진할 수 있었다. 가운데 대열 보병중대들의 위치는 앞 대열과 뒤 대열의 간격과 일치했다. 이렇게 해서 일련의 5점형 대형이 만들어졌다. 하나의 보병중대를 이루는 두 개의 백인대는 각각 전방 백인대장과 후방 백인대장으로 알려진 백인대장의 지휘를 받았다. 이러한 칭호는 후기의 전술 발전에 의해 지시되었거나 그렇지 않으면 단지 두 명의 장교 사이의 계급의 차이를 나타냈을 뿐인 것 같다.

　　카밀루스 군대의 3대열로 된 전선戰線은 앞에서 뒤로 순서대로 하스타티, 프린키페스, 그리고 트리아리이로 불렸다. 하스타티는 창병을, 프린키페스는 지휘관을, 그리고 트리아리이는 실제와도 일치하듯이 제3열의 병사를 의미했다. 역사 기술에 따르면 하스타티는 창으로 무장하지 않았고, 프린키페스는 선도하는 열이 아니었다. 왜냐하면 하스타티가 프린키페스 앞에 있었기 때문이다. 그 이름들은 분명히 보다 이른 시기의 어법을 반영하고 있다. 기

## 카밀루스 이후의 로마 군대

로마 군대의 기본적인 전투 단위는 120~160명으로 이루어진 보병중대로 두 개의 백인대로 조직되었다. 각 보병대는 한 명의 백인대장을 선출했으며, 이렇게 선출된 백인대장이 나중에 다른 하나의 백인대를 지휘하는 백인대장을 지명했다. 가장 연장의 백인대장이 제1백인대의 지휘관이었으며, 프리미필루스로 알려졌다. 오른쪽 맨 위 그림은 산개대형을 한 하스타티의 백인대를 보여주고 있다. 일단 앞의 두 열이 그들의 창을 던지고 나면 두 번째 열이 앞 열과 간격을 좁히고 칼을 뽑아든다. 이것은 전체 백인대가 밀집대형을 갖출 때까지 계속된다. 후기의 한 작가에 따르면 밀집대형에서는 각각의 병사가 가로와 세로 3피트(0.9미터)를 차지했다. 백인대장의 부지휘관은 옵티오로 알려졌으며, 테세라리우스의 보좌를 받았다. 나팔수인 코르니켄에 의해 신호가 전달되면 군기병軍旗兵인 시그니페르가 주의를 집중한다. 하스타티와 프린키페스와는 다르게 트리아리이의 보병중대는 60명으로만 구성되었다. 그들은 맨 마지막 방어선을 구성했다.

하스타티는 맨 앞 대열, 프린키페스는 두 번째 대열, 트리아리이는 세 번째 대열을 형성했던 반면에 벨리테스는 경무장한 기동부대였다. 벨리테스 외에 하스타티, 프린키페스, 그리고 트리아리이의 세 개 보병중대가 하나의 보병대를 이루었다. 벨리테스 외에 10개 보병대(30개 보병중대)와 기병이 하나의 군단을 이루었다. 군단에 소속된 기병은 10개의 투르마이로 구성되었다. 각 투르마에는 10명이 세

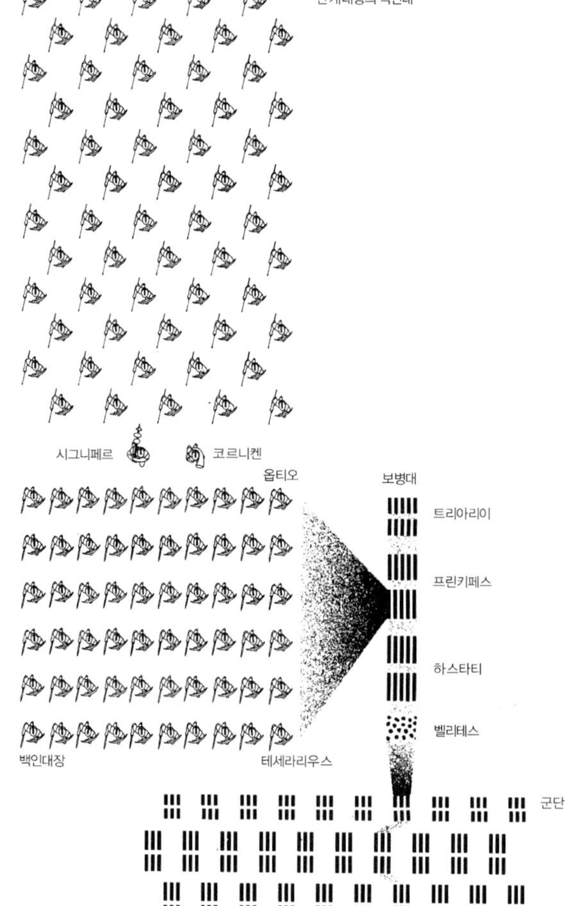


그룹으로 조직된 32명의 기병이 포함되었다. 각 그룹은 옵티오로 불리는 부지휘관과 함께 데쿠리오의 지휘를 받았다. 각 군단은 여섯 명의 호민관이 지휘했다. 맨 앞 대열의 벨리테스로부터 뒤 대열의 트리아리이까지 산개 대형에서 군단의 길이는 대략 100야드(91미터)였으며, 폭은 길이에 따라 평균 200~250야드(182~230미터)에 달했다.

이 시기에 로마 군대는 네 개의 군단으로 이루어졌으며, 여기에 똑같이 네 개 군단 규모의 이탈리아 동맹군의 보병대가 보충되었다. 동맹군의 분견대 또한 보병중대들로 만들어진 400~600명의 보병대로 조직되었다. 동맹군의 보병대는 대략 군단 규모의 부대들에서 여단으로 편성되었으며, 집정관이 선정한 세 명의 장군들이 지휘했다. 전쟁이 장기화되는 동안에는 군대에서 군단의 수가 상당히 많이 늘어날 수 있었다. 2차 포에니 전쟁에서는 무려 20개의 군단이 늘어났다. 보통은 일정 수준 이상의 재산을 소유한 자들만이 그리고 17세에서 46세 사이에 해당되는 자들만이 군역에 복무할 자격이 있었다. 하지만 비상시에는 그러한 자격조건들이 수정되었던 것 같다.

원전 4세기에 앞쪽의 두 열은 무게가 나가는 투척용 창을 휴대했으며, 그것으로 근접전투에서 적을 공격했다. 칼로 싸우는 전투가 그 뒤를 이었다. 트리아리이만이 옛날의 찌르는 창을 가지고 있었다. 하스타티와 프린키페스가 휴대한 육중한 무게의 던지는 창은 필룸이었다. 그것은 대략 4.5피트(1.4미터) 길이의 나무 손잡이와 그것과 거의 똑같은 길이의 창과 같이 쇠로 만든 머리 부분으로 구성되었다. 전장의 길이가 7피트(2.1미터)에 다소 못 미치는 한 손잡이는 나무가 알맞았다. 로마인들은 적이었던 에트루리아인 아니면 삼니움인에게서 필룸을 모방했을 것으로 짐작된다. 그것이 아니라면 자신들의 보다 원시적인 무기에서 그것을 개발했을지도 모른다. 사용된 칼은 아마도 스페인 방식에 따라 만들어진 것으로 보이는 베고 찌르는 짧은 칼인 글라디우스였다. 대략 4피트(1.2미터) 길이의 커다란 타원형 방패가 보병중대 대형에서 널리 사용되었다. 그것은 쇠 테두리와 돋을새김이 되어 있는 나무로 만든 밑 부분을 가죽으로 덮어 만들었다.

새로운 전술대형이 새로운 무기의 도입과 밀접하게 관련되어 있다고 암시되어 왔다. 앞 열이 하스타티로 불렸다는 사실은 새로운 대형이 채택되고 나서도 여전히 찌르는 창을 뜻하는 하스타가 포기되지 않았음을 가리키는 것처럼 보인다. 사실 원인과 결과는 순환관계에 있는 것 같다. 산개 대형은 새로운 무기에 적합할 수 있었다. 일단 널리 채택된 새로운 무기는 그 밖의 다른 어떤 대형의 사용도 허용하지 않았다. 여하튼 산개 대형에서는 창을 던지기 위해 팔꿈치를 움직일 수 있을 만한 여지가 충분히 있었다.

이러한 이유들과는 별개로 산개 대형 전투는 기원전 4세기 그리스의 전투에서 특징적인 현상이었다. 크세노폰의 부하들이 두 바퀴에 낫을 단 적 전차들이 아무런 피해도 입지 않고 통과할 수 있도록 대형을 산개했다. 아게실라오스는 코로네아 전투에서 이와 유사한 전술을 사용했다. 카밀루스는 그리스 세계를 잘 알고 있었으며, 그리스 세계 또한 그를 잘 알고 있었다. 그는 델포이에서 아폴론 신에게 황금 술잔을 바쳤으며, 그리스의 기원전 4세기 작가들은 그의 이야기를 전한다. 오랜 역사를 갖는 로마의 전술대형이 그리스의 전례를 따랐던 것처럼 새로운 로마의 전술대형 또한 마찬가지였을 것이라는 주장은 그럴듯해 보인다.

### 장교와 사병

카밀루스 시대에는 군역에 대한 대가로 정기적인 급료가 최초로 지급되었다. 그것이 도입된 시기에 지급된 급료의 액수는 기록되어 있지 않다. 급료를 마련하기 위해서 시도된 세금 징수의 어려움으로 판단컨대, 그것은 유산계급들 사이의 차이를 없애고 군단병의 장비를 표준화시키는 첫 번째 조치였다. 물론 전술적 목적을 위해 일부 차이는 반드시 존속하지 않으면 안 되었다. 예를 들어 전초 척후병들은 더 가벼운 장비로 무장했다. 하지만 유산계급의 제거는 그리스 시민군이 결코 알지 못했던 본질적인 변화를 로마 군대에 가져왔다. 아테네의 중갑보병은 항상 하나의 사회계급으로 머물렀으며, 중갑보병 전투는 그들 특유의 기능이었다. 스파르타 중갑보병은 동료들 가운데 정예요원이었다. 투키디데스는 그들 가운데 모두가 실제로 장교였다고 말하고 있다.

하지만 로마에서는 군단을 구성했던 백인대는 지휘권을 맡았던 백인대장에 의해 눈에 띄게 그리고 효율적으로 지휘되었다. 실제로 로마 군대는 오늘날에 익숙한 지도 체계, 즉 장교와 사병 조직을 발전시켰다. 백인대장은 야전과 진지에서 세운 공훈으로 진급했던 오늘날의 준위에 해당된다. 백인대장들의 지휘관인 집정관과 법무관처럼 군사 호민관들은 원래 로마 국가의 정책을 수행하도록 임명되었으며, 그들은 보통 정치적으로 영향력 있는 상층계급에서 뽑혔다.

여섯 명의 군사 호민관은 각 군단에 배치하기 위해서 선정되었다. 그리고 처음에는 평상시에 소집된 4개의 군단들 가운데 두 개를 지휘했던 집정관 또는 법무관이 항상 군사 호민관을 선정했다. 두 명의 집정관은 동료로서 그들 사이에 군대를 분담했다. 나중에 네 개의 군단에 배치할 24명의 호민관이 집정관이 아닌 민회에서 임명되었다. 하지만 추가로 군단이 소집되었을 경우에는 집정관이 호민관을 임명했다. 민회의 임명을 받은 호민관들은 1년 동안 관직을 보유했다.

군사 호민관들은 처음에는 나이든 장교들이었고 임명에 앞서 여러 해의 군사적 경험이 요구되었다. 하지만 실제로 그들은 나이 때문에 그러한 군사적 경험을 하지 못한 젊은 사람들이었다. 그들은 부유하고 영향력 있는 가문 출신이었으므로 군사 호민관에 임명되었으며, 따라서 그들은 오늘날 군대 상류 집단의 부관과 공통점이 많았다. 원래 군사 호민관의 임무들 중에 중요한 부분은 병력의 징집과 관련 있었다. 평상시에는 일 년에 한 번 징집이 이루어졌다. 징집병(신병)들은 (계급 구분과는 별개의 것으로 지역적인 것으로) 부족 단위로 소집되었다. 네 개의 군단들 사이에 신병들의 배분은 호민관들의 선택에 따랐다.

'프라이토르'는 원래 왕정 이후에 최고의 권한을 공유했던 두 명의 행정관 각각에게 부여된 칭호였다. 프라이토르의 군사적 기능은 잘 알 수 있으며, 로마 진지의 사령부는 계속해서 '프라이토리움'으로 불렸다. 비교적 초기에 집정관(콘술)의 칭호가 프라이토르의 칭호를 대체했다. 하지만 부분적으로 정치 전략의 결과로 프라이토르 직이 집정관의 권력을 보완하기 위해서 나중에 부활되었다. 프라이토르의 권한은 집정관의 그것과 동일하지 않았지만, 프라이토르는 계속해서 야전에서 군대를 지휘했던 것 같다.

두 명의 집정관들 사이에 지휘권이 항상 적절하게 분배되었던 것은 아니다. 비상시에 (로마의 초기 역사는 주로 비상사태로 이루어졌다) 최고 권력을 소유한 단 한 명의 독재관이 전투 시즌 기간인 최대 6개월의 임기로 임명되었다. 독재관은 당시 기병대장으로 알려진 부관을 선정했다.

전시에 로마를 지원하도록 요청받은 동맹국들은 로마의 장교들이었던 행정장관들의 지휘를 받았다. 각 군대에 배속된 300명의 기병은 기원전 3세기에 열 개의 기병대대로 나누어졌으며, 그것은 다시 10인 기병대로 세분되었다. 10인 기병대 각각은 10인 기병대장의 지휘를 받았으며, 그의 권한은 보병 백인대장의 권한에 상응하는 것이었다.

# 포에니 전쟁과 로마 팽창

한니발의 군사적 천재성에도 불구하고 카르타고는 기원전 265년과 146년 사이에 벌어진 세 차례의 전쟁으로 파괴되었다. 마케도니아와 시리아가 진압되었지만, 누미디아 왕 유구르타에 대한 전쟁은 로마 권력의 심장부에 약점을 드러냈다.

**고대의 문헌**

우리는 이제 중요한 직접 증거가 존재하는 역사 시기에 도달했다. 이것은 기원전 200년 무렵에 태어났으며 기원전 118년 이후 어느 시점에 죽었던 폴리비오스에 의해 제공된다. 그는 기원전 3세기와 2

(왼쪽) 카르타고의 동전에 새겨진 두상은 로마의 가장 위대한 적이었던 한니발의 것으로 생각된다.
(오른쪽) 스페인에서 주조된 카르타고의 동전. 여기에 새겨진 두상은 한니발의 동생인 하스드루발의 것으로 추정된다.

세기 동안 로마의 고대 세계 정복과 지배의 역사를 썼으며, 로마의 패권에 대해 다소 우호적인 평가를 하고 있다. 그의 『역사』 원본은 40권으로 이루어졌지만, 이것들 중에 처음 다섯 권만이 전해오고 있을 뿐이다.

폴리비오스는 에파미논다스가 스파르타에 대항하는 방벽으로 건설했던 도시인 메갈로폴리스의 시민이었다. 기원전 170년경 그는 아카이아 동맹의 기병 사령관으로 복무하고 있었다. 하지만 마케도니아의 붕괴와 잇따라 일어난 로마인들의 그리스 지배 이후 폴리비오스는 그 밖의 정치적 요주의 인물들과 함께 로마로 유배되었으며, 분명 혐의 없이 이탈리아에 무기한 억류되었다. 하지만 이러한 억류가 그에게는 하나의 기회가 되었던 것 같다. 그리고 그는 로마에서 영향력 있는 정치 및 문학 서클과 친숙해졌으며, 그의 『역사』에서 주목할 만한 인물로 등장하는 몇몇 인물들을 개인적으로 알게 되었다. 나중에 그는 널리 여행할 기회를 갖게 되었다. 그는 전술에 관한 책들과 로마인들이 스페인의 누만티아 근처에서 치렀던 전쟁사를 썼다. 하지만 이 작품들은 불행하게도 전해져 내려오지 않는다. 실제로 폴리비오

스가 남긴 현존하는 책들에서 그가 활동했던 시대의 군사 및 정치 생활과 밀접한 접촉을 해
왔던 한 사람의 증언을 만나게 된다.

　로마에 맞선 한니발의 전쟁과 그것에 곧바로 뒤이은 시기에 대해서는 리비우스가
가장 포괄적인 설명을 하고 있다. 아마도 역사가가 완전히 객관적일 수 있다는 것은 불
가능할지 모른다. 리비우스는 자신의 책에서 증거에 의존했던 수많은 작가들처럼 애국
적 동기들에 고무되었다. 이것에 덧붙여 가문에 대한 자긍심과 감언이 로마 역사가들이
만들어낸 이야기에서 중요한 역할을 했다. 만약 이탈리아에서 몇몇 로마 지휘관들이 거
둔 성공이 리비우스의 암시처럼 대단한 것이었다면, 한니발은 사실 그가 패배했던 것보
다 훨씬 더 빨리 패배했을 것이라고 쉽게 생각할 수 있다. 로마의 초기 역사에서 기원전
294년까지와는 별개로 리비우스의 현존하는 책들은 한니발 전쟁 초기부터 기원전 2세
기 마케도니아의 정복과 셀레우코스 왕조의 패배에 이르기까지의 사건들을 이야기한다.
만약 142권의 책 전부가 현존했다면, 그가 기원전 9년까지 기술했던 로마 역사를 완전
한 형태로 간직할 수 있었을 것이다. 실제로 리비우스의 분실된 책들의 거의 모든 내용

이 지도는 기원전 218~201년의 2차 포에니 전쟁의 주요 전투를 보여주고 있다. 스키피오가 스페인
그리고 마침내는 아프리카에 개입함으로써 카르타고 지배의 조류를 뒤바꿔놓는 데 성공했다.

이 후대의 작가들에 의해 축약된 형태로 전해졌다. 대체로 제정기의 역사가들은 리비우스를 출처로 사용하거나 아니면 그가 사용했던 출처들에 접근할 수 있었다. 이것들 중에는 둘 다 서기 2세기 동안에 태어났던 유력한 그리스인 역사가 아피아노스와 디오 카시우스의 출처들이 포함되었다.

이와는 대조적으로 유구르타와의 전쟁을 이야기한 역사가 가이우스 살루스티우스 크리스푸스(기원전 86~35년경)는 자신이 기술했던 사건들과 가까운 시기에 살았다. 그는 그 사건들에 참여했던 사람들의 구두와 문서 형태의 증언 모두에 기초해 책을 썼다. 설사 살루스티우스가 기원전 46년 율리우스 카이사르의 아프리카 전투에서 복무했다고 하더라도, 그의 관심은 본질적으로 군사적인 것이라기보다는 오히려 정치적인 것이었다.

## 역사적 개요

푸니쿠스(Punicus)는 카르타고인을 나타내는 라틴어이다. 제1차 포에니 전쟁은 연중 계속해서 문제를 일으켰던 마메르틴인들에 의해 야기되었다. 메사나에 기지를 두었던 마메르틴인들이 카르타고인들에게 시라쿠사의 그리스 왕 히에론 2세와 싸워달라고 호소했다. 목적을 달성한 마메르틴인들은 그들을 보호해준 카르타고의 주둔군을 없애버리고 싶었다. 그래서 그들은 로마에 호소했다. 좁은 해협을 가로질러 카르타고의 위협이 너무 컸고, 그 위협을 제거할 수 있는 절호의 기회였으므로 로마는 기원전 264년에 개입했다.

시칠리아 전쟁에 승리하기 위해서 로마는 카르타고인들을 무찔렀던 함대를 건조했다. 아가토클레스의 전략을 모방해 로마 장군 레굴루스가 아프리카로 건너가 공격을 개시했지만, 카르타고인들은 뛰어난 스파르타 용병 지도자인 크산티포스를 고용했다. 레굴루스는 전쟁에 패하고 붙잡혔다. 하지만 로마인들이 새롭게 쟁취한 제해권은 그들의 함대가 되풀이해서 폭풍우에 파괴되었음에도 불구하고 전쟁에서 이길 수 있게 해주었다. 동부 시칠리아에서 고립된 위대한 카르타고 사령관 하밀카르 바르카는 결국 기원전 241년 로마인들과 협상을 체결하고 시칠리아 섬에 대한 지배권을 포기하지 않으면 안 되게 되었다.

카르타고와 다음 번 전쟁이 발발하기 전에 로마는 북부 이탈리아에서 갈리아인들과의 싸움에 휘말리게 되었다. 또한 로마인들은 마케도니아에게 고무되어 해적질을 옹호하며 남쪽으로 세력을 확장시켰던 일리리아 여왕을 정복할 필요가 있다고 생각했다. 해적질은 일리리아 경제를 지탱해주는 역할을 하고 있었다. 그 사이 카르타고는 북아프리카 예속민들에게 선동된 자신의 용병들로부터 모골이 송연한 반란의 위협에 직면했다. 이른바 '휴전 없는 전쟁'에서 간신히 카르타고를 지켜낸 사람은 유능한 군사 지도자 하밀카르 바르카였다. 이 시기의 로마와 카르타고에 대해서는 어느 한쪽이 다른 한쪽의 어려움을 보다 신속하게 이용했다고 말할 수 있을 것이다. 실제로 용병 전쟁이 카르타고에게 사르디니아에서 일시적으로 철수하도록 강제했으며, 본래 기회주의자였던 로마인들은 카르타고에게 민감한 지역이었던 사르디니아에 개입했다.

이제 하밀카르는 군사 기지로서뿐만 아니라 그 이상의 경제적 팽창을 위한 무대로서 스페인에 집중했다. 전투 중에 하밀카르가 죽고 그의 아들 한니발이 똑같은 정책을 추구했다. 로마에 우호적인 도시였던 사군툼에 대한 포위공격과 점령에 뒤이어 전쟁이 시작되었다. 그러고 나서 한니발은 피레네 산맥, 론 강 그리고 알프스 산맥을 경유하여 이탈리아를 침공했다. 그의 침공은 피로스의 그것과 비교될 수 있을 것이다. 한니발이 로마인들에게 입혔던 패배는 피로스가 거둔 모호한 승리들과는 다르게 압도적이

카르타고의 고대 유적. 기원전 146년에 로마인들은 카르타고를 점령해서 철저하게 파괴했다. 나중에 그들은 카르타고를 식민지화했다.

고 명백한 승리였다. 하지만 피로스처럼 한니발도 전투 중에 로마를 점령하거나 협상을 체결하는 것은 말할 것도 없이 로마의 이탈리아 동맹자들을 로마로부터 떼어놓을 수 없었다.

나중에 아프리카누스라는 명예로운 호칭을 부여받았던 푸블리우스 코르넬리우스 스키피오의 발의로 로마인들은 재차 아프리카에 반격을 시도했다. 카르타고인들에게 소환되어 기원전 202년 자마전투에서 패배한 한니발은 추방에 내몰렸다.

자마에서 카르타고와의 동맹을 파기한 누미디아 왕 마시니사가 기병 지원에 나섰다.

뒤이은 평화에서 마시니사는 로마의 동맹자로서 누렸던 피보호자의 지위를 충분히 그리고 뻔뻔스럽게 이용했다. 그리고 로마는 그를 저지하려는 어떠한 시도도 하지 않았다. 누미디아인들의 배신에 화가 난 카르타고가 보복으로 자마 평화조약을 위반했다. 이것을 구실로 로마인들은 카르타고인들에게 무조건적인 항복에 상당하는 조치를 취하도록 설득했다. 하지만 그 다음 로마인들이 도시와 해안을 비우고 내륙에서 집 없는 방랑자로 다시 정착하도록 요구했을 때, 카르타고인들은 저항했다. 육상에서의 오랜 포위공격과 해상 봉쇄 이후 로마인들은 기원전 146년 카르타고를 점령하고 약탈한 뒤 완전히 파괴했다.

제2차 포에니 전쟁 이후로 로마는 카르타고의 동맹자이건 아니면 적이건 카르타고가 예전에 누렸던 가공할 힘을 상속할 위치에 있었던 국가들에 둘러싸였다. 견고한 변경을 추구한 로마인들로서는 스페인과 북아프리카에서 싸우지 않으면 안 되게 되었다. 다른 방면에서는 상황이 로마에 그다지 도움이 되지 못했다. 동방에서는 위대한 세 왕조, 즉 마케도니아 왕조, 셀레우코스 왕조, 그리고 프톨레마이오스 왕조가 있었다. 이들은 각각 알렉산더가 남겨놓은 유럽, 아시아, 그리고 북아프리카의 유산을 통치하고 있었다. 이탈리아의 북쪽에서는 갈리아인들이 여전히 완전히 정복되지 않았으며, 알프스 산맥 너머에 사는 사람들은 로마의 미래에 문제들을 제기했다. 따라서 기원전 2세기와 1세기에 로마는 주위를 둘러싸고 있는 적들에 대한 두려움으로 끊임없는 팽창정책에 내몰리고 광범위한 전쟁현장에 말려들었다.

기원전 202년 자마 전투에서 한니발을 격파했던 스키피오 아프리카누스의 흉상.

## 로마의 해군양성 노력

포에니 전쟁의 두드러진 특징 하나는 실제로 해군의 전통이 전무했던 로마가 해상의 거의 전부를 지배하려했다는 사실이다. 반면에 로마와 비교해서 용병군대에 의존하는 비전투적인 강국이었던 카르타고는 하밀카르와 한니발이라는 두 명의 걸출한 장군을 배출했다.

로마는 기원전 260년 시칠리아를 지원하면서 밀라이에서 최초로 해전에 승리했다. 설사 고대의 역사가들이 그 주제에 관해 썼던 모든 것을 다 믿지는 않는다고 하더라도, 이 승리는 놀랄 만한 것으로 간주되어야 하는 선박건조와 해군 훈련이라는 노력이 가져온 결과였다. 예를 들어 로마는 수중에 장악한 난파된 카르타고의 배를 새로운 함대 건조를 위한 모형으로 사용했다고 한다. 사실 로마인들은 전에 소함대를 소유한 적이 있었다. 20척의 배로 이루어진 소함대는 두 명의 장교 지휘 하에 작전을 수행했다. 그들 중 한 명의 장교가 기원전 282년 타렌툼 공격을 위해 출정했던 소함대를 지휘했다. 분명히 소형의 로마 함대는 3단 노로 구성되었으며, 이제 보다 육중한 배들은 카르타고의 그것들에 필적할 필요가 있었다. 하지만 항해를 업으로 삼는 그리스 동맹국들은 로마에 5단 노선을 제공해 모방하게 할 수 있었으며, 전쟁 초기 며칠이 경과한 뒤 로마인들과의 동맹을 재개했던 시라쿠사의 히에론 2세가 선박건조에 관한 지식을 제공할 수 있었을 것으로 생각할 수 있다.

고대 세계에서는 서둘러서 성공적으로 조직된 해군들의 다른 실례들이 있다. 그리고 로마 시대의 보다 육중한 갤리선들조차도 나중에 유럽 역사에서 등장하는 범선에 비교하면 작았다는 사실을 기억할 필요가 있다. 제1차 포에니 전쟁에서 로마는 대략 160척의 배로 이루어진 함대를 가졌던 반면에 카르타고인들은 대략 130척의 배로 이루어진 함대를 가졌던 것으로 추정된다. 양쪽 모두 이용할 수 있는 노잡이들의 숫자 때문에 선박건조계획을 제한받았다. 아마도 재차 그리스의 도움으로 카르타고에 대한 로마의 우위가 확보되었던 것 같다.

하지만 로마 해군의 승리는 주로 전술 및 기술 혁신의 산물이었다. 처음부터 로마인들은 충각으로 들이받는 전통적인 책략을 포기하고 승선 전술에 집중했다. 승선 전술은 로마인들로 하여금 실제로 해상에서 지상전을 수행하는 효과를 가져다주었다. 이를 위해서 그들은 '갈가마귀'로 알려진 쇠 부리 갈고리 장치를 효과적으로 개발했다. 설사 그림이 그 의미를 보다 명확하게 전달할 수 있다고 하더라도, 폴리비오스는 이 장치의 구조와 작동을 상세히 기술했다. 그리스어로 갈가마귀는 코락스(라틴어로 코르부스)였고, 코락스라고 불리는 갈고리 모양의 장치는 전에 요새화된 성벽에 갈고리를 걸어 고정시키기 위한 포위공격 전투에서 사용되었다.

로마 해군이 사용한 갈가마귀는 전함의 이물(뱃머리)에서 올려지는 회전 고리로 연결된 기중기로 작동되는 현문이었다. 회전하는 기초부분은 적어도 세 방향에서 효과를 발휘할 수 있었으며, 수평 위치로 내려간 쇠 부리는 적의 갑판을 내리박아 단단히 붙들었다. 그리고 나서 승선하는 일단의 병사들이 현문을 가로질러 쇄도했다. 카르타고 함대는 이 장치에 극도로 취약했다.

폴리비오스에 따르면 현문의 기중기 부분은 길이가 24피트(7.3미터)였고 (도리깨처럼) 기중기가 돌쩌귀로 움직여지는 회전반 부분은 길이가 12피트(3.6미터)였다. 일부 학자들은 그렇게 커다란 장치가 올려졌을 때 배는 전복되었을 것이라고 생각한다. 또 다른 학자들은 그것이 실제로 우발적인 사고를 일으켰기 때문에 중단되었다고 생각한다. 여하튼 사용 중이 지 않을 때에는 철거될 수 있었다. 포위공격자 디미트리오스가 로도스에서 전함에 포위공격 탑을 세운 적이 있었다. 또한 갑판 위에 올려진 포탑을 갖춘 로마의 전함에 대한 고대의 기 록들(기원전 1세기)도 있다. 이들 포탑은 분명히 디미트리오스의 헬레폴리스처럼 판금으로 덮여 있었고 무게가 많이 나갔음에 틀림없다. 어떤 사람은 포탑들이 돌과 닮도록 색깔이 칠 해졌거나 아니면 심지어 돌덩이들로 만들어지기조차 했다고 말한다. 갈가마귀에 대한 폴리 비오스의 설명을 성급하게 무시해서는 안 된다. 디오도로스의 해석에 따르면 로도스에서 디 미트리오스는 결합된 두 척의 갤리선에 안정을 위해 서로 나란히 쌍둥이 탑을 만들었다. 교 전 중에 갈가마귀 또한 적함에 의해 균형이 유지되었을 것이다.

## 한니발의 행군

로마 해군이 세운 전례 없는 위업은 카르타고 측에서 보면 스페인에서 이탈리아까지 한 니발이 보여주었던 육로 진군에 비견된다. 스페인에서 카르타고의 행동반경을 에브로 강 남 쪽으로 한정한 협정은 두 가지로 해석될 수 있는 애매한 것이었다. 에브로 강 남쪽의 사군툼 은 전적으로 로마의 영토였다. 한니발이 사군툼을 포위공격해 점령했을 때, 결코 극악무도 한 협정 위반은 없었다. 하지만 그는 전쟁을 의도했으며 결국 전쟁이 뒤따랐다.

피레네 산맥을 넘기 전 한니발은 스페인과 북아프리카에 수비대가 잘 배치되었는지 주 의를 기울였지만, 이들 지역 어느 곳과도 지속적으로 연락을 취할 의도는 없었다. 그는 북부 이탈리아에 새로운 기지를 만들 수 있기를 바랐던 것 같다. 론 강과 알프스 산맥을 경유한 그의 행군로는 외교적 수완과 정찰 덕분에 잘 준비되었다. 그리고 그는 육로를 통해 오랜 행 군을 할 수 있기를 기대했다. 그가 행군로를 지나가면서 마주쳤던 갈리아인들과 알프스 부 족들의 태도는 지역마다 달랐다. 그들은 그가 가능한 한 빨리 지나쳐가도록 내버려두거나 아니면 그에게 저항했던 것 같다.

론 강의 횡단지점에 걸쳐 있었던 지역의 부족은 이러지도 저러지도 못한 채 망설이고 있었다. 론 강의 서쪽 기슭에 자리 잡은 주민들은 한니발을 최대한 도왔으며, 모든 형태와 크기의 배를 만드는 데 협력했다. 하지만 론 강의 더 먼 쪽 기슭에 자리 잡은 주민들은 그가

**트라시메네 호수의 전투(기원전 217년)**

| 로마군 | 한니발 |
|---|---|
| **보병** | |
| 2개 군단 10,000명 | 아프리카 10/12,000명 |
| 이탈리아 동맹군 10,000명 | (경무장보병 4,000명) |
| 크레타(궁수) 1,000명 | 스페인 7/8,000명 |
| 펠타스트 1,000명 | (경무장보병 4,000명) |
| | 켈트족 10/15,000명 |
| **기병** | |
| 로마 600명 | 누미디아 4,000명 |
| 동맹군 2/3,000명 | 켈트 중무장기병 4,000명 |
| | 스페인 중무장기병 2,000명 |
| | 코끼리 1마리 |

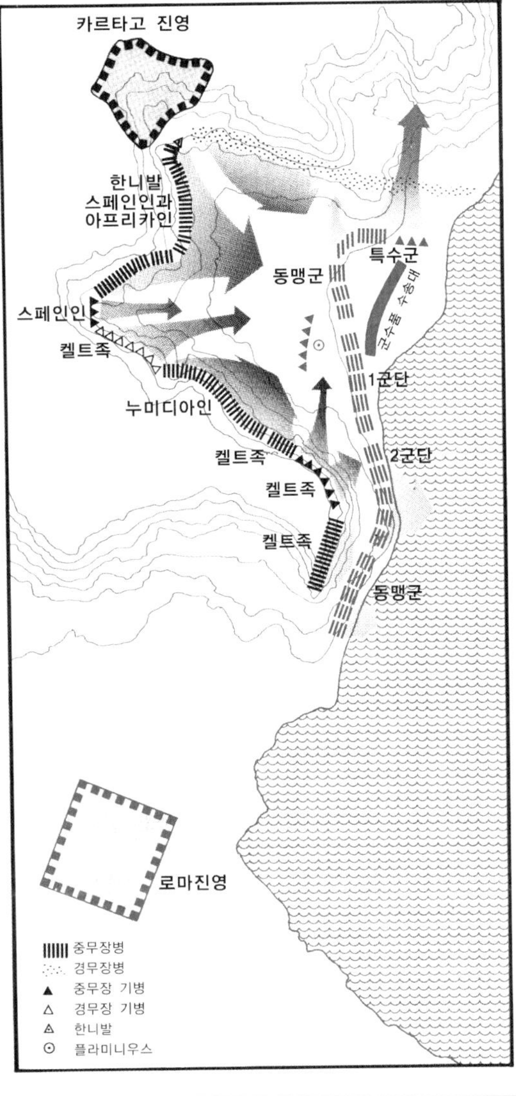



로마의 집정관 플라미니우스가 자신의 군대와 동료 집정관의 군대 사이에서 한니발을 협공할 수 있을 것이라는 희망으로 한니발을 추적하고 있다. 그는 뒤늦게 진지를 구축한다. 밤사이에 한니발은 호수 위로 나무가 우거진 고지에 병력을 주둔시킨다. 그는 대규모 매복공격을 계획한다. 날이 밝자마자 플라미니우스는 추적을 계속한다. 계곡이 안개로 가득 찬다. 맨 앞 열의 병사들이 한니발의 경무장병력과 조우하면서 전투태세를 갖춘다. 로마의 후위대는 여전히 언덕과 호수 사이의 좁은 통로에 있고, 켈트족의 격렬한 공격이 그들을 호수로 몰아붙인다. 플라미니우스 주위의 대다수 로마인들은 행군 대형 중에 포로가 되고 플라미니우스 자신은 켈트족 기병에게 살해된다. 로마인 대부분이 뿔뿔이 흩어져 카스텔루치오 산을 헤치고 나가면서 도망처, 카르타고의 경무장병력이 그들을 붙잡을 수 없었다.

전투는 3시간이 지나 끝난다. 대략 15,000명의 로마인이 살해되었고 4,000명 이상이 포로가 되었다. 도망쳤던 6,000명 가량은 카르타고의 기병과 경무장병력에 둘러싸여 항복하지 않을 수 없게 되었다. 한니발이 입은 손실은 사망자 1,400~2,500명에 불과했다. 오랜 전통을 가진 한니발의 매복 공격이 빛나는 승리를 거둔 전투였다.

강을 건너지 못하게 대항했다. 하지만 우호적인 갈리아인들의 안내를 받은 보밀카르라는 장교가 지휘하는 카르타고의 소규모 병력이 하루 동안의 행군으로 섬에 의해 조류가 나뉘어졌던 한 상류 지점에서 강을 건넜다. 뗏목이 사용되었고 기병은 나룻배로 건너갔지만, 스페인 보병은 방패를 밑에 깔고 헤엄쳐 건넜다. 야간 행군으로 시작된 이동의 전 과정이 은밀하게 이루어졌다. 한니발의 주력군이 강을 건넜을 때, 적들은 보밀카르의 군대에 포위당했음을 알고 겁에 질려 뿔뿔이 흩어졌다. 코끼리를 배로 나르기 위해서는 정교한 장치가 필요했다. 하지만 3일 후 한니발을 저지하려고 마실리아(마르세유)에 새로이 도착한 로마 군대는 한니발의 텅 빈 진지를 목격했을 뿐이다. 로마 징군인 스키피오(아프리카누스의 아들)는 디 이상의

# 초기 로마의 전함

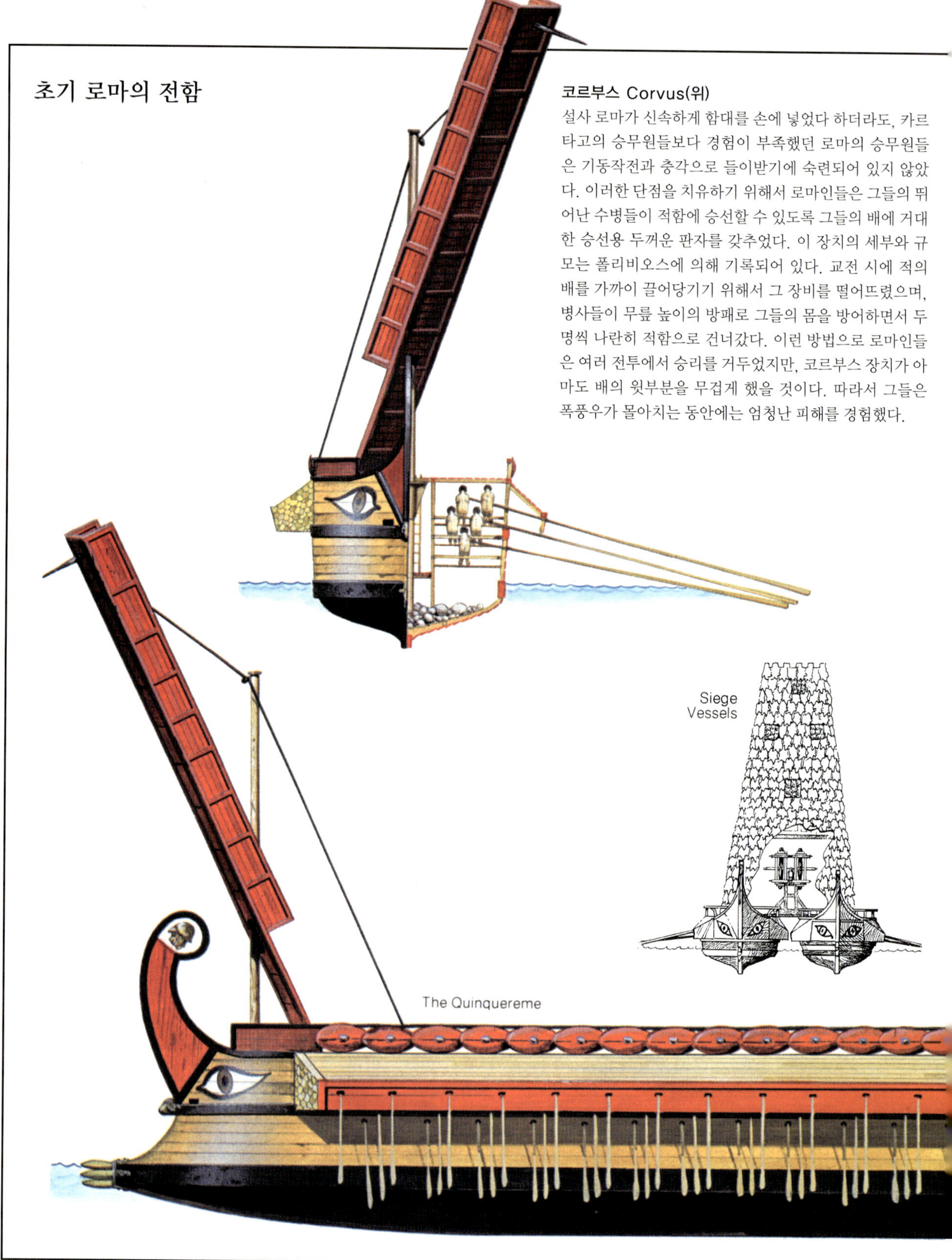



## 코르부스 Corvus(위)

설사 로마가 신속하게 함대를 손에 넣었다 하더라도, 카르타고의 승무원들보다 경험이 부족했던 로마의 승무원들은 기동작전과 충각으로 들이받기에 숙련되어 있지 않았다. 이러한 단점을 치유하기 위해서 로마인들은 그들의 뛰어난 수병들이 적함에 승선할 수 있도록 그들의 배에 거대한 승선용 두꺼운 판자를 갖추었다. 이 장치의 세부와 규모는 폴리비오스에 의해 기록되어 있다. 교전 시에 적의 배를 가까이 끌어당기기 위해서 그 장비를 떨어뜨렸으며, 병사들이 무릎 높이의 방패로 그들의 몸을 방어하면서 두 명씩 나란히 적함으로 건너갔다. 이런 방법으로 로마인들은 여러 전투에서 승리를 거두었지만, 코르부스 장치가 아마도 배의 윗부분을 무겁게 했을 것이다. 따라서 그들은 폭풍우가 몰아치는 동안에는 엄청난 피해를 경험했다.

## 5단 노선 Quinquereme

길이: 대략 120피트(대략 37미터)
가로 들보: (선체) 14피트(4미터)
　　　　(현외장치) 대략 17피트(5미터)
흘수: 대략 4.5피트(1.4미터)
승무원: 노잡이　상단 112명
　　　　　　　중간 108명
　　　　　　　하단 50명
　　　　선원 30명
　　　　수병 40명(평상시)
　　　　　　120명(전시)

## 코르부스

전체 길이: 36피트(11미터)
너비: 4피트(1.1미터)
기둥 높이: 24피트(7미터)
가로대의 높이: 2피트(0.65미터)

전형적인 카르타고의 전함은 5단 노선이었
으며, 로마의 5단 노선은 그것을 모방한 것
이었다. 노잡이들이 육지에서 훈련받는 동
안에 5단 노선이 대량 제작되었다. 이렇게
해서 로마는 거의 하룻밤 사이에 해군을 손
에 넣게 되었다.

## 포위공격용 배 Siege Vessels

포위공격 장비를 싣기 위해서 가끔 두 척의
배가 함께 묶였다. 왼쪽 그림에서 두 척의 5
단 노선 위에 포위공격용 탑이 실려져 있는
것을 볼 수 있다. 이와 유사하게 커다란 노포
들이 마케도니아(기원전 351년)와 로마(기
원전 213년)에 의해 배에 실렸다.

추적을 시도하지 않고 한니발이 증원군의 지원을 받지 못하도록 스페인으로 관심을 돌렸다.

알프스 산맥을 넘는 행군은 장엄한 읽을거리이다. 심지어 리비우스의 적대적인 이야기에서조차도 한니발은 밀턴의 실낙원에 나오는 마왕처럼 영웅으로 등장한다. 론 강 아니면 알프스 산맥의 어느 지점을 넘었는지에 대해서는 정확히 일치하지 않는다. 실제로 고대 역사가늘에 의해서조차도 알프스 산맥의 어느 지점을 넘었는지가 더 많은 논의의 대상이 되었다. 한니발은 자신의 계획에 대해 더 이상 로마의 어떤 간섭도 받지 않으려고 최단 루트로 알프스 산맥에 접근하지 않고 론 강 계곡 위 북쪽으로 4일 동안 행군했던 것이다. 이 지역에서 한니발은 족장 상속문제에 관련된 논쟁을 성공적으로 중재함으로써 한 갈리아 부족의 호의와 지원을 얻어냈다. 하지만 그는 알프스 산맥의 북쪽 면으로 오르면서 산악 민족의 저항과 배반에 직면했다. 한니발은 병사, 동물, 그리고 식량의 빈번한 손실을 입었지만, 지치지 않는 용기와 지략으로 그가 지나가는 길목에서 만난 함정에서 자신의 군대를 구해냈다. 때 이른 가을 눈이 내리고 있었을 때, 그는 이탈리아로 내려가기 시작했다. 얼음으로 뒤덮인 조건, 산사태 그리고 벼랑들이 굶주린 병사들에게 고통을 가중했다. 하지만 다른 모든 방법이 실패로 끝났을 때, 목재를 베어 큰 불을 피우고 길을 막고 있는 바위들을 깨부수기 위해 뜨거워진 바위 위로 병사들에게 배급된 신 포도주를 쏟아 부었다. 이렇게 해서 꾸불꾸불한 통로가 가파른 산허리 아래로 깎여 나갔다. 한니발은 스페인 기지를 떠난 지 다섯 달이 지나서야 이탈리아에 도달했다. 알프스 산맥을 넘는 데는 15일이 걸렸다.

한니발이 이탈리아로 이끌고 왔던 병사들의 숫자에 대해서는 고대의 기록들이 상당한 편차를 보인다. 폴리비오스는 남부 이탈리아에 한니발이 남긴 비문에 의거해 20,000명의 보병과 6,000명의 기병이라는 숫자를 제시한다. 리비우스는 한때 한니발의 포로였던 역사가 루키우스 킨키우스 알리멘투스의 이야기에 근거하고 있다. 하지만 그는 기병 80,000명과 보병 10,000명이라는 알리멘투스의 추정을 부풀려진 것으로 간주한다. 어느 경우든 한니발은 이 행군을 통해 전 병력의 1/4 이상을 잃었던 것으로 보인다. 아마도 이것조차도 그를 무력화시키는 손실로 묘사될 수 없을지도 모른다. 하지만 전장에서 거두었던 빛나는 승리에도 불구하고 이후 15년간 이탈리아에서 계속된 전투에서 한니발은 끊임없이 신병을 모집하고, 동맹자를 구하며, 그리고 증원군을 확보해야 하는 심각한 문제들에 직면했다. 이들 문제 중 어떤 것에서도 그는 만족할 만한 해결책을 찾지 못했다.

## 한니발의 승리

기원전 218년 집정관이었던 푸블리우스 코르넬리우스 스키피오는 동생 그나에우스에게 지휘권을 맡겨 스페인에 자신의 군대를 파견하고 북부 이탈리아로 돌아와 군단병들을 지휘했다. 그는 포 강과 티치누스 강의 모퉁이에 위치한 투린을 이미 점령한 한니발의 침략군과 마주쳤다. 뒤이은 기병전투에서 패배한 스키피오는 부상당한 채 플라켄티아로 퇴각했다. 이 싸움으로 한니발 기병의 우월성이 입증되었으며, 집정관 스키피오에게는 앞으로 기병 전술에 유리한 탁 트인 지역에서 벗어나 전투를 치르도록 유도했다.

한니발의 위협에 직면해서 아프리카 침공을 준비하고 있었던 또 한 명의 집정관 티베리우스 셈프로니우스 롱구스가 스키피오 군대와 합류하려고 북쪽에 진을 쳤다. 스키피오가 심하게 다치면서 셈프로니우스 롱구스가 실제로 그 상황을 책임지게 되었다. 성공적인 기병 전투에 고무된 롱구스는 겨울의 혹한에 포 강의 남쪽 지류인 트레비아 강에서 전투에 돌입했다. 개인적으로 정찰을 끝낸 한니발은 영리하게도 기병 매복공격을 엄폐하기 위해서 황무지를 이용했다. 로마인들은 병력의 2/3 가량을 잃었다. 하지만 그렇다고 하더라도 10,000명의 군단병들이 포위당했음에도 불구하고 적의 중앙을 뚫고 나가 플라켄티아에서 피난처를 찾았다. 설사 로마의 병사들은 아니었다고 하더라도, 로마의 말들은 여전히 코끼리를 두려워했다. 하지만 로마의 경무장병들이 가까스로 코끼리들의 몸을 돌리게 하고, 코끼리의 꼬리 밑 부드러운 살갗 부분인 엉덩이를 창으로 찔러 도망가게 했다.

얼음으로 뒤덮인 상황은 한니발이 승리를 끝까지 추구하는 데 방해가 되었다. 그리고 그가 다음 해 봄 남쪽으로 방향을 정했을 때, 한니발의 군대는 눈이 녹아 범람한 지역에서 심각한 고통을 겪었다. 결국 한쪽 눈의 시력을 잃었던 눈병으로 괴로워했던 한니발은 남아 있는 한 마리 코끼리에 올라타 간신히 고립상태에서 벗어났다. 나머지 코끼리들은 전쟁 아니면 날씨 때문에 쓰러졌다.

푸블리우스 스키피오는 새로운 지휘권을 부여받고 스페인으로 파견되었다. 이탈리아에서 아펜니노 산맥의 서쪽을 방어했던 다음 집정관 가이우스 플라미니우스가 결단을 내리기 위해 심사숙고 끝에 카르타고 군대를 추격하기 시작했다. 에트루리아의 트라시메네 호수의 북쪽 기슭에서 한니발은 로마인들이 구릉과 평탄한 지면의 골짜기에 있는 강 사이의 병목지점을 통과하도록 유인했다. 그가 호수가 내려다보이는 고지에 배치했던 복병이 안개에 가려졌다. 로마인들이 한니발의 정면도전에 맞서기 위해 진군해왔을 때, 산비탈에서 나타난 병사들이 갑자기 아래로 휩쓸고 지나갔다. 그리고 여전히 로마 군난을 행군 종대로 붙들어둔

## 한니발의 군대

대부분의 카르타고 군대들처럼 한니발의 군대는 주로 용병들로 구성되었다. 폴리비오스가 전하는 바에 따르면 알프스를 넘은 뒤에 그에게는 아프리카 보병 12,000명과 스페인 보병 8,000명 그리고 스페인과 누미디아 기병 6,000명이 남아 있었다. 여기에 그는 켈트족과 이탈리아인을 추가했다.

### 스페인 보병

이들은 발레아레스의 투석병, 작은 둥근 방패로 무장한 경무장보병인 카에트라티 그리고 편평한 방패로 무장한 중무장 보병인 스쿠타리이로 이루어졌다. 그가 휴대하는 무기는 짧은 칼, 방패, 그리고 무거운 창이다. 폴리비오스의 상세한 묘사에 따르면 스페인 보병은 자주색 테두리를 한 흰색 튜닉을 입고 있다. 그는 전형적인 스페인 헤드기어를 쓰고 있다. 그의 장화는 손으로 만든 것이다. 그는 노획된 로마의 갑주를 입고 투구 또한 썼던 것 같다.

### 아프리카인과 누미디아인

아래의 작은 그림은 누미디아의 경무장 기병을 보여준다. 이들 위풍당당한 기병은 고삐 없이 말을 탔으며, 작은 방패와 엄청나게 큰 창들로 무장했다. 누미디아인들은 한니발의 승리에 중요한 역할을 수행했다. 그리고 그들의 변절은 자마 전투에서 한니발이 패배하는 데 간접적인 원인이 되었다. 아프리카 보병(아래 오른쪽)은 리비아와 페니키아 출신이 섞여 있었다. 원래는 헬레니즘풍으로 무장했던 그들은 한니발의 초기 승리 이후에 노획된 로마 무기들 중에 가장 뛰어난 것으로 무장했다. 따라서 그림에서 볼 수 있듯이 아프리카 보병이 가장 장비를 잘 갖추었던 로마의 군대처럼 쇠사슬 갑옷을 입고 있다. 하지만 그는 적으로 오인 받지 않기 위해서 그리스식 방패를 휴대했다.

채 호수로 몰아붙여 혼란에 빠지게 한 뒤 끔찍한 학살을 자행했다. 두 개의 군단이 괴멸되었고 플라미니우스는 죽었다. 이 승리에 뒤이어 또 다른 집정관의 군대를 매복 공격했다. 이 공격으로 로마인들은 4,000명의 기병을 잃었다.

비상사태에 대처하기 위해 통합된 지휘권이 절실히 필요하다고 느낀 로마인들은 이제 퀸투스 파비우스 막시무스를 독재관 및 기병 사령관으로 임명해 살아남은 집정관을 대신하게 했다.

그 사이 한니발은 동맹자가 필요했다. 설사 한니발이 상당수의 북부 이탈리아 갈리아인들을 모집했다고 하더라도, 그들은 실망을 안겨 주었다. 한 해 전 여름 카르타고의 침략을 예상해서 그들이 재개한 전투는 스키피오의 관심을 다른 데로 돌려놓았으며, 그가 론 강에 도착하는 것을 결정적으로 지연시켰다. 하지만 이제 북부 이탈리아의 갈리아인들은 주저했으며 미온적이었다. 따라서 한니발은 남쪽에서 이탈리아 동맹자들을 찾고 싶어 했지만, 이곳에서 그는 그다지 성공적이지 못했다. 그는 로마의 독재관을 싸움에 끌어들이려고 노력했지만, 파비우스의 전략이라는 말로 널리 알려진 대로 파비우스는 싸움의 유혹에 쉽게 빠지지 않았다.

한니발은 아풀리아와 캄파니아를 파괴했으며 파비우스의 전략에 불만을 유발시켰다. 집정관들이 한 번 더 임명되었으며, 그들의 연합 군대가 기원전 216년 아풀리아의 칸나이에서 대패했다. 이 전투에서 주로 스페인인과 갈리아인으로 이루어진 한니발의 중앙 보병이 쐐기 대형으로 진군했다. 한니발 자신이 쐐기 대형을 직접 지휘했다. 로마인들은 쐐기 대형을 격퇴해서 움푹 팬 것으로 바꾸어 놓았다. 그래서 카르타고의 전선이 볼록면에서 오목면의 형태로 바뀌었다. 하지만 한니발은 이것을 충분히 예상하고 있었다. 중앙의 후퇴는 통제되었고 적절한 순간에 이미 로마군을 포위하고 있던 카르타고 군대의 날개부분들이 로마군의 주위를 폐쇄하고 에워쌌다.

한니발은 매복공격에 탁월한 능력을 가지고 있었다. 트레비아 호수 전투는 대체로 기병의 매복공격으로 승리했다. 트라시메네 호수에서의 승리도 매복 공격에 의한 것이었다. 매복 공격에 적합하지 않은 지형이었던 칸나이에서 한니발은 책략에 의존했다. 500명 정도의 누미디아인들이 무기를 버리고 로마인들에게 도망치는 척했다. 하지만 그들은 옷 밑에 다른 무기를 감추고 있었으며, 이 무기들은 얼마 안 있어 로마 군대의 후방에서 파괴적인 힘을 발휘했다.

또한 한니발은 놀라울 정도로 날씨를 예측하는 능력이 있었으며, 기후 조건을 재빠르게 이용할 줄 알았다. 어느 듯 차가운 날씨에 트레비아 호수에서 병사들이 근육의 유연성을 유지하도록 잘 먹고 마사지하도록 신경을 썼다. 반면에 로마인들은 추위 때문에 그리고 아침을 먹지 않아서 감각이 마비된 채 전투에 투입되었다. 트라시메네 호수에서 한니발의 매복 공격은 마침 호수에서 일어났던 아침 안개를 충분히 이용했다. 칸나이에서 한니발은 군대 뒤쪽에서 바람이 불고 있다는 사실에 주목하고 로마군대에 먼지가 날아가게 했다.

로마인들이 정치적 권력 분립에 몰두한 것은 종종 군사적 몰락을 초래했다. 트레비아 호수와 칸나이에서 한 집정관이 신중함을 요구했던 반면 다른 집정관은 교전을 권고했다. 이와 유사한 의견의 불일치가 트라시메네 호수 앞에서 플라미니우스와 그의 장교들 사이에서 일어났다. 전통적인 방식에따라 독재관이 임명했던 것과는 다르게 민회가 임명했던 파비우스의 기병 사령관 미누키우스는 자신이 파비우스와 동등하다고 생각했으며, 자주 파비우스의 전략을 좌절시키고 명령에 불복종했다.

아마도 이러한 의견의 차이가 지나치게 많이 강조되어왔던 것 같다. 로마는 교전과 신중함의 전략 사이에서 망설였다. 그리고 역사가만큼이나 극작가로서 리비우스는 그러한 전략들을 되풀이해서 구체화했다. 리비우스가 근거로 삼았던 초기 원로원 역사가들의 편견 또한 고려되어야 한다. 그러한 편견들은 그들과 같은 원로원 계급에게 아무런 책임이 없음을 입증하고 결국에는 민중 지도자들에게 비난을 전가시키려는 경향이 있었다.

**칸나이의 전투(기원전 216년)**
**로마군**

보병

8개 군단 40,000명
동맹군 보병대 40,000명

기병

군단병 2,400명
동맹군 보병대 3,500/4,000명

1. 로마는 모든 병력을 규합해 앞선 해의 집정관(세르빌리우스와 아틸리우스)의 군대와 합류하도록 두 명의 집정관(바로와 파울루스)을 파견한다. 아틸리우스의 지휘권을 미누키우스가 인계받는다. 한니발은 아우피두스강 북쪽에 진지를 구축한다. 로마는 병력의 2/3를 파견해 한니발에 맞서 진지를 구축케 한 뒤, 나머지 1/3 병력은 카르타고의 침입에 대비해서 강 반대편에 주둔시킨다. 로마인들은 평원이 협소했으므로 특별히 열을 겹쳐서 병력을 배치한다. 그들은 한니발의 중앙을 무너뜨리려는 의도를 갖고 있다. 한니발은 기병에 희망을 걸고 중무장 기병을 왼편에 그리고 누미디아인을 오른편에 배치한다. 한니발은 중앙을 앞쪽으로 활모양으로 휘어지게 하고, 로마 군단병의 전진을 지연시키려고 측면보다 중앙을 더 강화시킨다. 초승달 모양의 대형의 각 측면 배후에 아프리카 보병을 예비대로 남겨둔다. 로마와 카르타고 양쪽은 진지를 지키기 위해서 병력을 남겨둔다. 로마인들의 목표는 한니발의 진지를 빼앗는 것이다.
2. 소규모 접전으로 전투가 시작된다. 한니발의 좌측 기병이 공격에 착수해서 수적 열세에 있는 로마의 우측

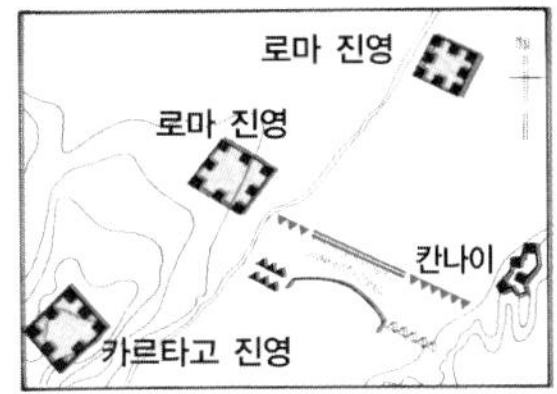

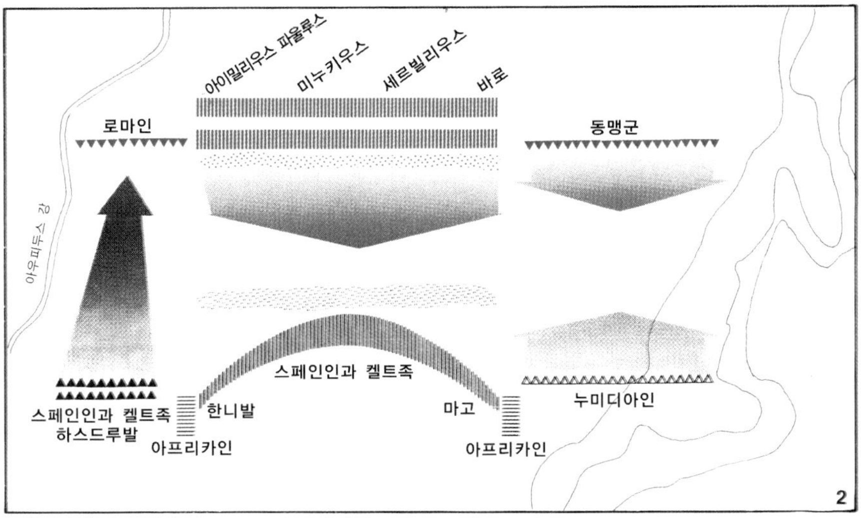

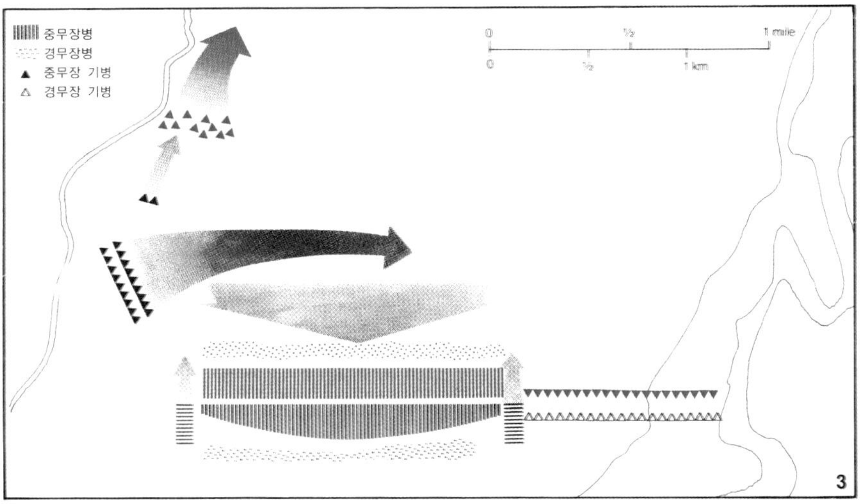

## 한니발

아프리카 10/12,000명
(경무장보병 4,000명)
스페인 7/8,000명
(경부장보병 4,000명)
켈트족 20/25,000명
(경무장보병 약간 명)

누미디아 4,000명
스페인 2,000명
켈트족 4/5,000명

을 강타한다.

3. 중무장보병이 충돌하면서 스페인인과 켈트인들이 밀려난다. 누미디아인들이 동맹군 기병과 소규모 접전을 하고, 그 사이에 하스드루발이 자신의 중무장기병을 이끌고 동맹군들을 향해 로마 보병 뒤쪽으로 방향을 돌린다. 위협에 노출된 동맹군들은 뿔뿔이 흩어진다. 그 사이에 초승달 모양의 대형이 유지되고 아프리카인들은 측면에서 종대로 전진한 뒤에 안쪽으로 방향을 바꾼다.

4. 하스드루발이 로마의 후방으로 방향을 돌리고 그 사이에 카르타고의 경무장병력은 중앙을 지원하는 것은 물론이고 후방으로 이동한다. 파울루스는 자신의 호위병들에게 말에서 내릴 것을 명령하는 등 로마인들에게 계속 싸울 것을 독려하지만 아무 소용이 없다. 45,500명의 보병과 2,700명의 기병이 죽고 3/500명의 보병과 1/2,000명의 기병이 포로가 된다. 파울루스, 세르빌리우스, 그리고 미누키우스가 죽고, 7,000명이 더 작은 진지로 그리고 2,000명이 칸나이로 도망치지만 포위되어 사로잡힌다. 한니발은 진지와 더 많은 포로들을 차지한다. 그는 불과 6/8,000명의 보병을 잃었을 뿐이다.

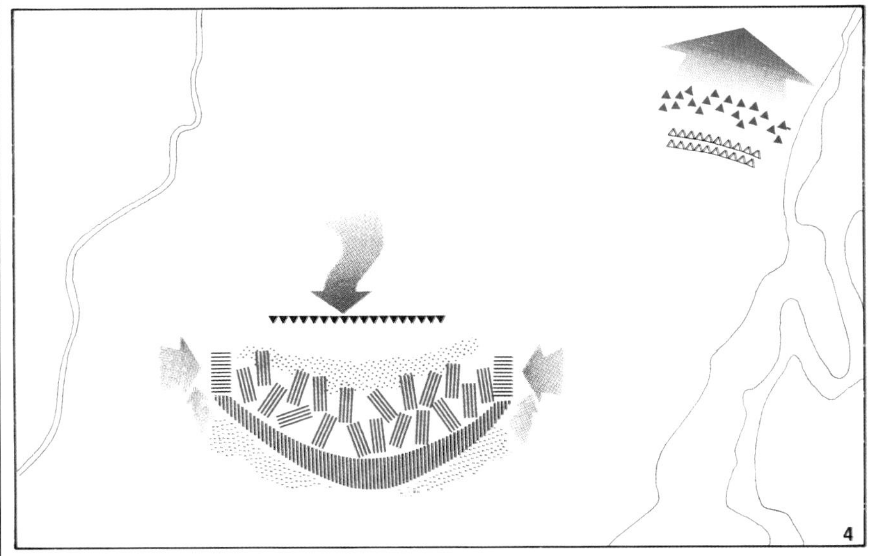

## 로마의 생존과 승리

칸나이 전투 이후 카푸아와 남부 이탈리아 지방 상당수가 로마를 배신해 한니발에게 돌아섰다. 로마인들은 카푸아를 포위공격했고, 이곳에서 한니발은 로마 군대의 주의를 다른 곳으로 돌리려고 직접 로마의 성벽으로 행군하는 척했다. 하지만 그가 바라던 대로 로마가 반응을 보이지는 않았다. 카푸아를 구할 수 없게 된 한니발은 자신의 군대를 이끌고 아풀리아로 향했다. 두 명의 나이 든 스키피오가 스페인에서 세 명의 카르타고 장군들에 맞서 성공적으로 전투를 수행했지만, 결국 기원전 211년 병참 부족으로 전쟁에 패하고 죽었다. 다음 해에 젊은 스키피오(아프리카누스)가 스페인에 상륙한 뒤 곧바로 신 카르타고(카르타헤나)를 점령했다. 하지만 그는 한니발의 동생 하스드루발 바르카가 이탈리아에 머물고 있는 카르타고 군대를 지원할 증원군을 데리고 피레네 산맥 서쪽을 지나가는 것을 막을 수 없었다. 알프스 건너편 갈리아(남부 프랑스)에서 겨울을 난 하스드루발은 형 한니발보다는 더 따뜻한 계절과 알맞은 조건에서 알프스 산맥을 넘었다. 그리고 알프스 산맥의 부족들이 카르타고의 목표가 더 이상 그들이 아니라 더 먼 남쪽에 있다는 것을 확신하고 그를 적대시하지 않았다.

하지만 형 한니발의 병력과 합류하려는 과정에서 하스드루발은 기원전 207년 움브리아의 메타우루스 강 전투에서 두 명의 로마 집정관 군대에 패하고 살해되었다. 알프스 횡단의 어려움을 기억하고 있었던 한니발은 동생 하스드루발의 너무 빠른 도착 소식에 놀랐으며, 서서히 북쪽으로 이동했다. 로마인들은 동생 하스드루발이 형 한니발에게 보낸 메시지를 가로챘으며, 두 명의 집정관인 마르쿠스 리비우스 살리나토르와 가이우스 클라우디우스 네로가 비밀리에 군대를 결집했다. 이러한 결집이 가능했던 것은 까다로운 성미에도 불구하고 네로가 동료 집정관인 살리나토르와의 협력문제에서 자신의 주도권과 능력을 최소화했기 때문이다. 야영하고 있을 것으로 생각한 로마 군대가 한 개가 아니라 두 개라는 사실에 놀란 하스드루발은 철수를 시도했다. 하지만 뛰어난 로마군대가 그를 뒤따라 잡았으며, 그는 불리한 상황에서 싸움을 하지 않으면 안 되었다. 그의 패배는 로마 군대의 번뜩이는 생각과 효과적으로 실행된 전략의 산물이었다. 그리고 결국 그것은 결정적인 전략적 결과를 가져왔다. 그때부터 한니발은 증원군을 기대할 수 없었다.

스페인에서 전쟁을 성공적으로 이끈 뒤 스키피오는 이탈리아로 돌아왔다. 정치적 그리고 전략적으로 그는 자신이 파비우스의 전쟁 수행방식과는 정반대에 있다는 것을 알았다. 하지만 이제 강력한 반격을 위한 시간이 도래했으며, 스키피오는 군대와 함께 아프리카

아우피두스 강이 바라다보이는 칸나이 전투의 현장. 이 근처에서 한니발이 두 명의 로마 집정관이 이끄는 군대에 대승을 거두었다.

로 건너갈 수 있게 되었다. 이곳에서 그가 카르타고 북서 해안의 우티카를 점령하는 데 실패했을 때, 전투는 불길하게 시작되었다. 하지만 해안에서 겨울을 난 뒤 스키피오는 북아프리카 내지의 '대평원' 전투에서 카르타고인들과 그들의 동맹자인 시팍스 왕에게 패배를 안겨 주었다. 카르타고가 엄청난 어려움에 처하게 되면서 결국 이탈리아에서 한니발이 소환되었다. 설사 평화협상이 진행 중이었다고 하더라도, 한니발의 존재 때문에 전쟁은 계속되었다.

자마라는 이름을 가진 지명이 여러 개 있고 그 이름을 대신하는 여러 이름들과 장소들이 암시되었다고 하더라도, 한니발이 치렀던 마지막 위대한 전투이자 최초의 치명적인 패배는 기원전 202년 자마에서 발생했던 것으로 보인다. 정면 공격으로 전투를 시작했던 80마리의 카르타고 전쟁 코끼리들 중 몇 마리가 로마인들이 내지른 함성소리와 나팔 소리에 놀라 되돌아갔다. 로마인들은 나머지 코끼리들이 정렬한 대형 사이를 지나가도록 내버려두었다. 이를 위해서 로마의 보병중대들이 지금까지 흔하게 사용해 왔던 5점형 대형이 아니라 서로의 바로 뒤와 앞에 간격을 메우면서 정렬했다. 이것은 분명히 기병 전투를 위한 정렬방식이었다. 스페인에 머물렀던 동안 스키피오는 누미디아의 젊은 왕자 마시니사를 사로잡아 로마를 위해 일하도록 설득했다. 이제 마시니사는 로마의 동맹자가 되었고, 그 결과

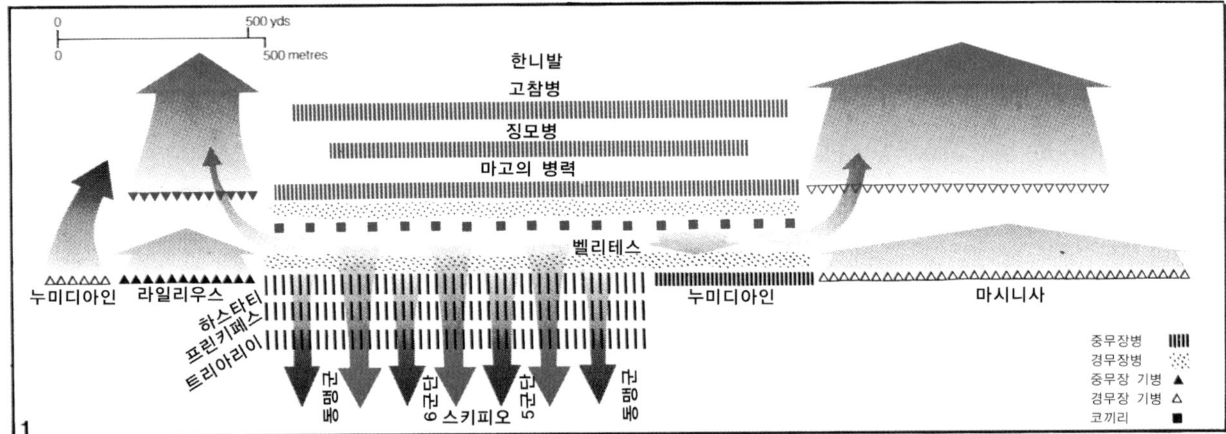



## 자마의 전투(기원전 202년)

| 스키피오 | 한니발 |
|---|---|
| **보병** | |
| 5군단과 6군단 10/11,000명 | 이탈리아의 노병 12/15,000명 |
| 동맹군 12/13,000명 | 마고의 이탈리아 군대 5/6,000명 |
| (마시니사가 지휘하는) | 카르타고와 아프리카 10/12,000명 |
| 누미디아 5/6,000명 | 누미디아와 무어인(경무장보병) |
| | 3/4,000명 |
| **기병** | |
| 누미디아(경무장기병) 4,600명 | 누미디아와 무어인(경무장기병) |
| 로마, | 2/3,000명 |
| 이탈리아(중무장기병) 2,000명 | 카르타고와 아프리카(중무장기병) |
| | 2,000명 |
| | 코끼리 80마리 |

스키피오가 아프리카로 직접 쳐들어간다. 카르타고는 한니발과 사망한 그의 동생 마고의 군대를 이탈리아로부터 소환한다. 한니발은 지방의 병력을 징집해서 대략 카르타고의 남서쪽 105마일(70킬로미터) 지점에서 스키피오와 대결한다. 그는 3선, 즉 정면에 마고의 군대와 경무장병력, 중앙에 아프리카 징모병, 그리고 후방에 이탈리아에서 온 고참병들로 군대를 배치한다. 한니발의 기병은 날개 부분에 위치한다. 코끼리는 보병 앞에 배치한다. 그의 고참병들은 포위되는 것을 막고 상대적으로 뛰어난 로마의 기병을 저지하기 위해서 예비대로 남겨 둔다. 스키피오는 프린키페스의 보병 중대를 하스타티 뒤에 위치시킨다.

1. 경무장기병이 소규모 접전을 한다. 로마군의 고함소리로 코끼리 공격이 분쇄되면서 한니발의 기병이 혼란에 빠진다. 이 장면을 본 로마 기병은 적들을 전장에서 몰아낸다.

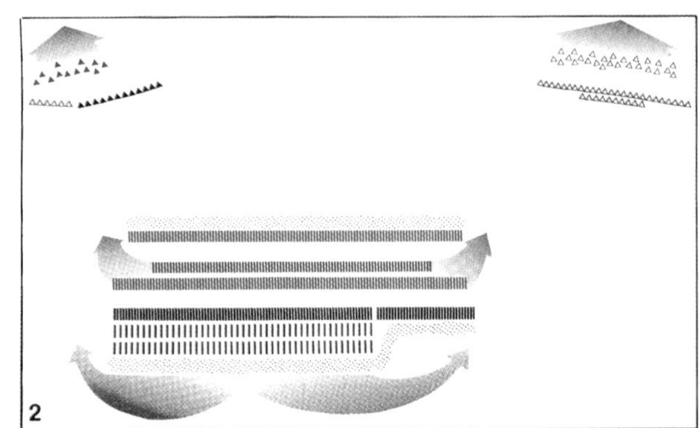

2. 보병이 다가온다. 한니발의 제1선이 제2선으로 밀려난다. 격분한 켈트인과 리구리아인들이 측면을 돌아 중앙으로 쇄도해 들어간다.

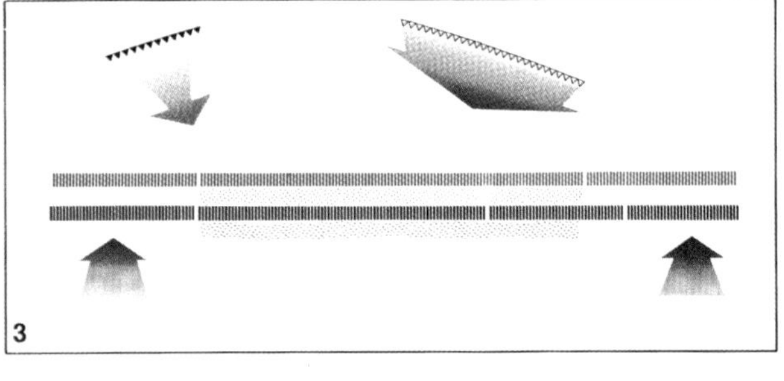

3. 카르타고의 제2선이 무너진다. 스키피오가 재집합 신호를 내고 로마와 카르타고 양쪽은 병력을 재편성한다. 한니발은 맨 앞 선의 생존자를 측면에 배치한다. 스키피오는 이러한 움직임에 맞서 프린키페스와 트리아리이를 날개에 배치한다. 로마군은 인정사정없이 전진한다. 로마 기병이 돌아와 적 후방을 공격할 때까지 전투는 승패를 가늠하기 어려울 정도로 팽팽하게 진행된다. 대량살육이 뒤따른다. 한니발은 20/25,000명의 병력을 잃고 도망친다. 8/10,000명은 포로가 된다. 로마는 대략 2,000명의 병력을 잃었지만 2/3,000명의 마시니사의 누미디아인이 죽었다.

스키피오는 강력한 누미디아 기병 분견대를 소유하게 되었다. 누미디아 기병 분견대는 로마 기병과 함께 이미 어쩔 줄 몰라 하는 코끼리들 때문에 혼란에 빠졌던 한니발의 기병을 격파했다. 카르타고 군대의 두 전선이 흐트러지면서 날개 쪽으로 밀려났다. 왜냐하면 뒤에 대기하고 있었던 로마 군대가 카르타고 군대의 후퇴를 저지했기 때문이다. 스키피오는 이런 혼란한 상황을 이용해 병사들에게 적을 밀어붙이는 것보다는 오히려 숨 쉴 틈을 주게했다. 그는 날개 부분에 프린키페스와 트리아리이 그리고 중앙에 하스타티로 군대를 일 열로 재편성했다. 이것은 아마도 그가 보병전투에서 측면을 공격당할지도 모른다는 두려움 때문이었다. 동시에 그는 너무 멀리 추격해 들어갔던 기병들이 돌아오기를 간절하게 바랐다. 로마인들이 남아 있는 카르타고의 전투부대, 즉 한니발이 지금까지 따로 남겨두었던 이탈리아 전쟁의 고참병들과 맞서게 되는 결정적인 순간이 다가왔다. 하지만 스키피오에게는 운 좋게도 가장 필요로 한 시점에 로마와 누미디아의 기병이 전장戰場으로 돌아왔다. 양쪽에서 측면 공격을 받은 카르타고인들은 괴멸되었다. 약간의 기병과 함께 한니발은 처음에는 해안에 위치한 하드루메툼으로 그러고 나서는 카르타고로 도망쳤다. 그는 카르타고 정부에 평화협상을 체결하도록 조언했다.

## 군단 대 팔랑크스

마케도니아의 필리포스 5세가 카르타고와 조심스럽게 동맹을 맺었을 때 로마와 충돌했다. 로마의 군사위원회는 평화협상을 이끌어냈지만, 자마 전투가 끝나고 2년이 지나 전쟁이 재개되었다. 로마인들은 종종 해적들의 동맹자이자 후원자로 나타나곤 했던 나쁜 이웃은 말할 것도 없이 아드리아 해 다른 쪽에 있는 나쁜 이웃 또한 원치 않았다. 그리스와 마케도니아 문제에 간섭하기 위한 구실을 멀리서 찾을 필요가 없었다. 기원전 273년 이래로 로마는 이집트의 프톨레마이오스 왕조와 우호적인 관계에 있었다. 프톨레마이오스 왕조의 계승 문제가 발생하자, 탐욕스러운 기회주의자였던 필리포스 5세는 프톨레마이오스 왕조의 해외 재산을 강탈하려고 셀레우코스 제국의 추종자로 시리아를 통치했던 안티오코스 3세와 동맹을 맺었다. 늘 그랬던 것처럼 계승자들 사이의 싸움에서는 자칭 중립적인 인물들이 마지못해 관여하게 되었고, 최근에 켈트족 침략을 막고 셀레우코스 왕조에 도전했던 교양과 위엄을 갖춘 아시아의 그리스 왕국 로도스와 페르가뭄이 로마에 도움을 구했다.

결국 그리스로 출정한 로마의 지휘관은 열렬한 친 그리스주의자인 티투스 퀸크티우스

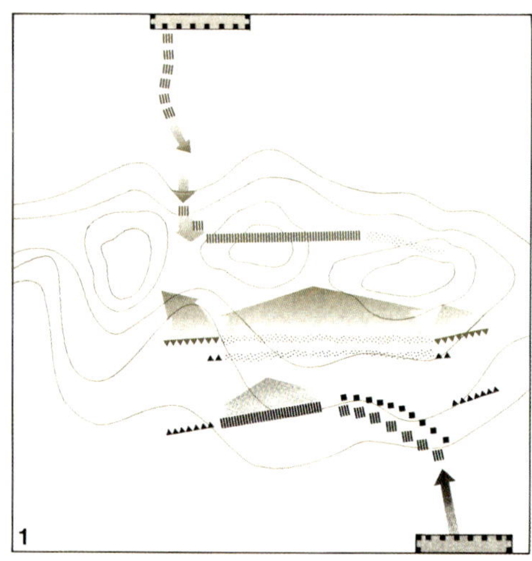

## 키노스케팔라이 전투(기원전 197년)

| 로마군 | 마케도니아군 |
|---|---|
| | **보병** |
| 2개 군단 8,400명 | 팔랑크스 16,000명 |
| 동맹군(2개 군단) 10,000명 | 용병 1,500명 |
| 팔랑크스(아이톨리아 동맹) 4,000명 | 펠타스트 4,000명(트라키아인 2,000명) |
| 펠타스트(아이톨리아 동맹) 2,000명 | 일리리쿰 2,000명(경무장보병) |
| | **기병** |
| 로마 400명 | 마케도니아 1,000명 |
| 동맹군 1,800명 | 테살리아 1,000명 |
| 아이톨리아 동맹 400명 | |
| 코끼리 대략 20마리 | |

양쪽의 전초 병력들이 키노스케팔라이 산마루의 옅은 안개 속에서 마주친다. 로마의 증원군이 필리포스의 병사들을 밀어낼 때까지는 마케도니아인들이 우세하다. 필리포스의 기병과 용병이 도착하자 로마군은 질서 정연하게 후퇴한다.

1. 양쪽 군대가 전투태세에 돌입한다. 필리포스는 팔랑크스 절반과 트라키아인들을 산길로 행군시켜 산정상의 왼편에 배치한다. 플라미니우스는 좌측 병사들을 지휘해 자신의 경무장병력들을 구하기 위해서 이동한다. 로마와 마케도니아 양쪽은 병력을 재편성한다. 필리포스는 팔랑크스와 펠타스트에게 겹쳐서 정렬할 것을 명령한다. 필리포스는 이렇게 해서 전선을 이등분해 좌측 날개가 서둘러 종대로 편성될 수 있는 공간을 만들어주려고 한다.

2. 필리포스는 언덕 아래로 공격해 로마인들을 몰아낸다. 그의 좌측 날개는 여전히 산마루를 가로 건너서 배치되어 있다. 플라미니우스는 코끼리 외에 필리포스의 우측을 공격하도록 명령한다.

3. 사다리형으로 편성된 마케도니아 좌측을 쉽게 밀어냈지만 로마의 좌측은 여전히 어려움에 처해 있다. 이것을 본 호민관 한 명이 20개의 보병 중대를 빼내어 후방에서 노출된 팔랑크스 병사들을 학살하고 있는 필리포스의 팔랑크스에게 타격을 가한다. 마케도니아인들은 후퇴하면서 항복의 표시로 미늘창을 들어올리지만, 이를 이해하지 못한 로마인들은 그들을 절멸시켰다. 마케도니아인들은 7/8,000명이 죽었고 4/5,000명이 포로가 되었다. 로마는 대략 1,000명이 죽었다.

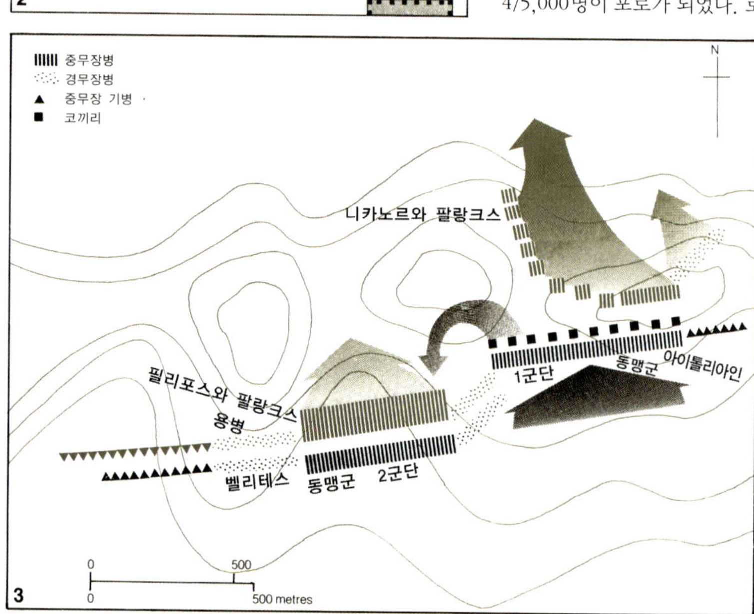

플라미니우스가 새겨진 동전. 마케도니아인들을 격파한 후에 그는 그리스의 해방자로 선포되었다. 실제로 로마의 힘이 곧 마케도니아를 대신했다.

플라미니우스였다. 그는 마침내 기원전 197년 테살리아의 키노스케팔라이 전투에서 필리포스 5세를 무찔렀다. 그리스어로 키노스케펠라이는 '개의 머리들'을 의미한다. 그 이름은 지방의 작은 언덕들의 모양에서 생겨난 것 같다. 고르지 못한 지면이 마케도니아의 팔랑크스에게 심각한 문제를 가져다주었지만, 그날 일찌감치 드리워진 짙은 안개 또한 로마의 기동전술에 방해가 되었다. 양편 모두 오른쪽 날개가 승리했지만, 운명의 저울은 역사에서 그 이름이 등장하지 않는 한 호민관에 의해 로마에 유리하게 기울었다. 그는 후방에서 적 팔랑크스를 기습하려고 승리가 이미 확실시된 한 지점에서 20개의 보병중대를 다른 곳으로 돌렸다. 승리한 플라미니우스는 그리스의 해방자로 환영받았다. 하지만 그 후 기원전 183년 그는 아시아의 비티니아 왕국에 살면서 나이든 망명자 한니발을 로마에 인도하려는 관대하지 못한 모습으로 나타났다. 한니발은 독약을 마셨다. 이 소식에 접한 로마의 원로원의원들조차 플라미니우스의 행동을 주제넘고 가혹한 것으로 비난하면서 지지하지 않았다.

로마는 필리포스와의 관계가 지나치게 매정한 것은 아니었지만, 이미 동쪽 동맹자인 안티오코스와의 전쟁이 눈앞에 다가왔다. 로마의 군사적 팽창의 논리는 분명하다. 안전과 무역을 위해서 로마는 동부 지중해에서 평화를 원했지만, 조정자로서 행동했던 로마는 충분히 강한 세력은 누가 되었든 너그럽게 봐줄 수 없었으므로, 이러한 조정자 역할에서 자신의 역량을 발휘해야 했다. 안티오코스는 로마의 힘을 의심했다기보다는 오히려 경시했다. 그리고 그는 추방당했던 한니발을 군사적 능력을 고려해 고용했다. 뒤따른 전쟁에서 안티오코스의 함대는 로마의 전술, 즉 갈고리로 걸어 고정시킨 뒤 병사를 승선시켜 카르타고의 해군 제해권을 무력화시켰던 전술에 속수무책으로 당할 수밖에 없었다. 육상에서 안티오코스는 기원전 191년 최초로 테르모필라이에서 그리고 다음에는 기원전 190년 리디아의 시필루스 근처 마그네시아에서 패했다. 이 마지막 전투가 결정적이었다. 자마에서처럼 로마 군단들은 동맹군의 충분한 기병 지원-이번에는 페르가뭄의 왕 에우메네스가 제공했다-을 받는 이점을 누렸다. 안티오코스를 방어적 위치에서 끌어내기 위해 로마인들은 그들의 오른쪽 날개를 노출시켰다. 하지만 에우메네스의 공격이 사전에 간파되었으며, 안티오코스의 중무장 기병들의 측면 포위로 혼란에 빠졌다. 로마의 왼쪽 날개가 안티오코스가 지휘하는 동방 기병의 공격으로 뒤로 물러나게 되었다. 하지만 로마의 왼쪽 날개를 공격해 승리한 안티오코스의 기병들이 너무 오래 추격전을 펼친 나머지 중앙의 팔랑크스가 지원을 받지 못하게 되었다. 로마인들이 코끼리를 성공적으로 저지하고 안티오코스의 전선을 돌파했을 때 코끼리들로 틈을 메운 밀집 대형으로 배치된 팔랑크스가 무너졌다.

　안티오코스는 마그네시아 전투에 뒤이은 평화협정으로 지중해에서 무력화되었다. 하지만 로마는 필리포스 5세의 아들 페르세우스와 제3차 마케도니아 전쟁을 시작했다. 마침내 로마를 동부 지중해 세계의 조정자로 각인시킨 결정적인 전투가 기원전 168년 마케도니아의 피드나에서 벌어졌다. 마케도니아 팔랑크스의 창병들이 또 한 번 울퉁불퉁한 지면의 불리함에 노출되었으며, 칼을 든 로마 군단병들이 이렇게 생긴 틈을 이용할 수 있었다. 이 경우 로마의 전술적 유연성은 칸나이 전투에서 사망한 집정관의 아들 루키우스 아이밀리우스 파울루스의 병법에서 잘 이용되었다.

　기원전 2세기 마케도니아의 견고한 팔랑크스가 필리포스 2세와 알렉산더 대왕의 유연하고 기동성이 뛰어난 원래의 팔랑크스와는 전혀 달랐다는 사실을 깨닫지 못한다면 동쪽에서 치른 전쟁에서 로마가 거둔 승리를 이해하기란 어렵다. 무기와 갑옷이 더 무거워지면서 실제로 팔랑크스는 기원전 5세기의 견고한 그리스의 팔랑크스로 되돌아갔다. 키노스케팔라이에서 플라미니우스의 호민관에게 후방에서 공격당한 팔랑크스는 방어를 위해 방향을 바꾸는 것마저도 할 수 없었다. 이러한 무기력함은 가우가멜라에서 알렉산더의 팔랑크스 병사들이 보여주었던 민첩함과 잘 비교된다. 알렉산더의 병사들은 페르시아의 돌파작전으로부터 병참부대를 구해내기 위해 기민하게 방향전환을 했었다.

　보병중대 대형이 도입되었던 카밀루스 시대 이래로 줄곧 마케도니아인들과는 다르게 로마인들은 유연성을 발전시켰다. 이러한 발전에 스키피오 아프리카누스의 천재성이 엄청난 추진력을 주었으며, 기원전 2세기에 로마의 동부 전쟁에서 싸웠던 지휘관들은 철저하게 전술 원칙들에 몰두했다.


## 무기와 전술


　군단과 팔랑크스 사이의 대결은 칼과 창의 비교 우위에 관한 문제들을 제기한다. 물론 창은 사정거리가 더 길었지만, 칼은 다루기가 더 쉽고 부담이 덜 되는 무기였으며 다양한 기술을 사용할 수 있었다.

　피드나에서 아이밀리우스 파울루스의 지휘를 받은 이탈리아 동맹국들은 적의 창을 향해 무모하게 돌진해 적의 창끝을 쓰러뜨리고 베어내려고 했다. 하지만 그들은 쓸데없는 희생을 치렀다. 적의 창끝이 그들의 방패와 갑옷을 관통해 가공할 살상이 행해졌다. 마침내 팔랑크스는 냉정한 전술적 판단으로 격파되었다. 파울루스는 일렬로 세워진 창들에서 틈을 찾기 위해 군단을 몇 개의 소부내로 재편했다. 울퉁불퉁한 지면 때문에 팔랑크스 병사들 사이에 틈이 발생했다. 마침내 침투해 들어오는 군단병들 앞에서 창을 버리고 바싹 접근해 싸울 수밖에 없었던 마케도니아인들의 작은 칼과 방패는 로마 군단병의 무기에 상대가 되지 않았다.

팔랑크스에 의존했던 마케도니아 군주들은 노출된 위험들을 더할 나위 없이 잘 알고 있었으며, 이것 때문에 그들은 로마인들과 싸우는 것을 꺼려했다. 팔랑크스는 움직이지 않는 상태에서는 안전한 것으로 생각되었다. 따라서 로마인들은 팔랑크스를 움직이게 하려고 부추겼지만, 설사 그렇다고 하더라도 그들의 약점이 드러날 수 있는 공격을 자극하지 않도록 주의해야 했다.

물론 무거운 창을 들고 일렬로 늘어선 적들의 대형에서 틈이 발생했을 것이다. 군단들이 전투를 시작할 때 흔히 그랬던 것처럼, 무게가 나가는 창을 일제히 투척함으로써 무언가를 기대할 수 있었다. 하지만 여기에 대비해 팔랑크스 병사들은 중무장을 하고 있었다. 피드나에서 페르세우스의 팔랑크스는 전투가 시작되었을 때, 앞으로 끌어당겨진 목둘레에 매단 둥근 방패 때문에 '청동 방패'로 불렸다. 하지만 숲이 많거나 지면이 울퉁불퉁한 지역은 군단병들이 마케도니아의 팔랑크스에 맞서 싸울 수 있는 최상의 전투 조건이었다. 로마인들은 피로스와 맞선 아스쿨룸 전투 초기에 이러한 교훈을 얻은 바 있었다. 이 전투에서 그들은 팔랑크스 대형을 그대로 놔둔 채 신속하게 철수할 수 있었다. 그리고 울퉁불퉁한 지면 때문에 일렬로 늘어선 미늘창 대형에서 생긴 틈새로 돌진해 들어가기만 하면 되었다.

이와 유사한 칼과 창의 대결은 1·2차 포에니 전쟁 사이의 기간인 기원전 225년 로마가 에트루리아의 텔라몬에서 침입해 들어오는 갈리아인들과 싸웠던 이탈리아에서 발견될 수 있다. 이때 로마인들은 창으로 그리고 갈리아인들은 칼로 무장하고 있었다. 실제로 로마의 장군은 트리아리이(제3대열의 병사들) 몇 명을 앞 열에 배치해 창으로 갈리아의 칼을 무디게 해주기를 바랐다. 피드나 전투에서의 이탈리아 병사들처럼 갈리아인들은 칼로 로마 병사들의 창끝을 받아 넘기거나 아니면 쳐서 잘라버리려고 했다. 갈리아의 칼은 가끔 매우 부드러운 철로 만들어졌다. 사실 폴리비오스가 전하는 바에 따르면 갈리아의 칼은 너무나 부드러워서 한 번 찌르고 난 뒤 발에 대고 휘어진 철을 곧게 펴지 않으면 안되었다.

게다가 플루타르코스 또한 그의 『카밀루스 전기』에서 담금질이 충분하게 되지 않은 갈리아의 칼에 대해 똑같은 이야기를 전하고 있다. 갈리아인들은 첫 번째 공격에서 파죽지세로 공격하는 전략을 택했다. 만약 그들의 칼이 그렇게 빨리 쓸모없게 되어버렸다면, 이러한

마사다. 기원 66년의 유대 반란으로 거슬러 올라가는 로마 진지들은 스키피오와 다른 로마의 장군들이 기원전 2세기에 누만티아에서 채택했던 것과 같은 포위공격 방식들을 보여준다. 스키피오와 로마의 장군들은 기원전 133년에 8개월 동안 스페인 도시인 누만티아를 포위했다.

전략은 충분히 이해할 만하다. 아마도 그러한 결함은 철 세공업이 원시적인 수준 이상으로 발전하지 못했거나 아니면 양질의 무기를 얻기 위한 시설들을 갖추고 있지 못했던 일부 부족들에 국한되었다. 칸나이에서 설사 한니발 군대의 스페인 병사들이 찌르는 데 사용한 짧은 칼을 갖고 싸웠다고 하더라도, 갈리아인들은 흔히 사용하는 끝이 뾰족하지 않은 베는 무기들을 선호했다. 하지만 칸나이 전투에서는 부드러운 철에 대한 언급이 전혀 없으며, 승리가 외면했을 때 결코 자포자기하지 않았던 갈리아인들은 한니발의 전술 계획들이 완성될 때까지 로마의 압력에 직면해 후퇴를 고집했다. 여하튼 한니발의 빈틈없는 지도력이 병사들 사이에서 부드러운 철로 만든 무기들을 사용하지 못하게 했을 것이다.

　폴리비오스는 기원전 225년 갈리아 침입자들에 대해 생생하게 묘사하고 있다. 설사 뒤열에 배치된 병사들이 소매 없는 외투와 바지를 입었다고 하더라도, 전통적으로 허세를 부렸던 앞 열의 거대한 몸집의 병사들은 금 목걸이와 팔찌를 제외한다면 거의 벌거벗은 채 싸웠다. 그 광경은 가히 위압적이었지만, 금을 손에 넣을 수 있을 것이라는 기대에 고무된 로마 병사들은 몸에 금을 걸치고 있는 갈리아 침입자들을 죽이려고 애썼다. 무모한 갈리아 전사들의 방패는 방어하기에 충분히 크지 않았다. 전사들의 몸집이 크면 클수록 로마의 무거운 창에 더 많이 노출되었다. 로마의 군단병은 일정하게 두 개의 무거운 창을 휴대했다. 아마도 방패를 든 손이 편리하도록 창 하나는 다른 하나의 창보다 더 가느다랗다. 미늘이 있는 기다

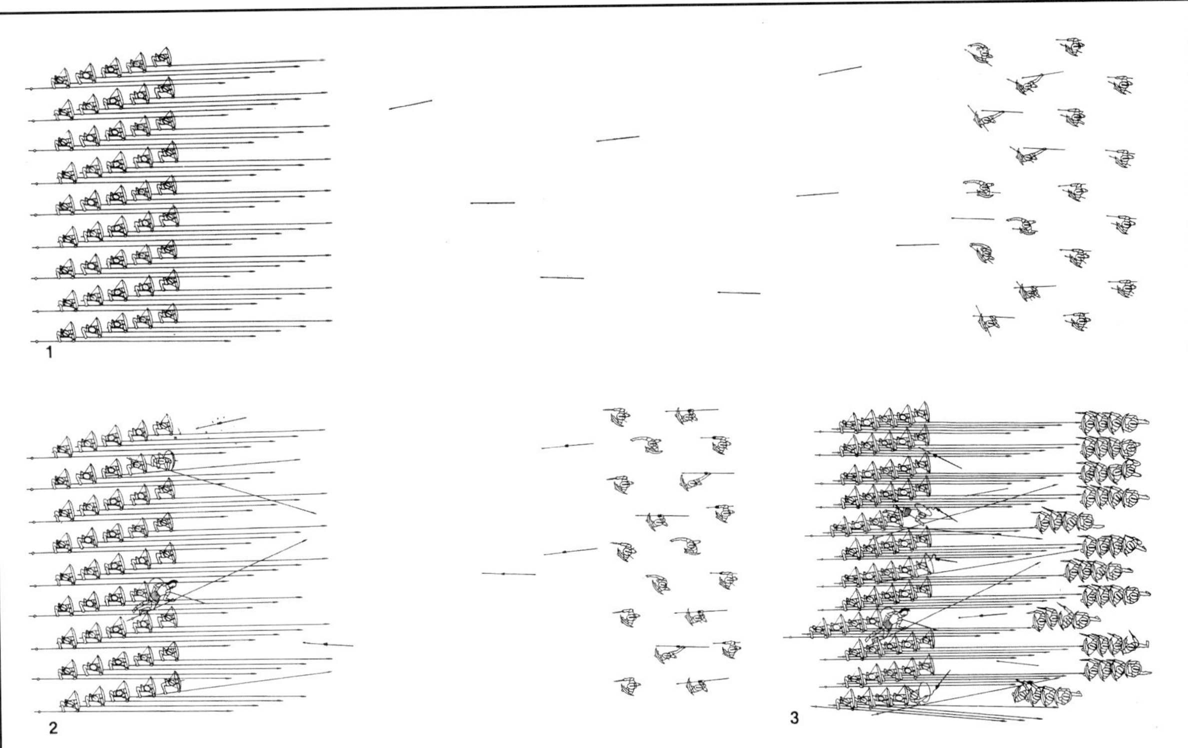

## 미늘창(Pike) 대 투척용 창(Pilum)

1. 밀집대형을 이룬 팔랑크스가 미늘창을 수평으로 해서 16열로 전진한다. 산개대형의 로마 보병중대들은 12열 또는 그 이상으로 구성되었던 것 같다. 대략 35야드(32미터)에서 가벼운 투척용 창들이 일제히 던져진다. 날아오는 창들은 목 부분이 충격으로 구부러질 정도로 갑주를 관통하거나 아니면 방패를 내리누를 수 있었다.

2. 전투대열이 가까워지면서 무거운 투척용 창들도 던져진다. 하스타티는 칼을 꺼내들고 밀집대형을 이룬다. 투척용 창들을 맞고 쓰러진 병사들의 시체는 팔랑크스의 전진을 방해한다.

3. 만약 팔랑크스가 계속 전진한다면, 양측은 함께 돌진하고 군단병들은 그들의 장방형 방패*scuta*로 미늘창의 충격을 흡수한다. 사상자나 자연적인 장애물로 팔랑크스의 전열에 틈이 발생하는 곳이라면 어디든지 로마의 군단병들은 밀착하려고 시도할 것이다. 또하나의 전술은 육중한 팔랑크스를 측면에서 포위하는 것이다. 어떠한 경우든 일단 칼을 빼든 노련한 로마 병사가 팔랑크스 병사를 압도한다. 왜냐하면 팔랑크스 병사는 칼 싸움에 서투르고 로마 병사보다 더 작은 방패를 휴대하고 있기 때문이다.

란 쇠머리가 나무에서 분리되는 것보다는 오히려 쪼개지는 편이 나았으므로 손잡이에 매우 단단하게 고정되었다. 바로 이러한 견고함이 나중에는 행운으로 느껴졌다. 왜냐하면 한 번 써버린 투석무기는 적들이 회수해서 다시 사용할 수 있었기 때문이다. 그러한 위험을 무력화하기 위한 기술적 조치들이 취해졌다.

### 도시의 약탈자들

이점에 지나치게 의존하게 되다 보면 그것은 더 이상 이점이 되지 않는다. 해외로부터의 힘과 부에 로마가 지나치게 의존하면서 오랜 역사를 가진 이탈리아의 자급자족 경제가 등한시 되는 경향이 있었다. 로마의 해외 전쟁은 평화 유지의 임무보다는 오히려 약탈을 목적으로 하는 위업달성의 측면이 있었다. 특히 기원전 2세기 말의 전투는 결정적인 전투 이후 평화 협상이 뒤따르기보다는 오히려 무자비한 도시 약탈로 끝났다. 아카이아 동맹과 동맹국인 코 린트가 그리스의 로마 식민지에 맞서 반란을 일으켰을 때, 코린트인들은 로마의 원로원 사 절단을 불경스럽게도 폭력적으로 다루었다. 뒤이은 단기간의 전쟁 이후 로마의 집정관 루키

우스 뭄미우스는 코린트를 철저히 파괴하고 주민들을 노예로 삼았다. 뭄미우스는 친 그리스주의자가 아니 었다. 그리스 미술품들에 대해 그는 감식가보다는 오 히려 수집가의 열정을 보여주었다.

동일한 해인 기원전 146년 세 번째이자 마지막인 포에니 전쟁이 카르타고의 멸망으로 쓰라린 막을 내 렸다. 카르타고인들은 망명 중에 있었던 유능한 장군 인 제2의 하스드루발을 소환했다. 그는 매우 견고한 방어선을 구축했다. 45피트(13.7미터)의 도시 성벽들 을 향해 로마인들은 천천히 전진했다. 로마의 포위공 격군은 피드나 전투의 승리자인 아이밀리우스 파울루 스의 아들이자 한니발을 무찔렀던 스키피오 아프리카 누스의 양손자였던 스키피오 아이밀리아누스의 활력

마케도니아에 대한 로마의 승리를 기념한 주화. 기원전 168년에 아이밀 리우스 파울루스의 피드나 전투 승리로 마케도니아 왕조는 종말을 고한 다.

과 기지로 심각한 위기에서 벗어나게 되었다. 카르타고인들이 로마의 해상봉쇄를 돌파했을 때, 스키피오는 그들의 항구가 나타나는 만을 가로질러 방파제를 세워 카르타고인들을 차단 했다. 카르타고인들은 그들의 내항 갑문에서 해안까지 운하를 파서 전 함대를 동원해 출항 했지만, 로마인들은 한 차례의 해전에서 그들을 격파했다. 카르타고의 성벽들이 마침내 무 너졌다. 하스드루발은 항복했으며, 스키피오가 로마에서 개선식을 거행할 날을 위해 그를 살려두었다. 하지만 그의 부인과 자식들은 카르타고의 성채와 사원을 감쌌던 화염에 죽는 것을 선택했다.

또 하나의 가공할 포위공격은 기원전 133년 누만티아에 대한 공격이었다. 로마에게 누 만티아의 점령은 야만행위의 정점을 그리고 종종 수치스러운 전쟁으로 기억되는 사건이었 다. 카르타고를 멸망시킨 뒤 로마인들은 스페인 반도의 원주민들에 대한 지배를 강제하고자 했다. 누만티아에 대한 포위작전은 카르타고에서와 마찬가지로 스키피오 아이밀리아누스가

지휘했다.

　스키피오는 포위공격의 전문가였다. 아피아노스에 의하면 스키피오는 탁 트인 곳에서 전투할 준비가 되어 있었던 적들을 성벽으로 에워싸려고 최초로 시도했던 지휘관이었다. 그러한 적들과 정면으로 맞서 싸운다는 것은 불가능했을지도 모른다. 하지만 스키피오는 철저한 조치들을 취했다.

　누만티아는 일곱 개의 보루로 포위되었고 해자 하나와 울타리로 에워싸였다. 둘러싸고 있는 성벽 주변의 길이는 누만티아 시 주변 길이의 두 배에 달했다. 방어자들에 의한 첫번째 출격 징후에 위협받은 로마군 진영은 증원군이 즉시 위험지점으로 돌진해갈 수 있도록 낮에는 적색 깃발을 그리고 밤에는 불 신호를 올리라는 명령을 받았다. 또 하나의 해자가 울타리와 함께 원래의 해자 뒤에 만들어졌다. 그 뒤에 (흉벽을 포함하지 않고) 높이 8피트(2.4미터)와 너비 10피트(3미터)의 성벽이 세워졌다. 성벽을 따라 100피트(30.5미터) 간격으로 탑이 세워졌으며, 성벽이 인근 늪지대 둘레에 이를 수 없는 곳에서는 똑같은 높이로 성벽보다 더 두꺼운 토루가 성벽을 대신했다.

　누만티아는 두리우스 강 덕분에 작은 배와 헤엄치는 사람 그리고 잠수부들에게서 보급품을 공급받을 수 있었다. 따라서 스키피오는 강의 양편에 망루를 설치했다. 그리고 떠다니는 목재들의 유실을 방지하는 방재를 망루에 매어두었다. 이들 목재는 끼어 넣은 칼들과 창 끝들로 가득 차 있었으며 강의 흐름에 끊임없이 움직일 수 있도록 했다. 그것들은 두리우스 강을 통해 공급될지도 모르는 모든 지원으로부터 누만티아를 효과적으로 고립시키는 둑 역할을 했다.

　투석기들과 모든 종류의 포위공격기구들이 이제 스키피오의 망루 위에 올려졌고, 날아온 투석무기들이 흉벽을 따라 쌓였으며 궁수들과 투석병들이 보루에 배치되어 있었다. 낮이건 밤이건 적의 모든 행동을 본부에 즉시 알리기 위해 전체 성벽을 따라 조밀한 간격으로 전령들이 배치되었다. 각각의 망루에는 비상 신호기들이 비치되어 있었으며, 위급할 경우에 즉각적인 도움을 제공할 준비가 되어 있었다.

　따라서 8개월 동안 포위된 누만티아인들은 굶어죽었다. 그들은 인육을 먹었으며, 결국 불결하고 초라한 몰골을 한 채 살아남았던 4,000명의 시민들이 무조건 항복했다.


## 로마의 진지


　누만티아 부근에서 13개의 로마 진지가 발굴되었다. 이들 중 세 개는 스키피오의 것으로 확인되었다. 그 밖의 것들은 스페인에서 덜 성공적이었던 전임자들의 진지였다. 슐텐이 발굴한 누만티아의 유적들은 설사 내부 배치와 넓이에서 어떤 현저한 차이점들이 인정된다고 하더라도, 대체로 로마 진지에 대한 폴리비오스의 묘사가 정확했음을 입증해 준다.

이탈리아의 동맹 분견대들과 동등한 힘을 가진 두 군단이 포함된 진지는 한 명의 집정관 지휘를 받았으며, 보통 장방형의 형태로 만들어졌다. 100피트(30.5미터) 너비의 주요 가도가 집정관의 본부 사령부를 군단과 군단에 부속된 기병대의 본부사령부와 갈라놓았다. 집정관의 본부에는 회계 담당관의 본부와 장교들의 참모 그리고 본부 병력들이 포함되어 있었다. 주요 가도는 진지 성벽의 성문을 통해 양쪽에서 나타났다. 진지의 본부 구역은 전체 진지 면적의 1/3에 걸쳐 있었다. 나머지 2/3는 주요 가도와 나란히 있는 50피트(15.2미터) 너비의 또 하나의 가도(제5가도)에 의해 양분되었다. 제5가도라는 단어는 그것이 제5보병중대와 거기에 부속된 기병대의 막사들과 인접해 있었음을 암시했다. 이들 두 개의 가도는 모두 가장 멀리 떨어진 성벽의 성문으로부터 집정관의 본부로 뻗어 있었던 세 번째 가도에 의해 직각으로 양분되었다. 본부는 반대편의 한 짧은 가도에 의해 보다 가까운 성벽의 성문에 연결되었다.

진지 누벽과 막사 내부 사이에는 200피트(61미터)의 여유 공간이 텅 빈 채로 있었다. 이곳은 적의 투석무기들, 특히 불화살이 미치지 않는 막사들을 설치했다. 또한 예외적인 경우에 진지는 여분의 병력을 수용할 수 있었으며, 전리품을 가득 채울 공간이 있었다. 메타우루스 강 전투에 앞서서 클라우디우스 네로는 적에게 발각되지 않은 채, 동료인 리비우스의 진지에 자신의 군단을 가까스로 숨겼다. 동일한 진지에서 똑같은 나팔소리가 두 번 울리는 것을 들었던 하스드루발은 자신이 한 명이 아닌 두 명의 집정관 군대와 직면해 있음을 알았다.

로마 군대는 자체적으로 밤사이에 진지 구축하는 것을 결코 중지하지 않았다. 진지 주

트라야누스 기념주. 로마 병사들이 뗏장과 통나무로 진지를 구축한다. 시기적으로 늦은 감이 있지만 이 돌을새김은 공화정기의 작가들이 묘사한 진지 구축의 적절한 실례로 사용될 수 있다.

변은 보통 대략 3피트(0.91미터) 깊이와 4피트(1.22미터) 너비의 해자가 설치되었다. 파낸 흙은 뾰족한 막대기로 (가슴높이까지 쌓아올린) 흙벽 위에 놓였던 누벽을 만들기 위해 안으로 내던져졌다. 이러한 진지를 만들기 위해서 행군중인 각각의 병사들은 삽 한 개와 다른 연장들 그리고 누벽에 설치할 뾰족한 막대기들을 휴대하고 있었다.

전시에 로마 군대는 겨울 동안 신중하게 선택된 지점에 진을 쳤다. 이 경우에 진지는 보다 견고한 구조로 이루어져 있었다. 가죽으로 만들어진 막사들이 짚으로 이은 임시 막사들로 대체되었다. 각각의 막사 또는 임시 막사에는 공동 급식을 하는 8명이 수용되었다. 폴리비오스의 이야기에 따르면 임시 막사들 또는 막사들은 그들 사이에 놓여 있는 거리를 따라 기다란 열로 펼쳐져 있었다. 하지만 누만티아 발굴을 통해 장방형 진지 둘레에 보병중대들이 무리 지어 있었음을 알 수 있다.

## 유구르타 전쟁

스페인에서처럼 아프리카에서도 카르타고의 힘과 영향력을 계승한 로마는 결국 도전받지 않았다. 자마 전투 이후 스키피오의 누미디아 친구 마시니사가 카르타고의 동맹자인 시팍스 왕과 그의 아름다운 카르타고인 여왕 소포니스바를 사로잡았다. 마시니사는 소포니스바와 사랑에 빠졌다. 하지만 그녀의 영향력을 두려워 한 스키피오는 스포니스바가 로마로 향하기로 되어 있는 다른 포로들과 합류해야 한다고 주장했다. 스키피오와의 우정을 포기할 수 없었던 마시니사는 애석해했으며, 그녀에게 로마에 포로로 잡혀가는 대신 독배를 마실것을 권했다. 그녀는 아무런 저항 없이 그것을 마셨다.

하지만 로마가 무력해진 카르타고에 맞서 보복 정책을 이용하려고 마시니사를 앞잡이로 사용했을 때에도, 로마는 그의 커져가는 권력에 깜짝 놀랐으며, 그가 죽자 왕국을 세 명의 적자들에게 나누어주려고 준비했다. 이렇게 해서 로마는 통합된 누미디아의 잠재적인 위협을 피하고자 했다. 하지만 불행하게도 마시니사의 손자인 유구르타가 한 번 더 누미디아를 통합했다. 로마 군대가 유구르타와 싸우도록 파견되었을 때, 유구르타는 부담이 되지 않는 협정을 이끌어내기 위해 로마의 지휘관을 매수하거나 아니면 로마인 친구들의 영향력을 이용했던 것 같다. 유구르타는 자신의 행동을 설명하기 위해서 로마행 안전 통행증을 받았다. 이때 그는 로마를 조롱이라도 하듯 뇌물로 모든 난국들을 헤쳐나갔다. 그와 맞서 싸우도록 파견되었던 또 다른 로마 군대가 그에게 패했다. 나중에 로마 장군들은 그와의 싸움에서 더 많은 성공을 거두었지만 전쟁을 끝내지 못했다.

로마의 위대한 평화의 치세가 로마의 주변 지역에서 확실하게 뿌리내렸지만 중심부, 즉 이탈리아와 로마 시 자체에서는 무너졌다는 것은 슬픈 일이다. 스페인에서의 전쟁은 로마를 지배했던 배타적 군사 계급제도가 더 이상 적절하지 않음을 보여주었다. 아프리카에서의 전쟁은 또한 그러한 계급제도가 부패했음을 말해주었다. 마침내 유구르타 전쟁의 지휘를 맡은 가이우스 마리우스는 신인이었으며, 전통적인 지배 계급 출신이 아니었다. 그는 새로운 군사적 사고를 갖고 있었으며 여러 방면에서 귀족적인 우월과 특권을 강하게 거부했다. 하지만 북아프리카에서 그가 거둔 승리는 부분적인 것에 불과했으며, 결국 전쟁은 그의 재무관인 루키우스 코르넬리우스 술라에 의해 종식되었다. 설사 회계담당관과 사무장의 역할을 수행했다고 하더라도, 재무관은 그가 모시는 장군을 대신해 군사적 역량을 발휘하도록 소환될 수 있었다. 그러한 상황에서 술라는 유구르타를 사로잡았다. 그는 유구르타의 동맹자였던 마우레타니아의 왕 보쿠스의 배반으로 유구르타의 포획에 성공했다. 보쿠스와의 협상에서 술라는 배신당할 수도 있었지만, 흥미로운 선택을 제안 받은 보쿠스는 술라를 유구르타에게 팔아넘기기보다는 오히려 유구르타를 술라에게 팔아넘기기로 결정했다.

나중에 유구르타는 기원전 104년 마리우스의 개선식에서 질질 끌려다닌 뒤 로마의 감옥에서 사망했다. 하지만 모험적인 재무관 술라는 전쟁을 끝내는 데 자신이 했던 역할과 관련해서 명예를 주장하는 것에 망설이지 않았다. 마리우스와는 다르게 술라는 대단히 유명한 가문은 아니었다고 하더라도 오래된 귀족 가문 출신이었다. 직업적인 질투로 시작되었던 적대감이 정치 투쟁에서 나타날 가능성이 있었다. 하지만 어느 누구도 정치 투쟁이 로마 국가에서 어느 정도까지 분열을 일으킬 수 있을지는 짐작할 수 없었다.

로마의 제도와 윤리를 찬미하는 사람들은 유구르타가 로마인들에게 정복된 것이 아니라 로마에 팔아 넘겨졌다는 사실에 탄식할지 모른다. 이와 유사하게 루시타니아인의 영웅적인 우두머리였던 비리아투스는 로마인들이 그가 신임하는 측근들을 매수해 잠든 사이에 잦신의 목을 베기 전까지 스페인에서 로마 군대에 저항했다. 앞선 세기에 기사처럼 용기 있는 인물이었던 피로스는 로마의 명예 기준에 존경을 표시한 바 있었다. 하지만 기원전 2세기 말경 로마는 종종 이민족 적들을 상대하지 않으면 안 되었다. 그들은 엄숙한 일에 경의를 표하는 것을 귀찮게 생각했을 뿐만 아니라 경의를 표할 의향이 없었던 일을 거리낌 없이 했다. 보다 넓고 사악한 세계에서 로마인들은 스스로의 신뢰를 배반하는 무기들을 가지고 냉소적으로 적과 싸웠다.

# 마리우스와 술라

로마는 동부 지중해를 지배했으며, 마리우스의 병제개혁으로 강화된 로마의 군대는 이민족들을 격퇴했다. 하지만 내전이 로마 세계를 내부로부터 고통스럽게 했다. 한 성공적인 장군의 엄청난 정치적 힘이 마리우스와 술라의 투쟁에서 입증되었다.

### 고대의 문헌

술라는 자신의 회상록을 썼으며, 개인적인 편견에도 불구하고 회상록이 주요 갈등의 당사자였던 술라의 직접적인 이야기로 전해져 오기만 했더라면 매우 귀중한 지식의 출처가 되었을 것이다. 실제로 술라의 증언은 살루스티우스와 플루타르코스의 저술을 통하여 간접적으로 전해진다. 살루스티우스의 『유구르타 전쟁』에서는 모순이 발견된다. 살루스티우스의 영웅은 가이우스 마리우스였고 살루스티우스의 정치적 지향이 그를 민중파에 가져다 놓았다. 술라의 동시대인들에 대한 플루타르코스의 이야기와 당연히 술라에 대한 그의 전기는 많은 부분을 회상록에 의존하고 있다.

불행히도 살루스티우스의 그 밖의 유일한 현존 작품은 기원전 63년



이 지도는 유틀란트 반도의 원주지를 떠나서 일련의 격렬한 전투에서 로마 군대와 대결했던 게르만 부족들의 이동 경로를 나타내고 있다.

로마를 뒤흔들었으며 전면적인 군사행동을 초래했던 카틸리나의 음모에 관한 논문이다. 살루스티우스는 또한 기원전 78~67년의 기간과 관련된 『역사』를 썼지만, 그의 작품은 후기 작가들에 의해 보존된 약간의 단편들-그것들 중 일부는 중요하다-을 제외하고는 전해지지 않았다.

기원전 1세기의 초기와 중기의 몇십 년에 대한 또 하나의 가치 있는 증거는 키케로의 연설에서 발견될 수 있다. 여기에서는 당시의 격렬한 정치 투쟁에 참가한 당사자였던 키케로의 이야기를 만날 수 있다. 키케로는 술라가 죽은 뒤 두각을 나타내기 시작했지만, 그는 초기 경력을 여기에서 다루고 있는 기간에 쌓았다. 그리고 그의 법정 연설과 정치 연설 모두 그의 초기 경력에 대해 언급하고 있다. 물론 키케로에게서 역사가의 불편부당한 객관성을 기대할 수 없지만, 동시대와 동시대에 가까운 사건들에 대한 언급은 한 온건한 인간의 견해로서 존경을 받을만하다.

플루타르코스의 고향인 카이로네아에 세워진 그의 흉상. 술라의 승리에 대한 그의 기술은 어느 정도 지방 전승들에 대한 지식에 기초하고 있다.

그 시기에 대한 지식은 후기 저술가들에게서도 유래된다. 이들 중 많은 것이 리비우스의 유실된 책들의 내용을 보존하고 있다. 그들은 서기 1세기 초 로마 제국 군대의 장교였던 벨리이우스 파테르쿨루스를 포함한다. 그는 서기 30년까지의 개설 로마사를 썼다. 그와 동시대인이었던 발레리우스 막시무스는 기억할 만한 역사적인 말과 행동들을 수집해 놓은 것을 기초로 학생들을 위한 수사학 교과서를 만들었다. 하드리아누스 황제 시기인 서기 2세기 초 루키우스 안나에우스 플로루스는 제정기까지의 모든 로마 전쟁에 대한 개설 역사를 썼다. 역사 개설서의 또 다른 편찬자들은 서기 4세기의 에우트로피우스와 5세기의 기독교 저술가인 오로시우스이다. 이들 연대기 작가들은 모두 라틴어로 썼으며, 여러 출처들을 이용하는 반면 리비우스의 분실된 책들의 자료를 그들의 작품 속에서 대단히 많이 전달한다.

알렉산드리아의 그리스인이었던 아피아노스는 서기 2세기 초에 활약했다. 그는 로마로 건너와 고위 관직들을 차지했다. 로마 세계의 역사를 다루고 있는 그의 작품은 주로 지리학적인 그리고 민족지학적인 방식에 따라 정리되었다. 하지만 『내란기』는 다섯 권의 책 중에서 별개의 부분을 구성한다. 다섯 권 중에 제1권의 후반부가 주로 여기에 관련된다. 아피아노스는 많은 자료들에 접근했다. 그가 살루스티우스에 의존했으며 술라의 회상록에도 빚지고 있

로마의 석관에서 볼 수 있는 전투 장면. 로마 군단과 전투 중인 게르만 부족은 마리우스의 적군인 튜튼족과 킴브리족의 전사를 많이 닮은 것 같다.

었음을 주목해야 한다.

또한 디오 카시우스의 초기 몇 권의 책들과 디오도로스 시켈로스의 후기 책들은 여기에서 다루는 시기와 관련되지만, 불행하게도 단편적으로만 전해지고 있을 뿐이다.

## 정치 · 사회적 배경

기원전 1세기의 로마 내전은 어떤 의미에서는 200년간 지연된 것이었다. 반半 전설적인 시대에 특권 귀족들과 다수의 비특권 평민들 사이의 계급투쟁은 국가의 고위 관직을 차지하려는 평민들의 권리 요구에 집중되었다. 결국 이 권리를 쟁취한 평민들은 덧붙여 다른 권리들을 스스로 확보했다. 따라서 그들은 이론상으로 공화국에서 귀족의 유력한 파트너가 되었다. 왜냐하면 평민들은 그들의 입장을 대변하는 관리인 호민관과 법적 효력을 지닌 민회에서 결의안을 통과시킬 수 있는 힘을 소유했기 때문이다. 또한 호민관은 로마 정무관의 어떤 행위에 대해서도 거부권을 행사할 수 있었다. 나중에 밝혀진 것처럼 실제로 호민관이 동료 호민관들에 대해서도 거부권을 가졌던 것은 주목할 만하다.

이와는 대조적으로 원로원은 항상 자문기관이었고 원로원의 결의가 곧 법은 아니었다. 하지만 원로원은 보통 1년 임기로 선출되었던 집정관 및 다른 정무관들에게 조언했다. 공화정 초기에 원로원의원은 집정관들이 선출했으며, 집정관으로 복무한 사람들이 계속해서 원로원에 포함되었다. 연속성의 실마리를 원로원의 지혜와 경험이 제공했으며, 원로원의 집정관들은 없어서는 안 될 존재였다. 집정관을 1년마다 선출하는 것은 전제정치에 대한 예방조치였다. 하지만 로마 인민들이 원로원의 핵심세력이었던 귀족가문들의 우위와 함께 원로원의 지도를 기꺼이 받아들이지 않았다면, 그러한 예방조치들은 외교정책에서의 혼란과 전쟁에서의 패배를 초래할 수 있었을 뿐이었다.

결코 법적으로 강제되지 않았다고 하더라도, 로마인들이 그러한 지도를 기꺼이 받아들였다는 사실은 마치 기원전 5세기의 아테네가 민주정의 모범으로 나타날 수 있었던 것처럼 공화정이 발전 초기의 몇 세기가 지나 귀족정부의 이상에 접근했음을 의미했다. 하지만 지중해 지배권으로 잠시 빛났다가 유성처럼 사라진 로마의 특권 지배계급은 심각한 문제와 유혹에 직면했다. 그리고 결국 특권 지배계급의 지혜와 청렴함에 대한 대중들의 신뢰가 떨어졌다.

기원전 5세기, 4세기, 그리고 3세기 초 신분투쟁으로 만들어진 입헌적인 무기들이 마침내 고결한 귀족 개혁가인 티베리우스 그라쿠스에 의해 기원전 2세기 말에 사용되었다. 하지만 그 무기들은 양날의 칼로 입증되었다. 주지했다시피 호민관은 정무관은 물론이고 동료 호민관에게도 거부권을 행사할 수 있었다. 그리고 과두적인 지배귀족들(노빌레스)이 그들의 이익을 옹호해줄 호민관을 찾기가 어려웠다. 귀족들의 분노가 폭발하면서 티베리우스 그라쿠스는 시민 소요가 한창일 때 암살되었다.

티베리우스 그라쿠스가 추진했던 개혁의 대의는 해외에서 로마로 유입된 값싼 곡물 때문에 실직하게 되었던 일자리가 없는 농민들을 지켜주는 것이었다. 티베리우스의 동생 가이우스 그라쿠스가 형의 투쟁을 계속 이어나갔다. 호민관의 힘이 무력한 것으로 입증되었기 때문에 가이우스 그라쿠스는 귀족들을 공격할 새로운 무기들을 고안했다. 그는 부자이지만 비특권 계급이었던 에퀴테스로 하여금 원로원의 위엄을 누린 배타적 귀족파벌들을 공격하도록 북돋았다. 에퀴테스는 재산자격에 따라 징집된 세르비우스의 기병계급이었다. 하지만 이제 전시에 기병은 동맹군의 분견대들로 부터 제공되었다. 기병으로 복무했던 로마의 에퀴테스가 마지막으로 알려진 것은 누만티아 전투에서이다. 따라서 에퀴테스 계급은 단순히 사회·경제적 분류에 불과했다. 가이우스 그라쿠스의 입법으로 법정 배심원들이 에퀴테스들로 충원되었다. 보통 원로원 계급이었던 속주 총독들은 관직을 그만둔 즉시 임기 중 저지른 부당한 행위들 때문에 자주 고소되었다. 하지만 그러한 재판들이 원로원 배심원들 앞에서 이루어졌으므로 피고의 무죄방면이 보장되었다. 에퀴테스에게 재판을 받게 된다면, 속주 총독들은 배심원을 매수하지 않는 한 틀림없이 유죄선고를 받을 것이었다. 하지만 원로원 집단은 민중선동에서 그라쿠스를 능가할 수 있었다. 로마의 국내정치는 점점 더 폭력적으로 되어갔다. 기만당하고 명예가 실추된 그라쿠스는 결국 그를 뒤쫓았던 폭도들에 의해 죽은 채 발견되었다. 그는 자살을 결심하고 충직한 종복에게 자신을 죽이라고 명령했던 것 같다.

## 마리우스의 군사적 위업

　마리우스가 처음 북아프리카에 복무했던 시절 귀족들(노빌레스)은 로마 정치에서 불안한 통치를 하고 있었다. 그들은 대외전쟁에서 저지른 실수를 충분히 관리하고 있었다. 에퀴테스 계급인 마리우스가 집정관에 입후보할 의향을 나타냈을 때, 귀족이었던 그의 부대지휘관이 마리우스를 모욕했다. 하지만 마리우스는 능력, 활력, 재산, 유력한 가족 연고, 그리고 음모에 관한한 천부적인 재능을 소유했다. 그는 기원전 107년 집정관이 되었으며, 그를 경멸했던 부대지휘관을 면직시켰다. 하지만 유구르타 전쟁은 물론이고 이민족들과의 전투에서처럼 실제 군사적 능력을 발휘할 수 있는 사건들이 없었더라면, 아무리 많은 음모라도 마리우스를 그렇게 높은 지위까지 올려놓을 수는 없었을 것이다.

　토지에 굶주린 게르만 부족인 킴브리족은 유틀란트 반도들의 원주지를 떠나 튜튼족을 포함한 여타 부족들과 함께 모든 가족과 가재도구를 가지고 남쪽으로 이동했다. 로마인들은 놀랐으며 집정관의 한 군대가 알프스 산맥 북쪽의 켈트-일리리아 지역인 노리쿰에서 이동하는 그들과 마주쳤다. 잇따른 전투에서 로마인들은 대패했다. 킴브리족과 그들의 동맹자들은 알프스 산맥이 론 강보다 더 가공할 장벽이라는 사실을 알게 되었다. 그리고 그들은 운 좋게도 이탈리아를 피해 서쪽으로 당시 이미 로마의 지배 하에 있었던 갈리아(남부 프랑스) 지역까지 이동했다. 로마 군대는 이민족의 위협을 제거하려고 했지만, 로마를 커다란 혼란에 빠뜨렸던 기원전 105년 아라우시오 전투의 패배로 정점을 이룬 굴욕적인 패배를 맛보았다.

　이동하는 게르만 부족들과의 전투는 공격적인 전쟁으로 간주될 수 있었다. 게르만 부족들은 가족들을 지키기 위해서 싸웠으며, 로마인들은 이민족들의 정착 요구에 대해 어떠한 협상이나 승인도 무모하지는 않지만 단호하게 거부했다. 하지만 아라우시오 전투의 패배 이후 게르만족 침입자들에게 로마로 가는 길이 무방비로 노출되었으며, 로마는 수세에 몰리게 되었다. 총체적인 비상사태가 시작되었으며, 이러한 상황에서 유구르타의 정복자로 급부상한 마리우스는 기원전 105년 전년에 이어 두 번째로 집정관에 선출되었다. 법률적으로만 본다면 그가 집정관에 두 번째로 선출되려면 10년의 기간이 경과해야 했다. 집정관이 원로원의 후원을 받아야 한다는 입헌적 선례가 필요했다. 하지만 공화정의 입법기관으로서 민회는 마리우스의 선택에 따라 움직였다.

　마리우스는 자신을 집정관에 임명한 것이 정당했음을 멋지게 입증해 보였다. 다행히도 게르만족은 이탈리아로 즉시 쳐들어오려고 시도하지 않고 스페인을 향해 서쪽으로 이동했다. 따라서 마리우스는 다가오는 싸움에 대비해 군대를 훈련시킬 수 있는 시간적 여유를 갖게 되었다. 그의 성공 대부분은 훌륭한 군사 규율과 군사 행정에 기인했던 것 같다. 그는 적과 맞붙기 전에 세 번째로 집정관에 임명되었다. 심지어 그에게는 부하들에게 론 강 어귀에 새로운 운하를 파게 함으로써 병참 보급선을 개선할 여유가 있었다.

튜튼족과 또 다른 게르만 동맹부족인 암브론족이 킴브리족과 그들의 동맹자인 켈트족 티구리니인들과 절연했다. 전자인 튜튼족과 암브론족이 론 강에서 마리우스와 마주쳤을 동안 후자인 킴브리족과 티구리니인은 알프스를 넘어 우회해서 이탈리아로 향했다. 마리우스는 부하들을 진지에 붙들어두었다. 이렇게 함으로써 자신들을 포위한 이민족들을 보는 것에 익숙해지도록 했다. 마리우스는 부하들이 이민족을 자꾸

보다 보면 경멸감이 생길 것으로 기대했다. 튜튼족이 마리우스의 진지를 우회해서 이탈리아를 향해 진군했을 때, 마리우스는 부하들을 이끌고 아쿠아이 섹스티아이(엑상프로방스) 근처에서 적을 뒤따라 잡았다. 여기에서 그는 유리한 장소에서 전투를 했으며, 언덕에 배치된 기병대 매복병을 이용해 튜튼족을 괴멸시켰다. 튜튼족의 동맹자인 암브론족은 이틀 전 온천장 전투에서 이미 많은 수가 살육당했다.

북이탈리아에 있었던 마리우스의 동료 집정관은 결코 편안하게 지내지 못했으며, 침입해 들어오는 킴브리족 앞에서 포 강 계곡으로 철수하지 않을 수 없게 되었다. 그는 킴브리족이 그 지역의 대부분을 점령하는 것을 그저 바라만 보고 있었다. 기원전 101년 마리우스는 다섯 번째로 집정관에 임명되었으며, 그의 군단들이 북이탈리아 군대에 증원군으로 파견되었다. 베르첼라이(로비고 근처로 추정됨)에서 전투가 있었다. 이민족의 전술이 전적으로 정교함이 부족했던 것은 아니었고 몇 가지에서는 성공을 거두었다. 게르만족의 무장이 형편없는 것은 아니었다. 그들의 기병은 기이하게 동물의 머리 모양처럼 보인 투구에 우뚝 솟은 깃털장식을 했다. 그들은 철제 가슴받이를 하고 있었으며, 번쩍이는 흰색 방패, 각각 두 개

의 던지는 창 그리고 백병전에 대비해 무거운 칼들을 휴대했다. 여름의 더위는 지중해 기후에 익숙해 있었던 로마인들에게 유리했던 것 같다. 짙은 흙먼지 때문에 싸움이 혼란스러워졌다. 로마의 승리는 뛰어난 훈련과 규율에 힘입었던 것으로 보인다. 술라는 마리우스의 전술이 주로 동료 집정관을 희생시켜 혼자 명예를 독차지하려고 계획되었다고 말했다. 술라 자신이 그 전투에서 싸웠지만, 그의 증언에 편견이 없었다고 말하기는 어려울 것이다. 여하튼 게르만 무리들 전체가 패배했으며, 로마는 정치적 존립에 결정적 타격을 가했을지도 모르는 재난을 당하지 않았다. 왜냐하면 3세기 전 알리아 강 전투의 승리자들과는 다르게 킴브리족은 금이 아닌 토지를 찾고 있었다. 북부 이민족들이 제기했던 가장 큰 위협은 전체 300,000명으로 추정된 엄청난 숫자였다. 몇몇 고대 역사가들은 이것이 실제보다 적게 추정되었다고 생각했다. 베르첼라이에서 로마군대는 50,000명을 약간 웃돌았다. 동시에 유틀란트 반도에서 남쪽으로 이민족들의 대이동은 로마 군대에 대한 그들의 잇따른 승리는 차치하고서라도 강력한 지도력 없이는 성취되기 어려웠을 것이다. 게르만족 지도자들의 이름이 적어도 브레누스(킴브리족의 왕인 보에오릭스가 베르첼라이 전투에 앞서서 마리우스와 협상을 했지만, 두각을 나타내는 인물로 나타나지 않는다)의 이름만큼 세상에 알려지지 않았다는 것은 놀라운 일이다.

### 징병

킴브리족 및 튜튼족과의 전쟁에 대해서는 기록이 빈약하다. 마리우스는 가공할 규율과 대단한 용기를 지닌 지도자로서 전략가뿐만 아니라 전술가로 등장한다. 그럼에도 불구하고 그의 성공 비밀은 군사 행정가로서의 능력과 병제개혁

## 투척용 창의 진화

투척용 창 필룸*pilum*은 무거운 형태의 창이다. 최초의 형태들이 기원전 5세기 에트루리아의 무덤에서 나온 것으로 보아 아마도 에트루리아인들이 발명했던 것으로 짐작된다(1). 이 창은 나무 손잡이에 잘 들어맞는 소켓형 또는 슴베형 쇠로 만든 뾰족한 긴축으로 구성되어 있다(2. 기원전 4세기의 투척용 창). 이 창은 켈트인이 침입하는 동안에 유명해졌다. 탁월한 관통력을 자랑하고 기다란 창대는 금속으로 만들어졌으므로 적의 칼에 쉽게 베이지 않았다. 카이사르는 참나무와 가죽으로 만든 13~25밀리미터 두께의 켈트족 방패를 뚫었던 투척용 창에 대해 언급했다. 투척용 창 앞에서 방패는 아무런 쓸모가 없었다. 카이사르는 켈트족이 방패 없이 싸우는 편이 낫다고 생각하고 거치적거리는 방패를 내던졌다고 상세하게 전하고 있다. 게다가 얇은 금속 창대는 충격에 잘 휘거나 구부러졌으므로 적들이 다시 집어서 투척할 수 없도록 했다. 3번은 기원전 3세기에 로마인들이 사용한 투척용 창이다. 이 창은 처음에는 하스타티가 그 다음에는 프린키페스가 그리고 마리우스 시대에는 군단병 전체가 휴대했다. 각 병사는 두 개의 창을 휴대했는데, 그 중 하나는 다른 것보다 더 가늘고 가벼웠다. 벨리테스는 대체로 투척할 때 사용하는 가죽 끈이 달린 베루툼*verutum*이라는 더 작은 창을 휴대했다. 무거운 창의 길이가 7피트(2.1미터)인 데 반해 베루툼은 대략 4피트(1.2미터)였다. 시간이 경과하면서 무거운 투척용 창은 더 작아지고 가벼운 투척용 창은 더 커졌다. 기원 1세기 무렵이 되면 두 개의 크기가 똑같아진다(4). 기원 100년경 투척용 창은 크기가 더 줄어들고, 적의 갑옷을 꿰뚫을 수 있도록 청동을 입혀 무게가 더해졌다(5). 켈트족에게서 유래된 창*gaesum*으로 로마의 보조군이 사용했다. 이 창의 유물이 하드리아누스 성벽 근처에서 발견되었다. 기원 3세기 말 무렵에 로마가 상대했던 주요 적들은 기병이었으므로, 투척용 창을 대신해서 기병과 맞서는 데 더 적합한 찌르는 창을 사용했다. 또한 베게티우스는 다른 모든 투척용 무기들보다 더 멀리 날아갈 수 있도록 납을 입혀 무게가 더해진 던지는 화살*plumbata*에 대해 언급했다(6).

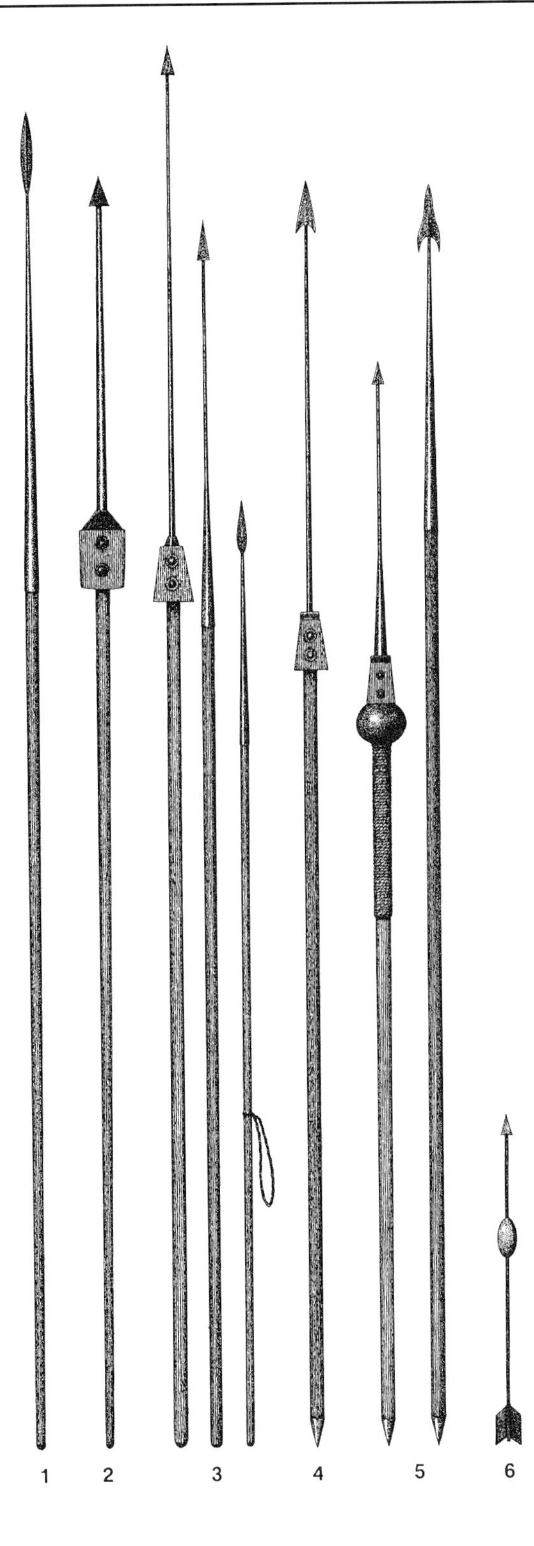

의 뛰어난 이해력에 있었다고 해도 과언이 아닐 것이다.

여기에서는 그의 징병 방식들을 고찰하기만 하면 된다. 입헌적측면에서 이러한 방식들은 도가 지나친 것이어서 그는 줄곧 강화되어왔던 원로원의 적대감에 노출되었지만, 사회적 그리고 전략적 관점에서 볼 때 로마가 정말로 필요로 했던 것들이었다. 세르비우스의 병제개혁 이래로 로마 주민들 중 최하층빈민들(프롤레타리이)은 심각한 국가적 비상사태 시기를 제외하고는 군단 명부에 기재될 자격이 없었다. 프롤레타리이라는 명칭은 사실 (로마) 공동체에 세금이나 군역이 아닌 자식들(프롤레스)만을 제공했던 사람들을 가리키는 말이었다. 플루타르코스는 유산계급들만이 군대에서 요구되었다고 말한다. 왜냐하면 재산이 명예로운 행동에 대한 일종의 담보물이었기 때문이다. 여하튼 그들은 자신들이 지켜냈던 사회에 더 커다란 이해관계를 가지고 있었다고 생각했을 것이다.

마리우스가 민회에서 집정관으로 임명돼 첫 번째 임기를 맞이했을 때, 로마 시민들은 무산계급화의 과정을 겪고 있었다. 해외에서 반입된 염가의 곡물로 몰락한 농민들이 버리고 간 토지를 부유한 부재지주들이 매점해 이탈리아 곳곳에 노예제 대농장(라티푼디움)이 세워졌다. 이들 부재지주는 다수의 전쟁포로노예들을 값싼 노동력으로 사용해 대농장을 경영했다. 그 사이에 몰락한 자영농민들은 도시로 이주했다. 그들은 적어도 도시에서 종종 정치적 지지의 대가로 값싸고 보조금이 지급된 곡물을 손에 넣을 수 있있다.

　　원로원은 유구르타 전쟁을 치
르기 위한 임시 징모병의 모집을
결정했다. 그 조치가 부적절하다
고 생각했던 그리고 항상 원로원
을 자극할 준비가 되어있던 마리
우스는 지원병과 퇴역군인들을 모
집했을 뿐만 아니라 군인이 되고
싶어했던 프롤레타리아트들에게
징집을 제안했다. 전에는 재산자
격을 충족시키기가 더 어려워지면
서 징집의 범위가 점차로 좁아지
고 있었던 반면, 마리우스는 자신
의 주도로 강력한 군대를 모집했
으며 동시에 실업문제에 대한 하
나의 해결방안을 제시했다.

　　마리우스가 민회와 호민관들
의 지지를 받고 있는 한, 원로원
이 그의 징집 활동을 제지할 수는
없었다. 하지만 그의 방식은 불길
한 측면을 가지고 있었다. 설사
이제 완전히 직업군인이 되었다고
하더라도, 로마 병사들은 자신들
을 병적에 올리고 고용했던 장군
에게 개인적으로 충성의 의무를
지고 있었다. 이러한 충성은 보호
자와 피보호자 사이에 존재했던
반쯤 신성한 관계라는 로마의 전
통적 개념들에 의해 강화되었다.
여하튼 마리우스는 자신의 퇴

## 마리우스의 군단병

마리우스 병제개혁은 로마 제국이 팽
창하면서 로마 군대가 필연적으로 점
점 더 직업화되어가는 추세를 공식화
한 것에 불과하다. 모든 군단병은 아래

그림의 병사처럼 낳은 상비를 갖추었
다. 특별히 '몬테포르티노식' 투구가
인기 있었다. 설사 쇠사슬 갑옷이 비쌌
다고는 하지만 널리 보급되어 있었다.
정강이받이는 백인대장들을 제외하고
는 착용하지 않았다. 창과 방패 그리고
칼은 계속 사용되었으며, 여기에 단검
이 추가되었다. 마리우스 병제개혁의
또 하나 특징은 군장의 크기를 줄이는
것이었다. 따라서 군장의 크기가 줄어
들면서 병사들은 그들의 엄청난 양의
소지품을 휴대하지 않으면 안 되었다.
이러한 이유로 그들을 '마리우스의 노
새'라고 비꼬는 표현이 생겨났다. 그림
은 행군대형 중에 있는 병사를 묘사한
것이다. 오른쪽에 보이는 장비 말고도
그는 침낭과 망토, 곡물과 건빵으로 된
3일 내지는 그 이상의 식량 그리고 오
늘날의 것과 실제로 동일한 참호구축
용 장비를 갖추고 있다. 무기와 갑주를
포함해서 전체 무게는 대략 80~100파
운드(35~44킬로그램)에 달했다. 또한
8명의 병사들로 이루어진 각 분대에는
한 마리의 노새가 할당되었다. 이 노새
는 분대의 가죽 텐트와 맷돌처럼 더 무
거운 짐들을 날랐다.

### 방패

폴리비오스는 방패가 가로 24인치
(0.66미터) 세로 44인치(1.1미터)로 곡
선 모양으로 굽었으며 "종려나무처럼
두꺼웠다"고 묘사하고 있다. 고고학에
의해 이것이 입증되지만, 여기에 덧붙
여서 개개 방패들의 두께가 0.5~0.75
인치(12.5~19밀리미터) 사이에서 각
양각색이었음이 입증된다. 폴리비오스
는 계속해서 "두 겹의(가끔은 그 이상
의) 두꺼운 판자들이 꼭 붙여지고……
방패가 타격으로 잘려 나가는 것을 막
기 위해서 쇠로 둘러 싸여진다.……그
리고 쇠 볼록 장식이 보다 파괴적인 타
격을 빗나가게 한다.……" 따라서 마리
우스 군단병의 방패는 오늘날의 합판
과 유사했으며, 가죽 덮개 또한 가지고
있었다.

### 병사의 개인 휴대품

일부 휴대품들을 그림에서 볼 수 있다.
청동 반합과 물통, 곡물과 마초를 베기
위한 낫, 그리고 흙을 나르기 위해 작은
가지로 엮어 만든 바구니는 위 그림에
서 볼 수 있다. 진지를 구축하는 데 사
용되는 곡괭이와 괭이집, 잔디깎이, 그
리고 끝이 뾰족한 말뚝이 오른쪽 그림
에 보인다.(보통은 한 병사가 끝이 뾰족
한 말뚝 2개를 휴대했다.) 병사들 각각
의 짐은 아마도 차이가 있었던 것 같다.
어떤 병사는 참호 파는 연장과 곡괭이
를, 또 다른 병사는 참호 파는 연장과
잔디깎이를 휴대했다.

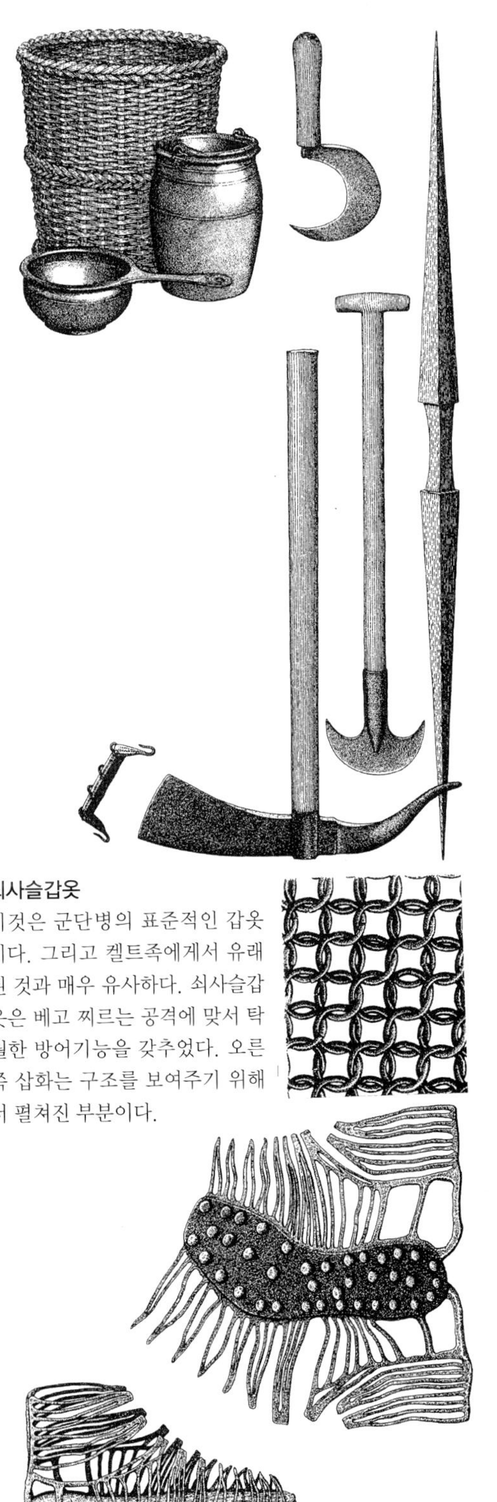

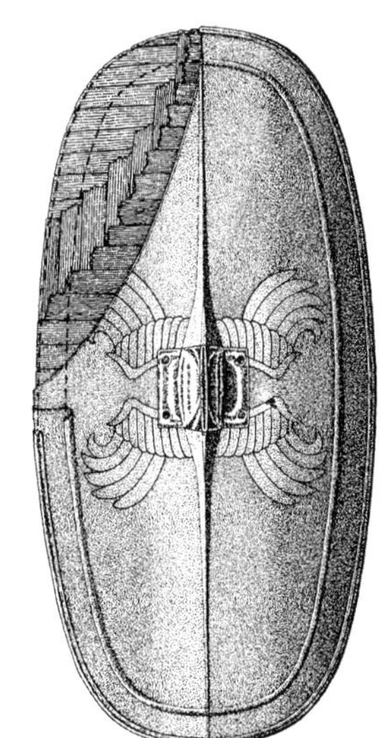

### 군화Caliga

이 무거운 샌들은 매우 질기고 내구성
이 강했다. 바닥은 여러 겹의 가죽으로
이루어졌으며, 두께는 약 0.75인치(20
밀리미터)로 밑창에는 머리가 큰 징이
박혀 있었다. 겨울에는 보온을 위해 천
이나 부드러운 털이 채워 넣어졌다. 가
이우스 황제의 별명인 '작은 군화(칼리
굴라)'는 그가 아이였을 때 특별하게
만들어진 칼리가를 신었던 것에서 유
래되었다.

### 쇠사슬갑옷

이것은 군단병의 표준적인 갑옷
이다. 그리고 켈트족에게서 유래
된 것과 매우 유사하다. 쇠사슬갑
옷은 베고 찌르는 공격에 맞서 탁
월한 방어기능을 갖추었다. 오른
쪽 삽화는 구조를 보여주기 위해
서 펼쳐진 부분이다.

역군인들에게 보호자가 되었다. 그는 정치적 동료들의 힘을 빌어 퇴역군인들에게 농지를 제공했다. 따라서 병사들이 국가보다는 그들의 장군에게 우선적으로 충성의 의무를 졌던 군대의 사병화 시기가 그리 멀지 않았다.

### 군대 재편

아쿠아이 섹스티아이 전투에서 마리우스는 일상적인 명령체계를 통해 병사들에게 적이 사정거리 안에 들어온 즉시 창을 던지고 그 다음 칼과 방패로 적들을 위험한 경사면이 있는 후방으로 밀어내라고 명령했다. 창을 던진 뒤 칼과 방패로 전투에 가담하라는 지시는 무거운 창과 칼을 채택한 군대에게 내려졌을 것으로 예상된다. 하지만 방패를 공격용으로 사용해 적을 밀어붙이는 전술에 이용한 것은 기원전 5세기와 4세기의 팔랑크스로 복귀하는 것처럼 들린다. 아마도 3열 횡대의 5점형으로 배치된 전통적인 보병중대 대형은 대체로 폐지되었던 것 같다. 앞선 세기에 로마는 서로 다른 장비로 무장하고 성향이 서로 다른 다양한 유형의 적들과 싸웠다. 로마인들은 지형에 알맞은 그리고 개개의 전투에서 상대해야 했던 적의 유형에 맞서 실전에서 사용할 전술들을 즉석에서 만들어낼 준비가 되어 있었다. 더 이상 판에 박힌 전술들은 없었다. 예전에 3열 횡대로 이루어졌던 보병중대는 무엇보다도 전술 부대였다. 일단 보병중대가 전술적으로 효과가 없게 된다면 더 이상 그것을 유지할 이유가 없었다. 마리우스는 이 사실을 인정했으므로 군대를 재편했다.

보병중대보다는 더 큰 부대가 관리하기는 편리했다. 그리고 이 점에서 부대를 좀 더 세분화할 필요성이 제기되었다. 결국 군단은 10개의 보병대로 나누었고, 모든 보병대는 6개의 백인대로 이루어졌으며, 백인대 각각은 한 명의 백인대장이 지휘했다. 높은 신분의 프리무스 필루스로부터 하스타투스 포스테리오르까지 백인대장의 호칭은 전장의 위치, 계급, 그리고 선임의 차이를 나타냈다. 마리우스 이전에 스키피오가 기원전 134년 스페인에서 사용했던 것으로 특히 유명한 보병대는 특별한 상황에 대처하기 위해 사용된 전술대형이었다. 반면 보병대는 원래 이탈리아 동맹국들 사이에서 행정상의 보병부대로 시작되었다. 보병대는 원래 각각 500명과 1,000명으로 동원되었다. 각 보병대는 사령관의 지휘를 받았다. 군단부대로서 보병대는 500~600명이었다. 보병대가 6개의 백인대로 나누어진 것은 백인대가 옛날의 보병중대 백인대보다는 많게는 각 백 명에 약간 못 미치는 숫자로 이루어졌음을 의미했다. 실제로 보병중대 백인대는 가끔 60명 정도의 적은 숫자로 이루어졌다.

마리우스는 고대 카밀루스 군대의 척후병인 벨리테스를 없앴다. 그리고 벨리테스와 함께 그들 특유의 무기였던 가벼운 창과 작은 둥근 방패가 사라졌다. 이제 무거운 창이 모든 군단병들에 의해 사용되었으며, 마리우스는 무거운 창의 제조에 변화를 가져왔다. 그는 창의 머리 부분을 손잡이에 고착시켰던 대갈못들 중 하나를 나무못으로 대신 박았다. 창이 적의 방패를 꿰뚫었을 때, 충격으로 나무못이 부러지고 손잡이가 늘어지면서 땅 위로 질질 끌려갔다. 하지만 남아 있는 대갈못에 의해 손잡이는 여전히 머리 부분에 달려 있었다. 따라서 창은 적의 손에 들어가게 되면 쓸모없게 되었을 뿐만 아니라 방패가 꿰뚫린 적의 전사들을 방해했다. 플루타르코스에 따르면 이 새로운 장치는 베르첼라이 전투에서 킴브리족과의 전투에 대비해서 도입되었다. 나중에 율리우스 카이사르의 군대에서 보다 정교하게 다듬어져 무거운 창의 기다란 손잡이가 부드러운 철로 만들어졌다. 따라서 심지어 무거운 창이 꿰뚫는 동안에도 손잡이가 구부러졌다.

마리우스는 자신의 병사들 모두가 적절한 자격을 갖추고 자립해야 한다는 점을 확실하게 하려고 애썼다. 그는 병사들이 오랜 노상 행군과 구보로 빈번하게 이동하는 것에 익숙해지게 했다. 무기와 참호를 파는 도구들에 덧붙여 그는 병사들에게 각자의 요리 기구를 휴대하도록 했으며, 모든 병사가 자신의 식사를 마련할 수 있도록 요구했다. 서기 1세기의 유대인 역사가 플라비우스 요세푸스는 다른 장비는 물론이고 톱, 광주리, 물통, 손도끼, 가죽혁대, 낫, 쇠사슬, 그리고 3일간의 식량을 휴대했던 군단병을 묘사하고 있다. 만약 이것이 마리우스 병제개혁의 유산이었다면, 그러한 짐 꾸러미들을 인내심을 가지고 휴대했던 병사들을 왜 '마리우스의 노새'라는 별명으로 불렀는지 이해하기란 그리 어렵지 않다. 물론 적지에서 또는 기습의 위험이 있는 곳에서 전투를 할 때, 로마인들은 가벼운 장비로 무장한 채 신속히 전투 준비를 할 수 있도록 행군했다. 반면에 병사들의 짐 꾸러미는 수하물 마차로 수송되었다. 또한 마리우스는 짐 꾸러미를 신속히 푸는 방식을 도입했다고 한다.

**군기 軍旗**

마리우스의 병제개혁에서 눈에 띄는 또 하나는 깃대에 세워진 은 독수리 한 마리를 군단기로 채택한 것이다. 이러한 변화에 어떤 의미가 부여되어야 하는지는 알기 어렵다. 왜냐하면 전에 사용되었던 군기에 대한 정확한 정보가 전혀 없기 때문이다. 독수리는 유피테르 신에게 바쳐진 새이다. 어떤 출처에서는 전에 나섯 개의 군단기가 있었다고 한다. 독수리와는 별개로 이들 군단기는 늑대, 곰, 미노타우로스 그리고 말의 형상을 나타냈으며, 그것들은 전투 중인 군대의 열앞에 개별적으로 휴대되었다. 하지만 마리우스 시대부터 그것들은 부속용 및 의례용으로 분류되었다.

군단의 독수리들은 나중에 금으로 만들어졌으며 화관과 그 밖의 장식물들로 장식되었다. 평화 시에 그것들은 로마의 국고(아에라리움), 즉 오래된 사트루누스 신전에 보관되었다. 전시에 그것들은 군단과 함께 움직였으며, 진지에 그것들을 보관해 둘 작은 성소가 마련되었던 것으로 보아 준 종교적인 숭배의 대상이었다.

군기들의 준 종교적인 기능은 실질적인 목적과 충돌했다. 군기가 군사부대의 공동생존을 상징하는 신성한 대상이었던 한, 병사들을 보호하고 방어할 자격을 얻었다. 그리고 군기는 전투 중에 적에게 빼앗기는 위험에 절대로 노

## 로마의 군기軍旗

로마 군대의 역사를 통틀어서 군기는 중요한 역할을 수행했다. 군기는 각 부대의 정신을 대표했으며, 종교적 경외심에서 간직되었다. 전투 시에 군기는 중요한 기능을 가졌다. 왜냐하면 명령이 군기를 통해서 전달되었기 때문이다. 각 보병중대의 깃발은 대체로 백인대들 사이에 자리 잡았다. 보병대의 상급 보병중대가 보병대 깃발을 들었으며, 상급 보병대는 원래 독수리, 늑대, 미노타우로스, 말 또는 수퇘지로 장식된 군단 깃발을 들었다. 이것들은 부족의 기원에 해당되었던 것 같다. 마리우스가 독수리를 군단의 상징으로 만들었지만, 부대의 창군일과 관련해서 황소,

전갈 또는 숫양과 같은 그 밖의 다른 점성학적 상징들이 사용되었다. 그리고 제정기에는 황제의 작은 초상 조상이 군단의 상징으로 사용되었다. 벡실라로 불리는 깃발들은 각 부대의 분견대가 들었다.

### 군기병軍旗兵

원색 그림은 갑주 위에 진홍색 튜닉과 함께 행진복을 입은 친위대의 군기병을 보여주고 있다. 그는 맨 위에 손이 장식되어 있는 보병중대의 깃발을 들고 있다. 황제와 황후의 초상화, 용맹을 떨쳐 받은 여러 개의 상들, 그리고 전통적 상징의 장식다발(원래는 풀이나 나무로 만듦)이 군기를 완벽하게 만든다. 그의 옆에는 용맹을 떨쳐 상으로 받은 '메달'과 목걸이를 달고 있는 벡실라리우스가 있다. 흑백의 작은 인물그림들은(왼쪽에서 오른쪽으로) 갑주 위로 가죽 튜닉을 입은 보조군 군기병, 군단 보병대 군기병 그리고 보조군 보병대 군기병이다. 이들은 전투 대형을 갖추고 있다. 이들 모두는 기원 1~2세기의 군기병들이다. 위쪽 그림에는 기원 2세기의 독수리와 보병중대의 깃발, 기원 4세기에 가장 흔히 볼 수 있는 바람개비 모양의 용(드라코)이 있다.

트라야누스 기념주에 새겨진 행군 중인 군대 장면. 군단과 친위대의 깃발 모두가 눈에 띈다.

출될 수 없었다. 사실 군기를 잃는 것은 대단한 불명예로 간주되었다. 따라서 군기는 제일선 뒤에 위치해 있어야 했으며, 그곳을 방어하는 병사들에게 둘러싸여져 있어야 했다.

켄트 해안에 비상 정박했던 배에서 뛰어내린 기수에 대한 카이사르의 일화는 잘 알려져 있다. 기수는 망설이는 군단병들에게 독수리를 적의 수중에 넘기고 싶지 않다면 자신의 뒤를 따르라고 말했다. 이와 동일한 태도를 나타내는 실례가 일찍이 피드나 전투에 대한 플루타르코스의 이야기에서 등장한다. 여기에서는 이탈리아의 한 분견대 지휘관이 자신의 부대 깃발을 빼앗아 적의 팔랑크스를 향해 내던졌다. 이렇게 되자 깃발을 잃어 불명예스럽게 될지도 모른다는 생각에 그의 부하들은 팔랑크스를 격파하기 위해 노력을 배가했다. 플루타르코스가 주목한 것처럼 특히 이탈리아인들은 깃발을 포기하는 것을 불명예스러운 행위로 간주했다.

# 군단병의 투구

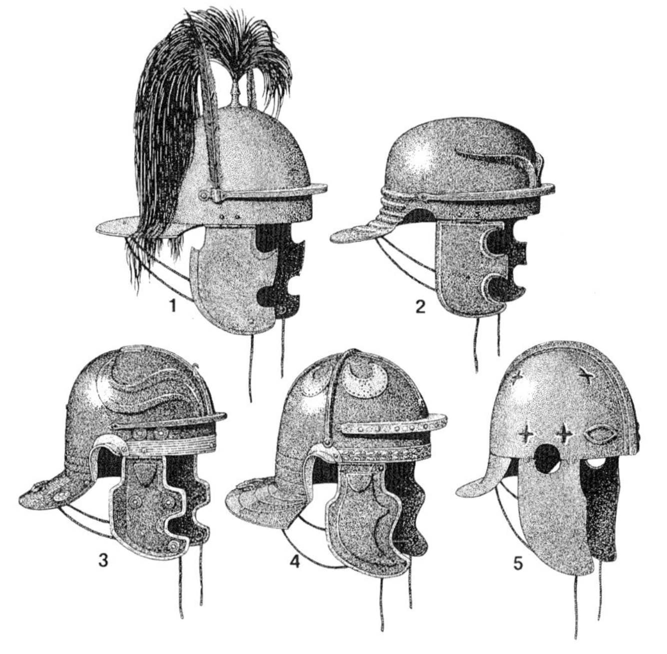

1. 로마 군대의 수요로 제작된 갈리아식 청동 투구의 한 유형이다. 이것은 '쿨루스식'으로 알려져 있으며, 목 보호대가 더 크고 편평하다는 점에서 그리고 갈리아식 뺨 가리개 때문에 '몬테포르티노식'과는 구별된다. 이 투구는 기원전 50년 무렵에 사용되기 시작했으며 기원 100년경까지 계속 사용되었다. 앞선 시기의 투구들처럼 귀 밑 뒤쪽에서 뺨 가리개를 통해 연결된 끈으로 고정하고 턱 밑에서 묶었다. 말총 깃 장식과 깃털은 행진 중에나 전투 중에만 착용했다.

2. 기원전 15년 무렵에 등장했던 철제 투구의 한 유형이다. 이것은 갈리아의 부족장들이 착용했던 투구와 밀접한 관련이 있다. 이 투구의 '쿨루스식' 꼭대기 부분은 아래로 내리치는 상대방의 공격에 효과적으로 대응할 수 있도록 되었다. 돌출한 눈썹부분 또한 힘을 더해 주었고 갈리아식 투구에서 흔히 볼 수 있는 모양이다.

3. 기원 1세기 후반부로 추정되는 보다 발전된 형태의 철제 투구이다. 목 보호대가 더 깊어지고 이마 언저리 주변의 띠 장식과 함께 확장된 귀 가리개가 더해졌다. 목 보호대와 귀 가리개는 모두 청동으로 만들어졌다. 뺨 가리개는 타격을 빗나가게 하려고 후미가 바깥쪽으로 향하게 했다. 눈썹 부문은 더 많은 장식이 가해지고 더 넓어졌다. 이러한 유형의 투구는 말총 깃으로 장식한 병사에게 적합했다. 이제 전투 시에는 더 이상 기다란 말총 깃 장식은 하지 않았다. 이것은 앞선 시기의 투구에 비해 모양과 디자인이 더 세련되었다.

4. 기원 100년 무렵의 투구이다. 이것은 이탈리아에서 만들어진 것으로 갈리아식 투구를 모방한 것이지만 질은 떨어진다. 정수리 부분은 아래쪽으로 향한 'L'자 모양을 하고 있고 투구 위에 십자형의 보강물이 있다.

5. 기원 4세기 초의 값이 싼 투구이다. 군대의 규모가 엄청나게 커지면서 장비를 단순화할 필요가 있었다. 이 투구는 따로 분리된 목과 뺨 가리개를 하나로 결합해서 만들어졌다.

# 보조군 보병의 투구

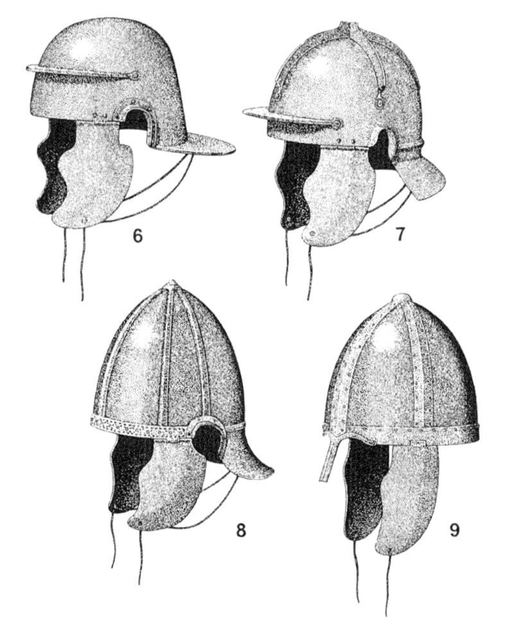

보조군은 군단병만큼의 급료를 받지 못했을 뿐만 아니라 지위도 높지 않았다. 그들이 착용했던 장비가 이러한 사실을 말해주고 있다.

6. 기원 1세기 중반부터 보조군이 착용했던 투구 가운데 하나이다. 이것은 당시 군단병의 청동투구를 모방한 것이지만 대단히 단순화된 것이다.

7. 기원 100년 무렵부터 사용된 군단병의 투구 디자인을 단순화시킨 것이다. 이와 유사한 투구들이 트라야누스 기념주에서 사용되고 있었다.

8. 동방의 궁수부대에서 착용했던 기원 100년경의 투구이다. 원뿔 모양으로 철과 청동으로 만들어졌다는 점에서 전형적인 동방식 디자인에 해당된다. 로마적인 특징으로는 이마 띠 장식과 귀 가리개 그리고 뺨 가리개가 있다. 비교적 제작하기가 간단했으므로 널리 보급되었다.

9. 이집트에서 유래된 기원 4세기의 투구. 많은 부분들을 없애고 최대한 단순하게 만들었으며 코 가리개가 더해졌다.

하지만 만약 깃발이 방어할 필요가 있었던 신성한 대상이었다면, 깃발이 군대의 집결지점으로서의 역할을 해야 한다는 실질적인 기능을 수행할 수 없었다. 깃발이 있어야 할 곳은 전투의 최전방이었다. 군단병들은 자리를 잡아야할 곳을 찾으려고 고개를 돌려 어깨 너머로 볼 수 없었다. 라틴어로 깃발을 나타내는 말이었던 시그나(Signa)로부터 사실은 깃발이 신호였음을 알 수 있다. 그리고 전술이 점점 더 기동력을 필요로 하고 덜 획일적으로 되면서 깃발에 대한 필요성이 증대했다. 덧붙이자면 기원전 5세기의 그리스인들은 팔랑크스의 밀집 전투에서 결코 군기를 사용한 적이 없었다.

전장에서 깃발의 위치에 대해 말하는 고대의 문헌에 의하면 깃발은 제일선 바로 뒤에 위치했던 것 같다. 이렇게 해서 깃발은 보호되었으며, 군대 대다수의 눈에 띌 수 있는 신호로서의 역할을 할 수 있을 정도로 충분히 멀리까지 나아갔다. 반면에 마리우스 병제개혁의 완전한 의미는 군단을 감동시키는 역할을 할 수 있는 단일 깃발을 군단에 수여하는 것이었던 것 같다. 동시에 소부대의 깃발은 실질적인 목적을 위해 자유스럽게 사용하도록 내버려 두었다. 군단기와는 대조적으로 신호를 나타내는 보병중대의 오래된 장대들에는 어떤 신성한 동물도 구체적으로 표시되지 않았다. 그것들은 세워진 창에 펼쳐진 손바닥 하나를 표시했지만, 나중에 화관과 그 밖의 문장들로 장식되었다. 보병중대가 보병대로 흡수되었을 때 보병대는 선두에 선 보병중대의 깃발을 채택했다.

이와 유사하게 일종의 활대 끝에 매달린 깃발들로 이루어진 그리고 부대를 밝히는 기병의 깃발은 단일한 군단 기장이 채택되면서 보다 감동적인 의미를 잃었던 것 같다. 마리우스의 시대 무렵에 이탈리아의 기병은 주로 해외 보조군으로 대체되었다. 그들은 이탈리아인들과는 다르게 깃발에 대해 경외심을 갖고 있지 않았다. 독수리는 그 후 몇백 년 간의 군사적 발전기간 동안 줄곧 영구적인 상징으로 남았다. 하지만 또한 다른 모양들의 깃발이 로마의 경계선 밖에 살았던 사람들의 관례로부터 모방되었다. 하나의 흥미로운 실례는 용의 은빛 머리와 크게 벌린 턱을 하고 있는 원추통형의 채색된 실크 바람개비 드라코였다.

피드나 전투에서 보여주었던 태도로 유명한 이탈리아의 해군지휘관은 펠리그니아인이었다. 마리우스는 기원전 2세기 초 이래로 완전한 로마 시민권을 누렸던 도시인 아르피눔 출신이었다. 아르피눔은 펠리그니아인의 영토에서 그리 멀리 떨어져 있지 않았으며, 아마도 마리우스는 지방적 정서라는 관점에서 군기의 중요성을 예리하게 의식하고 있었던 것 같다. 또한 마리우스는 눈에 띄게 실용적인 지휘관으로서 그러한 정서들이 만들어냈던 어려움들을 의식하고 있었음에 틀림없다. 따라서 마리우스가 독수리를 해결책으로 생각했는지도 모른다.

## 내전과 그 결과

마리우스는 군대에서 큰 효과를 발휘했던 연병장 목소리와 태도를 가졌지만, 정치가적 수완이 뒤따르지 않았으므로 정치에서 우스꽝스러운 인물이 되어버렸다. 이민족 무리들에게 패한 뒤 마리우스는 로마의 세 번째 건국자, 즉 로물루스와 카밀루스의 훌륭한 계승자로 불렸다. 그러나 여섯 번째로 집정관직에 있으면서 장군으로서보다는 오히려 민간 행정가로서의 능력을 발휘해달라는 요청을 받았을 때, 그의 인기는 급격하게 떨어졌다. 마리우스의 관직 연장을 확고히 하는 데 앞장섰던 폭력적인 선동정치가들 또한 군중들과 충돌해 폭력의 희생자가 되었다. 일곱번째 집정관직 임명에 실패했던 마리우스는 이미 폰투스 왕 미트리다테스의 강력한 힘에 위협받았던 소아시아로 개인적인 여행을 떠났다. 아마도 마리우스는 자신의 독보적인 군사적 재능을 입증할 수 있는 기회를 다시 가질 수 있을지도 모르는 새로운 전쟁을 찾고 있었던 것 같다. 여행 도중에 마리우스는 미트리다테스의 환대를 받았지만, 그를 공격하려고 했다. 그 후 마리우스는 로마에 돌아왔지만, 그는 더 이상 예전처럼 거물이 아니었다.

수구파(벌족파)의 정책 노선에 대한 일반 대중들의 폭력이 일시적으로 중지되었다. 하지만 새로운 유형의 위협이 등장했다. 준엄하고 위엄 있는 개혁가인 마르쿠스 리비우스 드루수스는 완전한 로마 시민권을 이탈리아 동맹국들에게 부여할 것을 제안했다. 예전에는 로마가 시민권의 확대를 기꺼이 그리고 관대하게 용인했지만, 나중에 해외로부터 기병과 보조군을 모집할 수 있게 된 원로원은 이탈리아인들을 회유할 필요성을 전혀 느끼지 못했다. 드루수스는 결국 암살되었으며, 그가 옹호했던 이탈리아인들은 민중파가 시민권에 대한 태도에서 귀족들만큼이나 배타적이었음을 깨달았다. 설사 거의 완전한 시민권을 소유했던 라틴인들이 여전히 충성스러웠다고 하더라도, 그 밖의 다른 이탈리아 민족들―그 중에서도 특히 마르시족―이 무장봉기를 일으켰다. 그들의 목적은 더 이상 시민권을 소유하는 것이 아니라 독립된 이탈리아 국가를 건설하는 것이었다.

뒤이은 이른바 '내전'(동맹시 전쟁)에서 마리우스는 만약 비상사태로 파벌정치를 위한 시간이 주어졌더라면 적들이 되었을 원로원 지휘관들과 함께 군사적 능력을 발휘해 공화국에 한 번 더 봉사하게 되었다. 실제로 그는 북부 전선에서 그에게 맡겨진 변변치 못한 권한에 실망했다. 반면에 로마의 남쪽에서 작전을 수행한 술라는 주목할 만한 승리들을 이끌어냈다. 아마도 질투를 정당화할 만한 것이라곤 아무것도 없었던 것 같다. 술라는 이제 67살이 된 마리우스보다 대략 20살 정도 더 젊었다.

내전(동맹시 전쟁)이 두번째해를 넘기면서 로마인들은 이탈리아인들을 압도하게 되었으며, 현명하게도 힘에 의존하지 않고 협상하기로 결심했다. 지나친 체면 손상 없이 그들은 이탈리아 전체에 완전한 시민권을 부여할 수 있었으며, 이러한 양보조치로 독립된 이탈리아 국가 건설이라는 극단적인 운동은 좌절되었다. 로마의 회유적인 태도는 로마가 모범적인 정치적 지혜와 관용으로 복귀한 것으로 찬미될 수 있을 것이다. 하지만 이러한 회유적인 태도가 조금만 더 일찍 나타났더라면, 2년간의 유혈투쟁은 피할 수 있었을 것이다.

로마의 군사조직은 항상 입헌적 그리고 사회적 제도와 긴밀하게 연결되었다. 내전에 뒤이었던 입헌적 변화들은 예측가능한 군사적 결과들을 가져왔다. 이제 시민권을 부여받은 이탈리아 주민들은 군단에 징집될 수 있었다. 더 이상 독립한 이탈리아 연합 분견대의 문제는

마리우스 시대의 병제개혁 이후에 로마의 기병은 이탈리아 외부에서 징집되었다. 하지만 돋을새김에서 보이는 것처럼 무기와 장비는 여전히 로마 스타일이었다.

없었다. 실제로 이들은 내전이 발생하기 이전에 이탈리아의 불만들 중에서 고려되어야 했던 해외 보조군의 사용으로 이미 불필요하게 되었다. 특별히 마리우스의 병제개혁으로 프롤레타리아에게 기회가 주어졌으며, 이러한 관점에서 징집에 대한 새로운 전망들이 불만에 찬 이탈리아인들을 회유하는 데 상당한 성과를 올렸음에 틀림없다. 이제 필요한 모든 것은 일자리를 마련해주기 위한 새로운 전쟁과 퇴역군인들에게 더 많은 토지를 제공하기 위한 새로운 정복사업이었다. 미트리다테스가 동부 지중해 국가들을 위협하고 있었으므로 전쟁의 구실을 멀리서 찾을 필요가 없게 되었다. 여하튼 로마로서는 자신의 영토 변경 지역들에서 통합된 거대 세력이 등장하는 것이 결코 바람직하지 않았다.

## 술라의 로마 진격

내전 이후 술라의 명성은 하늘 높은 줄 모르고 치솟았다. 그는 기원전 88년 집정관이 되었고, 원로원은 그에게 미트리다테스에 맞서는 군사작전 지휘권을 맡겼다. 왜냐하면 그 때 이미 동부 전쟁이 불가피하게 일어났기 때문이었다. 하지만 일단 이탈리아의 동맹국들이 회유되고 나자 로마에서 파벌정치가 다시 나타났으며, 똑같이 부도덕하고 폭력적인 방식들이 사용되었다. 또 한 명의 호민관 선동정치가의 발의로 민회에서 술라에 대한 원로원의 임명이 파기되

었다. 그리고 미트리다테스 전쟁에 대한 지휘권이 많은 나이에도 불구하고 무언가 새로운 군사적 성취를 통해 시들어가는 자신의 명성을 회복하려는 야심에 찬 마리우스에게 넘겨졌다.

로마의 뿌리깊은 적인 폰투스의 미트리다테스 6세. 그는 노년까지 살았지만 여기 젊은 초상화는 알렉산더 대왕을 닮은 모습이다.

새로운 입법이 효력을 발휘하게 되었을 때 술라는 서둘러 캄파니아에서 자신의 군대를 재결집시켰다. 그곳에서 술라의 군대는 동부 전투를 준비하고 있었다. 그는 자신의 군단병들 사이에서 의견의 일치를 확인했으며, 그들이 열렬히 자신에게 충성하고 있다는 것을 알았다. 마리우스에게 술라의 군대를 넘겨주려고 로마에서 온 장교들이 술라의 병사들에게 거칠게 다루어졌으며, 모욕을 당한 채 쫓겨났다. 모든 입헌적 절차를 포기하고 배후에 여섯 개의 군단을 거느린 술라는 로마로 진군했다. 몇 시간의 시가전 뒤 그는 로마를 장악했다. 마리우스는 법의 보호를 박탈당하고 도망쳤다. 그리고 요란스럽게 마리우스에게 유리하게 법률을 제정했던 호민관은 살해되었다. 하지만 설사 이러한 행동이 술라 부하들의 충정 어린 지지로 가능했다고 하더라도, 그의 장교들은 전례 없는 폭력에 섬뜩해 했으며 폭력과 단호하게 거리를 두었다.

로마 시에서 무자비하게 정적들을 숙청했던 술라는 자신의 열렬한 지지자들을 권력의 자리에 앉혔으며 미트리다테스 토벌에 대비해 로마를 떠났다. 그는 자신이 그 일의 적임자라고 생각했다. 왜냐하면 그는 킴브리 전쟁과 내전 사이의 기간에 이미 로마의 보호를 받는 소아시아의 한 통치자를 대신해 싸웠기 때문이다.

술라가 로마의 국내정치에서 정치적 무기로서 군대에 공공연하게 호소한 것은 확실히 새로운 출발의 한 획을 그은 사건이었다. 하지만 어떤 의미에서 이것은 마리우스가 이미 시작했던 방식들과 정책들이 논리적으로 발전한 것에 불과했다. 퇴역군인들에 대한 토지 수여 규정은 국가보다는 오히려 그들의 장군에게 충성하는 병사들을 확보하는 효과를 예상할 수 있었다. 병사들은 지휘관이 이런 식으로 그들의 물질적 이익을 위한 법률을 제정할 수 있는 능력에 신뢰를 보냈다. 따라서 그들은 그를 전폭적으로 지지할 준비가 되어 있었다. 여기에 덧붙여 분배를 위한 새로운 토지의 정복과 새로운 전리품 획득을 위한 끊임없는 전쟁의 전망을 그가 보여줄 것을 요구했다. 타고난 지도자로서 술라는 분명히 이러한 두 가지 요구사항 모두에 부응했다.

정치력과 군사력 사이의 관계가 점점 더 분명해졌다. 그것은 정치력이 군사적 위업에 대한 보상이었고 군사적 지지가 정치력의 사용으로 보장되었던 순환관계였다. 설사 로마인들이 감정과는 별개로 로마국가의 생존과 이민족 정부에 대한 로마국가의 우월성에 관심을 가지고 있었다고 하더라도, 이러한 상황에서 군대의 충성은 공화정 체제-또는 실제로 국가 자체-에 대해서라기보다는 오히려 장군들에 대한 것이었다. 술라의 로마 진군이 있은 지 한 세대가 지난 뒤 율리우스 카이사르의 기수가 가파르게 비탈진 켄트 해안에서 바다로 뛰어내렸을 때, 그 자신이 적어도 공화국과 장군(카이사르)에게 자신의 의무를 다했다고 큰 소리로 외쳤던 것은 주목할 만하다.

마우레타니아의 왕 보쿠스가 그의 사위인 유구르타를 술라의 손에 넘기고 있다. 마리우스가 기원전 106년에 유구르타에게 승리했지만 술라가 승리의 영예를 주장했다.

## 술라의 그리스 전쟁

미트리다테스가 통치했던 흑해 남쪽의 폰투스 왕국은 한때 페르시아 제국의 총독관구였다. 하지만 알렉산더 시대 이후 그곳의 지배자들은 하나의 독립왕조로 자리 잡았다. 주민들 중에는 북쪽에서 들어왔던 트라키아인, 스키타이인, 그리고 켈트인이 포함되었던 것 같지만, 그들은 이탈리아의 특권계급인 사제들의 지배를 받았다. 그리고 폰투스 왕국의 왕들은 그리스 문화를 받아들이거나 아니면 적어도 받아들이는 척했다. 여기에서 다루고 있는 미트리다테스 6세는 그리스 문명의 옹호자로 등장했으며, 이러한 역할에서 그는 흑해의 북쪽 해안에 위치한 그리스 도시들을 군사적으로 보호했다. 따라서 그는 이 지역에 자신의 권력을 확고하게 각인시켰다. 그 결과 그는 곡물이 자라고 있는 비옥한 토지와 견고한 해군을 포함한 부유한 그리스 해상국가들의 자원에 접근할 수 있었다.

하지만 미트리다테스가 소아시아 남쪽으로 관심을 돌렸을 때, 그는 로마인의 친구들과 동맹자, 즉 로마의 완충국과 보호국의 통치자들과 충돌하게 되었다. 이와 관련해서 그는 이미 기원전 96년 킬리키아의 총독으로 임명되었던 술라의 무시할 수 없는 외교적 수완을 학습했다. 미트리다테스는 경솔하지는 않았지만, 로마가 자체적인 내부 불화는 말할 것도 없이 유구르타 전쟁, 킴브리 전쟁, 그리고 내전에 몰두하고 있다는 사실은 그에게 거부할 수 없는 기회를 가져다주었다.

술라보다 덜 영민한 로마의 한 지휘관이 기원전 88년 미트리다테스에 맞서 괴뢰 군대를 사용하려고 시도했을 때—마시니사가 카르타고에 맞서 사용했던 방식처럼—, 미트리다테스는 강력하게 반항했으며, 괴뢰 군대는 물론이고 로마 군대 자체에 대해서도 굴욕적인 패배를 안겨주었다. 그러고 나서 그는 재빠르게 소아시아와 에게 해 전 지역에 자신의 세력을 확대해 나갔다. 이들 도시에서 미트리다테스는 80,000명으로 전해지는 남자와 여자 그리고 아이들을 대량 학살함으로써 로마의 상인들을 제거했다. 그러고 나서 그는 그리스인 지휘관들이 지휘하는 자신의 군대를 그리스로 보냈다. 아테네는 기꺼이 폰투스 왕국의 앞잡이 노릇을 하려 했던 평판 나쁜 참주의 지배를 받고 있었다. 로마의 마케도니아 총독과 그가 파견했던 장교가 있는 힘을 다해 그리고 결연한 의지로 싸웠으며, 폰투스의 군대를 북부 그리스의 만에 붙들어놓았다. 하지만 술라와 그의 다섯 군단이 때마침 기원전 87년 에피로스에 도착했다.

술라는 아테네를 공격해 얼마 동안 아사상태로 몰고 갔으며 결국 맹공을 가해 점령했다. 그 작전은 값비싼 대가를 치렀지만, 술라는 포위공격을 위한 목재를 마련하기 위해 신께 바쳐진 작은 숲의 나무를 베어 넘어뜨렸으며, 그리스 신전의 보물재산으로 전쟁비용을 충당했다. 그는 자신의 행운에 대해 미신적인 믿음을 갖고 있었으며, 이 믿음으로부터 그와 병사들은 많은 자신감을 끄집어냈다. 하지만 그들은 분명히 신들의 생각에 대해서는 지나치리만큼 걱정하지 않았다. 아테네에 대한 포위공격은 정교한 땅굴 작전으로 이루어졌다. 로마의 토루가 함몰되었을 때, 포위공격자들은 재빠르게 원인을 파악하고 대항 땅굴을 팠다. 양측 공병들이 땅 밑에서 마주쳤으며, 지하의 암흑 한 가운데에서 서로의 창으로 필사적으로 싸웠다.

술라는 아테네에 대한 부분적인 약탈을 허용했으며, 그 후 아테네 시의 역사적 과거에 대한 경외심으로 약탈 중지를 명령했다. 미트리다테스의 지휘관인 아르켈라우스는 여전히 해상을 지배하고 있었으며, 아티카의 바위투성이 지형은 로마 군대에 식량 공급을 어렵게 했다. 술라는 곡물이 자라고 있는 보이오티아 평원으로 떠났는데, 그곳에는 이미 폰투스의 증원군이 도착해 있었다. 여기에서 그는 두 차례에 걸친 카이로네아 전투와 오르코메노스 전투에서 승리했다.

미트리다테스의 군대는 그리스와 동방의 혼성부대였다. 마케도니아 유형의 팔랑크스와 함께 미트리다테스 왕은 두 바퀴에 낫이 달린 전차들로 구성된 대규모 분견대를 전장에 투입했다. '놋쇠 방패'라는 전통적인 이름을 가졌던 부대도 있었다. 아마도 번쩍이는 금과 은 무기와 갑옷의 위압적인 과시는 물론이고 수적 우세 또한 처음에는 로마인들을 위압하고도 남음이 있었던 것 같다. 따라서 카이로네아에서 술라는 방어적인 자세를 취하고 병사들에게 측면에 방어용 참호를 파라고 명령했다. 그가 의도했던 대로 병사들은 곧 참호 파는 것에 싫증을 내고 기꺼이 전투에 대한 의욕을 드러냈다. 뒤따른 전투에서 폰투스의 팔랑크스 병사들은 훈련이 부족했던 것처럼 보였다. 그리고 두 바퀴에 낫을 단 전차공격은 완전히 실패했다. 그들을 바라보며 로마 병사들은 조롱하듯 웃었으며, 비꼬는 듯한 박수갈채를 보냈다. 사상자 수는 술라 자신의 기록에서 유래되고 설득력이 떨어지는 것 같다. 그가 전하는 바에 따르면 100,000명의 적이 죽었던 반면에 로마가 입은 손실은 14명의 행방불명-그들 중 두 명은 다음 날 발견되었다-에 불과했다. 하지만 어떤 경우이든 그 결과는 로마가 지닌 무기에 비하면 완전한 승리였다.

아르켈라우스의 유연한 지도력이 비난받을 수 없다. 그는 잡다한 그러나 경험 없는 병사들-그들 중 일부는 징집된 해방노예들이었다-을 될 수 있는 대로 많이 이용했다. 로마의 창들과 투석무기들의 충격으로 팔랑크스가 무너졌다. 폰투스의 기병과 경무장군은 계속해서 로마군을 포위하면서 위협했다. 하지만 술라와 장교들은 스스로의 경계와 병사들의 기동력 덕분에 위험을 피했다.

전투에서 도망쳤던 아르켈라우스는 다음 해 겨울을 에우보이아 섬에서 보냈다. 그곳에서 그는 로마의 공격으로부터 해군의 보호를 받았다. 술라와 그의 군대는 아테네에서 겨울을 보냈다. 다음 해인 기원전 85년 두 군대가 한 번 더 오르코메노스 근처의 목가풍 나라인 보이오티아에서 마주쳤다. 술라는 다시 한 번 참호를 파게 함으로써 교전을 독려했다. 하지만 이번에 자극을 받은 쪽은 적들이었다. 왜냐하면 그들은 술라의 토루에 의해 코파이스 호수 둘레 늪지대에 갇히게 되었기 때문이다. 폰투스의 기병은 어느 정도 초기에 성공을 거두었지만, 술라는 그 위기 상황을 지켜냈다. 로마의 참호들에 대한 공격 재개로 폰투스 군대는 역공에 노출되었을 뿐이다. 그리고 로마 군단병들과 너무나 빨리 맞붙게 되었다는 사실을 알게 된 아르켈라우스의 궁수들은 화살을 칼로 사용할 수밖에 없었다. 술라의 병사들은 계속해서 참호를 팠으며, 다음 날 로마군은 기습을 감행해 아르켈라우스의 진지를 점령하고 뿔뿔이 흩어지는 그의 군대를 늪 한가운데에서 살육했다. 아르켈라우스는 다시 도망쳤다.

**전쟁 안의 전쟁**

기원전 88년 술라의 극적인 로마 진군 이후로 마리우스는 해상으로 도망치려고 했지만 이탈리아의 서해안에서 오도 가도 못하게 되었다. 그곳에서 단지 승자만을 지지하고 싶어 했던 그곳 지역주민들은 그를 보호해야 할지 아니면 팔아넘겨야 할지 감 잡을 수 없었다. 플루타르코스에 따르면 어려움에서 벗어나기 위해서 자원한 갈리아인 한 명이 비밀리에 마리우스를 죽이라는 임무를 부여받고 파견되었다. 하지만 마리우스는 연병장에서 내는 목소리로 그에게 고함쳤으며 자원한 암살자는 혼비백산해 도망갔다. 그 이야기는 사실이 아닐지도 모르지만 그럴듯하게 들린다.

마침내 마리우스는 북아프리카에 도달했다. 이곳에서 그는 자신의 퇴역군인들의 식민지에서 호감이 가는 인물이었다. 다음 해에 술라는 이제 미트리다테스에게 열중해 있었고, 파벌싸움이 로마에서 다시 일어났으며, 그리고 기회를 엿보고 있었던 마리우스는 더 많은 그의 예전 병사들이 정착해 있었던 에트루리아에 도착했다. 그의 정치적 동료들이 징집한 군대의 도움으로 마리우스는 오스티아를 약탈하고 로마를 점령했으며, 자신의 정적들을 무자비하게 학살한 공포정치를 시작했다. 하지만 여전히 동방에서 그와 대적하고 있던 술라의 힘을 의식할 때마다 그의 마음은 괴로움으로 가득 찼다. 마리우스는 폭주에 의존했으며 일곱 번째 집정관직을 수행하는 동안에 죽었다.

하지만 민중파는 권력을 유지하고 있었으며 공화국의 진정한 군대로 알려졌던 군단들을 그리스로 보냈다. 이제 법적 보호를 박탈당했던 술라는 비난받았으며, 그의 병사들에게 이제 술라를 버리고 합법적인 로마 지휘관의 권위를 받아들이도록 호소했다. 하지만 술라의 군사 경력에 경의를 표한 그리스의 새로운 군단들이 틈만 나면 그들의 합법적인 지휘관을 떠나서 법적 보호를 박탈당한 술라에게 합류하려고 했을 때, 그들은 헬레스폰토스 해협을 가로질러 미트리다테스와의 싸움에 전력을 다하기 위해 마케도니아와 트라키아를 지나서 인도되었다. 설사 신뢰할 수는 없었다고 하더라도 대단히 유능한 장교였던 가이우스 플라비우스 핌브리아가 이제 그들을 지휘했다.

로마에서 술라의 친구들이 학살되었으며, 그의 집은 불탔다. 그리고 그의 부인과 자식들은 간신히 그리스로 도망쳐서 그와 합류했다. 로마로 되돌아가 원한을 갚기 위해서 술라는 미트리다테스와 협상할 준비가 되어 있었으며, 이러한 목적을 달성하기 위해서 그는 보이오티아 해안 주변의 가까운 신전에서 아르켈라우스와 협상했다. 아르켈라우스는 로마의 적들에게 맞서기 위해서는 미트리다테스를 동맹자로 받아들여야 한다고 술라에게 제안했다.

술라는 아르켈라우스가 미트리다테스를 팔아 넘겨야 한다는 제안으로 응수했다. 아르켈라우스는 충격을 받은 것처럼 보였다. 그와 같은 협상에서 탁월한 능력을 발휘했던 술라는 자신도 똑같이 아르켈라우스의 신뢰할 수 없는 제안에 충격 받았다고 고백했다. 결국 둘 사이에 미트리다테스가 왕국을 유지하는 것에 동의가 이루어졌지만, 그가 자신의 엄청난 함대와 함께 정복을 포기하고 배상금을 지불해야 한다는 단서가 붙었다.

술라의 군단은 그러한 평화협상에 기분이 상했다. 설사 그들이 당시의 정부에 대해 아무런 관심도 갖고 있지 않았다고 하더라도, 그들은 국가에 대해서는 애국심을 느끼고 있었다. 그리고 미트리다테스의 학살로 죽었던 로마인들이 그들의 기억에서 사라지지 않았다. 술라는 자신이 핌브리아와 미트리다테스 둘 다를 상대로 싸울 수 없을 것이라는 다소 그럴듯한 주장으로 그들을 회유했다. 만약 그때 이미 함대를 소집했던 술라의 신임 받는 장교 루키우스 리키니우스 루쿨루스가 의도적으로 미트리다테스가 도망가는 것을 용인하지 않았다면, 그는 폰투스의 왕 미트리다테스를 붙잡는 데 성공했을 것이다.

폰투스의 위협이 일시적으로 해소되자 술라는 리디아에 있는 핌브리아의 진지 가까이

기원전 88년 미트리다테스 전쟁은 로마의 신속한 반응을 자극했다. 술라의 그리스 개입과 카이로네아와 오로코메노스 전투에서의 승리는 미트리다테스에게 평화협상을 체결하지 않으면 안 되게 만들었다.

로 자신의 군대를 이동시켰으며, 참호를 파는 군사작전에 본격적으로 착수했다. 이것은 그가 특히 즐겨 사용하는 군사작전이었다. 잡역용 옷을 입었던 핌브리아의 병사들이 곧 변절해서 참호 파는 일을 도왔다. 그 상황을 정확히 간파하고 핌브리아는 자결했으며 술라는 즉시 죽은 핌브리아의 군대를 떠맡았다. 술라는 미트리다테스의 학살을 묵인했던 그리스 도시들을 엄청난 재정적 부담으로 처벌했다. 그들은 로마 대부업자들로부터의 도움 없이는 이러한 재정적 부담을 견디어낼 수 없었다. 핌브리아의 군단들을 동방에 주둔군으로 남겨두고 나서 술라는 복수의 수호신처럼 자신의 군대를 데리고 이탈리아로 되돌아왔다.

브룬디시움(브린디시)에 도착했을 때, 술라의 군대는 민중파 군대에 비해 엄청난 수적 열세였다. 하지만 그의 병사들은 적들이 열의가 없었던 반면에 술라에게 헌신적이었다. 상당히 큰 부대들을 지휘하는 장교들도 그에게 합류했다. 특히 그나에우스 폼페이우스를 포함해 마리우스의 희생자와 반대자의 아들들이 술라에게 합류했다. 그나에우스 폼페이우스는 나중에 술라가 그에게 수여했던 별명 때문에 폼페이우스 대왕으로 역사에 알려졌다. 그럼에도 불구하고 술라는 로마에 너무 늦게 도착했으므로 그의 지지자들의 대학살을 막을 수 없었다. 또한 그는 내전에서 싸웠던 이탈리아의 삼니움인들에게도 인기가 없었다. 이들은 민중파와 제휴했으며 술라가 극복하지 않으면 안 되었던 가장 심각한 위협을 제기했다. 하지만 그는 마침내 로마의 콜린 성문에서 벌어진 격렬한 전투에서 그들에게 승리를 거두었다. 그 후 곧 라티움의 프라이네스테에서 포위공격을 받은 마리우스의 아들이 자결했



카파도키아의 산악지역. 기원전 1세기에 폰투스의 미트리다테스가 이 지역에 개입하지만 로마에게 격파당한다.

대로 기다란 켈트 검과 창끝이
크고 가장자리가 오목한 8피트
(2.4미터)짜리 창이다. 마구馬具
주위의 말 장식들은 사람의 머리
를 묘사한다. 켈트족은 잔혹한
사람 사냥꾼이었다. 그는 짧은
바지와 가죽신을 신었다. 북부
프랑스에서는 긴 바지를 착용했
다(아래 흑백 그림 참조). 이와
같은 족장들의 지휘를 받은 기병
은 로마 편에서뿐만 아니라 로마
에 대항해서 싸웠다. 대부분의
기병은 갑주를 거의 또는 전혀
착용하지 않았으며, 일부 기병은
그림에서 보이는 기다랗고 편평
한 방패보다는 원형 방패를 휴대
했다.

**켈트족 보병(아래)**
아래 그림은 체크무늬의 바지를
입고 있는 북부 프랑스의 전형적
인 부족민을 보여주고 있다. 그
는 흔히 볼 수 있는 무기인 긴 방
패와 칼을 휴대했다. 로마인들처
럼 켈트족은 몸 오른 편에 칼을
착용했다. 그의 머리에는 진흙과
석회가 발라져 있다.

다.

　술라는 엄청난 숫자의 포로들을 학살했다. 로마와 이탈리아를 완전히 장악한 그는 자신의 정적들의 법적 권리를 박탈하는 일련의 명부를 작성해서 그들을 대량 학살했다. 술라 자신은 정당한 입헌적 절차를 통해 독재관이 되었으며, 기원전 78년에 병으로 죽을 때까지 오늘날의 의미에서 독재자로 남았다.

### 루쿨루스와 그의 해군

　위에서 언급되었던 것에도 불구하고 미트리다테스에 맞서 술라 밑에서 복무하는 동안 루쿨루스가 이룩해낸 업적은 자랑스럽게 언급할 만한 가치가 있다. 루쿨루스는 술라와 혼인으로 맺어진 사이였다. 그의 삶에서 지배적인 동기가 된 것처럼 보이는 것은 다름 아닌 위대한 장군 술라에 대한 헌신이었다. 루쿨루스는 내전 기간에 수훈을 세웠으며, 기원전 88년 술라의 로마 진군 때에는 술라의 군대에서 쿠데타를 찬양한 유일한 장교였다. 그는 문필에 조예가 깊지 않았고 학자적인 재능도 부족했다. 술라는 자신의 회고록을 그에게 헌정했으며, 그는 술라의 유언집행자가 되었다. 우리가 이미 언급한 바 있었던 경우처럼 그가 핌브리아와 가진 협상은 그의 태도를 대단히 분명하게 입증해주고 있다. 만약 그의 권고대로 미트리다테스가 해상으로 도망가는 것이 저지되었더라면, 술라를 제외하고 루쿨루스와 핌브리아가 그를 사로잡는 영광을 함께 나누었을 것이다. 루쿨루스가 핌브리아의 제안을 거부한 것은 개인적인 이기심도 아니었고 그렇다고 공화국에 대한 충성심도 아니었다. 그것은 단지 술라에 대한 충성에 따른 것에 불과했다.

　설사 적 해군에 의해 보급품이 차단되었다고 하더라도, 술라가 아테네를 포위공격하고 있는 동안에 루쿨루스는 미트리다테스에게 저항했던 동부 지중해의 해상국가들로부터 함대를 조달하기 위해서 파견되었다. 그는 한겨울에 폰투스와 해적의 소함대들로 들끓는 바다 위로 작은 범선 한 척을 타고 알렉산드리아를 향해 그리스를 항해했다. 가볍게 장비를 갖춘 세 척의 작은 배와 세 척의 로도스 갤리선이 그를 호위했다. 그는 크레타에서 로마인들에 대한 정치적 지지를 획득했으며, 키레네의 시민들에 의해 그들의 국내 분쟁에 대한 공정한 조정자로 인정되었다. 적의 정보를 혼란시키기 위해 여러 차례 배를 바꾸면서 해적들에게 한 척 이상의 배를 잃었던 그는 가까스로 위기를 모면한 후에 알렉산드리아에 도착했다. 하지만 이집트의 젊은 프톨레마이오스는 연루되고 싶어 하지 않았으며, 그가 루쿨루스에게 보낸 지지는 왕실의 환대, 후한 대접 그리고 선물들 이상은 아니었다.

키프로스 주변에서 적의 전함들이 기다리고 있었으며, 루쿨루스는 밤에만 돛을 올리고 낮에는 노에 의지하면서 눈에 띄지 않게 미끄러지듯 빠져나가지 않으면 안 되었다. 하지만 다행스럽게도 로도스가 폰투스의 위협에 단호하게 맞서 대항했으며, 로도스인들이 그의 재량에 맡겨놓은 배들과 함께 루쿨루스는 다른 그리스 섬들을 자기편으로 끌어들이거나 아니면 정복하면서 꾸준하게 자신의 함대를 확대했다. 이러한 군사작전에서 그는 해적의 피난처가 되었던 도시들과 연합하지 않도록 신중을 기했다. 만약 그가 이들 도시와 제휴를 했더라면 법과 질서에 대한 그의 타고난 존경심과는 별개로 그의 로도스 동맹자들은 기분이 상했을 것이다.

루쿨루스는 나중에 북동 에게 해에서 미트리다테스의 해군과 치른 두 차례의 전투에서 승리했다. 테네도스에서 그는 로도스의 5단 노선 위에서 함대를 지휘했다. 하지만 적 해군사령관이 정면에서 충각으로 들이받으려고 로도스의 배를 향해 전속력으로 다가왔다. 이때 루쿨루스의 기함사령관이 여느 때와 다른 책략을 시도했다. 공격자와 정면으로 맞서는 것을 두려워한 그는 배를 회전시켜 고물을 들이댔다. 그리고 퇴각하면서 처음으로 적의 고물과 마주쳤다. 로도스 배의 선체는 이러한 자세에서 어떤 손상도 입지 않을 정도로 배열되었다.

# 폼페이우스와 그의 시대

그나에우스 폼페이우스의 승리는 동방에서 로마의 지배를 유지했으며 지중해의 해적들을 무찔렀다. 그 사이에 이탈리아에서는 크라수스가 노예반란을 압도했으며, 카틸리나의 음모가 진압되었다. 카레에서 크라수스의 죽음은 율리우스 카이사르를 제외하고 폼페이우스를 최고의 자리에 앉혔다.

### 고대의 문헌들

술라의 죽음에 뒤이은 세대에 로마의 공화정치는 처음에는 그나에우스 폼페이우스에 의해 장악되었으며, 그 후에는 율리우스 카이사르의 시야 안에 들어왔다. 이 기간은 플루타르코스의 『영웅전』에서 잘 설명되고 있다. 플루타르코스가 자신은 역사가가 아니라 전기 작가라고 주장했다고 하더라도 폼페이우스, 루쿨루스, 세르토리우스, 크라수스, 카토, 키케로, 그리고 카이사르의 전기들을 한데 묶음으로써 공화정 마지막 몇 년 동안에 나타났던 정치·군사적 사건들의 전체상을 알리는 효과를 가져왔다. 비록 종종 출처가 의심스럽다고는 할지라도 플루타르코스의 일화들조차도 많은 경우에 인물을 적절히 묘사하고 있다. 그리고 이 시기의 로마 역사는 대부분 인신공격의 역사이자 동시에 인물 갈등의 역사였다.

키케로는 폼페이우스와 같은 해인 기원전 106년에 태어났다. 군사 경험이 없었고 더욱

이 지도는 기원전 59년의 최초 분할에 뒤이어 기원전 55년에 폼페이우스, 카이사르 그리고
크라수스 사이에 로마의 속주가 분할되었던 방식을 설명한다.

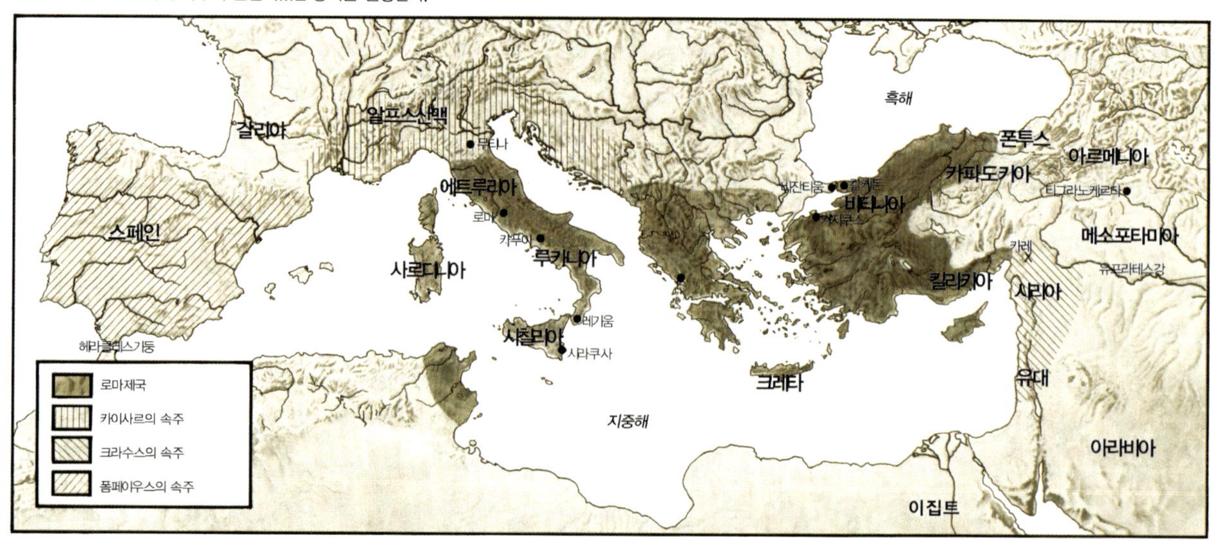

이 군인이 아니었시만, 위대한 연설가였던 키케로는 다소 놀랍게도 기원전 63년에야 겨우 집정관이 되었다. 집정관으로서 그는 몇 가지 점에서 민간 업무들을 다룰 수 있는 정치적 대리인들이 필요했을 때 군인이었던 마리우스와는 정반대이자 상대자였다. 줄곧 증가하는 정치 폭력의 세계에서 키케로는 군대의 지지가 필요했다. 이를 위해서 그는 폼페이우스 이외의 어느 누구에게도 의존하지 않았다. 그리고 현존하는 그의 연설들은 그가 활동할 당시의 군사 현실을 해명하는 데 한 줄기 빛을 던져준다. 마닐리우스 법(폼페이우스에게 미트리다테스 전쟁에 대한 지휘권을 부여했던 법)을 지지하는 그의 연설은 당시의 온건한 견해를 충실하게 반영하면서 폼페이우스에 대한 감동적인 지지를 나타내고 있다. 당시 로마에 널리 퍼지고 있는 무법상황의 한 가운데에서 유명한 장군인 폼페이우스에 대한 그의 개인적인 의존도는 살인 혐의를 받고 있었던 밀로에 대한 변호에서 분명하게 드러나고 있다. 이 변호에 뒤이어 로마 시 인근 지역에서 피를 부르는 정치 파벌들의 싸움이 재발되었다. 무레나에 대한 변호에서는 카틸리나의 음모가 언급되고 있다. 음모의 진압과 관련된 군사작전을 다른 사람이 수행했지만 키케로가 카틸리나의 음모를 폭로해서 진압하는 공을 차지할 수 있었다. 또한 시칠리아 총독의 임기가 끝난 베레스에 대한 기소는 역사적으로 중요한 의미가 있다. 그것은 종종 대단히 고도로 조직된 해적의 위협에 직면하여 로마 해군의 무기력함을 나타낸 놀랄 만한 증거이다. 결국 그 위협에 맞서 싸우도록 폼페이우스가 소환되는 상황에 이르렀다. 기원전 1세기 로마의 군사력과 정치력의 상호의존을 입증할 수 있는 많은 증거들을 키케로를 통해 쉽게 얻을 수 있다.

카틸리나의 전쟁이라는 주제에 살루스티우스는 자신의 전체 논문을 할애하고 있다. 또한 그는 자신의 생애에 발생했던 사건들을 쓰고 있었다. 하지만 그의 이야기는 간혹 키케로 그리고 플루타르코스의 이야기와 일치시키기 어렵다. 만약 살루스티우스가 자신의 기억에 의존하고 있었다면, 그의 이야기는 가장 정확한 것이 아닐지도 모른다. 예를 들어서 카틸리나의 공범자들에 대한 사형선고를 요구한 카토를 인용한 플루타르코스는 카토의 연설 전체가 키케로의 서기들의 (당시로서는 혁신적이었던) 속기로 기록되었으며, 그 결과 그것이 현존하는 카토의 연설문들 가운데 유일한 것이었다고 말한다. 그 연설에 대한 살루스티우스의 설명은 플루타르코스의 그것과는 크게 다르다. 그리고 그의 기억이 잘못된 것이든 아니든 그 자신이 지어낸 이야기일 것이라는 점에는 무리가 없다.

그 시기에 대한 또 다른 문헌들은 앞 장에서 주목한 것들이다. 특히 아피아노스는 재개된 미트리다테스 전쟁과 동방에서의 로마의 군사작전에 관련된 지식들을 제공한다.

폼페이우스. 그는 어쩔 수 없이 그의 군사력에 의존했던 국가의 입헌적 종복이 되고자 했다.

## 군사 지휘권과 정치력

술라는 군대에 의해 입헌정부를 강제하려고 시도했다. 이 시도 자체는 실패할 운명을 안고 있었다. 왜냐하면 입헌정부는 인민들 사이의 동의와 합의라는 구체적인 원리에 기초한 것이기 때문이다. 술라 시대에 그러한 원리는 결여되어 있었으며, 그가 그러한 결함을 상쇄하려고 시도했던 입법은 여러 면에서 시대착오적인 것이었다. 아마도 술라가 가이우스 그라쿠스가 에퀴테스에게 부여했던 권리와 명예를 박탈하는 것은 정당했던 것 같지만, 그의 법은 민회를 귀족과 평민 사이의 신분투쟁기에 차지했던 지위로 떨어뜨렸다. 술라는 집정관 선출에 적용되었던 옛날의 규정들을 강화함으로써 제2의 마리우스로부터 국가를 지키기를 원했다. 이제 정무관직은 엄격한 승진 순서로 차지되어야 한다는 규정이 마련되었다. 처음에 재무관(콰이스토르)으로 그리고 그 다음에는 법무관(프라이토르)으로 복무한 후에야 비로소 집정관이 될 수 있었다. 나이 제한이 있었던 것으로 볼 때 한 번의 임명과 다음 번의 임명 사이에 시간 간격이 있었을 것이라고 미루어 짐작할 수 있다. 동일 관직에 재선출되는 것은 더더구나 시간 규정에 의해 저지되었다.

하지만 그 규정에 대한 새로운 위협은 술라의 예상대로 집정관과 법무관이 아닌 전前 집정관(프로콘술)과 전前 법무관(프로프라이토르)으로부터 왔다. 해외 전쟁의 위급한 상황들이 행정력과 통치력의 위임을 불가피한 것으로 만들었다. 집정관은 두 명이었고, 이제 로마의 지배를 받았던 광대한 지역들은 법무관들의 도움을 참작한다고 하더라도 두세 명의 정무관들로는 통치될 수 없었다. 이와는 대조적으로 규정상의 선례는 임명될 수 있는 전前 정무관들의 숫자를 제한하지 않았다.

최초의 전 집정관은 기원전 326년에 집정관직의 연장으로 자신의 관직을 보유했다. 군사적 상황에 대처한다는 것은 특별한 조치였다. 술라는 전 정무관들의 재임기간을 일 년으로 제한하고자 했지만, 전 정무관들에게 맡겨진 업무들 때문에 종종 더 오래 관직을 보유할 필요가 있었다. 폼페이우스는 3년의 임기로 자신에게 부여된 권한을 행사해서 새로운 선례를 세웠다. 집정관직에게 놓여있던 장애물들이 특별한 해외 지휘권의 경우에는 작동하지 않았다. 심지어 정무관이 아니었던 사람이 '사인私人' 자격으로 속주에서 지휘권을 갖는 것이 가능하기까지 했으며, 그러한 지휘권은 보통 군사와 민사를 모두 포함한 것이었다. 분명히 전 집정관의 권한은 일정 지역으로 국한되었다. 하지만 기원전 67년 해적들에 맞선 폼페이우스의 지휘권의 경우에서처럼 그 지역은 대단히 넓을 수 있었다.

술라는 집정관이 전 집정관의 권한으로 해외에 파견되기 앞서 일 년 동안 국내에서 직무를 수행해야 한다고 규정했다. 하지만 실제로는 로마에서 집정관이 자신의 부관들을 통해 해외 속주들을 간접적으로 통치하는 것이 가능했다. 활동적으로 복무하는 동시에 멀리서 속주들을 통치한 폼페이우스는 부관들을 광범위하게 사용했다. 원래 원로원에 의해 한 장군의 참모로 임명된 장교들은 세 명 내지 네 명이었다. 하지만 폼페이우스는 해적들과의 전투 중에 24명의 부관들을 이용했다. 기원전 55년부터 스페인에서 전 집정관으로서 동시에 기원전 52년에는 집정관으로서 폼페이우스는 부관들을 이용해 대리로 속주를 통치했다. 술라의 규정은 완전히 파괴되었다.

편의적이고 형식적으로는 입헌적이라고 하더라도 이러저러한 방법으로 권한을 위임하는 관행은 공화정의 몰락을 재촉하는 행위였다. 폼페이우스보다 더 많이 이러한 관행에 의존한 사람은 아무도 없었다. 그리고 여러 면에서 그는 술라와 똑같이 역설적인 위치에 있었다. 물론 그는 다소 온화한 성격의 소유자였으며, 힘으로 규정을 강요했다기보다는 장려했을 뿐이었다.


## 폼페이우스의 초기 경력


기원전 82년에 폼페이우스는 처음에는 시칠리아에 그리고 다음에는 북아프리카에 술라의 부관으로 임명되었다. 그곳에서 이제 잃을 것이라곤 아무것도 없었던 민중파의 지도자들이 독재관 술라와 그의 체제에 맞설 저항세력을 규합하려고 시도했다. 시칠리아와 북아프리카의 전장 모두에서 폼페이우스는 완전한 승리를 거두었다. 그리고 무자비함으로 악명 높았던 술라는 나이어린 장교인 폼페이우스가 개선을 축하하도록 허용함으로써 가끔 병사들을 놀라게 했다.

승리한 장군이 자신의 군대, 전리품, 그리고 포로들과 함께 카피톨리누스의 유피테르 신전까지 개선행렬하는 것은 일정한 조건들 하에서 허용되었다. 원로원 의원들, 정무관들과 관리들, 희생 제물로 바쳐질 동물들, 깃발들 그리고 감탄해 마지않는 군중들이 개선행렬의 뒤를 따랐다. 북아프리카의 로마 민중파 지휘관이 한 아프리카 왕과 동맹을 맺었다. 따라서 폼페이우스가 한 외국 세력에게 승리를 거두었다고 주장될 수도 있을 것이다. 하지만 승리는 집정관, 법무관, 그리고 독재관이 누리는 특권이었으며, 폼페이우스는 어떤 종류의 정무관도 아니었다. 그럼에도 불구하고 술라는 비록 자신이 열렬한 입헌주의자일지라도 그의 결정을 입헌적 토대 위에서 항상 정당화하지는 않았다. 승리를 축하하는 개선식은 결코 사라지지 않았다. 사실 폼페이우스는 아프리카 코끼리들에게 승리의 전차들을 끌게 하고 싶었지만, 그들은 몸집이 너무 커서 도시 성문을 통과할 수 없었으므로 말이 코끼리 자리를 대신해야 했다.

술라가 죽은 뒤에 폼페이우스 자신이 권력의 자리에 끌어들인 사람들에 의해 이탈리아에서 민중파를 규합하려는 또 한 번의 시도가 이루어졌다. 하지만 폼페이우스는 즉시 현 상황을 유지하려는 자신의 의지를 나타내고 무티나(모데나)에서 반대자들과 그들의 군대를 포위공격했다. 그리고 그들의 항복을 받아낸 뒤에 처형했다. 주모자였던 레피두스는 사르디니아로 도망쳤으며 그곳에서 죽었다. 이제 폼페이우스의 군사력과 위엄에 놀란 원로원은 그를 기꺼이 스페인에 배속시켰다. 그곳에서는 한때 또 한 명의 민중파 지지자였던 퀸투스 세르

야생 동물들과 싸우고 있는 검투사들. 검투사들은 로마인 삶의 일상사였다. 대중들이 죽음의 장면에 익숙해져야 하는 것은 사기에도 좋다고 생각되었다.

토리우스가 독립국가라고 불러도 손색이 없을 나라를 세워놓고 있었다.

가이우스 마리우스가 죽은 이후로 세르토리우스는 아마도 민중파가 가지고 있었던 유일하게 훌륭한 장군이었던 것 같다. 이탈리아에서 그의 반란군들이 술라의 위협을 받았을 때 그는 해외 기지의 확보야말로 유일한 저항의 희망이라는 것을 깨달았던 것 같다. 그는 재무관으로 복무하면서 이미 스페인을 알고 있었으며, 켈티베리아 부족들과의 싸움에서 계략과 게릴라 전술을 사용해 그들과 맞붙을 수 있다는 것을 보여주었다. 술라의 권좌 복귀에 뒤이은 몇 년 동안 세르토리우스는 로마의 원로원 군대를 여러 차례 무찔렀다. 그는 자신을 지방의 야심가로 간주했으며, 로마의 어떤 정파의 지도자로서보다는 오히려 스페인 민족주의 운동의 지도자로서 주목을 끌었다. 폼페이우스는 그의 로마-스페인 게릴라 전술과 전략을 다루는 데 상당한 어려움을 가졌다. 그리고 만약 배반 행위가 없었더라면 그는 결코 승리를 거두지 못했을 것이다. 왜냐하면 세르토리우스는 그의 부관인 페르펜나의 음모로 살해되었기 때문이다. 하지만 페르펜나는 세르토리우스처럼 그렇게 명민한 게릴라 전사가 아니었으며, 함정을 설치한 폼페이우스는 곧 그를 사로잡아 사형에 처했다.

적어도 그의 초기 경력에서 폼페이우스에게 행운이 뒤따랐다는 점에서는 술라를 닮았다. 그가 스페인에 있었던 5년 동안 이탈리아는 한 차례 대규모 노예반란으로 공포에 휩싸였다. 노예들은 로마의 여러 군대에 패배를 안겨주었지만, 마침내 술라의 옛 장교들 중 한 사람이자 이제는 야심에 찬 정치가이자 장군인 마르쿠스 리키니우스 크라수스에게 궤멸되었다. 그렇다 하더라도 크라수스의 승리에서 살아남은 5,000명의 생존자들이 간신히 도망쳐서 북쪽 에트루리아로 물러났다. 군단들을 거느리고 스페인에서 돌아온 폼페이우스가 그곳에서 반란군 생존자들과 마주쳐 그들을 절멸시켰다. 그는 이러한 성공적인 군사작전의 주요 공적에 대해 주장하는 것을 주저하지 않았다. 이러한 공적의 주장은 영향력 있는 크라수스와의 관계를 거의 개선시켜주지 못했다. 폼페이우스는 비입헌적인 야심을 갖고 있지 않았다. 하지만 그는 자신의 공적인 명성에 대단한 가치를 두었으며, 이것이 때때로 그로 하여금 물불을 가리지 않게 만들었다.


## 스파르타쿠스 노예봉기


고대 세계에서 전쟁포로들의 운명은 그들의 목숨을 살려주는 것이 더 편했을지는 몰라도 보통은 노예가 되는 것이었다. 로마가 전쟁에서 거둔 승리로 기원전 1세기 초 이전에 이탈리아와 시칠리아는 노예로 가득 채워져 있었다. 노예 인구의 규모는 로마에게 분명한 위험이 되었다. 기원전 139년과 104년에 시칠리아에서 격렬한 노예반란이 있었다. 이 두 차례의 노예반란은 여러 해 동안 질질 끌었지만, 노예반란들 중 가장 심각한 양상으로 전개되었던 것은 위에서 언급된 기원전 73년의 반란이었다. 그것은 트라키아 출신의 검투사로 고결한 인품의 소유자이자 지능이 결코 낮지 않았던 스파르타쿠스에 의해 주도되었다. 그는 어느 정도 그리스 문화를 타고났다. 그는 일단의 동료들과 함께 카푸아의 검투사학교를 탈출했다. 도망자들은 지방 식당에서 칼과 쇠꼬챙이로 무장했으며, 나중에는 이것들에 덧붙여 여러 개의 검투사 무기들로 무장했다. 그들과 맞서기 위해서 카푸아에서 파견된 군대는 처참한 패배를 경험했다. 그리고 그들은 노예들에게는 너무나 값진 물건이었던 무기를 손에 넣었다.

　　이제 법무관의 지휘를 받는 로마 병력 3,000명이 반란자들의 진압에 파견되었다. 스파르타쿠스와 그의 추종자들은 일시적으로 가파른 산꼭대기에서 포위공격을 받았지만, 야생 포도나무 가지들을 꼬아 사다리를 만들어 깎아지른 듯한 바위 아래로 도망쳤다. 스파르타쿠스의 군대에 이탈리아의 전 지역에서 온 온갖 국적의 도망 노예들이 합류했으며, 그 규모가 90,000명에 이르렀던 것 같다. 이 숫자는 어떻게 해서 스파르타쿠스 군대가 로마 군대에 맞서 계속 승리를 거둘 수 있었는가를 설명해준다. 여전히 이탈리아에서는 두 명의 집정관들 사이에 네 개의 군단이 똑같이 나누어지는 것이 보통이었다. 반면에 훨씬 규모가 큰 군대들은 전 정무관들의 지휘 하에 해외에 배치되었다. 하지만 지휘할 수 있는 사람이 부족하고 다양한 국적의 노예 병력 규모가 엄청나게 커져 병사들 내부에서 체계적인 질서와 규율을 지키기가 어려워졌다. 스파르타쿠스는 자신의 병사들이 알프스를 넘어서 그들의 고향 땅으로 갈 수 있을지도 모른다는 희망으로 그들을 북쪽으로 이끌었다. 하지만 수많은 스파르타쿠스의 병사들이 이탈리아에서 약탈하며 사는 것을 더 좋아했으므로 스파르타쿠스는 다시 남쪽으로 방향을 돌릴 수밖에 없었다.

　　반란자들을 처리하라는 임무를 받았을 때 크라수스는 결코 즉시 그 임무를 완수하지 못했다. 두 개의 군단을 지휘하고 있었던 그의 장교들 중 한 명이 명령을 위반해 적과 교전해 패배하면서 엄청난 사상자가 발생했다. 그 사이에 전장에서 수많은 군단병들이 버리고 간 무기들이 적의 수중에 고스란히 넘겨졌다. 크라수스는 증거금을 받고 새로운 무기를 지급했으며, 로마의 전통적인 군사처벌 방식에 따라 추첨으로 뽑힌 열 명의 병사 당 한 명을 처형하는 방식으로 패배에 책임이 있었던 보병대를 처벌했다.

　　자신의 추종자들을 만족시켜주는 것과는 별개로 스파르타쿠스가 남쪽으로 방향을 바꾸었던 것은 시칠리아로 건너가 그 섬에서 계속해서 연기로 피어오르고 있었던 노예반란의 타

나 남은 불씨에 불을 붙
이려는 데 그 목적이 있
었다. 시칠리아의 많은
노예들은 언어와 혈통
에 있어서 그리스인이
었다. 아마도 스파르타
쿠스는 자신의 군대에
보다 강력한 통제권을
행사할 수 있을 정도의
어떤 민족적 일체감을
희망했던 것 같다. 그는
이제는 킬리키아의 요
새에서 멀리 떨어진 서

부 지중해에서 아무런 제지도 받지 않고 활개를 치며 돌아다녔던 일단의 해적들과 협상했
다. 하지만 그들은 스파르타쿠스에게 약속했던 수송선을 제공하는 데 실패했으며, 그가 수
송선을 마련하기 위해 지불했던 증거금을 맡아 두었다.

마침내 크라수스는 레기움에 있는 작은 반도에서 지협을 가로질러 4마일에 달하는 정교
한 토루와 해자로 스파르타쿠스를 간신히 봉쇄했다. 하지만 거칠고 쌀쌀한 겨울밤에 스파르
타쿠스는 해자를 메울 계획을 세우고 자신의 병력 대부분과 함께 출격했다. 마치 노예들이
로마를 향해 행군하는 것처럼 보였지만, 루카니아에서는 그들 중 일부가 폭동을 일으켜 하
나의 독립 진지를 만들었다. 이들은 크라수스의 사전 책략에 말려들어 교전하면서 12,000명
이 살육당했다. 하지만 스파르타쿠스는 주력군과 함께 여전히 붙잡히지 않았다. 산악지역에
서 그를 추격했던 크라수스의 재무관은 크게 패했지만 그 자신은 운 좋게도 상처를 입었을
뿐이었다. 하지만 노예 군대의 규율은 형편없었으며, 스파르타쿠스는 로마인들과 보다 본격
적으로 대결하자는 추종자들의 요구를 뿌리칠 수 없었다. 이것은 정확히 크라수스가 원했던
바였다. 그는 각각 서방과 동방에서 도착한 폼페이우스와 루쿨루스가 자신이 기대하고 있었
던 승리에 대한 공을 훔쳐갈지도 모른다는 두려움에 휩싸여 있었다. 한 번의 결정적인 전투
에서 스파르타쿠스는 전투 중에 사망했다. 노예들 중에 학살에서 살아남은 자들은 크라수스

아니면 폼페이우스에게 사로잡혀 십자가에 못 박혔다.

레기움 근처에 참호를 파는 크라수스의 군사작전은 주목할 만한 가치가 있다. 도시의 봉쇄 아니면 진지의 요새화와 반드시 관련되지는 않았던 참호전에 대한 의존은 그리스적인 것과는 별개로 로마적인 현상이었다. 참호전은 도로와 상하수도 건설에 탁월한 능력을 발휘했던 공학자들의 나라인 로마에서 충분히 예상 가능했을 것으로 짐작된다. 아마도 참호전은 진지 건설이 자연스럽게 확대된 것이었거나 아니면 스키피오 아이밀리아누스가 누만티아에 요새를 쌓는 과정에서 나타난 필연적 단계로 간주될 수도 있을 것이다. 아피아노스의 말대로 스키피오는 누만티아에서 훤히 트인 전장에서 싸우려고 했던 적을 성벽 안쪽으로 에워싼 첫 번째 지휘관이었다. 스키피오가 첫 번째였다고 한다면, 그 후의 로마의 지휘관들은 기꺼이 그의 전례를 배우고자 했음에 분명하다. 그리고 일찍이 술라가 치른 동부 전투들에서 참호 작전이 대단히 중요한 역할을 수행했음이 기억될 수 있을 것이다.

## 해적들

스파르타쿠스가 해적들과 협상을 맺었다는 사실은 기원전 1세기 초에 지중해 세계에 해적들이 도처에 존재하고 있었음을 입증하는 수많은 사례들 중 하나에 불과하다. 로마인들은 평화 시에 단순한 치안활동을 위해 함대를 유지할 준비가 되어 있지 않았다. 포에니 전쟁의 위급상황에서 로마인들은 서둘러서 해군을 구성했다. 미트리다테스와의 싸움에서 술라와 핌브리아 어느 누구도 전함을 제공받지 못했다. 루쿨루스는 여전히 전함을 구입하거나 아니면 빌렸다. 동부 지중해에서 로도스는 해적질에 맞서 방파제 역할을 했다. 하지만 마지막 마케도니아 전쟁에서 로도스가 보여준 태도에 실망했던 로마인들은 델로스에 자유항의 지위를 부여함으로써 로도스의 무역국가로서의 지위를 손상시켰다. 대단히 경쟁적인 무역 중심지로서 델로스가 부상하면서 상대적으로 로도스의 해상권은 약화되었다. 로도스인들은 공해 또는 에게 해 연안에서 해적질을 진압할 수 없었다. 하지만 로도스와는 다르게 델로스는 해적들에게 그들의 전리품을 팔 수 있고 또한 그들의 포로들을 노예로 팔 수 있는 시장을 제공했다. 그러한 합법적인 거래는 도전받지 않았다.

이것과 관련해서 율리우스 카이사르의 경력 초기에 나타난 몇몇 유명한 사건들을 상기할 필요가 있다. 카이사르의 율리우스 가문은 그를 고대 귀족씨족의 후손으로 특징지었다. 하지만 그의 숙모가 마리우스와 결혼했으며, 여전히 젊은 청년에 불과했을 동안에 카이사르는 술라의 '지명수배' 명단 위에 올라 있었다. 시골의 은신처들 사이를 오가면서 그는 마침내 술라의 인간사냥꾼들에게 사로잡혔지만, 책임자를 매수한 뒤에 해외인 비티니아로 도망쳤다. 그곳에서 그는 니코메데스 왕의 극진한 환대를 받았다. 동방에 있는 동안에 젊은 카이사르는 킬리키아 해적들에게 붙잡혔으며, 그들은 몸값을 받고 그를 풀어주었다. 밀레투스에서 배 몇 척에 사람들을 배치한 뒤에 카이

검투사들은 기원 3세기에 시작한 것으로 보이지만 기원전 3세기 초에 사용되었다는 기록이 있다.

사르는 자신이 해적들에게 포로로 잡혀있을 동안에 종종 재미삼아 위협했던 대로 해적들을 추적해서 사로잡은 뒤에 교수형에 처했다. 하지만 카이사르는 해적들을 응징하기 위한 원정대를 조직하는 것은 차치하고서라도 몸값을 감당할 수 있을 만큼 운이 좋았다. 해적을 응징하기 위해 편성된 로마 군대가 카이사르의 원정대가 그랬던 것처럼 항상 성공했던 것은 아니다. 킬리키아의 해적들은 무시할 수 없는 전투력을 가진 존재들이었다. 그들은 배뿐만 아니라 함대로 바다를 배회했다. 그들은 시민군들과 동일한 조건으로 협상했다. 마치 그들은 전 세계에 걸친 해적 사회에서 일종의 시민 지위를 획득했던 것처럼 보였다. 미트리다테스는 실제로 세르토리우스가 그랬던 것처럼 해적들의 도움을 얻고자 열망했다. 해적선 한 척이 기원전 73~71년 시칠리아의 총독이었던 베레스의 수중에 들어갔을 때 해적선의 승무원들은 그들의 다양한 기술 때문에 다시 고용되었으며, 해적 선장은 몸값과 함께 석방되었다. 실제로 이것은 카이사르가 저지른 무자비한 행동과 대조를 이루었다. 결국 카이사르가 자신을 사로잡은 해적들을 처리하는 과정에서 그의 개인적인 원한이 작용했다.

나중에 베레스가 여전히 관직에 있었을 때 전체 해적 소함대가 시칠리아 해안을 갑자기 습격했다. 키케로에 따르면 베레스 총독의 함대를 지휘하는 사령관이 그때 술에 취해 있었으며, 해적들이 시야에 들어오자마자 가장 먼저 자신의 4단 노선을 타고 도망쳤다. 그 속주 해군은 승무원들이 부족했고, 승무원들은 급료를 받지 못한 채 반쯤 굶은 상황이었다. 하지

만 그들은 사령관이 도망치지 않았더라면 싸웠을지도 모른다. 하지만 크기 때문에 가벼운 해적선을 상대하기에 더할 나위 없이 충분했던 4단 노선은 앞뒤를 가리지 않고 인근 항구로 도망치는 데 다른 배들을 능가했다. 그곳에서 공포에 질린 사령관과 승무원들이 내륙에서 피난처를 찾으려고 곤두박질해 상륙했다. 해적들은 로마 정부 소함대의 가장 뒤쪽 배들을 따라잡아 해안에 있던 4단 노선 및 그 밖의 다른 버려진 배들과 함께 저녁에 불태웠다. 다음 날 그들은 여전히 베레스가 총독으로 있었을 때 아무런 저항도 받지 않고 키케로가 비꼬듯 이 암시한 것처럼 유람 원정이라도 하듯 시라쿠사 항구로 항해했다.

시칠리아가 해적들에게 패배한 것은 주로 노잡이들과 승무원들의 보수를 위해 부과된 돈이 총독의 내탕금으로 전환되었다는 사실에 기인했다. 설사 악명 높은 실례였다고 하더라 도 이것은 결코 유일한 사례는 아니었다. 더욱이 어떤 면에서 그것은 전체 공화정의 정책을 속주 수준에서 반영했다. 단지 치안 작전을 위한 해군의 유지는 재정을 지출할 가치가 없는 것처럼 보였다. 하지만 베레스 시대에 공적인 태도에 변화를 가져오도록 운명 지어졌던 압 력이 이미 점증하고 있었다.

## 로마 군단병의 방패

이 그림들은 로마 군단의 방패인 스쿠툼의 발전을 추적하고 있다. 1 은 기원전 7세기경에 이탈리아에서 사용된 곡선의 방패이다. 이것은 폴리비오스에 의해 묘사되고 있는 방패로 포에니 전쟁이 발발하기 얼마 전에 테두리에 청동 또는 쇠가 입혀졌다. 이 방패는 아우구스투 스 시대에 점점 사용되지 않았지만, 기원 150년 이후까지는 친위대 에서 의전용 방패로 잔존했다. 2는 기원전 10년경에 만들어진 방패 로 무게를 줄이기 위해 맨 윗부분과 아랫부분이 깎였다. 이러한 형태

의 방패는 기원 175년까지 사용되었다. 3은 기원 20년에 나타난 방 패로 유명한 '번개' 문장이 그려져 있다. 로마의 여러 군단들이 이러 한 모티프가 변형된 방패를 휴대했다. 이것은 아우구스투스 치세 동 안에 나타났다가 기원 100년에 거의 보편적으로 사용되는 방패가 되 었다. 4는 측면을 곧게 하고 모서리에 'L' 자 모양을 보강했다. 이러 한 형태는 기원 40~50년에 사용되었으며, 기원 200년 이후까지 사 용되었다. 5번은 원형 방패로의 복귀를 나타내는 것으로 제국이 멸 망할 때까지 잔존했다.

## 폼페이우스와 해적

일리리아 전쟁과 마케도니아 전쟁은 잠시나마 이오니아 해의 해적들을 북쪽인 아드리아 해로 몰아냈다. 기원전 1세기 초에 해적의 주요 위협은 킬리키아에서 왔다. 그곳의 거친 해안선과 배후지가 해적들에게 외진 기지들과 눈에 띄지 않는 은신처들을 제공했다. 로마는 실제로 해적소탕작전을 위한 기지였던 킬리키아 속주를 창설했다. 이러한 속주 창설의 의도는 특별히 해군적인 것이라기보다는 육군적인 것이었다. 그리고 주요 전략은 적에게서 항구를 빼앗음으로써 육상에서 해전에 승리한다는 유서 깊은 방식에 의존하는 것이었다. 하지만 지중해의 다른 지역들, 특히 크레타에서 문제는 처리하기가 더 어려웠다.

점점 불안해지는 해상 곡물 공급 문제와 연결되어 기원전 67년 이탈리아에서의 곡물부족 현상은 해적 약탈의 문제에 일대 전기를 가져왔다. 그다지 유력하지 않은 한 정치가의 대중적인 제안으로 폼페이우스는 해적의 위협을 처리할 수 있는 광범위한 권한을 부여받았다. 이 무렵에 부분적으로 미트리다테스의 지원으로 해적행위는 고도의 응집력과 조직력을 갖추었다. 해적들은 일정 정도 해상 세력은 물론이고 육상 세력이 되었다. 그들은 해안 도시들로부터 강제로 공물을 징수했고, 그들의 무기고와 항구가 자리 잡은 해안에 봉화대와 감시탑

승선한 일단의 수병들이 로마의 전함에 분명하게 그려져 있다. 해적들에 맞선 폼페이우스의 전쟁은 그가 그러한 해군 자원을 사용하는 데 탁월한 솜씨를 나타냈음을 보여준다.

을 세웠으며, 숙련된 조타수들을 고용했다. 그리고 그들은 일찍이 행정업무와 행정집행명령에 익숙했던 사람들의 지휘를 받았다. 결코 은밀한 것과는 거리가 먼 그들의 행동은 과장된 허세가 특징을 이루었다. 플루타르코스는 그들이 통제했던 해안에서 음악과 춤 그리고 향연으로 보낸 여가시간은 말할 것도 없이 판금으로 덮은 노, 금박을 입힌 원재(돛대 활대 따위), 그리고 자줏빛으로 엮어진 돛에 대해 말하고 있다. 그들 중 상당수가 인기 있는 동방종교인 미트라교의 열광적 신자들이었다. 하지만 이러한 이유로 그들이 보다 전통적인 남신과 여신들의 신전을 약탈하지 못하는 것은 아니었다. 이탈리아의 해안도 그들의 관심에서 결코 벗어나지 않았다. 한번은 그들이 참모들과 수행원을 동행하고 있었던 로마의 법무관 두 명을 사로잡은 적이 있었다. 또 한 번의 습격에서 그들은 유명한 로마 장군의 딸을 유괴해서 몸값을 요구했다. 플루타르코스에 따르면 폼페이우스가 해적소탕의 임무를 부여받고 지휘관으로 임명되었을 때 해적들은 1,000척의 배를 소유했고 400개의 도시를 지배하고 있었다.

폼페이우스에게는 헤라클레스 기둥(지브롤터 해협 동쪽) 안쪽의 모든 바다와 내륙으로 50마일(80킬로미터)에 이르는 해안선 전체에 대한 권한이 부여되었다. 또한 그는 직접 자신의 명령을 받는 24명의 참모장교들을 임명할 수 있었다. 그들 각각은 법무관의 지위를 차지했다. 그는 125,000명의 병사와 500척의 전함을 모집할 수 있었으며, 그 계획을 실행하기 위해 가결된 막대한 재원은 그러한 규모의 군대를 유지하기에 전적으로 충분했다. 그때 폼페이우스는 자신의 처분에 맡겨진 돈을 다 쓰지는 않았다. 게다가 특별입법이 그에게 부여했던 3년의 기간을 다 쓰지 않고 대략 몇 달 안에 자신의 성공적인 임무완수를 보고할 수 있었다.

그의 임무는 대단히 조직적으로 이루어졌다. 서부 지중해는 처음에는 해적들로 넘쳐났다. 13개의 해군 소함대 각각이 독립된 작전 구역에 배치되었다. 그리고 나서 폼페이우스는 적의 주요 근거지를 공격하기 위해서 60척의 최정예 함대를 이끌고 동쪽으로 나아갔다. 서쪽 바다는 불과 40일 안에 깨끗이 정리되었다. 세 달 안에 동쪽의 해적 기지들도 습격 받아

킬리키아의 로마 유적. 이 지역에서 해적활동에 종지부를 찍은 후에 폼페이우스는 북쪽으로 더 멀리 미트리다테스와의 전쟁에서 루쿨루스의 후임으로 임명되었다.

점령되었다. 적 함대 대부분이 한 차례의 중요한 해군 전투에서 파괴되었으며, 그들의 가족들과 함께 내륙 요새들에서 피난처를 찾았던 해적들은 산맥에 둘러싸여 포위공격을 받고 붙잡혔다. 포로들의 수가 20,000명에 달했다. 포획된 많은 배들 중에는 장비가 완전히 갖추어진 90척의 전함이 있었다.

어쨌든 폼페이우스가 마그누스(대왕)의 칭호를 받을 만한 자격이 있었다면, 그것은 바로 이때였다. 그는 그 상황에 대한 정상적인 반응이라고는 보기 어렵게 포로들 모두를 십자가 처형을 하지는 않았다. 그는 해적의 위협이 단지 육군 및 해군의 군사적 도전의 산물이 아니라 사회적 상황의 산물이었음을 알게 되었다. 해적들은 잃을 것이라곤 아무것도 없는 자포자기 상태의 사람들이었다. 무자비한 전쟁과 피로 얼룩진 정치가 그들에게서 집을 앗아가고 빈곤하게 만들었다. 그러한 상황에서는 전투 중에 죽는 것이 굶어죽는 것보다 나았으며, 십자가 처형의 위험을 무릅쓴다는 것은 그들에게는 충분한 가치가 있었다. 포로들에게 자비를 베풀면서 폼페이우스는 여전히 상당수에 달하는 포로들을 사면해 줌으로써 그들의 대규모 항복을 받아냈다. 해적과 그들의 가족은 동부 지중해 지역 도처의 적절한 지점들에 세워진 농업식민지에 성공적으로 정착했다.

폼페이우스의 위대한 승리는 불행히도 의견 충돌로 훼손되었다. 처음부터 붙잡기 어렵고 기동력이 뛰어난 적과의 전투에서 해안 지대에 대한 그의 권한은 내륙을 책임진 앞서 임명된 로마 총독들의 권한과 충돌할 가능성이 있었음에 틀림없다. 크레타 총독인 메텔루스는 해적들을 무자비하게 죽이는 경향이 있었다. 해적들 중 상당수가 폼페이우스의 사면을 기대했다. 분견대와 함께 크레타에 파견된 폼페이우스의 장교들 중 한 명이 마침내 해적들과 동맹해서 메텔루스와 싸웠다. 폼페이우스는 어리석은 존재로 보이게 되었고 메텔루스는 마침내 자신이 하고 싶은 대로 했다.

## 루쿨루스와 미트리다테스

폼페이우스의 해적 진압은 그의 경력에서 가장 내세울 만한 공적이었으며, 거의 전적으로 그 자신의 능력에 힘입은 것이었다. 그의 승리 소식이 빠른 속도로 로마에 도착했으며, 그가 이탈리아로 돌아오기도 전에 그에게 새로운 그리고 광범위한 지휘권이 부여되었다. 그는 미트리다테스와의 전쟁을 지휘하게 되었다. 하지만 여기에서 그는 다른 경우에서처럼 전임자들이 이룩해 놓은 과업에 많은 것을 빚졌다.

로마가 이탈리아와 스페인에 전념하고 있는 것을 충분히 이용하면서 해적들과 연합하고 세르토리우스로부터 군사 임무를 받아들였던 미트리다테스는 술라가 일시적으로 그에게서 빼앗아갔던 군사적 잠재력을 재확립하는 데 상당한 성과를 올렸다. 아시아 속주(소아시아 서부)에서 미트리다테스 왕의 의도를 의심했던 술라의 부관이 로마의 승인도 없이 폰투스에 대해 군사작전을 재개했다. 그가 전투에서 패배했을 때 그 직접적인 영향으로 로마의 위신이 크게 실추되었다.

미트리다테스가 기원전 75년에 사망한 군주의 유증으로 로마가 획득했던 속주인 비티니아를 침략했을 때 또 한 번 전면전이 발발했다. 이 작전구역에서 작전을 수행하는데 루쿨루스 이상의 적임자는 없었다. 하지만 기원전 74년 집정관으로 있었을 때 킬리키아와 아시아에서 지휘권을 확보하기 위해서 그는 교활하게도 정적의 정부情婦와 음모를 꾸밀 필요가 있다고 생각했다. 그는 즉시 신속한 승리의 명예를 독차지하고 싶어 하면서 육상과 해상 전투 모두 폰투스 군대에게 패했던 자신의 동료 집정관을 비티니아에서 구해내지 않으면 안 되었다.

아마도 자신의 과거 경험과 세르토리우스의 군사 임무로부터 똑같이 배운 미트리다테스는 육군과 해군을 재편성했다. 그의 대규모 동방 군대에는 여전히 두 바퀴에 낫을 단 전차들과 같은 폐물이 포함되어 있었다. 이러한 전차는 추진력을 얻기 위해서 지나치게 오랜 거리를 주행해야 했기 때문에 보통 효과가 없는 것으로 입증되었다. 그럼에도 불구하고 미트리다테스는 그의 보병들을 로마 방식에 따라 짧은 칼과 기다란 방패로 무장시켰으며, 로마의 전술 대형을 채택했다. 대체로 그의 군대는 예전처럼 의전 행사보다는 전쟁을 위한 장비를 갖추었음에 분명하다.

미트리다테스는 칼케돈(비잔티움 맞은편)에서 로마인들을 포위공격했으며, 키지쿠스를 공격하기 위해서 프로폰티스 해(마르마라 해)의 남쪽 해안들을 따라 멀리 서쪽으로 압박을 가했다. 하지만 루쿨루스는 육상과 해상에서 성공적인 전투를 치르고 나서 이들 두 도시를 구해냈다. 그리고 미트리다테스의 침략군을 격퇴하고 나서 폰투스로 반격을 시도했다. 그곳에서 그는 곧 폰투스 왕국의 서쪽 지역들을 방어하고 있었던 일련의 요새 도시들을 습격했다. 정면 승부에서 한 번 더 패배한 미트리다테스는 사위이자 아르메니아의 왕이었던 티그라네스에게서 피난처를 구하려고 동쪽으로 도망쳤다. 루쿨루스는 사절을 파견해 도망자의 인도를 요구했으며, 응답을 기다리는 동안 술라의 부과금 때문에 여전히 절름발이 신세가 된 아시아 도시들의 경제를 회복시키기 위해 많은 일을 했다. 아르메니아 왕이 미트리다테스의 인도를 거부하자 루쿨루스는 아르메니아로 자신의 군단을 보냈다. 자신이 빈틈없는 전술가임을 보여주었던 한 전투에서 루쿨루스는 티그라네스의 대군을 무찔렀다. 그리고 나서 그는 새로 세워진 수도인 티그라노케르타를 점령함으로써 멀리 동쪽에 있었던 티그라네스와 미트리다테스에게 더 큰 패배를 안겨주었다. 하지만 전쟁이 끊임없이 동쪽으로 확대될 조짐을 보였으며, 이제 루쿨루스가 카스피 해 남쪽의 파르티아인들과 싸울 것처럼 보였다. 그때 루쿨루스의 군대가 반란을 일으켰으므로 그가 더 멀리 정복을 수행하는 것이 불가능해졌다.

사실 루쿨루스에게 승리의 진군을 중지하라는 요구가 있었을 뿐만 아니라 아르메니아의 로마 군대는 무질서로 마비되어 있었다. 게다가 루쿨루스의 지휘권 연장이 이미 문제가 되었다. 이러한 상황에서 곧 원기를 회복한 미트리다테스가 새로운 군대를 소집해서 폰투스를 재점령했다. 동시에 티그라네스 또한 공격을 재개해 소아시아 동부의 카파도키아에 입성했다. 폰투스에서 로마가 패배했다는 소식에 충격을 받은 루쿨루스의 반란군들이 마침내 그들의 장군 뒤를 따라 카파도키아에 주둔하고 있었던 군단들을 구출하기 위해서 재차 서쪽으로 진군했다. 하지만 그들의 분위기는 원상태로 복귀되기 어려웠으며, 이러한 불행한 사태는 폼페이우스가 전쟁의 지휘권을 행사하려고 도착했을 때까지 지속되었다.

이 동전은 기원전 44~43년에 섹스투스 폼페이우스의 화폐 주조인이었던 나시디우스에 의해 발행되었다. 이 동전의 앞면에는 폼페이우스의 초상화가, 그리고 뒷면에는 그 시기의 전형적인 갤리선이 그려져 있다.

루쿨루스는 아첨과 민중 선동이 성공의 필요조건이었던 세상에서 항상 자신의 능력과 성실함에 의존하려고 했던 매우 독립 정신이 강한 인물이었다. 결국 그는 자신이 지휘하는 군단병들뿐만 아니라 그 자신의 부관의 지지까지도 잃었다. 이것은 동시에 로마에 있는 그의 정적들에게 기회를 가져다주었다. 그는 엄격한 규율주의자였지만 그것으로 충분하지 않았다. 아마도 병사들이 가졌던 가장 큰 불평의 원인은 그가 도시에 대한 약탈을 철저히 금지했기 때문이었을 것이다.

기원전 63년에 루쿨루스는 마지막으로 그럭저럭 그럴 만한 가치가 있는 승리를 축하했으며, 그 후 품위 있는 호사스런 생활을 위해 전쟁과 정계에서 은퇴했다. 불행히도 그는 노년에 정신착란 증세를 보였다. 그는 자신이 경질되고 그 자리에 폼페이우스가 임명되었다는 사실에 극도로 화가 났음에 틀림없다. 두 사람은 술라 휘하에서 복무했던 시절 이래로 줄곧 경쟁자였다. 하지만 항상 설명할 수 없는 부분은 술라가 루쿨루스를 더 많이 신뢰했다고 하더라도 일관되게 폼페이우스를 편들었다는 사실이다.

### 미트리다테스의 최후

루쿨루스에게 끈질기게 저항함으로써 미트리다테스와 티그라네스는 결국 로마 군대는 물론이고 자신들의 군대 또한 기진맥진케 했다. 루쿨루스의 병사들 사이의 반란과 비슷한 양상이 폰투스와 아르메니아의 전제군주정에서 일어난 궁정음모와 가족 불화에서 발견되었다. 미트리다테스의 아들 중 한 명이 이미 러시아 남부에 독립 정부를 세웠으며, 루쿨루스의 승인을 받았다. 곧 이어서 티그라네스의 아들이 이와 유사하게 독자 노선을 택했다. 아시아 왕국들에 비해 그 규모면에서 엄청난 폼페이우스의 재원에 대한 기대만으로도 이미 기존의 긴장은 충분히 한계점에 도달할 정도였다.

루쿨루스는 자신의 군대보다 몇 배나 큰 적군을 무찔렀다. 리비우스를 인용한 플루타르코스는 티그라노케르타 점령에 앞서 벌어진 대전투에서 로마인들이 20대 1 이상의 비율로 숫자에서 압도당했다고 말한다. 그리고 리비우스는 틀림없이 반전설적인 고대 또는 한니발 전쟁에 대해서보다 그 자신의 시대에 가까운 역사에 더 정통했을 것이다. 하지만 상황은 이제 대단히 많이 바뀌었다. 폼페이우스는 그가 포획했던 배들은 말할 것도 없이 해적들로부터 빼앗은 약탈품들로 늘어난 엄청난 재정자원을 소유했다. 아시아의 전제군주들은 엄청난 숫자의 병사들을 잃었으며, 폼페이우스는 자신이 해적들과 싸우기 위해 배치했던 대규모 병력들에다가 루쿨루스의 군대를 더했다. 해군력을 충분히 이용한 폼페이우스는 후방에 있었던 폰투스 해군의 공격을 견제하기 위해서 자신의 함대에게 시리아에서 보스포루스 해협까지 아시아의 해안을 지키게 했다. 그리고 나서 그는 북쪽에서 미트리다테스와 싸우기 위해 킬리키아 기지를 떠났다. 그의 공격부대는 지나치게 큰 규모가 아니었다. 분명히 그 부대는 다루기 어렵지 않았으며, 그가 필요로 했던 규모였다. 왜냐하면 그는 이미 능란한 외교로 어떻게든 티그라네스를 끌어들여 파르티아인들에게 맞서게 했기 때문이다. 그리고 폰투스의 왕은 손쉽게 고립되었다.

미트리다테스와 그의 부관이 기회에 항상 민첩하게 대응했던 것 같지는 않다. 폰투스의 군대는 처음에 견고한 산악 요새에서 야영했지만, 물 부족으로 더 나쁜 상황으로 빠져들었다. 따라서 폼페이우스는 비워진 요새를 점령했으며, 식물이 자라고 있는 것으로부터 그리 깊지 않은 곳에 물이 있을 것으로 추론하고 우물을 파는 데 성공했다. 하지만 그 후 미트리다테스를 고립시킬 목적으로 계획되었던 폼페이우스의 참호파기 작전에도 불구하고 미트리다테스는 여전히 상당한 규모의 군대를 이끌고 동쪽으로 빠져나갔다. 폼페이우스는 멀리 유프라테스 강까지 그를 추적했으며, 그곳에서 달밤에 대전투(나중에 폼페이우스는 그 전투 장소 가까이에 승리의 도시를 뜻하는 니코폴리스를 세웠다)가 있었다. 로마인들의 등 뒤로 낮게 뜬 달이 그들 앞으로 긴 그림자를 드리웠으며 적의 저격병들을 혼란에 빠뜨렸다. 미트리다테스의 군대는 패배했지만, 그 자신은 800명의 기병대와 함께 로마 군대를 뚫고 지나갔다. 결국 그는 페르시아 기병처럼 옷을 입고 무장했던 용감한 어린 첩을 포함해서 단지 몇 명만의 충실한 추종자들과 함께 도망쳤다. 폼페이우스는 야간 작전에 회의적이었지만, 18년 후에 그가 파르살루스에서 카이사르에 맞서 그랬던 것처럼 장교들의 압력에 굴복했다.

티그라네스는 더 이상 장인이었던 미트리다테스에게 은신처를 제공하려 하지 않았다. 그리고 미트리다테스는 유프라테스 강의 상류를 경유해서 흑해 지역으로 나아갔다. 그는 여전히 자신의 운을 되돌려놓고 싶었으며, 심지어 육로로 이탈리아를 침략할 계획조차 갖고 있었다. 하지만 아마도 여론을 대표하고 있었던 것으로 보이는 또 한 명의 아들이 일으킨 반란으로 모든 계획이 수포로 돌아갔다. 이제 68세의 미트리다테스는 생애 처음으로 절망에 빠졌다. 암살 시도를 의심했던 그는 독약의 양을 조금씩 계속 늘려 면독성을 길렀다고 전해진다. 그가 스스로 목숨을 끝내기로 결심했을 때 그의 면독성이 불리한 것으로 입증되었지만, 그의 명령에 따라 호위병들 중 한 명이 그를 죽였다.

그 사이에 폼페이우스는 티그라네스와 충분히 관대한 조건으로 평화협상을 체결했다. 그는 북쪽으로 미트리다테스를 추적하려고 시도하지 않았지만, 그 자신이 코카서스 부족들과 기진맥진케 하는 전쟁에 휘말리게 되었음을 알게 되었다. 나중에 시리아, 유대 그리고 아라비아에서 남쪽으로의 군사작전이 그의 관심을 필요로 했으며, 그는 폰투스의 위협을 소홀히 했다는 이유로 비난받았다. 미트리다테스의 사망 소식이 편지로 그에게 전달되었을 때 그는 이 지역에 있었다. 분명히 진지에는 종군 시에 로마의 장군이 부하들에게 연설할 때 보통 올라갔던 연단이 전혀 없었다. 하지만 폼페이우스는 안장 더미 위로 뛰어올랐다. 그리고 그가 발표한 미트리다테스의 사망소식은 마치 승리 축하연에서처럼 희생제와 향연에 대한 신호였다.

## 카틸리나의 음모

폼페이우스가 동방에 있었을 때 이탈리아는 루키우스 세르기우스 카틸리나의 음모와

로마의 승리(프랑스의 글라눔 기념비). 폼페이우스가 동방에서의 승리로
얻었던 권력을 율리우스 카이사르가 갈리아에서 모방하려 했다.

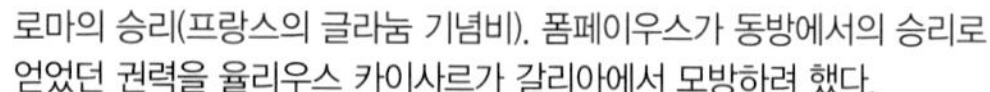

무장 봉기로 흔들렸다. 이와 관련된 사실들은 거의 전적으로 살루스티우스와 키케로의 글을 통해 알 수 있다. 살루스티우스는 결코 정치적으로 편견이 없었던 것은 아니었으며, 카틸리나가 살해하려고 음모를 꾸몄던 그리고 카틸리나의 공모자에 대한 처형을 명령했던 키케로 또한 분명히 편견이 없지는 않았다. 이 사건은 다음과 같이 요약될 수 있을 것이다.

카틸리나는 일찍이 기원전 65년에 공화정을 전복하고 권력을 장악하기 위한 음모에 가담했었다. 그는 영향력이 있었고 집안이 좋았으며, 이번 경우에는 그가 고발당할 문제가 전혀 없었다. 또 한 번의 정치적 실망감의 산물이자 분명한 악의가 드러난 그의 두 번째 음모

# 마리우스 이후의 로마 군대

로마 군대는 역사의 전 기간 동안 계속 발전했다. 하지만 마리우스 병제개혁은 로마 군대를 점검할 수 있는 적절한 시점을 제공했다. 포에니 전쟁 이후 로마의 팽창은 한 시즌 이상의 기간 동안 더 멀리 싸움터에서 전투를 하지 않으면 안 되게 만들었다. 이것은 군역의 의무가 있었던 유산계급에게는 매우 인기가 없는 것이었다. 게다가 재산이 집중되기 시작하면서 군역의 의무가 있는 사람들의 숫자가 감소했다. 로마 군대에 입대하는 자들이 부족했다. 마리우스는 이러한 곤경에서 벗어나기 위해서 재산 자격에 관계없이 모든 시민들이 군대에 갈 수 있는 길을 개방했다. 물론 많은 사람들이 무기와 갑주를 구입할 여력이 없었으며 국가가 그것들을 마련해 주어야 했다. 이것은 군대의 표준화로 이끌었으며, 옛날의 기병, 벨리테스, 트리아리이 등이 사라졌다. 한 보병대의 모든 보병중대들이 창, 칼, 그리고 방패로 무장했다. 제2차 포에니 전쟁의 끝 무렵에 나타난 더 규모가 커진 백인대들이 이제 전형적인 것이 되었다. 군단은 10개의 보병대로, 보병대는 3개의 보병중대로, 보병중대는 2개의 백인대로, 백인대는 약 80명으로 이루어졌다. 따라서 군단의 총병력은 대략 4,800명 정도였다. 로마 군대의 표준화는 또한 3대열로 조직된 보병대를 없앴다. 대신에 각각의 대열의 일련의 보병대로 이루어졌다. 앞 대열은 4개의 보병대로 구성되었는데, 그 각각은 10열 횡대, 8열 종대로 정렬했다. 나머지 2개 대열은 각각 3개의 보병대로 구성되었는데, 그 각각은 12열 횡대, 6열 종대로 정렬했다.

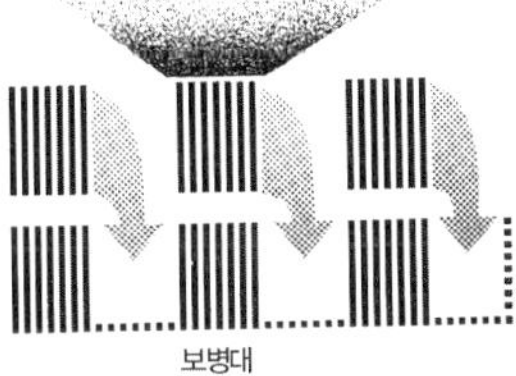

가 기원전 63년에 무르익었다. 원래 계획은 한때 병사였지만 지금은 파산해 빚에 허덕이는 농부들이 원조를 바라고 있었던 에트루리아에 집중된 봉기와 함께 이탈리아 전역에 널리 퍼진 혼란을 조정하는 것이었다. 집정관으로서 키케로가 이 음모의 정보를 입수했을 때 음모자들은 로마의 낫 만드는 사람들의 거리에서 비상 모임을 갖고 좀 더 극단적인 프로그램을 채택했다. 그들은 다음 날 키케로를 살해하고 로마에 불을 질러 노예들에게 반란과 약탈을 고무하기로 결정했다. 그 사이에 이탈리아의 다른 지역들에서 그들에 동조하는 세력들이 더 이상 지체없이 무기를 들고 일어섰으며, 에트루리아의 반란자들은 공포로 휩싸인 도시 로마로 행진했다. 변함없이 정보에 밝았던 키케로는 자신이 위험에 처해 있다는 신속한 경고를 받고 원로원에서 노골적으로 카틸리나를 비난했다. 이 일이 있은 후 카틸리나는 에트루리아에 있는 자신의 군대와 합류하기 위해서 로마에서 도망쳤다.

　하지만 또 다른 음모자들은 로마에 남아 있었다. 갈리아인들 사이에서 더 많은 지지자들을 확

# 파르티아인

파르티아인은 스키타이 혈통의 민족으로 알렉산더 편에서뿐만 아니라 그와 맞서서 싸웠다. 기원전 250년에서 130년 사이에 그들은 아르메니아로부터 아프가니스탄에 이르는 제국을 정복했다. 다음 3세기 이상 로마의 지도자들이 더 멀리 동쪽을 정복하기 위해서 새로운 땅을 찾아나서면서 파르티아인들은 그들의 서방 이웃인 로마와 전쟁을 되풀이할 수밖에 없었다.

## 파르티아 군대

파르티아인들은 원래 유목민의 말 탄 궁수들이었다. 하지만 그들은 팽창하면서 다른 계승 국가들처럼 주로 보병인 용병들을 고용했다. 기원전 128년 용병의 반란은 상황을 바꿔 놓았으며, 그 후 파르티아인들은 예속 도시들로부터 민병대를 모집했으며, 주로 그들 자신의 기병에 의존했다. 실제로 몇몇 경우에, 그중에서도 특히 카레에서 파르티아 병사들은 전부 말을 타고 있었다.

## 파르티아의 기병 궁수

대부분의 파르티아 기병은 귀족들의 가신들과 경기병 궁수로 복무했던 노예들이었다. 왼쪽 그림은 이들 중 한 명이 '파르티아의 화살' 을 쏘는 장면이다. 그 표현은 '도망치면서 쏘는 화살' 이라는 뜻으로 '두고 보자' 는 속담이 되었다. 화려하게 수놓아진 옷과 머리장식 스타일은 전통적인 화살통과 마찬가지로 스키타이에서 유래된 것이다. 수놓아진 바지를 보호하기 위해 그는 매우 헐렁한 각반을 차고 있다. 카우보이의 권총처럼 두 자루의 가느다란 단도 또는 짧은 칼들이 양 허벅지에 가죽 끈으로 매달려 있다. 기원 100년경까지 모자는 보급이 덜 되었으며, 간단한 머리끈이 모자를 대신하였다. 무릎 길이의 좀 더 기다란 튜닉이 유행했으며, 전통적인 화살통이 원통형의 화살통으로 대체되었다. 그림의 궁수는 시위를 느슨하게 하기 위해서 엄지손가락 고리를 사용하고 있다. 금속이나 동물의 뼈로 만든 엄지손가락 고리는 기원전 200년 전에 중앙아시아의 대초원지대에서 유래되었으며, 기원 100년경에 시리아에서 사용되었으며 페르시아를 경유해 확산되었다. 엄지손가락 고리가 사용되면서 전통적인 화살 발사 방식에서처럼 활 왼쪽보다는 활의 오른쪽에 화살을 놓아야 했다.

## 기병 궁수들의 전술

경기병은 왼쪽 그림에서 볼 수 있듯이 대략 6피트(2미터)의 횡간으로 느슨한 대형을 이룬다. 스키타이인들이 그림에서 나타나는 쐐기대형을 만들어냈으며, 트라키아인들과 마케도니아인들이 그것을 모방했다고 한다. 기병 궁수가 공격할 때, 그는 그의 활시위에 화살 하나를 얹고 활을 잡고 왼손에 더 많은 화살을 쥔다. 그러고 나서 그는 말을 느리게 몰면서 전진한다. 대략 100야드(90미터)쯤에서 그는 말을 질주해 들어가서 2~4발의 화살을 쏜다. 대략 50야드(45미터)쯤에서 그는 보통 오른쪽으로 회전해서(기병 궁수는 단지 그의 왼쪽으로만 화살을 쏠 수 있기 때문에) 계속 화살을 쏘면서 정면을 따라 질주한다. 이러한 기동 작전은 모든 아시아의 유목민들이 실행했다고 하더라도 '도망치면서 쏘는 파르티아의 화살' 로 알려지게 되었다. 일단의 기병들이 먼지 구름 속에서 그리고 먼지 구름 밖으로 빠져나와 화살을 일제히 쏘아댔기 때문에 이러한 공격으로 적의 사기가 꺾였던 것으로 추정된다. 수많은 구릉과 모래 언덕으로 이루어진 파르티아의 지형은 그렇게 치고 빠지는 전술에 유리했으며, 로마인들은 그러한 전술에 익숙해 있지 않았으므로 무척 당황했던 것이 사실이다.

## 파르티아의 카타프락트(왼쪽 페이지 아래)

다른 민족들 이상으로 무장한 기병을 발전시키도록 파르티아 귀족들을 설득하는 데에는 세 가지 영향이 결합되었다. 즉 이웃한 마사게타이족이 그러한 기병을 만들었고, 계승 왕국들에서 그들의 적들이 기병의 장비를 개선했으며, 그리고 새로운 제국이 필요한 자원을 제공했다. 왼쪽 그림은 기원전 50년경의 귀족을 보여주고 있다. 그와 말은 청동 또는 비늘 모양의 쇠로 덮여 있다. 그의 팔과 다리에는 가죽으로 만든 갑주가 걸쳐져 있다. 금속은 훨씬 뒤에 나타났다. 그는 기다란 창, 칼 또는 도끼, 그리고 자주 활로 무장했다. 말에 입히는 갑주는 환기를 위해 앞부분이 펼쳐져 있음을 알 수 있다.

보할 수 있을 것으로 기대한 그들은 당시 로마에서 한 갈리아 부족의 일부 사절들과 접촉했다. 또 한 번 키케로의 정보원들이 돋보이는 활약을 했다. 갈리아인들의 주선으로 키케로는 고발장에 서명을 받고 음모 주동자들 가운데 다섯 명을 체포했다. 그들의 운명에 대해 원로원에서 토론이 이루어졌다. 카이사르는 종신 투옥을 주장했다. 하지만 키케로는 대단한 존경을 받고 있었던, 검열관 카토의 증손자인 소小 카토의 지원을 받고 재판 없이 음모자들을 처형하도록 명령했다. 그가 처형명령을 정당화하기 위해 내세운 구실은 당시 존재했던 비상 국면이었다. 하지만 모든 사람이 그의 명령이 정당하다고 생각하지는 않았다. 일단 로마에서 음모가 실패로 돌아가자 에트루리아에 있었던 변변치 않게 무장한 카틸리나의 주력군이 성공할 가망은 전혀 없었다. 카틸리나와 맞서도록 로마의 정규군이 파견되었다. 그의 북쪽 퇴각로가 차단되었으며, 그는 맥을 못 춘 채 피스토리아 전투에서 사망했다.

카틸리나의 서투른 음모는 좀처럼 전쟁 단계까지는 이르지 못했지만 상당한 군사적 의미를 갖고 있었다. 이탈리아는 지중해 세계의 전략적 중심지였지만, 동시에 지중해 세계에서 가장 취약한 지역이었다. 군사 전제정을 줄곧 두려워한 원로원은 로마의 군단들이 멀리 떨어진 해외 속주에 배치되는 것을 좋아했다. 반면에 상당한 병력들을 빼앗긴 이탈리아는 불평분자들을 자신의 휘하에 충분히 끌어들일 수 있는 무장한 모험가들에게는 매력적인 먹이로 남아 있었다. 카틸리나의 반란은 기원전 77년에 발생한 레피두스의 반란에서 선례를 찾을 수 있었다. 레피두스의 시도는 폼페이우스의 값진 도움으로 분쇄되었다. 카틸리나는 폼페이우스가 더 이상 가까이에 없었던 시기를 맞춰 반란을 일으켰다. 술라가 그랬던 것처럼 보복하기 위해서 폼페이우스가 동방에서 돌아올지도 모른다는 것을 음모자들은 고려하지 않으면 안 되었다. 따라서 그들은 폼페이우스의 자식들을 인질로 잡아둘 계획을 세웠다. 그것과는 별개로 이탈리아를 통제할 수 있을 군사 정권이라면 나중에 로마 역사에서 그 중요성이 입증되었던 내부 연락의 이점을 소유했다. 카틸리나가 얼마나 궁극적으로 로마의 전제 군주가 되기를 바랐을까를 알기는 어렵다. 그의 계획과 의도가 무엇이었는지 정확히 알지 못한다. 하지만 키케로의 대단히 효율적인 '비빌 정보원'이 없었더라면 분명히 카틸리나는 진압되기 전에 엄청난 파괴를 초래할 수 있었을 것이다.


**파르티아인**


로마인들은 동쪽에서 치른 여러 차례 전쟁에서 파르티아인들과 접촉했다. 유프라테스 강에 도착한 술라는 우호적인 조건으로 그들과 협상했다. 동맹자로서 그들을 불신한 루쿨루스는 그들을 공격할 준비를 했다. 그들의 도움을 구한 폼페이우스는 그들에게 아르메니아 변경 지역을 약속 했지만, 티그라네스의 항복 이후에 자신의 약속을 지키지 않았다. 다른 아시아 왕국들처럼 파르티아는 셀레우코스 제국의 계승국이었으며, 파르티아 지도자 아르사케스는 기원전 3세기 중에 독립왕조를 세웠다. 로마는 이 아르사케스 왕조를 상대해야 했다.

로마인들이 결국 정복하는 데 성공하지 못한 아르사케스 왕조의 하나인 파르티아의 왕 오로데스 1세(기원전 80~76/75년)가 각인된 동전.

　파르티아인들의 문화는 여러 면에서 알렉산더의 동방 정복이 남긴 독자적인 유산이었다. 즉 그리스와 이민족의 전통이 모순되게 그리고 때때로 기이하게 혼합된 것이었다. 하지만 파르티아인들의 전투 방식은 마케도니아의 선례들에 전혀 의존하지 않았다. 파르티아인들은 미트리다테스와는 다르게 서투르게 팔랑크스를 모방하지는 않았다. 파르티아 군대는 기병이었으며, 기병은 두 종류가 있었다. 중세 기사들과 다르지 않게 귀족들은 쇠사슬 갑옷으로 보호받았으며 똑같이 갑옷으로 무장했던 힘센 말에 올라탔던 창기병이었다. 이들 중무장 기병들을 그리스 작가들은 카타프락토이라고 불렀다. 그 단어는 문자 그대로 '위을 덮은 자'를 뜻한다. 하지만 보다 전형적인 파르티아 전사는 갑옷을 전혀 걸치지 않은 말에 올라 탄 궁수였다. 그리고 그의 기동성에 의존해 적의 화살 사정거리 이내에서 그가 말의 방향을 바꾸어 도망칠 때 치명적인 화살을 쏘면서 재빠르게 말을 몰았다. '파르티아 기병이 도망치면서 쏜 화살'이라는 오늘날의 표현은 고도로 숙련된 전략을 생각나게 한다. 그러한 기병들을 방해하지 않고 숨길 수 있었던 아시아의 울퉁불퉁한 언덕이나 모래언덕 지형 그리고 지평선들을 이용한 파르티아의 전술은 기동성이 덜한 적에게는 가공할 위협이었다. 게다가 주목해야 할 점은 그들의 활은 강했고 화살은 꿰뚫고 나갈 정도였다.

　파르티아인들과 씨우기 전에 로마인들은 이느 정도 카타프릭도이를 경험했다. 티그라네스의 군대에는 17,000명의 갑옷 입은 중무장 기병들이 포함되어 있었다. 이들이 창 외의 공격용 무기를 전혀 갖고 있지 않고 몸에 걸친 갑옷의 무게와 딱딱함 때문에 방해받고 있다는 것을 알게 된 루쿨루스는 트라키아와 갈라티아 기병들에게 팔을 뻗칠 수 있는 거리에서 그들의 칼로 공격하도록 명령했다. 이와 유사하게 그는 군단병들에게 창을 던져서 시간을 낭비하지 말고 칼로 찌를 수 있을 정도로 적과 맞붙어 갑옷을 걸친 파르티아 기병들의 다리를 공격하고 말의 오금을 잘라 절름발이로 만들도록 지시했다. 왜냐하면 적 기병들이 입은 갑옷은 허리 아래를 보호해주지 못했기 때문이다. 신속하게 맞붙어 싸우는 목적은 적이 궁수를 사용하지 못하게 하기 위한 것이기도 했다. 아르메니아의 산악지역에서 파르티아 기마 궁수의 전술은 어떤 경우이든 불가능했을 것이다.

파르티아인들은 책략에 탁월하고 위장 후퇴와 매복에서 뛰어난 능력을 발휘했다. 그들의 나라는 멀리 떨어져 있었고 여하튼 로마인들에게는 전혀 알려지지 않았다. 그리고 그들은 부득이 지방의 안내자들을 이용할 수밖에 없었던 침입자들에게 첩자를 심어 가짜 정보를 퍼뜨릴 수 있는 처지에 있었다. 그들은 군용 나팔이 아닌 불길하고 불안을 느끼게 하는 북소리로 군대를 소집했다. 또한 그들은 적의 대형 가까이서 질주하는 군마들을 선회시킴으로써 먼지를 일으켜 위장 연막의 효과를 거두었다. 그들의 전투 방식은 로마인들이 폰투스와 아르메니아에서 교전했던 방식들과는 전적으로 달랐다. 그리고 이러한 사실의 발견은 로마인들에게 커다란 충격으로 다가왔다.

## 카레의 참사

로마인들은 결코 파르티아인들을 정복하거나 지배할 수 없었으며, 기원전 53년 마르쿠스 크라수스가 이끈 로마군이 한 번도 대면해 본 적이 없는 파르티아인들과 치렀던 첫 번째 전투는 메소포타미아의 카레 근처에서 참담한 패배로 끝났다. 젊은 시절에 크라수스는 폼페이우스와 루쿨루스처럼 술라 휘하에서 군복무를 했다. 그는 술라에게서 법적 보호를 박탈당했던 자들을 희생해서 부자가 되었다. 내전과 스파르타쿠스에 맞선 군사작전은 그가 실질적인 군사적 능력의 소유자였음을 보여주었지만, 그의 오랜 정치적 경력을 통해 돈이야말로 그의 주요 무기였다. 단지 폼페이우스가 거둔 화려한 성공과 나중에 갈리아에서 카이사르가 거둔 위대한 승리들이 군사적 명예에 대한 크라수스의 야심을 되살아나게 했다. 폼페이우스와 카이사르가 그와 한 패가 되어 삼자 간의 정치적 동의의 결과로 크라수스는 시리아와 이집트를 속주로 획득하고 파르티아와 전쟁할 수 있는 기회를 갖게 된다.

비록 폼페이우스가 약속을 파기하고 폼페이우스의 부관이 시리아에서 파르티아의 왕위를 노리는 자에게 지원을 제공해 적대적인 분위기가 조성되었지만, 크라수스는 로마의 승인도 받지 않은 채 그리고 파르티아인들이 어떤 도발적 행동도 하지 않았는데도 전투에 착수했다. 크라수스가 메소포타미아의 변경 도시들을 점령했을 때 그는 파르티아 왕이 보낸 한 도발적인 사절과 마주쳤다. 양쪽에서 도전적인 언어가 사용되었으며, 즉각 전쟁 국면에 돌입했다.

카레(성서의 하란)에 주둔하고 있었던 크라수스는 그의 군대와 함께 알렉산더 계승자의 옛 바빌로니아의 수도인 셀레우키아로 진군하기 시작했다. 로마의 군단들은 곧 적의 투석무기들에 끊임없는 목표물이 되었다. 로마 군단의 경무장 척후병들은 그 공격을 막을 정도로 수적으로 충분하지 않았다. 파르티아 장군 수레나는 자신의 궁수들이 끊임없이 무기를 공급받고 있다는 것을 확인했다. 다름 아니라 효율적인 한 낙타 부대가 한 짐의 화살들을 실어 나르고 있었다.

---

## 카레 전투(기원전 53년)

| 크라수스 | 수레나 |
|---|---|
| | **보병** |
| 7개 군단 25/28,000명 | 없음 |
| 경무장보병 4,000명 | |
| | **기병** |
| 갈리아 1,000명 | 카타프락트 1,000명 |
| 시리아, | 경기병 궁수 6/8,000명 |
| 카파도키아, | 짐 싣기 위한 낙타 1,000마리 |
| 아랍 3,000명 | 짐마차 200대 |
| (알려지지 않은 숫자의 | |
| 비전투원 포함) | |

**전반적 상황** 군사적 명성에 목말라했던 크라수스가 파르티아 침략을 계획한다. 셀레우키아로 행군하는 도중에 그는 파르티아 기병과 조우하고 개울 근처에 진지를 구축하고 방어적인 방진을 조직한다. 로마군 대다수가 이곳에서 휴식을 취하고 싶어 하지만, 크라수스는 아들인 푸블리우스의 주장대로 계속 행군하기로 결심한다. 그는 곧 파르티아의 주력군과 마주친다. 파르티아의 말 탄 궁수들이 크라수스의 방진을 에워싸고 쉴 새 없는 공격으로 괴롭힌다.

**첫째 날** 크라수스는 경무장병력으로 파르티아의 궁수들을 제압하려고 하지만 경무장병력들은 군단병의 방어선으로 밀려난다. 파르티아군은 병참부대로부터 화살을 재공급받는다. 그때 푸블리우스는 갈리아인들을 포함해 8개의 보병중대, 500명의 궁수 그리고 1,300명의 기병을 거느리고 출격을 시도한다. 파르티아군이 굴복하고 푸블리우스가 추격하지만, 파르티아군이 추격해 들어오는 푸블리우스에게로 방향을 돌려 파르티아의 궁수들과 카타프락트들이 푸블리우스의 군사를 포위한다. 갈리아 기병들의 용맹에도 불구하고 푸블리우스의 병사들은 압도당한 채 500명만이 살아남는다. 푸블리우스는 자살하고 그의 목은 크라수스를 조롱할 목적으로 창끝에 찔려 내걸린다. 밤이 찾아들고 파르티아군은 철수한다. 로마군은 자비를 베풀어 달라는 부상병들의 간청에도 불구하고 그들을 뒤로 한 채 철수할 결심을 한다.

**둘째 날** 대부분의 로마군이 카레에 도착한다. 파르티아군은 낙오병들과 부상병들(대략 4,000명) 그리고 행군 중에 길을 잃은 4개 보병중대(대략 1,500명)를 대량 살육한다. 카레에서 포위공격을 받은 크라수스는 식량이 부족했으므로 산악지역에서 밤을 보내기로 결정한다. 또다시 행군의 혼란 와중에 많은 병사들이 뿔뿔이 흩어진다.

**셋째 날** 카시우스와 500마리의 말이 카레에 돌아온다. 그때 그들은 시리아로 도망치는 중이었다. 5,000명의 로마군이 언덕에 강력한 진지를 구축한다. 하지만 그들은 뒤처져 있는 크라수스와 그의 병사들을 돕기 위해 되돌아간다. 로마군이 달아날지도 모른다고 생각한 수레나는 크라수스를 협상 테이블에 끌어들여 그곳에서 그와 그의 장교들을 살해한다. 로마군 중 일부는 항복하고, 다른 일부는 도망가면서 아랍인들의 추격을 받는다. 카레 전투로 로마군은 20,000명이 사망하고 10,000명이 포로가 되는 손실을 입었다.

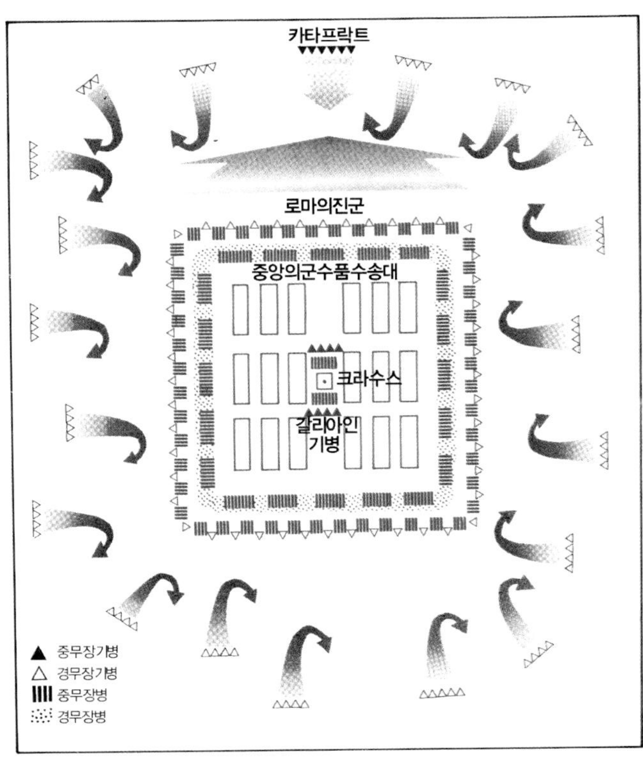

크라수스는
8개 보병대와
500명의 궁수
그리고 1,300명
정도의 기병과
함께 그의 아들
푸블리우스를
파견했다. 푸블
리우스처럼 갈
리아인들은 카
이사르 휘하에
서 공훈을 세웠
으며, 파르티아
의 카타프락토
이와 싸워서 그
들의 긴 창을 재
빠르게 붙잡고
보호 장비를 갖
추지 않은 말의
아래쪽 배를 칼

아마존의 여인을 나타내고 있는 에트루리아 청동상. 이것은 카레 전투에서 크라수스의 군단들에 맞서 사용되었던 '도망치면서 쏘는 파르티아의 화살'을 보여주고 있다.

로 찔러서 몇 차례 승리를 거두었다. 하지만 결국 로마의 주력군에서 분리된 푸블리우스의 군대가 전멸했으며, 의기양양해진 파르티아인들은 크라수스 아들의 머리를 미늘창에 꽂아서 그를 맘껏 비웃을 수 있었다.

로마인들은 이제 밤중에 후퇴하지 않을 수 없었지만, 그들은 이미 지칠 대로 지쳐 있었으며 4,000명의 부상자들이 내버려져 적에게 살육당했다. 파르티아인들은 야간에는 활동하지 않으려 했지만, 야간 행군으로 뿔뿔이 흩어진 로마군이 서로 연락을 취하지 못했던 낮 동안에 다시 추격을 시작했다. 9년 후인 3월 15일 카이사르의 암살로 더 잘 알려진 크라수스의 장교 가이우스 카시우스가 10,000명의 병사를 안전하게 뒤에서 이끌었다. 더 자세한 정보 없이는 확신을 갖고 그가 자신의 병사들을 구했다고 칭찬하거나 아니면 그의 상관인 크라수스를 버리고 도망쳤다고 비난할 수는 없다. 사기가 떨어진 군대로부터 압력을 받고 있었던 다른 장교들은 파르티아 장군 수레나가 분명히 배반하려는 의도로 제안했던 협상에 크라수스를 수행했다. 의도된 격투에서 로마의 협상자들이 살해되었다. 승리를 축하해 크라수스의 머리가 당시 아르메니아인들과 평화협상을 체결하고 있었던 파르티아 왕에게 전달되었다. 전체 전투에서 로마인들은 20,000명이 죽고 10,000명이 포로로 잡혔다고 전해진다. 이들 포로들은 파르티아인들에 의해 더 멀리 동쪽 속주들에서 농노로 자리 잡았다.

크라수스의 결정적인 패배에도 불구하고 파르티아인들은 승리의 여세를 몰아 공격하려고 시도하지 않았다. 갈리아인들이나 게르만인들과는 다르게 그들은 다른 국가들을 희생시키면서까지 이주해야 한다는 압박감을 느끼지 못했다. 아마도 그들 또한 크라수스가 무모하게 위험을 무릅쓰고 정복하려고 했던 지역이 그들의 가장 중요한 군사적 자산의 일부였음을 알고 있었던 것 같다. 그리고 그들의 전투 방식은 어떤 다른 지형에서 똑같이 성공적일 수 없었다. 여러 해 동안 로마인들은 카레의 패배를 심각한 불명예로 생각했다. 그 밖의 다른 모든 것은 제쳐놓고라도 그들의 깃발이 적의 수중에 넘어갔다. 하지만 어떤 위기감도 수반되지 않았다. 파르티아인들은 미트리다테스나 킬리키아의 해적들이 가했던 것에 비견될 만한 위협조차 하지 않았다.

배반은 제쳐놓고라도 비록 우리에게 알려진 수레나의 성격이 위대한 군사 지도자의 대담함과는 거리가 멀었다고 하더라도 파르티아인들이 거둔 승리가 그의 지도력에 크게 힘입었음을 부정할 수는 없다. 수레나가 개인적으로 여행할 때 첩들을 위한 200대의 4륜 마차를 포함해서 엄청난 수행원이 뒤를 따랐다. 따라서 그가 패배한 로마 군대의 짐 꾸러미에서 발견된 춘화에 혐오감을 나타냈을 때 그는 위선적으로 보였다. 하지만 그의 개인적 능력은 의문시되지 않았다. 사실 그의 성공은 파르티아 왕의 시기심을 자극했으며, 그는 카레 전투가 끝난 지 얼마 되지 않아서 처형당했다.

# 율리우스 카이사르

일련의 빛나는 전투에서 카이사르는 갈리아와 게르만 부족들을 정복했으며 브리타니아를 침공했다. 군사적 공적과 정치적 야망이 카이사르의 성격에 뒤섞였으며, 기원전 49년에는 자신의 군단들을 거느리고 로마에서 폼페이우스를 몰아내기 위해서 루비콘 강을 건넜다.

## 고대의 문헌

우리는 이제 전기와 자서전이 쉽게 역사와 동일시될 수 있는 장에 이르렀다. 카이사르의 저작들 중 가장 잘 알려진 『갈리아 전기』는 브리타니아에 대한 로마의 최초 군사 원정을 묘사하고 있다는 점에서 영국 독자들의 특별한 관심을 끈다. 『갈리아 전기』의 이야기는 기원전 58년에서 52년까지의 전 기간을 다루고 있으며, 일곱 권의 책은 각각 이 기간 중 한 해씩에 해당한다. 카이사르의 일곱 권의 책에 그의 장교였던 아울루스 히르티우스가 기원전 50년까지의 역사 기록을 다루는 여덟 번째 책을 추가했다. 갈리아에서 돌아온 뒤 폼페이우스와 싸웠던 기원전 49년의 전쟁은 세 권의 『내란기』에서 이야기되고 있다. 그의 군사 경력에 대한 이야기는 그 후 그가 치른 동방 전투들에 대한 작자 미상의 역사에서 전해진다. 이 이야기는 기원전 47년 미트리다테스의 아들과의 젤라 전투로 끝을 맺는다. 이 작품 또한 히르티우스에 의해 쓰여졌던 것 같다. 또 하나의

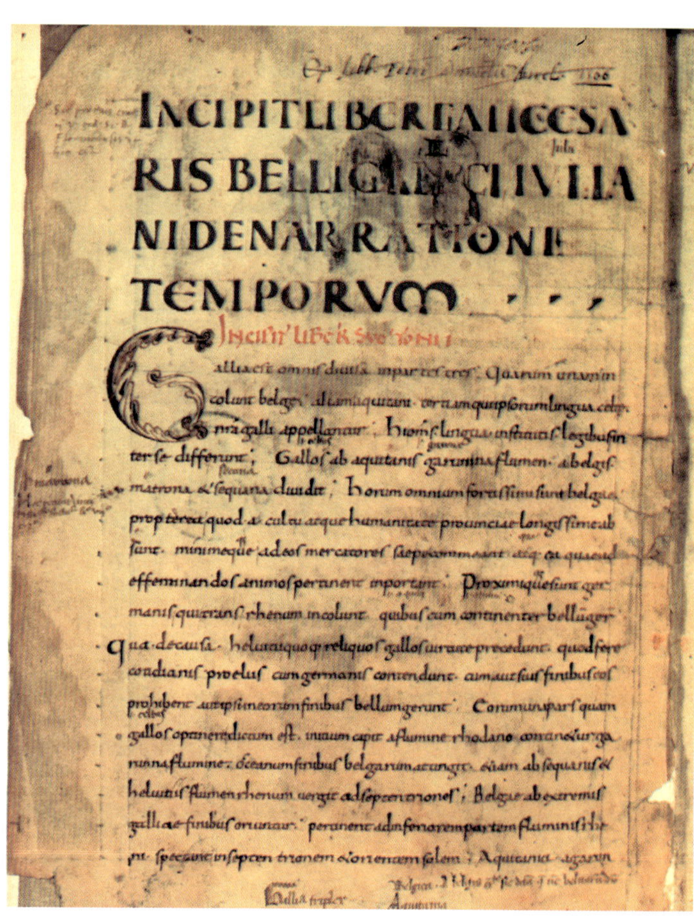

암스테르담에 보관된 카이사르의 『갈리아 전기』(9세기 사본) 첫 페이지에 나오는 구절. "갈리아 전체는 세 부분으로 분할된다."

작자 미상의 이야기는 북아프리카에서 카이사르가 승리를 거둔 전쟁(기원전 47~46년)을 묘사하고 있다. 그곳에서 카토는 살아남은 폼페이우스 추종자들과 합류했다. 작자 미상의 세 번째 이야기는 스페인에서 폼페이우스의 아들들과 싸웠던 그리고 기원전 45년에 문다에서 최종적인 승리를 이끌었던 카이사르의 마지막 전쟁에 대해 언급한다. 하급 장교로 추정되는 작가가 자신이 묘사한 군사작전들을 직접 목격했다고 하더라도, 불행히도 스페인 전쟁에 대한 그의 묘사에 의문의 여지가 없는 것은 아니다.

플루타르코스의 『영웅전』과는 별개로 서기 69년에 태어나서 하드리아누스 황제 치하에서 황제의 서기로 일하고 서기 2세기까지 건강하게 생존했던 것으로 추정되는 가이우스 수

로마의 적들과 폼페이우스 및 그의 계승자들에 맞선 카이사르의 전투는 불과 13년 만에 카이사르를 제국의 한쪽 끝에서 다른 쪽 끝까지 이끌었다.

에토니우스 트란퀼루스가 쓴 카이사르 전기가 있다. 서기의 지위 덕에 그는 아마도 또 한 명의 탁월한 작가인 소小 플리니우스(가이우스 플리니우스 카에킬리우스 세쿤두스)의 도움을 받았던 것 같다. 수에토니우스의 저작 중 현존하는 거의 유일한 것은 『12 황제전*Lives of the Caesars*』이다. 여기에는 율리우스 카이사르의 전기에서부터 시작해 멀리 도미티아누스 황제까지 절대 권력에서 카이사르의 뒤를 이었던 로마 황제들의 계보를 다루는 12개의 전기가 포함되어 있다.

갈리아 총독으로 임명되기 이전 카이사르의 정치적 경력에 관해서는 키케로와 살루스티우스로부터 많은 것을 알 수 있다. 하지만 플루타르코스와 수에토니우스의 전기에도 불구하고 청년 카이사르에 대해 우리가 갖고 있는 지식은 단편적이고 부정확하다. 술라의 열정이 이탈리아에서 마리우스 파에 대한 보복에 집중되었던 반면에, 일시적으로 정복당한 미트리다테스가 한 번 더 의욕을 불태웠으며, 당시 동방에 있었던 카이사르는 미트리다테스에 맞선 군사작전에 열정적으로 참가했다. 비티니아에서 함대를 불러 모으는 동안 그는 비티니아 왕과의 동성애 관계로 의심받았다. 하지만 이 상황을 기록한 수에토니우스는 눈에 띌 정도로 추문에 빠져 있었다. 여전히 청년 시절 카이사르는 동방 전쟁에서 군사적 두각을 나타냈으며, 미틸레네 전투 이후 동료 병사의 목숨을 구했다는 이유로 떡깔나무잎 왕관을 수여받았다. 또한 그는 크라수스처럼 정치를 위해 군 생활을 그만 두었던 것으로 보이며, 그 후 그가 살고 있었던 세계에서 군대 지휘권과 전쟁에서의 승리가 정치적 성공의 필요 조건이었음을 뒤늦게 깨달았던 것 같다.

전쟁과 정치와는 별개로 카이사르는 문학적 소양을 키우는 데 깊이 몰두했다. 그는 로도스에서 문학 공부를 위해 자신의 초기 경력을 중단했다. 그리고 지금은 분실되고 없는 문학 비평서들을 썼다. 이들 책에서 그는 예외적이고 난해

목걸이를 착용한 채 죽어가고 있는 갈리아인을 나타내고 있는 한 유명한 조각상. 소아시아에 침입한 켈트족이 기원전 3세기에 페르가몬의 아탈루스 1세에게 격파되었다.

한 단어들을 사용하지 말도록 권고했던 것으로 알려지고 있다. 그리고 그 자신의 선생 회고록은 명료함의 본보기가 되는 책이다. 왜냐하면 그는 자신이 훈계했던 바를 실행에 옮겼기 때문이다.

## 정치적 배경

율리우스 씨족은 로마 그 자체보다 더 오래되었다고 주장되었다. 반면에 카이사르는 혼인을 통해 민중파의 지도자들과 연결되었다. 그 결과 그는 대중의 지지를 모을 수 있었지만 귀족들에게는 대등한 입장에서 말했다. 하지만 그는 벌족파와 민중파 모두로부터 신뢰를 받지 못했다. 그의 초기 경력은 분명히 신뢰를 쌓기 위해서 의도적으로 계산된 것은 아니었다. 그는 자신의 라틴어가 나무랄 데 없다는 점을 제외하고는 정치 폭력의 조종자였고 불명예스러운 대의명분의 변호자였으며, 이미 로마가 너무나 잘 알고 있는 유형의 부도덕한 선동가였다. 그는 까다롭게 그리고 사내답지 못하게 옷을 입었다. 수에토니우스는 폼페이우스와 크라수스의 부인을 포함해서 카이사르의 유혹을 받았다고 전해지는 로마 여성들의 목록을 언급하고 있다.

개인적 생활수준은 물론이고 정치적 계획을 진전시키기 위해서 카이사르는 일종의 정치적 금융회사 같은 것을 운영했던 크라수스에게서 자금을 빌렸다. 물론 이것은 카이사르의 선동술을 크라수스의 처분에 맡겼으며, 그의 타고난 총명함이 그에게 경고했을 사건들에 쉽사리 휘말리게 했다. 카틸리나의 음모는 그렇게 휘말리게 된 하나의 실례였을지도 모른다. 동시에 카이사르는 키케로에게서는 찾아 볼 수 없었던 현실에 대한 통찰력을 갖고 있었다. 그는 로마의 실세들이 언제라도 자신과 폼페이우스의 지원을 받으려고 한다는 것을 알고 있었다. 낡아빠진 전통으로 살아남았거나 아니면 술라에 의해 불법적으로 강요되었던 모든 입헌주의는 단지 허울에 불과했다. 만약 입헌적인 환영幻影이 존속했다면, 이것은 단지 폼페이우스가 마지못해 자신의 정치적 역할을 했기 때문이다. 폼페이우스의 야심은 순전히 직업적인 것이었다. 그는 내심 로마의 전제군주가 아닌 로마의 지도적인 장군이 되고 싶어 했다.

크라수스의 재정적 도움으로 카이사르는 기원전 61년에 스페인에서 군대 지휘권을 획득했다. 평화가 회복된 이곳 로마 속주는 여전히 북서쪽의 산악 부족에 맞서 방어할 필요가 있었으며, 카이사르는 수많은 전투를 경험했다. 전리품과 노예는 성공적인 전쟁에서 흔히 딸려오는 부산물이었다. 더욱이 우리는 한 로마 총독의 터무니없는 통상적 관행들을 고려해야 한다. 카이사르는 크라수스에 대한 빚 부담 없이 전처럼 부자가 되이 로마로 돌아왔다.

또한 그는 이제 자신이 적어도 폼페이우스만큼 위대한 장군이 될 역량을 갖추었음을 실감했음에 틀림없다.

기원전 60년에 카이사르는 집정관으로서 조용히 그리고 대담하게 공화정을 무시했으며 불과 몇 안 되는 반대자들이 힘없이 반항하는 것을 내버려 두었다. 이제 권력은 폼페이우스, 크라수스, 그리고 카이사르의 수중에 있었으며, 본인들이 직접 아니면 대리인을 통해 행사했던 그들의 권력의 원천은 군사력과 대중 지배 그리고 돈이었다. 그들 중 어느 누구에게도 합리적인 이권을 거부함으로써 원로원은 세 명의 잠재적인 적들이 제휴하도록 만들었다. 하지만 어떠한 이권도 비합법적인 일의 작은 실마리가 될 수 있음은 자명하다. 적어도 삼자 간의 제휴는 그것이 지속되는 동안은 평화를 의미했다. 만약 입헌주의자들이 그들의 권한에 반대한 자들 사이에 질투심을 이용하려고 했다면, 그들은 이탈리아를 한 번 더 무장 경쟁자들 사이의 전쟁 무대로 만들었을 것이다. 키케로나 카토 같은 공화주의자들의 관점에서 보면 그 상황은 틀림없이 어떤 행복한 결말도 허용하지 않는 것으로 보였을 것이다.

고대 브리타니아 켈트족의 금목걸이. 이러한 종류의 장식품들은 그 자체로 부의 한 형태였으며, 정복자 로마인들은 이러한 장식품들을 이탈리아의 갈리아인들과 전쟁하는 동안 명예로운 전리품으로 간주했다.

## 헬베티아인(스위스인)과 아리오비스투스

카이사르의 갈리아 정복이 사실 로마의 국가 이익에서 대단한 업적이었는지 아니면 그것이 단지 개인적 명성과 국내에서의 정치권력을 얻기 위한 수단에 불과했는지에 대한 질문이 제기될 수 있다. 기원전 5세기 로마의 수많은 군사적 공적에 대해서도 똑같은 질문이 제기될 수 있다. 참담한 결과를 가져온 크라수스의 파르티아 원정의 실례에서 그 동기들은 분명히 개인적인 것이었지만, 이때 모든 지휘관들 중에 폼페이우스가 아마도 자신의 기회를 만들어내기보다는 오히려 기다릴 준비가 가장 잘 되어 있었던 것 같다. 갈리아에서 보여준 카이사르의 군사작전은 크라수스가 수행했던 동부 지역 전투가—설사 그러한 참사가 없었다고 하더라도—입증했던 것보다 훨씬 더 로마를 방어하기 위한 전투였음이 입증되었다.

기원전 59년 전 집정관으로서 카이사르의 지휘권은 처음에는 이탈리아 갈리아(로마인들은 북이탈리아의 갈리아 지역을 갈리아 키살피나, 즉 왼쪽 갈리아로 불렀다. 알프스의 북쪽은 갈리아 트란살피나에 있었다)와 일리리쿰에 한정되었다. 그 후 그의 지휘권은 알프스

율리우스 카이사르. 군사적 위업과는 별개로 그는 뛰어난 저술가였으며 1800년 동안 유럽에서 사용된 달력 개혁에 착수했다.

너머 갈리아로 확대되었다. 이 지역에 로마군을 주둔시키는 데에는 충분한 이유가 있었다. 게르만족과 갈리아족이 재차 이동 중이었으며, 킴브리 전쟁에 대한 로마의 기억들이 불과 반세기도 지나지 않았다. 카이사르가 전 집정관으로 있었을 때 헬베티아(스위스)의 갈리아인들은 이미 게르만 부족인 수에비족으로부터 압박을 받고 남쪽에 위치한 북부 스위스로 밀려났다. 갈리아 부족 문제에 간섭한 수에비족이 라인 강 서쪽으로 침투했을 때, 이제 갈리아 나머지 지역으로부터 고립될 위기에 처한 헬베티아인들이 서쪽으로 이동하려고 결심했다. 그리고 기원전 58년에 로마 속주(남부 프랑스)를 통과해 평화롭게 이동할 수 있도록 승낙해 줄 것을 요청했다. 카이사르는 그가 설명하고 있는 대로 그러한 이동이 어디에서 끝날지 알

수 없었으며, 킴브리족과 제휴한 헬베티아인들이 한때 로마군대에 굴욕적인 패배를 안겨준 적이 있었다는 사실을 기억하면서 요청을 거절했으며, 이동하는 헬베티아인들이 남쪽으로 탈출하는 것을 저지하려고 제네바 호수와 쥐라 산맥 사이에 19마일(28킬로미터)에 달하는 정교한 요새와 전투 지휘소가 완비된 토루를 세웠다. 이 요새의 규모와 그것이 세워졌던 속도를 통해 이 기간 동안 로마의 전략에서 군사공학이 차지하는 역할이 점증하고 있었음을 알 수 있다.

이미 카이사르는 다소 속임수를 써서 갈리아인들과 협상을 지연함으로써 시간을 벌었다. 그리고 그는 기가 꺾인 헬베티아인들이 쥐라 산맥과 아라르 강의 계곡을 가로질러 간신히 그의 제네바 방어선으로 나아가기 전에 이탈리아 북부에서 다섯 개의 군단을 모집할 수 있었다. 그는 헬베티아인들을 공격해서 그들의 후위에서 아라르 강을 가로질러 주력군을 뒤따르기 위해 기다리고 있었던 씨족에게 패배를 안겨 주었다. 그 강을 대단히 신속하게 다리로 건너면서 카이사르는 자신이 곡물 공급에 어려움을 겪고 있었다는 사실에 고무된 그들이 어리석게도 공격을 취할 때까지 대략 2주 동안 그들을 뒤쫓았다. 밤까지 계속된 전투가 끝나고 나서 헬베티아인들은 패배했다. 그 결과 카이사르의 보복을 두려워한 다른 부족들이 헬베티아인들에게 곡물 공급하는 것을 거부했다. 굶주림 때문에 그들은 항복하지 않을 수 없었으며 카이사르는 그들을 그들의 고국인 스위스에 재식민했다. 만약 그의 야망이 선견지명이 부족한 것이었다면, 그들 모두를 노예로 파는 것이 간단하고 수지맞는 일이었을 것이다. 하지만 그 밖의 다른 곳에서의 불편함과는 달리 헬베티아인들이 게르만족에 밎신 완충국가

카이사르 대 아리오비스투스(기원전 58년)

**병력 수**

카이사르: 대략 21,000명의 군단병과 여기에 덧붙여 4,000마리 가량의 갈리아 말과 그 밖의 보조군

아리오비스투스: 대량으로 징집된 게르만족과 6,000마리의 말 그리고 6,000명의 보병과 16,000명의 경기병

1. 아리오비스투스가 카이사르로부터 2마일(3킬로미터) 떨어진 지점에 진지를 구축하고, 그의 병참선을 차단한다.
2. 카이사르가 전투를 시작하고 아리오비스투스는 피한다. 소규모 기병 전투가 뒤따른다.
3. 카이사르는 게르만족을 지나쳐 진군하고 병참선을 복원할 목적으로 두 번째 진지를 구축한다.
4. 새 진지에 두 개 군단, 옛 진지에 4개 군단이 배치된다.
5. 다음날: 게르만족이 새 진지를 공격한다. 정오에서 일몰 때까지 전투가 이루어진다.
6. 다음날: 카이사르가 옛 진지에서 3중 방어선을 이끈다.
7. 게르만족의 저항으로 백병전이 시작된다. 창은 사용되지 않는다.
8. 게르만족이 좌측에서 격파된다.
9. 푸블리아스 크라수스가 강하게 압박받는 로마의 좌측을 지원하기 위해서 제3대열을 바꾼다.
10. 게르만족의 참패와 학살이 행해진다.

로서 그들의 원래 위치에 있도록 요구되었다.

물론 이러한 조치는 만약 갈리아 지역으로의 게르만족의 침투가 동시에 저지되지 않는다면 이치에 맞지 않는 것이었다. 수에비족의 왕인 아리오비스투스와 타협 없는 외교적 논쟁이 후에 카이사르는 자신이 새로운 전쟁에 말려들었다는 것을 알았다. 그는 사실 이 전쟁을 예상했었음에 틀림없다. 만약 우리가 스파르타쿠스의 게르만인 추종자들에 맞서 싸워 얻었던 경험을 고려해 넣지 않는다면, 카이사르가 지휘했던 병사들의 세대는 전에 게르만 전사들과 마주친 적이 없었으며, 새로운 적이었던 게르만족의 하늘을 찌를 듯한 체격과 호전적인 명성은 그들을 당황케 하고도 남음이 있었다. 어느 한 순간에 공황 비슷한 상태가 나타났다. 하지만 특별히 그의 정예부대인 제10군단에게 전해졌던 카이사르의 카리스마 넘치는 지도력과 대담무쌍함은 장교들과 사병들 모두를 빠르게 불러 모았다. 대중들을 선동할 수 있는 그의 공격적인 웅변술이 또한 군대를 고무할 수 있었다. 로마인들은 알사스 평원의 대전투에서 아리오비스투스를 무찔러 라인 강 너머로 몰아냈다. 그는 결코 라인 강을 다시 건너지 못했다. 이 전투에서 6년 후 카레에서 요절할 운명이었던 푸블리우스 크라수스가 카이사르의 기병을 지휘했으며, 어려운 순간에 그의 주도로 로마의 증원군이 강하게 압박받고 있었던 왼쪽 날개에서 전투에 돌입하면서 승리를 확신할 수 없었던 전투에서 확실한 승리를 거두었다.


## 카이사르와 벨기에의 갈리아인

아리오비스투스에게 승리한 이후에 카이사르는 이탈리아 갈리아의 총독으로서 자신의 사법적 직분을 수행하려고 남쪽으로 이동했다. 그 사이에 그는 겨울 동안 쥐라 산맥의 서쪽에서 야영했던 한 부관에게 자신의 군대에 대한 지휘를 맡겼다. 하지만 북쪽에서 켈트와 게르만의 혈통이 섞여 있었던 벨기에의 갈리아인들이 전쟁을 준비하고 있었다. 다음 해 여름

우호적인 갈리아인이었던 아이두이족의 주의를 다른 곳으로 돌리는 몇몇 군사작전을 계획한 뒤에 카이사르는 악소나 강 전투에서 약 40,000명 규모의 벨기에 부족들의 연합군과 마주쳤다. 강의 굽은 곳에 에워싸인 카이사르의 진지는 낮은 구릉에 세워진 성채로 둘러싸여 있었다. 곡물 공급이 또 다시 문제가 되었으며, 로마인들은 전술적 방어목적뿐만 아니라 그들에게 우호적이자 식량의 원천이었던 후방 국가들로부터 고립되지 않도록 진지의 위치를 선정했다. 수적으로 엄청난 열세에 놓여 있었던 카이사르는 참호를 팜으로써 양쪽에서 그의 측면을 방어했다. 이들 참호는 한쪽 끝의 로마 진지에서 포 병기들이 설치되었던 말단 요새까지 확장되었다. 이렇게 해서 전장이 일종의 경기장처럼 준비되었다.

하지만 카이사르의 기병들에게 이점이 있었던 소규모 접전에도 불구하고 어느 쪽 군대도 사이에 있는 늪지를 건너서 공격할 엄두를 내지 못했다. 그때 벨기에의 갈리아인들이 강에서 얕은 여울을 발견하고는 후방에서 로마의 연락선을 차단하기 위해서 그 여울을 건너려고 시도했다. 이 계획은 카이사르가 기병과 경무장 병력을 신속하게 이동시켜 적을 공격해 막대한 손실을 가져다줌으로써 실패로 돌아갔다. 벨기에의 갈리아인들은 행군 도중에 카이사르로부터 적시에 지원을 받았던 갈리아의 한 도시를 점령하는 데 실패했다. 식량이 부족하다는 것을 알게 된 그들은 절망에 빠졌다. 벨기에의 갈리아인은 어느 한 부족이라도 공격을 받으면 이를 방어하기 위해 모두가 재집결해야 한다는 조건으로 각각 자신의 영토로 해산한다는 결정이 내려졌다. 하지만 그들의 후퇴는 너무 무질서하고 무계획적이어서 로마인들은 여러 분견대를 따로따로 공격할 수 있었으며, 혼란의 와중에서 그들을 몰살시킬 수 있었다.

이제 벨기에의 갈리아인 대부분은 기꺼이 카이사르와 화해하려고 했지만, 그들 중 가장 강한 네르비족은 여전히 카이사르에게 공공연히 저항했다. 전형적인 로마의 행군 대형에 대한 정보를 입수한 그들은 기습공격을 하기로 결정했다. 주로 보병들로 이루어진 그들은 나무가 우거진 언덕의 꼭대기에서 모습을 나타내더니 그들 앞에 있는 카이사르의 기병 선봉대를 몰아냈다. 그리고 나서 카이사르 군대가 진지에 참호를 파려고 준비했을 때 그들을 공격하려고 사비스 강과 비탈길을 가로질러 휩쓸고 지나갔다. 여섯 개의 로마 군단이 두 개의 후방군단의 호송을 받았던 군용수화물 앞에서 행군했다. 이것은 네르비족이 예상했던 대형과는 다른 병력배치였다. 왜냐하면 즉시 전투할 가능성이 없었을 때 각 군단은 수화물에 의해 다음 군단과 분리되었기 때문이다.

그때조차도 기습공격은 대단히 효과적이어서 로마인들은 투구를 쓰고 방패에서 덮개를 제거할 수 있는 시간이 없었다. 뒤 병사들 중 한 명에게서 방패를 낚아챈 카이사르가 앞줄로 나가더니 전투가 치열하게 벌어지고 있는 중에 자신이 직접 병사들을 불러 모았다. 엄청난 숫자의 로마군이 부상당하고 죽었지만, 주로 그들이 받았던 훈련 때문에 그리고 장교와 사병들이 명령을 하달 받지 못했을 때 무엇을 해야 할지 잘 알고 있었으므로 참사를 모면했다. 기습공격과 수적 우위에 의존했던 네르비족은 로마의 후위 군단들이 도착했을 때 자신들이 불리한 입장에서 싸우고 있다는 것을 알았다. 많은 네르비족이 필사적인 용기로 저항하면서 전투 중에 쓰러졌지만, 이제 로마인들이 주도권을 잡고 상황을 통제하기 시작했다. 그날 네르비족은 전투력을 완전히 상실했다.

카이사르는 킴브리족과 제휴했던 게르만 부족인 아두아투키족과 간단한 전투에서 벨기에의 갈리아를 정복했다. 그들은 네르비족을 지원하려고 출발했지만, 전투에 너무 늦어 고립되었다. 카이사르는 그들에게 무기를 넘길 것을 요구했지만, 일부는 은밀하게 무기를 보유했다. 그리고 아두아투키족은 밤중에 무장 출격을 시도했다. 카이사르는 불로 신호를 보내 전투에 대비했다. 그는 뒤이은 전투에서 그들에게 엄청난 패배를 안겼으며, 모두 350,000명에 달했던 생존자 전부를 노예로 팔았다.

**조수에 의존하는 바다**

똑같은 전투시즌에 푸블리우스 크라수스는 대서양 해안지방에 위치한 갈리아 국가들의 항복을 받아내도록 파견되었다. 이 항복은 곧 받아들여졌으며 이제 카이사르는 평화 제안을 가지고 그에게 접근하지 않았던 부족은 누구든지 의심의 눈초리로 바라보았다는 사실에 주목해야 한다. 하지만 다음 해에 남쪽 브르타뉴 지역의 베네티인들이 인근 부족들을 저항 운동으로 이끌었으며, 전에 볼모로 잡혀갔던 사람들의 석방을 강제할 목적으로 습격임무를 띠고 파견된 로마 장교들을 사로잡았다. 이러한 배반행위에 격분한 카이사르는 해안에 사는 갈리아인들과의 전쟁을 준비했다. 이 전쟁에서는 해군이 필요했다. 그는 리게르(루아르) 강어귀에서 배를 건조했고 프로방스(프랑스 남쪽)에서 노잡이들을 모집했으며 선원들과 조타수들을 고용했다.

남쪽 브르타뉴 해안은 심지어 오늘날까지도 자동차 통행을 방해하는 일련의 강어귀에 의해 움푹 들어가 있다. 베네티인들과 그들의 이웃은 해안 고지대에 요새들을 세웠다. 이들 요새는 밀물일 때는 섬 그리고 썰물일 때에는 반도였다. 이들 요새에 가해진 육상 공격은 모두 밀어닥치는 조수 때문에 실패했다. 반면에 물이 빠졌을 때는 암초 위에 해군이 남겨져 있곤 했다. 로마인들은 군사작전기지로 사용할 수 있도록 힘들여 방파제를 만들고 공성보루를 세웠다. 하지만 방어자들이 심각한 위협에 처했을 때는 언제나 그들의 해군이 도착해서 그들의 재산과 함께 그들을 철수시켰다. 따라서 로마인들은 그 밖의 다른 곳에서 똑같은 토목 공사 솜씨를 반복하지 않으면 안 되었다.

따라서 적 함대를 파괴하는 것만이 유일한 해결책이 될 수 있었다. 하지만 여기에서 다시 로마인들은 불리한 상황에 놓였다. 갈리아의 배는 엄지손가락 두께만한 쇠못으로 고정된 거대한 가로대(고물보)와 함께 오크나무로 만들어졌으며, 견고한 가죽 돛에 의존했다. 이들 배는 대서양의 바람과 파도에 견디도록 만들어졌으며, 로마 전함의 충각도 견뎌냈다. 동시에 적 함대의 엄청난 높이 때문에 로마 전함들은 갈고리를 걸기가 어려웠으며, 따라서 배에 올라타 적을 무찌른다는 것은 생각조차 할 수 없었다. 게다가 갈리아인들은 로마인들과 바다에서 투석무기들을 주고받을 때 더 높은 포좌에서 무기를 발사할 수 있었으므로 유리한 입장에 있었다. 심지어 로마인들이 그들의 갑판에 공격용 이동 운제(포탑)를 설치했을 때조차도 적함의 높은 선미 위로는 그것들을 올리지 못했다. 더욱이 갈리아의 배들은 바닥이 편평하게 만들어졌으므로 얕은 여울에서 좌초될 위험이 덜했다. 게다가 그들의 항법사들은 해안과 조수에 상세한 지식을 갖추고 있었다.

하지만 인내심을 가지고 현명하게 그리고 운 좋게도 로마인들은 (나중에 카이사르의 암살자들 중 한 명이 될) 데키무스 브루투스의 지휘 하에 마침내 결정적인 해전에서 승리했다.

기다란 막대기에 끼운 낫처럼 생긴 갈고리로 로마인들은 적의 조범장치를 공격해서 마룻줄(돛 활대 따위를 올리고 내리는 밧줄: 역자 주)를 잡아 뽑아버렸다. 결국 활대와 돛이 부러지면서 갈리

아라우시오의 개선문 위 돋을새김의 세부 묘사. 이 개선문은 기원전 30년경에 세워졌으며, 거기에 티베리우스가 율리우스 카이사르 시대가 반세기가 지난 기원 25년에 그의 비문을 추가했다. 전리품에는 눈에 띄는 방패들이 포함되어 있다.

아인들은 무력해졌다. 왜냐하면 갈리아인들의 배는 노를 사용하지 않았기 때문이다. 따라서 둘 또는 세 척의 로마 갤리선이 단 한 척의 갈리아 배를 공격해서 적 함대를 각개 격파하는 것이 가능했다. 또한 바람이 가라앉아서 도망치는 갈리아 배들을 멈추게 해 뒤따라 잡는 일도 일어났다. 일단 해안에 사는 갈리아인들의 함대가 이렇게 격파되면, 카이사르는 전적으로 배에 의존했던 대서양 해안의 국가들을 정복하는 데 어떤 어려움도 없었다. 그는 무자비했다. 왜냐하면 그는 항복협상 이후에 자신의 장교들이 체포된 사실을 국제법 위반이라고 생각했기 때문이다. 베네티인들의 지도자 모두가 처형되었으며 나머지는 노예로 팔렸다.

## 게르마니아와 브리타니아에서의 군사작전

카이사르의 갈리아 전투는 게르만족을 갈리아에 붙들어두기 위해 계획된 방어적인 군사작전으로 시작되었다. 만약 로마인들이 갈리아의 정치적 불안정을 충분히 이용하면서 갈리아의 부족 문제에 끼어들지 않았다면, 게르만족이 기꺼이 그렇게 하려고 했을 것이고 또 그렇게 할 수 있었다. 그리고 킴브리족과 튜튼족의 경험에서 비추어 볼 때 토지에 굶주린 게르만 침입자들이 지배하는 서유럽은 어떤 로마인도 태연하게 바라볼 수 없었을 것이다. 갈리아의 여러 지역에서 카이사르와 그의 장교들이 거두었던 계속되는 승리는 결국 갈리아에서 되풀이되었던 공개적인 감사제 기간들을 통해 환영받았다.

하지만 갈리아의 북쪽과 서쪽에서 로마의 군사작전은 더 이상 전적으로 방어전의 성격만을 가졌던 것은 아니다. 카이사르와 그의 군대는 갈리아를 문명화시키는 전도사의 임무를 부여받았다고 생각했음에 틀림없다. 또한 그는 갈리아의 부족들을 로마의 법과 질서에 굴복시키고, 그리고 동쪽으로 라인 강 그리고 북쪽으로 영국 해협까지 전 지역에 로마의 무역통상과 기업 그리고 공공토목공사가 미칠 수 있게 할 작정이었다. 그는 이들 변경지역이 침범당해서는 안 된다는 점을 확실하게 하려고 기원전 55년에 변경지역 너머에 살고 있었던 사람들과 (북쪽과 동쪽 모두에서) 전투에 돌입했다.

이 해에 이미 뫼즈 지역을 위협하고 있던 게르만족이 수에비족의 압박을 받고 라인 강을 건넜다. 카이사르는 이주자들과 협상을 했지만 그들이 단지 시간을 벌려 하고 있다는 것을 알았다. 결국 그는 그들을 기습 점령했으며 대학살로 절멸시켰다. 그리고 나서 그는 10일 안에 라인 강에 나무다리를 세워 자신의 군단들을 진군시켰다. 대규모 병력으로 이루어진 정찰이 18일 동안 지속되었다. 그는 수에비족과의 전투를 시도하지 않고 다리를 파괴하고 다시 갈리아로 물러났다. 이것은 그의 적들을 깜짝 놀라게 했으며 그의 동맹자들에게는 용기를 북돋았다.

카이사르가 브리타니아 원정에 착수했던 때는 기원전 55년 늦은 여름이었다. 갈리아인들에 대한 브리타니아인들의 도움은 그에게 브리타니아 원정의 구실을 가져다주었다. 하지만 개인적 야망과는 별개로 그의 원정 동기는 부분적으로 탐험가의 그것이었다. 그의 신임을 받고 있었던 장교인 가이우스 볼루세누스에게 해안 정찰의 임무가 맡겨졌다. 그리고 그는 자신에게 우호적인 갈리아 족장 콤미우스를 파견해서 가능하다면 토착민들과 원만한 조건에서 조약을 체결하게 했다. 일부 브리타니아 부족들은 이미 협상 사절들을 갈리아의 카이사르에게 파견했다.

원정 준비를 끝낸 카이사르는 전함들의 호위를 받는 80척의 수송선에 두 개의 군단을

---

## 로마 기병의 방패

로마의 기병이 언제부터 방패를 사용하기 시작했는지는 확실치 않다. 알렉산더와 싸운 인도의 기병이 작은 방패를 휴대했던 것으로 보이지만, 우리가 알고 있는 가장 이른 시기의 예들은 기원전 400년경 남부 이탈리아에서 유래된 타렌툼의 동전들에서 묘사된다. 이것들은 작은 둥근 방패들로 아마도 폴리비오스에 의해 묘사되고 있는 것처럼 황소 가죽으로 만들어지고 돌출 새김이 붙은 케이크처럼 생겼다. 기병 방패는 기원전 250년경에 널리 보급되었으며, 이탈리아 기병은 그리스인들로부터 나무로 만든 커다랗고 무거운 호플론식 방패들을 받아들였던 것 같다. 동전과 폴리비오스의 저작을 통해 우리는 로마 기병의 방패에 관한 정보를 얻을 수 있다. 전통적으로 로마는 대부분의 기병을 로마의 동맹자들로부터 조달했다. 그들은 주로 이탈리아인이었지만, 켈트와 스페인 기병 또한 징집되었다.

1. 기원전 200년 무렵으로 추정되는 돌기가 있는 편평한 방패로 설사 켈트족 기병과 관련이 있다고 하더라도 기원은 이탈리아에서 찾을 수 있을 것 같다. 날개 달린 말의 모티프는 이 당시에 유행했던 것으로 독수리, 늑대, 수퇘지, 그리고 미노타우로스와 함께 이 시기 로마의 상징이었다.

2. 켈트족과 게르만족이 사용했던 방패로 기원전 1세기에 카이사르 기병들 대부분에게 제공되었다. 이것은 맨 윗부분과 아랫부분을 잘라낸 켈트족의 편평한 타원형 방패이다. 이 무렵에는 관례적으로 군단병들이 이 방패를 채택했다. 그림에서 보이는 디자인은 켈트족의 전형적인 모티프이다.

3. 일반적으로 기원 1세기 후반부의 게르마니아와 관련된 육각형 타입의 방패이다. 전갈 문양은 트라야누스 황제의 기념비에서 볼 수 있으며, 게르만족으로 구성된 기병호위부대의 것으로 추정된다.

4. 기원 1세기와 2세기에 기병이 사용한 타원형 방패의 전형적인 형태이다. 이것은 가로 68센티미터, 세로 122센티미터의 편평한 방패이다. 군단병들의 방패처럼 가죽 층으로 덮여 있으며 테두리와 돌기 부분은 금속으로 되어 있다. 디자인은 트라야누스 기념주에서 유래되었다.

5. 기원 300년 무렵의 전형적인 디자인이 된 방패이다. 이 무렵에는 방패의 표면이 다소 오목해졌고 모양이 더 동그랗게 되었다.

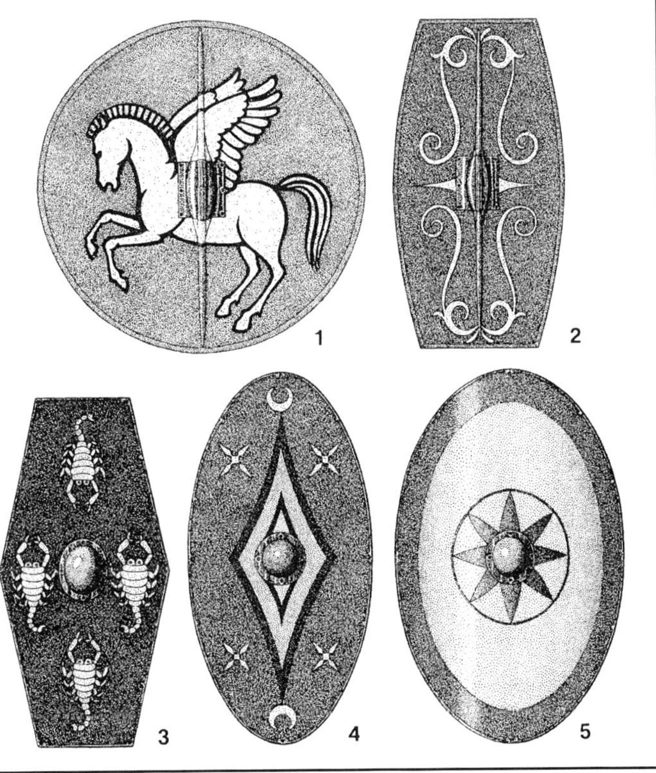

나누어 승선시켜 영국 해협을 가로질러 항해했다. 카이사르가 도착했을 때 브리타니아인들은 벼랑에 집결해 있었다. 하지만 그가 해협 위쪽으로 7마일 더 떨어진 곳(월머와 딜 사이로 추정)에 널따란 해안을 발견하기 전까지는 단지 벼랑 때문에 상륙할 수 없었다. 브리타니아

## 카이사르의 적들

### 초기 게르만 부족민들

그림(아래)은 기원전 100년경~기원 100년의 게르만 전사들을 보여준다. 그들은 왼쪽에서 오른쪽으로 카우키 귀족, 젊은 카티 전사 그리고 아에스티이 부족민이다.

### 카우키 귀족

그는 타키투스가 묘사한 대로 커다란 편평한 방패와 12피트(3.6미터) 길이의 창 그리고 로마의 글라디우스를 모방한 칼로 무장한다. 그는 꽉 조이는 튜닉과 바지를 입는다. 그리고 그의 머리는 '수에비족의 매듭'으로 묶여있다.

### 젊은 카티 전사

그의 유일한 의복은 짧은 모피 망토와 허리 감싸개 천이다. 그는 맹세한 대로 적을 죽이지 못할 경우에는 머리카락과 수염을 자르지 않는다. 그의 무기는 찌르거나 던지는 데 적합한 짧고 가느다란 투창 모양을 한 프라메아와 단단해진 나무로 된 창끝이 있는 여러 개의 창이다.

### 아에스티이 부족민

이 전사는 육각형의 방패와 곤봉을 휴대한다. 이와 같은 사람들은 로마인들 편에서 싸웠으며, 트라야누스 기념주에서도 그

모습을 볼 수 있다. 아래 그림의 처음 두 사람은 독일과 덴마크에서 발견된 무기와 의상을 통해 재구성된 것이다. 게르만족은 주로 보병이었으며 거대한 쐐기 대형으로 싸웠다. 기병 부대에 보병 병사들이 포함되었다.

### 켈트 전차

위 그림의 켈트 전차는 고고학적 발굴품들은 물론이고 여러 개의 동전과 이탈리아 파두아에서 발견된 묘석 그리고 디오도로스, 스트라보 그리고 카이사르의 묘사에 근거해 재구성한 것이다. 스트라보는 일부 갈리아인들이 카이사르의 시대 늦게까지 전차를 사용하고 있었다고 기록했지만, 유럽 대륙에서 전차는 기원전 225년 텔라몬 전투에서 마지막으로 기록되고 있다. 브리타이아인들은 분명히 전차를 가지고 있었으며, 기원 3세기 말에 픽트족이 사용한 것으로 기록되어 있다. 이들 전차는 바퀴의 직

의 기병과 전차 그리고 보병들이 공격하는 동안 로마 군단은 한 짐 가득 배낭을 메고 걸어서
물을 건너 많은 난관을 헤치고 이곳 해안에 상륙했다. 다행히도 브리타니아인들은 노가 달
린 갤리선을 한 번도 본 적이 없었으므로 로마의 전함을 보고 소스라치게 놀랐다. 노의 움직

### 켈트 전사

그림에서 전차에 탄 사람은 전형적인 켈트
전사들이다. 그들은 허리까지 벗은 채로 그
리고 가끔은 벌거벗은 채로 싸웠다. 무시무
시한 모습을 강조하기 위해서 그들은 종종
머리에 진흙과 석회를 발라 빳빳한 대못으
로 머리를 빗었다. 또한 브리타니아인들은
때때로 문신을 하거나 청색과 청록색 물감
으로 색을 칠했다. 전차 기사는 서 있기보다
는 보통 앉아 있었다. 그의 뒤로 전사가 있었
다. 전사는 싸우기 위해 전차에서 내렸으며,
그동안에 신속한 후퇴가 필요한 것으로 입
증되면 전차는 근처에 머물렀다. 켈트족의
방패는 비슷한 크기의 이탈리아 방패(스쿠
툼)을 모방해서 만들었던 것 같다. 하지만 그
들의 방패는 원형이 아니라 편평했다. 켈트
족의 방패는 두께가 중앙의 5인치(13밀리미
터)로부터 모서리의 25인치(60밀리미터)까
지 다양한 참나무와 보리수나무의 두꺼운
판자로 만들어졌다. 그리고 가죽으로 덮었
다.

경이 3피트(90센티미터)로 작고 매우 가벼우며 기동성이 뛰어나다. 카이
사르는 전차가 질주하고 가파른 언덕에서 방향 전환할 수 있었다고 기록
하고 있다. 전차는 차축에 붙들어 매어졌던 것으로 보이는 멍에 버팀목
과 봇줄에 의해 두 마리의 조랑말이 끌었다.

임은 아마도 바다 괴물의 다리를 연상케 했을 것이다. 또한 카이사르는 그의 부하 병사들이 밀려드는 파도와 싸우고 있을 때, 그들을 돕기 위해서 경무장 정찰선과 함께 전함 소속의 작은 배들을 사용했다. 로마군은 결국 상륙에 성공했고 브리타니아인들을 격파했다. 하지만 독립된 수송 함대에 승선했던 로마의 기병은 악천우 때문에 유럽 대륙으로 되돌아가지 않으면 안 되었으며, 기병 없이는 적을 신속하게 추적하는 것이 불가능했다.

로마군은 즉시 진지를 강화했다. 카이사르는 정복당한 브리타니아인들로부터 징벌을 받은 한 사절을 맞아들였으며, 이제 사슬에 결박된 채 억류되어 있었던 콤미우스는 석방되었다. 하지만 뜻하지 않게 발생한 급류 때문에 해변에 끌어올려진 로마의 갤리선들에 물이 덮쳤으며 강력한 폭풍우의 피해로 함대 전체가 항해하는 데 어려움을 겪었다. 이러한 상황에서 브리타니아인들은 즉시 용기를 냈으며, 로마인들에 대한 적개심이 되살아났다. 하지만 카이사르는 곡물을 저장해 두는 선견지명을 발휘했으며, 이제 그는 12척의 난파선에서 구한 나무와 청동으로 파손 정도가 그리 심하지 않은 배들을 수리했다. 그는 다시 브리타니아인들에게서 자신에게 갈리아로 인질들을 보내겠다는 약속을 받아냈다. 그리고 나서 그는 추분이 되기 전에 영국 해협을 다시 건넜다. 두 부족만이 인질을 보내는 데 동의했을 뿐이었다.

다음 해에 갈리아인들 사이의 소요에도 불구하고 카이사르는 다섯 개 군단, 2,000마리의 말 그리고 비교적 대 함대를 거느리고 그가 전에 브리타니아에 상륙한 지점으로 원정을 떠났다. 이때 그는 내륙으로 침투해 들어가서 템스 강을 걸어서 건넜다. 그리고 하트퍼드 지역을 지배했던 브리타니아 왕 카시벨라우누스를 정복했다. 카이사르는 다시 겨울이 되기 전에 유럽대륙으로 돌아가서 한 번 더 폭풍우로 파손된 함대를 수리하지 않으면 안 되었다. 두 차례의 브리타니아 원정은 침입이라기보다는 오히려 장기간의 습격과 같았다. 두 번의 경우에서 어떤 브리타니아 배들도 로마의 상륙을 방해하려고 시도하지 않았다는 사실은 놀랍기만 하다. 그들이 수적으로 월등히 우세했을 것이라는 점에는 의문의 여지가 없다. 아마도 브리타니아인들은 베네티인들을 도우면서 배를 잃었든지, 아니면 불행한 베네티인들의 본보기에 의해 경고를 받았던 것 같다.

또 하나 흥미로운 점은 브리타니아인들이 전차를 사용했다는 사실이다. 카이사르 시대의 갈리아인들은 전투에서 전차를 사용하지 않았다. 이와는 대조적으로 브리타니아에서 카이사르는 전차의 군사적 가치에 대해 객관적으로 기술하고 있다. 전차 기사들은 기동성이 대단히 뛰어났고 통제력을 잃지 않은 채 가파른 경사면 아래로 전차를 몰 수 있었다. 전투의 초기 단계에 전차들은 혼란을 부추기려고 적 기병들 사이를 헤집고 다녔다. 전차에서 투석 무기를 내던졌으며 전차 승무원들은 필요하다면 말의 멍에를 지탱했던 막대기 위에서 줄타기를 하는 것처럼 균형을 유지할 수 있있다. 전차의 두 바퀴에 다는 낫이 언급되지 않았지만 바퀴의 소음은 위압적이었다. 전투의 후반 단계에 전차에 타고 있던 전사들이 전차에서 내려 싸웠다. 반면에 전차 기사들은 상황이 허락하는 대로 전사들을 도중에 태우기 위해서 전장에서 얼마간 떨어져서 기다렸다. 전차 전투에 대해서는 호메로스가 남긴 이야기들이 상기될 필요가 있다.

## 카이사르 대 베르킨게토릭스

카이사르의 초기 갈리아 정복은 믿을 수 없을 정도로 수월하게 이루어졌다. 갈리아인들은 고분고분하지 않았으며 로마의 보복과 그것에 이어 나타난 갈리아의 반란은 곧 악순환의 양상을 띠었다. 카이사르의 브리타니아 전투가 끝나고 그리 오래 되지 않아 벨기에 부족들이 반란을 일으켰다. 카이사르의 상급 장교들 중 두 명이 진지 밖으로 유인되어 그들의 전 병력과 함께 살해당했다. 반면에 또 하나의 로마 진지는 때마침 도착한 카이사르 덕분에 피해를 입지 않았다. 게르만족들이 한 차례 더 끼어들었으므로 라인 강을 가로질러 새로운 보복 원정이 필요하게 되었다. 카이사르는 전에 했던 것보다 훨씬 더 빨리 다리를 세웠다. 하지만 그가 북동쪽에서 갈리아인들을 정복했을 때 그는 그들의 지도자들 중 한 명을 처형했다. 이로 인해 초래되었던 분노와 두려움은 갈리아인들의 반란을 확산시키는 자극제가 되었다.

갈리아 전쟁 동안에 카이사르는 어떤 경우에도 매년 겨울을 북부 이탈리아에서 보냈는데, 이는 자신이 계속해서 로마의 정치와 접촉을 유지하기 위함이었다. 기원전 52년에 갈리아 트란살피나(알프스 너머 갈리아)에 돌아온 카이사르는 그 지역 전체가 흡사 총체적 반란에 가까운 상태에 있다는 것을 알게 되었다. 케나붐(오를레앙)에서 로마 무역상들이 대량학살당하는 사건이 벌어졌다. 이 상황은 너무 위험해서 카이사르가 남부 프랑스의 로마 속주에 도착했을 때, 그는 멀리 북쪽 주둔지에 있는 자신의 군단들을 소환하려 하지 않았다. 왜냐하면 그는 자신이 직접 지휘하지 않는 동안에는 그들이 공격받지 않게 하려고 했기 때문이다. 또한 그는 군대의 수행을 받지 않은 채 갈리아 영토를

베르킨게토릭스. 갈리아족의 우두머리인 베르킨게토릭스는 그의 지도력 하에 서로 다투고 있던 켈트족 부족들을 하나로 묶어서 기원전 52년에 카이사르의 군대에 도전할 수 있을 만큼 힘이 강해졌다.

**아바리쿰에 대한 공격**

카이사르: 8개 군단(대략 30,000명)과 기병
과 보조군(대략 8,000명)

주둔군: 선발된 10,000명의 갈리아인
전체주민 40,000명

이 갈리아 도시는 전통적인 포위공격을 불
가능하게 만들었던 늪지들로 둘러싸인 작
은 언덕에 위치하고 있었다. 이곳에 유일하
게 접근할 수 있는 방법은 능선의 지맥을 따
라가는 것이었다. 강화된 갈리아의 성벽들
에 맞서서 성벽공격용 무기들이 효과가 없
었으므로 돌격을 강행할 필요성 또한 있었
다. 따라서 카이사르는 폭 330피트(100미
터), 길이 250피트(75미터), 높이 약 80피트
(24미터)의 토루 하나를 세운다. 이것은 목
재 지지대와 흙과 돌조각으로 만들어진다.
아마도 그 구조물이 응집력을 가질 수 있도
록 그리고 양 측면에 세워진 포위공격용 탑

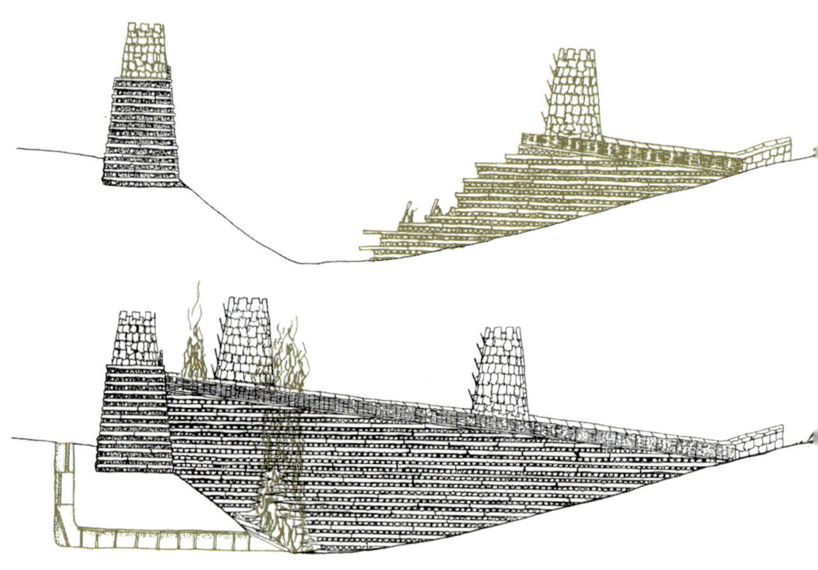

통과하는 위험을 무릅쓰려고 하지 않았다.

하지만 그는 프로방스에서 약간의 병력을 모집해서 겨울눈에 둘러싸인 세벤으로 진군
했다. 그리고 나서 그는 적의 주의를 끌기 위해서 군대를 남겨 두었다. 하지만 카이사르 자
신은 한때 그에게 우호적이었던 지역들을 통과해 북동쪽으로 대단히 빠른 속도로 진군했다.
따라서 그의 옛 갈리아 동맹자들은 그들이 원했다고 하더라도 조직적으로 반역할 시간적 여
유가 없었다. 군단들을 다시 규합한 카이사르는 반란자의 요새 여러 곳을 함락시키고 케나
붐에서 당했던 대량학살에 보복했다. 하지만 그는 이제 불굴의 용기와 능력을 소유한 중부
갈리아의 아르베르니족 지도자인 베르킨게토릭스와 마주치게 되었다. 아바리쿰(부르주)에
대한 포위공격에서 로마인과 갈리아인 모두 엄청난 고통을 경험했다. 왜냐하면 베르킨게토
릭스의 초토화전술이 적과 우방 모두에게 끔찍한 고통을 입혔기 때문이다. 그 사이에 갈리
아인들은 로마의 포위공격술에 맞서는 법을 터득하게 되었다. 아바리쿰의 방어자들이 카이
사르의 공성용 탑에 불을 질렀으며, 그들의 성벽을 향해 올려졌던 경사로의 밑을 팠다. 갈리
아인들 상당수가 철광노동자들이었다. 하지만 로마인들은 결국 아바리쿰을 점령했다.
40,000명 중에 불과 800명만이 베르킨게토릭스에게 합류하려고 늪에 둘러싸인 난공불락의
진지에서 도망쳤다. 이제 베르킨게토릭스는 또 하나의 난공불락의 요새로 후퇴했다. 그는
이번에는 아르베르니족의 마을인 게르고비아 앞 고산지역 부족들을 자신의 휘하에 배치했
다. 카이사르는 어렵사리 그 마을 맞은편의 구릉이 많은 고지에 소규모 주둔지를 세웠다. 이
주둔지는 이중의 해자와 누벽에 의해 주요 진지와 연결되었다. 그 결과 적이 식량과 물을 공

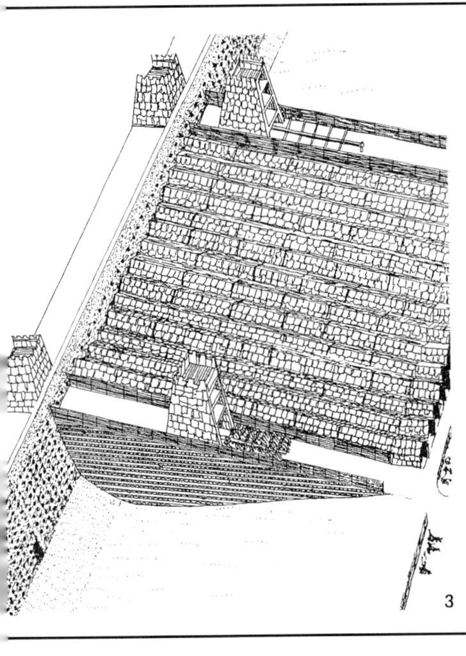

의 무게를 지탱할 수 있도록 두 개의 측면 '둔덕'이 목재 위에 세워진다. 성벽을 향해 이러한 구조물들을 앞으로 확장했을 때, 갈리아인들은 서둘러서 카이사르가 만든 구조물들과 맞서기 위해 가죽으로 덮인 그들 자신의 탑을 세운다.

1. 포위 공격용 탑을 추진하는 병사들은 측면 차폐물의 엄호를 받고 그리고 일꾼들은 여러 줄로 늘어선 포도나무 덩굴의 엄호를 받고 적이 투척하는 불의 공격으로부터 보호받는다. 이 토루는 25일에 걸쳐 완성되었다. 여기에 맞서 갈리아인들은 여러 개의 갱도를 파고 그 속에 역청과 목재를 가득 집어넣었다. 그리고 갱도들과 버팀대에 불을 질러 토루를 무너뜨리려고 했다. 연기가 피어오르자 카이사르는 한밤중에 경계를 유지하도록 명령하고

3

포위 공격용 탑을 철수시켰다. 갈리아인들은 출격을 멈췄고 새벽 무렵에는 불이 진화되었다.

2. 카이사르는 손실을 복구하고 포위 공격용 탑 한 개를 다시 전진시킨다. 갈리아인들은 성공으로 들뜬 나머지 방어가 느슨해졌다. 소용돌이치는 폭풍우의 엄호 하에 로마 병사들은 포도나무 덩굴 안으로 침투했다. 갑자기 모습을 드러낸 로마 병사들은 사다리를 타고 신속하게 성벽에 올라타 갈리아 보초병들을 제압했다. 도시는 함락되었으며 갈리아인 800명만이 탈출에 성공했을 뿐이었다.

3. 두 개의 포위 공격용 탑과 여러 줄로 늘어선 포도나무 덩굴로 이루어진 토루를 나타내고 있다. 뒤에는 방탄용 차폐물들의 보호를 받고 있는 투석기들이 있다.

급받지 못하게 했지만 이러한 조치가 결정적인 것은 아니었다. 그리고 게르고비아에서 베르킨게토릭스와 대결하는 동안 카이사르는 다른 곳에서 사용했던 작전을 쓸 수 없었다. 아이두이인들 사이에 임박한 반란을 진압하기 위해서 그의 출격이 일시적으로 필요했을 때, 적들은 그가 남겨 두고 간 군대에 반격을 시도했으며, 로마 진지는 간신히 방어되었다.

이 군사작전에서 베르킨게토릭스는 엄청난 숫자의 궁수들과 투석병들을 사용했으며, 파괴적인 결과가 초래되었다. 로마군은 쇠뇌 대포로 격렬하게 응수했다. 결국 성채로 둘러싸인 고원지역에 대한 로마의 공격은 카이사르가 신중하게 계획했음에도 불구하고 실패로 끝났다. 방어벽을 돌파해 직접 게르고비아로 밀고 들어오려 했던 로마 군단병들은 엄청난 손실을 입고 격퇴되었다. 그들은 명령을 어겼으며 카이사르는 생존자들을 문책했다. 하지만 만약 그들이 성공했더라면, 그가 그들의 선제공격을 칭찬했을 것이라는 점에는 의문의 여지가 없다. 이제 카이사르는 위엄과 사기 진작을 위해 게르고비아에서 철수하기 전에 자신의 기병이 몇 번의 작은 승리를 쟁취할 때까지 기다렸다.

## 알레시아에서의 군사작전

게르고비아에서의 교전은 카이사르에게 갈리아 전쟁의 전 과정에서 가장 심각한 패배를 안겨주었다. 그는 갈리아 여타 지역에서의 위협을 처리하기 위해서 얼마 동안 심각하게 철수를 고려하고 있었다. 하지만 그가 철수한다는 사실만으로도 반란이 고무되었으며, 아이

두이인들의 변절을 초래했다. 베르킨게토릭스의 계속되는 승리로 카이사르에 대한 아이두이인들의 충성이 흔들리고 있었다. 북쪽에서는 여러 부족들이 총체적인 반란에 가담하지 않았으며, 반란을 일으켰던 벨기에인들은 루테티아(파리) 근처의 센 강에서 카이사르의 부관이었던 라비에누스에게 정복되었다. 이제 베르킨게토릭스는 대규모 기병을 모집했으며 로마령 프로방스의 변경에서 갈리아인들을 공격하기 시작했다. 하지만 카이사르는 자신이 전에 협상을 체결한 적이 있었던 라인 강의 부족들로부터 게르만 기병의 도움을 구했다. 베르킨게토릭스는 철저하게 격파되었으며 아이두이인들이 지배하고 있었던 알레시아로 퇴각했다.

갈리아의 지도자 베르킨게토릭스는 게르고비아 전투의 경험을 재현하고 싶어 했지만, 이제 그는 카이사르가 대규모 봉쇄작전에 돌입했다는 사실을 알게 되었다. 그는 로마의 성벽들에 둘러싸이기 전에 사방에서 증원군을 조직하기 위해서 자신의 기병 분견대들을 각자의 부족에게 파견했다. 따라서 카이사르는 곧 이들 증원군을 상대로 싸워야 했다. 하지만 카이사르의 이중 성벽은 아주 견고해서 베르킨게토릭스와 그의 군대가 굶주림에 지쳐 항복할 때까지 외부와 내부로부터의 모든 공격을 막아낼 수 있었다. 베르킨게토릭스는 로마에 잡혀왔으며, 카이사르의 승리를 과시하기 위해서 6년 동안 포로로 억류되었다. 그리고 나서 그는 관행에 따라 승리 축하연이 끝남과 동시에 처형되었다. 아마 폼페이우스라면 더 관대하게 행동했을지도

**알레시아에 대한 포위공격(기원전 52년)**

| 카이사르 | 베르킨게토릭스 |
|---|---|
| | 병력 |
| 10개 군단 40,000명 | 보병 80,000명 |
| 기병과 보조군 10,000명 | 기병 15,000명 |
| | 증원군: |
| | 보병 250,000명 |
| | 알레시아에서 도주한 기병 8,000명 |

카이사르는 베르킨게토릭스의 군대를 알레시아까지 추격해서 알레시아 고원을 봉쇄하는 대규모 작전에 돌입한다. 봉쇄작전이 진행되는 동안에 갈리아 기병들이 봉쇄를 벗어나 탈출하려고 시도한다. 이 탈출시도는 엄청난 인명손실과 함께 격퇴되지만, 결국에는 봉쇄작전이 마무리되기 전에 구원군을 모집하기 위해서 밤중에 탈출이 이루어진다. 마침내 모집된 60,000명의 병사가 레아 산 주위에서 카이사르에 대한 공격을 시작한다. 그들은 레아 산에서 카이사르의 요새를 내려다볼 수 있었다. 비록 이 공격이 알레시아로부터의 공격과 동시에 이루어진다고 하더라도 이 공격 또한 실패로 끝난다. 그 후 구원군은 뿔뿔이 흩어지고 베르킨게토릭스는 항복한다.

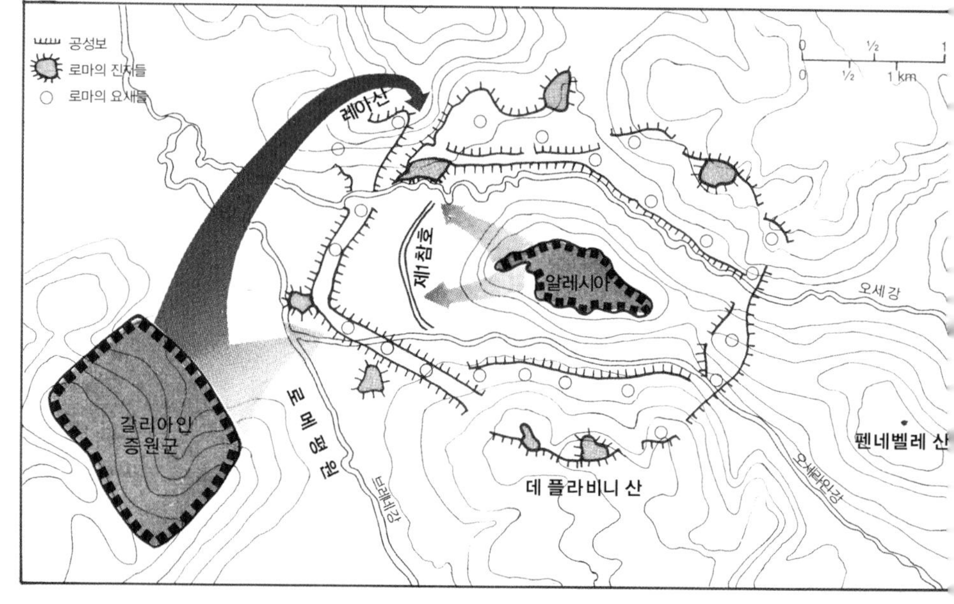

모른다.

카이사르는 알레시아 주위에서 이루어졌던 군사작전에 대해 상세하게 묘사하고 있다. 로마의 참호들은 빙 둘러싼 일련의 진지와 보루들을 연결했다. 내부 해자는 폭이 20피트(6미터)로 측면이 가파르고, 주요 성벽은 이 해자에서 400보(592미터) 뒤에 세워졌다. 여기에는 각각 15피트(4.4미터) 너비와 8피트(2.4미터) 깊이의 참호 두 개가 있었다. 가능한 곳이라면 어디에서든 강물을 돌려 내부 참호로 물을 운반했다. 참호들 뒤에는 12피트(3.6미터)의 토루와 울타리가 있었으며, 거기에는 가지진 뿔 모양의 갈퀴들이 돌출해 있었다. 흉벽과 총안이 있는 흉벽은 80피트(23.6미터) 간격으로 서 있는 탑에서 내려다보았다. 카이사르는 자신의 요새들 너머에 있는 땅에 익살맞게 '백합'과 '가시'라는 이름으로 불렸던 갖가지 모양의 갈퀴와 함정을 설치해 놓았다. 그리고 나서 같은 방향으로 나란히 요새들을 세워 피할 수 없는 증원군에 맞서 싸우는 외부 성채로 삼았다. 내부 주위의 길이는 11 로마 마일(10.1마일, 16.3킬로미터)이었고, 외부는 14 로마 마일(12.9마일, 20.7킬로미터)이었다.

카이사르는 갈리아의 증원군이 도착했을 때 그 규모가 보병 250,000명, 기병 8,000명에 달했다고 기록하고 있다. 카이사르의 옛 친구 콤미우스는 이제 문명보다는 자유를 선택했으며 마침내 베르킨게토릭스의 편에 섰던 벨기에 병사들을 규합했다. 그 사이에 알레시아의 비전투원들은 갈리아 주둔군에게 추방당했다. 대량학살과 식인이 제안되었지만, 이것들보다는 아마도 추방이 바람직한 대안이었던 것 같다. 비참한 추방자들은 로마의 노예로 받아들

---

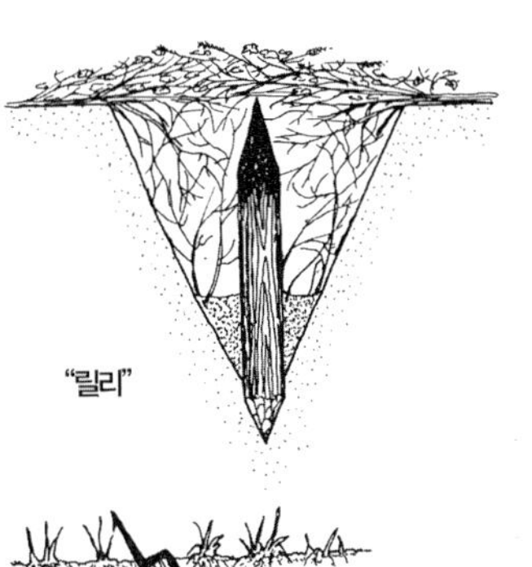



### 알레시아에서의 포위공격작전

알레시아에서의 포위공격작전에 대한 카이사르의 상세한 묘사가 고고학적 발굴에 의해 입증되었으므로 우리는 이 작전에 대해 충분한 지식을 갖고 있다. 처음에는 주요 포위공격구조물에서 작업하고 있는 병사들을 방어하기 위해서 20피트(6미터) 너비의 대규모 참호를 탁 트인 알레시아 계곡의 끝에 팠다. 구조물은 각각 너비 15피트(4.4미터) 그리고 깊이 8피트(2.4미터)의 참호 두 개로 이루어졌다. 알레시아에 더 가까운 쪽의 구덩이는 강의 물줄기를 바꿈으로써 잠기게 되었다. 그것들 뒤에는 포크 모양의 나뭇가지들이 돌출된 높이 12피트(3.6미터)의 누벽과 울타리가 세워졌다. 그 주위에 나무로 만든 망루가 이곳저곳에 세워졌다. 주요 참호들 너머로 끝이 뾰족한 다섯 열의 막대기들을 뿌리 뽑히지 않도록 얽히게 해서 5피트(1.5미터) 깊이의 수로에 고정시켰다. 로마군은 알레시아 내부로부터의 공격뿐 아니라 바깥에 집결한 대규모 구원군의 공격에 맞서 그것들 사이에서 안전하게 진을 치고 있었다.

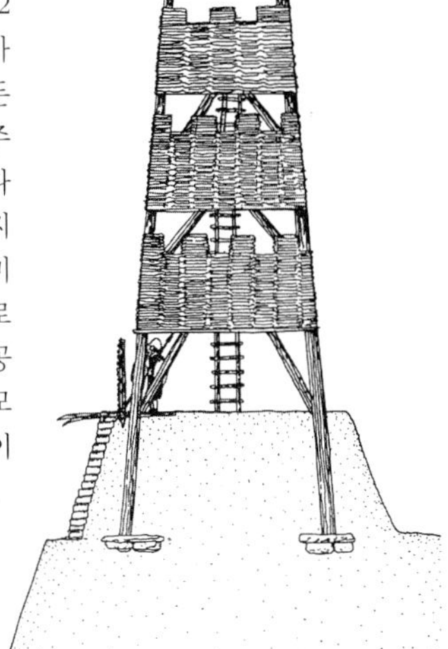

여겨 먹을 것을 공급받기를 간절히 바랐다. 하지만 불과 30일분의 군대 식량만을 준비해 두었던 카이사르는 그들에게 먹을 것을 주지 못했다.

로마군이 대규모 갈리아 증원군과 무모할 정도로 필사적인 알레시아인들로부터 동시에 공격을 받았을 때 그 문제는 해결되지 않은 채 얼마 동안 불확실한 채로 남아 있었다. 하지만 카이사르는 분명히 자신의 게르만 기병들을 따로 남겨두었으며, 뒤늦게 그들을 사용해 적의 기병들을 무력화시켰다. 그리고 그들과 함께 전투를 치렀던 궁수들과 경무장 군대는 대량학살에 노출되었다.

포위공격을 받은 주둔군이 이제 로마 진지에 야간 공격을 시도했다. 갈리아인들은 그들의 포위공격 전투방식에서 보다 정교해졌으며, 사다리와 갈고리로 무장했다. 양편은 많은 투석무기들을 어둠 속에서 주고받았으며, 카이사르에 따르면 '엄호 사격' 할 의도로 발사했던 투석무기들 때문에 양편에서 우발적으로 사상자들이 나왔다. 그 사이에 로마 군단들은 미리 준비된 계획에 따라 그들의 진지를 구축하고 갈리아의 반격을 견제하고 격파했다.

외부와 내부에서 동시에 이루어졌던 로마의 성벽에 대한 최후 공격은 다시 한 번 기병 전투로 승부가 결정되었다. 카이사르는 비밀리에 기병 부대를 파견했다. 그들이 성벽에서 격렬하게 교전하고 있던 바로 그 순간에 외부의 적을 후방에서 붙잡았다. 특히 이 순간 알레시아는 겹겹이 싼 상자 같은 상황이었음에 틀림없다. 즉 가운데에 알레시아가 있었고 베르킨게토릭스는 자신의 진지들을 방어하려고 6피트(1.8미터)짜리 성벽을 세워 주위의 고원을 요새화했다. 이 성벽 바깥쪽에는 멀리에서 달려온 갈리아 증원군의 공격을 받은 로마의 이중 성벽이 위치해 있었다. 하지만 이들 갈리아 증원군은 그들의 등 뒤에 모습을 나타낸 카이사르 기병을 보고 소스라치게 놀랐다. 알레시아의 항복을 받아낸 전투가 있고 나서 많은 갈리아 지도자들이 카이사르의 수중에 넘어갔다. 하지만 콤미우스는 계속 저항한 뒤에 브리타니아로 도망쳤다. 그곳에서 그는 오늘날의 햄프셔에서 자신의 벨기에족에서 갈라져 나온 이주민들을 지배했다.

## 전술적 고찰

카이사르의 갈리아 군단의 조직과 장비는 실제로 마리우스가 도입했던 것이었다. 보병중대의 5점형 대형에

베르킨게토릭스에 대한 카이사르의 승리를 기념하는 주화. 여기에서 베르킨게토릭스는 전리품으로 노획된 갈리아의 갑주 아래에 포로의 모습으로 그려져 있다. 베르킨게토릭스는 카이사르의 개선식에 모습을 드러낸 후에 로마에서 처형되었다.

대한 의문은 전혀 없었다. 전투 시의 대형은 대체로 3개의 연속된 대열이었다. 하나의 군단에는 맨 앞 대열에 네 개의 보병대 그리고 뒤 대열 각각에는 세 개의 보병대를 배치하는 것이 전형적인 전투대형이었다. 가끔 군단들 자체는 예를 들어 네르비인들과의 전투에서처럼 전술 부대로 나타난다. 이 전투에서 카이사르는 포위당하는 위험을 미연에 방지하려고 호민관들에게 고립된 제7군단과 나머지 전선 사이의 간격을 메우도록 명령했다. 푸블리우스 크라수스가 아퀴타니아의 갈리아인들과 싸우는 동안에 사용했던 것처럼 가끔 2개 대열 전투대형이 채택되었던 것 같다.

특히 갈리아 전투 초기에 카이사르는 비탈진 언덕의 유리한 위치를 충분히 이용했던 것 같다. 하지만 적이 로마의 무거운 창보다 착탄거리가 멀었던 강력한 궁수 부대를 소유하고 있었을 경우에는 문제가 달랐다. 카레에서 자신의 아버지 휘하의 불운한 전위대를 지휘하면서 경험했던 쓰라린 기억으로 푸블리우스 크라수스는 이것을 잘 알고 있었다. 왜냐하면 모래투성이의 언덕에서 뒤 열이 앞 열 위로 도드라져 파르티아 궁수들에게 더할 나위 없이 좋은 목표물이 되었을 뿐이기 때문이다.

카이사르의 군대가 갈리아인들과 싸우면서 사용했던 것과 같은 로마의 창은 충격에 구부러지는 마리우스의 원리를 구체화시킨 것이었다. 부러지기 쉬운 나무못이 아닌 창 손잡이에 있는 연한 철에 의해 이 효과를 얻을 수 있었다. 연한 철은 구부러졌고 제거하기 어려웠다. 대부분의 경우에 밀집대형에서는 갈리아의 방패들이 서로 포

로마 군대가 기원전 105년에 게르만족에게 격파당했던 아라우시오에 세워진 개선문. 그 후 기원전 58년에 카이사르의 적이었던 헬베티아인들이 게르만족과 동맹을 맺었다.

# 기병의 투구

부유한 계급에서 선발된 공화정 시기 로마 기병은 대량 제작된 '몬테포르티노식'의 투구가 아닌 주로 '아티카식' 투구를 썼다. 카이사르 시대의 보조군은 그들 고유의 투구를 썼다. 제정 하에서 정규 기병인 알라이는 '아티카식'에 근거한 정교한 투구를 썼다.

1. 기원 40년 무렵의 기병투구 중 하나. 이것은 머리카락 모양을 내기 위해서 돋을새김 모양으로 장식된 것으로 쇠에 청동을 씌워서 만든 투구이다. 보병의 투구와는 다르게 기병의 투구는 귀를 가리고 있지만 불룩한 테두리의 귀 가리개가 부착되어 있다.

2. 장교의 것으로 추정되는 기원 75년 무렵의 깃 장식이 달린 투구이다. 이것은 쇠에 청동이 재보강된 투구로 장식이 되어 있다. 로마의 역사가인 아리아누스는 투구의 깃을 노란색으로 묘사하고 있다.

3. 기원 120년 무렵의 청동투구. 투구의 맨 윗부분에 십자형 보강물이 있다. 이와 유사한 철제 투구도 있다.

4. 쇠와 청동으로 만든 기원 200년 무렵의 정교한 투구이다. 둥근 장식은 구멍을 뚫어 깃 장식을 걸치게 했다.

5. 기원 250년 무렵의 투구로 쇠 또는 청동으로 만들어진 것으로 추정된다. 이 투구에는 경첩이 있는 뺨 가리개 대신에 가죽 끈으로 연결되는 홑겹의 마스크가 있었다.

6. 분리된 목가리개를 갖춘 기원 350년 무렵의 철제 투구로 중앙의 융기 부분에 의해 두 부분이 하나로 결합되었다. 이것은 페르시아의 영향을 강하게 받았음을 입증한다.

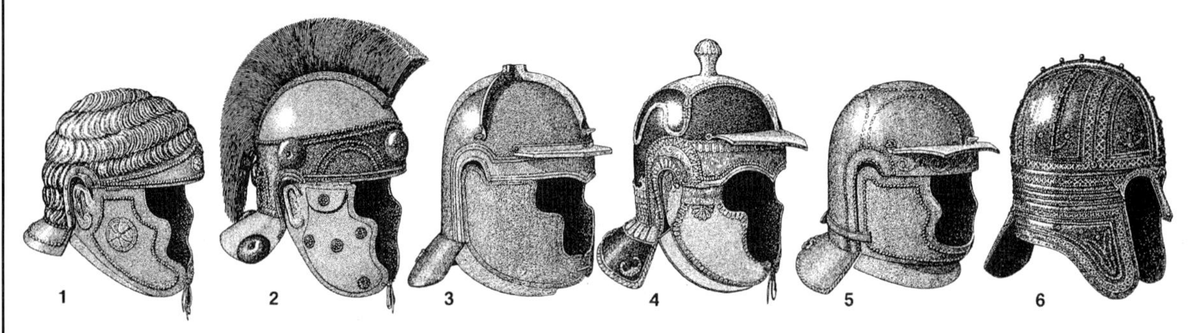

개졌으며, 이때 로마의 창 하나만으로도 갈리아의 방패들을 꿰뚫을 수 있었다. 이러한 상황에서 갈리아인들은 방패를 버리고 무방비상태로 싸웠다. 나중에 네르비인들과의 전투에서 땅에 떨어진 로마의 창을 네르비인들이 날아온 방향으로 다시 던졌다는 이야기가 들려온다. 아마도 이때의 창은 방패에 부딪히지 않고 땅에 납작하게 떨어졌던 창이었을 것이다.

3개 대열 또는 2개 대열 전투 대형은 틀림없이 주로 지형적인 고려로 결정되었을 것이다. 벨기에인들과의 전투에서 카이사르가 싸우려고 계획했던 평탄한 지형은 자신의 진지에 인접한 성벽과 같은 공간에 걸쳐 있는 전선을 가져왔다. 하지만 일관되게 수적으로 우세한 군대와 전투가 이루어질 경우에는 항상 포위당할 위험이 있었다. 따라서 카이사르는 보통 양쪽 날개에서 기병을 사용하는 것과는 별개로 요새를 전술적으로 이용했다. 벨기에인들과의 전투에서 그는 양쪽의 요새로 자신의 측면을 방어했다. 전술적 목적으로 요새를 사용하는 전투방식은 사실 기원전 1세기의 로마 전투에서 두드러진 특징이었다. 카이사르는 놀라운 속도와 효율성 때문에 전술적 요새의 사용을 발전시킬 수 있었다.

카이사르는 전문적인 일은 유능한 기술병 부대에 의존했다. 하지만 군단병들은 여전히 참호를 파고 진지 둘레에 토루를 세우는 일을 했다. 로마 병사들은 비록 곡괭이를 휴대하고 있었다고는 하지만 대체로 적지에서 군사작전을 하면서 군단들 사이 군데군데에 자리 잡은 대규모 노새 행렬들에게 그들의 장비를 맡기고 경무장 상태로 이동했다. 따라서 로마의 군단병들은 갑작스런 공격에 대처할 준비가 되어 있었으며, 그런 뜻하지 않은 기습에 대비하려고 가끔 4열 종대의 대형으로 행군했다. 이 대형은 신속한 방향 전환이 가능했으며 어느 방향에서도 적과 맞설 수 있었다. 또한 로마인들은 포위되었을 때 19세기 영국의 방진方陣을 닮은 원형 대형을 채택했던 것 같다.

카이사르가 갈리아 트란살피나에서 지휘권을 맡았을 때, 그곳에는 단 한 개의 군단만이 주둔하고 있었다. 카이사르는 휘하의 10개 군단으로 갈리아 전쟁을 끝냈다. 하지만 이들의 규모는 마리우스가 소집했던 군단의 규모(5,000명)에는 미치지 못했다. 카이사르 군대의 한 개 군단은 보통 3,500명이 넘지 않았다. 이것으로부터 로마군이 갈리아 전쟁 동안에 어느 정도로 수적 열세에 놓여 있었는지를 짐작할 수 있을 것이다. 카이사르 자신의 말대로 알레시아에 대한 포위공격은 자신이 정교하게 만든 요새에 의존하지 않고서는 성공을 장담할 수 없었다. 누벽과 해자, 망루 그리고 함정의 도움을 제외한다면 그에게는 갈리아인들을 포위할 만한 충분한 병력이 없었다.

로마군은 전통적으로 보병이었다. 하지만 카이사르에게 측면을 방어하기 위해서뿐 아니라 패배한 적을 신속하게 추적하기 위해서도 기병은 필수적이었다. 사실 신속한 추적은 그의 병법의 특징이었으며, 그에게 확실한 승리를 가져다주는 데 상당한 성과를 올렸다. 마리우스 시대 이래로 로마인들은 통상적으로 이탈리아인이 아닌 외국인 기병을 사용했다. 카이사르는 주로 스페인과 갈리아의 동맹자들로 기병을 구성했다. 마찬가지로 그는 크레타인과 누미디아인 궁수들과 발레아레스 제도諸島의 투석병들을 사용했다. 또한 그는 베르킨게토릭스와의 싸움에서 라인 강 너머에서 그가 회유했던 게르만인들을 상당수 사용했다. 그렇다고 해서 이 전투에서 갈리아인들이 쓸모가 없었다거나 신뢰감이 덜 갔다는 것은 아니다. 게르만 기병들은 말안장 방석의 사용을 우습게 보았던 강인한 기수들이었다. 그들의 말은 갈리아인들의 말에 비해 신체적으로 열등했지만 매우 고도의 훈련을 받았다. 게르만 기병은 보병과 협력해서 싸웠다. 보병과 기병의 협력 관계는 중세 기사와 종자의 관계를 연상케 했다. 필요하다면 보병들은 말의 갈기에 매달려 먼 거리를 빨리 이동할 수 있었다(게르만인의 관례에 따른 기병과 보병의 혼성 부대는 나중에 로마 보조군의 통상적인 한 부분을 이루었다). 카이사르 자신은 보병과 기병의 결합이 갖는 이점을 알고 있었다. 브리타니아의 전차가 갖는 이점들 중 하나는 기병의 기동성을 보병의 안정성과 결합했다는 것이었다. 게다가 군사적 전통을 존중하는 전형적인 로마인이었던 카이사르는 자신의 병사들에게 외래의 전투 방식을 강요하려 하지 않고, 그들 자신의 전통적인 방식들에 따라 군사행동을 취했던 외국

뒤이은 팍스 로마나(로마의 평화)보다는 잔인한 정복전쟁들을 생각나게 하는 아라우시오에서의 전투 장면.

인 병사들을 고용했다. 이렇게 함으로써 그는 로마의 결점을 보완하려고 했다.

이와 관련해서 카이사르가 갈리아인 보병 군단을 모집했다는 점에 주목해야 한다. 그들은 나중에 로마 시민권을 부여받았다. 그들을 모집한 목적은 그가 원로원의 명령에 따라 기원전 51년에 파르티아 전투에서 사용하도록 폼페이우스에게 되돌려 보냈던 로마의 두 개 군단을 대체하기 위한 것이었다. 하지만 이 전투는 결코 구체화되지 않았다. 갈리아인 보병 군단은 '종달새'를 뜻하는 알라우다로 알려졌다. 아마도 이것은 그들의 투구 깃털장식에서 비롯되었던 것 같다. 그리고 그것은 아마도 갈리아인 군단병들이 자신들을 직접 부를 때 사용했던 별명이었던 것 같다. 왜냐하면 알라우다는 라틴 계통이 아닌 갈리아 계통의 단어이기 때문이다.

## 카이사르 대 폼페이우스

알레시아의 함락이 자동적으로 갈리아의 저항에 종지부를 찍었던 것은 아니지만, 갈리아인들이 지도력을 통합하고 조정하지 못하게 했다. 알레시아의 함락 다음 해인 기원전 51년에 로마 군대는 베르킨게토릭스가 등장하기 전에 했던 것처럼 적들을 하나씩 상대할 수 있었다. 그리고 카이사르는 자신의 재임기간과 지휘기간이 막바지로 치달으면서 갈리아의 반란자들에 대한 정복과 진압을 정당하게 주장할 수 있었다.

미묘하게 균형 잡힌 정치 상황에서 다양한 경쟁적 이해관계 사이에서 캐스팅 보트를 쥐고 있었던 카이사르의 적들이 로마에서 어떠한 타협도 받아들이지 않은 채 어리석게도 그에게 맞섰다. 카이사르는 자신의 군대를 해산하고 호위병도 없이 개인 자격으로 로마로 돌아오든지 아니면 공화국의 적으로서 군대를 이끌고 로마를 습격하든지 해야 했다. 전자의 대안은 정치적인 그리고 아마도 보다 엄밀한 의미에서 자살을 의미했다. 기원전 49년에 카이사르는 자신의 군대와 함께 라벤나와 리미니 사이의 루비콘 강을 건넜다. 폼페이우스는 약간 주저하면서 카이사르와의 오래된 동맹관계보다 공화정에 대한 충성에 더 중요성을 두었다. 또한 카이사르는 "주사위는 던져졌다!"고 외칠 수 있었다. 두 사람 모두에게 다른 결정을 내리도록 요구되었다. 카이사르의 속주 계승자로 임명된 루키우스 도미티우스 아헤노바르부스는 폼페이우스의 충고를 무시하고 코르피니움(코르피니오 근처)에서 카이사르와 대결하려고 했다. 카이사르는 그를 붙잡은 뒤에 풀어주었으며 그의 군대를 지휘했다. 술라나 마리우스가 저지른 대학살이 로마에서 일어나지 않았다. 하지만 카이사르는 브룬디시움에서 폼페이우스가 군대를 승선시키려는 시도를 저지하지 못했다. 동방의 지배자들과 총독들이 갖고 있는 지위는 폼페이우스의 호의에 힘입은 것이었다. 따라서 그는 그들로부터 재정적 그리고 군사적 원조를 기대할 수 있었다.

카이사르에게는 함대가 없었으므로 즉시 폼페이우스를 추적할 수 없었다. 대신에 그는 폼페이우스가 부관들을 통해 로마에서 지배했던 스페인 속주로 관심을 돌렸다. 프랑스 남부를 지나 진군하면서 카이사르는 마르세유인들(마실리아인들)이 머뭇거리는 것을 목격했다. 그리고 카이사르가 그들과 협상하고 있었을 때, 코르피니움에서 그가 베풀었던 관용을 악용한 아헤노바르부스가 몇 척의 상선들과 함께 도착해서 폼페이우스에 대한 지방의 지원을 호소하고 다녔다. 카이사르는 마실리아(마르세유)를 봉쇄하기 위해 론 강 삼각주에 있는 아렐라테(아를)에서 12척의 배를 건조해서 베네티인들을 격파한 데키무스 브루투스에게 맡겼다. 나무를 잘라서 만든 배를 진수할 때까지 불과 30일이 걸렸을 뿐이었다. 물론 나무는 충분히 건조되지 않았다. 하지만 로마 함대는 종종 빠르게 그리고 특별한 목적을 위해 만들어졌으며 함대의 수명을 오래 유지할 필요가 없었다. 또 다른 군대가 육상에서 마실리아인들을 포위공격하도록 남겨졌다.

스페인에서의 전투가 에브로 강의 지류인 시코리스(세그레) 강가의 일레르다(레리다)에 집중되었다. 세르토리우스가 스페인에서 사용했던 것과 같은 게릴라 전술에 익숙해 있었던 폼페이우스 추종자들이 유연하고 느슨하게 편성되어 싸웠으며, 처음에 카이사르의 군대는 이러한 방식에 당황해 했다. 여느 때와 같이 위도 또는 고도 때문에 곡물이 제철이 지나 늦게 익었던 곳에서 곡물 공급이 또 한 번 결정적으로 중요해졌다. 루쿨루스는 아르메니아 산맥에서 똑같은 걱정거리를 가졌다. 카이사르의 병참 공급은 봄눈이 녹아 엄청나게 불어난 강물이 다리를 휩쓸었을 때 끊겨버렸다. 더 뒤에 그는 나무로 된 가벼운 구조 위에 짐승 가

죽을 펼쳐 만든 소형 선박들을 타고 그 강을 건넜다. 그 소형 선박들은 트레일러로 연결된 4
륜차 위에 실려 물로 운반되었다. 카이사르는 브리타니아에서의 경험으로 자신이 소형 선박
들을 건조하게 되었다고 말하고 있다.

　　마침내 폼페이우스의 부관이었던 아프라니우스와 페트레이우스가 병참 공급을 봉쇄당
해 항복할 수밖에 없게 되었다. 수차례의 전투 이후에 마실리아도 항복했다. 카이사르는 폼
페이우스에 대한 공격을 준비하고 이탈리아로 되돌아갔다. 카이사르가 그리스로 건너지 못
하도록 폼페이우스의 함대가 파견되었음에도 불구하고, 카이사르는 예상을 뒤엎고 겨울에
아드리아 해를 가로질러서 자신의 군대를 수송했다. 배가 없어서 마르쿠스 안토니우스와 함
께 뒤에 남게 되었던 한 분견대가 늦은 겨울 별 어려움 없이 아드리아 해를 건넜다.

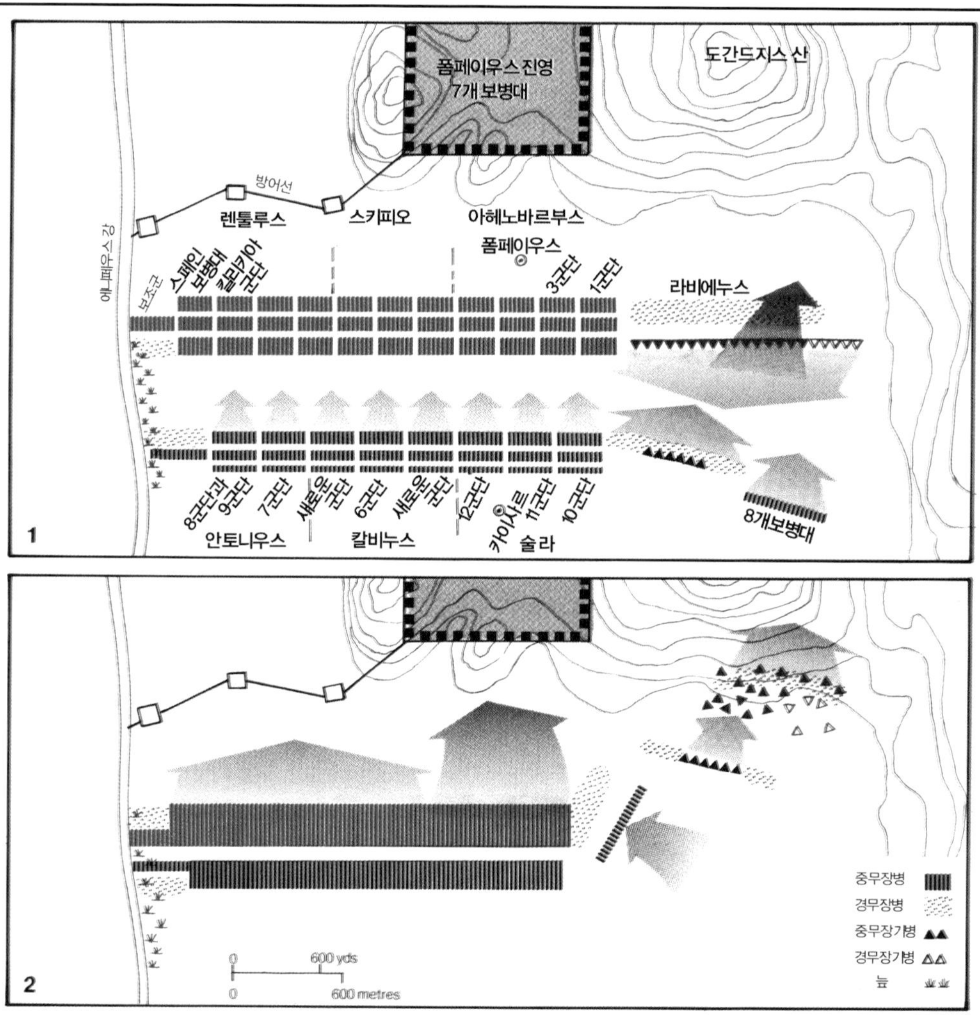

카이사르와 폼페이우스의 군대는 디라키움(두러스)에서 충돌했다. 카이사르의 군대는 규모에 있어서 폼페이우스 군대의 3/4 가량 되었지만 더 뛰어났다. 폼페이우스는 이 점을 잘 알고 있었으므로 정면 승부를 피했으며, 그 대신에 둘레가 15 로마마일(13.8마일, 22.2킬로미터)에 달하는 아드리아 해 해안의 한 고립된 장소를 요새화하기로 했다. 과연 카이사르는 자신의 명성답게 외부 성벽을 세워 이 고립된 장소를 에워쌌다.

## 최후의 승리자

군사軍史를 읽어 내려가다 보면 대체로 숙명적인 날에 결정된 전투와 전투가 행해지고 있음을 생각나게 하는 전장戰場들에 익숙해지는 경향이 있다. 이와는 대조적으로 토루와 해자에 의존했던 카이사르의 전투 방식은 광범위하게 준비된 진지들에서 장기간에 걸쳐 진행된 20세기의 전투들을 생각나게 한다. 디라키움에서 정면대결에 말려들지 않겠다는 폼페이우스의 결심은 모든 면에서 현명했다. 그는 해상을 통해 보급품과 증원군에 접근할 수 있었지만 해군이 없었던 카이사르는 이탈리아에서 고립되었다. 포위공격을 하는 카이사르 진영이 포위공격을 받는 폼페이우스 진영보다 더 굶주림으로 고통을 받았다. 하지만 카이사르 진영은 부족한 곡물을 보충하기 위해서 우유와 섞어서 먹을 수 있었던 식물 뿌리를 땅에서 캐냈다.

결국 더 강력해져 갔던 폼페이우스가 바다 근처의 취약지점에서 카이사르의 전선을 돌파했다. 카이사르는 폼페이우스의 진지들 중 한 곳에 반격을 가했지만 참담한 실패로 끝나면서 값비싼 희생을 치렀다. 폼페이우스의 진지로 접근하면서 카이사르의 보병대들은 누벽 주위

---

### 파르살루스 전투(기원전 48년)

| 카이사르 | 폼페이우스 |
|---|---|
| **보병** | |
| 9개 군단의 분대들 23,000명 (82개 보병대) | 12개 군단의 분대들과 7개 스페인 보병대 |
| 동맹군과 보조군 5/10,000명 | 50,000명 |
| | 동맹군과 보조군 4,200명 |
| **기병** | |
| 갈리아, 게르마니아 1,000명 (+ 400명의 경무장보병) | 동맹군 7,000명 |

카이사르는 테살리아의 에니페우스강 북쪽에 진을 친다. 폼페이우스는 카이사르의 진영에서 북서쪽으로 3마일 떨어진 지점에 진을 친다. 더 나은 진지를 확보하기 위해 힘쓴 뒤에 전선이 끌어 당겨진다. 폼페이우스는 우세한 자신의 기병으로 카이사르의 우측면을 포위할 작정이다. 이를 예측하고 카이사르는 경무장 보병과 8개의 보병중대로 자신의 기병을 보강한다.

1. 양쪽 군대가 약 150야드(137미터)까지 접근한다. 폼페이우스는 공격 명령을 내리지 않는다. 그는 이러한 새로운 전술 도입으로 카이사르의 병사들이 지치기를 바랐다. 하지만 카이사르의 병사들은 폼페이우스의 함정을 예측하고 도중에 멈춰선다. 그러고 나서 양쪽의 전선이 가까워진다. 먼저 폼페이우스의 기병이 카이사르의 기병을 밀어제치고, 그 후 카이사르의 8개 보병중대가 폼페이우스의 말을 공격해 격퇴한다. 경무장 병력과 기병이 추격한다.

2. 8개 보병중대가 폼페이우스의 측면으로 방향을 바꾸고 카이사르는 제3열의 병사들에게 전투명령을 하달한다. 포위당할지도 모르는 폼페이우스가 도망치고 이를 본 그의 군대가 전방위 압박을 받고 궤멸된다. 전투기 시작된 지 두 시간 안에 폼페이우스의 병사 6/10,000명과 카이사르의 병사 1,200명 가량이 사망했다.

메텔루스 스키피오. 폼페이우스가 죽고 나서 그는 북아프리카에서 폼페이우스의 잔당들을 지휘했다. 카이사르에게 탑수스에서 패배한 뒤에 자살했다.

에서 길을 잃었으며, 진지와 인근 강을 연결했던 참호를 진지로 오인했다. 돌파구를 만들려고 누벽을 파괴한 카이사르의 보병대들은 폼페이우스의 한 부대에게 일격을 당했다. 그 결과 혼란과 공포로 거의 1,000명에 가까운 병사들이 사망했다. 만약 폼페이우스가 이 기회를 놓치지 않고 도망 중이었던 카이사르의 보병대를 계속 추적해 궤멸시켰더라면 바로 그날 전쟁이 끝났을지도 모른다.

따라서 디라키움에서 카이사르의 전략은 완패로 끝났으며, 그는 아마도 테살로니카를 위협하려고 아니면 주로 곡물을 구하기 위해서 테살리아로 진군했다. 영향력 있고 귀족적인 폼페이우스 휘하 장교들이 그에게 전투를 제안했다. 그는 그들의 제안을 마지못해 받아들였지만, 그의 이런 태도가 우유부단함으로 비난받아서는 안 된다. 폼페이우스의 조언자들은 그가 지휘하는 군단들이 그에게 보여주었던 지지를 쉽게 흔들 수 있었던 높은 지위에 있는 사람들이었다. 파르살루스 전투에서 카이사르는 규모는 더 컸지만 경험이 없었던 상대방 기병을 공격하기 위해서 8개의 보병대를 남겨 두었다. 이들 보병대는 저항이 불가능할 정도의 엄청난 파괴력으로 전진하면서 상대방 젊은 기병들의 얼굴에 창을 들이밀었다. 일단 기병이 패배하자 폼페이우스의 군단들은 이제 막 전투에 투입된 카이사르의 제3대열과 충돌하게 되었으며 더 이상 저항할 수 없는 막다른 상황까지 내몰렸다. 폼페이우스는 도망쳐서 이집

## 백인대

마리우스의 병제개혁에 이어서 백인대장들은 이제까지 선출되었던 것과는 다르게 직업적인 장교들이 되었다. 그들의 중요성은 증대했으며 카이사르의 시대 무렵에 그들은 실제로 군대를 지휘했던 사람들이었으며, 반면에 여전히 아마추어이고 젊은 호민관들은 명목상으로는 백인대장들보다 상위에 있었지만 주로 참모단에 임명되었다. 제정기에 군단에는 제1보병대에 5명과 나머지에 54명을 합해서 59명의 백인대장이 있었다. 백인대장들에 대한 카이사르의 존중은 그들의 용기와 지도력에 대해 그가 남긴 많은 이야기들에서 드러난다. 오른쪽 그림은 기원 1세기의 백인대장이다. 그의 지위는 그림에서처럼 말총이나 깃털로 만들었을 것으로 보이는 가로로 된 깃 장식에서 암시되고 있다. 또한 그의 지위는 포도나무로 만든 그의 '단장'에서도 나타난다. 이 단장은 가끔 체벌을 집행하는 데 사용되었다. 그는 쇠사슬 갑옷 아니면 미늘 갑옷을 입었으며, 군단병들의 갑옷과는 다르게 화려하게 장식되었으며, 가끔 은으로 도금되었다. 백인대장은 군단병들과는 반대쪽에 칼을 찼으며, 전투 시에는 그의 부하들처럼 창과 방패를 휴대했다.

### 군단의 지휘체계

20년 동안(카이사르 시대에는 16년 동안) 복무하겠다는 서명과 함께 백인대에 신병으로 등록되는 즉시 일반 병사는 테세라리우스(하사관), 옵티오(제2지휘관), 그리고 백인대장의 지휘를 받게 된다. 2~10개의 보병대에 54명의 백인대장이 있었다. 백인대장의 지위가 동일했기 때문에 각 보병대의 고참 백인대장이 보병대를 지휘했다. 오른쪽의 표에서 알 수 있듯이 각 백인대장의 명칭은 공화정 초기 로마 군단의 전선을 반영했다. 전선 위쪽에는 하스타투스 포스테리오르부터 프리무스 필루스까지 제1보병대의 고참 백인대장들이 위치했다. 일반 병사는 프리무스 필루스의 높은 지위까지 도달하고 싶어 했던 것으로 보이지만 이것은 흔치 않은 일이었다. 페트로니우스 포르투나투스의 경력이 이것과 관련된 하나의 전형적인 실례를 보여주고 있다. 그는 이탈리아 제1군단에 들어가서 4년 후 백인대장으로 진급했다. 다음 42년 동안 그는 12개의 다른 군단에서 복무했지만 결코 프리미 오르디네스로 진급하지 못했다. 전체 군단의 제3지휘관은 프라이펙투스 카스트로룸이었다. 그 위에 군단 사령관들이 위치했다. 여섯 명의 군단 사령관들 중

다섯 명은 기사 계급의 사령관들이었다. 이들은 예전에 각각 두 개의 보병대를 지휘했지만 이제는 참모로 임명되어 백인대장들에게 전투 시에 부하들을 지휘하게 했다. 다른 한 명의 군단 사령관은 원로원 계급 출신이었으며, 나중에 군단을 지휘할 젊은 사령관으로서 견습 복무 중이었다. 그는 군단의 제2지휘관처럼 행동했다. 그 위에 보통 30대의 연륜 있는 원로원 의원이 레가투스 레기오니스 자리에 위치했다. 또한 군단 참모본부에는 한 명의 부관, 서기들, 그리고 전령들이 소속되어 있었다. 군단은 자급자족을 했기 때문에 많은 장인들이 배치되어 있었다. 그들은 수가 너무 많아 여기서 목록을 일일이 열거하기 어렵지만 측량기사, 토목기사, 병기공, 위생병, 투석기를 작동하는 병사, 기병대 군마 담당 하사관, 건축기사, 대장장이, 음악가 등이 군단에 배치되어 있었다. 그들은 노역과 다른 의무들을 면제받았다.

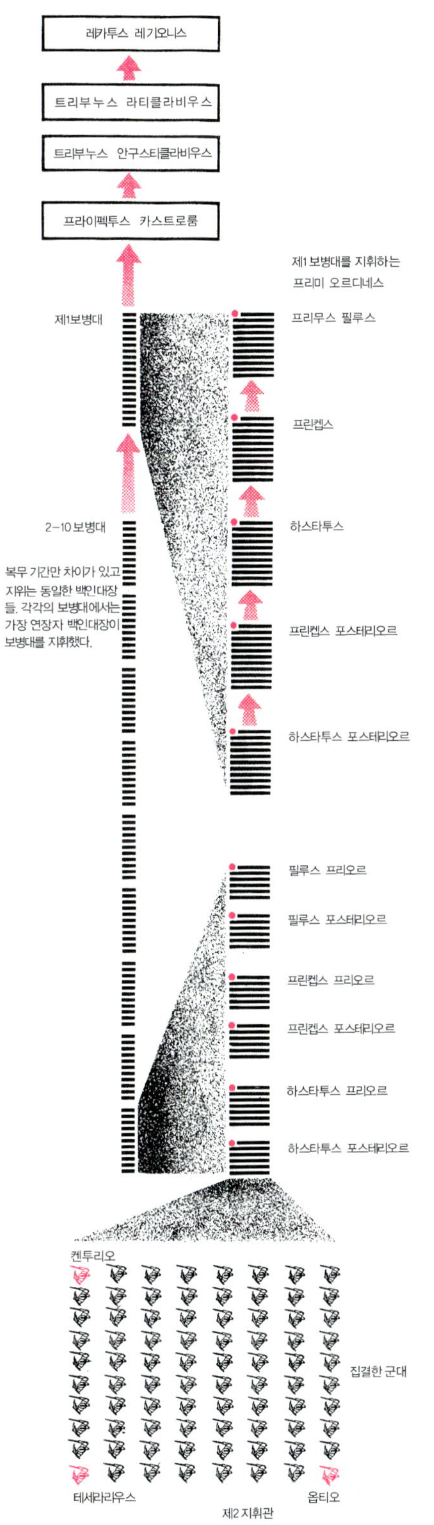

**디라키움 전투(기원전 48년)**
**지휘관** 카이사르 대 폼페이우스
**병력 수**
카이사르: 대략 25,000명의 군단병과 약간의 기병 그리고 보조군
폼페이우스: 대략 36,000명의 군단병과 강한 기병 부대

1. 폼페이우스가 동방에서 군대를 동원한다(불특정 다수의 다른 배에 덧붙여 500척의 갤리선).
2. 스페인에서 폼페이우스의 군단들을 정복한 후에 카이사르는 7개의 군단과 함께 겨울에 아드리아 해를 건넌다.
3. 카이사르가 수적으로 우세한 폼페이우스의 군대를 디라키움에서 성벽으로 둘러싼다.
4. 폼페이우스는 끊임없이 해상을 통해 증원군과 병참을 제공받았다.
5. 이른 봄: 아드리아 해를 건넌 마르쿠스 안토니우스가 4개의 군단을 데리고 카이사르에게 가세한다.
6. 폼페이우스는 카이사르의 방어선을 돌파하는 데 성공한다.
7. 카이사르의 반격이 엄청난 손실과 함께 격퇴된다.
8. 폼페이우스는 이 기회를 이용하는 데 실패한다.
9. 카이사르는 포위공격에 착수하고 테살리아를 향해 동쪽으로 진군한다.
10. 폼페이우스는 경솔하게 카이사르의 뒤를 쫓아 파르살루스로 간다.

트로 갔다. 그곳에 도착하자마자 그는 이집트의 통치자인 프톨레마이오스의 명령으로 살해당했다. 프톨레마이오스는 패자에게 환대를 베풀 만큼 대담하지 못했다.

알렉산드리아에 도착하자마자 카이사르는 프톨레마이오스에게 클레오파트라(프톨레마이오스 왕조의 선례에 따라 그의 누이이자 부인이 됨)를 이집트의 공동 지배자로 받아들일 것을 강요했다. 하지만 곧 전쟁이 뒤따랐으며, 그 결과 프톨레마이오스 13세가 나일 강에서 익사하고 그의 동생인 프톨레마이오스 14세가 클레오파트라의 배우자로서 왕위에 올랐다. 하지만 프톨레마이오스 14세는 그녀의 명령으로 살해되었다. 카이사르 자신은 이미 클레오파트라를 정부로 차지하고 있었다. 그리고 그녀는 정복자 카이사르가 이집트를 떠난 후에 아들 '카이사리온'(작은 카이사르)을 얻었다.

그 사이에 미트리다테스의 아들 파르나케스가 내전을 이용해서 아버지의 제국을 재건하려고 시도했다. 한 불운한 부관의 죽음에 복수하기 위해서 카이사르는 폰투스의 젤라에서 야심에 찬 지도자였던 파르나케스를 무찔렀으며, 그리고 그는 "왔노라, 보았노라, 이겼노라"는 짧막한 몇 마디의 말로 그 사건에 불후의 명성을 가져다주었다.

이탈리아에서의 짧은 정치 활동을 끝내고 카이사르는 폼페이우스 잔당들을 상대하기 위해서 북아프리카로 건너갔다. 그들 중 일부는 2년보다 더 오래 전에 누미디아의 도움으로 카이사르의 장교였던 쿠리오에게 패배를 안겨주었다. 여기에서 기원전 48년 탑수스의 전투는 결정적이었다. 카이사르의 승리 이후에 어쩔 수 없이 우티카를 방어하기 위해서 남아 있었던 카토는 의연하게 자살을 선택했다. 페트레이우스와 누미디아의 왕 주바는 만찬 뒤에 생사를 건 결투를 포함해서 자살 협정을 맺었다. 탑수스에서 지휘를 맡았던 메텔루스 스키피오는 자신의 몸을 찔러 자살했으며 아프라니우스는 사로잡혔다. 카이사르의 관용이 아프라니우스에게까지는 미치지 못했으며, 그는 처형되었다. 도미티우스 아헤노바르부스는 이미 파르살루스에서 죽었다.

하지만 서방에서 카이사르의 적들이 집결했다. 갈리아에서 그의 오랜 부사령관이었던 티투스 라비에누스가 변절해 폼페이우스에게 도망갔다. 그리스와 아프리카 전투에서 살아남은 라비에누스는 이제 스페인 남부 문다에서 폼페이우스의 아들들을 도와 결사항전을 했다. 카이사르의 속마음과 행동 방식을 라비에누스보다 더 잘 알고 있는 사람은 아무도 없었다. 하지만 적들이 동맹자들보다 서로를 더 잘 이해했다는 것이 하나의 문제였다. 라비에누스의 전술적인 이동이 도망으로 오인되었다. 결국 도망쳤던 라비에누스는 살해되었다. 두 명의 폼페이우스 동생들 중에 그나에우스가 붙잡혀 살해되었지만, 섹스투스는 살아남아 하루 더 싸웠다. 기원전 44년에 암살되기 전에 카이사르는 새로운 동방 정복을 계획하고 있었지만, 스페인에서 아직 해결되지 않은 문제를 그대로 미루어둔 채로는 동방 정복에 착수할 수 없었다. 섹스투스 폼페이우스가 붙잡히지 않으면서 문다에서의 승리는 불완전한 상태로 남게 되었다.

# 삼두정치가들의 전쟁

기원전 44년 카이사르는 공화정을 지키려는 음모자들의 단검에 쓰러졌다. 하지만 악티움 해전에서 안토니우스의 패배로 절정을 이룬 뒤따른 권력투쟁에서 공화정 시대는 막을 내리고 장차 아우구스투스 황제가 될 옥타비아누스가 승리자로 등장했다.

### 고대의 문헌

여기에서 민간인 복장을 하고 있는 모습으로 그려지고 있는 키케로는 경력이 군사적 업적에 기반을 두고 있지 않은 소수의 로마 정치가들 중에 속해 있었다. 그는 안토니우스의 선동으로 추방당했으며, 결국에는 처형당했다.

우리가 이제 다루려는 시기는 율리우스 카이사르의 암살과 기원전 31년 악티움 해전 사이의 기간을 포함한다. 악티움 해전을 편의상 로마 공화정의 종말을 고한 사건으로 생각해도 문제는 없을 것 같다. 후대의 고대 사가들이 이용할 수 있었던 당대의 증거는 그 시기의 정치·군사적 주역들 중 한 명에게서 비롯되었다. 그는 기원전 63년에 가이우스 옥타비우스라는 이름으로 세상에 나와 큰 할아버지인 율리우스 카이사르의 양자가 되었을 때, 가이우스 율리우스 카이사르 옥타비아누스라는 이름을 받았다. 악티움 해전 이후에 로마 제국에서 최고 권력자의 자리를 차지했으며 스스로를 관대한 전제군주로 생각한 옥타비아누스는 아우구스투스('존엄한 자'라는 의미)의 칭호를 갖게 되었으며, 이것은 황제를 부르는 칭호로 사용되었다. 그는 기원 14년에 사망했다.

아우구스투스는 자신의 회고록을 썼으며, 역사가 리비우스는 이것에 의존할 수 있었다. 따라서 그의 회고록은 지금은 전해져 내려오고 있지 않은 리비우스의 책을 이용했던 디오 카시우스에게 자료를 제공한다. 디오 카시우스의 로마사 관련 부분은 다행히도 완전한 형태로 현존하고 있다. 아우구스투스의 회고록 자체는 남아있지 않지만, 그가 후손에게 남길 목적으로 자신의 경력에 관해 썼던 중요한 공식 기록이 비문들에서 보존되어 왔다. 1555년 안키라(앙카라)에서 발견된 것이 가장 오래된 사본이다. 이 귀중한 기록은 일반적으로 『업적록 *Res Gestae*』으로 알려져 있다.

　　사건 관계자들은 말할 것도 없고 당대의 사선 목격사들은 분명한 이점을 가지고 있다. 하지만 그들은 복잡한 개인적 이해관계에 영향을 받는 만큼 그 이후 시기의 역사가들보다 더 편견을 가진다. 아우구스투스는 비록 그가 원했다고는 하지만 그에게 패배한 경쟁자인 안토니우스에게 관대할 수 없었다. 그는 작가였을 뿐만 아니라 베르길리우스, 호라티우스 그리고 리비우스를 포함한 재능 있는 문인들의 후원자였으므로 자신에게 호의적인 역사관이 후손에게 확실하게 전해질 수 있는 모든 수단을 갖고 있었다.

　　다행히도 율리우스 카이사르의 장교들 중 한 명이었던 가이우스 아시니우스 폴리오에 의해서도 역사가 쓰여졌다. 브루투스와 카시우스 그리고 그들의 동료 음모자들의 손에 카이사르가 살해된 뒤에 일어났던 싸움에서 폴리오는 안토니우스 휘하에서 복무했다. 기원전 42

지도에서 볼 수 있는 것처럼 삼두정치가들은 그들 사이에 로마의 지배권을 분할했다. 기원전 39년에
섹스투스 폼페이우스에게 부여되었던 영토를 전투에 의해 그에게서 빼앗아왔다.

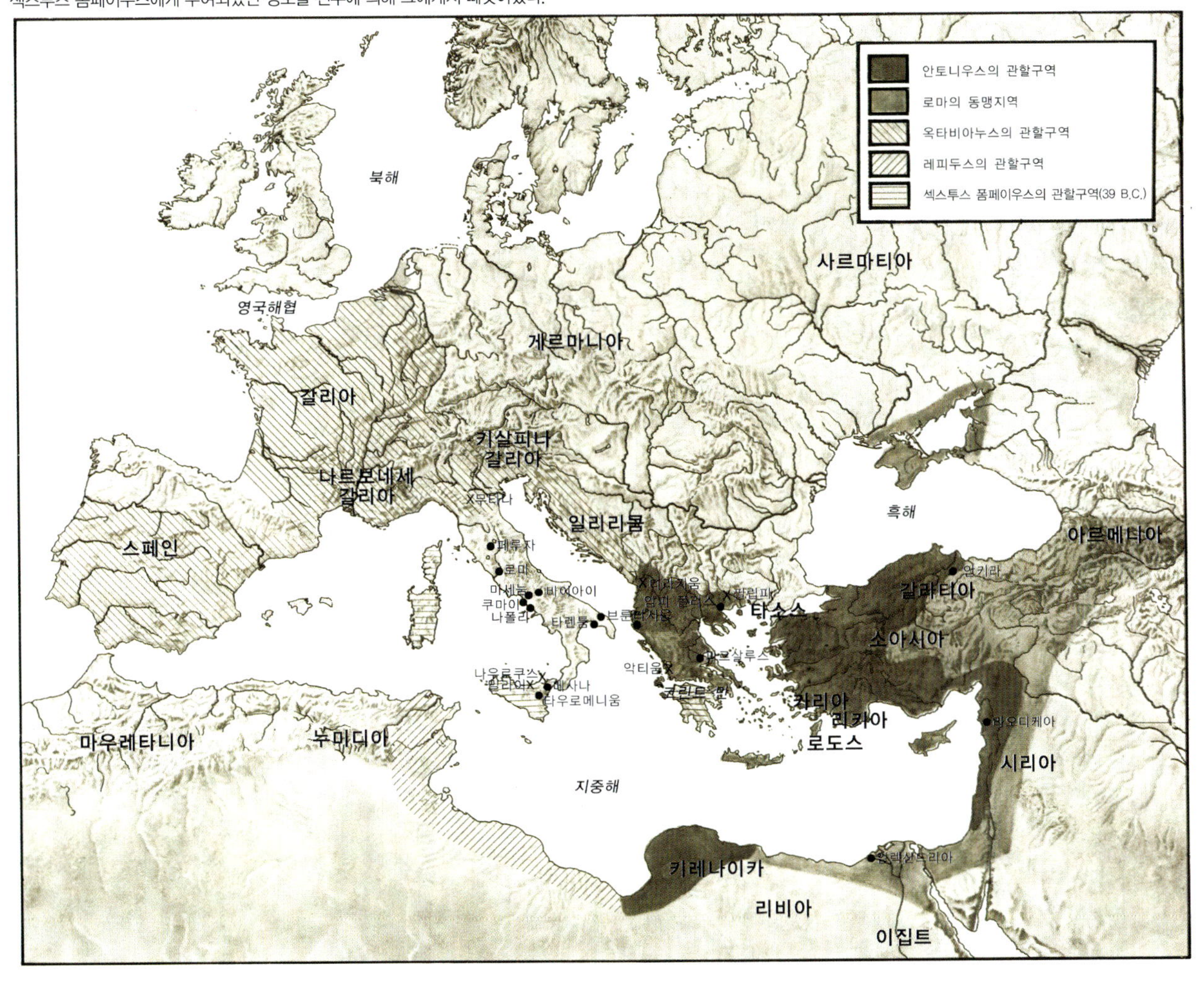

년 필리피 전투에서 안토니우스와 옥타비아누스가 승리한 후에 그는 중재를 통해 동료 시인이었던 베르길리우스의 재산이 브루투스와 카시우스의 군대를 무찔렀던 퇴역병사들 중 한 명에게 할당되는 것을 막았다. 심지어 필리피 전투의 승리자들이 격렬하게 대립하고 악티움 해전의 패배에 뒤이어 안토니우스가 자살했을 때조차도 폴리오는 아우구스투스의 패권을 결코 묵묵히 받아들이지 않았다. 그의 역사관은 일방적으로 아우구스투스에게 호의적인 견해를 교정해주는 경향이 있었다. 불행히도 키케로에게 보낸 몇 편의 서한은 그렇다 치더라도 폴리오 자신의 저작들은 전해져 오고 있지 않다. 하지만 아피아노스는 그의 문헌을 상당히 많이 이용했으며, 플루타르코스도 마찬가지로 자신의 『안토니우스 전기』에서 그의 문헌을 이용했다. 게다가 플루타르코스는 기원전 40년에 파르티아인들과의 전쟁에서 안토니우스의 장교로 복무했던 퀸투스 델리우스와 클레오파트라의 의학고문으로 기억되는 몇몇 다른 흥미로운 목격자들의 이야기를 끌어들이고 있다.

이 시대에 관한 또 다른 중요한 증거는 안토니우스를 혹독하게 공격했던 키케로의 14편의 연설문 시리즈인 『필리피카 *Philippicha*』에서 확인될 수 있다. 이 연설들의 제목은 데모스테네스가 마케도니아의 필리포스를 향해 했던 연설들과 비교된다. 물론 그것들은 독설로 가득 찬 문학작품에 속하며 불편부당한 관점에서 쓰여졌다고 할 수는 없지만, 이 시기에 쓰여진 키케로의 서한들처럼 그 시기의 정치를 밝혀내는 근거가 된다.

우리는 또한 거의 동시대의 작가들 중에 역사가인 벨레이우스 파테르쿨루스에게도 주목해야 한다. 그는 아우구스투스가 확고하게 권력을 장악했던 기원전 19년에 태어났다. 벨레이우스는 분명히 공평한 입장에 설 상황에 있지 않았으며, 그렇게 되려고 시도하지도 않았다.

수에토니우스의 『12 황제전』에서 그 이상의 증거가 보존되어 있다. 수에토니우스는 지금은 전해지지 않고 있는 많은 공식 문서들에 접근했다. 추문에 대한 그의 집요한 관심은 어떤 정치적 편견과도 결합되지 않았으며, 사건들로부터 충분한 거리를 둔 2세기에 글을 쓰면서 어떤 특별한 압력에 시달리지 않았다. 하지만 그는 유능한 군사가는 아니었다.

## 정치사

기원전 44년 원로원 모임에서 그들의 칼로 카이사르를 살해했던 음모자들은 구시대적인 입헌주의자들이었다. 그들은 대단히 어리석은 자들이었다. 그들은 전적으로 군사력에 의해서만 유지될 필요가 있었던 헌법은 결코 헌법이 아니라는 것을 이해할 수 없었다. 폼페이우스의 약점은 입헌적 형식에 너무 많은 양보를 했다는 것이었지만, 카이사르는 너무 양보하지 않았기 때문에 살해되었다. 하지만 기원전 1세기 동안에 로마에서는 유일하게 군사력이 권력의 실질적인 토대였다.

음모자들은 그들이 저지른 행동에 대한 평판이 좋지 않다는 것을 알고 놀랐다. 하지만 카이사르는 크라수스에게서 빌린 돈으로 지탱했던 시절에도 항상 자신의 정치적 목표를 추구하는 데 인색하지 않았다. 세계 정복의 수익이 그의 처분에 맡겨지면서 그는 훨씬 더 아낌없이 돈을 썼다. 이러한 증여가 그의 죽음으로 끝나지는 않았다. 왜냐하면 다른 공적인 자선들과는 별개로 그의 유언장에는 시민들에 대한 현금 증여가 포함되어 있었기 때문이다.

카이사르의 죽음 이후에도 살아남은 마르쿠스 안토니우스는 카이사르의 유언이 공표되었음을 확인했으며 유언 집행자의 권한을 맡았다. 그는 카이사르가 독재관의 자격으로 기병 사령관으로 임명했던 마르쿠스 아이밀리우스 레피두스가 로마에서 멀리 떨어져 있지 않은 군대를 이용할 수 있었으므로 카이사르의 유언을 집행하는 권한을 행사할 수 있었다. 안토니우스는 레피두스의 지지를 얻었으며, 이제 완전히 수세적인 입장에 놓이게 되었던 음모자들은 사면을 대가로 카이사르에게 바치는 대단히 명예로운 공공 장례식의 거행을 주저하지 않고 승인했다.

(위) 알렉산드리아에 있는 마르쿠스 안토니우스의 커다란 머리. 그것은 우리가 로마의 동전들에서 보는 턱에 살이 찐 모습과 흥미로운 대조를 이루고 있다.
(아래) 프톨레마이오스 왕조의 마지막 여왕 클레오파트라. 동전에서 볼 수 있는 다른 어떤 모습보다도 더 이상화된 초상이다.

이렇게 볼 때 카이사르뿐만 아니라 안토니우스도 살해해야 한다고 주장했던 카시우스의 판단은 올바른 것이었다. 하지만 카이사르 한 사람만의 살해는 독재자 살해로 비칠 수 있었지만, 집정관 둘을 모두 암살하는 것은 여전히 술라를 기억하고 있었던 세대에게 새로운 대학살의 시작을 예고할 수 있었으며, 암살이 제거했던 것보다 더 많은 반항을 자극할 수 있었다. 아마도 이 점에 있어서는 브루투스의 판단이 옳았던 것 같다. 안토니우스가 이제 그 상황을 능숙하게 이용하는 수완을 발휘할 수 있을 것으로는 생각되지 않았다. 그가 군사적으로 카이사르를 잘 보좌했다고는 하지만, 카이사르의 부재중에 그의 민정民政은 그를 평판이 좋게 만드는 데 아무런 역할도 하지 못했다.

동시에 카이사르의 유인은 인토니우스에게 커다란 실망을 안겨다주었다. 왜냐하면 유

언장에서는 카이사르가 계획했던 파르티아
와의 전투에 대비해 이제 일리리쿰(카이사
르는 로마의 군사기지로서 이미 에그나티
아 가도에 의해 테살로니카와 연결되었던
아드리아 해 동부의 상륙지점인 아폴로니
아에 주둔했었다)에서 군사훈련을 받고 있
었던 카이사르의 조카 아들인 가이우스 옥
타비우스가 주요 상속인으로 명명되었기
때문이다. 카이사르가 죽자 정치 경험이라
곤 전혀 없었던 젊은 옥타비우스는 대담하
게도 이탈리아로 돌아왔으며, 그의 대담함
은 보상받았다. 하지만 만약 그가 타고난
정치·군사적 능력을 가지고 있지 않았다
면 유언장의 내용에 따라 그에게 부여된 카
이사르의 막대한 재산과 명예로운 이름조
차도 그가 세력을 떨치는 것은 말할 것도
없고 그를 살아남게 할 수도 없었을 것이
다. 그가 그런 능력을 소유하고 있었다는
것은 안토니우스와 음모자들 그리고 암살
자들 중 한 명은 아니었다고 하더라도 그들
의 입헌적 원칙에 지지를 보냈던 키케로도
예상하지 못했다.

무티나(모데나) 주위에서 대격전을 초
래했던 계속되는 충돌은 사각의 링에서 싸
우는 양상을 띠었다. 키케로로 대표되는 비
폭력적인 입헌주의자들은 이미 음모자들과

로마에서 발견된 아우구스투스의 조각상. 아우구스투스 황제는 허리에 두르는 금속 갑옷
을 입고 있다. 조각상들은 갑옷을 입은 경우에는 로리카타이로 그리고 민간인 복장을 입
은 경우에는 토가타이로 불렸다.

제휴했으며, 일시적으로 옥타비아누스의 지지를 받았다. 왜냐하면 기원전 43년에 카이사르
보다 더 억압적인 독재자가 될 가능성이 있었던 안토니우스가 카이사르에게서 상속받은 옥
타비아누스의 재산을 시기했으며, 이와 상응해서 옥타비아누스를 쌀쌀하게 대했기 때문이
다. 하지만 안토니우스와 옥타비아누스 두 사람의 미래는 카이사르의 기억을 얼마나 존중하

느냐에 달려 있었다. 안토니우스는 여의치 않았으며 옥타비아누스는 자신의 힘을 드러냈던 무티나 전투 이후에 입헌주의자들을 배제하고 두 사람은 화해했다. 이제 갈리아의 총독이 된 레피두스는 망설였지만 결국 그들과 합류했다. 이렇게 해서 등장한 삼두정치가들은 연합하여 독재권을 행사했으며, 그들의 권력은 공식적인 법규로 인정되었다. 그들은 헌정 수립을 위해 임명된 3인 위원회였다.

이따금씩 오늘날의 역사가들은 카이사르와 폼페이우스 그리고 크라수스의 비공식적인 제휴를 제1차 삼두정치로 간주하면서 안토니우스와 옥타비아누스 그리고 레피두스의 삼두정치를 '제2차 삼두정치'로 간주한다. 하지만 기원전 43년에 안토니우스, 옥타비아누스 그리고 레피두스에게 부여된 권한은 술라가 누렸던 것과 더 가까웠으며, 그들은 술라가 권한을 사용했던 방식과 비슷하게 그들의 권한을 사용했다. 그들의 법적 보호박탈(조직적인 대량학살에 뒤이은 공식적인 법률 무시)은 대단히 냉혹한 것이었다. 각 삼두정치가의 친구들과 친척들이 다른 사람들의 원한과 의심 그리고 이기심에 무자비하게 희생되었다. 옥타비아누스의 호의로도 키케로가 안토니우스의 끔찍한 적개심에 희생되는 것을 막을 수 없었다.


## 무티나 전투


무티나 전투의 전술과 전략은 거의 그 책략만큼이나 복잡했다. 안토니우스가 한때 카이사르의 해군 사령관이었던 데키무스 브루투스를 갈리아의 총독으로 임명했을 때 내전의 다양한 성격이 분명해졌다. 데키무스는 불충스럽게도 카이사르의 암살에 참여했으며, 원로원의 신뢰를 받았다. 이제 그는 안토니우스에게 갈리아 속주를 넘겨주기를 거부했다. 안토니우스는 자신에게 충성하는 군단을 이끌고 데키무스와 맞서기 위해서 진군했으며 속주의 주요 도시들을 점령했다. 데키무스는 로마를 향해 남쪽으로 철수하는 척하더니 갑자기 무티나를 점령했으며, 가축을 도살해 소금에 절이면서 포위공격에 대비했다. 이러한 그의 대비는 적절한 충고의 결과였다. 안토니우스는 누벽과 참호로 에워싸면서 무티나에서 그를 봉쇄했다. 그리고 데키무스의 보급품이 떨어질 때까지 이러한 봉쇄를 풀지 않았다.

그 사이에 그 해 새로 임명된 두 명의 집정관 히르티우스와 판사가 원로원의 허락으로 포위공격을 하기 위해 로마에서 북쪽으로 진군했다. 키케로의 지도를 받은 원로원은 여전히 카이사르의 암살자들을 헌정의 옹호자들로 간주했다. 그 상황에서 또한 키케로는 자신이 이제 안토니우스와 충돌하고 있다는 이유만으로 옥타비아누스를 동맹자로 받아들이고 싶어 했다. 옥타비아누스는 진 법무관의 칭호를 부여받고 자신의 개인 재신으로 급료를 지불할 수 있었던 충성스런 카이사르의 군대와 함께 히르티우스를 수행했다. 무티나에 접근하면서 두 지휘관은 자신들의 기병에 비해 수적으로는 우월했지만 급류가 흐르는 하상河床에 의해 교차되는 지형으로 방해받았던 안토니우스의 기병과 소규모 접전에 휘말리게 되었다. 몇몇 고참병 군단들과 신참 징모병들을 거느리고 판사가 자신의 동료 집정관이었던 히르티우스를 지원하러 왔다. 옥타비아누스의 본부 사령부 보병대가 판사가 접근했을 때 선도와 호위 임무를 위해 파견되었다. 하지만 호위병과 함께 판사의 군대가 길에서 안토니우스 군대의 기습을 받고 격렬한 전투가 벌어졌다. 전투가 격렬한 양상을 띠고 전개될 수 있었던 이유는 양쪽의 군단들이 그들의 적을 반역자로 간주했기 때문이다. 사실 그 전투는 세 부분에서 이루어졌다. 왜냐하면 그 길을 늪을 따라 이끌었던 높은 제방 때문에 한쪽에 있는 전투원들이 다른 쪽의 전투원들의 눈에 띄지 않았다. 반면에 안토니우스와 옥타비아누스의 본부 사령부 보병대들이 대치 중인 병사들 위쪽 길에서 충돌했다.

결국 옥타비아누스의 보병대가 궤멸되었으며, 판사의 고참 군단병들이 진지를 방어하기 위해서 퇴각했다. 이때는 이미 전투에 참여하지 말라는 지시를 받았던 그의 신병들이 진지 안으로 후퇴한 상태였다. 판사 자신은 치명적인 상처를 입었다.

이제 히르티우스는 신병들과 함께 무티나 근처에 위치한 자신의 진지로부터 8마일(13킬로미터)을 진군해서 기진맥진해 있었던 안토니우스의 부하들을 무찔렀다. 밤이 찾아오면서 늪으로 인한 위험 때문에 더 이상 적을 추적할 수 없었다. 그 사이에 안토니우스의 기병은 실종되고 부상당한 많은 동료들을 구해냈다. 이들 중 일부는 기수가 있거나 아니면 없는 말 등에 올려서 그리고 다른 일부는 말 꼬리에 매달리게 해서 수송했다.

안토니우스의 공격부대는 여전히 무티나를 포위하고 있었다. 히르티우스와 옥타비아누스가 가장 취약한 봉쇄선을 막 돌파하는 것처럼 보였을 때, 안토니우스는 그들과 맞서기 위해서 성벽의 다른 지점에서 두 개의 군단을 철수시켰다. 하지만 그는 다시 한 번 전투에서 참패했다. 히르티우스는 직접 안토니우스의 야전 사령부를 돌파했으며, 그곳에서 전투 중에 사망했다.

참모들의 정반대되는 조언에도 불구하고 안토니우스는 포위공격을 개시했다. 그는 적군의 도착으로 자신이 오히려 포위공격을 당할지도 모른다는 사실에 두려워했다. 그가 철수했을 때, 데키무스 브루투스는 강 반대편에서 자신을 지원하러 달려와 준 것에 대해 옥타비아누스에게 고마움을 표시했다. 하지만 옥타비아누스는 담담하게 자신이 카이사르의 암살자들을 돕기 위해서가 아니라 안토니우스와 싸우기 위해서 왔다고 짤막하게 말했을 뿐이었다. 안토니우스는 간신히 알프스 북쪽으로 빠져 나갔으며, 결국 그의 바람대로 나르보넨시스 갈리아(남부 프랑스) 총독인 레피두스라는 동맹자를 발견했다.

데키무스는 원로원으로부터 자신의 지휘권을 추인 받았지만, 그의 휘하 병사들은 탈영해 옥타비아누스의 편에 가담했다. 데키무스의 지위는 도망자에 불과한 존재로까지 추락했다. 마케도니아에서 마르쿠스 브루투스와 합류하려고 도망을 시도하는 사이에 데키무스는 안토니우스에게 우호적인 갈리아 족장의 손에 넘겨져 처형당했다.

## 카시우스 대 로도스

원로원은 카이사르의 암살자들을 일관되게 지지했다. 안토니우스를 공공의 적으로 선언하면서 원로원은 전에 안토니우스가 갈리아에 대한 받아들일 수 없는 대안으로 간주했던 마케도니아 속주를 브루투스에게 제공했다. 카시우스에게는 카이사르의 죽음으로 공석으로 남아 있었던 집정관직을 차지했던 푸블리우스 코르넬리우스 도라벨라에 대한 전쟁 지휘권과 함께 시리아가 할당되었다. 로마에서 도라벨라는 입헌주의자들을 지지했지만, 그 후 배반을 해서 카이사르를 암살한 3월 14일의 음모에 가담한 자들 중 한 명인 아시아의 총독 가이우스 트레보니우스를 살해했다. 얼마 안 있어 카시우스에게 패했던 도라벨라는 시리아의 라오디케아에서 자살했다.

브루투스와 카시우스는 처음에는 옥타비아누스와의 전쟁은 말할 것도 없고 안토니우스와의 전쟁을 불가피한 것으로 생각했던 것 같지는 않다. 하지만 그들은 자신들의 군사 및 재정 상황을 강화하는 것이 현명하다고 생각했다. 이것은 그들에게 공물을 납부하려 들지 않았던 국가들과의 전투를 포함한 것이었다. 그리고 그러한 국가들 중에 특히 매우 용기 있고 존경을 한 몸에 받을 만했던 로도스를 주목할 필요가 있다. 사실 로도스인들은 그들의 조상들이 디미트리오스 폴리오르케테스와 미트리다테스에게 저항하면서 보여주었던 것과 똑같이 대담하고 독립적인 정신으로 카시우스에게 저항했다. 하지만 이번에는 애석하게도 그들의 영웅적 저항이 실패로 끝났다.

라오디케아처럼 로도스는 도라벨라를 지지했다. 그래서 카시우스는 그곳을 약탈할 좋은 핑계거리를 갖게 되었다. 로도스인들은 자신들의 가벼운 전함으로 고대 그리스의 디에크플러스와 충각으로 들이받는 방법으로 카시우스의 육중한 전함들을 상대하려고 했다. 카시우스는 로도스에서 교육받은 바 있었으므로 로도스 해군의 위용을 과소평가하지 않았다. 카리아 해안 앞 민두스에 기지를 마련한 카시우스는 조심스럽게 전체 병사들과 함대를 준비했으며 승무원들을 훈련시켰다.

33척의 갤리선을 보유한 로도스인들은 민두스 근처의 공해에서 카시우스의 함대와 마주쳤다. 카시우스 자신은 해안의 높은 지점에서 전투를 지켜보았다. 처음에는 로도스 수병들의 그리스 전술이 효력을 발휘했지만, 결국 수적으로 유리했던 카시우스가 로도스인들을 포위했다. 따라서 포위당한 로도스인들은 곧 그들이 이제까지 사용해왔던 전략을 더 이상 수행할 수 없다는 것을 알게 되었다. 문제가 충각으로 들이받는 것이든 아니면 적함에 올라타는 것이든 전체 승무원의 숫자가 더 많았던 육중한 로마의 선박들이 유리한 입장에 있었다. 승무원들과 함께 로도스의 전함 두 척이 나포되었다. 두 척은 충각에 들이받혀 침몰했으

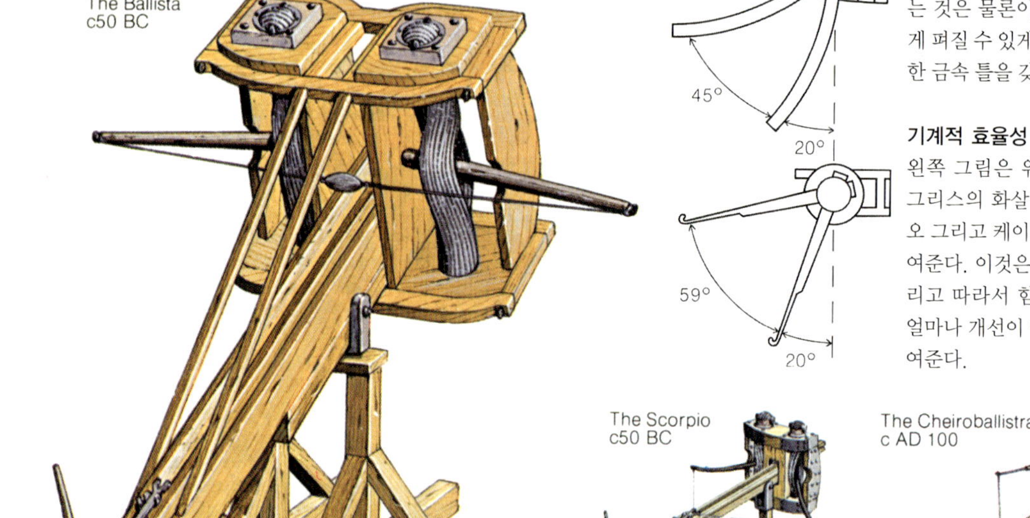



### 발리스타(투석기)

이것은 기원전 25년경에 카이사르의 전문가들 중 한 명인 비트루비우스에 의해 상세하게 묘사된다. 그림에서 볼 수 있는 발리스타는 가장 흔한 사이즈에 해당하는 60파운드(27킬로그램)에 해당한다. 앞선 기계들과 비교해서 용수철이 얇은 'V'자 형태를 이루도록 틀 안에서 다소 앞쪽으로 구부러져 있다. 이것은 무기가 비틀어질 수 있는 각도를 증대시키는 효과를 가졌다. 이것은 보다 복잡한 구조를 필요로 했으며, 화살 발사기로는 부적격하다고 생각되었다. 또 다른 중요한 개선점으로 원형보다는 타원형의 구멍과 똬리쇠가 사용되고 있다. 이것은 전체 기계를 확대할 필요 없이 더 많은 밧줄이 삽입될 수 있게 해주었다.

### 스코르피오(다트 발사기)

이것 또한 비트루비우스에 의해 묘사된다. 이것은 27인치(67센티미터)의 굵고 짧은 화살을 쏘는 삼각 지지대로 지탱된 장치이다.

### 케이로발리스트라

노포 디자인에서 그 다음 중요한 개선, 즉 금속 틀의 도입은 기원 100년 이전 언젠가 이루어졌다. 금속 틀은 나무보다 더 단단했으며, 비틀림의 각도를 더 증가시키는 것은 물론이고 용수철이 더 넓게 펴질 수 있게 했다. 투석기들 또한 금속 틀을 갖게 되었다.

### 기계적 효율성

왼쪽 그림은 위에서부터 아래로 그리스의 화살 발사기, 스코르피오 그리고 케이로발리스트라를 보여준다. 이것은 비틀림의 증가, 그리고 따라서 힘의 증가에 있어서 얼마나 개선이 이루어졌는가를 보여준다.

며, 나머지 전함은 로도스로 도망쳤다.

이제 카시우스는 아시아 본토에 기지를 확보했다. 그리고 나서 그는 수송선에 병력을 태워 육지에서 공격할 수 있도록 로도스 섬에 군대를 상륙시키는 한편 그 자신은 80척의 전함을 이끌고 로도스로 향했다. 로도스인들은 다시 한 번 바다에서 싸우려고 했지만, 수적 열세를 극복하지 못하고 두 척의 전함을 더 잃은 뒤에 로도스 해군은 항구로 피난하지 않으면 안 되었으며 결국 봉쇄당했다. 로마 함대는 조립식이었던 포위공격용 공성탑을 운반해 왔지만, 이때 공성탑은 불필요한 것으로 입증되었다. 로도스인들의 예상을 보기 좋게 비웃기라

## 후기의 노포

헬레니즘 시대에 끊임없는 정교함과 기술 개량이 노포의 사정거리와 힘에 있어서 엄청난 진보를 초래했다. 아게시스트라투스는 그것들 중 가장 뛰어난 것이 이제 880야드(800미터)를 넘는 사정거리를 가졌다고 기록한다. 발명의 재능이 있었던 그리스인들은 체인으로 작동되는 '개틀링 기관총(여러 개의 총신을 가진 기관총)'과 같은 노포를 만들었지만 작동시키는 데는 성공하지 못했다. 로마 시대에 사용된 주요한 노포들은 여기 그림에서 볼 수 있다.

### 오나게르(야생 당나귀)

팔 부분이 하나인 이 노포는 필론에 의해 기원전 200년 초에 그리고 재차 기원 100년경에 아폴로도루스에 의해 언급된다. 하지만 그것은 베게티우스와 암미아누스에 의해 묘사될 때인 기원 4세기까지는 널리 보급되지 않았다. 그것의 작동원리는 가정의 쥐덫과 유사하다. 삽입된 그림은 완전히 감겨져 발사 직전에 있는 오나게르를 보여준다. 더 큰 그림은 180파운드(80킬로그램)을 나타낸다. 이와 같이 커다란 기계 장치들은 여덟 사람이 감아 올렸다. 방아쇠 장치를 분명하게 볼 수 있다. 이 기계장치는 땅 위나 벽돌 포좌에 단단하게 올려져야 했다. 이것은 엄청난 반동에서 오는 진동 때문에 성벽에 올려질 수 없었다.

도 하듯 정선된 일단의 병사들과 함께 카시우스가 갑자기 로도스 시의 한복판에 나타났다. 로도스가 포위공격에 전혀 대비가 되어 있지 않다는 것이 분명해졌을 때, 신원을 알 수 없는 사람들이 카시우스에게 성문을 열어주었다.

카시우스는 로도스의 지도층 시민들 중 50명을 처형했으며, 그가 손에 넣을 수 있는 금과 은은 모조리 탈취했다. 그가 해전에서 거둔 승리는 비록 그것이 그의 신중함과 경험에 힘입은 것이었다고 하더라도 수적 우세의 결과이기도 했다. 로도스인들이 가벼운 전함들로 카시우스와 싸우려고 시도했다는 단순한 사실로부터 무거운 전함들이 분명히 더 이상 예전만큼 효과적이지 않음을 짐작할 수 있다. 무거운 배들에 맞서 사용된 가벼운 배들은 12년 후 옥타비아누스의 함대가 기동력이 덜한 안토니우스의 함대를 쳐부순 악티움 해전에서 입증될 수 있었다.

## 필리피 전투 이전의 전략

카시우스는 도라벨라를 지원했던 클레오파트라를 고소할 준비를 했다. 그녀는 카이사르에 의해 아들과 함께 로마에서 자리를 잡았지만, 카이사르가 살해된 후에 이집트로 돌아갔다. 당연히 그녀는 카이사르 추종자들 사이에 포함될 수 있었다. 하지만 카시우스는 이집트에 응징을 가하는 원정에 착수하기 전에 소아시아 남쪽 리키아의 도시들을 약탈하고 있었던 브루투스에게서 안토니우스가 브룬디시움에서 동쪽으로 공격을 준비하고 있는 중이라는 경고를 받았다. 브루투스와 카시우스는 그들의 병력을 하나로 묶어서 에게 해의 북동쪽 모서리에 위치한 멜라스 만에 집결시켰다. 그곳에서 그들은 안토니우스의 예상되는 침입에 맞서기 위해 트라키아를 거쳐 진군할 수 있었다. 삼두정치가들이 주도권 장악에 나섰던 것은 분명히 충고에 따른 것이었다. 그들에게서 무자비하게 법적보호를 박탈당했던 브루투스와 카시우스가 이탈리아에 상륙하는 것이 허락되었다면, 그들은 구원자들로 간주되었을지도 모른다.

이제 삼두정치가들과 맞서기 위해 집결했던 병사들은 19개 군단으로 이루어져 있었다. 하지만 군단 모두에 정원이 차 있었던 것은 아니었다. 브루투스가 안토니우스의 동생인 가이우스에게서 한 개 군단을 인계받았다고 하더라도, 군단 대부분은 공식적인 전임자들에게서 인계받았다. 브루투스는 마케도니아에서 가이우스를 격파하고 살해했다. 동행한 기병과 보조군에는 갈리아인, 스페인인, 트라키아인, 일리리아인, 파르티아인, 메디아인, 그리고 아랍인들이 포함되어 있었다. 그리고 이들은 여러 동맹 군주들의 군대들로 결합되었다. 이미 기술했던 방식들에 힘입어 두 명의 '해방군' 장군인 브루투스와 카시우스는 이들 군대를 유지할 수 있는 막대한 재원을 갖고 있었다.

그 사이에 클레오파트라는 안토니우스에게 해군을 지원할 생각을 하고 있었다. 이것은 실제로 그만한 가치가 있었을 것이다. 왜냐하면 삼두정치가는 바다에서 약했기 때문이다.

옥타비아누스의 누이동생인 옥타비아. 그녀는 널리 존경받았으며 그녀 자신의 아이들뿐만 아니라 안토니우스가 클레오파트라에게서 낳은 아이들까지도 길러주었다.

하지만 클레오파트라와 그녀의 이집트 함대는 리비아 해안에서 파괴되었다. 그녀 자신은 병든 채 간신히 알렉산드리아로 돌아왔다. 이미 그리스를 약탈하면서 유유자적 시간을 보내면서 그녀를 가로채려고 펠로폰네소스 반도의 최남단 갑 근처에서 기다리고 있었던 카시우스의 지휘관이 이제 안토니우스가 아드리아 해를 건너지 못하게 하려고 항해했다. 안토니우스가 이러한 특별한 도전에 직면했던 경우는 이번이 처음이 아니었다. 그는 예전에 적들의 완강한 저항에도 불구하고 디라키움에서 카이사르를 지원하려고 아드리아 해를 가로질러 증원군을 보냈던 적이 있었다.

문다 전투에 뒤이은 몇 해 동안 해적질로 생계를 유지한 뒤에 카이사르의 암살로 원로원이 공화국 함대의 사령관으로 인정했던 섹스투스 폼페이우스를 무력화시키기 위해 옥타비아누스는 해군 군사작전에 몰입했다. 시칠리아 해역에서 옥타비아누스의 장교와 충돌한 그는 몇 번의 해군 전투에서 승리했다. 하지만 이제 삼두정치가들의 함대는 브룬디시움에서 연합 편대를 구성했으며, 결국 그들의 병력 수송선은 강력한 순풍 덕분에 아드리아 해를 미끄러지듯 지나가면서 적을 앞지를 수 있었다. 심지어 그들은 돌아오는 길에 방해받는 것을 피하기 위해 더 많은 병력과 함께 두 번째로 아드리아 해를 건넜다. 이렇게 해서 안토니우스와 옥타비아누스는 삼두정치가들의 재량에 맡겨져 있었던 총 43개의 군단들 중에 28개의 군단을 마케도니아로 수송했다. 레피두스는 남은 군단으로 이탈리아를 방어했다.

디라키움에서 옥타비아누스는 병에 걸렸다. 안토니우스는 브루투스와 카시우스에 맞서기 위해서 동쪽으로 진군했다. 그가 당면했던 중요한 문제는 식량 공급이었다. 클레오파트라 함대가 파괴되면서 안토니우스의 적들이 해상 지휘권을 장악했음은 의문의 여지가 없다. 그리고 설상가상으로 이집트에서 발생한 흉작이 기아로 이어졌다. 따라서 안토니우스로서는 곡물 공급지역을 손에 넣고 되도록 빨리 군사작전을 강행하는 것이 필요했다. 그는 선발대를 파견해 브루투스와 카시우스에 맞서 트라키아의 협곡을 차지하게 했다. 이렇게 해서 안토니우스는 서쪽으로 더 멀리 떨어져 있었던 곡물 공급지들에 대한 지배권을 확실히 했다.

이 전략은 브루투스와 카시우스에게 먹혀들지 않았다. 그들은 안토니우스의 선발대 측면을 포위하고 지휘를 맡고 있는 장교에게 전방 진지들을 포기하도록 강요했다. 그리고 트라키아 해안을 따라 해군을 파견했다. 그러고 나서 브루투스와 카시우스는 군대를 이끌고 협곡을 통과했다. 두 번째 협곡을 안토니우스의 군대가 방어했을 때, 우호적이었던 트라키아 왕자가 주위의 까다롭고 위험이 많은 길로 그들을 안내했다. 하지만 다른 측면을 지원하고 있었던 왕자의 동생이 이러한 움직임에 경고했으며, 안토니우스의 장교는 포위되기 전에 후퇴하여 마케도니아의 암피폴리스를 거점으로 삼을 수 있었다. 따라서 '해방자', 즉 브루투스와 카시우스의 군대는 해군함대와 제휴했으며, 마케도니아 변경 안쪽에 있는 필리피에서 바다로부터 멀리 떨어져 있지 않은 진지 하나를 요새화했다.

## 필리피 요새

안토니우스는 서둘러서 암피폴리스로 진격했으며, 자신이 파견한 선발대가 그곳을 이미 점령한 것을 알고 대단히 기뻐했다. 기원전 42년 9월이 거의 끝나가면서 마케도니아와 테살리아의 곡물 공급이 제한되었다. 다른 어려움들은 별개로 기동력이 뛰어난 함대를 보유하고 있었던 섹스투스 폼페이우스는 스페인이나 아프리카에서 삼두정치가들에게 곡물이 도달하지 못하게 하려고 했다. 따라서 결정적인 전투의 필요성이 더욱 더 불가피하게 되었다.

브루투스와 카시우스의 진지는 대략 1 로마마일 떨어져 있었으며, 아시아로 가는 길에 걸쳐 있었다. 두 진지는 통상적인 군대식 참호와 누벽 그리고 울타리로 연결되었다. 중앙 성문 앞쪽에 펼쳐진 평원의 측면에는 산맥과 바위투성이의 협곡으로 이루어진 오지와 바다를 향해 남쪽으로 습지들이 자리 잡고 있었다. 길이 없는 산악 지역은 브루투스의 진지가 북쪽에서 측면을 공격당하는 것을 막아주었다. 그리고 카시우스의 진지와 늪 사이에는 탁 트인 지대가 짧게 펼쳐져 있을 뿐이었다. 안토니우스는 예상보다 더 빨리 접근했으며 브루투스와 카시우스의 진지 앞에서 불과 1마일 떨어진 곳에 요새를 구축했다. 카시우스는 신속하게 공격에 취약한 좌측의 틈새를 메웠다. 이렇게 해서 늪에서 산맥까지 누벽이 끊어지지 않고 계속 이어졌다.

안토니우스가 자신이 직접 선택하지 않은 지점에서 전투를 하고 싶어 했다는 사실에 브루투스와 카시우스는 적지 않게 놀랐다. 하지만 필리피에서 전략적 요인뿐 아니라 전술적 요인이 그에게 영향을 미쳤다고 하더라도 전투는 그의 유일한 희망이었다. 적이 움직이지 않는 한 안토니우스는 대단히 견고한 진지들을 향해 고개 위로 공격할 필요성에 직면하곤 했다. 적은 움직일 하등의 이유가 없었다. 그들은 뒤쪽의 앞바다에서 수마일 떨어지지 않은 타소스 섬에 잘 갖추어진 기지를 확보했다. 그 섬 맞은편에 있는 본토 해안의 만은 그들의 갤리선이 편리하게 정박할 수 있게 해주었으며, 그들의 요새와 나란히 흐르는 강 때문에 물을 쉽게 조달할 수 있었다. 반면에 안토니우스는 우물을 파서 물을 구할 수밖에 없었다.

기병들 사이의 소규모 전투와는 별개로 브루투스와 카시우스가 선제공격을 하지 않으려 한다는 것을 분명히 알게 되었을 때 안토니우스는 적극적으로 행동개시에 들어갔다. 늪에 자라고 있는 키 큰 갈대들의 엄호를 받고 정면에서 작전하는 척하면서 주의를 흩뜨리며 카시우스가 알아채지 못하게 습지에 둑길을 만들었다. 병사들에게 서둘러서 둑길을 따라가게 한 다음 안토니우스는 카시우스 후방에서 전망이 좋은 방어거점들을 차지했다. 하지만 카시우스는 여기에 강력하게 대응해서 안토니우스가 만든 둑길에 거의 직각에 가까운 울타리로 강화된 다른 둑길을 만들어서 안토니우스와 방어거점들 사이의 연락을 차단했다.

하지만 군사작전이 진행되는 동안에 카시우스의 군대는 불가피하게 흩어졌다. 안토니우스는 갑자기 진지와 습지 사이의 누벽을 강력하게 공격하기 시작했다. 그는 사다리를 올리고 해자를 메웠으며 울타리를 파괴했다. 그리고 진지로 돌파해 들어갔다. 그러고 나서 그는 거의 무방비 상태에 있었던 진지를 점령했다. 그 사이에 북쪽 언덕에 진을 치고 있었던 브루투스 군대에게 절호의 기회가 주어졌다. 왜냐하면 안토니우스가 카시우스를 공격했을 때, 그의 측면이 완전히 노출되었기 때문이다. 명령이 떨어지지 않았음에도 불구하고 브루투스 군대는 더 높은 곳에서 공격해 들어와 안토니우스의 후방을 철저하게 파괴했다. 게다가 갑자기 마주치게 되었던 옥타비아누스의 군단들을 격파했다. 그리고 계속해서 삼두정치가들의 군대가 공동으로 점령했던 진지를 탈환했다.

군사작전이 진행되는 동안에 엄청난 먼지 구름이 생기면서 상황이 혼란스러워졌다. 카시우스는 자신의 진지처럼 브루투스의 진지도 적의 수중에 넘어갔다고 생각했던 것 같다. 분명히 그는 브루투스의 부하들이 적 진지를 점령했다는 것을 알지 못했다. 실제로 브루투스 자신이 알았는지는 확실치 않다. 브루투스는 결코 공격을 명령하지 않았다. 뒤이은 카시우스의 자살과 브루투스의 오해에 대해서는 다양한 설명들이 있었다. 고대사가들 사이에서는 그가 자신의 노예에게 살해되었으나, 그 노예가 자살처럼 보이게 의도적으로 꾸몄을 것이라는 주장이 널리 받아들여져 왔다.

이제 양편은 그들의 기지가 위험에 처해 있음을 깨닫고 점령했던 적 진지에서 철수했다. 비록 그렇다고 하더라도 그들은 아피아노스의 말처럼 약탈할 수 있는 것은 무엇이든 빼앗아가려는 의도를 가지고 있었다는 점에서 병사들보다는 짐꾼들에 더 가깝게 보였다. 소용돌이치는 먼지 구름 속에서 친구와 적을 분간한다는 것은 불가능했으며, 허락 없이 전투를 시작했던 브루투스의 군대는 그들이 원했을 때 그 전투를 끝냈던 것 같다. 하지만 먼지가 걷혔을 때 안토니우스와 여전히 건강상태가 나빴음에도 불구하고 제때에 자신의 부하들을 동반하고 전장에 도착했던 옥타비아누스가 그들의 진지로 돌아갔다. 동시에 브루투스는 카시우스가 잃은 진지들을 다시 차지했다.

## 필리피 결전의 날

필리피에서 카시우스가 죽음을 맞이했던 날 아드리아 해군 분견대를 지휘하고 있었던 그의 장교 한 명이 의미 있는 승리를 거두었다. 증원군을 수송하는 과정에서 삼두정치가의 지휘관들은 브룬디시움에서 한 번 더 우연히 적과 마주치게 되었다. 바람이 멈추면서 그들은 적에게 포획되었다. 그들의 소형 호위함들은 130척에 달하는 적의 전함에 상대가 되지 못했다. 수송중인 병사들은 자신들이 도망칠 곳이 없다는 것을 알았을 때, 전투대를 마련하고 단 한 척의 배도 고립되지 않도록 그들의 배를 한데 동여맸다. 하지만 적이 불화살로 쉴 새 없이 공격하자 다른 배로 불이 옮겨 붙지 않게 하려고 그들의 배를 떼어놓지 않으면 안 되게 되었다. 결국 많은 병사들이 항복했으며, 일부 병사들은 버려진 폐선을 타고 표류하면서 기아와 갈증 그리고 화상으로 죽어갔다.

이 소식이 필리피에 전해졌을 때 삼두정치가들을 깊은 충격에 휩싸이게 했지만, 이제 자신의 군대뿐만 아니라 카시우스 군대의 지휘관 직함까지 갖게 된 브루투스에게는 원기를 북돋아주었다. 그는 기꺼이 자신의 정적인 전략을 고수하고자 했지만, 그의 부하들은 물론이고 그의 장교들의 생각은 달랐다. 그들은 이미 브루투스의 허락 없이 치른 전투에서 한 번 승리를 거둔 적이 있었으며, 그러한 승리를 다시 한 번 쟁취할 수 있을 것으로 확신했다. 삼두정치가의 부하들은 브루투스의 진영에 가까이 접근해서 병사들에게 야유와 모욕적인 말을 던지는 식으로 교전을 자극할 수 있는 모든 방법을 동원했다. 이러한 상투적인 방식은 고대의 전쟁에서 자주 사용되었다. 이것과는 별개로 정략적인 전쟁이 시도되었으며, 탈주병들에게 적절한 보상을 하겠다는 메시지를 누벽 너머로 던졌다. 브루투스는 야간 기습공격으로 보복했으며, 한번은 적의 진지로 강의 물줄기를 바꾸어버리기도 했다. 하지만 여전히 전면전은 그의 계획에 포함되어 있지 않았다.

삼두정치가들은 아카이아에서 식량을 징발하기 위해서 펠로폰네소스 반도 남쪽으로 한 개 군단을 보냈다. 하지만 곡물 공급은 여전히 중대한 문제로 남았다. 난국을 타개하려고 여러 차례 시도했지만 그들은 그다지 신통치 않은 결과를 거두었을 뿐이었다. 한때 카시우스가 지휘했던 진지 가까이에 언덕 하나가 있었다. 하지만 그 언덕은 활의 사정거리 안에 있었으므로 적이 장악하기가 어려웠다. 브루투스는 이제 그곳에서 철수했다. 기회를 엿보고 있었던 옥타비아누스가 4개 군단으로 재빠르게 그곳을 장악했다. 여기에서 그들은 잔가지와 가죽으로 만든 가리개로 화살에 맞서 방어할 수 있었다. 이 거점을 기지로 삼으면서 바다를 향해 남쪽으로 일련의 전초기지들을 세울 수 있었다. 아마도 이것은 습지를 통해 또 한 번 측면에 대한 공격을 가능하게 했을지도 모른다. 하지만 이런 모든 가능성에 대비해 브루투스는 요새를 세워서 수비대를 배치했다.

그 사이에 브루투스는 특히 카시우스가 남기고 간 패배한 군대에서 사기와 규율이 계속 저하되었고 교전이 전혀 이루어지지 않았으므로 상황이 악화되어가는 경향이 있었다. 참모들로부터의 압력으로 브루투스는 마침내 정면 대결에 동의했다. 그는 파르살루스에서 이와 유사한 상황에 처해 있었던 폼페이우스와 자신을 비교하면서 마지못해 동의했던 것이다. 뒤이은 교전은 예전에 흔하게 볼 수 있었던 창을 주고받는 전쟁이 아니었으며 전술적 책략도 전혀 시도되지 않았다. 근접 전투는 창 대신에 칼이 사용되었다는 점을 제외한다면 고전기 그리스의 팔랑크스를 닮았다. 아피아노스는 옥타비아누스의 군단병들이 마치 어떤 무거운

트라야누스 기념주는 응급 처치소에서 치료를 받고 있는 군단병들의 모습을 보여주고 있다.
일단 임시 치료가 끝나면 부상병들은 적절한 야전 병원으로 후송되었다.

기계장치를 돌리는 것처럼 점점 뒤에서 적을 감쌌다고 전하고 있다. 브루투스의 보병은 처음에는 한 걸음 한 걸음 정연한 대형을 유지하면서 후퇴를 했지만, 엄청난 압박을 받고 결국 대형이 무너졌다. 이렇게 해서 대형에서 틈이 생겼으며, 앞 열이 뒤 열과 섞이게 되었다. 그 결과 혼란이 가중되면서 전면적인 도주가 이루어졌다. 비록 누벽에서의 투석 무기 공격에 노출되었지만 옥타비아누스의 병사들은 지시에 따라 적 요새의 중앙 성문을 점령했으며, 적

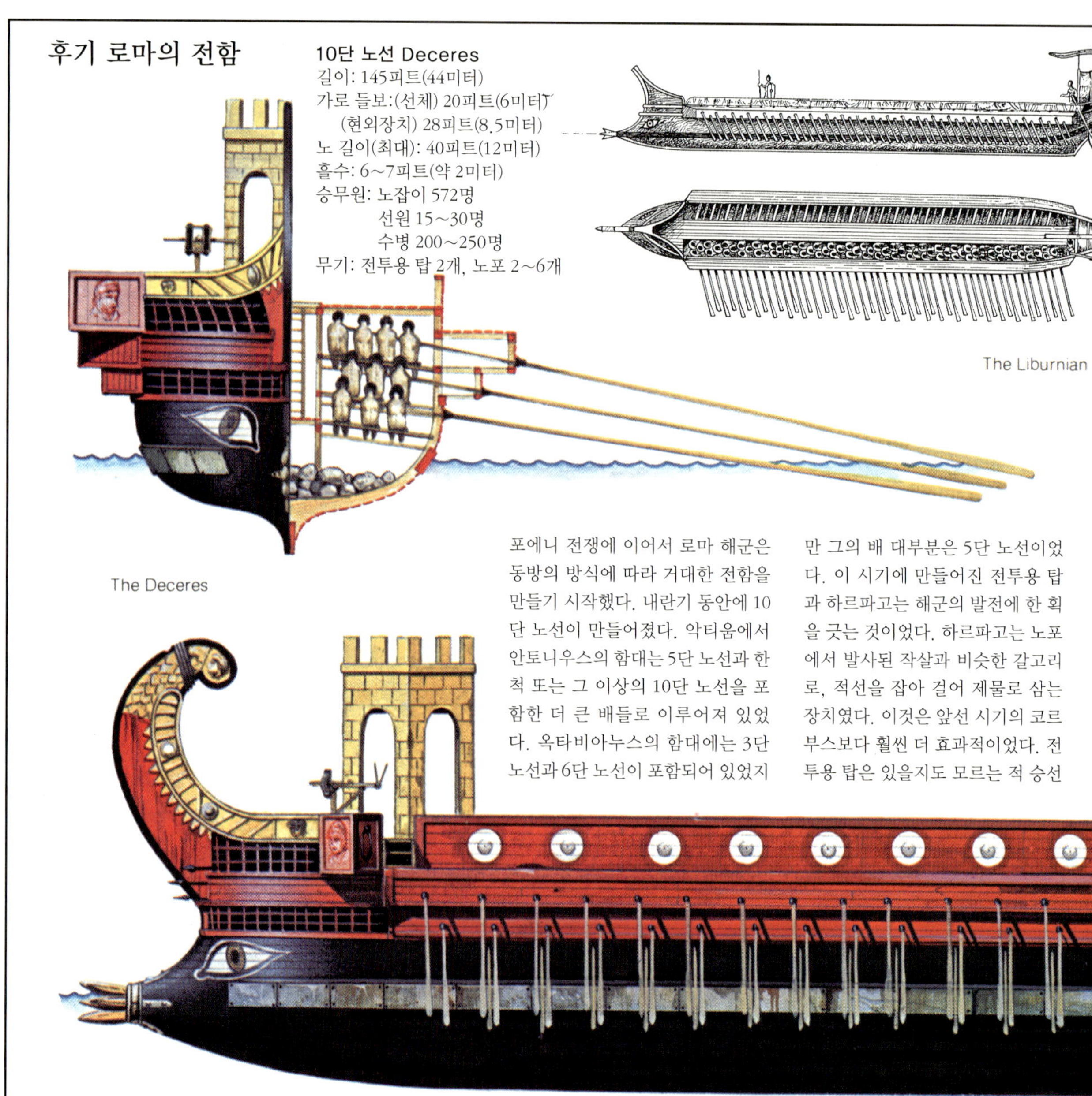


포에니 전쟁에 이어서 로마 해군은 동방의 방식에 따라 거대한 전함을 만들기 시작했다. 내란기 동안에 10단 노선이 만들어졌다. 악티움에서 안토니우스의 함대는 5단 노선과 한 척 또는 그 이상의 10단 노선을 포함한 더 큰 배들로 이루어져 있었다. 옥타비아누스의 함대에는 3단 노선과 6단 노선이 포함되어 있었지만 그의 배 대부분은 5단 노선이었다. 이 시기에 만들어진 전투용 탑과 하르파고는 해군의 발전에 한 획을 긋는 것이었다. 하르파고는 노포에서 발사된 작살과 비슷한 갈고리로, 적선을 잡아 걸어 제물로 삼는 장치였다. 이것은 앞선 시기의 코르부스보다 훨씬 더 효과적이었다. 전투용 탑은 있을지도 모르는 적 승선

들이 이곳으로 철수하지 못하게 막았다. 안토니우스의 병사들이 바다와 산맥 쪽으로 도망쳤던 적들을 추적하는 동안에 옥타비아누스는 아직 삼두정치가의 수중에 들어오지 않았던 적진을 주시하고 있었다. 고립된 브루투스 자신은 4개 군단에도 못 미치는 병력과 함께 북쪽 산맥으로 후퇴해 그곳에서 밤을 보냈으며, 어둠을 틈타 자신의 진지로 돌아올 수 있기를 기대했다. 하지만 그의 복귀는 안토니우스에 의해 저지되었으며, 그의 장교와 병사들이 안토

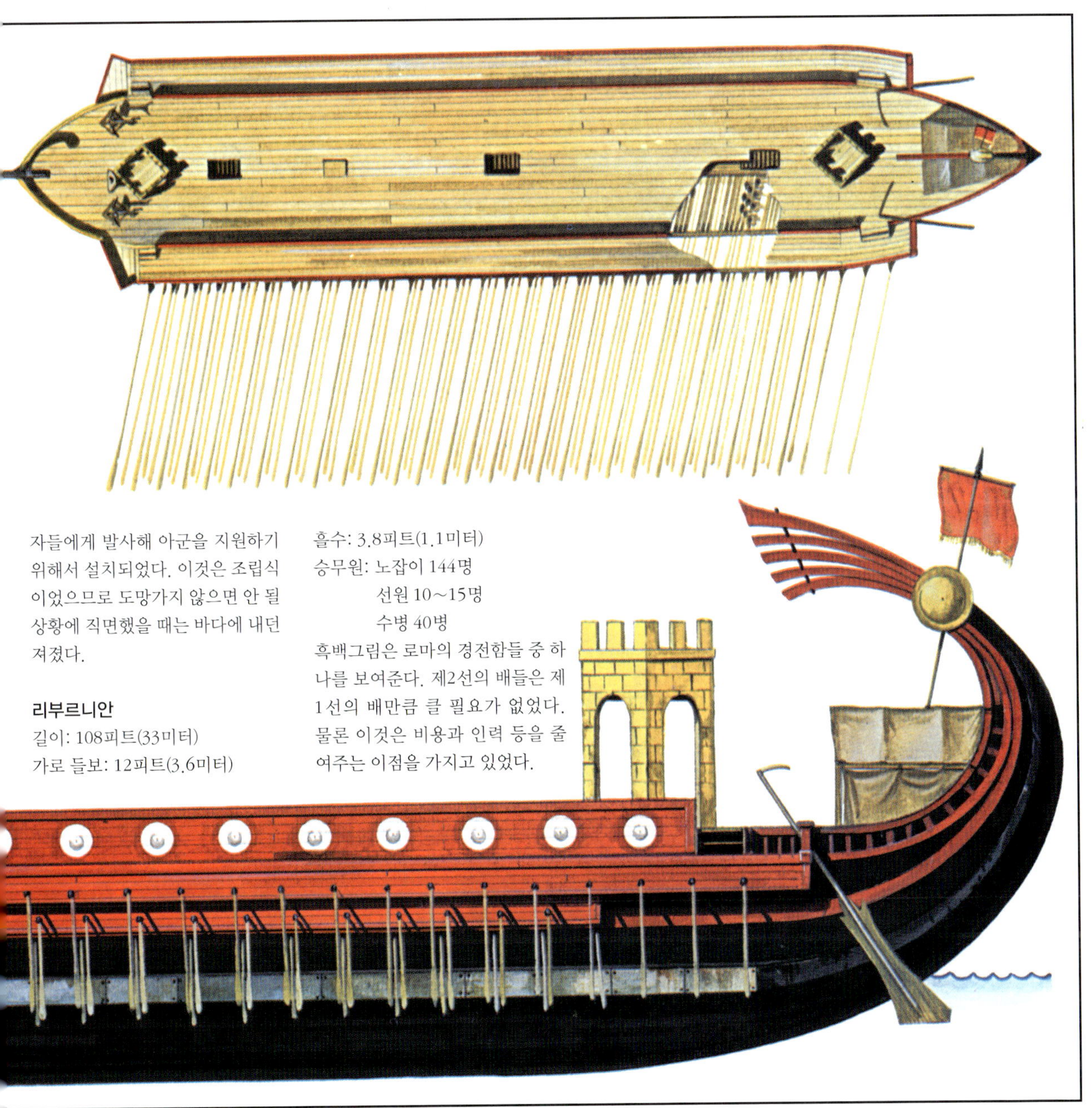

자들에게 발사해 아군을 지원하기 위해서 설치되었다. 이것은 조립식이었으므로 도망가지 않으면 안 될 상황에 직면했을 때는 바다에 내던져졌다.

**리부르니안**

길이: 108피트(33미터)
가로 들보: 12피트(3.6미터)
흘수: 3.8피트(1.1미터)
승무원: 노잡이 144명
선원 10~15명
수병 40병
흑백그림은 로마의 경전함들 중 하나를 보여준다. 제2선의 배들은 제1선의 배만큼 클 필요가 없었다. 물론 이것은 비용과 인력 등을 줄여주는 이점을 가지고 있었다.

니우스의 방어선을 돌파하기에는 너무 사기가 떨어져 있었다. 공화정 복원이라는 대의를 달성하지 못한 채 자신이 한 명의 투사로서만 살아남았다는 것을 알게 된 그는 한 충성스런 참모의 손에 자신의 죽음을 맡겼다.

### 필리피 전투 이후

필리피 전투 이후 삼두정치가 사이에 권력 재분배가 이루어졌다. 옥타비아누스에게는 이탈리아와 서방 속주 대부분이 맡겨졌던 반면에 안토니우스에게는 비록 그가 갈리아를 보유하고 있었다고는 하지만 동방에서 로마 권력 재확립의 임무가 맡겨졌다. 섹스투스 폼페이우스와 공모했다는 혐의를 받고 있었던 레피두스에게는 역할이 상당히 축소되었음에도 불구하고 결국 아프리카에 대한 지배권이 부여되었다. 권력 장악과 동시에 옥타비아누스는 많은 문제들을 물려받았다. 퇴역 병사들에게 군역에 대한 보상으로 약속했던 토지는 기존의 점유자들을 쫓아내는 악명 높은 불법행위에 의해서만 해결될 수 있었다. 더욱이 옥타비아누스가 부재중이었던 안토니우스의 퇴역 병사들보다는 자신의 퇴역 병사들을 만족시키는 것에 관심을 갖는 것은 당연했다. 이러한 상황에서 삼두정치가인 안토니우스의 동생 루키우스 안토니우스가 집정관과 피해자들의 옹호자로서 자신의 입헌적 지위를 힘써 주장했다. 루키우스는 국가의 이름뿐인 수장에 불과했으므로 그가 '반란을 일으켰다'고 말할 수는 없을 것 같다. 하지만 정치·군사적 현실의 관점에서 본다면 그것은 반란에 해당되는 것이었다. 그 결과 그다지 중요하지 않은 전쟁이 발발했다. 옥타비아누스는 페루시아(페루자)에서 루키우스를 포위공격해 보급로를 차단함으로써 항복을 받아냈다. 승자의 약탈을 위해 남겨 두었던 페루시아는 결사 항전했던 주민들 중 한 명이 지른 불에 타버렸다. 적어도 페루시아는 승자의 군대에게 할당되었던 그 밖의 해롭지 않은 다른 이탈리아 지역들보다 적의 지위에 더 잘 어울리는 자격을 부여받았다. 하지만 옥타비아누스는 여전히 안토니우스와의 충돌을 피하려고 노력했다. 결국 루키우스를 사면해서 스페인 총독으로 파견했다.

보다 심각한 문제는 섹스투스 폼페이우스에 의해 나타났다. 해적들을 소탕하기 위해서 어떤 로마인보다도 뛰어난 활약을 했던 사람의 아들이자 자신이 해적이기도 했던 섹스투스는 이제 시칠리아에 대한 지배권을 장악했다. 그곳에서 카시우스의 장교들이 지휘했던 아드리아 함대뿐만 아니라 필리피 전투에서 도망쳐온 자들이 섹스투스와 합류했다. 따라서 그는 이탈리아로 공급되는 해외곡물을 가로챌 수 있었다. 페루시아 사건 후에 마르쿠스 안토니우스가 이탈리아에 도착했으며, 두 명의 삼두정치가는 기원전 40년 브룬디시움에서 체결되었던 협상에 따라 간신히 전쟁을 모면할 수 있었다. 다음 해인 기원전 39년에 나폴리 근처의 미세눔에서 섹스투스 폼페이우스와 협상이 체결되었다. 협상 조건에 따라 이탈리아에 곡물을 공급하는 대가로 섹스투스가 시칠리아, 사르디니아, 코르시카, 그리고 아카이아의 총독으로 임명되었다. 하지만 협상이 깨지면서 해전이 발발했다. 섹스투스가 결코 공세적인 입장을 취하지 않았든 아니면 최고의 권력을 장악하려는 어떠한 시도도 하지 않았든 옥타비아누스는 쿠마이와 메사나로부터 떨어진 곳에서 벌어진 해전에서 두 차례 패배했다.

옥타비아누스의 승리 비결 중 하나는 자신의 권한을 적절하게 위임하는 능력에 있었다. 게다가 그에게는 젊은 시절 일리리쿰에서 함께 훈련했던 동료인 마르쿠스 비프사니우스 아그리파라는 유능한 장교가 있었다. 갈리아에서 뛰어난 활약을 했으며 페루시아에서 루키우스 안토니우스를 무찌르는 데 공을 세웠던 아그리파는 이제 육상에서처럼 해상에서 자신의 능력을 입증했다. 옥타비아누스가 타우로메니움(타오르미나) 근처의 해전에서 또 한 번 패배를 당했지만 아그리파는 밀라이에서 섹스투스의 함대를 압도했다. 이것에 뒤이어 나우로쿠스에서 또 한 번의 결정적인 승리를 거두었다. 이미 레피두스의 지원을 받고 육상에서 군사작전을 펼친 옥타비아누스는 적에게서 시칠리아의 곡물 공급 중심지들을 빼앗았다. 섹스투스는 아시아로 도망쳤으며, 그곳에서 결국 붙잡혀 안토니우스의 명령으로 처형되었다.

아그리파는 미래의 기술 혁신에 많은 관심을 가졌다. 섹스투스 폼페이우스와의 전쟁에 적합한 해군 기지를 만들기 위해서 그는 바이아이와 푸테올리 사이의 헤라클레스 길로 이끌었던 좁은 바닷가를 통과하는 운하를 팠다. 이렇게 해서 내륙인 루크리누스 내만內灣을 나폴리 만과 연결했다. 두 번째 운하가 루크리누스 해역을 아베르누스 호수의 해역과 연결했다. 서로 결합된 내만들은 필요할 때는 언제든지 옥타비아누스의 함대가 전략과 전술 훈련을 수행할 수 있는 훈련장이 되었다.

시칠리아와 남부 이탈리아 해역의 전쟁에서 섹스투스 폼페이우스는 적의 전함들보다 더 가볍고 더 작은 전함들을 사용해서 승리를 거두었다. 카시우스의 로도스 공격에서처럼 더 가벼운 전함이 우세한 힘을 발휘했으며, 갈고리로 고정시켜 승선할 수 있는 더 육중한 배들에 맞서서 기동 전술과 충각으로 들이받는 전술이 다시 도입되고 있었다. 바람과 날씨에 취약한 가벼운 배는 전략적으로 불리한 입장에 놓여 있었다. 하지만 한 곳에 집중된 해안 가까운 곳의 군사작전에서는 가벼운 배가 전술적으로 유리하다는 점이 자주 입증되었다. 삼각 파도가 일어나는 바다의 전투에서는 가벼운 배가 파도 위에 뜰 수 있어서 보다 유연하게 기동력을 발휘했다. 섹스투스는 심지어 필리피 전투에 앞서서도 이것을 입증해 보였다. 불운하게 자신의 배가 직의 갈고리에 걸렸을 경우에는 승무원들은 즉시 바다에 몸을 던져 배를 포기했다. 그 후 그들은 구명정들에 의해 구조되었다.

아그리파는 쉽게 도망가는 폼페이우스의 잔당들을 붙잡기 위해서 새로운 형태의 작살을 사용했음이 분명하다. 하지만 또 하나 분명한 사실은 아그리파 자신이 부분적으로 기동 전술과 충각으로 들이받는 전술로 방향을 전환했다는 것이다.

## 다시 한 번 파르티아인

동방에서 안토니우스는 보다 간단한 임무를 부여받았던 것 같다. 이탈리아 농민들에게서 토지를 빼앗는 것보다는 외국의 국고를 약탈하는 것이 적어도 비위에 덜 거슬리는 일이었다. 하지만 안토니우스 또한 로마의 적에 직면했다. 율리우스 카이사르 휘하의 장교 아들이었던 퀸투스 라비에누스가 브루투스와 카시우스의 편에 섰다. 필리피 전투에 앞서서 그는 파르티아 왕에게 군사 지원을 부탁하는 임무를 띠고 파견되었다. 그가 파르티아에 머물고 있을 때 필리피의 소식들이 그에게 전해졌다. 그는 파르티아의 파코루스 왕자와 연합해 시리아를 침략했다. 그리고 필리피 전투에서 안토니우스의 선발대를 지휘한 장교들 중 한 명이었던 로마의 속주 총독을 격파했다.

시리아의 군단병들은 라비에누스의 지휘를 받을 준비가 되어 있었다. 그는 파코루스와 함께 소아시아 지역을 점령하려고 진군했지만, 결국에는 안토니우스의 장교인 벤티디우스에게 저지당하고 파코루스와 마찬가지로 뒤이은 전투에서 사망했다. 이들 군사작전은 파르티아인들이 그들의 나라와 같은 지형에서 싸우지 않을 때 얼마나 무기력할 수 있는가를 보여주었다는 점에서 흥미롭다. 이것은 거의 전적으로 기병으로만 구성되었던 군대에서는 충분히 예상할 수 있다. 자신에게 가담했던 병사들과 함께 라비에누스가 파코루스에게 상당수의 보병 보충대를 제공하는 것은 당연한 일이었다. 하지만 파르티아인들과 그들의 로마 동맹자들 사이의 연락은 충분히 잘 이루어지지 않았다. 구릉이 많은 지역에서 말에 올라탄 파르티아 궁수들은 그들 특유의 기동성을 살릴 수 없었다. 그리고 중무장한 창기병들조차도 불리한 처지에 있었다. 크라수스에게 거둔 승리의 기억들에 고무되었던 파르티아인들이 구릉 위로 벤티디우스의 군단들을 공격했지만 참패했다.

기원전 39년 벤티디우스의 승리는 안토니우스가 여전히 이탈리아에서 옥타비아누스와 섹스투스 폼페이우스와의 문제들을 처리하고 있을 때 일어났다. 하지만 애국적인 군대의 태도를 보여주어야 한다는 정치적 필요성을 느꼈던 안토니우스는 동방으로 돌아가자마자 카시우스의 불운한 전투에서 적에게 붙잡혔던 포로들과 빼앗겼던 군기를 되찾는다는 구실로 파

퀸투스 라비에누스의 두상이 새겨진 동전. 그가 자신을 '파르티쿠스'로 불렀다는 점에 주목하라.

르티아와의 전쟁을 준비했다.

한 번 더 자신들의 나라에서 싸우게 된 파르티아인들은 유리한 상황에 있었다. 그들이 전통적인 전술을 사용함으로써 안토니우스는 후퇴하지 않으면 안 되었으며, 로마인들은 질병과 교전으로 감당하기 어려운 손실을 입었다. 엄청난 희생을 부른 패배에 대해서는 안토니우스가 많은 비난을 받아야 한다. 그는 다른 값비싼 포위공격용 장비 중에 없어서는 안 되는 80피트(24미터)짜리 공성망치를 버리면서까지 전광석화의 승리에 집착한 나머지 너무나 많은 것을 잃었다. 모골이 송연해지는 크라수스의 경험이 제공했던 교훈들이 완전히 잊혀지지는 않았다. 안토니우스는 대규모의 아시아 기병대를 데리고 갈 계획이었지만, 마지못해 동맹을 맺었던 아르메니아 왕이 기병을 제공해야 할 결정적인 순간에 안토니우스에게 등을 돌리고 말았다. 안토니우스의 갈리아 기병과 스페인 기병으로 파르티아 기병을 상대한다는 것은 역부족이었다. 말에 탄 파르티아 궁수들을 몇 번 격파했다고 하지만, 도망가는 그들을 따라잡기란 거의 불가능했다. 그들 가운데 붙잡히거나 살해당한 자들은 거의 없었으며, 공격하기 위해서 몇 번이고 돌아왔다. 크라수스의 부하들이 그랬던 것처럼 안토니우스의 부하들도 언제라도 전투할 준비가 된 방진대형으로 행군했다. 그리고 그들은 마침내 관통력이 탁월한 파르티아의 화살로부터 살아남을 수 있는 방법을 알아냈다. 서 있는 군단병들이 무릎을 꿇고 있었던 다른 군단병들 앞에 그들의 방패를 겹쳐 놓았다. 이렇게 해서 방패가 포개지면 이중 또는 삼중으로 필요한 방어벽이 형성되었다. 가끔 로마인들은 죽거나 부상당한 척함으로써 경무장한 적들이 접근해 오도록 유도했다. 이 작전으로 많은 사상자가 나오면서 적들은 적잖은 피해를 입을 수 있었다. 안토니우스는 크라수스보다 위험에 더 잘 대비하고 있었으며, 파르티아의 궁수들이 공격하기에 더 없이 이상적인 조건인 평원을 안전하게 가로질러가는 행군에 대한 제안을 거절할 만큼 충분히 현명했다. 안토니우스가 유일한 대안이었던 험난한 산악로 옆을 지나가기로 결정함으로써 그의 군대는 안전하게 행군할 수 있었다.

반면에 파르티아인들은 어느 정도 교훈을 얻었으며, 그들이 통상적으로 가지고 있었던 야간 행군에 대한 거부감을 극복하면서 어두운 밤을 이용해 로마인들을 추적했다. 깊은 안도감과 함께 안토니우스와 그의 병사들은 마침내 아르메니아의 안전한 산악지대에 도착했다. 그들은 군기나 포로 중 어떤 것도 되찾지 못했지만 적이 더 이상 포획물을 늘리지 않았다는 점에서 감사하는 것도 당연했다. 따라서 이 전투로 파르티아인들이 그들의 '본거지에서' 무적이었음이 다시 한 번 입증되었다.

## 장군과 여성

이집트의 보물이었던 클레오파트라가 카시우스의 '정욕'에서 벗어났다. 왜냐하면 그의 관심이 클레오파트라의 거처였던 알렉산드리아로 향하기 시작했던 바로 그 순간 삼두정치가들의 군대와 맞서 싸우도록 소환되었기 때문이다. 기원전 41년 안토니우스는 클레오파트라가 카이사르의 대의를 미온적으로 지지한다고 비난했다. 그리고 소아시아에 자신을 만나러 오도록 그녀를 소환했다. 율리우스 카이사르를 보좌했던 그는 클레오파트라를 어린 소녀였을 때부터 알았다. 하지만 그녀는 그때와는 달랐다. 안토니우스는 전쟁, 정치 또는 심지어 돈 문제까지 손을 떼고 알렉산드리아에서 겨울 몇 달을 그녀와 함께 보냈다.

동생 루키우스가 이탈리아에서 저질렀던 어리석은 행동과 라비에누스의 선동으로 이루어진 파르티아에 대한 침입 소식이 마침내 삼두정치가였던 그를 분발케 했다. 그는 파르티아인들과 맞서 싸우려고 출발했지만, 그의 부인 풀비아에게서 온 편지를 받자마자 200척의 배와 함께 이탈리아로 방향을 돌렸다. 풀비아는 정치적 음모에 천부적 재능을 가진 결단력 있는 여성이었다. 한때 그녀가 부추겨 루키우스 안토니우스가 자신의 형을 지키기 위해 무기를 잡은 적이 있었다. 전해지는 이야기로는 이러한 위기를 조장함으로써 그녀는 클레오파트라의 품에서 안토니우스를 불러들일 수 있기를 바랐다고 한다. 정교한 그물망처럼 이어진 성벽들에 에워싸여 페루시아가 항복한 뒤에 풀비아는 그리스로 도망쳤으며, 그곳에서 세간에 널리 유포되고 있었던 그녀의 도망 동기에 대한 판단을 받아들인 안토니우스는 그다지 우호적이지 않은 기분에서 그녀를 만났다. 그곳에서 그녀는 병을 앓다가 얼마 안 있어 죽었다. 그 후 브룬디시움에서의 화해로 모든 관계자들이 죽은 풀비아를 비난하는 데 망설이지 않았으며, 안토니우스는 진지하고 매혹적인 젊은 미망인이었던 옥타비아누스의 여동생 옥타비아를 새 부인으로 맞아들였다. 자연스럽게 클레오파트라는 그녀의 개인적인 그리고 정치적인 적으로 남았다. 그녀는 안토니우스와의 사이에 두 딸을 낳았다. 그들은 베르길리우스가 폴리오에게 보낸 자신의 시에서 희망적으로 기대했던 옥타비아누스와 안토니우스 사이의 조화로운 지배에 대한 위대한 상속인은 아니었다. 동시에 옥타비아는 가능한 오랫동안 남편과 오빠 사이의 평화를 유지했다.

긴장은 점차 고조되었다. 기원전 37년 타렌툼에 집결한 두 집정관—이제 레피두스의 존재는 무시되었던 것 같다-의 함대와 군대가 충돌했지만, 옥타비아의 중재로 둘 사이에 화해 협상이 뒤따랐으며 한 번 더 전쟁의 위기에서 벗어나게 되었다. 그녀는 중재안으로 오빠에게 파르티아인과의 싸움에 사용하도록 안토니우스에게 2개 군단을 주고 그 대가로 100척의 전함을 받을 것을 제안했다. 계속적인 탄원으로 그녀는 옥타비아누스가 섹스투스 폼페이우스와의 전쟁에서 사용하도록 20척의 가벼운 배를 확보하기도 했다. 그녀는 이것에 대한 대가로 남편의 지상군을 증가시키기 위해 1,000명 규모의 또 다른 보병 분견대를 확보했다. 그 후 안토니우스는 옥타비아에게 자식들을 돌보도록 그녀 오빠 편에 남겨두고 동방으로 돌아갔다.

안토니우스는 시리아에 도착하자마자 클레오파트라를 만났다. 그는 수많은 로마의 보호령을 그녀의 지배 하에 두었으며, 그녀가 낳은 아들을 그의 아들로 공식적으로 인정했다. 값비싼 희생을 치른 파르티아 전투 이후에 옥타비아는 한 번 더 아테네에서 안토니우스를 만나려고 시도했지만, 그는 자신의 패배를 만회하려고 이미 또 다른 동방 공격을 계획하고 있었다. 옥타비아는 그의 부인으로서의 권리에 덧붙여 본부 병력으로 복무할 위풍당당한 2,000명의 무장한 군단병과 함께 군사장비, 식량 그리고 보급품을 가지고 왔다. 플루타르코스가 전하는 이야기에 따르면 안토니우스가 이러한 미끼에 현혹당하지 않게 하려고 클레오파트라는 자신의 모든 매력과 계략을 발휘했다고 한다. 안토니우스는 옥타비아뿐 아니라 자신의 동방전투계획도 포기했으며, 또 한 차례의 휴가를 보내기 위해 알렉산드리아로 돌아갔다. 반면에 옥타비아가 함께 가지고 갔던 보급품은 너무나 부적합한 것처럼 보였던 것 같다. 따라서 옥타비아에 대한 안토니우스의 반감과 동방전투계획의 포기는 이것으로 충분한 설명이 될 수 있을 것이다.

옥타비아누스는 자신의 누이가 안토니우스에게 당한 모욕을 즉시 이용했다. 옥타비아가 로마로 돌아온 즉시 옥타비아누스와 안토니우스 사이에 평화를 유지하는 역할을 계속했다고 하더라도, 누이가 당한 모욕이 옥타비아누스에게 더할 나위 없는 전쟁 구실을 가져다 주었음이 분명하다. 하지만 예리한 정치적 통찰력으로 옥타비아누스는 이제 해외 적으로서의 클레오파트라가 로마 친구로서의 안토니우스보다 더 가치가 있다는 사실을 깨달았다. 일방적인 칙령으로 그는 안토니우스에게서 삼두정치가의 지위를 박탈했다. 이제 클레오파트라와의 전쟁이 불가피하게 되었다.

# 아우구스투스의 병사들

내전 말기에 아우구스투스는 엄청난 숫자의
군단과 보조군 그리고 동맹군을 물려받았다.
그는 그들을 28개의 군단으로 줄였으며 여기
에 동일한 숫자의 보조군을 추가했다. 원색
그림은 기원 20년경의 군단병을 보여주고 있
다. 그는 '쿨루스' 투구를 쓰고 있다. 이때 전
투 중에는 투구에 깃털이 장식되어 있었지
만, 얼마 있지 않아서 깃털은 행진 시에만 착
용했다. 그의 갑주는 기원 100년 말까지 군단
병들이 계속해서 입었던 쇠사슬 갑옷이었으
며, 결코 완전하게 대체되지는 않았던 것 같
다. 군용 혁대*cingulum*는 매달아 늘어뜨린
보호판을 부착했으며, 두 번째 혁대는 단검
을 휴대하기 위해서 착용되었다. 예전 방패
는 개량되었다. 그의 무기는 비슷한 크기의
창 두 개와 끝이 기다랗고 가늘어진 칼 한 자
루이다. 이 시기의 모든 무기와 갑주는 은 그
리고 검정색 에나멜 상감무늬로 장식되었다.
그는 전형적인 군화인 칼리가를 신었다.

## 보조군 보병(아래)

왼쪽 병사는 기원 1세기 초의 보조군 보병으
로 군단 투구와 부드러운 가죽 튜닉으로 추정
되는 것으로 가려진 쇠사슬 갑옷을 입고 있
다. 그는 편평한 켈트식 방패인 스쿠툼
*scutum*을 휴대하고 있다. 오른쪽 병사는 트
라야누스 기념주를 통해 엿볼 수 있는 중
동 지역의 궁수이다. 그는 더 값싼 비늘
갑옷과 전형적인 동방식 투구를 착용
하고 있다. 그는 활시위를 당기기
위해 엄지손가락 고리를 사용하
고 있다. 이러한 고리들은 시리
아의 궁수 부대가 주둔했던
하드리아누스 성벽 근처의
카르보란처럼 멀리 북쪽
에서 발견되었다.

## 악티움 해전의 결단

전쟁이 바다에서 이루어지는 것은 피할 수 없는 운명이었다. 왜냐하면 클레오파트라가 그렇게 바라고 있었기 때문이다. 옥타비아누스가 공언했던 것처럼 안토니우스는 그녀가 바라는 것의 노예가 되어 있었다. 그리고 바다야말로 패배의 순간에 신속하게 도망칠 수 있는 최상의 전투장소이기도 했다. 무장 투쟁에 앞서 이 시기에 전쟁의 개인적 성격을 강조하는 극적인 도전이 발생했다. 옥타비아누스는 안토니우스에게 진지로 사용할 장소와 함께 정정당당하게 정면 대결을 할 수 있도록 이탈리아 해안에 상륙거점을 제공했다. 안토니우스는 처음에는 일 대 일 전투를 그 다음에는 율리우스 카이사르가 승리를 거둔 장소였던 파르살루스에서 정면 대결을 제안했다. 두 가지 제안 모두 옥타비아누스에 의해 거부되었다. 그는 5년 전 섹스투스 폼페이우스로부터 이와 비슷하게 시간과 장소를 정한 도전을 받아들인 다음에 이루어진 결정적인 전투에서 승리한 적이 있었다. 하지만 이제 그의 함대는 주로 가벼운 배들로 구성되어 있었으며, 아마도 그는 공해의 위험에 노출되는 것을 꺼렸던 것 같다. 여하튼 그는 날씨와 바다 상태가 전투하기에 적절한 여름에 바다를 건넜던 것 같다.

옥타비아누스가 그리스에서 싸우기를 망설였던 것조차도 위장전술이었던 것 같다. 그는 단지 적이 방심하기만을 바랐던 것 같다. 이탈리아와 대립하는 자세를 취했던 안토니우스는 옥타비아누스의 대함대가 자신의 진지 북쪽에서 멀리 떨어져 있지 않은 이피로스 해안에 도착했을 때, 북부 그리스의 암브라키아 만의 악티움에서 해군과 육군의 공격을 받았다. 안토니우스는 공격에 전혀 준비되어 있지 않았다. 그의 함대에는 아직 병사들이 배치되어 있지 않았다. 그는 필사적인 기동작전으로 자신의 함대를 횡대 전투대형으로 정렬시키고, 노를 저을 수 있는 노잡이들이 한 명도 없었음에도 불구하고 노들을 밖으로 내밀어 놓았다. 이러한 속임수는 효과를 발휘했으며, 옥타비아누스는 일시적으로 후퇴했다.

하지만 뒤이은 전략적 기동작전과 소규모 지상전에서 안토니우스는 적을 진지에서 끌어낼 수 없었다. 하지만 아그리파가 지휘하는 옥타비아누스 함대는 이오니아 제도諸島 사이와 코린트 만에서 유리한 위치를 차지했다. 이렇게 해서 펠로폰네소스 반도에 있는 식량 공급원으로부터 안토니우스를 차단했다. 안토니우스 휘하의 장교들과 동방의 동맹자들 사이의 사기가 저하되었으며, 적에게 도망쳤던 유력한 사람들 중에는 율리우스 카이사르 휘하의 장교 아들이었던 도미티우스 아헤노바르부스가 있었다. 하지만 결정적인 해전이 임박해 있을 때조차도 안토니우스는 방어적인 자세를 유지했다.

전략뿐만 아니라 전술 또한 가벼운 배와 무거운 배 사이에 힘겨루기를 반영했다. 옥타

악티움 전투(기원전 31년)

| 안토니우스 | 아그리파/옥타비아누스 |
| --- | --- |
| **함대** | |
| 전함 230척 | 전함 400척 |
| 수송선 30/50척 | |
| **수병** | |
| 군단병 20,000명 | 군단병 40,000명 |
| 궁수 2,000명 | |

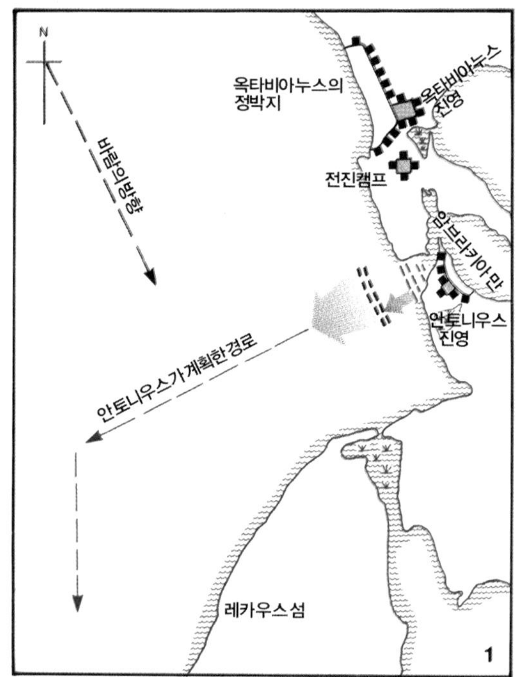


이집트로부터의 안토니우스의 병참루트가 아그리파의 해군봉쇄로 차단된다. 옥타비아누스가 안토니우스의 육상보급품을 쉴 새 없이 공격한다. 안토니우스는 육상전투를 선호하지만 옥타비아누스는 여기에 말려들지 않는다. 안토니우스의 노잡이들이 질병과 기아로 죽고 소시우스가 지휘하는 해군 돌파작전이 실패한다. 안토니우스는 자신의 전병력을 남쪽 곶으로 불러들여 7개 군단이 기다리고 있는 이집트를 향한 대규모 해군 돌파작전을 계획한다.

1. 북서풍을 이용해 레우카스 섬을 떠나기 위해서는 바다로 나가야 한다. 안토니우스는 돛을 싣고 출항한다. 이러한 특이한 전술은 안토니우스가 최후까지 싸우는 것보다는 도망치는 편을 택하려는 의도가 있었음을 보여준다. 세 척으로 이루어진 그의 소함대가 상선들과 함께 2열 횡대로 배치되고 클레오파트라가 그 뒤를 따른다. 옥타비아누스의 함대도 2열 횡대를 이룬 채 육지 쪽으로 향하지 않고 기다린다.

2. 안토니우스는 정오에 함대를 전진시키고 날개 부분은 옥타비아누스의 전선 뒤로 전속력으로 달려가 남쪽으로 가는 항로를 열기 위해 앞쪽으로 떠났다. 옥타비아누스는 안토니우스를 공해로 끌어내기 위해서 함대를 역진시킨다. 공해에서는 수적으로 우세한 쪽이 효력을 발휘할 것이다. 함대들이 교전에 착수하고 투석무기들이 비 오듯 쏟아져 내린다. 아그리파가 북쪽과 남쪽으로 그의 제2선을 확대한다. 안토니우스의 측면이 무너지고 중앙에 틈이 생긴다. 클레오파트라의 소함대가 그 틈을 돌파해 지나가면서 돛을 올린다. 안토니우스의 수많은 함선들이 그 뒤를 따른다. 안토니우스는 5단 노선으로 옮겨 타고 도망친다. 그의 나머지 포위당한 병력은 항복한다.

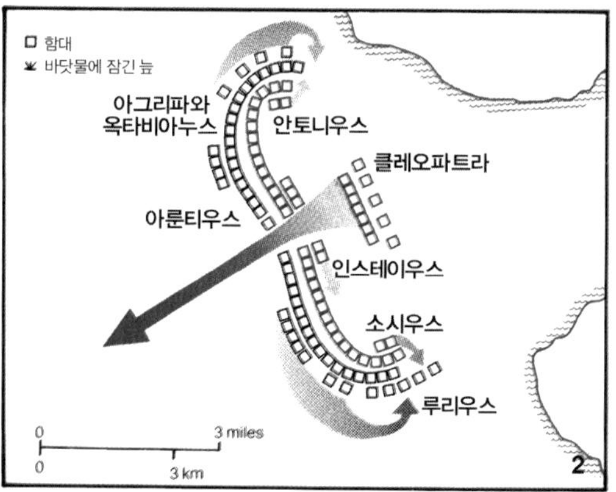


비아누스의 날렵한 전함들*liburnae*은 안토니우스의 육중한 함대에 소속된 갤리선들 주위에서 세 척 내지 네 척이 무리를 지어 투석무기를 주고받으면서 기동작전을 수행할 수 있었다. 하지만 안토니우스의 육중한 전함들에 타고 있었던 다수의 수병들이 던진 갈고리에 배가 고정되어 적들이 올라탈 것이라는 두려움 때문에 옥타비아누스의 함대는 가까이 다가가지 못했다. 이러한 상황에서는 결정이 신속하게 하달되지 못했을 것이라고 예상할 수 있다. 하지만 우측에 있는 안토니우스의 기함旗艦이 아그리파의 소함대와 교전하는 동안에 안토니우스의 중앙과 좌측의 전함들이 이해할 수 없는 철수를 하기 시작했다. 클레오파트라는 기가 꺾였으며 이것은 역사가들의 비난을 받아왔다. 그녀의 분견대는 안토니우스의 전시경제에 버

팀목이 되었던 보물을 싣고 후방에 머물러 있었다. 갑자기 불어온 순풍을 이용해 이집트 소
함대는 돛을 올리고 전장에서 도망쳤다. 사건들의 동기가 어떠했든 간에 안토니우스는 자신
의 정부인 클레오파트라를 따라서 도망쳤음에 분명하다. 지휘관 없는 혼란 상태에 빠지면서
적의 관대한 처분만을 기다리고 있었던 안토니우스의 함대 대부분은 파괴되었다.

옥타비아누스가 다음 해에 이집트를 공격했을 때 안토니우스와 클레오파트라가 스스로
를 방어하기란 불가능해 보였다. 장교들과 병사들에게서 버림받은 안토니우스는 자살했다.
클레오파트라는 옥타비아누스에게 붙잡혔지만, 정복자 옥타비아누스의 승리에 광채를 더해
줄 수 있기 전에 자살을 시도했다.

## 제정 초기의 군단

마리우스 시대 이래로 군단의 주요한 변화는 제1보병
대의 규모에 있었다. 이제 제1보병대는 규모가 두 배
로 늘어난 5개의 백인대로 이루어졌다. 각각의 백인대
는 한 명의 상급 백인대장의 지휘를 받았다. 이것은 카
이사르 시대 초기에 도입되었던 것 같다. 왜냐하면 그
가 파르살루스에서 규모가 두 배로 늘어난 백인대에
대해 기술하고 있기 때문이다. 이제 군단은 480명으로
구성된 보병대 9개와 800명으로 구성된 보병대 1개로
이루어지고, 여기에 여분의 인원이 추가되어 총 병력
수가 5,200명 정도가 된다. 120명을 선발해 척후병과
전령으로 사용했다. 또 다른 병사들은 사수로 활약했

다. 왜냐하면 실제로는 통상적으로 군단마다 총
50대 정도의 노포가 있었다고는 하지만, 이제
군단은 1개 보병대 당 한 대의 발리스타(투석기)
그리고 1개 백인대 당 한 대의 스코르피오(다트
발사기)를 가지고 있었기 때문이다. 여전히 군
단은 로마 시민들로부터 징집되었지만, 기원
100년경에는 대부분이 비이탈리아인이었다. 그
들은 동일한 숫자의 보조군 부대들의 지원을 받
았다. 성공의 바탕은 유연성이었다. 따라서 소
규모 침입은 가장 가까이 위치한 보조군 보병대
에 의해 억제되곤 했다. 기원 60년에 일어난 보
디카 여왕의 반란 같은 것은 한 개 또는 두 개의
군단과 그들을 동행했던 보조군에 의해 처리되
었던 것 같다. 기원 59~63년에 파르티아인들에
대한 코르부로의 보복 출정에는 3~4개 군단과
전면적인 침공이 포함되었던 것 같고 다키아에
대한 트라야누스의 공격(기원 101년)에는 8~
10개의 군단과 50,000명의 보조군, 기병 그리고
동맹군들이 포함되었던 것 같다. 이 당시 전체
지상군 병력에는 30개 군단과 여기에 덧붙여 비
슷한 숫자의 25~30만 명에 달하는 보조군이 포
함되어 있었다. 기원 100년경에는 군단 전체가
전투를 개시하는 경우는 드문 경우였다. 보통 1
개 내지는 2개의 보병대가 요새 수비대로 후방
에 남아 있었다.

# 제정 로마의 군사적 과업

아우구스투스의 지배 하에 로마 제국은 상대적 안정기에 접어들었다. 하지만 몇몇 제위 계승자들의 우유부단함 때문에 속주 군대의 지지를 받고 제위를 노리는 자들이 출현했다. 기원 초기의 몇 세기 동안 로마의 군사력은 제국을 유지했을 뿐만 아니라 조각내기도 했다.

### 고대의 문헌

이 장에서 우리가 다루려고 하는 오랜 기간의 초반부에 이미 언급된 많은 작가들이 유익한 증언을 하고 있다. 실제로 그들은 종종 그들이 살았던 시대에 더 가까운 주제를 다루고 있는 만큼 그 가치는 더 크다.

아우구스투스(옥타비아누스는 기원전 27년경부터 자신을 이렇게 불렀다)부터 시작되었던 황제 통치는 당대의 사건들을 기록한 한 역사가에게서 엄정한 공평성이 위험한 미덕이 될 수 있음을 의미했다. 반면 황제들은 자주 전임 황제들을 희생시키면서 자신들과 비교하는 것에 만족했다. 따라서 네르바 황제에 대한 멋진 찬사가 타키투스로 하여금 이전 황제들의 모습을 있는 그대로 솔직하게 묘사할 수 있게 해주었다. 이것은 그의 공화주의적 감정들을 간접적으로 쏟아내는 배출구였다. 이러한 감정들은 타키투스 시대의 문학가들 사이에 공통

친위대 병사들. 친위대는 공화정기에 선례가 있었지만, 황제를 옹립하거나 폐위할 수 있는 세력으로 악명을 높였다.

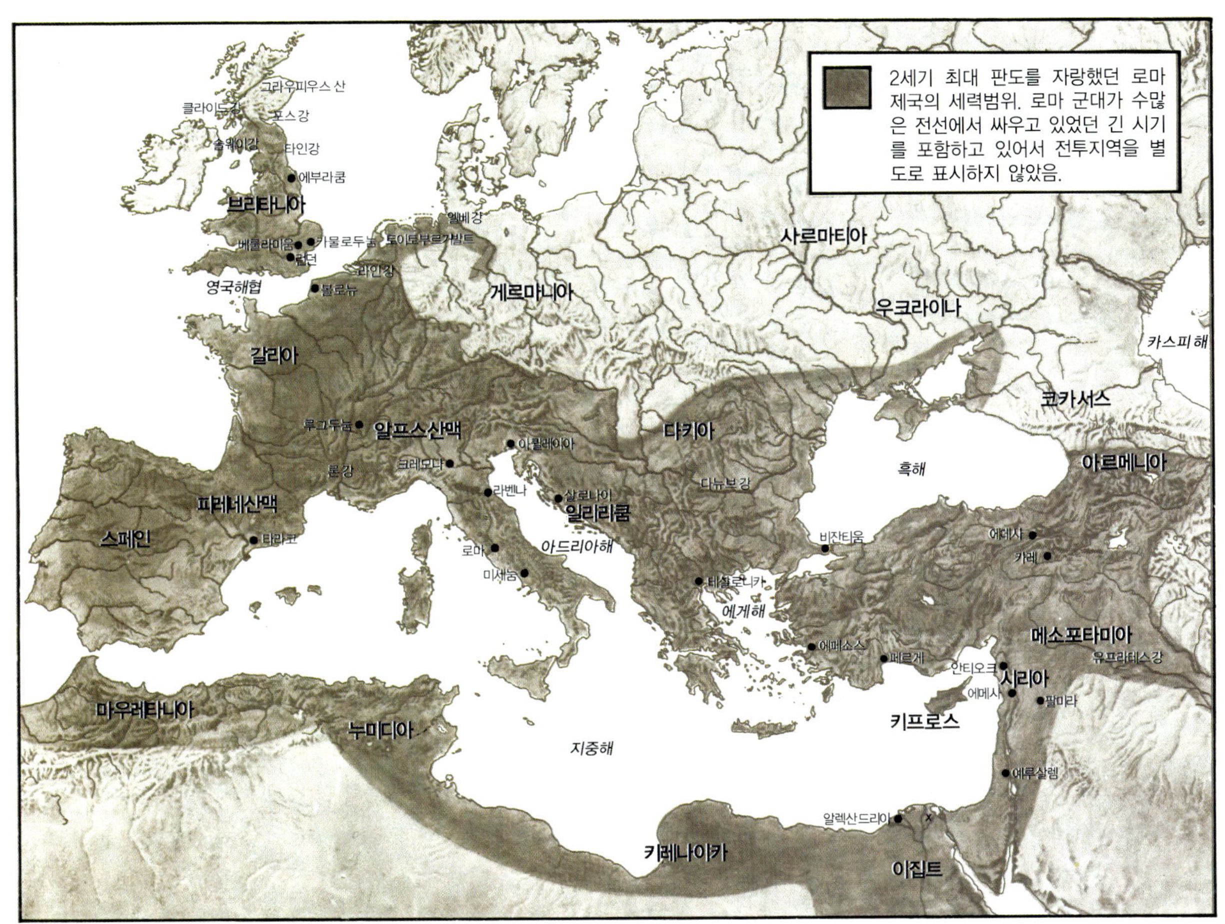


제국의 영토가 최대 판도를 자랑했던 기원 117년 트라야누스 사망시의 로마 제국. 로마는 정복했던 모든 영토를 동시에 지배한 적이 한 번도 없었다.

된 현상이었다. 베르길리우스와 호라티우스 그리고 리비우스에게서는 어떠한 환영幻影도 찾아볼 수 없었다.

코르넬리우스 타키투스는 서기 56년 무렵에 태어났다. 그가 정확히 언제 죽었는지 알려지지 않고 있지만, 그는 서기 97년에는 집정관 그리고 서기 112~113년에는 전(前) 집정관의 자리에 있었다. 고위 행정관직을 보유했던 한 사람으로서 당대의 사건들에 대한 그의 증언은 당연히 역사적으로 중요한 가치가 있다. 부분적으로 빈약한 문헌 전승에 기초했던 타키투스의 두 권의 주요 저작은 아마도 서기 69~96년의 기간을 완전한 형태로 다루고 있는 것으로 보이는 『역사』와 원래는 서기 14년 아우구스투스의 죽음에서부터 서기 68년 네로의 죽음까지 전기간에 걸쳐 기록했던 『연대기』로 알려져 있다. 『역사』의 처음 네 권과 제5권의 일부는 현존하고 있다. 존재에 의문의 여지가 없는 『연대기』 16권 중에 7권에서 10권까지는 분실되고 없는 반면 5권과 6권 그리고 16권은 불완전한 형태로 전해지고 있다.

또한 타키투스는 게르만 민족의 원시적 미덕에 대한 찬미가 가미된 작품인 「게르마니아」와 게르만 민족에 대한 논문 하나를 남겼다. 하지만 우리가 다루고자 하는 주제에 보다 의미있는 작품은 그의 『아그리콜라』(Agricola)이다. 그나에우스 율리우스 아그리콜라는 서기 60년 보디카 여왕의 반란을 진압했던 수에토니우스 파울리누스의 군대에서 호민관으로 복무했으며, 브리타니아에서 군사 및 행정 분야에서 두드러진 경력을 쌓았다. 타키투스가 아그리콜라

로마에 항복하는 다뉴브 강 하류의 다키아인들(트라야누스 기념주에서). 데케발루스 왕 치하에서 다키아인들은 트라야누스에게 진압될 때까지 로마 제국에 위협을 가했다.

의 사위였다는 사실은 역사 연구자들에게는 다행스러운 일이다.

타키투스와는 전혀 다른 배경을 가진 한 걸출한 역사가가 동시대에 살고 있었다. 서기 37년에 태어난 플라비우스 요세푸스는 비록 그가 유대인 반란에 원칙적으로 반대했다고는 하지만, 서기 67년 장차 로마 황제가 될 베스파시아누스에 맞서 유대인 저항군을 직접 지휘했던 애국심에 불탄 유대인이었다. 그는 로마군에게 붙잡힌 뒤 처형되지 않았으며 나중에는 베스파시아누스 황제의 후원을 받았다. 운 좋게도 그가 예언했던 대로 베스파시아누스는 서기 69년에 황제의 자리에 올랐다. 비록 긴 서문이 붙어있지만 자신이 관련되었던 전쟁에 대한 이야기와는 별개로 요세푸스는 원래는 아람어로 그리고 우리가 이용할 수 있게 그리스어판으로 조국 유대의 역사를 썼다. 그의 역사는 세계 창조에서부터 시작했으며 성서의 역사와 그리스 로마 역사를 전후관계에 놓으려고 시도했다. 그의 이러한 시도는 나중에 서기 313년 카이사리아의 주교였던 유세비우스 같은 기독교 저술가들에 의해 계속되었다. 유세비우스가 남긴 『교회사』와 『연대기』에는 서기 3세기 동안의 로마 제국에 대한 지식을 넓혀주는 중요한 기록들이 포함되어 있다.

역사가인 요시무스와 아우렐리우스 빅토르의 작품은 기독교가 로마 제국의 종교로 채택된 이후에 쓰여졌지만, 그들은 이교도의 사고방식을 갖고 교감을 나누었다. 서기 4세기의 사건들에 대해 쓴 기록, 특히 요시무스의 기록이 더 가치 있다고 하더라도, 우리는 기독교화되기 이전의 로마 제국에 대한 개략적인 이야기들, 그중에서도 특히 클라우디우스 고티쿠스

와 아우렐리아누스 치하에서 부활했던 로마 군사력에 관한 이야기에 신세 지고 있다.

전제군주정 체제는 당연히 역사를 황제의 전기와 동일시했다. 불행히도 서기 3세기 동안의 여러 시기에 대해서는 프랑스 학자인 이삭 카조봉(1559~1614)이 『황제열전*Historoia Augusta*』이라고 명명한, 서기 117년에서 218년 사이의 로마 황제 전기 모음집에 일방적으로 의존하지 않으면 안 된다. 이 기록에 기고한 여섯 명의 역사가는 로마 황제들의 이야기에 무비판적으로 접근했으며, 그들이 근거로 하고 있다고 주장하는 문헌들은 종종 의심스러워 보인다.

마지막으로 기원후의 사건들을 다루기에 앞서 연대기적 예외에 주목할 필요가 있을 것 같다. 파르티아가 시리아와 팔레스타인을 침입한 이후 마르쿠스 안토니우스가 유대의 지배자로 앉혔던 에돔의 왕 헤롯이 로마가 건국된 지 749년 뒤에 사망했다. 서기 6세기 수도원장이었던 디오니시우스 엑시구우스가 그리스도의 탄생 시기를 로마가 건국된 지 753년 뒤로 지정했다. 그리고 기원후 연대는 그가 옳았다는 가정 하에 계산된다. 하지만 복음서들은 일반적으로 받아들여지는 디오니시우스의 계산법에 따라 그리스도가 헤롯 왕이 죽기 직전, 즉 기원전 4년(아니면 그보다 약간 일찍)에 태어났다고 분명하게 말하고 있다.

## 정치·군사적 고찰

아우구스투스는 로마의 법과 질서로 유지되었던 권위주의적 체제를 확립할 수 있었다. 그 이유는 무엇보다도 그가 젊은 시절에 권력을 장악하고 거의 77세까지 살았기 때문이다. 오래 산다는 것은 언제나 어느 정도 행운의 문제이다. 공화정 시기이든 제정 시기이든 로마의 정치적 당파들 속에서 장수한다는 것은 대단한 행운이었다. 44년 동안 중단 없는 권력을 행사한 단 한 명의 국가 수장에 의해 제공되었던 통합과 연속성은 사실 로마 세계 전체에 행운이었다.

아우구스투스는 결코 공화국의 유서 깊은 행정관직들을 없애려고 생각한 적이 없었다. 단지 그는 스스로 모든 중요한 직위들, 즉 집정관, 호민관, 전 집정관 그리고 삼두정치가 중한 명이자 그의 옛 동료인 레피두스가 죽은 뒤에는 대신관의 직위를 차지했다. 그는 스스로를 프린켑스(가장 포괄적인 의미로 '지도자'를 뜻했던 단어)로 불렀다. 이것은 그의 또 다른 입헌적 호칭인 프린켑스 세나투스, 즉 '지도적인 원로원 의원'에 덧붙여졌다. 그는 법과 질서가 자유 이상의 가치를 가질 수 있으며, 예측 가능한 미래에는 어떤 입헌적 형태가 채택되든 군사력에 기초한 권위가 운명지어져 있음을 깨닫게 된 지칠 대로 지쳐 있는 세계를 지배했다. 율리우스 카이사르는 통치 초기의 선동 정치가로서보다는 통치 말기의 독재자로서 입헌적 외형에 더 많은 관심을 표했다. 공화주의적 감정을 한층 더 악화시킴으로써 카이사르의 살해를 초래했던 것은 그의 인생 후기의 행실보다는 그의 초기 경력에 대한 기억들 때문이었을 것이다. 여하튼 아우구스투스는 외형적으로 입헌정부의 형태를 보존하려고 노력했다.

아우구스투스 권력의 실질적인 원천은 그의 무적의 패권을 받아들였던 군대는 아니었다. 그는 카이사르가 죽은 뒤 곧바로 재력이 정치적으로 중요하다는 것을 깨달았다. 필리피 전투 이후 자금 부족이 그를 상당히 곤경에 빠뜨렸다. 하지만 클레오파트라의 몰락으로 카시우스와 안토니우스가 징발하는 데 실패했던 이집트의 막대한 국고가 아우구스투스의 처분에 맡겨졌다. 그의 '황실금고'는 로마의 국고와는 별개로 관리되었다. 하지만 실제로 그는 두 가지 자금 모두를 관리했다. 이와 유사하게 속주 행정에서 황제의 절차와 입헌적 절차가 구분되었다. 로마 군단들이 주둔했던 외진 변경 속주들은 황제의 지배 하에 있었다. 반면 전쟁이 예상되지 않았던 국내 지역들은 민간과 원로원의 지배 하에 있었다.

만약 우리가 아우구스투스 지배의 입헌적 외형을 강조하고자 한다면, 그것을 원수정으로 간주할 수 있을 것이다. 하지만 제국이라는 용어가 역사에서 가장 잘 살아남았던 용어이다. '황제'라는 단어는 공화정 후기에 개선 장군들이 축하하는 대중들로부터 갈채를 받았던 임페라토르(imperator)라는 호칭에서 유래되었다.

중요한 것은 로마 세계 주변에 있었던 군사 속주들의 군단들과는 별개로 황제들은 중앙의 무장 병력에 의존할 수 있어야 했다는 점이다. 공화정기 장군의 본부 부대병력이었던 집정관의 보병대가 제정기에 정예부대인 황제 근위대로 발전했다. 로마 시 근처에 숙영했던 황제 근위대는 처음에는 대략 각 1,000명 규모의 9개 보병대로 구성되었으며, 보병과 기병 부대가 포함되었다. 이들은 황제의 경호원으로 복무했다.

기원전 2년에 황제 근위대를 지휘하도록 두 명의 장교(프라이펙티)가 임명되었으며, 아우구스투스의 계승자인 티베리우스의 조언자였던 근위대장 루키우스 아에리우스 세야누스가 위험한 권력을 손에 넣었다. 나중에 황제 근위대는 황제가 그들에게 의존하고 있다는 사실을 잘 알고 있었으며, 그들은 마음먹은 대로 황제를 옹립하기도 하고 폐위시키기도 했다.

또한 로마 시의 치안 업무를 위해 보병대 세 개가 창설되었다. 그들은 그들 자신의 장군 밑에서 복무했으며, 각각은 한 명의 호민관 지휘를 받았다. 실제로 그들의 정치적 중요성은 보수가 그다지 많지 않았다고 하더라도 황제 근위대의 그것에 필적하는 것이었다.

## 기원 1세기의 군단병

그림에서 기원 75~100년경의 일반 병사를 볼 수 있다. 그는 기원 30~40년경에 사용되었던 분절된 형태의 갑옷을 입고 있다. 방패는 이제 측면이 곧게 되어 있다. 두 개의 창은 기원 80년 이전에 도입된 것으로 예전의 창에 비해 무거워졌다. 칼은 약간 변형되었으며 이제 칼끝은 짧아졌다. 목판이 쓸려서 따끔거리는 것을 막기 위한 스카프와 함께 양털로 만든 전통적인 튜닉과 칼리가를 착용했다. 스카프는 판금갑옷이 아닌 쇠사슬갑옷을 입었던 보조군에게서 빠른 속도로 유행했다. 또한 군단병들은 보조군들처럼 그들의 튜닉 아래에 짧은 바지를 입기 시작했다.

### 로리카 세그멘타타Lorica Segmentata(위)

위 그림은 기원 75~80년 무렵부터 사용된 보다 단순화된 신형 갑주를 보여주고 있다. 청동 경첩이 간단한 리베트(대갈못)로 바뀌었으며, 혁대와 버클처럼 몸을 조이는 장비들이 강력한 호크(걸쇠)로 대체되었다. 아래 부분의 두개의 장식 띠는 한 개의 폭이 넓은 판금으로 대체되었다. 안쪽의 가죽 끈으로 결합된 각기 다른 판금들을 분명히 볼 수 있다. 이러한 유형의 갑주는 기원 3세기 또는 그 이후까지 착용되었다. 우리가 알고 있는 것과는 다르게 노후화되어 사용되지 않는 사례는 고대에 없었으며, 오히려 앞선 시기에 사용되었던 스타일의 갑주 또한 그림에서 볼 수 있는 신형 갑주와 병행하여 사용되었다는 점에 주목해야 한다.

여기에 덧붙여 코호르테스 비길룸으로 불렸던 7개의 보병대가 있었다. 그들은 소방대와 방범대로 복무했다. 이탈리아에 정기적으로 주둔했던 또 다른 군대는 미세눔과 라벤나의 해군기지에 상주했던 수병들이었다. 이들 분견대는 가끔씩 잡역과 선발공병의 임무에 동원되었다.

## 제국의 변경지역

로마 해군에 복무했던 병사들은 항상 신참병이었다. 하지만 아우구스투스는 로마 해군을 유지하기 위해 노력했다. 왜냐하면 그는 이탈리아와 속주들 사이의 연락선을 유지할 필요가 있었기 때문이다. 안토니우스와 클레오파트라가 패배한 이후에 그에게 충성했던 해군력은 그다지 중요하지 않았으며, 그는 동부와 서부 지중해에 그리고 흑해에 함대를 설치할 수 있었다. 또 다른 해군 소함대들이 다뉴브 강과 라인 강 그리고 영국 해협에서 작전을 수행했다. 아우구스투스가 미리 계승자로 정했던 티베리우스의 지휘 하에 치러진 일리리쿰에서의 전투들은 에그나티아 가도와 테살로니카를 경유해 동방으로 가는 길을 지켜냈다. 그리고 라벤나에 해군 기지를 세움으로써 해적들로부터 아드리아 해의 자유를 보다 확실하게 확보할 수 있게 되었다. 아우구스투스 치하에서 지중해 전체의 치안이 잘 유지되었으며, 그는 로마에서 마지막으로 해적질에 맞서 효과적인 조치들을 취했다.

제정기에 착수되었던 속주 도로의 건설과 함께 해로를 확보하기 위한 적극적인 노력들이 필연적으로 수반되었다. 공화정 시기에 이탈리아는 뛰어난 도로 체계를 확립했다. 이것과는 별개로 위에서 언급된 에그나티아 가도와 론 강에서부터 피레네 산맥까지 뻗어 있었던 도미티아 가도 또한 공화정기의 업적이었다. 아우구스투스 시대에 새로운 알프스 도로들이 건설됨으로써 다뉴브 강과의 연락이 보다 용이해졌다. 특히 고지까지 가능한 한 연결되었던 로마의 직선 도로들은 군사적 필요를 충족시키기 위해 계획되었다. 하지만 동시에 이 도로들로 인해 무역로가 열렸으며 공무상의 접촉이 이루어졌다.

기원 1세기에 확대되어 나중에 제국의 변경지역을 방어했던 군단들은 비록 숫자들 중 일부가 중복되기는 했지만 그들의 이름과 숫자로 구별되었다. 그 이름들은 예를 들어 레기오 아우구스타(아우구스투스 군단)처럼 군단의 후원자나 창설자들을 찬미했거나 그렇지 않으면 연대聯隊의 역사에서 어떤 사건과 관련되었다. 또는 마케도니카나 갈리카라는 이름에서 볼 수 있는 것처럼 한 지역과의 관련을 나타내기도 했다. 아우구스투스의 군대는 원래 28개의 군단으로 구성되었다. 하지만 이들 중 3개 군단은 아우구스투스 휘하 장군인 푸블리우스 퀸크틸리우스 바루스가 토이토부르거발트에서 게르만 족장인 아르미니우스의 매복 기습을 받아 군사적으로 참패했던 기원 9년의 대재난으로 폐지되었다. 결국 이들 불행한 3개 군단의 병사들은 후에 로마 군단에 더 이상 배치되지 못했다.

황제의 속주를 책임지는 로마 총독은 보통 황제의 대리인으로 분류되었다. 군단들과는 별개로 기병 분견대가 포함되어 있었던 보조군은 속주의 주둔지에서 중요한 역할을 하는 부대였다. 아우구스투스 치하에서 기원전 1세기 동안에 외인 병사들로 구성되었던 보조군에 한 번 더 로마 시민들이 모집되기 시작했다. 이것은 부분적으로 이미 당시에 로마 시민권 자체가 이탈리아 바깥의 많은 공동체들과 개인들에게 부여되었기 때문이었다. 사회적 차별이 사라지면서 보조군은 군단과 통합되는 경향이 있었다. 상설 변경 주둔지에서 보조군을 구성하는 기병과 보병은 처음에는 멀리 떨어진 속주들에서부터 배치되었다. 하지만 편의상 보조군은 그 지방에서 모집되었으며, 따라서 군단병과 보조군 사이의 구분이 재차 모호해졌다. 하지만 군사

**이디스타비소 전투(기원 16년)**

| 게르마니쿠스 | 아르미니우스 |
|---|---|
| 보병 | |
| 친위대 1,000명 | 게르만족 40/50,000명 |
| 8개 군단의 분대 28,000명 | (가벼운 창으로 무장한 |
| 보조군 30,000명 | 일부 기병 포함) |
| 게르만족 동맹군 4/6,000명 | |
| 기병 | |
| 중무장기병 6,000명 | |
| 경무장기병 1/2,000명(말 탄 궁수) | 위 참조 |

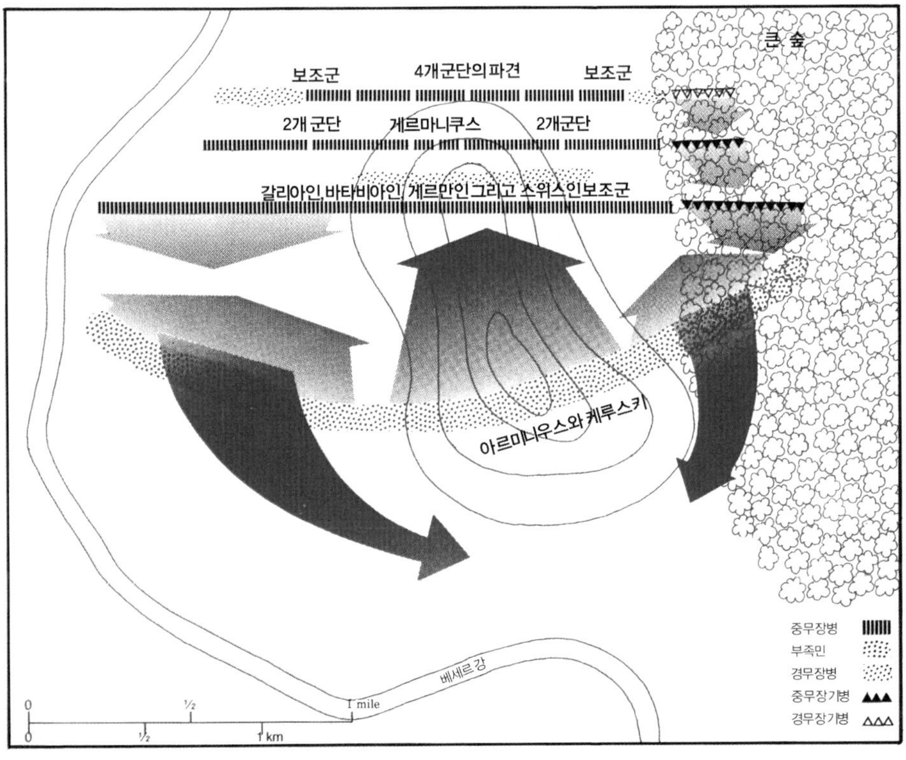

양쪽 군대가 베세르 강의 북쪽으로 전선을 끌어들인다. 아르미니우스가 이끄는 게르만족 우측은 숲속으로 확대되고, 중앙(케루스키 부족)은 고지대에 자리 잡았으며, 좌측은 강 옆의 평원을 차지했다. 보조군들은 경무장 병력의 지원을 받는 로마군의 맨 앞 대열에 배치한다. 두 번째 대열은 근위병들과 4개의 군단으로 이루어지고, 나머지 병력들은 기병이 노출되어 있는 측면에 위치하고 있는 동안에 세 번째 대열에 정렬한다. 로마군이 전진하고 게르만족 중앙이 공격한다. 게르마니쿠스는 기병에게 적의 후방과 측면으로 침투할 것을 명령한다. 게르만족의 공격은 중앙에서만 이루어진다. 게르만족의 두 날개부분이 반대 방향으로 도망간다. 게르만족의 중앙이 비탈에서 격퇴되면서 참패를 당한다. 많은 병사들이 죽고 아르미니우스는 도망간다. 로마군은 후퇴하여 라인 강을 거점으로 삼는다.

정책은 독자적인 기병 전술에 호의적이었다. 트라야누스 치세 무렵부터 누메리로 알려진 로마화되지 않은 부족들의 부대가 모집되었다. 그들의 역할은 어떤 면에서는 더 오랜 옛날의 보조군 역할에 해당되었다.

클라우디우스 황제. 처음에는 우유부단한 인물로 생각되었던 그는 군사 행정가와 제국 건설자로서 뛰어난 능력을 발휘했다.

바루스의 지휘를 받은 로마군이 게르마니아에서 겪었던 불행은 더 먼 동쪽, 즉 엘베 강에 변경을 설치하려는 시도에 기인한 것이었다. 그 결과 로마 황제들은 그 무렵부터 율리우스 카이사르가 과거에 했던 방식대로 라인 강에 로마의 존재를 알리기 위해 기꺼이 응징과 보복 행위에 의존하려고 했다. 아우구스투스는 자신의 생애 말에 영토에 대한 그의 야심이 무제한적이지 않다는 점을 분명히 했다. 하지만 방어는 종종 공격의 주도권을 수반했으며, 그는 다뉴브 강의 방어선을 확보하기 위해 심혈을 기울였다.

가장 적합한 변경지역은 무엇보다도 가이우스(칼리굴라)처럼 정신착란 상태의 황제가 통치하던 시기에 불확실성의 여지가 있었던 문제였다. 설명하기 어려운 가이우스의 우유부단함은 아마도 로마의 명성에 해를 끼쳤을 것이다. 그리고 가이우스를 계승했던 온순한 클라우디우스의 팽창주의 정책은 변경 너머의 적들로 하여금 로마의 실질적인 힘을 오판하지 못하게 하는 데 필요했을지도 모른다. 군사적 명성이 필요했던 클라우디우스는 처음에는 마우레타니아를 그리고 다음에는 브리타니아를 제국에 포함시켰다. 로마의 지배영역은 트라야누스에 의해 더욱 확대되었다. 그는 아르메니아를 병합했으며 일시적으로 파르티아의 상당 부분을 차지했다. 하지만 로마는 파르티아인들을 결코 위압적으로 압도할 수 없었다.

## 무장 반란

변경 전투와는 별개로 로마 군대는 1세기 동안 여러 번 지방의 반란을 진압하도록 소환되었다. 우리가 다룰 수 있는 정보는 빈약하지만, 그러한 반란들이 유발되었던 동기는 다양했던 것 같다. 지방의 불만과 반란 당사자들의 민족적 열망 사이를 구분한다는 것이 항상 쉬운 것은 아니다.

반란은 브리타니아처럼 최근에 정복된 속주에서 당연히 예상될 수 있었을지도 모른다.

# 제정 초기의 보조군

제국의 팽창속도가 완만해지면서 그리고 영구적인 국경선이 확정되면서 변경을 지키기 위한 새로운 전략이 체계적으로 세워졌다. 보조군에게는 정찰과 습격저지 그리고 변경군대의 다양한 임무가 맡겨졌다(군단은 전략적인 예비 병력으로 사용하기 위해서 그리고 있을지도 모르는 속주들의 반란에 위협을 가하기 위해서 변경 내부에 주둔했다). 보조군은 보병의 보병대와 기병의 날개 그리고 보병과 기병의 혼성 보병대로 조직되었다. 기병은 6개의 백인대(80x6=480명)로 이루어졌으며, 이외에도 장교들과 예비 병력이 명목상 500명에 달했다.

## 보조군 기병(오른쪽)

오른쪽 원색 그림의 병사는 기원 100년경으로 거슬러 올라간다. 그는 상단 부분에 십자형으로 보강된 최신식 투구로 무장하고 있다. 그는 쇠사슬갑옷을 입고 있지만 비늘 조각의 갑옷 또한 입었다. 타원형의 편평한 방패로 그의 방어 장비는 완벽한 모습을 갖추게 된다. 그의 무기는 켈트족에게서 유래된 긴 칼과 팔 위로 던지거나 찌르는 데 적합한 가벼운 창이다(로마 기병은 공격할 때 보통 창을 팔 아래로 잡지 않았다). 역사가 요세푸스는 또한 다트(가벼운 창)를 넣어둔 통이 안장에 부착되어 있었다고 말하고 있다. 이것은 20개 이상의 다트를 한 번의 질주 때 투척했던 기병 훈련을 묘사한 아리아노스에 의해 확인된다.

## 보조군 보병(아래)

1은 보조군의 전형적인 장비인 편평한 타원형 방패와 두 개의 창 그리고 칼 한 자루를 보여준다. 2는 스페인 보병대의 병사이다. 1번과 2번 모두 기원 100년경의 병사를 나타내고 있다. 3은 기원 250년경에 겨울 옷을 입고 있는 한 스위스인 보조군의 모습을 그리고 있다. 그는 비늘 조각 갑옷을 입고 무거운 창과 이 무렵에 보병 부대에서 기존의 칼을 대신하기 시작했던 긴 칼을 휴대하고 있다.

1     2     3

율리우스 카이사르에 대항했던 카시벨라우누스 왕조의 예속민들로 추정되는 카투벨라우니 부족이 이미 남동부 브리타니아를 넘어 지배권을 확대했다. 아버지인 쿠노벨리누스에 맞서 도움을 구하고 있었던 망명한 브리타니아 왕자가 가이우스 황제에게 브리타니아 침입에 대한 구실을 가져다주었다. 하지만 가이우스는 갈리아 해안의 영국 해협에서 군사적으로 시위하는 것에 만족했으며 정복을 선언했다. 가이우스의 뒤를 이은 클라우디우스 황제에게 이와 유사한 기회가 찾아 왔을 때, 그는 이 기회를 대단히 진지하게 받아들였다. 이제 로마인들과 싸워야 했던 브리타니아 왕자 카라타쿠스가 패배했다. 그는 로마의 동맹자였던 북부 브리타니아의 여왕 카르티만두아에게 피신했다. 하지만 그녀의 배신으로 그는 가족과 함께 로마에 포로로 잡혀갔다. 클라우디우스는 그의 목숨을 살려주는 관대함을 보여주었다.

60년에 반란을 일으켰던 보디카 여왕은 카시벨라우누스 왕조의 일원이 아니었지만, 그녀는 남편이 죽자 이케니족의 여왕으로 남게 되었다. 로마 통치자들의 가혹하고 굴욕적인 대우는 그녀로 하여금 무장 반란을 일으키도록 자극했다. 거의 20년 전에 마우레타니아의 정복에서 두드러진 역할을 했던 브리타니아 총독 파울리누스가 작전 수행 중이었던 북서 웨일즈의 미개한 지역들에서 서둘러 돌아왔다. 그리고 보디카 여왕의 패배와 자살이 뒤따랐다. 하지만 그 사이에 로마군과 그들의 브리타니아인 추종자들이 카물로두눔(콜체스터)과

런던 그리고 베룰라미움(세인트 알반스)을 약탈했으며 엄청난 사상자를 초래했다.

타키투스가 그의 사위였다는 사실을 참작한다고 하더라도 그나에우스 율리우스 아그리콜라는 유능하고 활력 넘치는 관리자였음에 틀림없다. 그는 78년에 총독으로 임명되기 전에 브리타니아에서 그리고 마찬가지로 제국의 다른 지역들에서 파울리누스 밑에서 일했

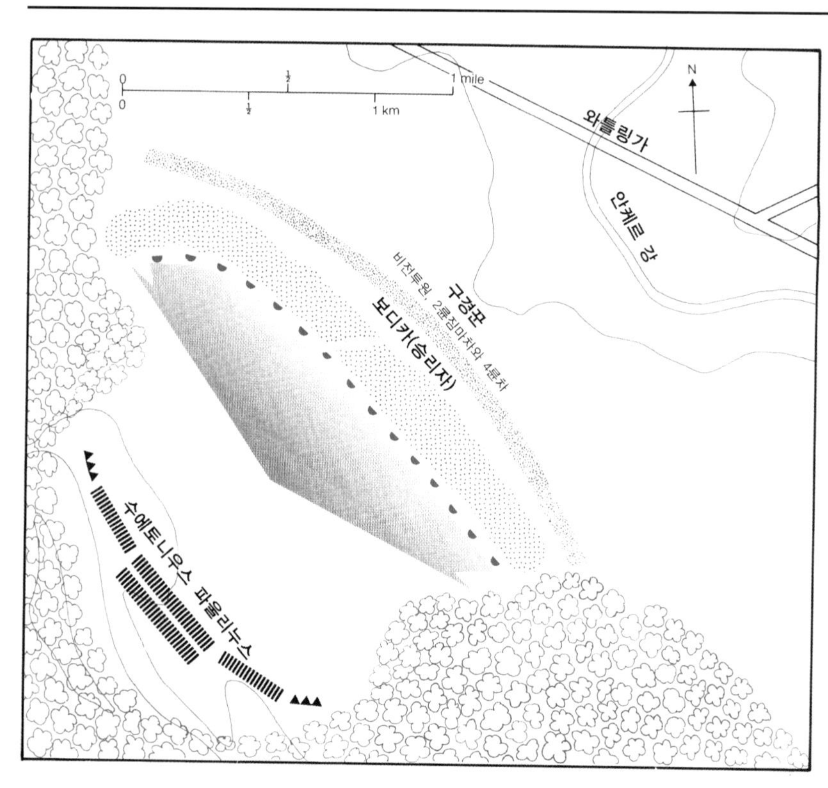

트라야누스의 이름은 후세들에 의해 공경되었지만 파르티아인들과의 싸움에서 그가 거두었던 승리는 값비싼 희생을 대가로 한 것이었고 결정적인 것이 아니었다.

다. 그의 군사작전은 브리타니아에서 로마의 지배를 확실히 하는 데 많은 공헌을 했다. 만약 타키투스가 지리학에 조금 더 집중적으로 관심을 가졌더라면, 그는 더 뛰어난 군사 역사가가 되었을지도 모른다. 아마도 그 자신은 그라우피스 산의 전투가 있었던 곳이 어디였는지 아니면 타나우스 강이 어느 곳에 위치해 있었는지에 대해서 정확히 알지 못했다. 아마도 그라우피스 산의 위치는 스코틀랜드 어딘가로 그리고 타나우스 강은 타인 강, 트위드 강, 테이 강 또는 심지어 솔웨이 강처럼 다양한 이름으로 확인되었던 것 같다. 다행히도 아그리콜라의 이동 경로를 추적하는 데는 고고학의 도움을 받을 수 있다. 여하튼 그는 스코틀랜드 고원에서의 전투를 승리로 이끌었다.

아그리콜라는 자신의 힘을 과시하기 위해서 브리타니아 섬 전체를 배로 일주했으며, 그가 거둔 군사적 성공은 현명한 통치에 의해 수반되었다.

보디카 여왕과의 갈등은 실제로 공화정 하에서 미트리다테스에게 동조한 동부 지중해 세계에게 보복했던 것처럼 터무니없는 로마의 재정 관행에 부분적인 원인이 있었던 것 같

### 보디카 여왕의 반란(기원 60년)

| 로마군 | 보디카 |
|---|---|
| 보병 | |
| 군단병 6,000명 | 40/60,000명 |
| 보조군 4,000명 | (부족민) |
| 기병 | |
| 1,000명 | 알려지지 않은 수의 전차들 |

**전반적 상황** 보디카가 로마 점령군에 맞서 반란을 일으켰다. 카물로두눔, 베룰라미움, 그리고 론디니움을 약탈한 후에 그녀의 군대는 와틀링 거리를 따라 북서쪽으로 이동한다.

1. 수에토니우스 파울리누스 총독이 서둘러 소집한 병력으로 강력한 방어진지를 구축한다. 브리타니아인들은 승리가 임박해 있다고 생각하고 그들의 비전투원 가족들을 반원형 마차에서 전투를 감상하게 했다. 그들은 좁은 골짜기로 돌진해 들어가지만 억수같이 쏟아지는 창과 로마의 공격에 직면한다. 로마의 군단병들은 일련의 쐐기대형을 이루었다.

2. 로마의 쐐기대형이 브리타니아인들을 너무 옥죄었으므로 그들은 무기를 사용할 수 없었다. 뒤로 밀려난 브리타니아인들은 구경꾼들의 방해를 받았으며 대량 살육이 뒤따랐다. 로마군은 단 한 명에게도 자비를 베풀지 않았으며, 아마도 50,000명 이상의 남자와 여자 그리고 아이들이 살해되었던 것 같다. 반면에 로마군은 400~500명의 목숨을 잃었을 뿐이었다. 보디카는 음독자살한다.

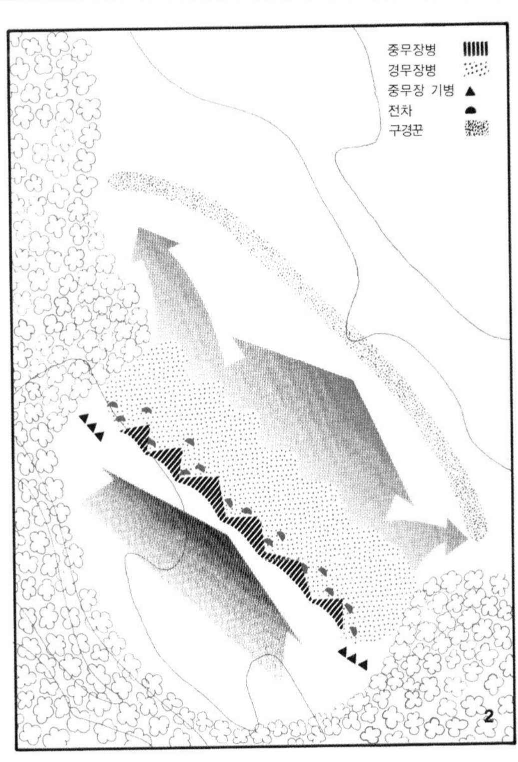

다. 로마의 탐욕은 주기적으로 되풀이되는 문제의 근원이었으며, 기원 21년에는 갈리아에서 율리우스 사크로비르가 주목할 만한 반란을 지휘했다. 사크로비르는 율리우스 카이사르의 옛 동맹자였던 아이두이족의 로마화된 갈리아인 귀족이었다. 결국 그는 라인 강 상류 속주의 로마 총독에게 패배한 뒤에 자살했다. 지방에 대한 학정으로 반란은 계속되었지만, 아그리콜라 같은 통치자들은 다소 예외였다. 기원 89년에 라인 강 상류 총독이었던 루키우스 안토니우스 사투르니누스가 반란을 일으켰으며, 이에 놀란 황제 도미티아누스는 북쪽 원정에 착수했다. 하지만 라인 강 하류의 총독은 황제에게 계속 충성했으며, 사투르니누스는 패배한 뒤에 살해되었다. 사투르니누스의 동쪽 게르만 동맹자들은 갑작스럽게 얼음이 녹았기 때문에 강을 건널 수 없게 되었다. 이 반란이 정확히 언제 일어났는지는 확실치 않지만, 재정 문제가 그 주된 원인이었음을 다시 한 번 짐작할 수 있을 것이다.

기원 1세기 제정기에 발생했던 심상치 않은 반란들 중에 요세푸스가 관련되었던 유대 전쟁이 있었다. 이것은 경제적 원인뿐만 아니라 격분한 종교적 감정의 산물이었다. 로마인들은 대체로 종교에 관용적이었지만, 유대교와 기독교처럼 불관용적인(이설을 받아들이지 않는) 종교를 다루는 법을 몰랐다. 소름끼치는 포위공격 이후에 예루살렘이 기원 70년에 장차 황제가 될 티투스에게 함락되었을 때에도 폭력은 종식되지 않았다. 가공할 만한 인명 손실을 수반했던 예루살렘의 완전한 파괴는 다른 속주에 살고 있었던 유대인 주민들의 반란을 자극했다. 이러한 반란은 115~116년에 시리아, 이집트, 그리고 키레나이카 도처에서 일어난 반란에서 절정에 이르렀다. 사상자들은 수십만 명에 이르렀다고 전해진다. 이 사건들은 마침내 번갈아 팔레스타인에서 반향을 불러일으켰다. 바르 코크바 반란에 대해서는 최근 몇 년 동안 사해 동굴들에서 발견된 문헌을 통해 어느 정도 알 수 있다.

### 기원 69년의 사건들

기원 1세기 동안에 일어난 반란들은 야심에 찬 지도자들에게 반란의 대의를 가져다줄 만큼 충분히 속주의 불만이 종종 있었음을 암시한다. 반란들을 통해서 불만에 가득 찬 공동체들에게 실제적인 지도력을 제공하는 데 이용할 수 있는 충분한 군사적 능력이 있었음을 알 수 있다. 이것은 군대에서 로마적 요소와 지방적 요소 사이의 융합이라는 관점에서 더욱 더 불가피했다. 사크로비르와 사투르니누스, 그리고 바루스의 군단들을 파괴한 아르미니우스조차도 로마의 장교들이거나 아니면 한때 로마의 장교들이었다. 속주의 반란으로 황제가 폐위되고 반란자들이 선택한 자의 수중에 제위가 넘어가는 것은 이제 시간 문제에 불과했다.

69년의 사건들은 반란보다는 내란의 관점에서 보다 상세하게 묘사될 수 있지만, 그것들은 군사·정치적 선례들의 당연한 결과였다. 반란을 일으킨 로마화된 갈리아인 총독(율리우스 빈덱스)이 인근 라인 강 상류 속주에서 파견된 군대에게 패배해 살해되었다. 하지만 공화정을 복원하겠다는 그럴듯한 주장으로 술피키우스 갈바는 스페인 군단을 지휘했으며, 로마에서 황제 근위대가 갈바를 황제로 선언했을 때, 아우구스투스 왕조의 마지막 황제인 네로는 눈물을 흘리며 자살했다. 갈바는 곧 로마에서 황제에 임명되었지만, 그의 계승자 지명은 황제 근위대와 공모했던 그의 군사적 추종자들 중 한 명인 마르쿠스 살비우스 오토를 실망시켰다. 오토는 갈바 살해의 과실을 오랫동안 누리지 못했다. 왜냐하면 타키투스가 말한 것처럼 갈바의 일시적인 성공으로 하나의 비밀이 폭로되었기 때문이다. 즉 황제가 로마 이외의 다른 곳에서 만들어질 수 있다는 것이었다. 이제는 황제 근위대의 지지조차도 더 이상 필요 없었다.

오토는 라인 사령관이었던 아울루스 비텔리우스의 도전을 받았다. 동부와 다뉴브 변경의 군단들은 오토에 대한 지지를 확고히 했다. 하지만 비록 동부의 지지가 거짓 없는 진실된 것이었다고 하더라도 동부는 너무 멀리 떨어져 있었다. 그리고 다뉴브 군대는 이동 속도가 느렸다. 비텔리우스의 장교들은 크레모나 근처에서 벌어진 중요한 전투에서 승리했다. 그리고 오토의 자살 이후에 비텔리우스는 상황이 좋다고 생각되었던 시기에 로마로 갔다. 하지만 이제 동부의 군단들이 그들의 의도를 드러냈으며 60세의 장군인 티투스 플라비우스 베스파시아누스를 황제로 선언했다. 베스파시아누스는 알렉산드리아의 곡물 공급을 봉쇄할 수 있는 입장에 있었다. 하지만 그것과는 별개로 다뉴브 군대는 그를 지지했다. 이탈리아는 침입을 받았다. 전투가 다시 크레모나에 집중되었다. 비텔리우스의 지지자들은 비텔리우스가 로마에서 베스파시아누스의 동생과 협정을 체결하지 못하게 했다. 베스파시아누스의 동생은 뒤이은 전투에서 살해되었다. 하지만 머지않아 크레모나의 승리자들이 로마에 도착했다. 비텔리우스는 추적당했으며 질질 끌려가 비참한 최후를 맞이했다.

비텔리우스는 황제 근위대를 해산하고 그 자리에 자신의 라인란트 군단병들을 대신 앉혔다. 그것만으로 그들은 당연히 그를 지지했지만, 그들이 침입해 들어오는 속주 군단들의 분노에 맞서기에는 역부족이었다. 한 속주의 군단이 다른 속주의 군단과 조화를 이루지 못했던 상황은 이때부터 익숙한 것으로 여겨졌던 것 같다. 언뜻 보기에는 공화정 마지막 세기에 유행했던 상황들이 재현되는 것처럼 보였다. 네로가 죽을 때까지 왕조의 위엄이 정체의 연속성을 확고히 했지만, 새로운 왕조를 설립하기 위해서는 비범한 능력을 지닌 지도자가 필요했다. 운 좋게도 베스파시아누스는 그런 능력을 소유한 지도자였다. 그는 10년간 통치하다가 70세의 나이에 죽었다. 그의 두 아들 티투스(티투스 플라비우스 베스파시아누스)와 도미티아누스(티투스 플라비우스 도미티아누스)가 차례로 황제로 임명되면서 그의 뒤를 이었다.

베스파시아누스가 제위를 계승했을 때 갈리아는 혼란으로 어수선했다. 라인 강 삼각주에서 모집된 바타비아 보조군을 지휘했던 율리우스 키빌리스가 이탈리아에 있었던 베스파시아누스의 장교의 요청으로 비텔리우스를 견제하기 위한 양동작전을 세웠다. 이것은 키빌리스 개인에게 독자적인 반란의 기회를 제공했다. 그는 명백히 붕괴하고 있는 로마의 권위를 대신해 갈리아 제국을 세우려고 했던 갈리아의 민족주의 운동과 제휴했다. 얼마 안 있어 갈리아의 민족주의 운동은 실패했지만, 여기에서 로마는 하나의 군사적 교훈을 얻을 수 있었다. 자신들의 지휘관 밑에서 외국인들로 구성된 로마 군대 편성단위는 쉽게 하나의 장애가 될 수 있었다. 장차 로마가 취해야 할 정책은 외국인으로 구성된 부대를 그들의 본토에서 좀 떨어진 곳에 배치하고 가능하다면 보조군이 하나의 국적 이상을 포함해야 한다는 점을 분명히 하는 것이었다. 키빌리스에게 무슨 일이 일어났는지는 알 수 없다. 우리가 가지고 있는 자료는 이 정도에서 단절된다.

## 변경의 안정

96년에 도미티아누스가 살해된 것은 국내 내분으로 인한 것이었다. 그럼에도 불구하고 그것은 공공연하게 엄청난 만족감을 가져다주었다. 그의 다른 결점들과는 별개로 폭군 도미티아누스는 적절한 자격을 갖춘 계승자를 남기지 못했다. 원로원은 새로운 프린켑스인 마르쿠스 코케이우스 네르바를 임명했으며, 타키투스는 이러한 입헌적 자세에서 공화주의적 감정의 부활을 보고 기뻐했다. 네르바가 제위에 올랐을 때는 연로한 상태였다. 또한 그에게는 자식이 없었으며, 1년의 재위기간 후에 충성스럽고 유능한 장교인 마르쿠스 울피우스 트라야누스를 자신의 동료이자 계승자로 임명했다. 트라야누스를 계승자로 임명한 것은 시기적절했다. 왜냐하면 네르바가 다음 해에 일찍 죽었기 때문이다. 트라야누스 치세에 제국의 팽창이 재개되었으며, 로마의 가장 위대한 군인 황제들 중 한 명이었던 그는 똑같이 위대한 계승자를 지명할 만큼 빈틈없었다. 통상적으로 제위 계승을 확고히 했던 공식적인 지명과 양자결연이 일반적인 제위 세습보다는 훨씬 더 만족할 만했다. 그것은 일반적으로 계승자가 군사 지휘관이 될 것이라는 점을 확실히 했다. 왜냐하면 군인을 제외하고는 어느 누구도 살아남는 것을 바랄 수 없었기 때문이다. 제국은 방어와 통치를 위해 군사력에 의존했다. 양자 결연 원칙 자체에 대해서는 법률 형식에 대한 로마인의 존중이 그것에 혈연관계의 신성함을 부여했다. 이것과 관련해서는 이미 앞에서 살펴보았던 보호자와 피보호자의 관계와 비교해 볼 수 있을 것이다.

혼인으로 맺어진 트라야누스의 피후견인이었으며, 그의 죽음으로 황제가 되었던 푸블리우스 아에리우스 하드리아누스는 여러 면에서 전임 황제인 트라야누스의 정책들을 뒤엎었다. 하지만 이것으로 그와 트라야누스 중에 누가 잘못되었는지 입증할 수는 없다. 시대는 변화하고 있었다. 아시아와 유럽 민족들의 점진적인 서진은 로마의 변경 지방에 대한 압박이 점차 증가해가고 있음을 의미했다. 트라야누스 치세에 변경지방은 전례 없이 광범위하게 확대되었다. 하드리아누스는 변경지방의 축소와 강화의 필요성을 인식하고 있었으며, 공격받기 쉬운 취약 지역들에 확고한 요새들과 신호 초소들 그리고 참호들을 건립하기 시작했다. 울타리들로 연결된 한 줄로 늘어선 성채들이 라인 강 상류 유역과 다뉴브 강 사이 지역의 돌출부를 방어했다. 그중에서도 특히 하드리아누스의 이름이 타인 강으로부터 솔웨이 강까지 북부 브리타니아를 가로지른 로마의 변경 방어공사와 관련된다. 가파른 방벽으로 연결된 성벽들과 군사기지들의 방어선이 이미 연결되어 있던 일련의 성채들을 약간 남쪽으로 바꾸어 놓았다. ‘하드리아누스 성벽’의 건설은 기원 122년 황제의 브리타니아 방문의 결과로 착수되었다. 하드리아누스는 그의 치세 대부분을 변경 속주들을 방문하는 데 보냈다. ‘하드리아누스 성벽’은 로마의 변경 방어 원칙들에 대한 좋은 예가 된다. 한 줄로 늘어선 거점들이 경계가 분명한 통로(리메스)에 의해 연결되었다. 그곳을 따라 병사들이 효율적으로 그리고 신속하게 이동할 수 있었다.

하드리아누스를 계승한 안토니누스 피우스(138~161)는 자신의 의무에 충실하여 상대적 평화의 시기와 제국의 중추였던 지중해에서의 풍요를 관장했다. 하지만 사회적 안녕의 대가는 변경에 대한 끊임없는 경계와 군비확장이었다. 브리타니아에서 안토니누스는 게르마니아에서 했던 것처럼 변경으로 진격하려고 시도했으며, 북쪽으로 더 멀리 포스 강에서 클라이드 강까지 자갈을 기초로 뗏장으로 덮은 제방의 형태로 또 하나의 성벽을 세웠다. 하지만 이것을 더 이상 방어할 수 없는 때가 왔으며, 불과 23년 후에 재차 남쪽으로 물러나서 하드리아누스가 브리타니아를 방어히기 위해 만든 석조 구조물에 전적으로 의존해야만 했다.

공학기술에 의존해 인력문제를 해결하려고 했던 것은 율리우스 카이사르가 내린 해답이었다. 이민족들에 대항해 로마가 치른 전쟁은 끊임없이 수적 우위에 맞서 싸우는 것이었다. 그리고 기술 공학의 도움으로 로마인들은 수적 열세를 극복하려고 노력했다. 28개 군단은 아우구스투스의 최초 야심을 충족시켜주기에는 너무나 적은 규모였다. 바루스의 참패로 3개 군단을 잃었을 때, 아우구스투스는 즉시 군사 행동을 줄이고 제국 변경 주변의 길이를 축소할 필요가 있다고 생각했다.

변경 지역들에 배치된 주둔군들은 (우리가 이미 언급했던 정책의 문제로서) 민족적으로 완전히 동질적이지는 않았다. 하지만 그들은 지방 여성

(위) 하드리아누스 황제의 청동상. 기원 122년 그의 런던 방문을 기념해서 만들어졌던 것으로 보인다.
(오른쪽) 하드리아누스 성벽. 타인에서 솔웨이까지 브리타니아를 가로질러 뻗어있는 성벽으로 북쪽 이민족들의 침입을 방어하는 역할을 했다.

들과 관계를 맺어 정착촌을 형성하는 경향이 있었다. 그 결과 고정된 관습과 기동성의 결핍이 그들에게 불리하게 작용했다. 하지만 로마 군단은 제국의 다른 지역에서의 압력에 대응하기 위해서 여러 시기에 걸쳐 브리타니아에서 철수했다. 그리고 이 무렵 군단들이 모두 제1선에 위치한 최전방 군대는 아니었다고 하더라도, 철수는 불가피하게 북쪽과 해상으로부터 침입자들이 습격할 수 있도록 길을 열어주었다.


## 마르쿠스 아우렐리우스의 과업


161년 안토니누스 피우스의 죽음으로 원수정을 계승했던 마르쿠스 아우렐리우스 안토니누스 또한 내성적이고 철학적인 성향을 가지고 있었다. 하지만 전임자와는 다르게 그는 끊임없는 전쟁의 필요성에 직면했다. 그가 정력적으로 그리고 불굴의 의지로 군사적 임무를 수행해 나갈 수 있었던 것은 그의 타고난 기질 때문이었다. 이것은 동시에 그를 순전히 학구적인 철학자와는 별개로 실천적인 철학자로 만들었다.

파르티아 전쟁(162∼163)은 다뉴브 전선에 대한 이민족 침입(166년)의 전주곡에 불과했

노섬브리아의 체스터 근처에 있는 하드리아누스 성벽의 한 요새. 그림에서는 요새의 목욕탕에 해당되는 중요한 유적을 보여주고 있다.

다. 제국의 방어에 대한 책임이 단 한 명의 황제가 감당할 수 있기에는 벅찬 것이었음은 이미 잘 알려진 바였다. 이제는 통상적으로 '카이사르'의 칭호를 받았던 황제의 지명을 받은 계승자는 황제의 동료이기도 했다. 마르쿠스 아우렐리우스는 자신의 동료가 루키우스 베루스였다는 점에서 그다지 운이 좋지 않았다. 베루스의 양자결연은 하드리아누스의 결정에서 비롯되었다. 판단력 부족을 드러냈던 마르쿠스는 제국 통치의 임무가 분담되어야 한다고 결정했다. 그리고 단체 조직에 기초해서 동등자로서 통치한 베루스가 파르티아 전쟁을 지휘했다. 이 전쟁에서 그는 유능한 장교인 아비디우스 카시우스의 활약으로 승리했다.

파르티아의 주요 도시들이 함락되었다고는 하지만, 트라야누스의 승리처럼 이 승리는 설사 파르티아의 서쪽 영토가 병합되었다고 하더라도 그것이 곧바로 파르티아에 대한 영구적인 점령으로 발전할 수는 없었다. 로마인들과 파르티아인들이 그들 특유의 무기들로 서로 싸웠던 시절은 지나갔으며, 전투는 헤아릴 수 없이 많은 말 탄 궁수들과 고도로 훈련받은 군단병들 사이의 싸움이었다. 하드리아누스 시대의 군사 전술에 관한 글을 쓴 아리아노스는 다양한 무기와 갑주 그리고 당시에 로마 군대가 채택했던 다양한 전투 방식들에 대해 증언한다. 트라야누스 기념주와 그 밖의 기념비들도 똑같은 증언을 한다. 로마인들의 분견대에는 파르티아의 방식대로 미늘 갑옷으로 중무장한 기병들이 포함되어 있었다. 로마인들에게는 파르티아인들에게 보복할 수 있었던 궁수들이 부족하지 않았다. 만약 로마인들이 자신들의 경계 범위 안으로 파르티아 제국을 끌어들일 수 없었다면, 이것은 아마도 충분한 군대가 부족했기 때문이었을 것이다. 여하튼 사막은 규모가 지나치게 방대했으므로 통치하기 어려웠다.

수적 열세 또한 로마의 다뉴브 강 방어에 몹시 불리했다. 그리고 로마가 이제 이 지역에서 심각하게 수세적인 입장을 취했다는 점이 강조되어야 한다. 서쪽과 남쪽으로 이동 압력을 받았던 여러 이민족들이 알프스를 넘어서 아드리아 해의 북쪽 끝인 아퀼레이아에 도달했다. 이탈리아는 킴브리족의 침입을 받았던 시절 이후로 결코 경험해 본 적이 없었던 위협에 직면했지만, 이민족들은 요새화된 도시들을 공격하기 위한 장비의 부족으로 아퀼레이아를 함락시키지 못했다. 자신의 동료

한때 트라야누스의 유골 위에 위치해 있었던 트라야누스 기념주의 프리즈(소벽)는 그의 업적을 기념한 것이다. 그의 부하들이 진지를 구축하고 있는 모습을 볼 수 있다.

였던 루키우스 베루스의 열등한 능력에도 불구하고 마르쿠스 아우렐리우스는 다뉴브 강 전선에서 장교들의 보필을 잘 받았다. 여하튼 루키우스 베루스는 169년 의욕적인 군복무 중에 사망했으며, 마르쿠스가 단일 지배권을 장악했다.

다뉴브 강 상류의 게르만 부족들과 동쪽으로 더 멀리 사르마티아인들 사이에 상당한 제휴가 있었던 것 같다. 단지 기동성과 속도에 의존하는 로마 군대로서는 이러저러한 위협으로부터 불시에 피하지 않으면 안 되었다. 침입자들은 일련의 끈질긴 전투에서 패배하고 다뉴브 강 건너편으로 격퇴되었으며 휴면 상태에 들어갔다. 하지만 이러한 전쟁은 기존의 변경 방어 방식들에 종지부를 찍는 결과를 초래했으며, 뒤이은 몇 년 동안 로마의 전략가들은 점점 방어선보다는 오히려 요새화된 지역들의 관점에서 생각하지 않으면 안 되었다.

불행히도 마르쿠스 아우렐리우스 시대에 동방과의 전쟁에서 군대가 가지고 들어왔던 무서운 전염병 때문에 인력 문제가 더욱 더 심각해졌다. 절대적인 인력 부족 때문에 마르쿠스는 외부로부터의 게르만 위협에 맞서 싸우기 위한 하나의 방법으로 게르만 민병대를 설치해서 제국 변경 내부에 정착케 했다. 게르만 정착자들은 그들이 점유했던 토지에 대한 대가로 군역에 복무했다. 변경 지역들의 경계가 덜 분명해지면서 로마 국적에 대한 정의 또한 덜 분명해졌다. 마르쿠스 아우렐리우스와 그의 휘하 장교들의 군사작전으로 다뉴브 강 전선을 확보했지만, 트라야누스가 전에 병합했던 다뉴브 강 북쪽의 넓은 변경 속주인 다키아에서는 이민족들에게 통행권이 부여되었다. 이 조치로 그들은 동쪽의 동포들과 연락을 취할 수 있

기원 193~211년 셉티미우스 세베루스의 치세로 거슬러 올라가는 페르게의 외부도시 성문. 페르게는 트로이 전쟁과 관련된 전승을 가졌지만 그리스 로마 시대에 하나의 중요한 도시로 남아 있었다.

게 되었다. 어떤 면에서 이제 로마 제국에 고립 지대가 갖추어졌지만, 은유적으로 표현하자면 이러한 고립은 외부 병력들에 대한 반도체가 될 수 있었다.

마르쿠스 아우렐리우스는 다뉴브 강 너머 지역을 보다 공고히 하고 싶어 했을 것이다. 하지만 그는 기원 175년에 동부 지역 부관인 아비디우스 카시우스의 반란에 직면해야 했다. 카시우스는 마르쿠스가 죽었다는 잘못된 보고에 속았던 것 같다. 그리고 그의 이러한 일탈 행동은 그가 자신의 백인대원들 중 한 명에게 살해되기 전에는 추진력을 끌어 모을 시간이 거의 없었다. 여하튼 아비디우스 카시우스는 황제의 무능한 아들이었던 콤모두스에 대한 바람직한 대안이었을 것이다. 결국 콤모두스가 공식적인 동료와 계승자의 역할을 차지했다.

## 셉티미우스 세베루스와 그의 군대

콤모두스의 원수정은 제위 계승을 확고히 하기에 충분히 오랜 시간이었을 12년 동안 지속되었지만, 콤모두스는 그 문제로 자신을 괴롭히고 싶지 않았다. 그는 결국 얼마 동안 다른 총신들과 함께 실질적인 권력을 공유했으며, 결국에는 현재의 황제가 더 이상 필요 없다고 생각했던 친위대장이 꾸민 음모로 살해되었다. 다음 해에 두 명의 황제가 선포되더니 살해되었다. 그 사이에 친위대는 모종의 결심을 시도했다. 마침내 그들은 다뉴브 군단을 지휘했던 셉티미우스 세베루스를 지지했다. 사실 군단들 자체가 친위대의 변덕스러움보다 더 확실한 지지를 보냈다.

## 후기 로마의 기병

원색 그림은 클리바나리로 불렸던 갑옷을 입은 기병의 마지막 발전단계를 보여준다. 갑옷으로 완전 무장한 기병은 베스파시아누스 황제가 사마르티아인 기병을 고용했던 기원 69년 이래로 로마 군대에 존재했었다. 그들의 숫자는 기원 2세기에 증가했다. 아우렐리아누스는 팔미라의 클리바나리들이 일으킨 반란에 패배한 뒤인 기원 275년경에 이 전투부대를 확대했다. 그들은 기원 350년경 콘스탄티우스 2세에 의해 재차 확대되었다. 그림에서는 기원 275년경의 클리바나리우스를 보여주고 있다. 율리아누스 황제는 기병이 머리와 얼굴이 금속마스크에 둘러싸여 완전히 가려져 있었다는 점에 주목했다. 금속마스크에 둘러싸인 모습은 번쩍이는 조각상의 모습을 보는 것과 같았다고 한다. 황제는 계속해서 손과 관절 부분을 가려주는 데 사용되었던 대단히 세련된 쇠사슬갑옷을 묘사했다. 팔과 다리는 철판 고리장식에 의해 보호되었다.

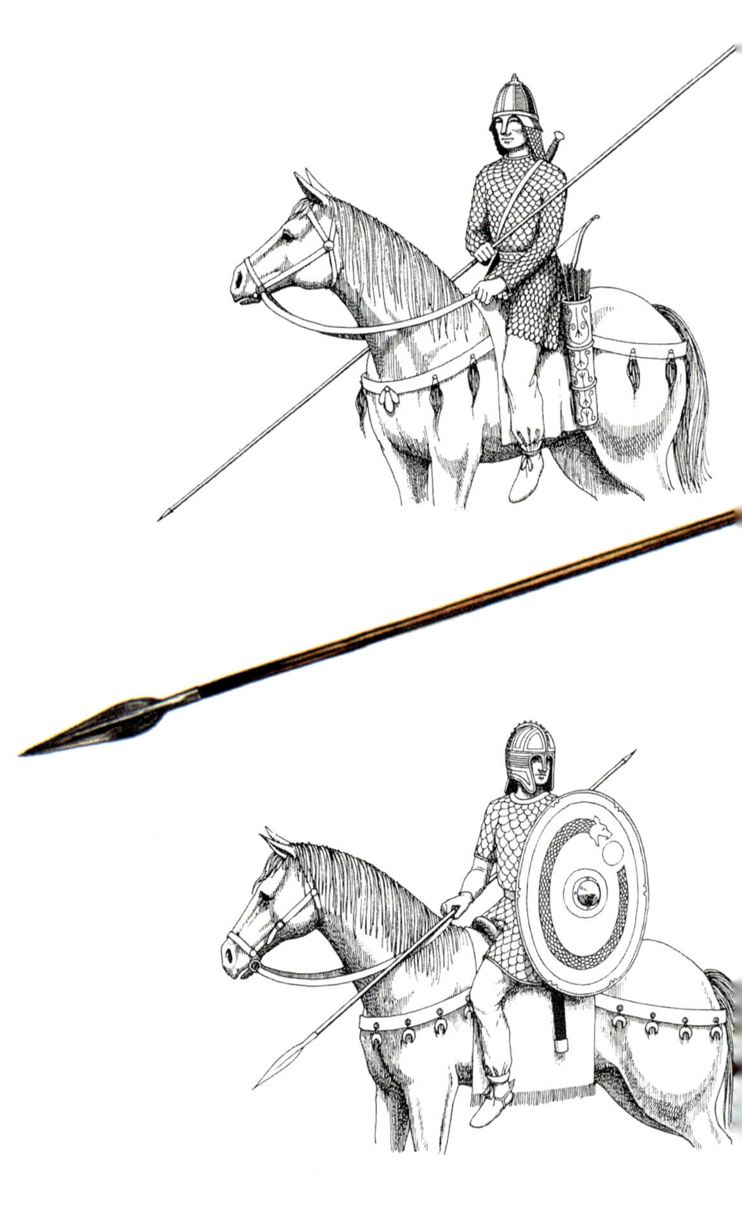

### 다른 형태의 기병

위쪽 흑백 그림은 기원 2세기의 전형적인 사마르티아인 기병을 보여주고 있다. 이것은 트라야누스 기념주와 무덤벽화 그리고 타키투스의 기술을 토대로 만들어진 조상에 기초한 것이다. 족장들과 귀족들은 갑옷으로 반 또는 완전히 무장한 말 위에 올라탔던 것 같다. 갑옷은 보통 철, 청동, 뿔 또는 단단해진 가죽의 비늘 조각들로 만들어졌다. 그의 주요 무기는 콘토스라는 창이다. 이 창을 휘두르는 방식은 원색 그림에서 볼 수 있다. 아래쪽 흑백 그림은 4세기의 로마 기병을 보여준다. 사마르티아인의 영향을 받았음을 분명하게 알 수 있다. 갑옷은 쇠사슬 아니면 박판으로 조립되었던 것 같다.

셉티미우스는 속주 군대의 지지를 받고 있었던 다른 경쟁자들과 제위를 놓고 싸우지 않으면 안 되었다. 부분적으로는 경쟁자들보다 더 많은 병력을 지휘하고 있었기 때문에 그리고 부분적으로는 로마에 더 가까이 있었기 때문에 그는 잇따른 싸움에서 승리했다. 그는 일

시적으로 북쪽의 경쟁자인 브리타니아 총독 클로디우스 알비누스를 동료로 인정하면서 협정을 체결했다. 알비누스가 그렇게 쉽게 속아 넘어갔다는 것은 놀랄 만하다. 셉티미우스는 동쪽으로 행군할 시간을 벌었으며, 그의 또 다른 경쟁자인 페스켄니우스 니게르를 소아시아와 시리아에서 벌어진 일련의 전투에서 격파했다. 그러고 나서 그는 알비누스와 전투를 재개할 상황에 있었다. 알비누스는 갈리아로 진군해서 자신을 지지하는 제국의 서쪽 속주들을 규합했다. 아마도 알비누스 또한 시간을 벌고 있었던 것 같다. 루그두눔(리옹) 근처의 결전에 참가한 병력의 숫자는 동일했다고 전해진다. 그리고 오랫동안 그 문제는 불안한 상태로 있었다. 하지만 셉티미우스가 전투에 기병을 사용하기로 결정하면서 완벽하게 승리했다.

셉티미우스 세베루스의 군사적 역량은 빈틈없는 정치적 통찰력과 결합되었다. 황제로 선언되자마자 그는 재빠르게 로마를 점령해서 친위대를 해산했다. 그러고 나서 그는 자신의 편의대로 친위대를 재창설했다. 과거에는 친위대를 구성하는 보병대가 보통 이탈리아에서 모집되었지만, 셉티미우스는 모든 군단병들에게 자격을 개방했다. 이것은 실제로 그를 지지했던 일리리아 군단에서 친위대가 선발되었음을 의미했다. 그들은 계속해서 동방 전투 중에 제국의 정예부대로서 그를 위해 뛰어난 활약을 했다.

그 밖의 제위 요구자들을 제거한 셉티미우스는 자신의 동방 경쟁자인 니게르를 지지했던 파르티아인들을 실질적으로 응징하기 위한 원정에 착수했다. 또한 그는 브리타니아에서 신속하게 행동하지 않으면 안 되었다. 왜냐하면 그의 대륙 원정 때문에 알비누스의 병사들에게 빼앗긴 브리타니아 속주가 북쪽의 칼레도니아인 침입자에게 심하게 노출되었기 때문이다. 하지만 셉티미우스의 브리타니아 전투는 미완성의 상태로 있었다. 그는 211년에 에부라쿰(요크)에서 전투를 재개할 준비를 하던 중에 사망했다.

셉티미우스 세베루스는 병사들을 존중했으며 특히 로마 군대의 병사들에게 신뢰를 보냈다. 그에게는 그들의 복지가 최우선적인 고려 대상이었으며, 이러한 그의 태도가 갖는 진지한 경제적 함의에도 불구하고 올바른 것이었다고 생각하지 않을 수 없다. 로마 문명은 변경을 방어할 수 있는 군사력에 전적으로 의존하게 되었다. 그리고 대도시 지역들의 평화와 안락함을 누렸던 시민들은 적어도 세금납부를 통해 제국 방어에 기여할 수 있어야 했다. 실제로 셉티미우스는 그들이 그렇게 했다고 확신했다.

병사들에게 호의적이었던 그 밖의 개혁들 중에 그는 병사들이 복무 중에 법적으로 혼인할 수 있어야 한다는 법률을 제정했다. 예전에 황제들이 병사들이 지방의 여성들과 맺었던 관계와 그 결과 태어난 아이들을 어느 정도 인정했다고 하더라도, 이러한 편의는 전에 존재하지 않았다. 이 문제에 대한 공식적인 태도들은 대립되어 있었던 것 같다. 한편에서는 복무

중인 병사가 다른 무엇보다도 중요한 로마에 대한 충성에서 이탈하지 못하도록 지방 여성들과 관계를 맺지 못하게 해야 한다는 것이었다. 다른 한편에서는 복무 중인 병사가 군대에서 마음 편히 있어야 할 필요가 있다는 것이었다. 새로운 입법은 변칙적인 것들을 바로잡았다. 여하튼 셉티미우스의 아들이자 동료이며 후계자인 마르쿠스 아우렐리우스 안토니누스-카라칼라라는 별명으로 알려짐-가 그 뒤 몇 년 동안 로마 시민권을 속주의 모든 자유민들에게로 확대했다. 이 새로운 법령은 감명을 받지 않은 후손들의 입장에서는 관대한 동기를 가진 것으로 간주되지 않고 오히려 세금 부담을 확대시키는 수단으로 간주되었다. 하지만 그것은 일반 시민들이 방위예산에 상당한 기여를 했음을 의미했다. 셉티미우스라면 그러한 정책을 승인했을 것이다.

## 혼란과 회복

3세기 중엽 수십 년 동안 로마 제국은 붕괴직전에 있었던 것 같다. 외부로부터의 이민족 공격이 내부 특유의 불화와 동시에 일어났다. 침입자들에 맞서 싸워야했던 병력들이 제위 계승을 둘러싸고 연중 계속되었던 싸움으로 고갈되었다. 238년과 253년 사이에 황제들이 매년 한 명의 비율로 즉위와 폐위를 반복했다. 옛날에는 집정관들이 적어도 그들의 일 년 임기 동안 다른 후보자들과 싸우지 않아도 되었다. 238년과 253년 사이의 시기는 5세기 뒤에 서방세계에 전해질 암흑시대의 많은 특징들을 가지고 있다. 기록들이 부족하고 연표를 만들기가 종종 어렵다.

동방에서의 상황이 특히 위급하게 되었다. 다른 이민족들과는 별개로 이미 오늘날의 우크라이나에 정착했던 고트족이 육로와 해로를 통해 제국의 내부로 침투해 들어왔다. 그들은 소아시아 북부뿐만 아니라 멀리 남쪽으로 에페소스까지 에게 해 해안의 도시들을 약탈하고 파괴했다. 이들 침입자들은 로마 제국의 중심부가 약하다는 사실을 발견했다. 변경 지방들은 군대들에 의해 방어되고 요새화되었지만, 일단 주변 요새들이 무너지자 침입자에게는 아무런 문제도 없었다. 요새화 되어 있지 않고 주민들이 무장하지 않은 채로 있었던 세계는 침입자가 마음만 먹으면 쉽게 손에 넣을 수 있었다.

유프라테스 강 너머의 상황은 의미심장하게 바뀌었다. 페르시아 만 북동쪽에 위치한 본거지에서 페르시아인들은 셀레우코스 왕조기 이후에 파르티아의 봉신 국가로 살아남았다. 하지만 사산 왕조(왕조의 한 조상의 이름에서 따옴) 치하에서 페르시아인들은 파르티아인들로부터 패권을 손에 넣었으며, 3세기 초에는 파르티아 제국의 새로운 지배사가 되었다. 그들은 얼마 안 있어 유프라테스 강 동쪽의 로마 변경 진지들에 도전했다. 그들은 곧 요충지들을 점령했으며, 로마가 격렬한 전투를 통해 파르티아인들로부터 확보했던 지역들을 차지했다.

242년에 로마의 한 재정 관리인이었던 사비누스 아퀼라 티메시테우스가 젊은 황제인 고르디아누스 3세의 장인이 되었으며 친위대장에 임명되었다. 이 지위로 그는 로마 제국의 실질적인 지배자가 되었으며, 머지않아 그의 조직력은 특히 동부전선에서 탁월한 군사적 성과를 낳는 데 사용되었다. 그곳에서 페르시아인들과 시리아에 다시 복위한 로마의 꼭두각시 왕으로부터 카레를 되찾았다. 하지만 티메시테우스의 죽음은 이러한 성공에 종지부를 찍었다. 페르시아의 공격이 재개되었다. 사산 왕조의 초대 왕 아르다시르(아르타크세르크세스)의 아들이었던 샤푸르(사포르)가 아르메니아를 점령하고 시리아를 침공했다. 로마 황제 푸블리우스 리키니우스 발레리아누스가 전투를 지휘했지만, 260년에 시리아의 도시 에데사를 구하려는 시도는 비참한 결과로 끝났다. 황제 자신이 페르시아의 포로가 되었으며, 그가 포로에서 풀려났는지는 기록되어 있지 않다. 발레리아누스 황제에게 음산한 운명이 드리워져 있다고 생각한 기독교 저술가들은 그가 기독교도를 박해했던 수많은 황제들 중 한 명이었다는 사실에 영향을 받았다. 하지만 기독교는 샤푸르에 의해서도 박해받았다. 왜냐하면 아케메네스 왕조의 태평한 옛날 교리와는 다르게 페르시아의 새로운 조로아스터교 교리는 편협함을 나타내는 선교 중심의 종교였기 때문이다.

그 사이에 서방에서는 갈리아가 프랑크족과 다른 이민족들의 침입을 받았다. 그들은 스페인으로 침입해서 타라코(타라고나)를 함락시켰다. 고트족이 동방에서 그랬던 것처럼 이들 침입자들이 일단 로마의 변경을 돌파하면 더 이상의 저항은 무모한 짓이었다. 259년에 황제의 자리를 요구했다는 이유로 발레리아누스의 아들인 갈리에누스 황제와 공식적으로 전쟁에 돌입했던 마르쿠스 라티니우스 포스투무스가 '갈리아 제국' 을 부활시켰다. 갈리아 제국은 키빌리스 시절에 잠시 생존을 위해 싸웠던 가상의 기구였다. 물론 베르킨게토릭스 치하에서처럼 켈트 민족주의의 문제는 없었다. 단지 독립된 정부가 로마가 할 수 있었던 것보다 갈리아에서 로마 문명을 더 잘 방어할 수 있었다(이것이 서방의 분열과 중앙 권력의 쇠퇴에 대한 초기 징후라는 사실에 주목하는 것은 흥미롭다). 갈리에누스와 클라우디우스 어느 누구도 로마의 대의에 대한 포스투무스의 헌신적인 봉사에 간섭하려고 고집하지 않았다. 그가 그들의 권한을 침해하고 있었다는 사실에도 불구하고, 그는 이민족을 격파하면서 자신의 힘을 널리 과시했다.

이렇게 해서 자신의 경쟁자에 의해 갈리아에서의 부담감으로부터 해방된 클라우디우스는 이제 발칸반도와 이탈리아를 위협하면서 서쪽으로 진군해 들어온 고트족과의 전쟁에 역량을 집중시킬 수 있었다. 클라우디우스 황제의 승리는 지중해를 침입자들로부터 해방시켰으며, 고트족을 다뉴브 강 건너로 몰아냈다. 그 결과 그는 후세에 클라우디우스 고티쿠스라는 이름으로 알려졌다. 하지만 이 당시에 고트족은 전염병으로 고통 받았으며, 클라우디우스는 고트족에게서 전염병에 감염된 수많은 로마인들 중 한 명이었다. 그는 270년에 사망했으며, 군대는 그의 기병사령관이었던 루키우스 도미티우스 아우렐리아누스를 황제로 맞이했다.

설사 다뉴브의 다수의 적들과 싸워 승리했다고 하더라도 아우렐리아누스는 갈리에누스와 포스투무스가 라인 강에서 했던 것처럼 다뉴브 지역에서 변경 지역들을 축소하지 않으면 안 되었다. 더 넓어진 주변은 더 이상 방어할 수 없었다. 아우렐리아누스는 지방의 한 음모로 목숨을 잃기 전에 5년 동안 통치했으며, 그의 지배 하에 제국은 회복의 시간을 가졌다. 황제의 권력에서 그보다 앞서 있었던 장군들처럼 그는 예전의 정적인 변경 방어개념을 포기해야만 이민족들을 몰아낼 수 있을 것이라는 사실을 생생하게 깨달았다. 게르만 부족(원래는 로마의 변경지방에 정착했던 동맹군들이었다)들이 이탈리아를 쑥대밭으로 만들고 있었다. 아우렐리아누스는 기동력이 뛰어난 군대를 사용해서 성공과 실패를 거듭한 끝에 그들을 제거했다. 그리고 그는 갈리에누스가 개발했던 것과 같은 기병부대에 의존했다. 동시에 아우렐리아누스 황제는 기습공격에 대한 대비책으로 새로운 견고한 성벽들을 준비하도록 조치를 취했다.

## 팔미라 전쟁

스페인과 브리타니아 모두의 충성을 이끌어낸 갈리아의 포스투무스는 실제로 그가 이민족 적들에 맞선 로마의 동맹자였다고 하더라도 표면상으로는 반역자였다. 이와는 대조적으로 동방에서는 팔미라의 왕 오데나투스가 페르시아에 맞서 충성스럽게 제국을 방어했다고 하더라도 실제로는 스스로 독립적 지위를 만들어냈다.

로마인들이 타드모르라 불렀던 시리아의 사막도시 팔미라는 동쪽의 대상로를 오랫동안 순찰하고 치안을 유지했다. 이것은 자연스럽게 군사력 준비로 이어졌다. 또한 그 밖의 점에서 셈족의 반半 그리스화된 팔미라 사회는 동방에서 로마의 칼을 찬 사람의 역할을 수행할 자격이 충분히 있었다. 페르시아 군대는 미늘갑옷과 판금갑옷으로 보호받는 중무장 기병에 광범위하게 의존했다. 팔미라인들은 하나의 방어수단으로 경무장 기병과 중무장 기병, 궁수 그리고 필요한 곳에서는 정교한 포위공격 장비를 조합해서 배치했다. 게다가 팔미라는 로마의 통치기술을 받아들였다. 하지만 페르시아인들은 그들의 선조인 파르티아인들처럼 중앙의 통제가 전혀 없이 그들의 승리에 보다 영구적인 영향을 주었을 지방적인 봉건제를 토대로 조직되었다.

셉티미우스 세베루스에 의해 설립되었던 왕조의 아라비아 혈통을 가진 군주였던 오데나투스는 페르시아인들이 여전히 발레리아누스에 대한 승리로 얻은 약탈물을 가득 가지고 있던 동안에 그들에게 결정적인 패배를 안겨주었다. 그 후 그는 너무 규모가 커져버린 발레리아누스 군대의 생존자들을 억압했으며, 이 지역에서 살아남은 로마 병사들에 대한 지휘권을 차지했다. 그리고 메소포타미아에서 반격에 착수했다. 이 과정에서 그는 페르시아 왕의 후궁들을 붙잡았다. 그는 갈리에누스로부터 이러한 공훈들에 상응하는 명예를 부여받았다.

267년에 오데나투스의 아름답고 재능 있는 미망인 제노비아가 권력을 계승했으며 그녀의 어린 아들을 대신해서 통치했다. 오데나투스 왕과 그가 다른 부인에게서 낳은 손위 아들은 암살당했다. 제노비아는 갈리에누스에게 의존하지 않는 독자적인 모습을 보여주었으며, 아우렐리아누스가 처음에는 회유했다고 하더라도 나중에는 동방에서 자신의 권한을 주장하지 않으면 안 되겠다고 생각했다. 아우렐리아누스가 소아시아로 진군하기 전에 아우렐리아누스 황제의 장교가 팔미라인들로부터 알렉산드리아를 되찾았다. 소아시아에서는 팔미라의 지배가 마지못해 용인되고 있었다. 영리하게도 제노비아의 장군인 자브다스는 기병 전술에 부적합한 산악 지역에서 싸우려 들지 않고 시리아에서 로마 군단을 기다렸다. 그는 안티오크를 방어할 수 없었지만 에메사(홈스)에서 2차 방어선을 구축했다. 여기에서 갑옷을 입은 팔미라의 창기병들이 아우렐리아누스의 기병을 전장에서 몰아냈지만, 아우렐리아누스는 그들이 없는 곳에서 전투에 승리했다. 그리고 그들이 산개해서 돌아왔을 때 그들을 적절하게 상대했다.

이제 사막과 베두인족 그리고 태양만이 팔미라를 지켜주었으며, 제노비아는 그곳으로 도망갔다. 그녀가 페르시아에 도움을 청했다는 것은 놀랄 만한 일이 아니다. 하지만 아우렐리아누스는 베두인족을 매수했으며 페르시아인들을 격파했다. 그 사이에 그의 군대는 영웅적으로 포위공격을 계속했다. 제노비아는 빠른 단봉낙타 위에 올라타 밤중에 유프라테스 강을 건너 도망가려고 시도했지만 붙잡혀서 아우렐리아누스에게 포로로 보내졌다. 나중에 그녀는 황금 사슬에 묶여 아우렐리아누스의 승리에 광채를 더해 주었지만, 전해오는 이야기에 따르면 로마에서 한 원로원 의원과 결혼해서 평화롭게 그녀의 시대를 마감했다고 한다.

팔미라가 함락되었을 때 아우렐리아누스는 제노비아가 아무런 거리낌 없이 죄를 뒤집어 씌운 고문관들을 사형에 처했지만, 그 도시의 나머지 사람들의 목숨은 살려주었다. 하지만 그가 다뉴브 강으로 돌아온 후에 동방의 로마 주둔군이 공격받는 배신을 당했다. 그는 두 번째 방문에서 팔미라를 철저히 짓밟았다. 그는 약간 주저하면서 그렇게 했었음에 틀림없다. 왜냐하면 페르시아에 대항하는 완충국가로서의 팔미라의 잠재력이 상당했기 때문이다. 하지만 팔미라가 궤멸되면서 이제 아우렐리아누스는 포스투무스의 죽음 이후에 로마 권력의 회복 기회가 무르익고 있었던 갈리아의 일에 참견할 수 있었다.

## 군대와 시민의 재조직

아우렐리아누스의 죽음에 뒤이은 10년은 또 한 번 연속되는 단명한 황제들이 통치하는 시기로 특징지어졌다. 하지만 284년 소아시아의 군대가 가이우스 아우렐리우스 디오클레티아누스를 황제로 선언했다. 디오클레티아누스는 자신의 경쟁자와의 전쟁에서 승리했으며 마르쿠스 아우렐리우스 발레리우스 막시미아누스를 동료로 임명했다.

286년에 디오클레티아누스는 막시미아누스에게 최고 권력의 소유자임을 나타냈던 '아우구스투스(황제)'라는 칭호를 허락했다. 그때부터 그들은 제국을 공동으로 통치했으며, 293년에는 각 '아우구스투스'가 직접 '카이사르(부황제)'의 칭호로 불렸던 동료를 임명했다. 이렇게 해서 참모들이 딸린 4개의 황제 사령부가 생겨났다. 과거에 편리한 것으로 입증되었던 절차들을 조직화함으로써 디오클레티아누스는 실제로 조합의 원리가 불가피하다는 것을 인정하고 있었다. 두 달 안에 병력이 브리타니아에서 다뉴브 강으로 이동했던 것 같다. 하지만 유프라테스 강 변경은 또 다른 문제였다. 동방과 서방은 단일 문명권에 속해 있는 두 개의 제국이었다. 그리고 디오클레티아누스는 동방과 서방이 경쟁하는 제국이 아닌 협력관계에 있음을 확실

디오클레티아누스는 동료 황제와 공동으로 제국을 통치하는 방식을 도입했다. 각각의 황제는 법정상속인의 보좌를 받았다. 기원 305년에 디오클레티아누스는 황제의 자리에서 은퇴해서 말년을 자신의 저택에서 보냈다.

하게 하고 싶었다. 어느 정도 그들의 상호 독립은 그가 인정하지 않으면 안 되었던 기정사실이었디.

제위 계승의 기초로 공동 선택의 절차를 재확립하면서 디오클레티아누스는 또 하나의 전통적 수단에 호소했다. 셉티미우스 세베루스의 가문에서 두드러진 단지 혈연에 기초한 세습은 몇몇 기괴한 결과들을 초래했다. 이와 유사하게 친위대 자체에 의해서 실행되었건 아

니면 속주 군단들에 의해서 실행되었건 '친위대를 통한 황제 계승'은 모반과 살인을 초래할 뿐이었다. 황제는 군인이 될 필요가 있었으므로, 그가 그 밖의 다른 어떤 것도 될 필요가 없었다는 것은 너무나 당연하게 생각되었다. 기원 1세기 때처럼 두 원칙의 혼합이 이제 최상의 결과들을 가져다 줄 것으로 기대되었다. 공동 선택이 친족 관계들에 의해 견고해졌다. 디오클레티아누스의 딸과 막시미아누스의 의붓딸이 공동 선택된 두 명의 '카이사르'인 갈레리우스 그리고 콘스탄티우스와 결혼했다.

또한 두 명의 '아우구스투스'는 20년 후에 관직에서 물러나 그들의 '카이사르'에게 자리를 물려주어야 한다는 규정이 마련되었다. 그리고 최고의 지위를 차지한 '카이사르들'은 하급 동료들로 새로운 '카이사르들'을 임명해야 한다. 디오클레티아누스 자신은 살로나이(크로아티아의 스플리트 근처)에 위치한 자신의 궁전으로 물러났다. 그가 살로나이를 주거로 선택한 것은 그 자체로 중요하다. 이제 제국의 무게중심이 발칸반도와 남동유럽에 놓이게 되었다. 그의 여러 전임 황제들처럼 디오클레티아누스는 발칸 혈통에 해당되었다. 로마는 빠른 속도로 제국의 의례 중심지에 불과한 곳으로 되어가고 있었다. 실제로 로마는 이미 속주 수도에 불과했으며, 원로원은 디오클레티아누스에 의해 마치 시 참사의원처럼 간주되었다. 그는 자신의 통치 최초 20년 동안 결코 로마에 들어가지 않았다.

디오클레티아누스는 또한 현실에 대한 준엄한 판단력과 무의미한 형식에 대한 무시로 공화정기 행정관들의 옛 이름을 순전히 민간 기능으로 좌천시켰다. 그리고 군사적 지위에 대해 점점 더 별개의 칭호들이 사용되었다. 셉티미우스 세베루스처럼 디오클레티아누스는 로마가 직면한 가장 커다란 문제가 징집의 문제였음을 깨달았다. 그리고 그는 보수를 증액해서 병사들의 수를 거의 두 배로 늘렸던 것 같다. 이를 위해서 오랫동안 로마 화폐의 가치 하락과 관련되었던 로마의 통화팽창에 맞설 필요가 있었다. 디오클레티아누스는 현물로 세금을 징수하고 그 수입으로 군대를 유지함으로써 문제의 핵심에 접근했다.

무엇보다도 디오클레티아누스는 행정가이자 조직가였다. 하지만 그 이유 때문에 그가 '탁상공론'의 전략가였다고 추론해서는 안 된다. 그의 개혁은 전투 중에 만들어졌으며, 최초 몇 개월의 제위기간 동안 살아남았던 대부분의 황제들처럼 그는 자신의 지위를 보존하기 위해 싸우고, 반란을 진압하며 그리고 이민족들을 억누르지 않으면 안 되었다. 디오클레티아누스의 동료 '아우구스투스'인 막시미아누스는 야심에 찬 인물이었다. 하지만 그는 전장에서 디오클레티아누스에게 도전할 만큼 어리석지는 않았다.

서방 황제로서 막시미아누스는 사실 자신의 군사적 문제를 가지고 있었다. 이 문제들 중에 가장 다루기 어려운 것이 브리타니아 해협 함대의 해군 사령관이었던 카라우시우스에

기원 312년에 세워진 콘스탄티누스 황제의 개선문. 여기에는 트라야누스 황제의 개선문을 포함해
앞선 시기 기념비들의 돋을새김들이 뒤섞여있다.

의해 제기되었다. 카라우시우스는 얼마 동안 브리타니아와 북부 갈리아에서 두 명의 ‘아우
구스투스’에 의해 일종의 임시동료로 용인되었다. 결국 막시미아누스의 ‘카이사르’인 콘스
탄티우스가 그를 불로뉴에서 몰아냈으며, 카라우시우스의 살해자와 계승자에 맞서 전쟁을
계속하면서 브리타니아로부터 예전의 충성을 확보했다.

**콘스탄티누스와 콘스탄티노플**

콘스탄티우스는 하드리아누스 성벽 북쪽의 이민족인 픽트족과 맞서 싸운 한 성공적인
전투 이후인 306년에 요크에서 사망했다. 그의 아들 콘스탄티누스는 브리타니아 군단에 의
해 ‘아우구스투스’로 선언되었지만, 콘스탄티누스(역사상 ‘대제大帝’로 알려짐) 이전에 발생

한 일정 기간의 전쟁, 협상, 칭호의 주고받음 그리고 왕가의 혼인으로 디오클레티아누스가 실제로 누렸던 패권을 차지했다. 실제로 4제 통치는 디오클레티아누스가 만든 제도들 중 덜 지속적인 것에 속했으며, 만성적인 혼란을 수습하는 데 4제 통치의 명백한 취약성이 316년에 사망하기 전에 그를 슬프게 했다.

콘스탄티누스는 디오클레티아누스가 설치했으며 심지어 아우렐리아누스 시대에도 또렷했던 전선들을 따라서 로마 군대를 진군시켰다. 이동이 없었던 변경군들이 주변 지역의 성채들을 차지하거나 아니면 강 방책으로 된 방어선에 병사들이 배치되었다. 하지만 최정예 병사들은 긴급하게 필요할 때 힘을 발휘할 수 있었던 기동타격대로 준비되었다. 이 기동타격대를 구성하고 있었던 보병부대는 그 규모가 옛날 마리우스 군단의 1/3정도로 줄어들었다고 하더라도 여전히 군단으로 불렸다. 사실 원래의 군단은 가끔 변경 수비대와 황제의 야전 기동군 사이에 쪼개지고 배분되었던 것 같다. 물론 기동군은 강한 기병분대를 더 필요로 했지만, 로마는 오랫동안 누메리로 분류되고 있었던 기병 병력을 조달하기 위해서 변경 지역에 정착했던 이민족들에게 의존하는 데 익숙해져 있었다. 안전을 위해 이민족을 제국의 심장부에서 멀리 떨어져 있는 변경에 붙들어두는 것이 자연스런 경향이었지만, 중앙의 기동력 집중이라는 관점에서 본다면 그것이 무작정 지지될 수는 없었다.

콘스탄티누스는 중요하다기보다는 징후를 나타내는 하나의 변화를 시도했다. 즉 그는 친위대를 폐지했다. 친위대의 보병대는 이제 전적으로 불필요했다. 그들의 효용과 악용은 군대의 다른 부문들에게 빼앗겼다. 친위대장의 칭호는 콘스탄티누스에 의해 순수하게 민간 관료에게 사용되었다.

물론 콘스탄티누스의 가장 기념비적인 작품은 '새로운 로마'이자 제국의 제2의 수도인 콘스탄티노플의 건립이었다. 이 역할을 위해 고대 그리스의 도시인 비잔티움이 선택되었다. 지도를 흘끗 보면 '새로운 로마'로 선택된 위치가 경제적으로나 전략적으로 얼마나 중요한 곳이었는지 금방 분명해질 것이다. 그곳은 유럽과 아시아 사이의 육상통신 그리고 지중해와 흑해 사이의 해상통신의 중심에 자리 잡고 있다. 무엇보다도 콘스탄티노플은 매우 중요한 다뉴브 전선에서의 군사작전을 위한 총사령부가 위치하기에 더할 나위 없이 이상적인 곳이었다.

평상시의 통찰력이 무색하게 셉티미우스 세베루스는 비잔티움이 자신의 동방 경쟁자인 페스켄니우스 니게르를 지지한 이후로 그 도시를 파괴했다. 그 결과 비잔티움에는 다음 세대에 그리스의 폰투스 도시들의 함대를 징발해서 에게 해로 해적 습격을 감행했던 고트족에 맞설 수 있는 효과적인 기지 또는 요새가 하나도 남아있지 않게 되었다. 새로운 수도의 성벽을 세우면서 콘스탄티누스는 성채 전반에 대한 믿음과 특히 이 지점에 성채를 둘러싸는 것의 중요성에 대한 믿음을 확인했다. 콘스탄티누스의 성채는 지금은 존재하지 않지만 그 위치는 요새화하기에 뛰어난 장소였다. 이민족 침입자들은 요새화된 도시들을 공격하는 데 결코 성공하지 못했으며, 콘스탄티노플의 성벽들은 다가올 수세기 내내 그들의 공격을 막아냈다.

아마도 콘스탄티누스는 최초의 기독교도 황제가 된 것으로 가장 잘 알려져 있는 것 같다. 사실 그는 임종 시에 기독교도가 되었으며, 그 전에는 그의 세대의 다른 제위 요구자들처럼 기독교도를 지지하고 격려했다. 이러한 그의 태도로 나타난 가장 즉각적이고 확실한 군사적 효과는 기독교 전투 깃발의 채택이었다. 이 깃발들은 그리스어로 그리스도의 이름을 나타내는 최초 두 개의 문자인 XP가 합성된 모노그램의 특징을 이루었다. 또한 콘스탄티누스는 병사들의 방패에 그 문장을 장식하게 했으며, 그가 디오클레티니아누스의 옛 동료인 막시미아누스의 아들 막센티우스로부터 권력을 빼앗기 위해서 이탈리아에 침입했던 312년의 전투에서 최초로 그 문장을 휴대했다.

# 이민족의 도래

서방에서 로마 제국은 실제로 서기 5세기 말경 이민족들에게 정복되기보다는 오히려 흡수
되어 기나긴 일생을 마쳤다. 동방에서는 가끔 도시 국가에 불과했지만 콘스탄티노플이 천
년 이상 동안 지속되었다.

### 고대의 문헌

후기 로마 제국에 대한 우리의 지식은 기독교도 저술가들에게 상당 부분 의존한다. 그

(위) 콘스탄티누스 대제의 동전. 그는 기독교를 지지했으며 비잔티움에 새로운 제국의 수도를 세워 자신의 이름을 따 콘스탄티노플이라고 불렀다.

(아래) 로마 제국의 변경이 아시아와 유럽의 민족들이 꾸준히 서진하면서 점차 압력을 받았다. 이 지도는 기원 2세기와 5세기 사이의 발전을 보여주고 있다.

들 중 일부는 권위를 갖고 글을 쓸 만한 자리에 있었다. 이미 앞에서 언급된 바 있는 카이사리아의 주교 유세비우스는 콘스탄티누스와 친밀한 관계였다. 기독교도 저술가가 그리스도의 탄생과 아우구스투스의 황금시대 그리고 제국 건립의 우연적인 일치를 신의 뜻에 의한 것으로 해석하는 것을 비난할 수는 없지만, 이교도의 역사를 성서의 연대기와 신학에 조화시키려는 시도에서 기독교도의 설명은 가끔씩 왜곡되어 나타난다. 여하튼 우리는 이들 고대 기독교도 역사가들을 고대의 사건들을 기록한 중세의 연대기 작가들과 함께 분류함으로써 과소평가해서는 안 된다. 서기 4세기 말과 5세기 초에 저술활동을 한 제롬과 오로시우스는 그들이 비판하고 각색했던 이교도 문화와 학문에 정통해 있었다. 그들은 아직까지 상당히 이교적인 세계에서 살고 있었으며, 결코 이교도의 사고습관과 절연하지 못했다.

물론 이교신앙은 콘스탄티누스의 개종과 함께 돌연 사멸했다. 그가 죽은 지 한 세대가 지나고서 또 한 명의 이교도 황제인 플라비우스 클라우디우스 율리아누스(배교자背敎者 율리아누스)가 로마 세계를 통치했다. 이교신앙을 부활하려 했던 율리아누스의 시도는 단지 시계를 거꾸로 돌리려는 헛된 시도로 보여질 수 있지만, 그의 정서와 태도는 동시대를 살았던 이교도 작가들, 그중에서도 특히 암미아누스 마르켈리누스의 『역사』에서 잘 반영되고 있다. 암미아누스는 갈리아에서 그리고 황제가 사망했던 363년에 페르시아 전투에서 율리아누스 밑에서 일했다. 암미아누스는 안티오크의 그리스인이었지만, 결국에는 로마에 정착해 라틴어로 로마인 독자들을 위한 『로마사』를 썼다. 만약 그의 『로마사』가 여전히 완전한 형태로 전해져 온다면, 그것은 타키투스가 사망했던 기원 96년의 사건들로 시작되었을 것이다. 그러나 실제로 현존하는 부분은 콘스탄티누스 대제의 셋째 아들인 콘스탄티우스 2세의 치세인 353년부터 시작된다. 페르시아 전투에 대한 율리아누스의 설명은 매우 구체적이다. 하지만 그것은 전적으로 개인적 경험에 기초하지는 않았다. 암미아누스는 요시무스와 적어도 하나의 중요한 문헌을 공유했다. 페르시아 전투에 대한 요시무스의 이야기 또한 구체적이다.

역사적 설명들과는 별개로 로마의 군사기술에 관한 논문을 썼던 서기 4세기의 문관 베게티우스 레나투스에 대해서도 언급되어야 한다. 하지만 설사 군사정보의 중요한 출처라고 하더라도, 베게티우스는 연대기적으로 부정확하다. 또한 서기 4세기 말 동방과 서방으로 제국이 분할되었을 때 임명되었던 문관과 무관들의 목록인 『고관목록』의 현존하는 원고 또한 가치가 있다.

후에 로마와 서로마 제국이 이민족 주민들과의 융합으로 알아볼 수 없을 정도로 변형되었을 때 그리고 특히 위대한 비잔틴 제국의 황제 유스티니아누스(527~565)의 시기에 대해 우리가 주로 의존하는 문헌은 그리스인 역사가 프로코피우스이다. 프로코피우스는 유스티니아누스 치세에 무적의 장군 이었던 벨리사리우스의 참모에 대해 병참업무를 맡았으며, 현존하는 『유스티니아누스의 전쟁사』를 썼다. 이 책에서 그는 목격자들과 접촉해서 알아낸 내용들뿐만 아니라 그보다 더 이른 시기의 역사적 자료들 또한 이용했다.

이제 여기에서 제기되는 하나의 의문은 연대기적 한계에 대한것이다. 프로코피우스의 『전쟁사』는 시인 아가티아스에 의해 계속되었다. 하지만 아가티아스는 연대적으로 매우 멀리까지 나아갈 수 있기 전에 사망했다. 그 이상의 기록들에 대해서는 게네시우스와 테오파네스 같은 후기 비잔틴의 그리스인들과 수많은 익명의 역사가들에게 의존해야 한다. 나중에 기록이 전해진 작가들의 사라진 출처들 중에는 외교적 경력 때문에 훈족과 긴밀하게 접촉했던 올림피오도루스와 프리스쿠스가 포함되어야 한다.

서방에서 학자이자 행정관인 플라비우스 마그누스 아우렐리우스 카시오도루스(490~583)가 라틴어로 쓴 『로마사 개관』을 남겼다. 비록 지금은 사라지고 없지만 그의 『고트족의 역사』는 아마도 로마화된 고트인으로 약 550년까지 살았던 요르다네스에 대한 현존하는 이야기에서 요약되었다. 또한 이 작품은 카시오도루스를 통해 프리스쿠스로부터 얻어내는 훈족에 관한 많은 정보를 포함하고 있다.


**로마 제국의 종말**


소년 로물루스 아우구스툴루스는 보통 서방에서 마지막 로마 황제였다고 말해진다. 그는 여러 로마 지휘관들 밑에서 복무한 적이 있었던 게르만 장교 오도아케르에게 476년 황제의 자리에서 폐위되었다. 오도아케르는 콘스탄티노플에 자리 잡은 동방 황제의 종주권을 인정하면서 이탈리아의 왕으로 지배하는 데 만족했으며, 전통적인 황제의 칭호와 명예를 주장하는 데에는 무관심했다. 여하튼 로물루스는 아버지의 쿠데타로 황제의 자리에 오른 권력찬탈자였으며, 동방 황제의 승인을 받지 못했다. 하지만 황제 칭호의 포기는 상징적인 의미를 지니며 고대 로마의 역사가들에게 그들의 이야기를 끝낼 수 있는 구실을 제공한다.

로마 역사가 정확히 언제 종말을 고했는지 알 수 없다. 로마의 종말로 확인되는 사건들은 모두 실제로는 상징적인 종말을 나타내는 것임에 틀림없다. 왜냐하면 그리스·로마 문명은 붕괴하거나 폭발하지 않았기 때문이다. 그것은 단지 점진적인 과정을 통해 알아볼 수 없을 정도로 변형되었을 뿐이다. 여러 면에서 그리스·로마 문명의 제도들과 가설들 그리고 태도들은 여러 세기가 경과하면서 꾸며진 모습으로 아니면 있는 그대로의 모습으로 살아남고 부활하면서 여전히 우리에게 남아있다. 하지만 어떤 역사이든 시간이 경과하면서 세계사가 된다는 것은 점점 더 어렵다. 그리고 형식과 관련해서 우리가 가지고 있는 관념은 모든 이야기가 시작과 중간 그리고 끝이 있어야 한다는 것이다. 로물루스 아우구스툴루스와는 별개로 역사가에게는 여러 개의 가능성 있는 고대 문명의 종착지점들이 있다.

395년 다소 완고하기는 했지만 위대했던 기독교도 황제인 테오도시우스가 두 명의 무능한 아들인 아르카디우스와 호노리우스에게 로마 세계를 상속하고 사망했다. 첫째인 아르카디우스는 동방에서 그리고 둘째인 호노리우스는 서방에서 황제의 권한을 행사했다. 이러한 상황으로 두 개로 쪼개진 제국 사이에서 불화가 영속되었다. 디오클레티아누스가 마련한 장치들에서 징후를 보였던 행정적인 차이가 그리스적인 동방과 라틴적인 서방 사이에 기존의 문화와 언어의 차이를 정치적으로 나타냈다. 그 차이는 교회사에서 흔적을 남겼다. 따라서 '로마 제국의 종말' 시점은 제국의 통합이 막을 내렸던 시기, 즉 테오도시우스 황제의 죽음에서 구해야 할 것 같다.

반면에 로마 제국의 위엄과 힘은 527년 대관식에서 '아우구스투스'의 칭호를 차지한 동로마 황제 플라비우스 페트루스 사바티우스 유스티니아누스의 정복 활동으로 놀랄 만큼 회복되었다. 유스티니아누스는 아프리카와 이탈리아 그리고 스페인으로 권한을 확대해 나갔다. 그곳에서 그의 군대는 반달족과 고트족 침입자들에게 승리를 거두었다. 또한 그는 동쪽 변경의 페르시아인들과 전쟁과 외교관계를 번갈아가며 지속했다. 유스티니아누스는 수많은 건축과 토목공사에 착수했다. 이 분야에서 그의 가장 탁월한 업적은 물론 콘스탄티노플에 세워진 거대한 하기아 소피아(Hagia sophia)('성스러운 지혜'라는 뜻) 성당의 건립이었다. 또한 법률분야에 대한 공헌으로 유스티니아누스에게 불후의 명성이 주어졌다. 그의 로마법 편찬

은 적어도 하기아 소피아 성당의 건립만큼이나 기념비적인 작
품이었다. 불행히도 많은 비잔틴 황제들처럼 그의 치세 또한
성직자는 물론이고 일반 주민들조차 괴롭혔던 신학논쟁으로
고통 받았다. 역사에서 종종 나타나는 것처럼 종교적인 차이
는 정치적 야망과 열망의 집결지가 되었다. 콘스탄티노플에서
는 신념이 충성을 나타내는 함성이 되었다. 만약 당신이 경기
장에서 녹색 전차기사를 지지했다면, 당신은 아들 예수 그리
스도와 하느님 아버지의 관계에 대해 어떤 것을 믿었으며, 동
시에 다른 가문보다는 황제 가문의 한 분가를 지지했다. 충
성은 항상 '일괄 흥정'이지만, 콘스탄티노플은 파벌에 대한

## 아르겐토라툼 전투(기원 357년)

| 로마군 | 게르만군 |
|---|---|
| **보병** | |
| 팔라틴 군대: | 부족민 32,000명 |
| 1개 군단 약 1,500명 | |
| 보조군의 4개 보병대 약 2,500명 | |
| 기타: | |
| 2개 군단 약 3,000명 | |
| 보조군의 6개 보병대 약 3,000명 | |
| **기병** | |
| 클리바나리이 600명 | 2/3,000명 |
| 말 탄 궁수 600명 | |
| 경무장기병 900/1,500명 | |

**전반적 상황** 율리아누스가 크노도마르 왕의 지휘를 받는 게르만족에 맞서 전투를 행하고 있다. 그는 뜨거운 8월의 태양 아래에서 정오가 되기 이전에 대략 21마일(34킬로미터)을 전진한다. 율리아누스는 날개 부분은 전진시키고 게르만족을 향해서 언덕 너머로 군대를 이끈다. 숲속에서의 매복공격의 낌새를 알아챈 율리아누스의 군대는 멈추어서 산개한 뒤에 소규모 접전을 한다. 자신들을 버리고 떠날 것을 두려워한 보병의 주장에 따라 게르만 기병이 말에서 내린다.

1. 게르만족의 공격으로 로마 기병이 공황상태에 빠지고 클리바나리이 지휘관의 사망으로 철수한다(2). 로마의 좌측은 기다리고 있다. 바타비이족과 레기이족이 코르누티족과 브라키아티족을 지원하기 위해서 공격한다(3). 클리바나리이의 철수가 로마 군단병들에게 봉쇄된다. 율리아누스가 소집한 군단병들이 싸움터로 다시 돌아온다(4). 로마의 좌측이 앞으로 밀고 들어간다(5). 일단의 귀족들이 지휘하는 게르만족이 로마의 중앙을 돌파한다(6). 그들은 프리마니의 군단병에게 저지당하고 결국 퇴각한다. 로마군은 계속해서 게르만족을 밀어내고, 게르만족은 와해된다(7). 대량살육이 뒤따른다. 많은 병사들이 라인 강에 빠져 죽는다. 크노도마르는 사로잡힌다. 그는 6,000명의 병사를 잃었다. 로마가 입은 손실은 사망 247명과 부상 1/2,000명이었다.

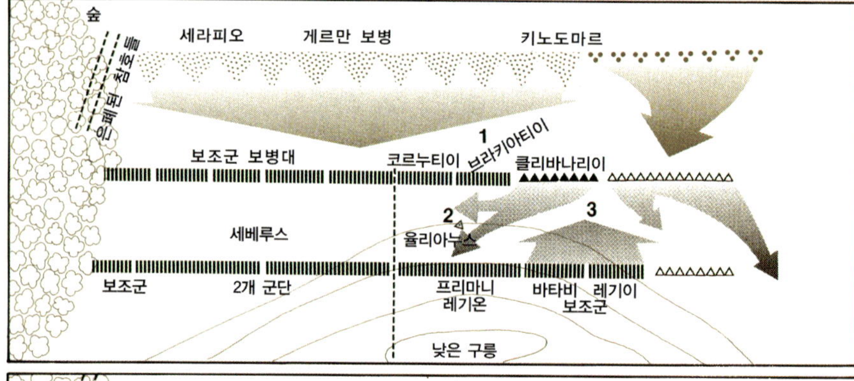



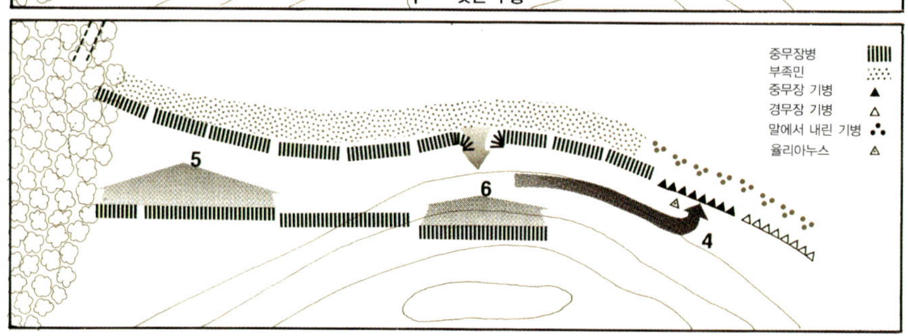



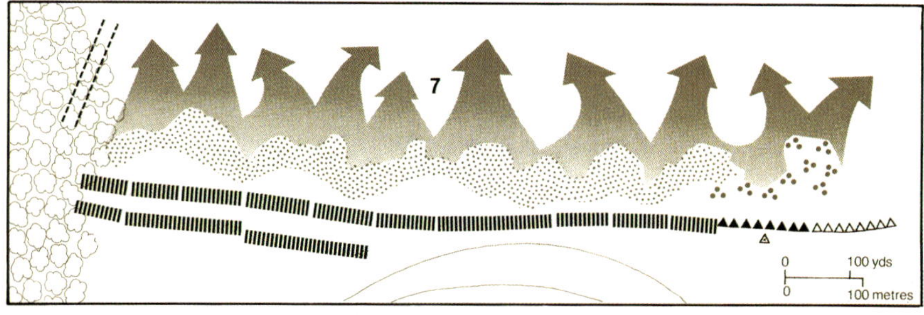

인간의 뿌리 깊은 성향을 간접적으로 보여 주었다.

　서기 565년 유스티니아누스가 죽은 뒤 그의 광대한 제국은 곧 붕괴되었으며, 한동안 콘스탄티노플은 자체의 성벽을 방어하는 것에 만족해야만 했다. 하지만 재차 헤라클리우스(610~641)와 레오(717~740) 같은 위대한 황제들이 비잔틴 문명을 구했다. 서방 속주들 중 마지막으로 살아남은 것은 라벤나의 '총독관구'였다. 이것은 결국 오랫동안 북부 이탈리아 영토를 점령한 게르만 부족인 롬바르드족(랑고바르드족)에게 함락되었다. 오늘날 여전히 이곳은 롬바르디아로 불리면서 그 이름을 간직하고 있다. 아마도 서기 751년 라벤나의 함락은 로마 역사에서 또 하나의 종착지점으로 적합할지 모른다. 물론 서기 410년 고트족의 로마 약탈처럼 훨씬 더 이른 시기가 종착지점으로 제기될 수도 있을 것이다. 하지만 이것은 상징적인 사건으로 간주되지 않으면 안 된다. 이 당시 로마는 장관 관할의 수도 또는 그 일부인 주교관구조차도 아니었다. 로마는 확실히 어떤 군사적 중요성도 갖고 있지 않은 도시였다. 로마는 고대의 아테네가 오래 전에 그렇게 되었던 것처럼 유서 깊은 관광 중심지에 불과했다. 우리는 고작 하찮은 박물관을 말할지도 모른다.

## 동부 전선

　유스티니아누스는 페르시아인들과 기꺼이 평화공존체제를 유지하면서 살아가고자 했던 수많은 황제들 중 한 명이었다. 하지만 그는 이 정책으로 큰 화를 당하지 않으면 안 되었다. 페르시아인들에게는 평화공존체제를 유지하고 싶은 의향이 없었다. 그들은 자신들의 오래된 적들이 인력 문제를 갖고 있다는 것을 잘 알았다. 그리고 동방과 서방으로 나누어진 로마 제국이 여타 변경 지역에서 다수의 이민족들로 부터 공격을 받고 있었을 때, 사산 왕조 페르시아의 지배자들은 더 없이 적절한 기회라고 생각했다.

기원 4세기의 카메오 조각(보석 등에 새기는 양각: 역자 주). 페르시아 왕 샤푸르가 로마 황제 발레리아누스를 사로잡고 있는 장면을 보여주고 있다.

　발레리아누스의 패배와 로마를 대신한 오데나투스의 보복 이래로 유프라테스 강 변경에서 전쟁의 조수가 밀려오고 빠져나가기를 되풀이했다. 디오클레티아누스의 충성스런 '카이사르' 부황제인 갈레리우스가 처음에는 페르시아 왕 나르세스의 손에 (또 한 번 카레 근처에서) 패배를 맛보았다. 하지만 그는 자신이 당한 참패에 충분히 복수했으며, 다음 해인 298년 로마의 동쪽 변경은 훨씬 더 동쪽인 메소포타미아를 가로질러 티그리스 강까지 확장되었다.

서기 359년 페르시아의 운명을 재건하는 데 전력했던 샤푸르 2세는 군대를 메소포타미아로 이끌고 가 여러 개의 로마 변경 요새들을 장악했다. 동쪽의 비상사태에 반응해 콘스탄티우스 2세는 갈리아에서 군대를 소환하지 않으면 안 되었다. 그리고 분노에 찬 그곳의 군대는 서부 전선에서 그들의 '카이사르'(부황제)였던 율리아누스를 '아우구스투스'(정황제)로 선언했다. 하지만 변경의 압박은 과거 그대로였으며, 황제의 경쟁자들이 싸울 만한 시간적 여유를 찾을 수 있기 전에 콘스탄티우스는 사망했다. 그리고 율리아누스는 동방에서 로마의 힘과 권위를 주장하는 유일한 황제로 남게 되었다. 그는 강을 통한 수송의 도움을 받고 유프라테스 강을 따라 군대를 이끌었으며, 고대 운하를 이용해 바빌론에서 50마일(80킬로미터) 정도 떨어진 지점에서 배를 티그리스 강 건너 쪽으로 이동시켰다. 하지만 그는 여기에서 페르시아의 수도인 크테시폰을 포위하는 대신 더 멀리 동쪽으로 진군하도록 유인되었다. 이렇게 해서 연락선이 길어지면서 율리아누스의 병사들은 끔찍한 곤경에 처하게 되었다. 적들은 기름진 지역마저도 철저하게 유린했다. 페르시아인들은 파르티아인들이 예전에 로마 군대를 괴롭혔던 것처럼 율리아누스를 괴롭혔다. 이 전투에서 율리아누스는 상처를 입고 사망했으며, 얼마 안 있어 페르시아인들은 율리아누스가 남긴 군대가 황제 계승자로 선언했던 자격이 모자란 장교에게서 메소포타미아를 되찾았다. 아마도 이러한 오래된 변경 전쟁 이야기에서 로마인들이—아니면 그들의 비잔틴제국 대리인들이—마지막 단안을 내렸던 것으로 생각될 수 있을 것이다. 왜냐하면 오랜기간 지속된 일련의 전투 후에 헤라클리우스 황제가 페르시아인들과 흑해 북쪽의 이민족이었던 아바르족 사이의 가공할 동맹을 압도하면서 마침내 니네베 근처의 한 전투에서 페르시아 왕 쿠스루(코스로에스 2세)의 군대를 절멸시켰기 때문이다.

페르시아 제국은 이 무렵 눈에띄게 약화되었으며, 이미 로마 말고도 다른 적들에 둘러싸여 있었다. 서기 454년 페르시아인들은 이미 유라시아 대륙 대부분에 위협을 가했던 중앙아시아 유목민 집단의 한 분파였던 백색 훈족의 침입에 맞서야 했다. 만약 사산 왕조가 얼마 안되는 이익 때문에 로마와의 다소 무익한 전쟁에 정력을 낭비하지 않았더라면, 서기 7세기 초에 예언자의 메시지에 고무되어 페르시아의 조로아스터교에 도전했던 아랍인들에게 더 잘 저항할 수 있었을지도 모른다.

그러나 로마인들과 페르시아인들의 전쟁이 양쪽에 단지 소모적인 결과만을 가져온 것으로 생각할 수 있다고 하더라도, 이들 전쟁은 훈련장을 제공했으며 많은 군사적 교훈들을 끌어낼 수 있는 원천이었다. 로마인들은 동방에서는 대단히 정교하게 변경을 방어했으며, 유프라테스 강 변경의 소규모 요새 주둔군들은 영웅적 행동을 보여주었다. 또한 로마인들은 페르시아의 전투방식으로부터 많은 것을 배웠다. 『고관목록』이 편찬되었을 때, 쇠미늘갑옷과 판금갑옷을 입은 기병들이 로마군대의 정규군을 형성하고 있었다. 이것은 트라야누스 황제가 시작했던 발전의 결과였다. 경무장한 채 말에 탄 궁수들과 중무장한 창기병을 결합한 혼성군 형태를 발전시키려는 시도마저 있었던 것 같다. 왜냐하면 문헌에서 말 등에 탄 갑옷 입은 궁수들이 등장하고 있기 때문이다. 하지만 그들이 교전 중에 성공적으로 이용되었다는 기록은 어디에도 없다.

### 적대적인 고트족과 우호적인 고트족

로마 제국 후기에 침입해 들어왔던 모든 이민족들 중에 고트족은 가장 강한 인상을 남겼다. 그들은 서기 1세기가 시작될 무렵 남쪽으로 이동을 시작했던 스칸디나비아 혈통의 게르만족이었다. 서기 3세기에 클라우디우스 고티쿠스에게 쫓겨난 그들은 재차 서기 4세기에 압박을 가했다. 아우렐리아누스는 서고트족이 전에 로마의 다키아 속주였던 다뉴브 강 북쪽에 정착하는 것을 허용했다. 또 하나의 무리를 지은 동고트족은 우크라이나 지역을 차지했다.

서기 4세기 말 고트족은 동유럽과 아시아 민족의 이동으로 강한 압박을 받았으며, 로마 영내에 정착할 수 있는 권리를 얻고자 했다. 그때 페르시아와의 전쟁에 전념하고 있었던 로마 황제 발렌스는 발칸 전선의 지휘관들을 통해 고트족이 정착민으로 받아들여지기 전에 무장을 해야 한다는 점을 확실하게 하려고 노력했다. 하지만 그는 이러한 예방조치를 실행에 옮길 수 없었다. 다뉴브 강과 라인 강을 건너 이민족의 계속되는 이동의 물결이 동쪽으로부터 밀어닥치고 있었다. 결국 발렌스 황제는 자신이 직접 지휘하기 위해서 동방으로부터 돌아오지 않으면 안 되었다. 서기 378년 아드리아노플 근처의 격렬한 전투에서 그는 이주민들에게 패배하고 살해되었다. 그의 시신은 반환되지 않았으며, 황제의 위엄이 심하게 훼손되었다. 발렌스 황제의 기병은 도망쳤으며, 보병은 궤멸되었다.

하지만 로마가 겪었던 이 엄청난 참사 이후조차도 고트족은 제국을 초토화시키지 못했다. 우선 그들에게는 성채 공격에 없어서는 안 되었던 기술과 장비 모두가 부족했으므로 로마의 성채들을 점령할 수 없었다. 두 번째로 로마인들이 과거에 종종 그랬던 것처럼 절대 절명의 상황에 군대를 불러 모았던 한 위대한 장군의 활약으로 구출되었다. 이 경우에 구세주는 비상사태에 대처하기 위해 살아있는 '아우구스투스'였던 플라비우스 그라티아누스에 의해 황제의 자리에 오른 유능한 장교 테오도시우스였다. 테오도시우스는 침입자들을 격퇴하기 위해 이미 제국 영내에 정착을 허락받았던 우호적인 기독교도 고트족을 병적부에 올림으로써 인력 문제를 해결했다. 마침내 이주민들과 협약이 체결되었다. 이 조약에 따라 기독교도 고트족은 다뉴브 강 하류 남쪽의 제국 영내에 로마의 동맹자로 정착할 수 있게 되었다. 하지만 그들은 전시에는 로마 장교들의 지휘를 받아야 했다. 이것은 무엇보다도 그들이 원했던 바였다.

쫓아낼 수 없었던 이민족들을 흡수하는 테오도시우스의 정책에 대해서는 많은 선례들이 있었다. 이러한 흡수 정책은 로마의 정치적 성향에서 본질적인 것이어서, 공화정의 가장 이른 시기에 그리고 그 후에 로마가 예속 왕국들을 인정한 것에서 그 예를 찾을 수 있다. 이 동하는 이주민들의 압력에 의해서뿐만 아니라 이민족 인구의 팽창으로 야기된 수적 불평등의 심화에 직면한 로마 황제 테오도시우스는 이보다 더 잘할 수는 없었다. 그것은 정말로

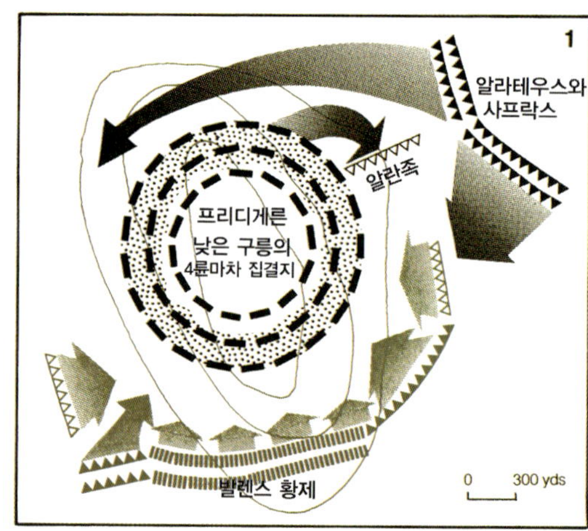


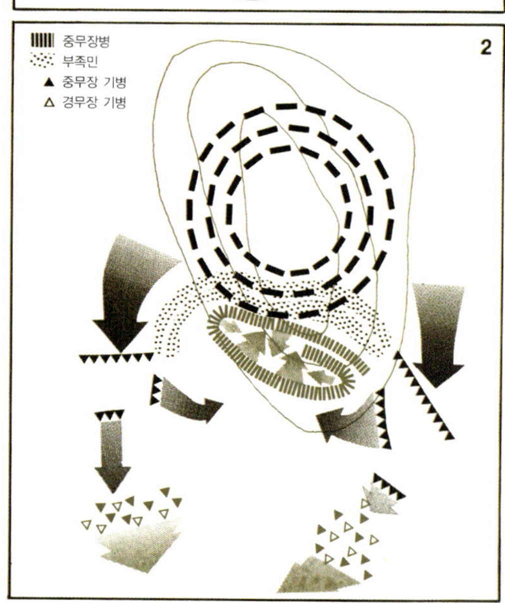


## 아드리아노플 전투(기원 378년)

| 제국 동부의 로마인들 | 고트족 |
| --- | --- |
| 군대 | |
| 40,000명(10,000명 가량의 기병을 포함) | 200,000명 (이들 중 50,000명만 전투원이고 20,000명은 기병으로 추정) |

**전반적 상황** 발렌스 황제는 서로마제국의 군대가 도착해 자신의 승리를 나눠 갖기 전에 트라키아에서 이민족들에게 결정적인 패배를 가하려고 한다. 이들 이민족에는 알라테우스와 사프락스가 지휘하는 서고트족과 일부 알란 족이 포함된다. 발렌스는 아드리아노플에서 8마일(13킬로미터) 전진해서 한 낮은 언덕에 짐마차를 둥글게 방벽으로 배치한 고트족의 야영지를 보게 된다. 발렌스는 오른쪽 날개에 준비된 기병의 엄호를 받고 부대를 배치한다. 동고트족 기병들이 진지에서 벗어나 말에게 먹일 마초를 찾고 있다. 프리디게른이 평원의 풀에 불을 지르고 시간을 벌기 위해서 사절단을 파견한다. 하지만 일단 부대배치가 끝나자 로마인들은 공격에 착수한다.

1. 동고트족이 돌아와 로마의 우측면을 공격하고 로마의 기병을 격퇴한다. 전장이 먼지구름으로 뒤덮인다. 로마의 좌측은 오른쪽에서 무슨 일이 벌어지고 있는지 모르고 고트족의 야영지까지 압박해 들어간다.

2. 고트족은 진지에서 빠져나와 진지 뒤를 에워싸고 있었던 기병의 지원을 받아 로마의 좌측을 격퇴한다. 로마군은 측면을 포위당하고 결국 와해된다. 밤이 다가오면서 로마군은 전면적인 철수에 돌입한다. 발렌스 황제는 살해되고 그의 시신은 반환되지 않았다. 부황제인 데키우스, 수많은 상급 지휘관들, 그리고 셀 수 없이 많은 병사들 또한 사망했다. 아드리아노플 전투는 칸나이 전투 이후로 로마가 경험했던 최악의 패배였다.

로마인 대 이민족. 제국 말기에 이주민들이 점점 흡수되면서 두 집단 간의 구별은
민족적인 것보다는 오히려 법률적인 것이 되었다.

풍부한 상상력이 가져다준 해결책이었다. 하지만 문제는 로마인들의 이민족 흡수가 보다 적절하게 이민족들 사이에 로마인들의 희석으로 묘사될 수 있을 때였다.

페르시아 전쟁처럼 이 상황은 점점 더 제국군대로 하여금 외국의 무기와 갑주를 채택하도록 이끌었다. 테오도시우스 시대에 깃 장식을 한 투구와 흉갑으로 무장한 군단병들은 여전히 로마적인 유형으로 알아볼 수 있는 것이었다. 하지만 동시에 군단들은 타키투스 시절에 로마군대에서 해외의 보조군들만이 채택했던 폭이 넓은 기다란 칼인 스파타처럼 이국적인 무기를 사용하기 시작하고 있었다. 이제 일부 보병부대는 필룸 대신에 더 가벼운 투척용 창인 란케아로 무장했다. 이것은 투척용 가죽 끈이 부착되어 있어서 특별히 정확성과 추진력이 더해질 수 있었다. 또한 스피쿨룸과 베리쿨룸이라는 용어는 새로운 유형의 투척용 무기들을 가리킨다. 더 가벼운 종류의 투척용 창을 사용하는 것이 일반적인 경향이었다.

## 고트족의 반란

서기 388년 한 게르만출신 장군의 도움으로 테오도시우스는 브리타니아에 근거지를 둔 채, 갈리아와 스페인으로 힘을 뻗치더니 마침내 제위를 요구하며 제국 중심부의 속주들에 침입했던 마그누스 막시무스의 반란을 진압했다. 그때 테오도시우스의 게르만출신 장군이 등을 돌리고 로마에서 또 다른 제위 요구자를 지지했다. 하지만 테오도시우스 황제는 재빨리 콘스탄티노플에서 이탈리아로 진군했으며, 자신의 로마인 경쟁자와 게르만인 지지자를 모두 제압했다. 이런 식으로 사건이 진행된 것은 테오도시우스가 자력으로 전쟁을 수행할 수 있는 강력한 황제였기 때문이다.

허약하거나 겁 많은 황제들 치하에서 실제 권력은 그들의 총사령관들의 수중에 놓여 있었다. 그리고 총사령관들은 종종 게르만 출신이었다.

테오도시우스가 다뉴브 강 남쪽에 정착시켰던 고트족은 그가 살아있는 동안 충성을 다했다. 하지만 이탈리아 전투에서 고트족의 한 분견대를 지휘했던 알라리크는 더 높은 지위를 열망했으며, 테오도시우스가 죽은 뒤 고트족의 반란을 이끌었다. 알라리크 지휘 하의 고트족은 다뉴브 강 정착지로부터 잠깐 콘스탄티노플의 성벽을 위협한 뒤 트라키아를 지나 남쪽으로 진군했으며, 마케도니아와 북부 그리스를 약탈했다. 하지만 그들은 매우 유능한 서방 총사령관으로 유일하게 알라리크를 상대할 수 있었던 스틸리코에게 저지당했다. 정치적 음모로 콘스탄티노플에서 황제 아르카디우스가 스틸리코에게 동방 지역에서 떠날 것을 명령했다. 스틸리코는 이에 복종했으며, 따라서 알라리크는 아무런 방해도 받지 않고 남쪽으로 진군을 계속할 수 있었다. 아테네는 돈을 지불하면서 고트족에게 떠나줄 것을 요구했지만, 고트족은 펠로폰네소스 반도로 침입해 들어왔다. 재차 생각할 시간을 가졌던 아르카디우스는 스틸리코에게 돌아올 것을 호소했으며, 스틸리코는 황제의 호소에 화답했다. 그는

### 로마의 적들

**350년 동고트족의 족장**
동고트족은 서고트족보다 더 많은 기병을 갖고 있었다. 그들은 대부분 그림에 나오는 사람처럼 족장들을 제외하고는 갑옷을 입지 않았다.

**400년경의 프랑크족 전사**
그림은 무거운 투척용 창과 프랑크의 투척용 도끼로 무장한 전형적인 프랑크족 전사를 보여주고 있다. 줄무늬 튜닉, 깎아낸 목덜미, 그리고 콧수염은 프랑크족의 전형적인 특징이다.

**400년경의 서고트족 전사**
서고트족은 주로 보병이었다. 긴 소매의 튜닉과 기이하게 생긴 방패 또한 사용되었다. 로마인에게서 빼앗은 무기를 자주 휴대했다.

**450년경의 사산 왕조 페르시아의 귀족**
사산 왕조는 파르티아인들을 추방했다. 여기 재구성된 그림은 코스로에스 왕의 조각상에 기초한 것이다. 클리바나리이는 로마의 클리바나리이처럼 무거운 갑옷으로 무장했다.

해로를 통해 군대와 함께 코린트에 도착했으며, 펠로폰네소스 반도에서 고트족의 허를 찔렀다. 그리고 알라리크에게 평화협정을 체결하도록 강제했다. 새로운 협정으로 고트족은 아드리아 해 동쪽의 땅을 받았으며, 알라리크는 일리리아의 왕으로 선포되었다. 그것은 오래 지속될 것으로 예상되었던 해결책은 아니었으며, 결국 오래가지 않아 협정은 파기되었다.

알라리크의 태도는 어느 면에서는 모호했던 것처럼 보인다. 그는 처음에는 로마 군대에서 승진하기를 열망했지만, 기대가 좌절되자 자신이 지배하고 있었던 발칸의 서고트족들 사이에서 널리 유행하고 있었던 고트족의 독립이라는 민족주의적 대의를 열렬히 지지했다. 그가 스틸리코와 맺었던 협정은 일시적으로 그의 로마적인 열망과 고트적인 열망 모두를 만족시켜주었던 것 같다. 왜냐하면 그는 고트족 주민들에게 왕으로 인정받았으며, 또한 로마의 최고 지위인 일리리움 군사령관의 칭호를 부여받았기 때문이다.

'총사령관'은 테오도시우스 치하에서 중요해진 호칭이었다. 콘스탄티누스 대제 시대에 기병사령관과 보병사령관은 독립된 지위였다. 하지만 테오도시우스는 두 개를 단일 지휘권으로 통합했다. 그런 지휘권을 차지하고 있는 장교들은 황제의 참모로 배속되거나 아니면 알라리크가 일리리움에서 부여받았던 것처럼 지정된 지역의 권한을 부여받았던 것 같다. 서방에서는 기병과 보병의 지휘권 분리가 더 늦은 시기까지 계속되었지만, 군인이 아니었던 호노리우스 같은 황제 치하에서는 지휘권 통합이 절실하게 필요한 상황이었다. 그리고 임명된 순간 자동적으로 귀족의 사회적 지위를 부여받았던 총사령관은 귀족으로 알려지게 되었다. 원래 공화정 초기 귀족들에게 사용되었던 옛날 용어인 파트리키우스는 콘스탄티누스에 의해서 명예로운 호칭으로 부활되었다. 하지만 서기 5세기에 파트리키우스라는 호칭은 종종 성공한 이민족 장교들이 차지했으며, 최고 군대 지휘권을 나타냈다.

## 반달족

알라리크처럼 스틸리코는 이민족 혈통의 장교였다. 그는 고트족이 아니라 반달족이라는 점에서 알라리크와는 달랐다. 서기 5세기에 반달족은 매우 활동적인 게르만족이었지만, 다른 이민족들과 비교해 수가 많지 않았다. 최초로 기록된 그들의 고국은 스칸디나비아 남부에 있었지만, 서기 2세기 말경 그들은 쉴 새 없이 밀려와 다뉴브 강 북쪽 고트족 정착지의 서쪽에 이웃으로 자리 잡았다. 훈족의 압박으로 그들의 이주는 계속되었으며, 서기 406년 반달족은 라인 강을 넘어 갈리아를 파괴하고 약탈한 뒤 스페인으로 나아갔다. 이러한 이동과정에서 반달족은 러시아 남부로부터 알란족을 동반했지만, 로마의 세력 밑에서 행동하는 서고트족의 격렬한 공격을 받고 심각한 타격을 입기도 했다.

서기 429년 가장 축복받은 왕이었던 가이세리크 치하에서 반달족은 동맹자인 알란족과 함께 아프리카로 건너갔다. 당시 그들 전체 인구는 단지 80,000명 규모에 불과했다고 전해진다. 아마도 이들 중 기껏해야 30,000명이 전투원이었을 것이다. 그 숫자는, 60년의 기간 동안 6,000명에서 59,000명으로 인구가 증가했던 한 게르만 단일 부족에 대해 암미아누스 마르켈리누스가 이야기하고 있는 것을 감안한다면, 작은 규모이다. 가이세리크는 곧 북아프리카에서 완전한 지배권을 행사했다. 다른 게르만족처럼 반달족은 로마 제국 영토에 들어오기 전에 기독교와 접촉했다. 또한 다른 많은 게르만족처럼 기독교 이단파인 아리우스파로 개종했다. 가이세리크는 열렬한 아리우스파였으며 광신적인 열정으로 북아프리카의 가톨릭 기독교도들(정통파인 아타나시우스파 기독교도들)을 박해했다.

반달족은 항해를 업으로 삼았던 민족으로 유명했다. 아마도 아프리카 이주의 경험이 해상 수송 그 이상의 발전 가능성에 그들이 눈을 뜰 수 있게 해주었던 것 같다. 가이세리크는 함대를 손에 넣고 그것을 광범위한 해적질에 사용했다. 서기 5세기 말경 서부 지중해에서는 해적질을 막을 만한 어떤 방어수단도 없었다. 육로 이동의 오랜 역사를 가진 한 민족이 해적질에 나서야 했다는 사실이 놀랍게 들릴지도 모르지만, 이와 비슷하게 서기 3세기에 지중해에 도달했던 고트족은 재빠르게 해상 상황에 적응했으며, 흑해 그리고 더 나아가 남쪽 에게 해로 해상침략을 개시했다.

분명히 항해 기질은 반달족 사이에서 깊은 뿌리를 내렸던 것처럼 보이며, 아마도 그것은 심지어 반달족의 아프리카 점령보다 시기적으로 앞선 것 같다. 서기 4세기 말 동포들의 전통적인 방식들에 집착한 스틸리코는 뱃길로 자신의 군대를 코린트로 수송했다. 서기 397년 알라리크와 협상을 체결한 뒤 그는 반란을 진압하도록 또 다른 해군을 북아프리카에 파견했다. 로마의 위대한 반달족 총사령관 스틸리코가 중부와 서부 지중해에서 확실한 지배권을

반달족 혈통의 위대한 장군 스틸리코. 그는 알라리크의 고트족에 맞서 서로마 제국을 방어했다. 알라리크 본인은 '로마의' 고위 장교가 되었다.

# 기원 350년경의 로마 군대

로마 군대는 콘스탄티누스 시대에 급격하게 변화했다. 예전의 군단과 보조군은 이제 수가 크게 줄어들어 2류 변경군대가 되었으며, 새롭게 기동 엘리트 야전군이 편성되었다. 그림에 나오는 병사는 브리타니아에서 징집된 부대의 보조군 병사로 그의 방패 장식을 통해 확인될 수 있다. 그는 긴 칼과 창을 휴대하고 있다. 암미아누스는 그가 '번쩍이는' 그리고 '빛나는' 갑옷을 입었다고 전하고 있다. 그림의 병사는 콘스탄티누스의 개선문에 새겨진 병사들의 모습을 토대로 재구성한 것이다.

## 다른 형태의 병사

경무장기병(아래쪽)은 이 시기에 로마 군대에서 점점 중요한 역할을 수행했다. 그는 사나운 무어인이라 불리는 부대에 소속되었다. 또 다른 경무장기병은 보병처럼 커다란 타원형 방패를 가졌다. 이전의 군단 정찰병들은 이제 경무장기병의 독립 부대가 되었다. 그들은 투구를 썼고 조그만 방패를 휴대했다. 모든 부대가 그들의 주요 무기로 창과 칼을 휴대했지만, 말탄 궁수들의 부대도 존재했다. 아래 왼쪽 그림은 갈리아인과 벨기에인으로 구성된 궁수 부대의 보병을 보여주고 있다. 그는 2차적인 무기로 도끼와 둥근 방패를 휴대하고 있다

장악했음은 의문의 여지가 없다. 역사는 스틸리코와 가이세리크가 똑같은 전략 학교에서 수학했다고 넌지시 말하고 있다.

물론 반달족의 약점은 수적 열세에 있었으며, 이 점에서 그들은 군사기술과 정교한 무기의 부족을 숫자 우세로 상쇄할 수 있었던 다른 많은 게르만족들과 뚜렷이 비교될 수 있다. 이러한 이유로 유스티니아누스 황제를 모셨던 비잔틴제국의 유명한 벨리사리우스 장군이 서기 6세기에 함대를 거느리고 아프리카로 건너가 반달 왕국을 철저하게 파괴할 수 있었다. 반달왕국은 결코 부활하지 못했다. 이와 관련해 콘스탄티노플로부터 충분한 지원을 받은 동방에서의 그리스 항해 전통이 조직화된 해적질에 맞서 여전히 방파제 역할을 할 수 있었다는 점에 주목해야 한다. 수세기 동안 서방의 바다와 해안은 해적들에게 무방비상태로 노출되었다.

## 이탈리아 침입

그리스에서 알라리크와 맺은 협정으로 스틸리코는 다른 적들, 특히 일부 북아프리카 반란자들을 상대할 수 있는 시간을 벌 수 있었다. 반면에 알라리크는 이탈리아를 공격하기 위한 뛰어난 도약판을 얻게 되었다. 게다가 일리리쿰에는 그의 군대가 조달할 수 있었던 광산과 무기고들이 있었다. 서기 400년 그의 철저한 계획에 따라 공격이 진행되었으며, 공격에 앞서 알프스 북쪽 동고트족 정착민들과 협상이 체결되었다. 알라리크가 아드리아 해를 우회하여 이동했을 때, 그의 동맹자들은 산에서 내려왔다. 하지만 스틸리코는 시기를 놓친 것으로 보이는 이러한 협공 움직임을 비껴가게 할 수 있었으며, 신속한 행동으로 알라리크와 대결하기 앞서 북쪽의 적들이 물러나지 않을 수 없게 했다.

다른 이민족들처럼 고트족은 성채로 침투해 들어가는 데 어려움을 겪었다. 그렇다고 하더라도 호노리우스 황제는 자신의 아스타 요새에 거의 의존하지 않고 밀라노 지역을 포기한 채 늪지들이 추가적인 안전판 역할을 해주었던 라벤나에 거처를 정했다. 많은 기동력을 요하는 전투와 폴렌티아에서의 격렬한 전투 이후 스틸리코는 서기 403년 베로나 근처에서 알라리크에게 결정적인 패배를 안겨주었다. 따라서 고트족 지도자인 알라리크와 그의 군대는 일리리쿰으로 돌아갔다. 다음 해 동고트족이 다시 북쪽에서 공격해 들어왔으며, 이때 스틸리코는 그들을 결정적으로 격파했다. 그리고 그는 동고트족의 많은 생존자들을 노예로 팔았으며 나머지 생존자들은 자신의 군적에 올렸다.

갈리아에서 반달족과 다른 이민족들의 활동이 스틸리코의 관심을 붙들고 있는 사이 또한 명의 침입자가 서기 407년 브리타니아에서 나타났다. 기회에 민감한 알라리크는 새로운 다뉴브 동맹자들의 지원 하에 병사들을 알프스 북쪽의 노리쿰(오스트리아)으로 이끌었다. 호노리우스 황제는 더 이상 전진하지 않는다는 대가로 알라리크에게 엄청난 양의 금과 함께 노리쿰을 제공했다. 호노리우스 황제는 이 기간 동안 서로마 제국의 실질적인 통치자였던 스틸리코와 혼인을 통해 긴밀하게 결합되었다. 하지만 위대한 장군 스틸리코가 갑자기 권력에서 추락했으며, 호노리우스는 어리석게도 그를 처형하는 우를 범했다.

이제 서방에는 알라리크를 제지할 수 있는 지휘관은 아무도 없었다. 그는 더 많은 금과 땅을 요구했다. 이러한 요구가 받아들여지지 않자 그는 이탈리아에 침입해 로마로 진격해 들어왔다. 그는 호노리우스 황제가 미적지근한 태도를 보이자 로마를 포위공격하기 시작했으며, 협상이 깨지면서 포위공격을 재개했다. 따라서 그는 로마에서 자신이 선택한 황제를 강요할 수 있었지만, 자신의 선택에 곧 실망하고 성급하게 꼭두각시 황제를 폐위시켰다. 라벤나에 있는 호노리우스와 더 이상 협상을 시도한다는 것이 무익한 것으로 입증되었으며, 세 번째 포위공격 뒤 알라리크의 부하들이 성벽 안에 있었던 일부 고트족 노예들의 도움으로 로마에 잠입했다. 고트족 군대는 3일 동안 로마를 약탈했지만, 비교적 적은 손해를 입혔을 뿐이었다. 스틸리코가 사라지자 바다는 알라리크의 수중에 넘어갔으며, 그는 북아프리카로 향했다. 불행하게도 그가 레기움에서 불러 모았던 함대는 폭풍우로 파괴되었으며, 알라리크 자신은 그 후 곧(410년) 사망했다. 그는 마지막 휴식처가 방해받아서는 안 된다고 생각했으므로 자신의 시신을 하상河床에 묻어 주기를 바랐다.

고트족의 로마 점령을 '약탈'이라고 부를 수는 없을 것이다. 왜냐하면 뱃길로 도착해 서기 455년 로마를 점령했던 가이세리크가 지휘하는 반달족 침입자들에게 충분한 전리품이 남아 있었기 때문이다. 가이세리크는 4세기 전에 티투스가 착복했던 유대 사원의 보물을 휩쓸어갔다. 반달족이 잘 알고 있었던 것처럼 배는 동산動産을 수송하는 데 유용한 수단이었다. 또한 반달족 왕은 황제 발렌티니아누스 3세의 두 딸을 포로로 잡았으며, 그들 중 한 명을 자신의 아들과 결혼시켰다. 그다지 필요하지 않았던 다른 한 명의 딸은 본국으로 보내졌다.

로마를 침입했던 이민족들에 대한 가상의 실례들은 그들이 저항할 수 없는 힘으로 일련의 기병 공격에서 제국을 초토화했다는 인상을 남기기가 쉽다. 하지만 앞서 기술한 사실들을 고려해 볼 때, 다른 견해가 추론될 수 있다. 스틸리코와 알라리크는 전쟁에서 정면 승부와 피를 부르는 승리보다는 책략과 협상을 통한 평화를 선호했다는 점에서 대단히 신중했다. 스틸리코처럼 알라리크는 테오도시우스의 옛 장교들 중 한 명이었으며, 직업군인의 전쟁관을 갖고 있었다. 더욱이 로마에 반란을 일으킨 장군들의 군단들이 과거에 종종 그랬던 것처럼 알라리크의 지배를 받았던 자들이 이탈리아를 침입했다고 하더라도, 그들은 제국에 대한 침입자들이 아니었다. 그들은 단지 불만에 찬 이주민집단에 불과했으며, 그들이 생각했던 것은 로마 세계 구성원으로서의 자신들의 권리를 주장하는 것이었다.

## 로마령 브리타니아의 운명

혼란이 로마의 중심부를 삼켜버렸던 몇 해를 생각해보면 우리는 그 주변에 자리 잡았던 브리타니아의 운명에 대해 호기심을 느낄지도 모른다. 이민족 침입자들에 맞선 군사적 지원 요청에 서기 410년 호노리우스황제는 브리타니아의 로마인들에게 자체적인 방어를 준비하도록 권고했다. 제국의 다른 지역들처럼 브리타니아는 공격을 받는 중이었으며, 공격자들은 더 이상 픽트족(채색한 사람들 또는 페인트칠한 사람들이라는 뜻으로 옛날 스코틀랜드 북동부에 살던 민족)이 아니었다. 그들은 프리지아와 라인 강 어귀에서 온 게르만족이었다. '색슨' 이라는 말은 처음에는 특정 부족을 나타냈다. 그리고 나중에 이 말은 무차별적으로 라인 강 어귀와 북해 해안 주변 지역에 살았던 게르만족에게 사용되었다.

서기 3세기 말 콘스탄티누스 대제의 아들인 콘스탄티우스는 카라우시우스와 그의 계승자를 제거한 뒤 '색슨 해안', 즉 브리타니아의 남쪽 및 동쪽 해안들과 갈리아의 영국해협해안을 방어하기 위해 카라우시스와 다른 지휘관들이 구축했던

이스탄불에서 볼 수 있는 콘스탄티노플의 도시성벽. 이것은 콘스탄티누스가 세웠던 원래 성벽이 아니라 나중에 테오도시우스 2세의 치세에 세워진 것이다.

# 훈족

훈족은 중앙아시아의 스텝 지대에 살았던 몽골계 유목민
이었다. 기원 370년경 그들은 이동하기 시작했고, 고트
족들에 대한 일련의 야만적인 공격에 착수했다. 훈족의
압박을 받은 고트족은 다뉴브 강을 건너 트라키아로 들
어왔다. 훈족은 식량, 의복 그리고 그 밖에 그들이 필요
로 하는 것들을 주로 가축 떼로부터 얻었다. 그들의 생활
방식은 여러 면에서 물소에 의존했던 아메리카 인디언들
의 그것과 비슷했다. 그들은 뛰어난 기마병들이었다. 조
시무스와 암미아누스 같은 로마인 작가들에 따르면 훈족
은 말 등 위에서 먹고 잠을 자기까지 했다. 그림에서 볼
수 있는 훈족은 양털로 만든 튜닉과 바지를 입고 있지만,
덧옷과 각반 그리고 모자는 염소가죽으로 만든 것이다.
그의 무기는 활과 뼈 화살촉의 화살, 방패와 적에게서 빼
앗은 창, 그리고 올가미 밧줄이다. 훈족은 흉측한 모
습으로 사람들에게 공포감을 자아냈다. 그들의 흉
측한 모습은 뺨에 상처를 내는 그들의 의식에서
비롯된 것이었다. 그가 탄 말은 오늘날에도
살아남은 강인한 스텝 지대의 종이다. 작
고 단단하며 거친 훈족의 말은 다른
종들이 살아남을 수 없었던 조건들
에서 살아남을 수 있었다.

일련의 요새들을 개량
했다. 이러한 방어 개
념은 실제로 카라우시
우스에게서 비롯되었
던 것 같다. 색슨 해안
요새들은 브리타니아
의 초기 로마 요새들보
다 훨씬 규모가 컸으
며, 단순히 겉에 돌을
바른 토루가 아닌 거대
한 석조건축물이었다.
이 건축물의 위용을 자

도체스터 근처의 눈에 잘 띄는 언덕 요새인 메이든 캐슬. 석기시대의 유명한 정주지인 이곳은 나중에 베스파시아누스 황제의 군단들에게 점령당한 브리타니아의 저항 중심지였다.

랑하는 잔해는 지금도 볼 수 있으며, 9개의 브리타니아 요새들이 『고관목록』에 실려 있다. 암미아누스 마르켈리누스는 이러한 방어물들이 색슨 해안 백작*Comes litoris Saxonici*의 지휘 하에 설치되었다고 말한다. 반면에 북쪽의 하드리아누스 성벽은 요크에 자신의 사령부가 있었던 브리타니아 공작*dux*이 책임지고 있었다. 디오클레티아누스와 콘스탄티누스 시대에 지도자를 나타내는 일반적인 용어인 둑스(*dux*)가 변경 방어를 책임지는 장교를 나타내는 특정 호칭이 되었다. 그것은 나중에 규모가 너무 작아서 왕들의 지배에 적합하지 않았던 이민족 부족집단의 족장들에게 사용되었다. 이와 유사하게 문자 그대로 '동료'를 의미하는 코메스 *comes*는 황제 참모의 지위를 나타냈다. 콘스탄티누스 치하에서 그것은 고위 장교들과 관리들에게 사용할 수 있는 호칭이었다.

서기 367년 색슨족이 스코트족(원래 아일랜드에서 왔다) 및 픽트족과 공모해서 브리타니아에 침입했다. 다른 이민족들처럼 그들은 강력하게 요새화된 도시들을 점령하는 데 실패했지만, 한때 번영을 구가하던 농촌 공동체가 입은 피해는 실로 처참했다. 그리고 브리타니아 공작과 색슨 해안 백작이 둘 다 살해되었다. 영웅적인 로마 장군 테오도시우스(황제 테오도시우스 대제의 아버지)에 의해 상황이 복구되었다. 그는 이민족들을 몰아내고 성채를 재건했으며 해상 공격에 대한 사전경보를 위해 요크셔 해안에 귀중한 연락거점들을 구축했다.

두 명의 제위 요구자였던 마그누스 막시무스가 서기 385년에 그리고 급부상한 플라비우스 클라우디우스 콘스탄티누스가 서기 407년에 남쪽으로의 모험을 위해 브리타니아에서 군대를 징

햄프서 주 해안의 포체스터에 있는 로마 요새. 이것은 로마의 색슨 해안 요새들 중에 잘 보존된 것이다. 노르만 성 또한 보인다.

집한 이후, 비록 그 사이의 시기인 서기 395년 스틸리코가 주둔군 병력을 재조직하기 위해 어떤 조치를 취했다고 하지만, 브리타니아는 사실상 재차 방어되지 못한 채로 남겨졌다. 서기 410년 에 호노리우스가 보여준 소극적인 반응 이후 브리타니아에서의 로마의 군사행정을 이해하기 위 해서는 고고학적 증거 이외의 다른 어떤 것에도 의존할 수 없다.

전설적인 아서 왕이 어떤 실질적인 역사적 근거를 가지고 있는 한에서는 이 모호한 시 대에 그의 공훈들이 지적되어야 한다. 로마령 브리타이아의 한 족장이었던 아르토리우스가 색슨 침입자들에 맞서 저항했던 것 같다. 서기 6세기에 라틴어로 쓴 글에서 켈트족 수도승 길다스는 서기 500년 무렵 웨섹스 지역에서 브리타니아가 거두었던 위대한 승리를 기록하고 있다. 그리고 서기 9세기의 연대기 작가 넨니우스는 이 승리를 아서의 이름과 관련시키고 있 다. 거기에서 그는 아서를 왕이 아닌 승리한 장군의 이름으로 전하고 있다.

### 훈족의 패배

서기 446년 로마령 브리타니아는 테오도시우스 대제의 손자인 황제 발렌티니아누스 3세의 총사령관이었던 플라비우스 아에티우스에게 마지막 도움을 청했다. 하지만 아에티 우스는 이미 다른 이민족들과 격렬하게 교전한 상태였다. 머지않아 이들 이민족 중에는 훈족이 포함될 수 있었다. 물론 서진으로 다른 민족의 이동을 촉발시켰던 훈족이 머지않아 직접 모습을 나타내는 것은 불가피했다. 훈족의 평판은 잘 알려져 있었다. 그들의 잔인함은 때로는 악의가 없었으며, 그들의 악의는 너무나 끔직해서 예측할 수 없는 것이었다. 그럼에도 불구하고 로마 세계와의 이른 접촉으로 그들은 가끔 제국군대의 병적부에 올려졌으며, 스틸리코는 매우 충성스러운 훈족 출신 호위병의 시중을 받았다.

서기 445년 훈족의 단일 왕이 되었던 아틸라의 허풍에 가까운 협박은 한 익살꾼의 허풍을 연상시키지만, 그것과는 동떨어지게 아틸라는 매우 빈틈없는 능력을 지닌 지휘관이었음에 틀림없다. 그의 지배 하에 훈족은 유럽과 아시아의 광대한 지역을 지배하고 공포에 떨게 했지만, 그의 사후 훈족의 막강한 힘은 붕괴되었다. 아틸라의 지도력과는 별개로 다른 이민족들의 경우처럼 훈족의 주된 힘의 원천은 수많은 피정복민들이 더해지면서 부풀려진 엄청난 숫자에 있었다. 그들은 중앙아시아의 스텝 지역에서 온 사냥꾼과 양치기로 구성된 몽골족이었으며, 평화 목적뿐만 아니라 전쟁 목적을 위해서 말과 활을 광범위하게 사용했을 것이라는 예상을 할 수 있다. 하지만 그들의 말은 금으로 장식되었으며 칼자루는 금과 귀금속으로 상감 세공되어 있었다. 실제로 그들은 금에 대해 물릴 줄 모르는 탐욕을 가지고 있었으며, 금만 충분히 제공받는다면 기꺼이 전쟁을 그만둘 수 있었다. 아틸라는 아버지로부터 판노니아(헝가리)의 왕실 수도를 물려받았다. 그것은 목재로 지어졌지만 석조 목욕탕이 포함되어 있었다. 이곳을 근거지로 아틸라는 보스포루스 해협을 위협할 수 있었다. 동로마 제국 황제는 그에게 금을 주고 영토를 할양했지만, 훈족이 동로마 제국을 약탈했다고 하더라도 콘스탄티노플의 난공불락의 성벽에 맞서 싸워 이긴다는 것은 애초부터 불가능했다.

그 사이 과거에 지은 죄 때문에 경건한 친족들로부터 영원히 순결을 지키라는 명령을 받았음에도 그럴 의사가 전혀 없었던 서로마 황제의 누이동생 호노리아가 비밀리에 아틸라에게 자신을 바쳤다. 아틸라는 지참금으로 서로마 제국의 절반을 받았다면, 그 대가로 그녀에게 기꺼이 첩의 지위를 부여했을 것이다. 하지만 이러한 조건은 거부되었으며 아틸라는 갈리아와 서유럽에 대한 공격을 개시했다.

이제 아에티우스는 총사령관으로 갈리아에서 오랜 적이었던 서고트족과 동맹을 체결했다. 그리고 오를레앙에서 아틸라의 진군을 저지했다. 그러고 나서 황제 병사들과 고트족 병사들의 연합군이 샬롱 근처에 위치한 '카탈라우니아 평원'에서 훈족에게 피로 얼룩진 패배를 안겨주었다. 이 전투는 세계 역사상 가장 결정적인 전투들 가운데 하나로 간주되어왔지만, 전투의 격렬함을 고려할 때 아무것도 해결하지 못한 전투였다. 패배한 적은 추적당하지 않았다. 아틸라는 판노니아의 목재로 만든 수도로 후퇴했으며, 다음 해 보다 중요한 이탈리아 공격에 착수했다. 그는 포위공격용 무기들과 그것들을 다루는 기사들을 징발했으며, 3개월의 포위공격 후에 아 퀼레이아를 완전히 파괴했다. 일부 도망자들이 아드리아 해 개펄로 피신했으며, 그곳으로 피신한 정착민들이 일으 켰던 도시가 바로 베니스이다.

아틸라는 로마를 향해 남쪽으로 진군하는것을 단념시 키려고 왔던 교황 레오와 가르다 호수 근처에서 마주치게 되었다. 비록 기독교도는 아니었지만 훈족은 모든 종교에 외경심을 갖고 존중하는 경향이 있었으며, 훈족의 남하를 저지하는 데는 레오라는 인물이 많은 영향력을 발휘했다. 레오는 3년 후 가이세리크의 반달족이 로마에 들어왔을 때 에도 다시 한 번 그들을 저지하는 데 성공했다. 동시에 아 틸라는 호노리아와 그녀의 지참금에서 동산을 구성했던 보물을 양도할 것을 약속하라고 강요했다. 하지만 그 약속

1534년의 콘스탄티노플 지도. 콘스탄티노플의 요새는 1453년에 오스만 투르크족의 대포로 파괴될 때까지는 실제로 해상과 육상 그 어느 쪽에서도 공략하기가 힘들었던 난공불락의 요새였다.

이 완전히 실행에 옮겨지기 전인 서기 453년 아틸라는 새롭게 첩으로 맞이한 호노리아와 보 낸 첫날밤에 혈관이 터져 급사했다. 지도자를 잃은 훈족은 더 이상 심각한 위협이 되지 못했 으며, 그들에게 대항했던 고트족과 다른 게르만 이민족들의 공동 노력으로 훈족은 곧 궤멸 되고 쫓겨났다.

갈리아에서 아틸라를 무찔렀던 아에티우스는 아프리카 백작의 아들이었다. 젊은 시 절 그는 한때 훈족의 인질이었으며, 인질로 머물면서 그들과 어느 정도 우정을 쌓으면서 훈족의 많은 관습을 배웠다. 사실 아에티우스는 처음에는 훈족 보조군의 도움으로 라벤나 에 자신의 권력을 강제했다. 그리고 그가 다시 한 번 훈족의 도움을 필요로 할지도 모른 다는 기대는 그가 갈리아에서 대승을 거둔 뒤 그들을 추적하려 하지 않았던 이유를 설명 해준다.

아에티우스는 다채로운 성격의 소유자였다. 역사는 호노리우스의 죽음에 뒤이은 혼란 한 내란기에 아에티우스가 일 대 일 대결에서 경쟁자들 중 한 명을 살해했다고 기록하고 있 다. 그는 결국 자신이 몸담고 있는 제국의 주인이었던 발렌티니아누스의 칼에 찔려 죽었다. 발렌티니아누스가 아에티우스에게 가지고 있었던 질투는 호노리우스가 스틸리코에게 가지 고 있었던 질투를 연상케 한다.

## 콘스탄티노플 방어

비록 고트족과 훈족이 동로마 제국에게 영토를 보존하고 싶으면 금을 바치라고 강요할 수 있었다고 하더라도, 알라리크와 아틸라는 둘 다 콘스탄티노플을 점령할 가망이 전혀 없다는 것을 알았다. 그래서 그들은 금을 강압적으로 요구하는 데 시간과 노력을 허비하지 않았다. 우리는 이미 콘스탄티노플이 자리 잡은 이상적인 전략적 위치에 대해 검토한 바 있다. 콘스탄티노플의 설계도를 보면 그곳이 깎아지른 삼각형 곶 위에 세워졌음을 금방 알 수 있다. 즉 육중하게 요새화된 성벽이 남쪽의 마르마라 해에서 북쪽의 보스포루스 해협까지 뻗어있는 육지 방향의 기지를 가로질러 독수리부리 비슷한 옆모습을 하고 있다.

서기 401년 지진으로 파괴된 콘스탄티누스의 원래 성벽은 아르카디우스에 의해 신속하게 복원되었지만, 그의 아들과 계승자인 테오도시우스 2세가 아직 성년이 되기 전이었던 서기 413년 친위대장 안테미우스가 옛날의 성을 파괴하고 새로운 성을 세웠다. 이들 성벽은 지진으로 재차 파괴되었지만, 서기 447년 3개월이 못되어 재건되었다. 콘스탄티누스에게서 유래된 성벽의 서쪽으로 1마일 떨어진 곳에 위치한 테오도시우스의 성벽은 그 지역 두 배 크기의 도시 하나를 에워쌌다. 그리고 옛날 성벽과 새로운 성벽 사이의 공간에는 고트족으로 편성된 황제 근위대가 주둔했다.

성채의 외부는 넓고 깊은 해자가 방어했다. 설사 공격자가 이러한 장애물을 극복했다고 하더라도, 그에게는 대충 자신의 키와 맞먹는 흉벽이 기다리고 있었다. 그리고 이 흉벽 뒤로 40피트(12미터) 떨어진 곳에 26피트(8미터) 높이의 칸막이 벽으로 연결된 망루들이 한 줄로 늘어서 내부 방벽 역할을 하고 있었다. 네 번째 방어선은 66피트(20미터)거리 후방에 세워져 있었던 43피트(13미터) 높이의 도시 성벽 자체였다. 그것은 거대한 망루들로 강화되었으며, 이곳에서는 공격자들의 측면으로 투석무기들이 소나기처럼 퍼부어졌다. 또 다른 견고한 석조 성벽들이 바다에 인접한 주변 지역을 방어했다. 이 성벽들은 전체 곶을 둘러쌌으며 양쪽 끝의 육지 성벽들과 연결되었다. 육지 성벽들처럼 짧은 간격으로 세워진 망루들로 강화된 이중 성벽으로 이루어졌다. 황금 뿔을 뜻했던 보스포루스 해협은 적의 해상 공격에 맞서 한 줄로 늘어선 방재防材에 의해 방어되었다.

하지만 수도인 콘스탄티노플의 성벽은 만약 뛰어난 해군력이 없었더라면 주민들을 방어하기에 충분하지 않았을지도 모른다. 비잔틴 함대는 아우구스투스가 사용했던 전함(리부르나이)에 상당하는 가벼운 갤리선(그리스어로 드로모네스)을 주로 사용했다. 인력 보존의 필요성을 항상 절실히 느끼고 있었던 동로마 제국 황제들은 노가 많이 달린 앞선 시대의 거선巨船을 개발한 여유가 없었다. 또한 비잔틴의 배들은 돛을 상당히 많이 사용했으며, 앞선 로마와 그리스의 관례와는 반대로 교전 중에 내려지지 않았던 여러 개의 돛대를 갖추고 있었다. 나중에 아랍인 적들로부터 비잔틴인들은 삼각범선 돛을 채택하기도 했다.

그리스 로마 문명의 전통에 따라 적의 압도적인 수적 우위를 무너뜨리기 위해 과학과 기술의 힘에 의존한 비잔틴인들은 수세기 동안 그들에게 결정적인 이점을 가져다준 비밀무기를 만들었다. 이것은 적함에 맞서 강력한 효과를 발휘했는데, 화염을 일으키며 날아가는 일종의 탄도병기였다. 중세에 사용된 수많은 연소성 혼합물들이 막연히 '그리스의 불'(Greek fire)로 불렸다. 바로 그 비잔틴 혼합물은 알려지지 않은 성분들에 기초해 있었다. 왜냐하면 그것은 잘 관리된 비밀이었기 때문이다. 하지만 최초 '그리스의 불'은 물과의 접촉으로 점화되었거나 아니면 적어도 꺼지지는 않았다. 이것은 생석회가 하나의 성분을 이루고 있었음을 암시한다. 그리고 그리스인들에게 나프타(페르시아어로 나프트)로 알려진 석유를 바빌로니아의 표층 퇴적물에서 이용할 수 있었다는 사실 또한 기억되어야 한다. '그리스의 불'의 발명은 황제 콘스탄티누스 포고나투스 치세(668~685)에 살았던 시리아의 헬리오폴리스 출신 그리스인 공학자 칼리니쿠스의 업적이었다. '그리스의 불'은 수류탄의 경우처럼 가끔 용기에 담겨져 발사되었지만, 비잔틴 전함에 특별히 장착된 관을 통해 투하되기도 했다.

콘스탄티노플에 대한 자체 방어와는 별개로 비잔틴인들은 다뉴브 강을 순찰하기 위해서 소함대를 유지했으며, 유스티니아누스는 다뉴브 강 변경 뒤에 수세기에 걸쳐 가장 공격받기 쉬운 취약 지점으로 드러난 제국을 방어하기 위해 거의 300개의 요새와 감시탑을 갖춘 4중 방어 체계를 구축했다. 콘스탄티노플이 로마 최초 황제인 아우구스투스와 그의 계승자들 시대에 필적했던 팽창주의 전략의 중심이었던 유스티니아누스 시대에조차도 일부 전선에서의 전쟁은 여전히 방어적이었다. 아프리카가 반달족으로부터, 이탈리아가 동고트족으로부터 그리고 남부 스페인이 서고트족으로부터 획득되었을 때, 동방에서 반복되는 군사적 시도들은 사산 왕조의 페르시아인들을 만灣에 붙들어놓기 위해 필요했다. 유스티니아누스의 죽음으로 불가피하게 역동적인 지도력을 상실한 비잔틴인들은 방어적 전략으로 되돌아갔다. 이 전략으로는 뒤이은 몇 세기 동안 침입자의 점령으로부터 콘스탄티노플을해 내기에 역부족이라는 점이 드러났다.

유스티니아누스의 로마적인 정서와 포부에도 불구하고 그의 방어시설에 배치되어 싸웠던 군대는 결코 로마적인 기질을 갖고 있지 않았다. 유스티니아누스의 군대의 주력은 더 이상 보병 군단이 아니라 페르시아 방식을 모방해 무거운 쇠미늘갑옷을 입은 기병이었다. 그리고 그들이 주로 사용했던 무기는 창과 활이었다. 심지어 보병에서조차도 궁수들과 투창병들이 우세했다. 경기병輕騎兵은 훈족과 아랍인들로 채워졌다. 물론 이민족 적들과 싸우기 위해 이민족 보조군을 사용한 점에서는 로마적인 측면도 있었다. 율리우스 카이사르도 이민족 보조군을 사용한 적이 있었다. 그것은 단지 정도의 문제에 불과했다. 사실 장비 분야에서의 점진적인 변화들은 서기 2세기로 거슬러 올라갈 수 있을 것이다.

### 서방에서는 무슨 일이 일어났는가?

어떤 '암흑시대'도 동로마 제국의 역사를 끝내지 못했다. 1453년 오스만 투르크족의 대포가 마침내 콘스탄티노플의 성벽을 파괴했을 때, 그때까지 여러 방면에서 지속되어왔던 고대 세계의 전통들이 갑자기 중세 이슬람 군대에게 흔적도 없이 사라져 버렸다. 역사가들은 이 지역에서 고대의 연속과 중세의 여명 사이에 어떠한 틈도 지적할 수 없다. 서방으로 눈을 돌리면 이야기는 전혀 달라진다. 이탈리아 최초의 왕 오도아케르는 적당히 계몽된 통치자였다. 하지만 서기 489년 동로마 제국 황제 제노의 분명치 않은 지지를 등에 업은 동고트족의 우두머리 테오도리쿠스가 이탈리아에 침입해 3년 동안 라벤나를 포위공격했으며, 오도아케르와 협상을 체결했다. 그러고 나서 방심한 틈을 타 오도아케르를 살해했다. 이 같은 사실에도 불구하고 비록 문맹이었다고는 하지만 테오도리쿠스는 자비심 많은 통치자였다. 그는 게르만족의 힘을 믿고 있었으며 그들이 통일되지 못한 것을 개탄했다. 동시에 그는 더 오래 전부터 제국에 살고 있었던 주민들이 행정적인 업무를 수행하는 데 필요하다고 생각했다. 그는 철학자 보에티우스를 최고 문관으로 고용했으며, 근거 없는 혐의로 보에티우스를 처형한 뒤 역사가인 카시오도루스에게 그의 자리를 대신하게 했다. 권력과 교육을 분리시켰다는 점에서 테오도리쿠스의 태도는 문맹의 통치자들이 성직자를 서기로 고용했던 중세적 상황의 전조가 되었다.

이탈리아의 동고트 왕국은 테오도리쿠스 사후 가족 내분으로 지리멸렬해졌으며, 유스티니아누스가 간섭할 수 있는 구실을 주었다. 벨리사리우스 장군의 이탈리아 정복에 뒤이어 대략 13년간 동고트족의 부활기간이 지속되었다. 하지만 동고트족은 마침내 서기 553년 유스티니아누스 휘하의 아르메니아 출신 장군 나르세스에게 쫓겨났다. 그들이 어디로 갔는지는 아무도 모른다. 이제 이탈리아는 유스티니아누스의 '총독들' 중 한 명에 의해 통치되었으며, 심지어 일시적으로 재건된 로마 제국이 유스티니아누스 사후에 붕괴되었을 때에도 라벤나와 그 인근 지역은 황제의 지배 하에 남아 있었다. 반면에 교황은 로마의 '공국公國'을 통치하면서 황제의 관리로서 직무를 계속 수행했다. 서기 568년 북부 이탈리아에 정착했던 롬바르드족은 이미 이탈리아 반도 전체를 지배하려는 야망에 차 있었으며, 오랫동안 교황들은 자기 방어를 위해 콘스탄티노플과 긴밀한 유대 관계를 유지했다. 하지만 세속 권력과 교회 권력 사이에 문제가 발생하는 것은 불가피해 보였다. 이탈리아를 재정복하고 교황 그레고리우스 3세의 체포를 실행에 옮기기 위해 서기 732년에 파견된 비잔틴 함대가 파괴된 이후, 여전히 롬바르드족의 위협을 받고 있었던 로마의 주교들이 프랑크족 왕들에게서 새로운 보호자를 발견했다. 프랑크족은 더 멀리 남쪽의 다른 게르만족보다 더 오랫동안 이교도로 남아 있었던 북부 게르만족이었다. 하지만 아리우스파처럼 더 멀리 남쪽의 게르만족들은 기독교

지금도 라벤나의 산 비탈레 교회에서 볼 수 있는 유스티니아누스 황제의 모자이크. 라벤나는 로마를 대신해 서방의 수도가 되었으며, 유스티니아누스가 이탈리아를 정복한 뒤에는 비잔틴 총독의 소재지가 되었다.

의 이단파로 개종한 자들이었다. 마침내 기독교도가 되었던 프랑크족은 로마와 연락을 취해 가톨릭교회를 받아들였으며, 따라서 로마와 프랑크족의 정치적 결속이 긴밀해졌다. 결국 압박과 방어 그 어떤 것도 콘스탄티노플로부터 더 이상 기대할 수 없게 되었을 때, 라벤나가 롬바르드족의 수중에 넘어갔을 때, 그리고 로마 자체에서 발생한 이상하리만큼 시대착오적인 신앙부흥운동으로 교황의 권위가 공격받았을 때, 교황 레오 3세가 로마에서 서기 800년 크리스마스 때 자신의 옹호자인 프랑크 왕 카알(샤를마뉴)에게 '카이사르 아우구스투스'라는 호칭에 덧붙여 신성로마 황제의 제관을 씌워 주었다. 우리는 신성로마 제국이 어떠한 의미에서도 신성하지도, 로마적이지도, 그렇다고 제국도 아니었다는 견해에 익숙해 있다. 사실 어떤 세속 권력도 설득력 있게 신성함을 주장할 수 없지만, 볼테르의 풍자시 중 우리에게 전해져 내려오는 2/3는 호노리우스나 발렌티니아누스 3세가 로마의 이름으로 황제의 통치권을 주장했던 시대에 라벤나 정부에 똑같이 적용될 수 있을 것이다.

실제로 누가 로마인이었는가? 기원전 6세기에 어느 누구도 라틴족 동포들에 맞서 에트루리아 편에 가담했던 테베레 강가에 위치한 작은 도시의 시민은 아니었다. 아마도 기원전 1세기 동맹시 전쟁 이후 로마 시민권을 획득했던 이탈리아 동맹자조차도 아니었던 것 같다. 더욱이 로마 국적을 카라칼라 황제의 칙령으로 시민권을 부여받았던 광대한 제국의 공동체와 동일시하기는 어렵다. 이민족 침입자들과 이주민들에게 부여했던 시민권은 말할 필요도 없다.

누가 로마인이었는지 말하기가 어려운 것처럼 로마 군대를 확인하거나 로마 군대가 사라졌던 날짜를 말하기도 어렵다. 콘스탄티누스 대제 치하에서 아니면 이민족 연합 왕들과 총사령관들 치하에서 제국 관리들이었던 '공작'과 '백작'들이 점차 그들의 호칭을 중세의 세습귀족들에게 전했다. 하지만 옛날의 형식들과 사고방식들은 서서히 사라졌다. 이탈리아에 침입하기 전 테오도리쿠스는 총사령관과 집정관의 지위를 부여받았다. 서기 754년 말 실제로 제국 관리로서 직무를 수행하고 있었던 교황이 프랑크족 왕이었던 페핀에게 총사령관의 호칭을 부여했다.

돌이켜 보면 그리스 로마 세계의 전체 역사는 야만에 맞선 기나긴 전쟁으로 볼 수 있을 것이다. 그 안에서 그리스 도시국가들과 로마 장군들 그리고 제위 요구자들의 치명적인 대립은 좌절과 쇠퇴를 가져오는 간주곡들에 불과했다. 가끔씩 그리스인들과 로마인들은 야만에 맞선 전쟁을 자유를 위한 전쟁으로 생각했지만, 전쟁을 수행하기 위해 부득이하게 자유가 희생되었다. 사실 그것은 자유를 위한 전쟁이라기보다는 읽고 쓰는 능력을 위한 전쟁이었다. 그리고 로마화된 기독교 성직자와 종교 전반에 대한 이민족의 경외심이 없었더라면,

서방에서 야만에 맞선 전쟁은 완전히 패배로 끝났을 것이다. 하지만 문명처럼 야만이 희박
해질 때까지 싸움을 오래 끄는 것은 승리와 같은 것, 석어도 무승부를 암시한다.

이 책은 여러 해에 걸쳐 고전 세계인 그리스와 로마의 문명과 전쟁연구에 전념해온 존 워리의 『고전 세계의 전투*Warfare in the Classical World: War and the Ancient Civilizations of Greece and Rome*』을 옮긴 것이다. 국내에 소개된 전쟁사와 관련된 대부분의 책들이 고대에서 현대에 이르는 전 시대를 아우르고 있는 것과는 다르게 이 책은 그리스와 로마 시대에 국한된 전쟁사를 비교적 상세하게 다루고 있다.

기원전 1600년을 전후로 한 그리스의 등장에서 서로마 제국의 멸망 이후 몇 세기가 지난 서기 800년에 이르기까지 서양 고전세계의 중심축을 이루었던 그리스와 로마 세계의 전쟁사를 매우 체계적이고 흥미로운 방식으로 정리하고 있다. 저자는 1000년을 훨씬 넘는 기간 동안 유럽과 근동을 지배했던 전쟁사와 전투 이야기를 화려한 삽화와 함께 훌륭하게 설명하고 있다. 이야기는 호메로스의 서사시에 등장하는 그리스와 트로이 사이의 트로이 전쟁을 시작으로 서방 세계와 동방 세계가 치른 최초의 세계 대전인 페르시아 전쟁과 그리스 내부의 전쟁인 펠로폰네소스 전쟁, 알렉산더 대왕의 동방원정으로 야기된 그리스 세계와 동방 세계 사이의 전쟁, 지중해의 명운을 걸고 세 차례에 걸쳐 로마와 카르타고 사이에 벌어진 포에니 전쟁, 카르타고의 명장 한니발의 로마 원정, 율리우스 카이사르와 갈리아인들 사이의 전쟁, 그리고 게르만족의 침입과 서로마 제국의 멸망으로 이어진다.

고대 세계의 문명에 대한 해박한 지식을 가진 저자는 고대 세계의 전쟁을 구체적인 설명을 들어가며 이야기하고 있다. 이 외에도 저자는 당시 병사들이 입었던 군복, 군사 장비, 무기, 전함, 그리고 공성용 장치 등에 대한 채색 삽화들을 그려 넣음으로써 독자들에게 고대 세계 전쟁의 보다 생생한 모습을 보여주려고 노력하고 있다.

　　모두 14개의 장으로 이루어진 이 책의 각 장은 '고대의 문헌들'이라는 표제와 함께 시작된다. 고대의 문헌들에 대한 소개는 난순히 그 시대의 학자들에 대한 정보를 제공해주는 것에 그치지 않고 기록된 사건들의 출처를 언급함으로써 독자들로 하여금 이 책을 더 신뢰할 수 있게 만들어준다. 이어서 당시의 정치사를 개략적으로 설명하는 글이 뒤따른다. 그리고 나서 전쟁을 기술함에 있어서 철저하고 세밀한 관찰과 함께 해당 시기의 중요 인물들과 사건들을 강조하는 물 흐르는 듯한 서사구조가 이어진다. 또한 각각의 전쟁에서 펼쳐졌던 전술과 전략이 역사적인 설명과 함께 적절한 비율로 잘 배합되어 있다. 그리고 수많은 전투도와 그것에 수반된 자료들은 전쟁사 연구의 지평을 확대시키는 계기가 될 수 있을 것으로 확신한다. 요컨대 이 책은 고대의 전쟁과 관련된 모든 정보를 한 데 모아둔 전쟁 백과사전에 그치지 않고 자칫 무겁게 느껴질 수 있는 주제인 전쟁을 흥미롭게 설명하고 있다는 점에서 역자가 이제까지 보아왔던 전쟁사 관련 책들 중에 최고의 것이라고 감히 말하고 싶다.

　　고대 전쟁사에 관한 대부분의 책들이 역사적으로 유명한 전쟁들을 대단히 모호한 방식으로 설명해왔고 많은 부분을 독자의 해석에 맡기는 경향이 있었음을 부정할 수 없다. 이 책은 전쟁이 어떻게 일어났는가를 단계적으로 차분하게 보여주고 있다. 물론 이 책에는 전쟁이 일어났던 이유에 대한 정치 사회적 메커니즘이 특별히 고찰되고 있지 않다고 지적하는 독자들도 있을 것이다. 하지만 이러한 문제점은 이 책이 갖고 있는 다른 많은 미덕들에 의해 충분히 상쇄되고도 남을 것으로 확신한다.

　　번역상의 오류는 역자의 능력 부족에서 비롯된 것으로 전적으로 역자가 책임질 몫이다. 끝으로 장기적인 출판 시장의 불황에도 불구하고 고집스러울 정도로 인문학에 대한 남다른 애정과 열정으로 인문서 출판에 정진하시는 르네상스 출판사 김응배 사장님께 존경과 감사의 뜻을 전합니다. 그리고 서투른 번역에도 불구하고 꼼꼼하게 편집해주신 양상모 님께도 더불어 감사하다는 뜻을 전합니다.

2006년 1월　수리산을 마주보고 있는 집에서

임웅 옮김

## 기원전

| | |
|---|---|
| 1600년경 | 초기 미케네 문화(호메로스의 시에 나타난 유적의 발굴로 드러남). 미케네의 무기. 키클롭스 성벽. 전차의 묘사. 선문자線文字로 기록된 서판들의 존재 |
| 1570~1425년경 | 크노소스와 여타 중심지들의 크레타 왕궁들이 재난에도 불구하고 번영함. 크레타의 부와 문화 그리고 해군력이 번창함 |
| 1500년경 | 이집트 제18왕조의 여왕 하트셉수트. 크레타 파괴의 증거. 미케네 문화의 키프로스 전파 |
| 1480년경 | 하트셉수트의 아들 투트모세 3세가 왕위 계승함. 이집트 최대의 팽창기(제4나일 폭포에서 유프라테스 강까지) |
| 1450년경 | 히타이트가 아나톨리아에 제국을 세움 |
| 1425년경 | 미케네에서 청동판금갑주의 사용(1960년 덴드라에서 발견됨) |
| 1400년경 | 크레타에서 청동투구의 사용(크노소스에서 발견됨) |
| 1390년경 | 메소포타미아에서 아시리아인들이 독자적인 세력으로 등장함 |
| 1380년경 | 크노소스 왕궁의 결정적인 파괴 |
| 1377~1358년경 | 이집트에서 아멘호테프 4세(아크나톤)가 단일신 태양신 숭배를 도입함 |
| 1300년경 | 호메로스의 트로이로 확인된 히사를리크 언덕의 여섯 번째 도시(제6트로이)가 파괴됨. 미케네 유적에서 벌집 모양 무덤이 세워짐 |
| 1250년경 | 미케네에 사자문이 세워짐(히타이트 건축양식과 비교됨). 현재 일반적으로 호메로스의 트로이로 확인된 히사를리크 언덕의 일곱 번째 도시(제7트로이)가 파괴됨 |
| 1200년경 | 도리아족의 이주와 팽창. 미케네의 필로스가 파괴됨. 미케네에서 비금속 갑주가 사용됨. 아시아의 히타이트 제국 붕괴 |
| 1197~1165년 | 이집트의 람세스 3세가 해상민족인 북방 침입자들의 공격을 격퇴함 |
| 1112~1074년 | 쇠퇴 기미의 아시리아 세력이 티그라트 필레세르 1세 치하에서 부흥기를 맞이함 |
| 1006년 | 다윗 왕의 예루살렘 통치 |
| 966년 | 다윗의 아들 솔로몬이 왕위를 계승함(솔로몬 사원을 세움). 티르의 왕 히람이 솔로몬과 우호적인 외교관계를 유지함 |
| 900년경 | 에트루리아인들이 소아시아로 추정되는 곳에서 이탈리아로 이주함 |
| 883~859년 | 메소포타미아에서 무자비한 정복자인 아슈르나시르팔이 아시리아 세력을 팽창함 |
| 858~824년 | 샬마네세르 3세가 티그리스 강에서 지중해까지 확대된 아시리아 제국을 통치함 |
| 850년 | 『일리아드』가 만들어진 것으로 추정되는 시기 |
| 814년 | 티르에서 온 식민자들에 의해 카르타고가 세워짐 |
| 776년 | 제1회 고대 올림픽 |
| 753년 | 로마 건국. 거의 동일한 시기에 이탈리아에 최초의 그리스 식민시 쿠마이가 세워짐 |
| 745~727년 | 티그라트 필레세르 3세가 아시리아 세력을 더 확대시킴. 그리스의 서정시인 테르판드로스가 스파르타에서 호메로스의 시를 낭송함 |
| 735년 | 시칠리아에서 그리스의 식민화 시작. 반전설적인 지도자 아리스토데모스가 스파르타인들에 맞서 메세니아의 독립을 옹호함 |

701년      아시리아의 왕 센나케리브가 예루살렘을 포위공격하지만 실패함. 대략 이 무렵 그리스에서 보이오티아의 시인 헤시오도스가 태어남

680~669년      아시리아의 왕 에사르하돈이 이집트를 정복해 아시리아 제국의 영토가 최대로 확대됨

663~610년      이집트 왕 프삼티크(26왕조)가 아시리아인들을 격퇴함

657~585년      코린트의 독재군주인 킵셀로스와 그의 아들 페리안드로스가 무역, 상업 그리고 식민화를 촉진시킴

650년      이 무렵 2차 메세니아 전쟁이 시작됨. 메세니아의 전설적인 영웅 아리스토메네스가 스파르타인들에 맞선 스테니클레로스 전투에서 승리하지만 결국에는 패배함. 스파르타인들이 그들의 전사 시인 티르타이오스에 의해 고무됨

630년      테라에서 온 식민자들에 의해 키레네가 설립됨

625년      아시리아의 멸망. 바빌로니아인들과 메데아인들이 독립하고, 나중에 메소포타미아에서 지배적인 세력이 됨

600년      여류 서정시인 사포와 시인 알카이오스가 레스보스에서 활약함. 소아시아의 포카이아에서 온 그리스인들에 의해 마르세유와 스페인의 타르네수스가 식민화됨

598년      바빌로니아의 네부카드네자르 2세가 예루살렘을 파괴하고 (이집트와 동맹하고 있었던) 유대인을 추방함

574년      네부카드네자르가 티르를 포위공격해서 파괴함

569~525년      이집트의 아마시스가 리디아, 키레네, 그리고 사모스의 그리스인 참주 폴리크라테스와 동맹을 맺음.

561년      리디아의 왕 크로이소스가 그리스 도시들과 우호적인 관계를 유지함

560년      아테네에서 피시스트라토스가 참주가 됨. 피시스트라토스가 문자 형태로 된 호메로스의 시를 수집해서 편집함

551년      중국에서 공자가 탄생함

549년      키루스 대제가 메데아의 수도인 엑바타나를 점령하고 페르시아 제국을 건립함

546년      키루스가 할리스 강에서 리디아의 왕인 크로이소스를 쳐부수고 사르디스를 점령함. 페르시아인들이 곧 이오니아 해안의 그리스 도시들을 정복함

539년      키루스가 바빌론을 점령해 추방된 유대인들을 팔레스타인에 다시 정주시킴

535년      포카이아의 그리스인 식민자들이 카르타고인들과 바다에서 싸우고 알라리아(코르시카) 전투에서 에트루리아인들과 싸움

530/29년      이름 모를 부족들과의 전쟁에서 키루스가 살해됨. 키루스의 아들 캄비세스가 그를 계승함

527년      아테네에서 피시스트라토스가 죽고, 그의 아들 히피아스가 그의 권력을 이어받음

525년      캄비세스가 이집트를 정복함. 아테네의 비극시인 아이스킬로스가 태어남

521년      캄비세스의 죽음으로 아케메네스 왕조의 다리우스 1세가 페르시아의 왕이 됨

518년      보이오티아의 시인 핀다로스가 태어남

516년      다리우스가 다뉴브 강에서 스키타이인들과의 전투에서 패배함

510년      스파르타의 도움으로 아테네에서 추방된 히피아스가 다리우스에게 피신함

505년경      쿠마이의 인기 있는 참주인 아리스토데모스가 아리키아에서 에트루리아인들을 쳐부숨

499년      밀레투스의 참주인 히스티아이오스가 다리우스에 의해 수사에 억류됨. 그의 사위인 아리스타고라스가 이오니아의 그리스인들 사이에서 반란을 부추김. 이 반란은 스파르타의 지원을 받지 못하지만, 아테네가 20척 그리고 에레트리아가 5척의 배를 제공함

498년      이오니아의 그리스인들이 반란을 일으켜 사르디스를 불태움

494년      이오니아 함대가 라데에서 패배함. 페르시아인들의 밀레투스 점령은 아테네를 당황케 했으며 반란

| | |
|---|---|
| | 이 실패함. 다리우스는 반란에 관여했던 그리스 본토인들에 대한 보복원정을 계획함. 펠로폰네소스에서 스파르타가 아르고스를 무찌르고 패권을 차지함 |
| 493년 | 테미스토클레스가 피레에프스 항구의 방어공사를 지휘함 |
| 492년 | 페르시아 함대가 아토스 산 앞에서 폭풍우로 심하게 파손됨 |
| 490년 | 다티스와 아르타페르네스가 지휘하는 페르시아 함대가 낙소스를 경유해 에게 해를 건넘. 에레트리아가 파괴됨. 페르시아인들이 아티카에 상륙하지만, 밀티아데스가 지휘하는 아테네 군대에게 마라톤 평원에서 격퇴당함. 피시스트라토스의 아들인 히피아스가 페르시아 군대와 동행함 |
| 489년 | 밀티아데스가 아테네에서 정적들에 의해 기소됨 |
| 486년 | 페르시아의 다리우스 1세가 죽고 그의 아들 크세르크세스가 계승함 |
| 484년 | 역사가인 헤로도토스가 이 무렵에 태어남 |
| 483년 | 아테네인들이 테미스토클레스의 충고대로 함대건조를 위해 라우리움 은광을 개발함 |
| 481년 | 크세르크세스가 그리스 침략을 준비함. 그리스 도시국가들이 방어동맹을 체결함. 크세르크세스가 외교 수완을 통해 북부 및 중부 그리스와 협상을 체결함. 시라쿠사의 겔론의 지배를 받은 시칠리아의 그리스인들이 협력하지 않음 |
| 480년 | 크세르크세스가 대규모 육군과 대 함대를 이끌고 그리스에 침입함. 그리스인들이 아르테미시움(북부 에보이아)에서 해전을 미루면서 싸움. 다른 그리스인들과 함께 레오니다스의 지휘를 받은 스파르타인들이 영웅적인 방어로 테르모필라이 전투에서 절멸됨. 페르시아인들이 남쪽을 지나 아테네를 점령함. 아테네인들은 주민을 소개하고 살라미스 해전에서 페르시아인들을 궤멸시킴. 시칠리아에서 겔론의 지휘를 받은 그리스인들이 히메라에서 카르타고의 침략을 분쇄함 |
| 479년 | 마르도니우스가 스파르타의 통치자 파우사니아스의 지휘를 받은 그리스 군대에게 플라타이아 평원에서 패배함. 페르시아인 생존자들이 육로로 후퇴함. 그리스인들이 동부 에게 해의 미칼레에서 페르시아 함대를 파괴함 |
| 478년 | 스파르타의 저항에도 불구하고 테미스토클레스가 아테네 도시성벽의 복원을 확고히 함. 파우사니아스가 페르시아인들로부터 키프로스와 비잔티움을 해방시킴. 반역죄로 기소된 파우사니아스가 스파르타로 소환되어 자살함. 에게 해 해상 동맹을 조직한 아테네인들이 페르시아와 전쟁을 계속함 |
| 467년경 | 아테네 지휘관인 키몬이 소아시아 남부의 에우리메돈 강에서 페르시아 군대를 쳐부숨 |
| 465년 | 스파르타에서의 지진 이후에 메세니아인들이 반란을 일으킴(3차 메세니아 전쟁). 크세르크세스가 죽고 그의 아들 아르타크세르크세스 1세가 계승함 |
| 462년 | 파우사니아스의 모반에 연루되었다는 이유로 기소당한 테미스토클레스가 추방지에서 사망함 |
| 461년 | 아테네인들이 스파르타에 맞서 아르고스와 동맹을 체결. 스파르타에 동조적인 키몬이 아테네에서 추방됨. 스파르타에 적대적인 페리클레스가 아테네 정치를 지배함 |
| 459~454년 | 이집트에서 아테네인들이 페르시아 지배에 맞선 리비아 군주 이나로스의 반란을 지원함 |
| 457년 | 아테네의 장성Long Walls이 재건됨. 아테네인들이 보이오티아의 타나그라에서 스파르타 군대에게 패배함. 오이노피타에서의 승리 이후에 아테네가 보이오티아를 지배함. 이 무렵 역사가인 투키디데스가 태어남. 키몬이 추방지에서 소환됨 |
| 454년 | 이집트에서 반란이 실패함. 아테네의 원정이 엄청난 손실을 입음 |
| 451년 | 아테네와 스파르타 사이의 5년간의 휴전 |
| 450년 | 키몬이 키프로스에 남아 있는 페르시아의 기지들에 맞서 그리스 함대를 지휘하지만 의욕적으로 작전을 수행하다 사망함 |
| 450년경 | 아테네의 희극작가인 아리스토파네스가 태어남. 로마에서 법률들이 성문화됨 |
| 449년 | 아테네와 페르시아 사이의 평화(칼리아스의 평화) |
| 446년 | 서쪽으로 팽창하려는 아테네의 시도가 보이오티아의 코로네아 전투에서의 패배로 정지됨 |

441년        사모스가 아테네의 지배에 맞서 반란을 일으키지만, 포위공격을 받고 아테네 군대에게 반란이 진압됨

437년경       페리클레스가 트라키아의 암피폴리스에 아테네의 식민시를 건설함. 흑해에서 페리클레스의 외교활동과 식민 활동으로 아테네의 곡물 공급이 확보됨

435년        코린트가 해전에서 코르키라에 패함

433년        코르키라는 시보타 전투에서 아테네 해군의 개입으로 코린트의 보복을 막아냄

432년        아테네인들이 코린트의 식민시인 포티다이아를 포위공격함. 코린트가 아테네에 맞서 스파르타의 지원을 확보함

431년        아테네에 대한 스파르타의 최후통첩. 스파르타 왕 아르키다모스가 아티카에 침입함. 농촌 주민들이 아테네의 도시성벽 안에 갇힘

430년        아테네에 전염병 발생. 포티다이아가 아테네인들에게 점령됨

429년        아테네 함대가 나우팍투스 근처에서 펠로폰네소스 해군 부대에게 승리를 거둠. 페리클레스의 사망. 아테네를 지원한 보이오티아의 도시인 플라타이아가 테베인과 스파르타인의 포위공격을 받음

428년        레스보스가 아테네 지배에 반란을 일으킴. 미틸레네가 아테네인들의 포위공격을 받음

427년        미틸레네의 항복. 플라타이아가 테베인과 스파르타인에게 함락됨. 코르키라에서 아테네의 지지를 받아 승리한 민주주의자들이 그들의 정적을 대량 학살함

426년        아테네의 장군 데모스테네스가 아이톨리아에서 출정함

425년        데모스테네스가 펠로폰네소스 서해안에 있는 필로스를 점령함. 필로스 부근과 스팍테리아의 인근 섬에서 전투가 벌어짐. 스팍테리아에 주둔한 스파르타 군대가 클레온과 데모스테네스에게 항복함

424년        아테네인들이 델리움에서 테베인들에게 패배함. 스파르타 장군인 브라시다스가 트라키아에서 암피폴리스를 점령함. 페르시아에서 다리우스 2세가 그의 아버지 아르타크세르크세스를 계승함

423년        아테네와 스파르타 사이의 1년간의 휴전. 암피폴리스에서 아테네의 지휘관인 클레온과 스파르타의 지휘관인 브라시다스가 살해됨

422년        아테네와 스파르타 사이의 전쟁이 재개됨

421년        아테네와 스파르타가 평화협정에 동의함(니키아스의 평화). 보이오티아와 코린트가 평화협정을 받아들이지 않음. 보이오티아인, 코린트인 그리고 메가라인들에 맞서 아테네가 일시적으로 스파르타와 제휴함

420년        스파르타와 보이오티아의 제휴가 재개됨. 아테네가 스파르타에 맞서 (전에 중립적이었던) 아르고스와 제휴함

418년        아르고스인들과 아테네인들이 만티네아 전투에서 스파르타인들에게 패배함

416년        중립적인 멜로스 섬을 점령한 아테네인들이 주민들을 대량 학살하고 노예로 삼음. 아테네인들이 시라쿠사에 맞서 세게스타를 지지하면서 시칠리아에 개입함

415년        시라쿠사인들에 맞서 아테인들이 원정대를 파견함. 아테네에서 기소에 직면해 시칠리아로부터 소환된 알키비아데스가 스파르타로 도망침

414년        아테네인들이 시라쿠사를 포위공격함. 스파르타 지휘관인 길리푸스가 시라쿠사에 증원군을 이끌고 옴

413년        알키비아데스의 조언대로 스파르타인들이 아티카에서 데켈리아를 점령함. 데모스테네스가 아테네에서 시라쿠사에 있는 니키아스의 군대에 증원군을 이끌고 옴. 시칠리아에서 아테네 군대가 궤멸됨. 니키아스와 데모스테네스가 시라쿠사인들에게 붙잡혀서 처형당함. 이때 인도에서는 난다 왕조가 갠지스의 마가다 왕국에 세워짐

412년        해군과 재정적 원조에 대한 보답으로 스파르타인들이 이오니아 도시들에 대한 페르시아의 지배를 승인함. 스파르타에서 평판이 나빴던 알키비아데스가 페르시아 사트라프인 티사페르네스의 고문이 됨

| | |
|---|---|
| 411년 | 과두주의자들이 일시적으로 아테네에서 권력을 장악함. 아테네 함대가 헬레스폰토스의 키노세마에서 스파르타에게 승리함 |
| 410년 | 알키비아데스의 도움으로 아테네인들이 키지쿠스 해전에서 스파르타인들을 무찌름 |
| 408년 | 다리우스 2세의 아들 키루스가 소아시아의 페르시아 속주들에 대한 최고의 정치적 지배권을 차지함 |
| 408/7년 | 리산드로스가 스파르타 해군을 지휘함 |
| 407년 | 알키비아데스가 아테네로 복귀함 |
| 406년 | 알키비아데스가 동부 에게 해에서 지휘권을 행사함. 알키비아데스의 장교가 노티움 해전에서 스파르타인들에게 패배함. 아르기누사이에서 아테네 해군이 스파르타 해군에게 승리함. 아테네의 지휘관들이 아르기누사이에서 생존자들을 배에 태우는 데 실패했다는 이유로 아테네에서 처형됨. 아테네의 비극시인 에우리피데스와 소포클레스가 사망함 |
| 405년 | 코논이 지휘하는 아테네 함대가 리산드로스가 지휘하는 스파르타 함대에게 아이고스포타미 전투에서 파괴됨. 페르시아에서 다리우스 2세가 사망함 |
| 404년 | 리산드로스의 봉쇄가 아테네의 항복을 이끌어냄. 아테네 해군이 항복하고 장성이 파괴됨. 알키비아데스가 프리기아에서 암살됨. 아테네의 항복 후에 스파르타는 아테네에서 과두정(30인 참주)을 지지함. 30인 참주들은 트라시불로스가 지휘하는 아테네의 망명자들에게 타도됨. 스파르타의 묵인 하에 민주 정부가 다시 세워짐 |
| 401년 | 페르시아에서 키루스가 그리스 용병대를 사용해서 아르타크세르크세스 2세에 맞서 반란을 일으킴 (크세노폰의 원정). 쿠낙사에서 키루스가 사망한 뒤로 그리스인들이 흑해 해안을 경유하여 본국으로 진군함 |
| 400년 | 스파르타인들이 페르시아 영토에 침입함 |
| 399년 | 철학자 소크라테스에 대한 아테네 민주 법정의 부당한 사형선고 |
| 397년 | 시칠리아에서 시라쿠사의 디오니시오스 1세가 카르타고인들로부터 모티야를 점령함 |
| 396/5년 | 스파르타의 아게실라오스 2세가 소아시아에서 페르시아인들에 맞서 출정에 성공함 |
| 395년 | 그리스에서 스파르타에 대항한 도시 국가들의 동맹이 페르시아의 자금을 지원받음. 보이오티아에서 리산드로스가 테베인들에 맞서 싸우다가 살해됨 |
| 394년 | 스파르타가 네메아에서 도시 국가들의 동맹에게 승리함. 육로로 그리스에 돌아온 아게실라오스가 코로네아에서 도시 국가들의 동맹에 패배를 안김. 아테네의 해군 사령관 코논이 크니도스에서 스파르타인들과의 해전에서 승리함 |
| 393년 | 코논이 아테네에서 장성을 재건함 |
| 390년(또는 387년) | 이탈리아에서 침입자인 갈리아인들이 알리아에서 로마인들을 무찌르고 일시적으로 로마를 점령함 |
| 389년 | 시칠리아를 방문한 플라톤이 그의 '철학자 왕'의 개념으로 디온의 관심을 끌었음 |
| 386년 | 디오니시오스 1세가 남부 이탈리아에서 정복을 강화함 |
| 382년 | 포에비다스가 지휘하는 스파르타 군대가 선전포고 없는 전쟁으로 테베의 성채를 점령함. 아게실라오스가 테베에 과두정을 수립함 |
| 379/8년 | 일단의 무장한 망명자들을 이끌고 펠로피다스가 스파르타의 과두정으로부터 테베를 해방시킴 |
| 378년 | 스파르타 지휘관인 스포드리아스가 아테네를 점령하기 위한 기습 이동에 실패함. 아테네가 스파르타와의 전쟁에서 테베와 연합함 |
| 376년 | 아테네 지휘관인 카브리아스가 낙소스 앞에서 스파르타와의 해전에서 승리함 |
| 372년 | 중국에서 맹자가 탄생함 |
| 371년 | 불가침과 독립에 대한 협정이 스파르타에서 열린 도시국가 간의 회의에서 제기됨. 전체 보이오티아를 대표하려는 에파미논다스의 주장이 아게실라오스에 의해 거부됨. 스파르타왕 클레옴브로토스가 레욱트라에서 테베인들에게 패배하고 살해됨 |

| 370년 | 에파미논다스가 펠로폰네소스 반도에 침입해서 스파르타를 위협함 |
|---|---|
| 366년 | 시라쿠사에서 디오니시오스 2세가 그의 아버지인 디오니시오스 1세를 계승함 |
| 365년 | 철학자 왕의 역할에 부적합한 디오니시오스 2세가 플라톤과 디온을 거부함 |
| 362년 | 에파미논다스가 만티네아에서 스파르타인, 아테네인 그리고 다른 동맹자들을 무찌르지만 교전 중에 살해됨 |
| 359년 | 마케도니아의 페르디카스 3세의 죽음으로 그의 동생인 필리포스가 왕이 됨 |
| 358년 | 필리포스가 파이오니아인들과 일리리아인들에게 승리함 |
| 357년 | 필리포스가 암피폴리스를 점령하고 판가이아의 금광들을 장악함. 마우솔로스에 의해 고무된 키오스, 로도스, 그리고 비잔티움이 아테네의 지배를 거부함(내전, 357–355). 시라쿠사에서 디오니시오스의 부재중에 디온이 권력을 장악함(357/6) |
| 356/5년 | 필리포스가 전에 아테네의 지배를 받았던 피드나와 포티다이아를 점령함. |
| 354년 | 디온이 암살당함 |
| 352년 | 필리포스가 신성한 전쟁Sacred War에 개입함. 테살리아에서 필리포스의 군사작전이 테르모필라이에서 저지됨 |
| 351년 | 아테네에서 웅변가인 데모스테네스가 필리포스를 비난함. 아르타크세르크세스 3세 치하에서 이집트를 되찾으려는 페르시아의 시도가 실패함 |
| 349년 | 필리포스가 칼키디키 반도의 올린토스를 점령해서 파괴함 |
| 347년 | 플라톤의 죽음 |
| 346년 | 필리포스가 포키스인들에게 항복을 강요함. 시칠리아에서 디오니시오스가 시라쿠사를 되찾음 |
| 345/4년 | 디오니시오스에 대항해 반란을 일으킨 시라쿠사인들이 코린트에 지원을 요청함. 용병과 함께 코린트에서 온 티몰레온이 디오니시오스의 항복을 강요함 |
| 343/2년 | 아리스토텔레스가 필리포스의 아들인 알렉산더(대제)의 스승이 됨. 페르시아의 아르타크세르크세스 3세가 이집트를 재정복함 |
| 341년 | 시칠리아에서 티몰레온이 크리미소스 강에서 카르타고인들을 무찌름 |
| 341/40년 | 아테네와 페르시아의 지원을 받은 페린토스와 비잔티움이 필리포스에게 성공적인 도전을 함 |
| 338년 | 카이로네아에서 필리포스가 테베인, 아테네인 그리고 다른 그리스인들에게 승리함. 페르시아에서 아르타크세르크세스 3세가 자신의 신하인 바고아스에게 살해당함 |
| 336년 | 이미 페르시아 침입을 계획해두고 있었던 필리포스가 펠라에서 암살당함. 알렉산더가 마케도니아의 왕위를 계승함. 알렉산더가 그리스 국가들에게 자신의 권위를 강요함 |
| 335년 | 알렉산더가 트라키아와 다뉴브 강에 출정함. 알렉산더가 일리리아인들을 쳐부숨. 알렉산더가 그리스 국가들의 반란을 진압하고 테베를 파괴함 |
| 334년 | 알렉산더가 아시아로 건너감. 알렉산더가 그라니코스 강에서 페르시아 사트라프들에게 패배를 안김. 멤논이 도망쳐서 밀레투스와 할리카르나소스에서 저항군을 규합함. 알렉산더가 파르메니오를 에페소스에서 주둔군과 함께 남겨둔 채 남쪽으로 진군함. 이 무렵 시칠리아에서 티몰레온이 사망함 |
| 333년 | 멤논이 사망함. 파르메니오가 고르디움에서 알렉산더와 합류함. 알렉산더가 이수스 전투에서 페르시아의 다리우스 3세를 무찌르고, 다리우스의 평화 조건을 거부함 |
| 332년 | 알렉산더가 티르를 포위공격해서 점령하고 대부분의 팔레스타인 도시들이 그에게 굴복함. 가자가 포위공격 받고 점령됨. 알렉산더가 이집트로 군대를 이끌지만 저항에 직면함. 알렉산더가 알렉산드리아의 건립을 계획함. 알렉산더가 332/1년에 시와의 제우스 암몬 신탁소를 방문 |
| 331년 | 알렉산더가 이집트에서 중부 페르시아 속주들로 진군함. 알렉산더가 아르벨라(가우가멜라)에서 다리우스를 무찌르고 다리우스는 도망침. 알렉산더가 바빌론과 수사를 점령함. 스파르타의 독립 움직임이 메갈로폴리스에서 안티파트로스에 의해 분쇄됨 |

| 330년 | 알렉산더가 페르세폴리스를 점령. 알렉산더가 동쪽으로 다리우스를 추격함. 이제는 도망자가 된 다리우스가 찬탈자인 베수스에게 살해됨. 알렉산더의 장교인 파르메니오의 아들 필로타스가 음모혐의로 기소되어 처형당함. 엑바타나에서 주둔군을 지휘한 파르메니오가 알렉산더의 명령으로 살해됨 |
|---|---|
| 329년 | 알렉산더가 아프가니스탄 산악지역을 통해서 진군함. 이탈리아에서 로마가 볼스키족에게 승리하고 더 많은 라틴 식민지를 건설함 |
| 328년 | 알렉산더의 군대가 박트리아와 소그디아나(투르케스탄)에서 격렬한 전투에 직면함. 베수스가 붙잡혀 다리우스 왕을 살해한 이유로 처형당함. 이탈리아에서 프레겔라이에 대한 로마의 식민화가 2차 삼니움 전쟁을 일으킴 |
| 327년 | 술에 취한 채 논쟁 중이던 알렉산더가 자신이 신임하는 장교인 클리투스를 살해함. 알렉산더가 록산나와 결혼함. 알렉산더가 인도 침입을 개시함 |
| 326년 | 알렉산더가 인더스 강을 건넘. 알렉산더가 히다스페스 강에서 인도의 왕 포루스를 무찌르고 사로잡음. 알렉산더의 병사들이 히파시스 강을 넘어 동쪽으로 진군하는 것을 거부함. 알렉산더가 보트를 만들어 자신의 군대를 인더스 강 아래로 수송함 |
| 325년 | 알렉산더가 게드로시아 사막을 통해 행군함. 알렉산더의 해군 사령관인 네아르코스가 인도양을 가로질러 페르시아 만까지 항해함. 알렉산더와 네아르코스가 호르무즈 근처에서 힘을 합침 |
| 324년 | 알렉산더와 그의 군대가 수사에 도착함. 그의 부재중에 부패를 저지른 관리들이 처벌됨. 알렉산더의 동방화 정책에 기분이 상한 마케도니아인들이 오피스에서 반란을 일으킴. 알렉산더가 카르타고, 스페인, 갈리아, 그리고 이탈리아의 사절들을 맞이함. 그리스에서 데모스테네스가 추방당함 |
| 323년 | 바빌론에서 알렉산더가 병에 걸려 후계자를 지명하지 못한 채 사망함 |
| 323/2년 | 필리포스 아르히다에우스가 알렉산더 제국의 명목상의 계승자가 됨. 록산나에게서 태어난 알렉산더의 유복자 아들이 필리포스의 칭호를 공유함. 알렉산더의 장교인 페르디카스가 아시아 제국의 통치자가 됨. 안티파트로스와 크라테로스가 알렉산더 제국의 서방영토에 대한 공동 통치자가 됨. 그리스인들이 반란을 일으켜 라미아에서 안티파트로스를 포위공격함. 안티파트로스가 크라논에서 그리스인들을 무찌름. 이 무렵 찬드라굽타 마우리아가 인도 북부를 지배함. 아리스토텔레스가 죽음 |
| 321년 | 페르디카스가 반란군들에게 살해됨. 셀레우코스가 바빌로니아의 사트라프가 됨. |
| 319년 | 안티파트로스가 사망함. 에우메네스가 알렉산더 제국의 통합을 유지하려고 시도함. 안티파트로스의 아들 카산드로스가 마케도니아에서 폴리스페르콘을 몰아냄 |
| 317년 | 에우메네스가 안티고노스(알렉산더의 프리기아 총독)와의 전쟁에서 패함. 카산드로스가 마케도니아와 그리스를 정복함 |
| 316년 | 에우메네스가 안티고노스에게 배신당하고 처형됨. 카산드로스가 폴리스페르콘으로부터 그리스를 손에 넣음. 바빌론에서 쫓겨난 셀레우코스가 이집트로 피신함 |
| 314년 | 폴리스페르콘의 아들인 알렉산더가 펠로폰네소스 반도에서 안티고노스와 카산드로스의 군대에 도전함. 교전 중에 알렉산더가 죽은 뒤에 그의 미망인 크테시폴리스가 시키온에서 일어난 반란을 진압함 |
| 313년 | 로도스인들이 안티고노스와 동맹을 맺음 |
| 312년 | 안티고노스의 아들 디미트리오스가 가자에서 프톨레마이오스에게 패함. 셀레우코스가 프톨레마이오스의 도움으로 바빌론을 되찾음. 로마에서 아피우스 클라우디우스 카에쿠스가 켄소르(감찰관)가 됨. 아피우스가 켄소르로 있을 때 로마와 카푸아 사이에 아피아가도가 건설됨. 평민들이 원로원에 들어갈 수 있게 됨 |
| 311년 | 시라쿠사의 전제군주인 아가토클레스가 리카타에서 카르타고인들에게 패함. 아가토클레스가 시라쿠사에서 포위공격을 받음 |
| 310년 | 아프리카로 건너간 아가토클레스가 카르타고와의 싸움에서 승리함. 시칠리아에서 카르타고가 시라쿠사에게 승리함. 로마가 바디모 호수에서 에트루리아인들을 격파함 |

| 309년 | 시칠리아에서 아크라가스(아그리겐툼)가 시라쿠사에 맞서 그리스 도시들의 연합을 이끌어냄 |
| 308년 | 프톨레마이오스의 장교인 오펠라스가 카르타고에 맞서 아가토클레스와 동맹을 맺음. 아가토클레스가 오펠라스를 살해하고 그의 군대의 지휘권을 차지하지만, 카르타고를 점령하지 못함 |
| 307년 | 아가토클레스가 결국 아프리카에서 시라쿠사로 돌아옴. 이피로스에서 어린 피로스가 통치함 |
| 306년 | 디미트리오스가 키프로스의 살라미스에서 프톨레마이오스에 맞서 해전에 승리함 |
| 305년 | 프톨레마이오스에 맞서 지원을 요구한 안티고노스와 디미트리오스에게 로도스가 위협을 받음. 디미트리오스가 로도스를 포위공격함. 셀레우코스가 알렉산더의 인도 정복을 복원하려고 시도함. 시인 칼리마코스가 이 무렵 태어남 |
| 304년 | 디미트리오스가 로도스 포위공격을 포기함. 로마가 삼니움족에게 승리함(2차 삼니움 전쟁) |
| 303년 | 인도에서 쫓겨난 셀레우코스가 찬드라굽타와 평화협정을 체결함. 이탈리아에서 스파르타의 클레오니모스 2세가 타렌툼을 도우러 용병 군대와 함께 출정함 |
| 302년 | 피로스가 카산드로스에 의해 이피로스에서 쫓겨남. 피로스가 프톨레마이오스의 환대와 지지를 받음. 카산드로스가 안티고노스에 맞서 리시마코스 그리고 프톨레마이오스와 동맹을 맺음 |
| 301년 | 다른 계승자 왕들에 맞서 입소스 전투에서 안티고노스 1세가 사망함 |
| 300년 | 시라쿠사의 독재자인 아가토클레스가 이탈리아에 개입한 이후 코르키라를 점령함. 이 무렵 수학자 유클리드가 알렉산드리아에서 활약함 |
| 298년 | 인도에서 강력한 북부 통치자인 찬드라굽타 마우리아가 사망함. 비티니아의 독립왕국이 트라키아 왕조 치하에서 설립됨 |
| 297년 | 피로스가 네오프톨레모스와 공동으로 이피로스를 통치함. 마케도니아의 통치자인 카산드로스가 사망함. 이 무렵 폰투스의 독립왕국이 미트리다테스 왕조 치하에서 설립됨 |
| 296년 | 셀레우코스가 시리아와 킬리키아를 지나 지중해까지 자신의 왕국을 확대함 |
| 295년 | 로마가 센티눔 전투에서 갈리아인, 삼니움족 그리고 그 밖의 다른 민족들을 격파함 |
| 294년 | 디미트리오스 폴리오르케테스를 마케도니아의 왕으로 맞이함 |
| 293년 | 디미트리오스가 그리스 국가들을 통제함. 이 무렵 아테네의 희극작가인 메난드로스가 사망함 |
| 292년 | 셀레우코스가 그의 아들 안티오코스와 왕위를 공유함 |
| 290년 | 로마가 삼니움족을 정복함 |
| 289년 | 시라쿠사에서 아가토클레스가 사망함 |
| 288년 | 피로스와 트라키아의 왕 리시마코스가 연합하여 마케도니아에 침입함. 디미트리오스가 마케도니아에서 추방됨. 시칠리아에서 마메르티니(이탈리아 용병부대)가 메사나를 점령함 |
| 287년 | 피로스가 마케도니아 영토를 차지함. 디미트리오스의 아들인 안티고노스 2세가 그리스 국가들에 대한 지배권을 물려 받음. 시라쿠사에서 이 무렵 아르키메데스가 태어남. 로마에서 호르텐시우스 법이 평민회의 결정에 법적 효력을 부여함 |
| 285년 | 리시마코스가 마케도니아와 테살리아를 차지함. 안티고노스 고나타스가 피로스에게 테살리아 영토를 상실함. 마케도니아에서 쫓겨난 디미트리오스가 아시아에서 셀레우코스의 포로가 됨. 로마가 이탈리아 북부의 켈트족과 전쟁함 |
| 283년 | 피로스가 리시마코스에 의해 마케도니아 영토에서 쫓겨남. 포로로 억류 중에 디미트리오스가 사망함. 안티고노스 고나타스가 마케도니아 왕의 칭호를 차지함. 로마가 이탈리아 북부 세노네스 강의 갈리아 부족을 진압함. 프톨레마이오스 1세가 사망함 |
| 282년 | 타렌툼인들이 로마 해군의 소함대를 공격함 |
| 281년 | 셀레우코스가 코루페디움에서 리시마코스를 격파하고 살해함. 타렌툼이 피로스를 불러들여 로마에 맞서게 함. 셀레우코스가 살해됨 |
| 280년 | 피로스가 헤라클레아에서 로마인들에 대해서 확실치 않은 승리를 거둠. 레기움이 로마의 다루기 힘 |

| | |
|---|---|
| | 든 캄파니아 용병들에게 정복됨. 아카이아 동맹의 부활 |
| 279년 | 아스쿨룸 전투-피로스에게는 또 한 차례의 엄청난 희생을 치르고 얻어낸 승리. 마케도니아와 트라키아로 켈트족이 침입함 |
| 278년 | 그리스에 침입한 켈트족이 델포이 근처에서 궤멸됨. 안티고노스 고나타스가 트라키아의 리시마키아에서 켈트 군대를 격파함 |
| 277년 | 시칠리아에 피로스가 도착함. 안티고노스가 마케도니아에서 자신의 권위를 확립함 |
| 275년 | 피로스가 이탈리아로 돌아감. 피로스가 베네벤툼에서 로마인들과 싸워 패함. 피로스가 이피로스로 돌아감 |
| 274년 | 인도에서 아소카가 찬드라굽타 마우리아의 제국을 멀리 남쪽까지 확대함 |
| 272년 | 펠로폰네소스 반도에 출정한 피로스가 아르고스 시가전에서 살해됨. 타렌툼이 로마에 항복함 |
| 271년 | 로마인들이 레기움을 재정복함 |
| 266년 | 아테네가 마케도니아와의 전쟁에서 펠로폰네소스인들 그리고 프톨레마이오스 2세와 제휴함 |
| 264년 | 로마가 시라쿠사의 히에론과 그의 카르타고 동맹자들에 맞서 마메르티나를 지원함 |
| 263년 | 히에론이 로마와 화해하고 동맹을 맺지만, 카르타고와의 전쟁은 계속됨 |
| 260년 | 밀라이에서 로마가 카르타고와의 해전에서 승리함 |
| 259년 | 코르시카와 사르디니아에서 로마의 승리 |
| 256년 | 에크노무스에서 로마의 해군이 승리한 후에 로마 지휘관인 레굴루스가 아프리카에 침입함 |
| 255년 | 레굴루스가 그리스인 지휘관 크산티포스 휘하의 카르타고인들에게 패함 |
| 254년 | 로마인들이 시칠리아에서 파노르무스를 점령함 |
| 250년 | 로마인들이 파노르무스에서 카르타고인들의 반격을 격퇴함 |
| 249년 | 로마 함대 하나가 드레파나에서 패함 |
| 247년 | 한니발의 탄생. 아르사케스가 셀레우코스의 사트라프를 타도하고 파르티아의 첫 번째 왕이 됨 |
| 241년 | 로마와 카르타고 간의 평화협정체결. 그리스에서 스파르타의 개혁적인 왕 아기스 4세가 에포르(감독관)들에 의해 처형됨 |
| 240년 | 카르타고인들과 그들의 용병들 사이에 교전이 이루어짐(휴전없는 전쟁) |
| 237년 | 하밀카르 바르카가 카르타고의 식민운동에 편승해 스페인에서 승리함 |
| 232년경 | 인도에서 위대한 불교도 황제인 아소카 왕이 사망함 |
| 229년 | 하밀카르 바르카가 스페인에서 왕성한 활동 중에 살해됨. 하밀카르의 과업이 그의 사위인 하스드루발에 의해 계속 수행됨 |
| 225년 | 이탈리아 텔라몬에서 갈리아인들이 로마인들에게 패함 |
| 222년 | 그리스 셀라시아에서 스파르타의 클레오메네스 3세가 아카이아 동맹에게 패함 |
| 221년 | 스페인에서 하스드루발이 암살되고 하밀카르 바르카의 아들 한니발에 의해 계승됨 |
| 218년 | 한니발이 사군툼을 점령함(2차 포에니 전쟁의 원인). 한니발이 갈리아를 통과해 알프스를 가로질러 이탈리아로 진군함. 로마인들이 티치누스 강과 트레비아 강에서 한니발에게 패함 |
| 217년 | 로마인들이 트라시메네 호수에서 참패함. 팔레스타인에서 프톨레마이오스 군대가 안티오코스 3세에게 승리함 |
| 216년 | 칸나이에서 로마인들이 한니발에게 압도적으로 패함. |
| 215년 | 한니발이 마케도니아의 필리포스 5세와 협정을 체결함 |
| 213년 | 한니발이 타렌툼을 차지함. 이 무렵 중국이 훈족에게 승리함. 중국의 만리장성이 세워짐 |
| 211년 | 로마인들이 카푸아를 되찾음. 그나이우스와 푸블리우스 스키피오 형제가 스페인에서 카르타고와의 |

전투 중에 살해됨

| | |
|---|---|
| 207년 | 한니발의 동생인 하스드루발이 증원군과 함께 알프스를 넘음. 하스드루발이 메타우루스 강에서 패하고 살해됨 |
| 206년 | 한때 카르타고의 동맹자였던 누미디아의 왕 마시니사가 로마인들과 동맹함. 중국에서 한 왕조가 시작됨 |
| 203년 | 한니발이 아프리카로 소환됨 |
| 202년 | 자마의 전투에서 스키피오(아프리카누스)가 한니발을 격파함 |
| 201년 | 카르타고가 로마와 평화협정을 체결함. 마시니사가 로마와의 동맹으로 누미디아의 왕으로서 확고한 위치를 굳힘 |
| 200년 | 로마가 마케도니아의 필리포스 5세와 교전함 |
| 197년 | 마케도니아의 필리포스 5세가 테살리아의 키노스케팔라이에서 플라미니우스가 지휘하는 로마군에게 패함 |
| 193년 | 스파르타의 참주인 나비스가 로마인들에게 패함 |
| 190년 | 로마인들이 마그네시아에서 안티오코스 3세를 격파함(기원전 191년 테르모필라이에서의 승리 이후에) |
| 184년 | 스키피오 아프리카누스가 사망함 |
| 183년 | 망명 중에 로마인들에 의해 송환 위협을 받은 한니발이 자살함 |
| 171년 | 로마가 마케도니아의 페르세우스와 교전함 |
| 168년 | 페르세우스가 아이밀리우스 파울루스가 지휘하는 로마군대에게 피드나에서 패함. |
| 150년 | 로마가 카르타고와의 새로운 전쟁을 자극함(3차 포에니 전쟁) |
| 146년 | 로마의 그리스 지배에 대항해 반란을 일으킨 코린트가 뭄미우스에게 약탈됨. 로마인들이 카르타고를 점령해 파괴함 |
| 144~115년 | 셀레우코스 왕조에서 독립한 박트리아의 왕 메난드로스가 인도에 침입해서 불교도가 됨 |
| 140년 | 이 무렵 중국이 훈족에게 승리하고, 훈족은 서쪽으로 이동함 |
| 133년 | 스페인에서 로마인들이 누만티아를 점령함. 로마에서 정치폭력으로 티베리우스 그라쿠스가 죽음 |
| 124년 | 티베리우스 그라쿠스의 동생인 가이우스 그라쿠스가 호민관이 됨 |
| 121년 | 가이우스 그라쿠스가 대중폭동 중에 자살함 |
| 113년 | 노레이아에서 로마인들이 게르만 부족들에게 패함 |
| 112년 | 로마가 마시니사의 손자인 유구르타와 교전함 |
| 105년 | 킴브리족과 튜튼족이 아라우시오에서 로마 군대를 격파함. 마리우스가 첫 번째로 집정관에 선출됨 |
| 104년 | 유구르타가 승자인 마리우스에 의해 로마에 압송됨. 마리우스가 두 번째로 집정관에 선출됨. 마리우스는 갈리아에서 지배권을 차지하고 자신의 군대를 양성함 |
| 103년 | 마리우스가 세 번째로 집정관에 선출됨. 로마에서 평민 호민관 사투르니누스가 마리우스의 정치적 대리인이 됨 |
| 102년 | 마리우스가 네 번째로 집정관에 선출됨. 마리우스가 튜튼족에게 승리함 |
| 101년 | 마리우스가 다섯 번째로 집정관에 선출됨. 마리우스가 베르켈라이에서 킴브리족에게 승리함. 글라우키아가 호민관으로서 사투르니누스와 협력함 |
| 100년 | 마리우스가 여섯 번째로 집정관에 선출됨. 마리우스의 지휘관이었던 메텔루스 누미디쿠스가 추방됨. 사투르니누스와 글라우키아가 반란을 일으킴. 그들은 체포되어 군중들에게 살해됨. 이 무렵 율리우스 카이사르가 태어남 |
| 99년(또는 94년) | 철학적 시인인 루크레티우스의 탄생 |

| 97년 | 술라가 로마에서 법무관에 선출됨 |
| 96년 | 술라가 킬리키아의 총독이 됨. 술라가 파르티아인들과 외교적 접촉을 함 |
| 95년 | 로마에서 이탈리아인들의 시민권을 심사함 |
| 94년경 | 니코메데스 4세가 비티니아의 왕이 됨. 니코메데스가 폰투스의 왕 미트리다테스에 의해 추방됨 |
| 91년 | 에퀴테스(기사계급)에 적대적인 리비우스 드루수스의 입법이 제정됨. 드루수스가 살해됨. 로마와 이탈리아 동맹자들 사이에 동맹시 전쟁이 발발함 |
| 90년 | 동맹시 전쟁의 확대. 마리우스가 북부 전선을 지휘함. 이탈리아인들에게 시민권을 부여하는 법률이 제정됨. 비티니아의 니코메데스가 로만인들에 의해 복위됨 |
| 89년 | 동맹시 전쟁이 끝남. 미트리다테스가 로마와 충돌함(1차 미트리다테스 전쟁) |
| 88년 | 술라가 집정관에 선출됨. 술라가 로마로 진군하고 마리우스는 아프리카로 도망침. 동방에서 미트리다테스의 명령으로 80,000명의 로마인이 대량 학살됨. 술라는 다섯 개의 군단과 함께 이피로스에 상륙해 아테네에서 미트리다테스의 동맹자들을 포위공격함 |
| 87년 | 마리우스의 협력자인 코르넬리우스 킨나가 집정관에 선출됨. 술라의 입법 조치를 무효로 하려는 시도들이 마리우스의 적들에 대한 폭력과 대량 학살을 야기함 |
| 86년 | 마리우스가 죽고 발레리우스 플라쿠스로 대체됨. 설사 로마에서 불법화되었다고 하더라도 술라가 아테네를 점령함. 술라는 카이로네아와 오르코메노스에서 미트리다테스의 장군인 아르켈라우스를 격파함. |
| 85년 | 킨나가 집정관에 선출됨. 발레리우스 플라쿠스가 그의 장교인 플라비우스 핌브리아에 의해 선동된 반란으로 살해됨. 핌브리아가 미트리다테스와의 싸움에서 승리함. 술라의 장교인 루쿨루스가 핌브리아와의 협력을 거절함. 핌브리아의 군대가 술라에게 도망가고 핌브리아는 자살함. 술라와 미트리다테스 사이에 다르다누스의 평화가 체결됨. |
| 84년 | 킨나가 네 번째로 집정관에 선출됨. 율리우스 카이사르가 킨나의 딸 코르넬리아와 결혼함. 킨나가 반란군에게 살해됨 |
| 83년 | 술라의 장교인 무레나가 미트리다테스와의 전쟁을 재개함. 아르켈라우스가 로마인들에게 도망감(2차 미트리다테스 전쟁) |
| 82년 | 술라가 이탈리아로 돌아옴. 술라가 독재관이 되고 그의 정적들을 대량 학살함. 율리우스 카이사르는 간신히 피신함. 동방에서 무레나가 미트리다테스에게 격파됨 |
| 81년 | 에게 해에서 미틸레네가 로마의 과세에 대항해 반란을 일으킴. 율리우스 카이사르가 미틸레네에 대항하는 군사작전을 위해 니코메데스에서 배를 징발함. |
| 80년 | 술라가 집정관에 선출됨. 폼페이우스가 시칠리아와 아프리카에서 마리우스 추종자들을 진압함. |
| 79년 | 술라가 권력을 양위하고 정계에서 은퇴함 |
| 78년 | 술라가 사망함. |
| 75~74년 | 로마가 니코메데스 4세의 유증으로 비티니아를 획득함(3차 미트리다테스 전쟁의 원인) |
| 74년 | 루쿨루스가 집정관으로 선출됨. 루쿨루스가 킬리키아와 아시아에서 지휘권을 확보함 |
| 73년 | 스파르타쿠스가 지휘하는 노예반란이 이탈리아에서 일어남. 베레스가 기원전 71년까지 시칠리아에 총독으로 재임함. 세르토리우스가 페르펜나에게 살해됨 |
| 72년 | 루쿨루스가 폰투스에서 미트리다테스를 격파함. 이탈리아에서 스파르타쿠스가 승리함. 폼페이우스가 스페인에서 페르펜나를 사로잡아서 처형함 |
| 71년 | 루쿨루스가 폰투스로부터 미트리다테스의 축출을 마무리함. 미트리다테스가 그의 사위인 아르메니아 왕 티그라네스와 함께 도망자가 됨. 이탈리아에서 크라수스가 스파르타쿠스를 격파함. 폼페이우스가 스파르타쿠스 군대의 도망자들을 붙잡아서 처형함 |
| 70년 | 시인 베르길리우스가 탄생함 |

| 69년 | 루쿨루스가 아르메니아에 침입해서 티그라네스를 격파함. 이집트에서 프톨레마이오스 왕조의 마지막 통치자인 클레오파트라 7세가 태어남. |
|---|---|
| 68년 | 루쿨루스가 아르메니아에 출정함. 루쿨루스 군대가 반란을 일으킴. 미트리다테스가 잃어버렸던 많은 영토를 회복함. |
| 67년 | 로마에서 곡물이 부족하게 됨. 해적 토벌의 지휘권을 부여받은 폼페이우스가 코라케시움 해전에서 승리함. 카이사르가 폼페이아와 결혼함 |
| 66년 | 폼페이우스가 루쿨루스에 대신해서 미트리다테스에 대한 전쟁을 지휘함. 미트리다테스가 패하고 도망침. 티그라네스의 아들이 로마인들에게 도망침. 티그라네스가 항복함. 나바타이아(아랍)의 왕 아레타스가 예루살렘을 포위공격함 |
| 65년 | 카틸리나의 첫 번째 음모. 시인 호라티우스가 탄생함 |
| 64년 | 키케로가 안토니우스와 함께 다음해까지 연속해서 집정관에 선출됨 |
| 63년 | 폼페이우스가 팔레스타인에 개입함. 카틸리나의 두 번째 음모. 미트리다테스의 자살로 그의 아들 파르나케스가 폼페이우스와 평화협정을 체결함. 루쿨루스가 로마에서 개선식을 허용함. 카틸리나 음모의 공모자들이 키케로의 명령으로 처형됨 |
| 62년 | 카틸리나가 피스토리아에서 패하고 살해됨. 폼페이우스가 로마에 개선장군으로 돌아옴. 폼페이우스가 자신의 부인 무키아가 카이사르와 간통했다는 이유로 이혼함 |
| 61년 | 카이사르가 스페인에서 군대 지휘권을 차지함 |
| 60년 | 폼페이우스와 크라수스 그리고 카이사르 사이에 정치적 제휴가 이루어짐 |
| 59년 | 카이사르가 첫 번째로 집정관에 선출됨. 카이사르가 이탈리아의 갈리아, 일리리쿰 그리고 갈리아 트란스알피나에서 전집정관의 권한을 부여받음. 카이사르가 칼푸르니아와 결혼하고 그의 딸 율리아는 폼페이우스와 결혼함 |
| 58년 | 헬베티족(제네바호수 북쪽에 사는 켈트족)이 서쪽으로 이동함. 카이사르가 헬베티족에게 승리함. 카이사르가 아리오비스투스가 지휘하는 게르만족에게 승리함. 로마에서 클로디우스가 호민관으로서 키케로를 강제로 추방함 |
| 57년 | 카이사르가 벨기에의 갈리아인들에게 승리함. 로마에서 안니우스 밀로가 호민관으로서 키케로를 복귀시킴 |
| 56년 | 베네티족과의 전투에 카이사르가 출정하고 데키무스 브루투스가 해전에서 승리함. 크라수스가 아퀴타니아에 출정함. 루카에서 카이사르, 폼페이우스 그리고 크라수스가 그들의 제휴를 재개함 |
| 55년 | 카이사르가 게르만족들과의 전투에 출정함. 카이사르가 라인 강을 건넘. 카이사르가 첫 번째로 브리타니아를 원정함. 폼페이우스와 크라수스가 집정관에 선출됨 |
| 54년 | 카이사르가 두 번째로 브리타니아를 원정하면서 브리타니아의 왕 카시벨라우누스를 격파함. 벨기에족들이 반란을 일으키고, 카이사르의 장교들인 코타와 사비누스가 패하고 살해됨. 키케로가 공격에서 살아남음. 카이사르의 딸 율리아(폼페이우스의 부인)가 사망함 |
| 53년 | 카이사르가 라인 강을 건너 갈리아족의 우두머리인 암비오릭스와의 싸움에 출정함. 크라수스와 그의 아들 푸블리우스가 파르티아 전쟁에서 카레 근처에서 살해됨 |
| 52년 | 베르킨게토릭스가 연합한 갈리아 국가들의 지도자가 됨. 카이사르가 아바리쿰을 점령함. 알레시아에서 베르킨게토릭스가 항복함. 로마 근처에서 클로디우스가 경쟁자인 밀로에게 살해됨 |
| 51년 | 갈리아 국가들을 하나씩 진압해 나감. 이집트에서 프톨레마이오스 12세가 사망함. 프톨레마이오스 13세와 그의 누이인 클레오파트라 7세가 공동 통치함 |
| 50년 | 카이사르가 이탈리아로 돌아옴. 로마에서 카이사르의 정치적 지지자들과 적들 사이에 논쟁이 벌어짐 |
| 49년 | 군대 해산을 거부한 카이사르가 루비콘 강을 건너 남쪽으로 진군함. 폼페이우스가 브룬디시움에서 자신의 군대를 배에 태워서 마케도니아에서 전쟁에 대비함. 스페인에서 카이사르가 폼페이우스의 |

장교들에게 승리함. 카이사르가 11일 동안 독재관이 됨

| 48년 | 카이사르가 두 번째로 집정관에 선출됨. 카이사르가 디라키움에서 폼페이우스를 봉쇄하려고 시도하지만 성공하지 못함. 폰투스의 미트리다테스의 아들인 파르나케스가 폼페이우스를 지지함. 이집트에서 클레오파트라가 그녀의 남동생 일당에 의해 권좌에서 쫓겨남. 카이사르가 파르살루스 전투에서 폼페이우스를 격파함. 폼페이우스는 이집트로 도주하지만 그곳에서 살해됨 |
|---|---|
| 47년 | 클레오파트라가 카이사르의 도움을 얻기 위해서 그의 정부가 됨. 프톨레마이오스 13세가 카이사르와의 알렉산드리아 전쟁에서 살해됨. 카이사르가 클레오파트라를 복위시키고 그녀의 또 다른 남동생인 프톨레마이오스 14세(그는 곧 죽는다)와 공동으로 통치하게 함. 카이사르가 파르나케스를 젤라에서 격파함. 클레오파트라의 아들인 카이사리온(프톨레마이오스 카이사르)이 태어남 |
| 46년 | 카이사르가 세 번째로 집정관에 선출됨. 카이사르가 탑수스 전투에서 아프리카의 폼페이우스 잔당들을 격파함. 카토가 자살함. 카이사르가 10년 동안 독재관에 임명됨. |
| 45년 | 카이사르가 네 번째로 집정관에 선출됨. 카이사르가 스페인의 문다에서 폼페이우스의 아들들과 라비에누스를 격파함 |
| 44년 | 카이사르가 종신 독재관에 임명됨. 카이사르가 3월 15일에 살해됨. 옥타비아누스가 로마에 도착함 |
| 43년 | 삼두정치가 성립됨. 퀸투스 라비에누스가 카시우스에 의해 파르티아에 사절로 파견됨. 카시우스가 로도스를 점령함 |
| 42년 | 키케로가 사망함. 카이사르 잔당들을 도우려는 클레오파트라의 노력이 악천후로 좌절됨. 필리피 전투에서 카시우스와 브루투스가 자살함 |
| 41년 | 루키우스 안토니우스가 집정관으로서 옥타비아누스에게 도전함. 퀸투스 라비에누스와 파코루스가 시리아에 침입함. 안토니우스가 타르수스 근처에서 클레오파트라와 만남 |
| 40년 | 안토니우스가 페루자에서 항복함. 헤롯이 파르티아인들에게서 도주해 로마에 피신함. 안토니우스의 부인 풀비아가 그리스에서 사망함. 브룬디시움에서 옥타비아누스와 안토니우스의 타협으로 옥타비아가 안토니우스와 결혼함. 레피두스가 아프리카 총독으로 부임함 |
| 39년 | 안토니우스의 부관인 벤티디우스가 라비에누스와 파코루스를 격퇴함. 라비에누스가 사망함. 미세눔에서 섹스투스 폼페이우스와 협정을 체결함 |
| 38년 | 옥타비아누스가 협정 위반을 이유로 섹스투스를 비난함. 섹스투스가 쿠마이와 메사나에서 옥타비아누스와의 해전에서 승리함. 프라아테스 4세가 그의 아버지인 오로데스 2세를 살해한 뒤에 파르티아의 왕이 됨. 아그리파가 갈리아의 총독으로서 아퀴타니아의 반란을 진압함. |
| 37년 | 아그리파가 루크리네 호수를 해군훈련기지로 바꿈. 옥타비아누스와 안토니우스가 타렌툼에서 만나 삼두정치를 재개함. 헤롯이 로마 군대의 도움으로 예루살렘에 자리 잡음. 파르티아의 왕 프라아테스 4세가 크테시폰을 설립함. 클레오파트라가 낳은 쌍둥이 알렉산더 헬리오스와 클레오파트라 셀레네를 안토니우스가 자신의 자식으로 인정함 |
| 36년 | 안토니우스가 파르티아에서 패함. 섹스투스가 밀라이와 나우로쿠스 해전에서 패함. 안토니우스와의 사이에서 클레오파트라의 세 번째 아이인 프톨레마이오스 필라델푸스가 태어남. 레피두스가 삼두정치에서 물러남 |
| 35년 | 옥타비아가 안토니우스를 위해 증원군을 데리고 아테네에 도착하지만 그에게 거절당함. 안토니우스가 파르티아에서 입은 손실을 클레오파트라가 돈으로 보상함 |
| 34년 | 아그리파가 옥타비아누스의 일리리아 전쟁에서 활약함. 안토니우스가 아르메니아를 병합함. 안토니우스가 전에 알렉산더가 지배했던 모든 땅을 클레오파트라와 그녀의 자식들에게 기증함 |
| 33년 | 옥타비아누스가 달마티아에서 평화조약을 체결함 |
| 32년 | 안토니우스가 옥타비아와 이혼함. 옥타비아누스가 클레오파트라에게 전쟁을 선포함 |
| 31년 | 악티움 해전에서 안토니우스와 클레오파트라가 이집트로 도주함 |
| 30년 | 옥타비아누스가 이집트에 침입하고 안토니우스는 자살함. 옥타비아누스가 알렉산드리아에 진입하고 클레오파트라가 자살함. 안토니우스의 장남(풀비아와의 사이에서 낳음)이 옥타비아누스의 명령 |

으로 처형됨. 카이사리온(프톨레마이오스 카이사르)이 옥타비아누스에 의해 처형됨

27년 　　　　　옥타비아누스가 아우구스투스라는 칭호를 받음


*749 AUC(로마 건국 후 749년) 예수 그리스도가 탄생한 지 얼마 지나지 않아서 헤롯왕이 사망함
*753 AUC(로마 건국 후 753년) 기원후의 시작

# 서기

| | |
|---|---|
| 9년 | 바루스가 지휘하는 로마 군단들이 게르마니아에서 참패함. 중국에서 한나라 황제들의 권력이 일시적으로 찬탈됨 |
| 14년 | 아우구스투스의 죽음과 티베리우스의 계승 |
| 21년 | 갈리아에서 사크로비르의 반란 |
| 25년 | 중국에서 한 왕조의 부활 |
| 37년 | 티베리우스가 죽고 가이우스(칼리굴라)가 황제가 됨 |
| 41년 | 칼리굴라가 암살되고 클라우디우스가 황제로 선언됨 |
| 54년 | 클라우디우스가 죽고 네로가 제위를 계승함 |
| 60년 | 보디카 여왕의 반란 |
| 68년 | 네로가 자살하고 갈바가 황제가 됨 |
| 69년 | 네 명의 황제가 등장함. 베스파시아누스가 제위를 계승함 |
| 70년 | 티투스가 지휘하는 로마 군대가 예루살렘을 점령함 |
| 79년 | 베스파시아누스가 사망하고 티투스가 제위를 계승함. 베수비오 화산 폭발로 폼페이가 파괴됨 |
| 81년 | 티투스가 사망함 |
| 89년 | 상上 게르마니아에서 사투르니누스가 반란을 일으킴 |
| 96년 | 도미티아누스가 암살되고 네르바가 제위를 계승함 |
| 98년 | 네르바가 사망하고 트라야누스가 황제가 됨 |
| 99년 | 트라야누스가 로마에 도착함. 트라야누스가 인도인들을 포함해서 이민족 사절들을 맞이함 |
| 115~116년 | 시리아, 키프로스, 키레나이카에서 유대인의 반란이 일어남 |
| 117년 | 트라야누스가 사망하고 하드리아누스가 제위를 계승함 |
| 121 또는 122년 | 하드리아누스가 브리타니아를 방문함 |
| 138년 | 하드리아누스가 사망하고 안토니누스 피우스가 제위를 계승함 |
| 161년 | 안토니누스 피우스가 사망함. 마르쿠스 아우렐리우스가 그를 계승하고 루키우스 베루스를 황제의 동료로 받아들임 |
| 169년 | 루키우스 베루스가 사망함 |
| 177년 | 마르쿠스 아우렐리우스가 자신의 아들 콤모두스를 황제의 동료로 받아들임 |
| 180년 | 마르쿠스 아우렐리우스가 사망함 |
| 192년 | 콤모두스가 암살됨 |
| 193년 | 셉티미우스 세베루스가 다뉴브 강가의 카르눔툼에서 황제로 선포됨 |
| 211년 | 셉티미우스 세베루스가 요크에서 사망함. 셉티미우스의 아들들인 카라칼라와 게타가 동료로서 통치함 |
| 212년 | 게타가 카라칼라에 의해 암살됨 |

| 217년 | 카라칼라가 암살됨 |
| 218년 | 카라칼라의 아들이라는 소문이 퍼진 시리아의 어린 사제 엘라가발루스가 제위를 계승함 |
| 220년 | 중국에서 한 왕조가 멸망함 |
| 222년 | 엘라가발루스가 친위대에게 암살됨. 세베루스 알렉산더가 황제가 됨 |
| 224년 | 페르시아에서 사산 왕조가 등장함 |
| 235년 | 세베루스 알렉산더가 암살됨 |
| 249년 | 데키우스가 황제가 되고 기독교도들을 박해함 |
| 251년 | 데키우스가 고트족과의 전쟁에서 살해됨 |
| 253년 | 발레리아누스와 갈리에누스가 동료 황제로서 통치함 |
| 260년 | 발레리아누스가 페르시아인들에게 붙잡힘 |
| 265년 | 중국에서 진 왕조가 설립됨 |
| 267년 | 제노비아가 팔미라에서 그녀 남편(오데나투스)의 권력을 물려받음 |
| 268년 | 클라우디우스 2세(고티쿠스)가 로마 황제가 됨 |
| 270년 | 전염병으로 클라우디우스 2세가 사망하고 아우렐리아누스가 제위를 계승함 |
| 273년 | 제노비아가 아우렐리아누스에게 붙잡힘. 팔미라가 함락됨 |
| 275년 | 아우렐리아누스가 암살됨 |
| 276년 | 프로부스가 황제가 됨 |
| 282년 | 프로부스가 반란군들에게 살해됨 |
| 284년 | 디오클레티아누스가 황제로 선포됨 |
| 286년 | 디오클레티아누스와 막시미아누스가 동료로서 각각 아우구스투스의 칭호를 차지함 |
| 293년 | 두 명의 아우구스투스를 돕는 두 명의 카이사르(부황제)가 임명됨 |
| 305년 | 디오클레티아누스와 막시미아누스가 콘스탄티우스와 갈레리우스를 위해 은퇴함 |
| 307년 | 콘스탄티우스가 요크에서 사망함 |
| 312년 | 콘스탄티우스의 아들인 콘스탄티누스가 이탈리아에 침입해 막시미아누스의 아들인 막센티우스에게서 권력을 빼앗음. 막센티우스가 로마 근처의 밀비아누 다리 전투에서 패배함 |
| 316년 | 디오클레티아누스가 사망함 |
| 325년 | 콘스탄티누스 대제가 니케아 공의회를 소집함 |
| 330년 | 비잔티움이 콘스탄티노플로 개명됨 |
| 337년 | 콘스탄티누스가 사망함 |
| 359년 | 페르시아의 샤푸르 2세가 메소포타미아에 침입함 |
| 361년 | 율리아누스(배교자背敎者)가 황제가 됨 |
| 363년 | 율리아누스가 페르시아 전쟁에서 사망함 |
| 379년 | 테오도시우스 1세가 서방의 아우구스투스(황제)로 선포됨 |
| 385년 | 제위를 요구하는 마그누스 막시무스가 브리타니아에서 군대를 징집함 |
| 388년 | 테오도시우스 1세가 마그누스 막시무스를 붙잡아서 처형함 |
| 394년 | 테오도시우스 1세가 두 명의 아들인 아르카디우스와 호노리우스를 각각 동방과 서방의 황제 자리에 앉힘. |
| 395년 | 스틸리코가 브리타니아 방어선을 재편함 |
| 397년 | 스틸리코가 고트족의 알라리크와 협상을 체결함 |

| 400년 | 알라리크가 전쟁을 재개함 |
| 403년 | 알라리크가 북부 이탈리아에서 패배함 |
| 408년 | 스틸리코가 호노리우스에 의해 처형됨 |
| 410년 | 알라리크가 로마를 약탈함. 알라리크가 사망함. 호노리우스가 브리타니아에 자체적인 방어를 준비하도록 권고함 |
| 429년 | 가이세리크가 반달족을 이끌고 아프리카로 건너감 |
| 430년 | 히포에서 성 아우구스티누스가 사망함 |
| 443년 | 브리타니아가 아에티우스에게 군사원조를 요청하지만 실패함 |
| 445년 | 아틸라가 훈족의 단일 통치자가 됨 |
| 447년 | 콘스탄티노플의 성벽들이 지진 후에 재건됨 |
| 451년 | 아틸라가 샬롱(카탈라우눔) 전투에서 패배함 |
| 452년 | 아퀼레이아가 아틸라에 의해 파괴됨 |
| 453년 | 아틸라가 사망함 |
| 454년 | 페르시아인들이 백색 훈족의 침입에 직면함 |
| 455년 | 반달족이 로마를 약탈함 |
| 476년 | 로무루스 아우구스툴루스가 폐위됨 |
| 477년 | 가이세리크가 사망함 |
| 489년 | 동고트족의 테오도리쿠스가 제노 황제의 원조로 이탈리아에 침입함 |
| 493년 | 테오도리쿠스가 이탈리아에 동고트왕국을 세움 |
| 500년경 | 브리타니아가 웨섹스에서 색슨족에게 승리함 |
| 524년경 | 철학가 보이티우스가 테오도리쿠스에 의해 처형됨 |
| 526년 | 테오도리쿠스가 사망함 |
| 527년 | 유스티니아누스의 황제 대관식 |
| 534년 | 유스티니아누스의 장군인 벨리사리우스가 아프리카에서 반달족을 격파함 |
| 535년 | 벨리사리우스가 이탈리아에서 동고트족을 공격함 |
| 554년 | 유스티니아누스의 장군인 나르세스가 동고트족을 이탈리아에서 몰아냄 |
| 565년 | 유스티니아누스가 사망함. 벨리사리우스가 사망함 |
| 610년 | 헤라클리우스가 황제가 됨 |
| 622년 | 마호메트가 메카에서 메디나로 도주함. 무슬림 시대(히즈라)가 시작됨 |
| 628년 | 헤라클리우스가 페르시아인들과 그들의 동맹자들을 격파함 |
| 632년 | 마호메트가 사망함 |
| 641년 | 헤라클리우스가 사망함 |
| 651년 | 아랍인들이 사산 왕조의 페르시아제국을 침략함. 이슬람교가 조로아스터교를 대신함 |
| 668년 | 콘스탄티누스 4세가 제위를 계승함. 그의 치세에 '그리스의 화염'이 발명됨 |
| 717년 | 레오 3세가 콘스탄티노플에서 황제가 됨 |
| 751년 | 라벤나가 롬바르드족에게 함락됨 |
| 800년 | 샤를마뉴가 교황 레오 3세로부터 신성로마황제의 대관을 받음 |

ㅎ

서양 고대 전쟁사 박물관

초판 1쇄 발행 2006년 2월 7일
초판 3쇄 발행 2014년 9월 5일

지은이 존 워리
옮긴이 임웅

펴낸이 박종암
펴낸곳 도서출판 르네상스
출판등록 제313-2010-270호
주소 121-842 서울시 마포구 동교로17안길 11 2층
전화 02-334-2751
팩스 02-338-2672
전자우편 rene411@naver.com

ISBN 89-90828-27-9 03900